Peter Merseburger

# Theodor Heuss

# Peter Merseburger

# Theodor Heuss

Der Bürger als Präsident
Biographie

Deutsche Verlags-Anstalt

1. Auflage
Copyright © 2012 Deutsche Verlags-Anstalt, München,
in der Verlagsgruppe Random House GmbH
Alle Rechte vorbehalten
Typografie und Satz: DVA/Brigitte Müller
Gesetzt aus der Sabon
Druck und Bindung: GGP Media GmbH, Pößneck
Printed in Germany
ISBN 978-3-421-04481-5

www.dva.de

Für Sabine

# Inhalt

# Vorwort

An Theodor Heuss zu erinnern heißt, an die Anfänge der zweiten deutschen Demokratie zurückzukehren, in eine Zeit, in der es alles andere denn gewiss war, ob diesem neuen Staat je ein glücklicher Stern leuchten würde. Die Städte lagen in Trümmern, Zehntausende Flüchtlinge lebten in Lagern, wichtige Teile der Industrie wurden demontiert, und Demokratie war für die Mehrheit der Deutschen damals keineswegs ein positiv besetzter Begriff: Die Erfahrung von Weimar mit seiner Parteienzerrissenheit bestimmte die kollektive Erinnerung, bei einem Teil der Deutschen war die nationalsozialistische Indoktrination gegen alles Demokratische noch virulent, und die wahren Herren über Westdeutschland, die Alliierten Kommissare, thronten hoch über Bonn auf dem Petersberg.

Wenn dieser zweite deutsche Demokratieversuch, allen Schwierigkeiten des Anfangs zum Trotz, schließlich so gut geglückt ist, dass er bis heute den festen institutionellen Rahmen selbst für das vereinte Deutschland gibt und zu einer Epoche der Freiheit führte, wie es sie in der deutschen Geschichte bisher nie gegeben hat, ist dies nicht zuletzt das Verdienst von Theodor Heuss. Er half an entscheidender Stelle mit, das Fundament zu legen, auf dem die deutsche Demokratie bis heute steht. Nach zwei verlorenen Kriegen und der ersten, gescheiterten Republik, nach zwölf Jahren des totalitären Terrors und aufpeitschender Durchhalteparolen erscheint er im Rückblick als die ideale Besetzung des höchsten Amtes der zweiten deutschen Demokratie.

Erstmals stand mit ihm an der Spitze eines deutschen Staates ein klassischer Bildungsbürger mit unerhört großem Fundus, der eine Symbiose von Geist und Macht zu repräsentieren schien, auch wenn von der Machtfülle eines Präsidenten der Weimarer Republik fast nichts geblieben war. Weil Hindenburg die seine zur Berufung Hitlers hatte nutzen können, entschieden die Väter der Verfassung, zu deren wichtigsten ja Theodor Heuss selbst gehörte, dass der künftige Präsident nicht mehr über die besondere Legitimation der Wahl durch das Volk verfügte. Auch über die Richtlinien der Politik hatte er nichts mehr zu sagen – die bestimmte jetzt allein der vom Parlament gewählte Bundeskanzler. Im erheblich geschrumpften Arsenal der politischen Waffen blieb dem neuen Präsidenten vor allem die Rede, aber gerade sie wusste Heuss so überzeugend zu nutzen wie nach ihm bisher nur Richard von Weizsäcker. Heuss wurde zur moralischen Instanz, gab dem neuen Staat Konturen und ein geistiges Gesicht. Er trat ein Amt an, das über keinerlei Tradition verfügte, aber durch sein Amtsverständnis und seine präsidiale Praxis vermochte er eine Tradition zu schaffen, an die sich seine Nachfolger gebunden fühlen. Bis heute ist die politische Kultur der Bundesrepublik nicht zu denken ohne die Akzente, die Theodor Heuss am Anfang setzte.

Dieser Präsident war ein echter Bürger, durch und durch zivil, ein Mann des Maßes, allen Ausschweifungen abgeneigt und mit einfachen Vorlieben ausgestattet: eine gute Brasil und zwei, auch mal drei Viertele Lemberger mussten es für den Schwaben schon sein. Als Bürger wurde er populär in einer Zeit, in der nach Jahren totalitärer Gewaltexzesse und des Chaos die Sehnsucht nach Bürgerlichkeit und ziviler Ordnung dominierte. Und wenn sich bald sein »Bürgerbauch« unter der Weste zu dehnen begann, machte ihn das erst recht zum ersten Repräsentanten im Wirtschaftswunderland. Allem Pomp und großem Zeremoniell abgeneigt, empfand er Etikette oft als Zwang, und nicht immer beugte er sich ihr. Bei Staatsjagden erschien er nicht in grünem Loden, sondern in bürgerlichem Zivil und spazierte in Halbschuhen mit Stock neben den Jägern und ihren Flinten einher. Von Soldaten im Manöver verabschiedete er sich mit seinem berühmten: »Nun siegt mal schön!« – ein Satz, eingegangen in die deutsche

Sprichworttruhe. Er predigte nicht nur Demokratie, er lebte sie vor: Stets natürlich bleibend, wurde er mit der Heuss-typischen Mischung von volksnah und behäbig-humorvoll ein Präsident zum Anfassen, ein überall gefragter Fest- und Eröffnungsredner, und mit der bei ihm hochentwickelten Neigung zu Ironie und Selbstironie brachte er seine Popularität selbst auf die Formel: Von München, Kiel bis Neuss, keine Feier ohne Heuss.

Dieser erste Präsident der neu geschaffenen Bundesrepublik war nicht nur bekennender Demokrat, dem schon der Vater die Ideale der Paulskirche und der 1848er-Revolutionäre in die Kinderseele eingepflanzt hatte. Er war ein nicht minder überzeugter Nationaler, nach dessen Verständnis Demokratie und Nation untrennbar zusammengehörten. Einerseits mahnte er in seinen Reden deutsche Selbstläuterung an, forderte Auseinandersetzung mit der NS-Vergangenheit und Mut zur Wahrhaftigkeit. Er erinnerte an das tragische Schicksal der Juden (den Begriff Holocaust gab es noch nicht) und setzte gegen das Wort von der Kollektivschuld das von der Kollektivscham. Zugleich aber hoffte er auf eine Zeit, in der die Deutschen nach moralischer Läuterung wieder Stolz empfinden könnten. Wegen zwölf Jahren nationalsozialistischer Verbrechen wollte er, der Nationale, nicht gleich die ganze deutsche Geschichte verdammt und verleugnet sehen, und so setzte er – gegen den modischen Strom jener, die ein verhängnisvolles Erbe von Luther über Friedrich und Bismarck zu Hitler in der Geschichte walten sahen – die positiven Seiten der »an Größe reichen Geschichte der Deutschen« und ihrer Kultur. Mit diesen beiden Grundpositionen in seinen Reden, dem Mut zur Aufarbeitung der Vergangenheit und der Rückbesinnung auf die positiven Traditionen der deutschen Geschichte, wies er einem Volk, das nach dem Zusammenbruch aller bisherigen Autorität in Rat- und Orientierungslosigkeit verharrte, den Weg zur Demokratie und half, die junge Republik geistig zu fundieren. Er wollte seine Deutschen aus der Schockstarre von 1945 befreien, sie lockern, dafür sorgen, dass sie wieder »normal« würden und sie »entkrampfen«, wie er dieses Ziel einmal umschrieb.

Theodor Heuss schlägt die Brücke vom Kaiserreich zur Bundesrepublik, in seinem Leben spiegeln sich sieben dramatische Jahrzehnte deutscher Geschichte. Als der »Lotse von Bord« geht, als Bismarck von Wilhelm II. entlassen wird, ist er ein siebenjähriger Knabe, als er sich Friedrich Naumann anschließt, dem Mann, der zwar mehr Demokratie will, aber diesen Kaiser lange idealisiert und bestimmend für Heuss' Denken wird, ein neunzehn Jahre alter Jüngling. Als Journalist kommentiert er die – vergebliche – Hoffnung auf Reformen und die Parlamentarisierung des wilhelminischen Reichs. Als Anhänger des Werkbunds unterstützt er den Durchbruch zur Moderne in Architektur und Kunst, und seine Ehe mit Elly Knapp trägt für die damalige Zeit unerhört aufgeklärt-moderne Züge, auch wenn es eine Moderne ist, die sich, wie alles bei Heuss, stets in angemessenen bürgerlichen Formen vollzieht. Als Journalist und später als Parlamentarier erlebt er Aufstieg und Niedergang der Weimarer Republik, die Nationalsozialisten stellen nach ihrer Machtübernahme zwei seiner Bücher an den Pranger des »undeutschen Geistes«, Heuss erhält als Hochschullehrer Berufsverbot und geht in die innere Emigration. Nach dem Krieg beginnt dann unverhofft die zweite Karriere, die vom Zeitungsherausgeber über den Kultminister (wie man den Kultusminister im Ländle nannte) von Nord Württemberg-Baden und den Parlamentarischen Rat schließlich in die Villa Hammerschmidt führt. Sein demokratisch-politisches wie persönliches Leben kennt, all dem zeitbedingten und dramatischen Auf und Ab zum Trotz, keine Brüche – fast jedenfalls.

Fast, denn da gibt es jene Zustimmung zum Ermächtigungsgesetz, von der Heuss sagt, er habe schon während der Abstimmung gewusst, dass er »dieses ›Ja‹ nie mehr aus seiner Lebensgeschichte auslöschen« könne. Unter welchem Druck die winzige Gruppe der fünf linksdemokratischen Abgeordneten bei dieser Abstimmung stand, dass der Reichstagsabgeordnete Theodor Heuss es ursprünglich nicht befürworten, sondern sich der Stimme enthalten wollte – davon wird ausführlich zu handeln sein. Aber dass dieses Ja, welches die Grundrechte außer Kraft setzen half und der Regierung Hitler den Freibrief erteilte, Gesetze ganz nach seinem Belieben ohne parlamentarische Zustimmung zu erlassen, eine Erzsünde war, deren er sich schuldig gemacht hatte – dieses Gefühl hat den Demokraten Heuss nie verlassen, auch wenn er nach dem Krieg versuchte, die Auswirkungen des Gesetzes und damit auch sein eigenes Votum nach Kräften herunterzuspielen.

Konnte ein Mann, der an der Zerstörung der demokratischen Strukturen der Weimarer Verfassung mitgewirkt hatte, dem Aufbruch zu einem demokratischen Neubeginn glaubhaft präsidieren? Würde ein Ja-Sager vom 23. März 1933 als erster Mann im Staat nicht ein Schönheitsfehler sein, musste er nicht den ganzen Neubeginn belasten, ja ihn unglaubwürdig machen? Hätte die heutige Generation das Sagen gehabt, als es darum ging, im Jahr 1949 einen Präsidenten zu wählen – eine Generation, die aus der Distanz von Jahrzehnten härter, ja gnadenlos urteilt –, Theodor Heuss wäre nie Staatsoberhaupt der jungen Republik geworden.

Wenn er dennoch der ideale Präsident der ersten Stunde gewesen ist, dann gilt das trotz seiner Zustimmung zum Ermächtigungsgesetz. Wie wir sehen werden, war der Bürger Heuss frei von vielen, vielleicht den meisten, aber keineswegs frei von allen politischen Irrtümern des deutschen Bürgertums. In einem Volk, das in seiner großen Mehrheit Hitlers außenpolitische Erfolge bis 1939 und den Sieg über Frankreich bejubelt hatte und das sich nach dem Krieg im Beschweigen übte, konnte der politische Irrtum des Reichstagsabgeordneten Heuss vom März 1933 kaum zu Glaubwürdigkeitsverlusten führen. Und dass Heuss trotz seines Jas ein überzeugter Gegner Hitlers war und blieb, kann so wenig bezweifelt werden wie das Misstrauen der Nationalsozialisten, die in Heuss stets den Gegner, ja den Feind ihrer Sache sahen.

»Am Anfang war Adenauer« – das klassische Diktum Arnulf Barings stimmt noch immer, aber Adenauer war eben nicht allein. Die alte Bundesrepublik hat, alles in allem, viel Glück gehabt mit der Wahl ihrer Führungsfiguren – das gilt für Kanzler von Adenauer bis hin zu Brandt, Schmidt und Kohl, für Präsidenten von Heuss über Heinemann bis zu Weizsäcker, aber es gilt vor allem für die beiden »Wilhelminer«, die prägenden Figuren des Neubeginns, die beide ihre Sozialisation im Kaiserreich erlebten. Dass es mit Heuss und Adenauer eine Generation der Großväter ist, welche in die Spitzenpositionen der jungen Bundesrepublik rückte, hat seinen tieferen Sinn: Beide sind in einer Welt groß geworden, in der – wilhelminischer Hypertrophie und dem fatalen Drang nach Weltgeltung und Weltmacht zum Trotz – nach innen mit Rechtsstaat, Meinungsfreiheit und einem allgemeinen, gleichen Reichstagswahlrecht alles festgefügt und geordnet erschien. Beide erlebten zwei deutsche Zusammenbrüche, aber sie setzten ihnen, wie Hans-Peter Schwarz einmal bemerkt hat, ein »unerschüttertes System stabiler, vielleicht fragwürdiger, aber immerhin vernünftiger Werte« entgegen. Der eine stellte politische Weichen und besaß die Macht, der andere, der Intellektuelle mit dem Hang zur Reflexion, hatte Soft Power, wie man heute sagen würde – er wirkte nach innen, festigte die junge Demokratie durch sein Beispiel, durch traditionsstiftende Reden und manchmal durch seine bloße Existenz. »Der weißhaarige Herr mit dem freundlichen, großflächigen Gesicht«, so Gerhard Stadelmaier in der *Frankfurter Allgemeinen Zeitung*, »wurde dieser wunden Nation aus [im Krieg] verlorenen Vätern eine Art Ersatzvater. Und was immer im Land geschah: Er überstrahlte es.« Rudolf Augstein rief ihm im *Spiegel* nach: »...wo hundert Minister und tausend Vereinsmeier den Allerweltsquark des Tages breittraten, da kam der Heuss und sagte mit seinem orphischen Bass irgendetwas Gescheites, ein Wort, das leuchtete – seit Friedrich Wilhelm IV. umnachtet der Krone entsagte, hatte Preußen-Deutschland keinen originellen Kopf mehr zum Staatsoberhaupt, außer eben diesem Heuss.«

Wenn wir damals einen Bundespräsidenten brauchten – brauchen wir ihn auch heute? Ist das Amt eines Präsidenten nicht verzichtbar geworden und das Kapital der Präsidentschaft im letzten Jahrzehnt verbraucht? Heuss galt fälschlich als unpolitischer Präsident, weil er von den Reservevollmachten, die das Grundgesetz für sein Amt bereithält, nie Gebrauch machen konnte. Was das angeht, war er ein Opfer der frühen Stabilität der Bundesrepublik: Weder gab es ein Patt zwischen den Kräften der Regierung und denen der Opposition noch ein Misstrauensvotum gegen einen Kanzler, das ihn zur Auflösung des Bundestags veranlasst hätten; es gab auch keinen Wahlausgang, der es ihm möglich machte, den einen oder anderen Kanzlerkandidaten vorzuschlagen.

In der heutigen Situation, in der fünf, wenn nicht gar sechs oder sieben Parteien in den Bundestag einziehen könnten, ist die Rolle einer unparteiischen Autorität über den Parteien, ist ein Präsident, der das Ganze im Blick behält, wichtiger denn je. Freilich müsste er auch eine Persönlichkeit sein, die über *auctoritas* verfügt und Orientierungshilfe geben kann – Voraussetzungen, die nicht jeder Kandidat erfüllen wird.

# Die Legenden
der 1848er Revolution

## Eine Kindheit und Jugend
im Schwäbischen

Spuren, die nie verwehen sollen: Schon der Bub Theodor Heuss wächst mit Geschichten aus der demokratischen Revolution von 1848 auf. Es ist sein Vater, der die Legenden vom Kampf um die Freiheit in die junge Seele pflanzt, und ihre Helden sind nicht selten wackere Neckarschiffer mit dem Namen – Heuss. Nach der Familiensaga haben gleich zwei Vorfahren in der Revolution ihr Leben für Demokratie und gegen Fürstenwillkür gewagt – als Anführer einer revolutionären Freiwilligen-Kompanie im Badischen Aufstand im Frühjahr 1849, den Preußens »Kartätschenprinz« Wilhelm dann mit seinen Truppen niederschlagen half. Dabei hört sich das Wort Kompanie militärisch wohlgeordnet an, in Wirklichkeit handelte es sich wohl eher um einen revolutionären Haufen, bewaffnet mit Flinten, Hieb- und Stichwaffen, dem – immerhin! – die Eroberung des Schlosses in Gemmingen unweit von Heilbronn gelang und der anschließend die Preußen bei Hirschhorn am Übergang über den Neckar hindern wollte – dies allerdings vergeblich, wie sich nur zu bald erwies. Der Chef dieser Schar militanter Demokraten, Hauptmann genannt, war des Buben Theodor Urgroßonkel Fritz, dem sein Neffe Ludwig, des Vaters Vater, mithin also der Großvater des späteren Bundespräsidenten, als Adjutant gedient hat. Nach der Niederlage versucht dieser Fritz Heuss, sich den Verfolgern durch Flucht in die Schweiz zu entziehen. In Heilbronn, das im Sommer

1848 an die württembergische Nordbahn angeschlossen worden war, besteigt er einen Zug nach Süden. Aber da die Büttel der königlich-württembergischen Obrigkeit ihn an seinem Schlapphut erkennen, schicken sie ihm eine Lokomotive mit Polizei hinterher, die ihn in Ludwigsburg einholt und verhaftet.

Besonders beeindruckt hat den Knaben Theodor offenbar die Geschichte mit der Lokomotive, die in seiner Phantasie zum Beweis für die Bedeutung des Urgroßonkels und Vorbilds geriet. Jagt man mit einer so mächtigen Dampfmaschine auf Rädern etwa Laden-diebe und andere Kleinkriminelle, gilt so großer Aufwand nicht vielmehr einem unstrittig wichtigen Mann, der Großes bewirken wollte? Urgroßonkel Fritz muss zunächst auf dem Hohenasperg einsitzen, wo siebzig Jahre zuvor schon Christian Friedrich Daniel Schubart, Dichter und Herausgeber eines scharfzüngigen, aris-tokratie-kritischen Journals, hatte schmachten müssen, und darf dann, an Baden ausgeliefert, »in den Kasematten von Rastatt über die Kehrseite eines missglückten Freiheitskampfes meditieren«. So beschreibt es Theodor Heuss selbst in seinen Jugenderinnerungen und fügt ironisch hinzu: Nach einigen Jahren wieder freigelassen, habe dieser Fritz Heuss am unteren Neckar bis zu seinem Tode den Spitznamen »Der Napoleon« geführt – »die halbe Tragik« sei damit in den »nachsichtigen Spott einer gelassenen Resignation« gemündet.[1]

Der Vater gehörte der damals in Württemberg oppositionellen Volkspartei an und war, kein Zweifel, eifrig bemüht, seinen Kin-dern viel von dem Geist, dem Pathos, aber auch von dem Zorn der 1848er-Revolutionäre auf die damaligen politischen und gesell-schaftlichen Zustände zu erzählen. So wird Theodor mit Gedichten Georg Herweghs groß, mit den Balladen Ludwig Uhlands, der in der Paulskirche ja die Abschaffung des Adels forderte, vor allem mit den Versen und Liedern Ferdinand Freiligraths. »... es gehört zu meinen enthusiastischen Erinnerungen«, schreibt der 22-jährige Theodor Heuss an die befreundete Dichterin Lulu von Strauß und Torney, »wenn unser Vater abends seinen drei Buben schauerlich-

schön aus ›Ça ira!‹ vorlas«.² Etwa das Lied »Vor der Fahrt«, das
von einem Schiff handelt und zur Melodie der Marseillaise gesungen
werden soll?

>Ihr fragt erstaunt: Wie mag es heißen?
>Die Antwort ist mit festem Ton:
>Wie in Oesterreich so in Preußen
>Heißt das Schiff: »Revolution!«
>Heißt das Schiff: »Revolution!«
>Es ist die einz'ge richt'ge Fähre –
>Drum in See, du kecker Pirat
>Drum in See, und kapre den Staat,
>Die verfaulte schnöde Galeere!³

»Kolossal als Kunstleistungen wie als Bekenntnisse« nennt Heuss
das Schaffen aus Freiligraths früher revolutionärer Periode – für
jenes aus der späten Zeit, in der sich der Dichter zum Bewunderer
Bismarcks und zum Hurrapatrioten wandelte, hat er nur den Kommentar übrig: »fast alles Schwindel und unerträglich«. Es ist vor
allem das Gedicht »Die Toten an die Lebenden« aus dem Juli 1848,
dessen Lektüre er der Freundin empfiehlt. Da sprechen aus ihren
Gräbern die gefallenen Kämpfer der Revolution:

>Die Kugel mitten in der Brust, die Stirne breit gespalten
>So habt ihr uns auf blutgem Brett hoch in die Luft gehalten
>Hoch in die Luft mit wildem Schrei, daß unsre Schmerzgebärde
>Dem, der zu töten uns befahl, ein Fluch auf ewig werde.

Und die Lebenden mahnen sie:

>Oh, steht gerüstet! Seid bereit! Oh, schaffet, daß die Erde,
>Darin wir liegen strack und starr, ganz eine freie werde!
>Daß fürder der Gedanke nicht uns stören kann im Schlafen:
>Sie waren frei: doch wieder jetzt – und ewig! – sind sie Sklaven!⁴

Das war die Zeit, erinnert sich Heuss, in der er »jeden Fürsten oder sonstigen Großen für einen gemeinen Menschen und des Totschlags würdig hielt«, zugleich aber sei es seine »schönste Zeit« gewesen. Er schreibt das im Jahre 1906, versichert jedoch, wohl zur Beruhigung der eher konservativen Freundin, er sei längst »nicht mehr so gefährlich«, denn »allerhand Erkenntnisse und Einsichten« hätten seinen »fröhlichen und düsteren Radikalismus angewelkt«. In der Tat: Vom revolutionären Feuer der frühen Jugend sollte nicht viel bleiben – Heuss setzt schon bald auf friedliche Entwicklung, auf Evolution statt Revolution zum Ausbau der Demokratie im wilhelminischen Deutschland. Revolution, davon träumt vielleicht der marxistische Flügel der Sozialdemokratie, und mit dem hat er – wie überhaupt mit dem klassischen Sozialismus, der die Wirtschaft umkrempeln will – schon als Studiosus nichts im Sinn.

Düster sind die ersten zehn bis fünfzehn Jahre seiner Jugend gewiss nicht, ganz im Gegenteil, in seinen Jugenderinnerungen, die er *Vorspiele des Lebens* nennt, ist immer wieder der Hauch liebevoller Nostalgie zu spüren. Als Jüngster von drei Brüdern ist er das Nesthäkchen der Familie, geboren 1884 in Brackenheim unweit von Heilbronn, als der »Kartätschenprinz«, den der Urgroßonkel Fritz am Neckar nicht hatte aufhalten können, schon dreizehn Jahre als Kaiser Wilhelm I. an der Spitze des preußisch geführten deutschen Nationalstaats steht. Brackenheim Ende des 19. Jahrhunderts – das ist ein »abseitiges Oberamtsstädtchen« von 1500 Einwohnern, ohne Bahnanbindung, ohne Industrie, mit vorwiegend landwirtschaftlichem Charakter.[5] Im Zabergäu zwischen zwei bewaldeten Hügelketten in einem breiten, fruchtbaren Tal gelegen, weist es, als die größte Weinbaugemeinde Württembergs, noch heute idyllische Züge auf. Vor allem einem der Rotweine, die dort gedeihen, wird Heuss bis an sein Lebensende treu bleiben: dem Brackenheimer Zweifelberg, einem kräftigen, runden Lemberger; er wird viele seiner Präsidentenreden inspirieren, die er in langen Nächten in der Villa Hammerschmidt in Bonn selbst entwirft.

Heuss wächst in einem Haus mit Garten auf, das inzwischen abgerissen und der Weinkelterei einer Winzergenossenschaft gewichen ist. Gegenüber liegt ein massiv gebautes, etwas finster und klobig wirkendes Renaissanceschloss, in das die württembergischen Landesherren gern lästig werdende Witwen ihres Geschlechts abschoben. Aber Heuss erinnert dieses Schloss als eine »wundervolle Nachbarschaft mit dem ständig rauschenden Brunnen, dem hallenden dunklen Torgang, den offenen Holzarkaden, tiefen Kellern und unermesslichen Dachräumen«.[6] Als Kind muss er lange Zeit in Röcken herumlaufen, weil die Mutter sie leichter nähen kann als Hosen. Mehr an der Rolle des Benjamins missfällt ihm aber, dass er die Kleidung der drei und zwei Jahre älteren Brüder Ludwig und Hermann auftragen muss – bis er plötzlich so in die Höhe schießt, dass sie ihm nicht mehr passen will. In Brackenheim besucht er die »Kinderschule« mit ihrem die Kreativität anregenden Fröbel-Spielzeug, und mit fünf Jahren verdient er sein erstes Geld beim Hopfenzupfen – 18 Pfennige für drei Maß, für die er sofort Zuckerzeug kauft.

Der Vater Louis Heuss, ein Regierungsbaumeister, der rund um Brackenheim Straßen baut, entstammt einer Sippe von Neckarschiffern, deren Anfänge sich bis in den Dreißigjährigen Krieg zurückverfolgen lassen. Sie ist über Generationen im badischen Haßmersheim ansässig und bringt es zu einigem Wohlstand. Vor allem der Urgroßvater – eine dieser ganz alten verblassten Daguerreotypien im Familienalbum zeigt einen vierschrötigen, sehr selbstbewusst und alles andere als gutmütig dreinschauenden Mann – war offenbar in seinem Beruf besonders erfolgreich: Er ließ das erste große Schiff bauen, mit dem er dann von Haßmersheim aus nicht nur den Neckar, sondern auch den Rhein bis Rotterdam befuhr. Dessen Sohn – Theodors Großvater, der die Preußen bei Hirschhorn bekämpfte – wird Kaufmann; als er die Ehe mit der Tochter des Ochsenwirts in Ingersheim bei Marbach schließt, deren Mutter wiederum aus dem »Hirschen« in Lauffen stammt, bringt dies ein neues, buntes Element in die Heuss'sche Familienchronik. Allerdings hat er kein Glück, als er sich am Unternehmen eines der angeheirateten Verwandten beteiligt, denn es geht bankrott, und so arbeitet er den

Rest seines Lebens als Buchhalter in einer großen Holzhandlung. Eine Universität hat dieser eingefleischte 1848er nie gesehen, und doch weist sein Bücherschrank ihn als den ersten (Selfmade-)Bildungsbürger im Stammbaum der Familie aus. Gymnasiast Theodor findet dort Bachofens *Mutterrecht*, Kant und Spinoza, theologische Schriften von David Friedrich Strauß, Protokolle der Paulskirche, dazu Werke von Lassalle, Proudhon, Louis Blanc, Karl Marx und Friedrich Engels, den geistigen Vätern der Sozialdemokratie; aber auch Schriften des Liberalen Schulze-Delitzsch, des Vorkämpfers der Genossenschaftsidee, oder des Mainzer Bischofs Ketteler, des Begründers der katholischen Arbeitnehmer-Bewegung, stehen in den Regalen. Später erkennt er die Sammlung des Großvaters als »Spiegelung der sozialistischen und sozialreformerischen Auseinandersetzungen« in den sechziger Jahren des 19. Jahrhunderts und denkt sich ihren Besitzer, seinen Großvater, als einen Mann, »der nach seinen nüchternen Kontorgeschäften über seinen Büchern saß und überlegte, wie Deutschland und die Welt in Ordnung gebracht werden könnten«.[7]

Eine völlig andere, nämlich kirchenfromme und konservative Gesinnung herrscht dagegen in der Pfälzer Sippe vor, aus der Theodors Mutter Elisabeth Gümbel kommt. Bei ihren Vorfahren überwiegt der Beruf des Försters – sie selbst ist ja Tochter eines Forstbeamten –, aber es gibt auch Schuhmacher und Küfer, Geologen und Pfarrer in ihrer Ahnentafel. Wenn Theodors Großmutter Gümbel von 1849 erzählt, wie man erlöst gerufen habe: »Die Preußen kommen!«, dann, so Heuss, »klang das anders als bei den Geschichten, die wir von den Kämpfen am Neckar hörten. Hier galten sie als Feinde, in der mütterlichen Familie als die Befreier.« Hat vielleicht hier, in diesen Kontrasten der Familienüberlieferungen, jenes Abwägende, tolerante, historische Verstehenwollen, das ihn später kennzeichnet, seine Wurzel?[8]

Gediegen und gutbürgerlich ist also das Milieu, in dem Heuss aufwächst, er selbst nennt es, um es bewusst vom Verdacht des Kleinbürgertums abzusetzen, wiederholt mittelbürgerlich. Bei aller

Sparsamkeit sollte doch am Essen keinem etwas »abgehen«, wie Heuss das nennt – die Kinder durften sich immer holen, wozu sie Lust hatten, nie war etwas abgeschlossen, der »Hausbetrieb war im allgemeinen wohlhäbig und gepflegt«.[9]

Das Musische, seinen Kunstsinn und das Einfühlungsvermögen, das viele seiner späteren Feuilletons auszeichnet, hat Heuss von der Mutter geerbt, einer sehr behütet aufgewachsenen, zarten, zierlichen, überaus musikalischen Person, die regelmäßig am Klavier sitzt und – »in stiller Besinnlichkeit« – Stücke von Haydn, Mozart, aber auch Beethoven spielt. Vom Interesse und vom Temperament her trennen Vater und Mutter Welten: Sie besucht den Gottesdienst, er meidet die Kirche; sie geht gern in Konzerte, er ist völlig unmusikalisch und begleitet sie dabei nie; sie liebt die Geselligkeit, er hasst alle Konvention, lehnt die Gesellschaft ab und geht fast nie aus; er liebt lange Touren in den Tiroler Alpen, sie ermüdet schnell und kann nicht mithalten, so dass an ihrer Stelle, kaum dass er kräftig genug ist, der mittlere Bruder Hermann mitwandern muss. Weil es zur gutbürgerlichen Erziehung jener Zeit gehört, dass Kinder ein Instrument spielen lernen, wird des Vaters alpinistische Leidenschaft seinem Sohn Theodor zum Verhängnis: Damit es im Hause Heuss wenigstens im Winter ein »Quentchen Sennhüttenromantik« gibt, muss er als Dreizehnjähriger zweimal wöchentlich seinen Zitherkasten zu einem zitherkundigen Postsekretär schleppen, der ihm das Zupfen beibringen soll. Doch zu einer besonderen Fertigkeit habe er es nie gebracht, erinnert sich Heuss und seufzt: »O, wie verfluchte ich die ganze Defreggerei!«[10]

Die Geschichte mit der Zither spielt schon in Heilbronn, denn dorthin wird der Vater, die alles dominierende, übermächtige Person für den Knaben Heuss, im Jahr 1890 versetzt, um die Leitung des Tiefbauamts zu übernehmen. So wird die alte Reichsstadt mit dem barocken Rathaus und der Kilianskirche, mit ihren verwinkelten Gassen, gotischen Fachwerkfassaden und mittelalterlichen Giebeln zur »Heimat seines Jugendglücks«. Hier geht er – und gerne, wie er bekennt – auf das humanistische Karlsgymnasium, wo Altphilologen auch die Wahlfächer Französisch und Englisch unterrichten, mit der Folge, dass er in keiner der modernen Sprachen, auch wenn er sie einigermaßen lesen kann, »eine erträgliche Sprachfertigkeit« erreicht.[11] Wenn er im Rückblick betont, er sei als Gymnasiast einige Jahre ein obstinater und rebellischer Bursche gewesen[12] und habe als Untersekundaner gleich zweimal innerhalb von drei Wochen im Karzer gesessen, dann wohl auch, um seinen Lesern nicht allzu brav zu erscheinen. Denn er ist ohne den geringsten Zweifel ein sehr guter Schüler, der sich im Unterricht oft unterfordert fühlt und beim Abitur wegen guter schriftlicher Leistungen von der mündlichen Prüfung befreit wird.

Und wenn er ironisch anmerkt, auf dem Karlsgymnasium sei er mit fünfzehn Jahren zum frühen »Schulreformer« geworden, hat das mit seiner Lust am Zeichnen zu tun, der er selbst auf seinen Reisen als Bundespräsident frönen wird. Fotos zeigen den Staatsbesucher, auf einem Schemel sitzend, mit Stift und Zeichenblock vor antiken Tempeln in Griechenland und Italien, ganz im Stile des 19. Jahrhunderts Eindrücke festhaltend, die andere längst mit ihren Kameras verewigen. »Schulreformer« wurde er als Gymnasiast, weil der Zeichenunterricht, entsprechend dem Lehrplan, ab Untertertia entfiel. Deshalb wendet er sich mit einer Eingabe an den Gemeinderat, bittet um einen Raum, in dem interessierte Schüler weiter im Zeichnen unterrichtet werden könnten – und hat Erfolg damit. Als kostenloser Lehrer bot sich ein älterer Landschaftsmaler an, der Heuss getroffen hatte, als er gerade ein Weinberghäuschen zeichnete, und ihm Ratschläge gab.[13]

Aber nicht nur das geschichtsträchtige Heilbronn, in der Weingärtner, die auf den Hügeln rundum Wein anbauen, aus alter Tradition noch immer eine bedeutende Rolle spielen, ist die Stadt seiner Jugend. Im Gegensatz zum idyllischen, ländlichen Brackenheim lernt der Knabe Theodor hier auch die Probleme der Moderne kennen, denn dank seiner vielen Neckar-Mühlen hat sich Heilbronn in der zweiten Hälfte des 19. Jahrhunderts zur wichtigsten Industriestadt eines Württembergs gemausert, das – im Gegensatz zu heute – in der industriellen Entwicklung seinen Nachbarn hinterher hinkt. Mitte der neunziger Jahre zählt die Stadt 25 000 Einwohner und wird oft das »schwäbische Liverpool« genannt.

Der Tiefbauinspektor Heuss plant und beaufsichtigt den Bau einer Kanalisation samt moderner Wasserversorgung, legt Ringstraßen an und lässt, am Rande der Stadt, ein Haus für die eigene Familie errichten: eine halb ländliche, teils zwei-, teils eingeschossige Villa, die mit ihrem Erker und einem spitzen Turm beinahe viktorianisch anmutet. Der Blick von ihr schweift über Äcker und Obstgärten, über der Tür zum Haus prangt der Spruch »Erst wägen, dann wagen«, über der inneren hat der Vater als stolzer Erbauer die Sentenz »Klein, aber mein« angebracht. In seinen Kinderjahren habe ihm das Haus gut gefallen, doch später, ganz von der gediegenen Moderne des Werkbunds geprägt, wird Heuss schreiben, es sei »im Stil der Zeit, einem schlechten Stil« gebaut, im Grundriss und in der Ausnutzung der Fläche vor allem »miserabel überlegt«.[14] In den von der Funktion her völlig überflüssigen »Schmuckturm«, wie er ihn nennt, sei man nur durch eine Falltür gelangt. Der Vater hat auch eine Turnanlage mit Reck und Barren vorgesehen, in der die größeren Brüder, beide Burschenschafter, dann das Fechten mit Schläger und Säbel üben.

Familie Heuss zählt inzwischen zu den Honoratioren der Stadt, denn in der Lerchenstraße, wo sie ab Dezember 1893 lebt, wohnt vorwiegend gehobenes Bürgertum, ihre Nachbarn sind Professoren und Offiziere, höhere Beamte und Kaufleute. Wie sehr bei den Heuss' allerdings die bürgerliche Tugend der Sparsamkeit auch beim Bau dieses Hauses regiert, zeigt sich darin, dass in der ganzen Villa mit ihren fünf Zimmern im ersten und vier Zimmern bzw. Kammern im zweiten Stock nur ein Klosett vorhanden ist. Der Einbau eines weiteren, der nach den Bauvorschriften hätte erfolgen müssen, wurde »aus Kostengründen erlassen«.[15]

Entscheidender als die Schule hat den jungen Theodor Heuss das Elternhaus geprägt – und hier wieder der übermächtige Vater, der sich aber rührend um die Erziehung seiner Söhne kümmerte. Die Jugendbewegung, die mit der Gründung des Wandervogels Mitte der 1890er Jahre in Steglitz (das damals noch ein märkisches Dorf war) ihren Ausgang nahm, hat Theodor Heuss nie beeinflusst, aber der Vater nahm eines ihrer wichtigsten Elemente – »die singende, anspruchslos streifende Erwanderung der deutschen Heimat«[16] – vorweg. Allerdings fehlen bei Vater Heuss und Söhnen nicht nur die Klampfe, die Wanderkluft oder der Wille einer Jugend, selbst über sich zu bestimmen, es fehlt vor allem, was als Potential im jugendbewegten Wandervogel schlummert: die Romantisierung ländlicher Idylle, die Tendenz zum Völkischen und die Emanzipation vom überkommenen Bürgertum – im Gegenteil, alles geschieht innerhalb einer festgefügten Familie. Beim Vater wird hier ein Zug sichtbar, der später auch das Leben des Sohnes bestimmen wird: Theodor Heuss hält dies und jenes für überholt und ist für viele Reformen aufgeschlossen, verlässt indes bei allem Streben nach Veränderung nie den wohlgeordneten bürgerlichen Rahmen.

Der Vater habe beim Wandern einen »guten Schritt« gehabt, schreibt er, es sei ihm nicht darauf angekommen, seine Pläne auf acht oder zehn Marschstunden einzurichten, und seine Söhne habe er auf diesen Ausflügen gelehrt, »die Heimat zu sehen und zu lieben«. Er macht ihnen das historisch Wichtige lebendig, etwa in Wimpfen die Stauferzeit, oder das architektonisch Bedeutsame, am Beispiel der Abtei Amorbach im Odenwald. Auf die Erkundung des schwäbischen Umlands folgen später zwei- bis dreiwöchige Fußwanderungen durch Schwarzwald und Schwäbische Alb, Odenwald und die Vogesen, und den Söhnen war aufgegeben, Erlebnisse und Eindrücke, die sie dabei sammelten, jedes Jahr als Weihnachtsgeschenk für den Vater niederzuschreiben. In welchem Elternhaus gäbe es heute noch solchen zielstrebigen, pädagogischen Eifer?

*Von Ort zu Ort – Wanderungen mit Stift und Feder* heißt eines der auflagestärksten Bücher von Theodor Heuss, das in seiner Präsidentenzeit erscheint und eine Sammlung von Reisefeuilletons aus mehreren Jahrzehnten enthält. Wenn man so will, setzt dieses Büchlein voller kunst- und kulturhistorischen Betrachtungen, ergänzt durch diese oder jene seiner Bleistiftskizzen, das fort, was der Vater schon vom Jüngling gefordert hat. Die frühen Wanderungen gleichen pädagogischen Streifzügen durch die hügelige Landschaft und die reiche Geschichte Schwabens und helfen, ihn tief im Schwäbischen zu verwurzeln. Heuss vergisst nie, woher er kommt und was die schwäbische Heimat bedeutet, ja er ist stolz auf sie. So schreibt er als Zwanzigjähriger an Lulu, die Freundin aus Münchner Tagen, von einem Besuch in Heilbronn: »Luft und Wald waren so wundervoll, und unsere Berge hingen so schwer und süß von Reben. Haben Sie schon ein gutes Jahr in einer Weingegend mitgemacht? Nein. Sie Arme.«[17]

Die Erziehung des Vaters macht aus seinem Sohn Theodor eine festgefügte Persönlichkeit: Das Selbstverständnis bleibt ungebrochen, Selbstzweifel beschleichen den Festverwurzelten nicht (mit Ausnahme vielleicht der Abstimmung über das Ermächtigungsgesetz 1933), von Identitätskrisen bleibt er offenbar verschont. Dazu kommt das Bewusstsein, politisch auf der richtigen Seite zu stehen, denn dass dem Gedanken der Demokratie, den ihm der Vater immer wieder nahebringt, langfristig die Zukunft gehört – das steht für ihn außer Frage.

War der Vater ein politischer Fanatiker? Sein Eintreten für seine politischen Vorstellungen und Ziele muss jedenfalls eifernd, seine Agitation gelegentlich radikal gewesen sein. Erschreckt hat Heuss als Drei- oder Vierjähriger mit angesehen, wie sich Louis Heuss auf einer Wirtshausterrasse mit einem politischen Gegner, einem »stämmigen, rotbärtigen Sägmüller namens Schwarzkopf«, geprügelt hat, bis die übrigen Gäste »die hitzigen Männer auseinanderrissen«. Im konservativen Brackenheim erregte derart politische Heftigkeit auf die Dauer Anstoß, isolierte Louis Heuss und seine Familie – Grund genug für den Präsidenten der Straßenverwaltung, dem von ihm als Fachmann geschätzten Tiefbauingenieur Heuss eine Stelle in dem viel größeren, weniger konservativen Heilbronn anzudienen.[18]

Schon in den 1848er Jahren hatte diese Stadt als besonders gefährlicher Herd des Aufruhrs in Württemberg gegolten, zumal das dort in Garnison liegende Regiment sich von den Ideen der Revolutionäre infizieren ließ und bei der königlichen Regierung in Stuttgart als unzuverlässige Truppe eingeschätzt wurde. Die Württembergische oder Demokratische Volkspartei, der Louis Heuss angehört, wurde Mitte der sechziger Jahre des 19. Jahrhunderts von ehemaligen 1848ern ins Leben gerufen. Sie hatten teils in Festungshaft gesessen, sich teils in die Schweiz geflüchtet und waren, nach der Württembergischen Amnestie von 1863, freigelassen worden oder aus dem Exil zurückgekommen. Einer von ihnen, Ludwig Pfau, wurde von Vater Heuss wegen seiner bissigen Polemik besonders verehrt. Von ihm stammt der »Wahlspruch der schwäbischen Demokraten« (Langewiesche), die allesamt in der Wolle gefärbte Antipreußen sind: »Ceterum censeo, Borussia esse delendam.« Pfau hatte 1847 in Stuttgart das satirische Blatt *Der Eulenspiegel* gegründet und war durch seine politischen Gedichte bekannt geworden – etwa das über den »Gottesgnadenfritz« oder sein »Badisches Wiegenlied«:

> Schlaf, mein Kind, schlaf' leis,
> Dort draußen geht der Preuß ...

Pfau war Schüler des Heilbronner Karlsgymnasiums wie Heuss, und wenn die Stadt Heilbronn ihn 1891 zu ihrem Ehrenbürger ernannte, beweist dies nur, dass man am württembergischen Industriestandort Heilbronn sehr viel aufgeschlossener, sehr viel demokratischer dachte als im Wein- und Agrarstädtle Brackenheim. Vater Louis Heuss' Volkspartei verficht als »einzige Partei im Kaiserreich ein eindeutig parlamentarisch-demokratisches Programm«, sie ist großdeutsch und antipreußisch orientiert und steht, zunächst wenigstens, in klarer Opposition zum Bismarckstaat.[19] Mit ihrer großdeutschen Orientierung knüpft sie an eine Haltung an, welche die offizielle Politik des Königreichs Württemberg noch bis 1866 bestimmt hat. Denn im preußisch-österreichischen Krieg hatte Württemberg – wie Sachsen, Bayern und Baden – auf Seiten Österreichs gekämpft, musste allerdings, wie alle süddeutschen Staaten, nach der Niederlage gegen die Preußen ein Schutz- und

Trutzbündnis schließen, das es im Deutsch-Französischen Krieg automatisch an die Seite des Norddeutschen Bundes und des früheren Gegners Preußen führt. Als nach dem triumphalen Sieg über das Frankreich Napoleons III. sich eine Welle patriotischer Begeisterung über ganz Deutschland ergießt, die natürlich – und kräftig – nach Württemberg schwappt, fällt es den Volksparteilern schwer, ihre Ablehnung eines kleindeutschen, preußisch geführten Nationalstaates auf Dauer beizubehalten. Weil sie lernen mussten, sich »halbwegs« mit dem preußischen Regiment abzufinden, so Heuss, seien sie den norddeutschen Liberalen darin gefolgt, den Kronprinzen Friedrich Wilhelm, den Kaiser der 99 Tage, zu glorifizieren. Weil Wilhelm I. sein Denkmal in Heilbronn längst erhalten hat, soll nach dem Willen der Demokraten nun endlich auch sein liberaler Sohn in Erz gegossen werden, und Vater Louis Heuss ist ausersehen, die Festrede bei der Denkmalsweihe zu halten. Sohn Theodor, Zeuge seines öffentlichen, halbpolitischen Auftretens, empfindet zunächst Stolz, der jedoch bald jämmerlichem Mitleid weicht. Ein heilloser Regen geht herunter, »hinter dem erhöhten Rednerpult stand ein blasser Mann und suchte das Geprassel auf den Schirmen zu überschreien« – sein Manuskript wurde durchweicht und »alle dachten, wann hört er denn endlich auf«.

Noch lange habe man sich daheim gescheut, von dieser missglückten Denkmalsweihe zu sprechen, zumal Louis Heuss an seiner Rede lange gearbeitet hatte – es galt ja, in die »vom Anlaß geforderte Staatsloyalität« ein eindeutiges politisch-demokratisches Bekenntnis einzuarbeiten.[20] Zwar suchen die Heilbronner Demokraten auf dem Umweg über diesen liberalen Kaiser, den der Kehlkopfkrebs schon nach drei Monaten Regentschaft dahinrafft, auch ihren Frieden mit der Dynastie der Hohenzollern zu schließen – aber zweifellos sollte mit seiner Statue ein unübersehbares Signal gesetzt werden.[21] Der liberal denkende Kronprinz, mit Victoria, Tochter von Queen Victoria und ihres Prinzgemahls Albert von Sachsen-Coburg, verheiratet, hatte für viele Liberale die Hoffnung auf eine Monarchie nach britischem Muster verkörpert. Schriftlich hatte er Bismarck einmal erklärt, dass er ihn für den allergefährlichsten Ratgeber für Krone und Vaterland erachte.[22] Seine Gemahlin, die sich in ihren Briefen an die königliche Mutter in London über den steifen, sporenklirrenden preußischen Stil bei Hofe lustig machte, zählte Bismarck zu ihren erbittertsten Gegnern, denn sie suchte ihren Gemahl in seinen liberalen Vorstellungen zu bestärken. Der Eiserne Kanzler bekämpfte ihren Einfluss und sah in ihr schlicht den bösen Geist, der vom Thronfolger Besitz zu ergreifen drohe.

Dass daheim viel politisiert wird, dafür sorgt natürlich schon der Vater, der einmal sagt: Der »Dorle« – so der Kosename seines Sohnes Theodor – solle später ein Haußmann werden, also jenem Conrad Haußmann nacheifern, der als Journalist, Rechtsanwalt und Führer der Württembergischen Volkspartei für die Umwandlung des noch ständisch gegliederten Stuttgarter Landtags in eine reine Volkskammer und für das allgemeine Wahlrecht kämpft. Man liest im Hause Heuss die liberale *Frankfurter Zeitung*, den *Beobachter*, das Blatt der Stuttgarter Demokraten, und – seit dessen Erscheinen 1896 – auch den satirischen Münchner *Simplicissimus*, den Theodor Heuss einmal als seinen »Miterzieher« bezeichnet.

Zwischen dem Vater und den Söhnen herrscht meist Einigkeit, erst die Politik des »Flottenkaisers« Wilhelm II. (Stürmer) führt zu Auseinandersetzungen. Die Schulklassen des Gymnasiums sollten zu einer Marineausstellung nach Stuttgart fahren, und da die Beteiligung freiwillig ist, rät der Vater zum Verzicht. Schließlich ist er Anhänger von Eugen Richter, einem der Führer der linksliberalen Freisinnigen im Reichstag, bewundert oder gefürchtet als ebenso beredter wie gnadenloser Kritiker der Regierung. Richter macht Front gegen die nationale Kampagne nach dem Platz an der Sonne, jene Flotten- und Kolonialbegeisterung, die weite Teile des Bürgertums und auch die rechten Liberalen im ausgehenden Jahrhundert ergriffen hat. Weder will er Kolonien noch eine große Kriegsmarine. Es ist, als ob er das schreckliche Verhängnis ahnt, in das die Flottenpolitik Wilhelms II. und seines Chefs des Reichsmarineamts, Alfred Tirpitz, letztlich münden wird. Gewiss, ein paar Schiffe brauche man zur Verteidigung der Küsten, meint Richter, nicht aber jene Schlachtschiff-Geschwader, mit denen Tirpitz die Briten herausfordert und die England nur dazu bringen, sich bei den Gegnern des Reichs einzureihen.[23] Theodor folgt dem Rat des Vaters, aber Ludwig, der Älteste, verteidigt die Flottenpläne und besteht auf dem Ausflug nach Stuttgart. Er hat sich zur Marine gemeldet und nimmt, als Vorbereitung auf die Laufbahn des Seeoffiziers, schon fleißig Privatunterricht im Englischen. (Wegen mangelnder Sehschärfe wird er dann als Bewerber abgewiesen, studiert Medizin und wird später Stadtarzt in Heilbronn.) Der Streit zwischen Vater und Sohn um die Flotte verdiente kaum Erwähnung, träte nicht Sohn Theodor als Anhänger Naumanns später auch für den Ausbau der Flotte ein. Diese Auseinandersetzung im Hause Heuss spielt nach der ersten Tirpitz'schen Flottenvorlage – also 1898, einer Zeit, in der Louis Heuss schon schwer von Krankheit gezeichnet ist. Sein Sohn schreibt in seinen Erinnerungen vom »düsteren Schatten«, der auf die munter bewegte Jugend durch die »frühe Erkrankung des Vaters« gefallen sei. »Erschöpfungsmattigkeiten« und »Erregungszustände« hätten einander abgewechselt und erst zur Beurlaubung, dann zur vorzeitigen Pensionierung des Vaters geführt.

Man schickt Louis Heuss Ende Oktober 1899 für ein Vierteljahr ins Sanatorium für Nervenleidende in Pfullingen, aber sein Zustand bessert sich dort nicht. Er wird nach einigen Monaten wieder in der Familie gepflegt, bis auch seine »körperliche Frische« verfällt. »Es war ein grausamer Herbsttag«, heißt es in den Erinnerungen des Sohnes beinahe lapidar, »als der Wagen vorfuhr, um ihn in eine Pflegeanstalt zu bringen. Der älteste Sohn, damals Medizinstudent, begleitete ihn.«[24]

Es gibt eine schwarz-weiße Tuschzeichnung des zwanzigjährigen Heuss vom Vater – Stehkragen mit Krawatte, strenger Blick –, welche eine Hälfte des scharf geschnittenen Gesichts dunkel verschattet zeigt. Legt sie den Gedanken nahe, es handele sich um eine gespaltene Persönlichkeit? Akten geben genauer Auskunft über die Krankheit, die in der Familie, eher verschleiernd, als Nervenleiden bezeichnet wird. Aus ihnen geht aber auch hervor, wie sehr es den jungen Theodor Heuss belastet haben muss, den fortschreitenden geistigen und körperlichen Verfall des immer liebevoll respektierten Vaters, über den er in seinen Jugenderinnerungen nur andeutungsweise und schonend schreibt, über zwei, drei Jahre täglich mitanzusehen.

Schon das Sanatorium Pfullingen, das Louis Heuss Anfang 1900 nach Hause entlässt, nennt als Diagnose »beginnende Paralyse«, also eine Spätform der Syphilis; bereits im Sommer sei der Familie des Patienten aufgefallen, dass dieser »so herumgesessen sei, nicht gesprochen und öfter grimassiert habe«; sein Gedächtnis zeige Lücken, die Intelligenz sei bereits ziemlich geschwächt. Der behandelnde Arzt in Heilbronn weist ihn dann zwei Tage vor Heiligabend des Jahres 1900 wegen Dementia paralytica in die Königliche Heil- und Pflegeanstalt Winnenthal ein. Der Gang sei äußerst schwankend, der Patient stoße sich meist am Türrahmen und knicke häufig ein; »körperlich sehr herabgekommen«, verhalte er sich ganze Tage völlig teilnahmslos gegen seine Umgebung, spreche dann plötzlich wieder von Geldangelegenheiten und könne dabei »sehr heftig« werden. Da er nachts immer aus dem Bett falle und sich dabei verletze, auch weil er anfange, unreinlich zu werden, könne die häusliche Pflege nicht länger genügen. Wie sehr dieser Verfall der Persönlichkeit des Vorbildvaters seinen jüngsten Sohn berührt, befremdet, geschmerzt, hat – darüber schreibt er nichts.

In Winnenthal, jener großen, in einem einstigen Schloss untergebrachten Heilanstalt, die im 19. Jahrhundert als besonders fortschrittlich galt, dämmert der Vater, seit der Einlieferung fast vollständig bettlägerig, mit fortschreitender Demenz vor sich hin und stirbt im Frühjahr 1903. In einem ärztlichen Zeugnis, das die Angehörigen für die Lebensversicherung benötigen, wird als Todesursache »Lungenentzündung bei fortgeschrittener Gehirnerweichung« angegeben.[25] Über Besuche beim Vater in der Pflegeanstalt findet sich in Heuss' Erinnerungen nichts, und ausweislich der Akten hat es sie wohl nie gegeben. Da finden sich lediglich einige Briefe seiner

Frau und des ältesten Sohnes. Vermutlich wollte die Mutter ihrem Jüngsten den Anblick eines Vaters ersparen, der im Endstadium einer progressiven Paralyse ja nur ein erschreckender und unendlich trauriger hätte sein können.

Nach allem, was Heuss später, und oft liebevoll, schreibt, nahm das Bild des Vaters – eines strengen, gelegentlich schroffen Mannes, tatkräftig, bildungsversessen, liebevoll um die Erziehung der Söhne besorgt und unbeirrbar in seinen demokratischen Überzeugungen – an der schrecklichen, die Persönlichkeit bis zur Unkenntlichkeit zerstörenden Krankheit keinen Schaden. Selbst in der Rede, die er nach seiner ersten Wahl zum Bundespräsidenten vor der Bundesversammlung hält, auf dem Gipfel einer politischen Karriere, die er früher für sich selbst für unvorstellbar gehalten hätte, wird er den Vater rühmen: Der habe die Legenden des Jahres 1848 in die Seelen seiner jungen Söhne gegossen und ihnen einen Begriff davon gegeben, »daß die Worte Demokratie und Freiheit nicht bloß Worte, sondern lebensgestaltende Werte sind«.[26]

Als der Wagen vorfährt, um den Vater in die Pfleganstalt zu bringen, ist Heuss gerade noch sechzehn, Ende des nächsten Monats, am 31. Januar 1901 wird er siebzehn Jahre alt. Ludwig, der Älteste, studiert bereits in Tübingen, Hermann, der mittlere Bruder, bereitet sich auf das Abitur vor, und weil die Mutter den Jüngsten für besonders praktisch veranlagt hält, soll nun er sie – an Vaters statt – in vielen Dingen beraten. So wird er zu einer »Ersatzautorität« für sie: »Wenn ich in den Studentenjahren oder später nach Hause kam, hing immer, mit einer Nadel an einer Gardine des Erkers befestigt, ein Stück Papier, dessen Überschrift lautete: ›Theodor fragen‹, darunter eine Serie von Notizen: was dieses Fremdwort oder dieser Fachausdruck bedeute, um was es sich bei einer politischen Debatte eigentlich gehandelt habe, was ich über Bebel denke, ob sie dem oder jenem Verein beitreten könne, Fragen zu Grundsteuern und Stadtobligationen, den Bankvorschlag eines Aktienkaufs. Über diese Zettel gab es oft fürchterlichen Spott, aber sie kehrten immer wieder.«[27]

Als ihr Mann 1903 stirbt, muss Elisabeth Heuss das Haus in der Lerchenstraße verkaufen – mit drei studierenden Söhnen bleibt ihr keine andere Wahl. Offenbar leben die angehenden Akademiker Heuss alle von einem häuslichen Wechsel; sich das Studium durch Arbeit nebenher oder in den Semesterferien selbst zu verdienen, mag heute gängig sein, damals entsprach es nicht dem Stil der Zeit. Nur der Student Theodor verdient sich, als »Münchner Correspondent« für die *Neckar-Zeitung* seines späteren Freundes Ernst Jäckh, ein wenig Geld nebenbei. Elisabeth Heuss wohnt, nun als Mieterin, zunächst im Erdgeschoss ihres verkauften Hauses und zieht drei Jahre später in eine Dreizimmerwohnung im zweiten Stock eines dreigeschossigen Wohnhauses um.[28]

Schon im Sommer 1901 – der Vater ist inzwischen in die Anstalt eingewiesen – nimmt Theodor mit Bruder Hermann, der gerade Abitur gemacht hat, die Fußwanderungen wieder auf. Von Rüdesheim bis Bonn ziehen beide gemächlich am linken Rheinufer entlang und machen Abstecher zum Benediktinerkloster Maria Laach und zur Ruine der Are-Burg in Altenahr. Hermann, der Architekt werden will, Aquarelle malend, indes Theodor zeichnet und sich in Versen versucht. Das Reimeschmieden hatte er, dem Pennäler-Usus der damaligen Zeit entsprechend, schon früh geübt, und es begann mit Skaldensängen der Nordmänner und Stabreimen. Von der Lektüre der *Ahnen* Gustav Freytags, aber auch von *Walhall*, den germanischen Götter- und Heldensagen Felix Dahns, in seiner Phantasie beflügelt, schrieb er »die Seiten eines steifen grauen Schulhefts« mit Szenen einer erdachten Familiengeschichte voll. Da sich die Sippe bis 1640 zurückverfolgen lässt, wollte die Familien-Fama wissen, der Ahnherr mit dem im deutschen Südwesten seltenen Vornamen Hartmann sei einst mit Gustav Adolfs Truppen im Dreißigjährigen Krieg aus Schweden gekommen. So führen die Eingangsszenen seines dramatischen Romans, in dem natürlich auch die 1848er Legenden nicht fehlen, in die heldische Zeit der Wikinger mit ihren gehörnten Helmen zurück. Von einem sehr entfernten, übrigens ihm bis dahin völlig unbekannten Neffen, der sich beim Bundespräsidenten meldet, erfährt Heuss Jahrzehnte später, dass jener vermeintlich nordische Ahnherr namens Hartmann Heuss im Jahr 1604 in Haßmersheim das Licht der Welt erblickte und er seinen jugendlichen Roman höchstwahrscheinlich auf einen »frommen Schwindel« gegründet hatte.[29]

Vor der gemeinsamen Rheinwanderung hatten die beiden Brüder Darmstadt besucht, um das deutsche Bauwunder der Moderne, die Künstlerkolonie auf der Mathildenhöhe, und das »Dokument deutscher Kunst« zu besichtigen, wie die dort vom Mai bis Oktober 1901 gezeigte Jugendstil-Ausstellung hieß. »Wir *mussten* dies sehen«, erinnert sich Heuss, »es war gar nicht denkbar, daß wir an einem solchen Bekenntnis zu neuer Formgesinnung vorbeigehen würden…« Was die Brüder bewundern, verdankte sich dem Kunstsinn des Darmstädter Großherzogs, der sich auf Besuchen in England von der von William Morris und John Ruskin initiierten Arts- and Crafts-Bewegung beeindruckt zeigte, aber auch die Bauten des Wiener Jugendstils schätzte. Um die Jahrhundertwende lud er sieben junge Künstler ein, eine Kolonie in einem Park auf der höchsten Erhebung der Stadt, der Mathildenhöhe, zu errichten und beauftragte den Wiener Architekten Joseph Maria Olbrich mit dem Bau eines Ateliergebäudes, das den Künstlern außer Arbeitsräumen auch einen Fest- und Versammlungssaal bot. Von der neuen Baugesinnung zeugt noch immer der Eingang, zu dem eine Freitreppe führt und der von zwei sechs Meter hohen Kolossalstatuen des Bildhauers Ludwig Habich flankiert wird, genannt »Kraft und Schönheit« oder »Mann und Weib«, beide den Kopf einander zugewandt, die Portalnische hinter ihnen über und über mit goldenen Pflanzenornamenten geschmückt.

Noch heute gilt die Mathildenhöhe mit diesem, jetzt Ernst-Ludwig-Haus genannten, ursprünglichen Ateliergebäude, ihren Künstlerhäusern und auch dem Hochzeitsturm, der allerdings erst 1908 von Olbrich gebaut wurde, als wichtigstes deutsches Jugendstilensemble. Er sei froh über dieses »jugendliche Dabeigewesenseinmüssen«, schreibt Heuss, denn bis zu ihrem Darmstadt-Besuch

hatten die Brüder Heuss über den Abschied von der üblichen his-
torisierenden Form des Bauens nur durch Artikel und Abbildungen
in Zeitschriften erfahren. »Über dem Versuch lag ein unwidersteh-
licher Reiz des enthusiastischen Glaubens, im Bau, im Hausgerät,
im Ornament aus der subjektiven Besinnung und Phantasie des
Künstlers heraus den Ausdruck *unserer* Zeit zu finden, ahistorisch,
antihistorisch.« Für Heuss entsteht »eine sinnenhaft erregte Beziehung zu einem Lebens- und Arbeitsbereich«, der zwei Jahrzehnte
später, als einer der Geschäftsführer des Deutschen Werkbunds, zu
einem Kernstück seines beruflichen Schaffens wird.[30]

Fragen der Kunst und Literatur, der Aufbruch zur Moderne um
die Jahrhundertwende fallen im Hause Heuss der Politisiererei nicht
zum Opfer, sie werden, womöglich mit der in einer Provinzstadt üblichen Verspätung, durchaus zur Kenntnis genommen und diskutiert.
Aus jedem erreichbaren Buch, aus Monographien und Zeitschriften
bilden sich die Brüder Hermann und Theodor ihre Vorstellungen
von Kunst und Literatur der Gegenwart und einer Moderne, die
für das Gymnasium offenbar nicht existiert. Ihre Lehrer, so Heuss,
hätten von dem, was in den neunziger Jahren an geistiger Spannung
allmählich in der Provinz sich zeigte, nichts gewusst.[31]

Von ihrem bescheidenen Taschengeld erstehen Hermann und
Theodor Drucke von Max Klinger und Hans Thoma. Theodor, der
unermüdliche Bücherfresser, entdeckt Gerhart Hauptmann und Hermann Sudermann, aber auch den damals von der offiziellen Ger-
manistik noch weithin unbeachteten Gottfried Keller, er wagt sich
an Dichter des Naturalismus wie Arno Holz und Johannes Schlaf
heran, ja selbst an Nietzsches *Unzeitgemäße Betrachtungen*. Einem
Oktavheft, in das er Notizen eingetragen hat, ist zu entnehmen, dass
er als Sechzehnjähriger in fünf Monaten rund zwanzig Bücher und
Gedichte studiert hat, darunter etwa Tolstois *Krieg und Frieden*,
Hauptmanns *Die Weber* und Emile Zolas *Der Zusammenbruch*.[32]
Als im Frühsommer 1902 eine Tante in Karlsruhe stirbt und Theodor als einziger Sohn seine Mutter zum Begräbnis begleiten muss
(der älteste studiert, der mittlere Bruder leistet inzwischen seinen

Wehrdienst beim Regiment ab, das in Heilbronn in Garnison liegt), stiehlt er sich nach der Beerdigung vom Friedhof und treibt sich stundenlang in den Sälen der internationalen Karlsruher Jubiläums-Kunst-Ausstellung herum. Dann schreibt er einen »langen, langen Aufsatz«, der sich liest, als ob er sich in den Ateliers von München und Dresden, mit den französischen Impressionisten und den Skandinaviern bestens auskenne, und bietet ihn dem Chefredakteur der *Neckar-Zeitung* an. Der, von Fragen der modernen Kunst offenbar völlig unbeleckt, schmeißt den Primaner nicht etwa in hohem Borgen aus seinem Büro, sondern druckt den Artikel in zwei Fortsetzungen. Mit Namen Heuss gezeichnet, erscheinen sie etwa vier Wochen vor Theodors Abitur. Früh also beginnt seine journalistische Karriere, und voller Stolz flaniert er nun durch die Stadt, nur um zu erfahren, »was so viele Autoren erlebt haben und erleben werden«: Kein Mensch nimmt Notiz davon – ausgenommen der Latein- und Griechischlehrer, der kopfschüttelnd meint, er solle sich besser um Thukydides kümmern.[33]

Als Heuss erfährt, Detlev von Liliencron, der von ihm verehrte Dichter, werde nach Heilbronn kommen, fährt er zum Bahnhof, um ihn zu empfangen, stellt sich ihm als eine Art Stadtführer zur Verfügung, zeigt ihm »Kirchen, Gassen, Höfe, Winkel« der alten Reichsstadt und erzählt, ein alter Schulfreund von ihm sei ein Urenkel jenes Käthchens von Heilbronn, das Kleist zum Modell für sein Theaterstück gedient habe. Es ist der Liliencron, der sich seiner ewigen Geldnöte wegen dem Kabarett »Überbrettl« von Ernst von Wolzogen angeschlossen hat und nun, im biederen Gehrock, als Attraktion zwischen Sängern und Diseusen, Sketchen und frivolen Liedern auftritt. Die Rolle, die der verehrte Dichter hier spielen muss, ruft im jungen Heuss, verständlich, nur ein bitteres »Gefühl der Unangemessenheit« hervor.[34] Doch bleibt er mit Liliencron in Kontakt, der ihn in einem seiner Briefe ermahnt, der »Heimatkunst« nicht aufzusitzen und die Maße der Weltliteratur nicht zu vergessen. »Heimatkunst« ist ein Kampfbegriff; von Friedrich Lienhard und dem übel antisemitischen Adolf Bartels wird er um die Jahrhun-

dertwende von Weimar aus als eine Art Blut-und-Boden-Innerlich-
keit gegen die Literatur des sogenannten materialistischen Berliner
Asphalt-Dschungels ins Feld geführt, unter die natürlich die Werke
des jungen Gerhart Hauptmann oder Frank Wedekinds fallen.

Theater spielt im Erziehungsroman des Gymnasiasten Heuss
keine wichtige Rolle – jedenfalls das Heilbronner kaum, dessen
Repertoire an alten Singspielen und Komödien seine »literarische
Wachheit«[35] nicht befriedigen konnte. Das ändert sich erst, als er
die Stuttgarter Bühne besucht, und mit diesen Theatereindrücken
wandelt sich auch sein Bild vom württembergischen König Wilhelm II. Der hatte 1897 anlässlich einer großen Gewerbeausstellung
erstmals Heilbronn besucht und die Schulbuben »vorübergehend
zu Hurrah brüllenden Royalisten gemacht«. Seinem Vater freilich
passte die Sache nicht: Einerseits fühlte er sich geschmeichelt, weil
er dem König seine Amtsabteilung – Brückenentwurf, Stadterweite-
rung – zeigen und erklären musste; andererseits brachte es ihn auf,
denn vor Majestät hat Louis Heuss im Frack zu erscheinen – und
der von seiner Hochzeit passte nicht mehr.[36] Wenn sich bei Theodor
das Bild vom König wandelt, hat dies vor allem mit dessen Förderung der Künste zu tun. So beruft er den Mannheimer Sezessio-
nisten Leopold von Kalckreuth an die neue Königliche Akademie
der bildenden Künste, an der bald auch Bernhard Pankok lehrt
und Oskar Schlemmer Mitglied wird. Und unter Leitung des neuen
liberalen Intendanten Wolfgang Gans Edler Herr von Putlitz gelingt
dem Hoftheater in Stuttgart der Anschluss an die Kulturmetropo-
len Berlin, Dresden, München und Wien, wo einer seiner wichtigsten Schauspieler, Raoul Aslan, später Intendant des Burgtheaters
wird. Putlitz führt vor allem die Skandinavier Ibsen und Strindberg
auf, er spielt – mit königlicher Billigung – viele naturalistische und
impressionistische Stücke, die in anderen deutschen Ländern verboten sind. So etwa *Über die Kraft* des norwegischen Nobelliteratur-
preisträgers Bjønstjerne Bjørnson, das wegen seiner revolutionären
Tendenzen in Berlin der preußischen Zensur zum Opfer gefallen
ist.[37] Mit Nachhilfestunden verdient sich Heuss das Geld, um zu

wichtigen Aufführungen nach Stuttgart zu fahren – etwa zu Tolstois *Macht der Finsternis*, einer deutschen Erstaufführung, die ihn stark beeindruckt, oder zur Bjørnson-Premiere, die »geradezu aufregend wurde ... Der Norweger selbst war anwesend und es gab eine ungeheure Huldigung für ihn. Man klatschte sich die Hände wund, um die eindrucksvolle Erscheinung immer wieder auf die Bühne zu zwingen, und durfte sich dabei als Assistent der Weltliteratur empfinden!« Manche Aufführungen des wilhelminischen Stuttgart, meint Heuss, hätten so »den Charakter des Protestes gegen das wilhelminische Berlin« gewonnen.[38]

In der Tat konnten die Gegensätze zwischen den beiden Wilhelminismen, dem von Berlin und dem von Stuttgart, kaum größer sein. Der junge Heuss wächst zwar in einem Königreich auf, aber dessen korpulente Majestät gibt sich, sehr zum Unmut des kaiserlichen Namensvetters, betont unmilitärisch, verzichtet meist auf die Uniform und zieht bürgerliche Kleidung vor. Ohne Leibwache geht er mit seinen zwei Hunden spazieren und hat stets Bonbons in den Taschen, um sie den Kindern zu schenken, denen er begegnet. Wilhelm II. in Berlin soll oft verächtlich von der »königlichen Republik Württemberg« gesprochen und in des Königs langjährigem Ministerpräsidenten Mittnacht einen »verkappten roten Demokraten« gesehen haben.[39] Bei Hofveranstaltungen erschien der letzte württembergische König nicht mit ordensübersäter Brust, sondern im schwarzen Gehrock mit weißem Hemd und weißer Weste, das Monokel im rechten Auge, die linke Jackettseite nur mit dem preußischen Adlerorden geschmückt. Während seiner Regentschaft gelingt der Württembergischen Volkspartei schließlich der entscheidende Durchbruch: Während der Preußische Landtag bis 1918 nach dem Dreiklassenwahlrecht gewählt wird, macht die Reform von 1906 die zweite – entscheidende – Kammer des Stuttgarter Landtags zur reinen Volkskammer, die nach dem allgemeinen und gleichen Wahlrecht gewählt wird.[40]

Im württembergischen Halbmondsaal, dem Tagungsort des Landtags, herrschte eine versöhnlichere Atmosphäre als in norddeutschen

Landesparlamenten, und das Amtsverständnis des Stuttgarter Wilhelm II. entsprach viel stärker der bürgerlich-parlamentarischen Demokratie in Großbritannien als dem des Kaisers und preußischen Königs in Berlin. So urteilt Jürgen Mittag und zitiert einen besonders süddeutsch-gemäßigten Sozialdemokraten, den Finanzexperten Wilhelm Keil, einen langjährigen Landtags- wie Reichstagsabgeordneten, der »seinem« König zum 25-jährigen Thronjubiläum im Jahre 1916 in der Stuttgarter sozialdemokratischen *Tagwacht* ein kleines Denkmal setzte: »Nehmen wir alles nur in allem«, schrieb Keil, »so will uns scheinen, daß unter den gegebenen Verhältnissen gar nichts geändert würde, wenn morgen in Württemberg an die Stelle der Monarchie die Republik treten würde. Kein zweiter würde, wenn alle Bürger und Bürgerinnen zu entscheiden hätten, mehr Aussicht haben, an die Spitze des Staates gestellt zu werden, als der jetzige König.«[41] Nach den Besuchen im Königlichen Hoftheater rückt Theodor Heuss den Stuttgarter Wilhelm auf Platz zwei seiner Rangliste der deutschen Fürsten, den ersten hält – seit seiner Kunstpilgerfahrt zur Mathildenhöhe mit Bruder Hermann – weiterhin der Darmstädter Großherzog Ernst Ludwig von Hessen und bei Rhein.

Mit Friedrich Naumann, der später eine Art Ersatzvater und Mentor, ja als übermächtiges, stets unumstrittenes Vorbild für »seine innere Entwicklung schlechthin lebensbestimmend« wird, schließt Heuss schon in den letzten Pennälerjahren Bekanntschaft, zumindest literarisch, denn Bruder Ludwig, der seinen Militärdienst beim Heilbronner Regiment ableistet, hat dessen Wochenschrift *Die Hilfe* abonniert. Ihre Lektüre lehrt den Gymnasiasten, die Wechselwirkungen zwischen innerer Politik und der äußeren Machtstellung zu erkennen, auch beeindruckt ihn Naumanns Aufgeschlossenheit für die soziale Frage, aber wichtiger scheint für ihn beinahe die *Zeit* gewesen zu sein, ein zweites Periodikum, das Naumann herausgab, aber aus Kostengründen bald einstellen musste. Hier schrieb der zum Politiker mutierte evangelische Pastor Naumann über Bildwerke, Gemälde, Architektur, und der junge Heuss meinte nicht nur, dass dieser Autor »alle Fragen spürte, die ein junges Herz beunruhigten«, er hatte auch Antworten zur Verfügung – »nicht mit apodiktischer Selbstgewißheit, sondern im lauten, suchenden Mitdenken«. Es sei wunderbar gewesen, einen solchen Mann am Werk zu wissen, »alle kritischen Einwände oder Vorbehalte schmolzen dahin«. Naumann hat Heuss allerdings nicht gleich erobert, einige Zeit fühlt sich der Gymnasiast eher zu den Sozialdemokraten hingezogen. Über Person, Einfluss und auch über die keineswegs unproblematische Politik Friedrich Naumanns wird später noch ausführlich zu handeln sein – hier genügt der Hinweis, dass der junge Heuss dessen Buch *Demokratie und Kaisertum* geradezu verschlingt und, als er sich dem winzigen Naumann-Kreis in Heilbronn anschließen will, von diesem trotz seiner Jugend »wohlgelitten« wird. Für die *Hilfe* schreibt er einen ersten kleinen Beitrag über Wilhelm Busch, und die *Neckar-Zeitung* bringt – unter dem Titel »Neudeutsche Wirtschaftspolitik« – einen Artikel von Heuss über eine Vortragsreihe Friedrich Naumanns. Von Minderwertigkeitskomplexen ist der Oberprimaner Theodor Heuss wahrlich nicht geplagt.[42]

Nach dem Abitur 1902 geht er erst mal auf Entdeckungsreise, fährt mit dem Zug nach Eisenach, wandert allein über die Höhenzüge des Thüringer Waldes nach Weimar, von dort nach Quedlinburg und über den Harz nach Goslar und Braunschweig und von dort schließlich nach Hannover. Viel Freude macht ihm das »wandernde Einzelgängertum«, wie er es in seiner heute oft betulich wirkenden Schreibe nennt, da er »eine sehr geringe Begabung zur Langeweile besitze«. Die »vorgekragten, bunten Fachwerke in den Gassen Braunschweigs« entzücken ihn, er denkt an Wilhelm Raabe und dessen *Chronik der Sperlingsgasse* und hätte nur zu gern gewusst, wo dieser seinen Abendschoppen getrunken hat. Unterwegs macht er einen Abstecher zu einem Harzer Mädchenpensionat, um als »Vetter« Tanzstundendamen aus Heilbronn zu besuchen. »Mit bekannter Unverschämtheit« sei er eingedrungen, schreibt er etwas angeberisch einem Freund in Stuttgart und schildert ihm die Szenerie als »hochkomisch«: Sechs hübsche, junge, fremde Mädchen hätten zu seinen beiden Seiten gesessen, indes er im Präsidium darauf geachtet habe, »gentlemanlike zu essen«.

In seinen Jugenderinnerungen, mehr als fünfzig Jahre danach, scheint er von solch schneidigem Auftreten weniger überzeugt. Da liest man, er sei noch ein halber Bub gewesen, habe sich fremden Damen gegenüber linkisch benommen, unter der eigenen Schüchtern- und Hilflosigkeit in »solcher Umrahmung« gelitten und bei dem ganzen Unternehmen einen »unguten Geschmack« gehabt.[43]

Das große Ziel der Reise ist freilich das Treffen der Nationalsozialen in Hannover, wo Anfang Oktober die »Vertreter« (heute würden wir sagen: die Delegierten und Funktionäre) des Vereins von Friedrich Naumann zusammenkommen. Dass ein achtzehnjähriger Bursche vom Neckar bis zur Leine gewandert ist, bloß um dabei zu sein, verfehlt seinen Eindruck nicht. Bei Tisch setzt man das »jüngste Kind« zwischen Naumann und seine Frau, und damit beginnt eine Nähe, ja eine Freundschaft, die das Leben von Theodor Heuss schicksalhaft prägen wird.[44]

Übrigens darf Heuss bei dieser Wanderung über Thüringer und Harzer Höhen auf Anraten des Arztes keinen Rucksack tragen, sondern muss sich mit einer alten Stofftasche aus Großmutters Besitz behelfen, die er sich mit einem Riemen über seine unversehrte Schulter hängt. Denn bei einer Schulkneipe im alten Deutschordensstädtchen Gundelsheim, wo seine Klasse das Abitur feiern will, ist er gestürzt. Die Trinkfestigkeit, mit der er »ein Leben lang prahlt«, hat offenbar bei der Feier ausgesetzt.[45] Beim Sturz wird ein Arm ausgekugelt und verschiebt sich unter dicken Schwellungen – Luxation nennen dies die Ärzte –, und auch wenn das Einrenken unter Betäubung schließlich gelingt: Zurück bleibt ein lebenslanger Schaden. Der Arm ist nicht mehr verlässlich, ihm fehlt die Kraft; wenn er Halt bei einem Geländer sucht, kugelt er unerwartet wieder aus.

So wird Heuss ausgemustert, wie man das damals nennt, er bleibt – und dies mag sein großes Glück gewesen sein – lebenslang militäruntauglich. Auch das Fechten – und damit die Mitgliedschaft in der Burschenschaft Germania in Tübingen, der die Brüder angehören und die ihn schon hat keilen wollen –, ist damit ausgeschlossen.[46] Aber in Tübingen einer nichtschlagenden Verbindung beizutreten oder gar als »Finke«, als Nichtkorporierter, zu studieren, will er den Brüdern nicht antun. Nicht Tübingen, sondern München ist deshalb die Universität, die er wählt, und prägen wird ihn dort ein sogenannter Kathedersozialist, der Friedrich Naumann nahesteht.

# Kathedersozialisten, Werkbund und Aufbruch zur Moderne

## Studiosus zwischen Politik, Kunst und Bohème in München

A lso man heißt sich jetzt Student, u. zwar bin ich als Neuphilologe eingetragen«, schreibt er seiner Freundin Ida aus Heilbronn Ende Oktober 1902 aus München in ihr Harzer Mädchenpensionat. Sie solle ihn sich als »braven Philister« vorstellen: »langer Schlafrock, weiche Pantoffel u. um mich herum in allerdings unphiliströser, wildester Unordnung Bücher, Tassen, Teller, Brot, Tabak etc.« Eng und kärglich nennt er seine Bude im Gartenhaus der Theresienstraße 8 in seinen Erinnerungen, im Brief an Ida dagegen, bei der er offenbar Eindruck machen will, ein »ganz gemütliches Lokal«; als nicht korporierter »Bummler« habe er allerdings auf schöne studentische Dekorationen – Mütze, Degen, die Insignien einer Burschenschaft – verzichten müssen. Stattdessen habe er das Bild Nietzsches und Dürers Christuskopf an die Wand gehängt, beide von ihm »mit unendlichem Fleiß u. ziemlichen Erfolg« gezeichnet. Da die Kollegs erst in zwei Wochen anfingen, treibe er sich in Galerien und Kunstausstellungen herum, abends gehe er mit Vorliebe ins Theater.[1]

Die Versuchungen, welche den jungen Studiosus erwarten, sind groß – nicht nur wegen der ausschweifenden, sinnenfrohen Schwabinger Faschingsfeste mit ihren phantasievollen Kostümen und dem bunten Konfetti. »München leuchtete« (Mann), die sinnenfrohe Stadt nennt sich um die Jahrhundertwende nicht ohne Stolz Isar-Athen oder Isar-Florenz, sie ist zur deutschen Kunst- und Museumsstadt schlechthin geworden, seit Ludwig I. die Neue Pinakothek hat bauen lassen und Jahrzehnte später die neue Kunstakademie am Siegestor errichtet wurde. Picasso soll 1897 erklärt haben, das Studium der Malerei beginne man besser nicht in Paris, sondern in München.[2] Das Isar-Athen, das der junge Studiosus Heuss entdeckt, ist voller Gegensätze: Einerseits gibt es den konservativen Münchner Kunstverein, der 6000 Mitglieder zählt, darunter »die gekrönten Häupter von einem Dutzend europäischer Staaten«.[3] Andererseits ist es die Stadt der ersten deutschen Sezession, die sich schon 1892 formiert hat – fünf Jahre vor Wien und acht Jahre vor Berlin. Und im Glaspalast, dem großen, nach dem Modell des Londoner Crystal Palace errichteten Ausstellungsgebäude, erhält sie im Rahmen der Internationalen Kunstausstellung von 1897 zwei Räume, in denen die Anfänge des Jugendstils gezeigt werden. Eben dieser Jugendstil, der Heuss auf der Mathildenhöhe so beeindruckt hat, ist »genuin ortsansässig« in der Kunststadt an der Isar, abgeleitet von der *Jugend*, der *Münchner Illustrierten Wochenschrift für Kunst und Leben*, die im Jahr 1896 – zeitgleich mit dem *Simplicissimus* – gegründet wurde.[4] Trutzig stellt Franz von Stuck, der Maler der berühmten »Sünde«, den Villen der Malerfürsten Kaulbach und Lenbach, die eine der italienischen Renaissance, die andere einem toskanischen Landhaus nachempfunden, sein von ihm entworfenes, in Beton erbautes Haus samt Ateliergebäude entgegen – neoklassizistisch die Fassade, aber durchaus mit Anklängen an den Jugendstil, bildet es eine Art Gegenpol der Moderne. Den Eingang schmückt die Bronze einer reitenden Amazone mit Speer – mit seinen straffen Plastiken und seinen »dunkeln, literarisierenden Bildern« dünkt dieser Franz Stuck dem Studiosus aus Heilbronn damals als »Wiederkehr renaissancehafter Weite und Härte«, ein Urteil, das man allerdings in Frage stellen kann.[5]

Das München um die Jahrhundertwende mit seinen rund 400 000 Einwohnern verfügt über die »integrative Kraft der Kunst«, wie ein großer Magnet zieht es Maler, Schriftsteller und Musiker an: Wassily Kandinsky und Paul Klee (beide übrigens Schüler Stucks an der Kunstakademie), Frank Wedekind und Thomas Mann, Alfred Kubin und Olaf Gulbransson, Max Reger und Lovis Corinth – sie alle lassen sich um die Jahrhundertwende in der Stadt an der Isar nieder.[6] Nicht zu vergessen: Ricarda Huch, deren Roman *Aus der Triumphgasse* 1902 erscheint; er schildert das soziale Elend in einem Mietsviertel in Triest und muss Heuss über die Maßen beeindruckt haben. Aus Begeisterung für die Autorin lässt er seine Zähne bei Ricardas Ehemann, dem Zahnarzt Doktor Ceconi in der Fürstenstraße behandeln, in der Hoffnung, der Dichterin zu begegnen. In der Tat öffnet sie ihm beim Klingeln ein paar Mal die Tür – was er inständig erhofft hatte, auch wenn er zugleich für sie leidet, denn dieses Türöffnen sei »doch nicht ihres Amtes« gewesen. Offenbar empfand er es als unter ihrer Würde.

Stefan George kommt oft nach München, ist zu Gast bei den Kosmikern, einer Intellektuellengruppe um Karl Wolfskehl, Ludwig Klages und andere Privatgelehrte, die antike Mythen und den heidnischen Eros verehren. Aber zu Georges »anspruchsvoller Feierlichkeit« fühlt sich Heuss nicht hingezogen und lehnt sie instinktiv als zu esoterisch ab – eine eher politisch denn künstlerisch bestimmte Haltung, geprägt von seiner Sorge um die soziale Frage, die mit der Industrialisierung aufgebrochen ist. Die Distanz zu George wird bleiben – 1914 wird er ihm »die künstlerische Schöpferkraft absprechen«, ihn eines »banalen Antidemokratismus« bezichtigen und seinen Kreis mit einer religiösen Sekte vergleichen, der mit ihrer bewussten Isolierung die Verkalkung drohe.[7] Liliencron ist da eher nach seinem Geschmack, vor allem aber Richard Dehmel, der von den Naturalisten beeinflusste Dichter der Sinnenlust, dessen Gedichte er damals gern rezitiert und der mit seinem Gedichtband *Weib und Welt* wegen Verletzung religiöser Gefühle Schwierigkeiten mit der Zensur bekommt.

Das München um 1900 ist auch eine Stadt des Kabaretts: Die »Elf Scharfrichter« treten im Hinterhof des »Goldenen Hirschen« in der Türkenstraße auf einem früheren Paukboden auf, über dem Eingang ein Totenkopf mit Perücke, in dem demonstrativ ein Beil steckt. Heuss erinnert »Ludwig Thomas leicht, aber nur ganz leicht parodierende Soldatenlieder und die leicht industrialisierte Moral-Dämonie von Frank Wedekind«. In der Tat sang Wedekind seine Balladen selbst und trat, obschon alles andere als ein guter Schauspieler, auch persönlich in seinen Stücken auf. Im Übrigen trug er auch seine berühmte »Tantenmörder«-Moritat 1902 erstmals in den »Elf Scharfrichtern« vor:

> Ich hab meine Tante geschlachtet
> meine Tante war alt und schwach ...

Und natürlich gibt es seit 1903, ebenfalls in der Türkenstraße, den »Simpl« der Kathi Kobus, eine gemütliche Weinstube, die zum Treffpunkt der Münchner Bohème wird. Hier nimmt Heuss mit befreundeten Kommilitonen so manche Dezi Terlaner und Veltliner zu sich. Auf der winzigen Bühne im Nebenzimmer werden Chansons und freche Lieder dargeboten, wenige Jahre nach Heuss' Münchner Zeit treten dort auch Karl Valentin und Joachim Ringelnatz auf. In dieses zeitgenössische München ragen Gestalten aus einer früheren Epoche: Franz von Lenbach etwa, der berühmte Porträtmaler der Mächtigen, bekannt vor allem durch seine Bismarck-Bilder, der bis zu seinem Tod 1904 in der Luisenstraße wohnt, oder Paul Heyse, der 1910 den Nobelpreis für Literatur erhalten wird. Heute so gut wie vergessen, war Heyse in der zweiten Hälfte des 19. Jahrhunderts der meistpublizierte deutsche Lyriker, Erzähler und Dramatiker, von dem Theodor Fontane – wie man sich doch irren kann – einmal behauptet hat, er werde der ganzen literarischen Epoche nach Goethe den Namen geben. Dieser Paul Heyse war ein dezidierter Gegner aller Moderne, vor allem des Naturalismus auf der Bühne – wenn er und seine Freunde ihm begegneten, so Heuss, hätten sie es ihm nicht übel genommen, dass er völlig »aus der Form geraten« sei. Auf die jungen Studenten wirkte er offenbar schon wie ein Fossil.[8]

Aus heutiger Sicht müsste man Heuss weniger als Schmalspur- denn als Schnellspurstudenten bezeichnen. Der Achtzehnjährige kommt ohne festen Studienplan nach München, belegt im Wintersemester 1902/03 Historie, Kunstgeschichte, Philosophie, Literatur, aber auch Staatswissenschaften und Nationalökonomie. Im »Eifer des Anfangs« studiert er offenbar einfach drauflos, hört, was ihm gut und interessant erscheint, denn einen Menschen, der einen »Rat gegeben hätte über die Anlage eines Studiums, ein Wort gesagt über Wesen und Rang der Professoren« – den gab es nicht. Das ist zwar gut für die Aneignung einer umfassenden Fundamentalbildung, aber wenig hilfreich für ein systematisches Studium mit einem ordentlichen Schlussexamen. Dass er eine anglizistische Vorlesung über *Beowulf* und eine andere über französische Sprachentwicklung hört, legt zunächst den Gedanken nahe, er steuere auf ein Studium in modernen Sprachen zu. Der stets auf Sicherheit bedachten Mutter, einer Beamtentochter, hatte er versprechen müssen, auf ein Staatsexamen hin zu studieren, damit er später einen ordentlichen akademischen Beruf, vorzugsweise im Staatsdienst, ergreifen könne. Er wird das Versprechen nicht halten und nie ein Staatsexamen ablegen, denn bestimmend für ihn wird schon in München das Netzwerk Friedrich Naumanns: Walter Goetz, ein Privatdozent, bei dem er sich als Hörer einer Vorlesung über die Florentiner Renaissance eingeschrieben hat (und mit dem ihn später eine lebenslange Freundschaft verbinden wird), ist einer der führenden Männer der Münchner Nationalsozialen, führt ihn in diesem Kreis ein und macht ihn auf Lujo Brentano aufmerksam, der bald »die Mitte« der Heuss'schen Studienzeit wird und bleibt – nun ganz als Student der Nationalökonomie.[9]

Brentano, Spross der berühmten, aus Italien stammenden katholischen Intellektuellenfamilie, Vetter von Clemens Brentano und dessen Schwester Bettina von Arnim, ist wenn nicht *der*, dann doch einer der wichtigsten und bedeutendsten Stars des Münchner Lehrkörpers um 1900. Der Nationalökonom hatte in Breslau und Straßburg, in Wien und Leipzig gelehrt. Als er 1891 nach München, seiner letzten Station, berufen wird, reicht der größte Hörsaal der Universität für die Zuhörer nicht aus, und so muss er zunächst in der Aula lesen, bis im folgenden Semester zwei Hörsäle zu einem vereinigt werden.[10] »Man konnte sich auf dem Katheder keine brillantere Erscheinung denken«, schreibt Heuss und rühmt die »elegante Lässigkeit«, das »Seigneurale seines Wesens«. Von stämmiger Gestalt, der Bart schon »silbrig durchflossen«, habe er mit vollkommener Sicherheit über das Wort verfügt und »die Pointen mit List und Anmut« gesetzt.[11]

Brentano ist einer jener deutschen Nationalökonomen, die sich Mitte Juli 1872 in Halle an der Saale zusammenfinden, um die Gründung des Vereins für Socialpolitik vorzubereiten, der auf »Reformen unserer sozialen Verhältnisse« drängen wird. Ziel ist nach den Worten Gustav Schmollers, seines langjährigen Vorsitzenden (der übrigens aus Heilbronn stammt), eine Reform der sozialen Verhältnisse, welche die unteren Klassen so weit »heben, bilden und versöhnen« soll, »daß sie in Harmonie und Frieden sich in den Organismus einfügen«. Im Grunde will der Verein einen dritten Weg zwischen dem Manchestertum eines reinen Laissez-faire und den radikalen Forderungen der revolutionären internationalen Sozialdemokratie; die Arbeiter sollen den internationalen Vorstellungen des Marxismus entfremdet und durch Reformen für den Gedanken der Nation gewonnen werden. Um auf einer möglichst breiten Basis für ihre Vorstellungen zu werben, laden die Nationalökonomen viele gesinnungsverwandte Männer aus Wissenschaft, Wirtschaft und Politik ein, einzige Bedingung für die Teilnahme sind »Interessen und sittliches Pathos an der sozialen Frage«. Ihre Gegner verdächtigen den Verein bald der Sympathie für die Sozialdemokratie und verspotten seine nationalökonomischen Gründer deshalb als Kathedersozialisten, obschon den meisten als Anhängern der klassischen liberalen Volkswirtschaftslehre sozialistische Vorstellungen völlig fremd sind – ausgenommen vielleicht Adolph Wagner, einer der bedeutendsten Nationalökonomen der Bismarckzeit, der klar nach Staatsinterventionen selbst bei den Löhnen verlangt. Aus bösem Spott geboren, wandelt sich der Begriff Kathedersozialist indes bald zum Positiven, wird zum Ehrennamen, auch wenn jene, die man unter diesem Rubrum führt, das sie einende Ziel – Schutz der wirtschaftlich Schwachen gegen Ausbeutung durch die Starken und Vermeidung von sozialen Unruhen durch eine staatliche Sozialpolitik – auf sehr verschiedenen Wegen ansteuern.

Am wenigsten trifft das Wort vom (Katheder-)Sozialisten auf Lujo Brentano zu, der ein überzeugter Anhänger des Freihandels, ein in der Wolle gefärbter Liberaler, aber alles andere denn ein Befürworter des Manchesterkapitalismus ist. Studienaufenthalte in England haben ihn zum Anhänger der Gewerkschaftsbewegung gemacht, die in seinem Denken geradezu die Schlüsselposition zur Durchsetzung der klassischen liberalen Volkswirtschaftslehre im Zeitalter der Industrialisierung in Händen hält. In bewusster Frontstellung gegen Marx, der die Gewerkschaftsführer als kleine Bourgeois verachtet, sieht er in ihnen die Institution, durch die der Arbeiter seine Rechte vertreten und welche den Aufstieg der Arbeiterklasse insgesamt verwirklichen kann. Im Grunde versteht er die Gewerkschaften sogar als Garanten für das Fortbestehen der liberalen Wirtschaftsordnung.[12] Gelegentlich wird er heute als früher Sozialliberaler bezeichnet, der mit seinen Arbeiten über Zweck und Gestaltung der Arbeiterorganisationen dem Konzept der sozialen Marktwirtschaft vorgegriffen habe, das nach dem Zweiten Weltkrieg ja zum tragenden Element der gesellschaftlichen Ordnung der Bundesrepublik werden sollte.[13] In seinen Memoiren nennt Brentano Bismarcks Politik der Sozialistengesetze »Wasser auf die Mühlen von Karl Marx«, der doch jeden Gedanken an die Versöhnung der Klassen »philiströs verhöhnt« habe. Und so feiert er den Abgang des Eisernen Kanzlers, weil mit dessen Politik »die Umwandlung der deutschen Arbeiter aus Rebellen in patriotische Staatsbürger, wie wir sie in England vor Augen hatten«, unmöglich gewesen sei.[14]

Das also ist der Lehrer, der den jungen Studiosus Heuss in München an meisten beeindruckt. Viele von Brentanos Gedanken werden sich in den zahllosen Artikeln und Vorlesungen des späteren Journalisten und Hochschullehrers Theodor Heuss wiederfinden, zumal Brentano auch Einfluss auf dessen großes Vorbild Friedrich Naumann hat. Die beiden sind befreundet, auch wenn auf Brentanos

Seite stets Vorbehalte des Wissenschaftlers gegenüber dem Politiker Naumann bleiben – etwa dass er »niemals eine politische Durchbildung erhalten« habe oder dass trotz all seiner Mühe, ihn zu ökonomischem Denken zu erziehen, Naumanns wirtschaftspolitische Vorstellungen viel zu »gefühlsmäßig« seien.[15] Bei allen Differenzen im Detail eint sie doch eine gemeinsame linksliberale Grundhaltung und die Überzeugung, dass ohne soziale Reformen die Zukunft des Reiches gefährdet sei. Gemeinsam kämpfen sie gegen die sogenannte Zuchthausvorlage von 1899, mit der die Regierung, gedrängt von Wilhelm II., den Aufstieg von Sozialdemokratie und Gewerkschaften gesetzlich stoppen will. Die Gesetzesnovelle, die schließlich an einer Reichstagsmehrheit scheitert, sah schärfere Strafen für Gewerkschaften und ihre Funktionäre vor, die Beschäftigungswillige zur Teilnahme an Streiks, oder – im Rahmen einer Closed-Shop-Politik – sämtliche Arbeiter in die Gewerkschaft zwingen wollen. Brentanos Aufsätze, in denen er das Koalitionsrecht vehement verteidigt – Titel: »Reaktion oder Reform? Gegen die Zuchthausvorlage« – erscheinen in Naumanns Verlag der Hilfe in Berlin-Schöneberg. Und beide, Brentano wie Naumann, sehen eine Zukunft für Deutschland nur, wenn es den Weg zum Industriestaat konsequent weitergeht. Deshalb lehnen sie agrarische Sonderinteressen ab und wenden sich, wenn auch vergebens, gegen die Erhöhung der Getreidezölle, welche die Regierung im Jahr 1913 durchsetzt.

Brentano ist auch der Schutzpatron des Münchner Sozialwissenschaftlichen Studentenvereins, der Heuss das Gefühl der Einsamkeit und Verlorenheit nimmt, unter dem er offenbar anfangs in München gelitten hat. Der Verein wird zur Mitte seines »freundschaftlichen Lebens«, in ihm findet er Gleichgesinnte, Kommilitonen ebenso wie gestandene Akademiker, viele von ihnen »naumännisch« orientiert: »…was als Wissenschaft gelten mochte, und was wir in politischem Bekennertum nebenher leisteten, floß gelegentlich kräftig zusammen…« Als Schüler hatte Heuss in Ferienpraktika bei einem Buchbinder und einem Schreiner eher dürftige Erfahrungen über das Handwerk gesammelt. Exkursionen des Vereins in größere landwirtschaftliche oder gewerbliche Betriebe führen dem Studiosus der Theorie nun vor Augen, wie rau, wie hart, ja wie anstrengend und kräfteverschleißend die wirtschaftliche Alltagspraxis sein kann. Besonders beeindruckt haben ihn die schmalen Flöze »zwischen unleidlichem Gestein« beim Besuch der Gruben im oberbayerischen Penzberg, wo bis 1966 Kohle gefördert wurde.[16]

In die Münchner Zeit der ersten zwei Semester fällt auch sein Auftreten in einer Wahlveranstaltung, das er im Rückblick auf seine jahrzehntelange Karriere als politischer und öffentlicher Redner als sein Gesellenstück »des freien rednerischen Experiments« bezeichnet. Die Szene spielt im »Schwabinger Bräu«, wohin der Führer der bayerischen Sozialdemokraten, Georg von Vollmar, Abkomme eines alten bayerischen Adelsgeschlechts, während des Reichstagswahlkampfs 1903 eine Versammlung einberufen hat. Der Studiosus Heuss meldet sich in der Diskussion zu Wort und argumentiert ganz auf der Linie der Artikel, die er in Naumanns *Hilfe* gelesen hat: Entschieden wendet er sich gegen das Klassenkampfgerede der Sozialdemokratie, vor allem dagegen, dass sie alle Bündnispolitik selbst mit eher linken Liberalen ablehnt. Weil sie sämtliche Bürgerlichen in den einen Topf der »reaktionären Masse« werfe, sperre sie sich gegen die Chancen der Demokratie und beraube sich selbst der Möglichkeit, eine Mehrheit für ihre Politik zu finden. Dem im Krieg 1870/71 zum Krüppel geschossenen Vollmar tritt Heuss »nicht frech, sondern achtungsvoll« entgegen und wird von diesem in seiner Erwiderung entsprechend geschont. Dieser Georg von Vollmar ist ja selbst kein Anhänger des radikalen Bebel'schen Kurses, sondern Realist und Reformer, der zum revisionistischen Flügel seiner Partei gehört. Während die Führung der Sozialdemokraten in Fundamentalopposition zum ganzen System verharrt und auf den »großen Kladderadatsch« wartet, wie Bebel seine Untergangsvision vom Kapitalismus nennt, hat Vollmar solchem utopischen Radikalismus längst entsagt. Schon seit 1891 tritt er offen für die Verbesserung der Lage der Arbeiterschaft auf der Grundlage der bestehenden Gesellschaftsordnung ein – und zwar durch Verhandlungen, auch mit bürgerlichen Parteien. Was Heuss mit seinem Diskussionsbeitrag moniert, stößt bei ihm also auf offene Ohren. So begegnet er dem Neunzehnjährigen in seinem Schlusswort mit ausgesprochener Liebenswürdigkeit, ja nimmt ihn ersichtlich ernst: Vollmar habe ihm – so die Erinnerung von Heuss – »im Elementaren« sogar recht gegeben, vorausgesetzt, »ein paar Wenn« hätten sich vorher erfüllt. Bisher lediglich Zuhörer, wird Heuss bei der kleinen Gruppe der Nationalsozialen in München mit einem Schlag zur »Figur«. Und weil ein Münchner Zeitungsbericht über die Veranstaltung von Vollmars »innerer Bereitschaft« zum Ausgleich oder zum Zusammengehen mit bürgerlichen Gruppierungen spricht, beschäftigen sich sogar das SPD-Organ *Vorwärts* und die liberale *Frankfurter Zeitung* mit dem Schwabinger »Streitgespräch«. Das große Pech für Heuss: Sein Name wird falsch geschrieben – statt des u erscheint stets ein i, aus dem jungen Mann, der sich da mit dem berühmtem Vollmar eingelassen hatte, wird plötzlich ein Herr Heiss. Aber die Zentrale der Nationalsozialen wendet sich nach München, um Genaueres zu erfahren, und so weiß zumindest sein Idol Naumann Bescheid.[17]

Nicht so sehr um sein Studium zu vertiefen, sondern um Naumann nahe zu sein, geht Heuss im Herbst für ein Jahr nach Berlin. Vor seinem Weggang allerdings unternimmt er, was für einen Studenten heute äußerst ungewöhnlich wäre: Nach nur zwei Semestern sucht er Brentano auf, bittet, bei ihm promovieren zu dürfen und schlägt als Thema den Heilbronner Weinbau vor. Dass Brentano, der gewöhnlich mit angehenden Doktoranden lange über das Thema spricht, dieses Anerbieten ohne Zögern akzeptiert, erstaunt selbst den Promotionskandidaten. Hat der Meister eingewilligt, weil er einem Gesinnungsfreund, wenn auch einem unzweifelhaft begabten Schüler, nichts abschlagen kann oder will? Noch vierzig Jahre später wird sich Dr. Theodor Heuss fragen, ob Brentanos offenbar einziger Kommentar – »bei mir hat mal einer über Hopfen gearbeitet« – als Ermunterung oder Ironie gemeint war.

Für den angehenden Doktoranden sind damit die Weichen gestellt. Noch in den Ferien beginnt er mit den Vorarbeiten. Er zieht zur

Mutter nach Heilbronn, studiert im Untergeschoss der Friedenskirche Geburten- und Heiratstermine der Weingärtner; im Städtischen Archiv, untergebracht in einem »entzückendem Rokokobau mit niederem Gewölbe und reizvoller Stukkatur«, liest er historische Arbeiten über die Wirtschaft der Stadt, im Ludwigsburger Schloss endlich, dem württembergischen Staatsarchiv, wälzt er jahrzehntealte Steuerakten der Heilbronner Winzer.[18]

Zu Semesterbeginn, im Herbst 1903 in Berlin, bleibt er dem Münchner Studienansatz treu: Er wählt Vorlesungen und Seminare, die ihn beim Verständnis der brennenden politischen und sozialen Fragen seiner Zeit weiterbringen können. Er hört bei dem eher konservativen Nationalökonomen Adolph Wagner, der inzwischen aus dem Verein für Socialpolitik ausgetreten ist, und dem damals viel gerühmten Wirtschaftshistoriker Gustav Schmoller über die soziale Frage. Geht es unter Akademikern gelegentlich zu wie sonst nur im Theater, diesem Stadel der Intrigen, des Neids und der Eitelkeiten? Schmoller ist Kathedersozialist wie Brentano, wenn auch nicht in allen Fragen mit ihm einig. Als Heuss um Aufnahme in ein Seminar Schmollers bittet und dessen Assistent erfährt, dass er bei Brentano promovieren wird, schmeißt man ihn höflich, aber bestimmt hinaus.

Wichtig für Heuss werden vor allem zwei Historiker: Hans Delbrück und Hermann Oncken. Delbrück überlässt die Militärgeschichte nicht länger den bislang darauf spezialisierten Militärs und behandelt Kriegskunst im Rahmen der politischen Geschichte. Ursprünglich von den Konservativen herkommend, bezieht der Biograph Gneisenaus und Herausgeber der *Preußischen Jahrbücher* seit den 1890er Jahren zunehmend liberale Positionen, kritisiert den übersteigerten wilhelminischen Nationalismus und tritt für die Abschaffung des preußischen Dreiklassenwahlrechts ein. Besonders viel gibt dem Studenten Heuss aber der junge Privatdozent Hermann Oncken, der sich als erster deutscher Wissenschaftler mit moderner Parteiengeschichte, vor allem mit der Entwicklung der Arbeiterbewegung befasst. Er liest über »Marx und Lassalle« und trägt Überlegungen vor, die in seine 1904 erscheinende Lassalle-Biographie einfließen werden.[19]

Wichtiger als alle Vorlesungen und Seminare jedoch bleibt für den jungen Heuss der Kontakt mit Naumann. Es ist dieses Berliner Jahr, in dem er vollends zu dessen jungem Mann wird, in den Naumann Hoffnung investiert, den er nach Kräften fördert und zu dem er eine offenbar fast väterliche Zuneigung fasst. Es entsteht eine Art Meister-Jünger-Beziehung, eine geistige und menschliche Nähe, die für das Denken von Heuss, für seinen Zugriff auf die politischen und sozialen Probleme der Zeit, aber auch für den Beginn seines Berufswegs entscheidend wird. Im November 1903, der Student aus München ist gerade nach Berlin gekommen, stehen Wahlen zum preußischen Abgeordnetenhaus an, für das Naumann kandidiert, obschon das Dreiklassenwahlrecht einen Sieg von vornherein aussichtslos macht. Wenn er sich dennoch mit aller Kraft in den Wahlkampf stürzt, gehorcht er einer »einfachen Soldatenpflicht« – so jedenfalls empfindet es Heuss und geht ihm dabei als Wahlhelfer zur Hand. Fünf oder sechs Tage sitzt er im »kümmerlichen Korrektoren-Verschlag« einer kleinen Druckerei in Spandau, schreibt Adressen, faltet Flugblätter und läuft treppauf, treppab, um die Einladungen zu einer Wahlversammlung anzubringen. Nach einer Veranstaltung im Havelland, auf der Heimfahrt im Zug, kommen beide einander persönlich näher, Naumann lässt sich von Herkunft und Arbeit erzählen, und bald folgt die Einladung, doch an den regelmäßigen Zusammenkünften seines politischen Freundeskreises in den »Württembergischen Weinstuben« teilzunehmen. Da sitzen in einem engen, verqualmten Nebenzimmer fünfzehn bis zwanzig gestandene Linksliberale zusammen, alle Mitglieder der Freisinnigen Vereinigung, zu denen die Nationalsozialen Naumanns inzwischen gestoßen sind. Heuss, der weitaus Jüngste in diesem Kreis, lernt Hugo Preuß kennen, der später zum Vater der Weimarer Verfassung wird, auch den zehn Jahre älteren Rudolf Breitscheid, einen schlanken jungen Mann, der von den Nationalliberalen kam und sich ein Jahrzehnt später den Sozialdemokraten anschließen wird; und er lernt den Hass kennen, den die ewigen Spaltungen, unter denen die Geschichte des deutschen Liberalismus leidet, bei vielen Beteiligten hinterlassen – bei Theodor Barth etwa, dem Herausgeber der liberalen Zeitschrift *Die Nation*, der sich vom Manchesterliberalismus Eugen Richters und dessen antikolonialer, antiimperialistischer Haltung lossagte und diesen seither als engstirnigen Interessenvertreter mit abgrundtiefem Hass verfolgt.

Für den Neunzehn-, bald Zwanzigjährigen, der sich zunächst ganz aufs Zuhören beschränkt, sind diese Abende nicht nur Unterricht in praktischer Politik, er nimmt auch eine Lektion fürs Leben mit: dass nämlich parteipolitische Bruder- und Nachbarschaftskämpfe, besonders wenn sie nach Scheidungen aus einem einheitlichen Verband geführt werden, zum »menschlich Bösesten und sachlich Unfruchtbarsten« gehören. Übrigens wandelt sich unter dem Einfluss Naumanns nicht nur sein Bild des vom Vater verehrten Eugen Richter, er findet plötzlich auch den Gedanken, dass Deutschland eine große Kriegsflotte brauche, nicht mehr abwegig, im Gegenteil.[20]

Was fesselt ihn an Naumann, diesem evangelischen Geistlichen aus Sachsen, der in die Politik gegangen ist? Was macht diesen für ihn so interessant, worin besteht dessen Anziehungskraft, was lässt ihn zum Idol, zum Mann der Stunde werden, dem man nacheifern muss? Friedrich C. Sell, Autor einer vielbeachteten Studie über *Die Tragödie des deutschen Liberalismus*, bezeichnet ihn als die »menschlich anziehendste« Gestalt unter den Liberalen, aber auch als »problematisch«, weil sich in ihm so viele Widersprüche begegnet seien. Toleranz, das Verständnis für andere, ein »tiefes und aufrichtiges Mitgefühl mit den Mitmenschen« habe ihn bewegt, es sei ihm ernst gewesen mit dem Willen, den Schwachen in der Not zu helfen und mit seinen Sozialreformen »aus der Masse Menschen zu machen«. Heuss spricht von einem Gegensatz von Erscheinung und Tonlage, der Naumanns Zuhörer in Versammlungen zunächst verblüfft habe: Da sei ein übergroßer, fast massiger Mann, mächtiges Haupt auf breiten Schultern, zur Tribüne geschritten, dessen

Stimme, kaum dass er zu reden begann, seltsam hoch und fast dünn geklungen habe und der »Schmelz und natürliche Kraft« zu fehlen schienen. Doch schon seine ersten Sätze hätten Aufmerksamkeit und Schweigen erzwungen. Sein Vortrag sei klar, anschaulich und überzeugend gewesen und habe nicht an das Gefühl, sondern an den gesunden Menschenverstand appelliert. Da er es verstand, die Menschen durch seine bildhafte, sachliche Sprache in sein Denken einzubeziehen, ist Naumann – trotz des »geringen Umfangs seiner Stimme« – im damaligen Deutschland für Heuss die »stärkste rednerische Kraft« gewesen. »Wer Naumann reden hörte«, so erklärt der Jurist und Historiker Erich Eyck die Wirkung des Versammlungsredners, »der stand unter dem Zauber seiner Person und empfand innere Erhebung«.[21]

Wie sehr er bei seinem politischen Wirken von einem christlichen Grundmotiv geleitet ist, zeigen schon Name und Untertitel der von ihm 1894 gegründeten Zeitschrift *Die Hilfe. Gotteshilfe, Selbsthilfe, Staatshilfe, Bruderhilfe.* Aus einem stramm lutherischen, konservativen Pfarrhaus aus der Umgebung von Leipzig stammend, entdeckt er als Oberhelfer und Erzieher im Rauhen Haus Wicherns in Hamburg sein soziales Gewissen, und als er seine erste Pfarrstelle im sächsischen Langenberg antritt, findet er eine Gemeinde vor, die überwiegend aus Heimarbeitern und Pendlern besteht, die in den Fabriken der neu entstandenen Textilindustrie in Chemnitz Arbeit finden. Die meisten gehören der Sozialdemokratie an, und um zu verstehen, was sie der Kirche entfremdet, studiert er die »Kirchenväter« des sozialdemokratischen »Dogmas«, liest Bebel, Liebknecht, Lassalle und schließlich auch Marx und Engels. Überzeugen kann den Christen Naumann diese Lektüre natürlich nicht, doch entdeckt er in den politischen Bestrebungen der Sozialdemokraten zumindest einen »guten Kern«.

Als er zum Geistlichen der Inneren Mission in Frankfurt berufen wird, sieht er sich mehr denn je mit der sozialen Frage konfrontiert, drängt auf ein sozialpolitisches Engagement der evangelischen Geistlichkeit und steht deshalb anfangs Adolf Stoecker nahe. Der

Hofprediger des alten Kaisers gründete ja 1878 die Christlich-Soziale Arbeiterpartei mit dem Ziel, die Arbeiterschaft ihrer marxistisch-materialistischen Führung zu entfremden. Doch trennt sich Naumann bald von dem konservativen Stoecker und dessen Antisemitismus (der allerdings kein rassischer ist), vor allem aber von dessen Verteufelung der Sozialdemokratie. Er hofft vielmehr, dass diese sich langfristig zur Reformpartei entwickelt, sich vom Internationalismus abkehrt und sieht in einer gewandelten, sich zur Nation bekennenden Sozialdemokratie einen natürlichen Bundesgenossen für die Demokratisierung und Modernisierung des Reichs.

Unter dem Einfluss seines Freundes Max Weber, der Staat und Politik »von einer religiös christlichen Betrachtung getrennt wissen« will, geschieht die erste Häutung des politisierenden Pastors aus Sachsen: Er legt sein Pfarramt nieder und widmet sich jetzt ganz der Politik, aus dem konservativen Christlich-Sozialen wird jetzt der National-Soziale, der seine *Hilfe* zum »Sprachrohr einer Agitation für das soziale Kaisertum« (Theiner) macht und im November 1896 den Nationalsozialen Verein gründet, der seine Idee in die Politik tragen soll und den einer seiner Mitstreiter gar die »Partei der Zukunft« nennt.

Es ist nicht der konservative christlich-soziale, es ist dieser gehäutete, dieser ebenso national wie sozial denkende Friedrich Naumann, den der junge Theodor Heuss mit seinen Ideen anziehend findet. Naumann ist für ihn ein Mann der Moderne, denn er sucht Antworten auf die drängenden Fragen des industriellen Zeitalters: Er bejaht die Industrialisierung, weil nur sie dem schnell wachsenden Volk Arbeit geben kann; er will ein Ende der Massenauswanderung und stattdessen »Volkserhaltung im Lande« und ruft gerade deshalb nach einem Handelsvertragssystem, das den Absatz deutscher Waren im Ausland nicht beschränkt. Die Bauern will er auf Kosten des Großgrundbesitzes stärken, und eine konsequente Sozialpolitik gekoppelt mit demokratischen Reformen ist für ihn Voraussetzung dafür, dass die Arbeiter ihren Staat lieben lernen und ihn »groß, stark und gerecht« wissen wollen. Unabdingbar dafür, dass sie sich zur Nation bekennen ist für ihn vor allem die Abschaffung der »Reste ständischer Gebundenheit«, die es in Preußen mit dem Dreiklassenwahlrecht noch gibt, denn – so sein Credo – nur die Demokratie kann dazu beitragen, dass der Arbeiter den Staat als den »seinen« zu verstehen lernt. So etwa fasst Heuss die wesentlichen Elemente von Naumanns Grundgedanken später einmal zusammen. Zu ergänzen wäre, dass Naumann nach außen eine machtorientierte Politik wünscht, den Ausbau der Flotte, Kolonien und deutsche Weltgeltung anstrebt. Dass bei seiner Konzeption die Ideen der Kathedersozialisten eine große Rolle spielen, die sich ja ebenfalls um die Integration der Arbeiterschaft in die Nation bemühen, ist unverkennbar und macht wohl einen Teil der Anziehungskraft Naumanns auf Heuss, den Schüler des Kathedersozialisten Lujo Brentano, aus.[22]

Naumanns Nationalsozialer Verein findet zwar Zuspruch bei vielen Gebildeten, aber als Partei, die Wahlen gewinnen muss, scheitert er kläglich. Es sind Pastoren, Pädagogen, Studenten und Professoren, protestantische Bildungsbürger im weitesten Sinn, die sich um Naumann sammeln, und auch Vertreter evangelischer Arbeiterkreise finden sich unter den Mitgliedern. Heuss spricht von einer Handvoll Leuten ohne Geld und ohne jegliche Geschäftserfahrung; was die Mehrheit der führenden Personen mitgebracht hätte, seien »Einsichten in die Lebenskreise der Inneren Mission, die Fürsorgeeinrichtungen, Erbauungs- und Bildungsbetriebe evangelischer Arbeitervereine« gewesen, und er fragt: »Reicht das aus, um das harte Geschäft der Politik zu betreiben?«

Natürlich nicht. Bei den Reichstagswahlen 1898 erhalten die Nationalsozialen ganze 27 000 Stimmen im Reich und erobern kein einziges Mandat, im Jahr 1903 wird nur Hellmut von Gerlach im Wahlkreis Marburg gewählt, Friedrich Naumann, der in Oldenburg kandidiert, kommt nicht einmal in die Stichwahl. In der *Hilfe* zieht er die Konsequenzen: Verzicht auf den weiteren Versuch, Partei zu sein, Änderung der Form der politischen Arbeit, aber Beibehaltung der politischen Wirksamkeit: »…die Vertretung eines politischen

Gedankengangs« stirbt nicht dadurch, dass er heute noch keine parteibildende Kraft hat.[23]

Einige Nationalsoziale, etwa Max Maurenbrecher, gehen nach der Niederlage 1903 zu den Sozialdemokraten, Naumann aber schließt sich auf Rat Lujo Brentanos der Freisinnigen Vereinigung von Theodor Barth an, einem Liberalen, der sich vom doktrinären Manchesterliberalismus à la Eugen Richter gelöst und eine Wendung zu Sozialreform und Kolonialpolitik vollzogen hat. So gab es nach Meinung Heinrich August Winklers »ein beträchtliches Fundament an inhaltlicher Übereinstimmung« zwischen Naumann und Barth, und glaubt man Moritz Julius Bonn, einem Privatdozenten, den Heuss aus seiner Studienzeit kennt, dann hat der Patriziersohn Brentano für Naumann ein Fenster zur Welt aufgestoßen: Naumann habe noch viele kleinbürgerliche Vorstellungen gehabt, als er zu der kleinen Gruppe Liberaler ging, die Bonn als »großbürgerlich und national, weltläufig und dennoch bodenständig« beschreibt. Barth selbst, einst Syndikus der Bremer Handelskammer, kannte sich in England aus, weilte oft in den USA und bemühte sich, das hochmütige Vorurteil der Deutschen gegen das angeblich ausschließlich und krass materialistische Amerika abzubauen.[24]

Als der Nationalsoziale Verein im August 1903 in Göttingen seine Auflösung und die Fusion mit den Freisinnigen beschließt, nimmt Heuss bereits als Vertreter der Heilbronner Gruppe teil und wird Zeuge der zweiten Häutung seines Idols: seiner Wandlung zu »einem der führenden Repräsentanten des deutschen Linksliberalismus« (Winkler). Beeindruckt Heuss besonders Naumanns nationale Haltung? In der Rezension eines Naumann-Buchs für die *Neckar-Zeitung* schreibt er 1903 über die Persönlichkeit Naumanns: »Sie ist, politisch betrachtet, durch und durch demokratisch. Naumann sieht in der Masse des Volkes, die wächst und sich nach Sonne sehnt, die eigentlichen Werte unseres nationalen und sozialen Lebens, und es gehört zu den großen Erlebnissen, diesem Manne zu lauschen, wenn er voll Liebe und Glauben von den Kräften redet, die tief im Schoß unseres deutschen Volkes wachsen und werden.«[25]

Wichtig für Heuss ist Naumanns Sicht auf die Sozialdemokratie, von der er in unbefangenem Ton, ganz ohne Schreckensbilder spricht und die er nicht, wie die offizielle Kirche, als »Werk des Teufels« und seiner Agenten oder, wie die politisch Konservativen, als Vaterlandsverräter, als Reichsfeinde und Umsturzpartei betrachtet. Naumann sucht die loyale Auseinandersetzung mit ihnen und beobachtet mit Genugtuung die Entwicklung des revisionistischen Flügels unter seinem theoretischen Führer Eduard Bernstein weg von Revolution und Verbalradikalismus hin zu pragmatischer Politik. Allerdings überschätzt er dabei permanent dessen Stärke und Durchsetzungskraft, schon weil er hofft, die Bernsteins und Vollmars könnten eines Tages zu Partnern in einem demokratischen Reformbündnis und gar regierungsfähig werden.

Da ist aber auch der Naumann, von dem Sell sagt, dass er »problematisch« gewesen sei, weil seine Ideen dazu beitrugen, die linksliberalen Freisinnigen auf die Seite des Imperialismus hinüberzuführen. In der Tat ordnet sich Naumann jener Zeitströmung ein, die Ende des 19. Jahrhunderts aufbricht und auf deutsche Weltgeltung und den Besitz von Kolonien zielt. Deutschland schickt sich an, die modernste Industriemacht Europas zu werden, das Bismarckreich ist zur Großmacht geworden und beginnt, seinen Platz unter den Weltmächten zu suchen, und so propagiert Naumann in seinem *National-sozialen Katechismus*, herausgegeben 1897, einen in die politische Sphäre übertragenen Vulgärdarwinismus: Wenn die Erdoberfläche unter die Kolonialmächte verteilt werde, liest man da, dürfe Deutschland nicht abseits stehen. Es brauche Kolonien in einem gemäßigten Klima, um den deutschen Bevölkerungsüberschuss aufzunehmen, und auf die Frage, wie denn solche Kolonien zu gewinnen seien, gibt er die lapidare Antwort: »Bei Friedensschlüssen nach geglückten Seekriegen.« Dass es dazu einer großen Flotte bedarf, versteht sich von selbst, und es liegt in der Konsequenz seiner Thesen, dass Naumann die Tirpitz'schen Flottenvorlagen stets unterstützt und, wie Sell schreibt, »mit Befriedigung die Zahl der blitzenden Kreuzer und Schlachtschiffe im Kieler Hafen wachsen« sieht. Der anglophobe und frankophile Naumann geht davon aus, dass ein Kampf mit England, der ersten Seehandelsmacht der Erde, unvermeidlich ist, wenn das Reich seinen Einfluss weltweit ausdehnen will. Der junge Heuss nimmt an solchen Überlegungen damals offenbar keinen Anstoß.

Der Politologe Götz Aly greift im Januar 2011 einige Fragen und Antworten aus dem *National-sozialen Katechismus*, diesem informellen und in der Tat streckenweise problematischen Partei-programm der Nationalsozialen auf und kommt zu dem Schluss: »Das historische Elend des deutschen Liberalismus heißt Friedrich Naumann.« Der Namenspatron der FDP-nahen politischen Stiftung ist für ihn die »Leiche im Keller der FDP«, und er fragt ihre führenden Politiker: »Warum um Himmels willen pflegen Sie diesen Namen?«[26] Doch wäre es falsch, Naumann als hitzigen Chauvinisten einzustufen, oder gar als Vorläufer oder Wegbereiter Hitlers, wie Aly dies andeutet. Man muss ihn schon im Kontext seiner Zeit verstehen. Es geht für Naumann, der sich einmal selbstironisch als »Christ, Darwinist und Flottenschwärmer« bezeichnet, nicht nur darum, dass Deutschland im Kampf um Weltmärkte und Kolonien besteht, es gibt für ihn auch eine Dialektik zwischen Macht nach außen und Demokratie nach innen: Machtpolitik im Interesse der Nation sei ohne inneren Konsens auf Dauer nicht möglich, also auch ohne die Zustimmung der Arbeiterschaft nicht. Diese wiederum sei nur durch innere Reformen dazu zu bringen, äußere nationale Machtentfaltung zu unterstützen. Vor allem aber sieht er den inneren Wohlstand mit äußerer Machtentfaltung verknüpft: »Wenn England«, schreibt Naumann, »seinen Weltmarkt an die Deutschen oder Franzosen verliert, so kann sich der Einfluß der arbeitenden Menge in England nicht ausdehnen.« Insofern war Naumann ganz der Mann seiner Zeit: Der Anspruch auf Groß- und Weltmacht, meint Michael Stürmer, »war mit dem Seelenhaushalt der europäischen Nation eng verbunden, ja stabilisierte ihn, und es lag darin auch ein Versprechen für Arbeitsmarkt, Wohlstand und wirtschaftliches Wachstum. Dies war nicht allein Politik, wie man in England sagte, ›for the classes‹; es war auch Politik ›for the masses‹. Es war um die Jahrhundertwende europäische Normalpolitik.«

Der Historiker Hans-Peter Ullmann bringt dies auf die kurze Formel:»Liberale Imperialisten wie Max Weber und Friedrich Naumann versprachen sich von der Weltpolitik wirtschaftlichen Wohlstand, innere Reformen, eine Integration der Arbeiter.«

So gewiss Naumann zu den sogenannten demokratischen Imperialisten zählt, so wenig steht er damit allein. Max Weber, bei dem er in kritischen Zeiten gern Rat sucht, wies mit seiner Freiburger Antrittsvorlesung 1895 einer ganzen Generation den Weg, als er den Ruf nach einer deutschen Weltmachtpolitik erschallen ließ:»Wir müssen begreifen, daß die Einigung Deutschlands ein Jugendstreich war, den die Nation auf ihre alten Tage beging und seiner Kostspieligkeit halber besser unterlassen hätte, wenn sie der Abschluß und nicht der Ausgangspunkt einer deutschen Weltmachtpolitik sein sollte.«

Und zwei Jahre später, 1897 auf dem Evangelisch-sozialen Kongress, wird er noch deutlicher: Deutschland dürfe keine Politik der »sozialen Behaglichkeit führen«, sondern müsse eine solche der »nationalen Größe« treiben. Gregor Schöllgen versteht Weber als einen Sozialdarwinisten wie Naumann, der die Beteiligung Deutschlands am Wettlauf um die Aufteilung der außereuropäischen Welt für unerlässlich hält, weil nur sein Aufstieg zur ökonomischen und politischen Weltmacht »Arbeitsgelegenheit für eine ständig wachsende Bevölkerung« schaffen könne.[27] Webers Forderungen finden damals unerhörten Widerhall, auch bei Friedrich Naumann, der in der *Hilfe* ausführlich über die Freiburger Antrittsvorlesung berichtet und fragt:»Hat er nicht recht? Was nützt die beste Sozialpolitik, wenn die Kosaken kommen? Wer innere Politik treiben will, muß erst Volk, Vaterland und Grenzen sichern, er muß für die nationale Macht sorgen…«[28]

Wie wenig Skrupel der ehemalige Geistliche der Inneren Mission manchmal hat, zeigt seine Reaktion auf die Hunnenrede Wilhelms II. bei der Verabschiedung des deutschen Expeditionskorps, das als

Teil einer internationalen Streitmacht den Boxeraufstand in China niederschlagen soll. Der Kaiser hatte im Juli 1900 erklärt: »Pardon wird nicht gegeben, Gefangene werden nicht gemacht!« Wie sich die Hunnen unter ihrem König Etzel vor tausend Jahren einen Namen gemacht hätten, der sie noch jetzt in der Überlieferung gewaltig erscheinen lasse, solle der Name Deutschland in China künftig so wirken, »daß niemals wieder ein Chinese es wagt, etwa einen Deutschen auch nur scheel anzusehen«. Die Empörung bei Liberalen und Sozialdemokraten ist groß, und wenn die Briten die deutschen Gegner im Ersten Weltkrieg dann als *huns*, Hunnen, bezeichnen, trägt Wilhelms II. Rede in Bremerhaven Schuld daran. Friedrich Naumann aber verteidigt Ihre Majestät: »Die deutschen Staatsbürger«, steht in der *Hilfe* zu lesen, »haben jetzt in ihrer Mehrzahl das Gefühl, daß sie weit moralischer sind als ihr Kaiser… Wir halten diese ganze Zimperlichkeit für falsch.« Unsere asiatischen Truppen seien gar nicht in der Lage, viele Gegner gefangen zu nehmen: »Was sollen wir machen, wenn es 50000 Chinesen einfällt, sich uns zu ergeben? Dann bewachen und ernähren wir diese gelben Brüder und sind kampfunfähig.«[29]

Hätten unsere deutschen Krieger diese 50000 Chinesen nach Meinung des früheren Geistlichen einfach abschlachten sollen? Naumanns Kommentar bringt ihm bei Gegnern den Spottnamen »Hunnenpastor« ein, und Lujo Brentano meint, bei allen nüchternen Politikern habe er damit ein gutes Stück seines Ansehens verscherzt. Werner Conze nennt den *National-sozialen Katechismus* die »naive Frühstufe des Naumann'schen politischen Programms« und versteht den in die Politik abgewanderten Pastor als »Gefühlspolitiker«, in dem »Stil und Geist des ›wilhelminischen Zeitalters‹ konzentriert sichtbar werden«. Doch zollt er Naumanns Buch *Demokratie und Kaisertum* Respekt – trotz aller Mängel zähle es »zum Besten, was um die Jahrhundertwende zur reichsdeutschen Innenpolitik gesagt worden sei«.[30]

Es ist vor allem dieses Buch, das Heuss – vom Elternhaus her antipreußisch gesonnen – schon als Gymnasiast begeistert liest und zum überzeugten Naumann-Anhänger werden lässt. Erschienen im Frühjahr 1900 mit dem Untertitel *Ein Handbuch für innere Politik*, besticht ihn vor allem Naumanns bonapartistischer Ansatz: Da wird der Monarch zum Cäsar, der zwar das Heer kommandiert, aber sich auf die Massen stützt, deren Zustimmung braucht und den nationalen Gesamtwillen verkörpert. Im Grunde projiziert er sein Wunschbild auf Wilhelm II., der sich, im Gegensatz zur Politik Bismarcks, bei Amtsantritt mit einem Erlass über den Arbeiterschutz vorübergehend betont arbeiterfreundlich und sozialpolitisch aufgeschlossen gezeigt hatte. Ihn, den »Flotten- und Industriekaiser«, hielt er für willens und fähig, das »soziale Kaisertum der Zukunft« vorzubereiten. »Nichts würde törichter sein, schreibt Heuss in seiner Naumann-Biographie, »als verkennen zu wollen, daß er an Wilhelm II. geglaubt hat.« In der Tat wird es viele Jahre dauern, bis Naumann sich innerlich von diesem Kaiserbild verabschiedet und den Bruch mit Wilhelm II. vollzieht.[31] Wer allerdings bedenkt, wie zutiefst preußisch dieser Hohenzollernkaiser denkt und fühlt, wie sehr er der Tradition der preußischen Monarchie verhaftet ist, dem muss Naumanns Bild vom sozialen Kaiser von vornherein als Utopie erscheinen. Denn der Herrscher in »Demokratie und Kaisertum« ist praktisch losgelöst vom preußischen König und den Großgrundbesitzern Ostelbiens, jener agrarisch-feudalen Führungsschicht, in der Naumann prinzipiell Feinde des Fortschritts sieht. Dem sozialen Demokraten und sächsischen Pastorensohn ist eine »noch ständische Gesellschaftsordnung fremd, in der sich das alte Herrschaftsverhältnis des Gutsherrn zum Bauern und Landarbeiter trotz aller liberalen Reform ökonomisch und politisch in das neue Reich hinübergerettet hatte«. Und der Politiker Naumann weiß, wie sehr das übermächtige Preußen mit seiner alten Ordnung, gesichert durch das Dreiklassenwahlrecht, ins Reich hereinragt und wie weitgehend preußische Ostelbier dessen politischen Kurs mitbestimmen. Deshalb will er nicht nur das Ende dieses Wahlrechts und verlangt allgemeine, freie, direkte Wahlen, also das Reichstagswahlrecht für Preußen, er möchte auch den Untergang der ostelbischen Großagrarierschicht beschleu-

nigt sehen und fordert ein Landprogramm für den Osten nach dem
Motto: »Bauerngut an Bauerngut bis an die russische Grenze.«[32]
Seinen demokratischen Cäsar wünscht er sich als »sozialen Impera-
tor«, der an der Spitze des gesellschaftlichen Fortschritts steht, als
»Zentralperson« und »obersten Kopf der neudeutschen Industrie-
entwicklung«, der sich nicht auf die alten Eliten stützt, weder auf
die klerikale noch auf die agrarische, sondern die neue industrielle
Aristokratie an seinen Hof holt. »Der Kaiser führt die Nation als
Diktator dieser neuen Aristokratie«, schreibt Naumann. »Indem er
aber dieses tut, braucht er die Masse, die Demokratie. Das ist der
Entwicklungsgang, den unsere deutsche Geschichte gehen wird.«[33]
Seine Vision eines modernen, sozialen Industriestaats, geführt von
einem Cäsar, der »am Schalthebel der großen Dynamomaschine des
Deutschtums sitzt« und nationale Machtpolitik treibt, beeindruckt
offenbar den jungen Heuss, denn von den existierenden deutschen
Königs- und Fürstenhäusern hält er nicht viel, zumal die Grenzen
von deren Territorien und Kleinstaaten meist von napoleonischen
Beamten gezogen seien. Dass Naumann den Kaiser, der nach der
geltenden Reichsverfassung als König von Preußen formal ja nur
das Präsidium in einem Fürstenbund führt, zur nationalpolitischen,
cäsarischen Institution erhebt, welche die Führung in einem modernen Industriestaat übernimmt und den Gesamtwillen der Nation
repräsentiert, scheint ganz nach seinem Geschmack zu sein. An den
eklatanten demokratischen Mängeln der Naumann'schen Cäsar-
Konzeption nimmt er damals offenbar nicht Anstoß.

Demokratie und Kaisertum, diese »Zauberformel politischer
Integration um die Jahrhundertwende«, sei im ausgehenden Kaiserreich nie zur Deckung gekommen, meint Michael Stürmer zu Recht
und fragt: »Hat nicht Naumann in seinem Erfolgsbuch … die Rolle
eines sozialen Führertums entworfen, das sich nicht aufs Parlament
stützte und auch nicht auf altpreußische Tradition, sondern auf
Verwaltungseffizienz, die in sozialem Ausgleich sich manifestierte
und dazu in einer populären, raumgreifenden Machtpolitik?«[34]
In der Tat: Naumanns Vision lässt dem Kaiser alle Prärogative,

also alle Vorrechte, die er nach der damaligen Verfassung besitzt. Von Parlamentarisierung oder Verantwortlichkeit des politisch Führenden, sei es eines Reichskanzlers oder des erträumten Cäsar, gegenüber dem Reichstag findet sich keine Spur. Lujo Brentano kritisiert das Fehlen jeglicher demokratischer Kontrolle, wie es sie in England gebe: Zwar könne die Masse nicht selbst herrschen und nur die Gesichtspunkte angeben, nach denen sie von ihrem Vertrauensmann beherrscht zu sehen wünsche. Im englischen System bleibe ihr aber die Kontrolle, ihren Vertrauensmann – den Premierminister – zu wechseln, sobald der bisherige ihr Vertrauen nicht länger rechtfertige, und daran mangele es im Deutschen Reich. Auch Naumanns Bild vom Kaiser hält er für irreal: Selbst wenn man nach den Februarerlassen von 1890 an einen Kaiser im Naumann'schen Sinne hätte glauben können, sei Wilhelm II. doch längst dem Einfluss der Großindustriellen und Großagrarier verfallen. »Wie«, fragt er, »sollten da die Arbeiter an Naumanns Predigt glauben? Nicht den Arbeitern, sondern dem Kaiser und den Besitzenden hätte er predigen sollen; erst wenn diese zu Demokratie und Kaisertum sich zu bekennen bereit waren, konnte eine Bekehrung der Sozialdemokraten zu Naumann erhofft werden.«[35] Auch Max Weber, dieser bekennende »Bourgeois«, dessen Vorstellung vom plebiszitären, charismatischen Führer auf die cäsarischen Vorstellungen Naumanns nicht ohne Einfluss war, fordert – nach englischem Muster – stets die parlamentarische Verantwortung des Kanzlers innerhalb der Monarchie. Im Gegensatz zu Naumann verficht er eine Außenpolitik der Anlehnung an England. Übrigens teilt er auch Naumanns Kaiserbild nicht, sondern verurteilt das persönliche Regime dieses »gekrönten Dilettanten«. In einem Brief an ihn spricht er von der Verachtung, die Deutschland im Ausland entgegenschlage, »weil wir uns *dieses* Regime *dieses* Mannes gefallen lassen... wir werden isoliert, weil dieser Mann uns in dieser Weise regiert *und wir es dulden und beschönigen*«.[36]

Heuss lobt Berlin, als ihm Lulu, die alte Freundin aus Münchner Tagen schreibt, sie könne sich ihn in »diesem schrecklichen Millionennest«, das ihr seit München so unsympathisch sei, gar nicht vorstellen. Die Stadt habe ihm »durch seine Massen, seinen Verkehr, seine Kunst, die er fast *über* die Münchner stelle, seine zwei, drei unvergleichlichen Theater« sehr imponiert: »Der große Vorzug vor München (übrigens ein altes Lied): hier wird außerordentlich gearbeitet, nach Neuem gerungen – München schläft.« In der Tat ist Berlin in diesen Jahren dabei, München den ersten Rang auch als deutsche Kunststadt abzulaufen, und man spürt, wie leidenschaftlich Heuss an der Aufbruchsbewegung Anteil nimmt, die überall nach neuen Formen drängt – im Geistigen und Künstlerischen, im Gesellschaftlichen wie Politischen, es ist ein Aufbruch, der in Berlin sich ungleich kräftiger bemerkbar macht als in München. Später wird Heuss davon sprechen, man habe nach 1900 so etwas wie einen Aufstand gegen die Geschichte erlebt. Er geht in politische Versammlungen des christlich-sozialen Stoecker, studiert die Suggestionstechnik des Gründers der Heilsarmee, William Booth, »um der Sensation willen«, wie er schreibt, nimmt er auch an einer Veranstaltung mit Lily Braun teil, jener Sozialdemokratin und Frauenrechtlerin, die damals – wohl als Erste – die Vereinbarkeit von Mutterschaft und Beruf propagiert. Unvergesslich nennt er August Bebels »prachtvolles Organ mit seinem kupfernen Ton«; als er ihn auf einer sozialdemokratischen Veranstaltung sieht, überrascht ihn aber vor allem die Erscheinung des Mannes: »ein kleiner, beinahe zierlicher Körper, ein kräftig durchgearbeitetes, im Mienenspiel reiches Antlitz«. Hatte er sich den Arbeiterkaiser, der seine Partei in eiserner Zucht hält, kräftiger, stattlicher, männlicher vorgestellt? Er geht in die Oper, aber schaut sich auch Isadora Duncan an, die Wegbereiterin des sinfonischen Tanzes, die 1904 im Berliner Grunewald eine Internats-Tanzschule begründet. Sie tritt barfuß in griechischen oder römischen Gewändern auf, Heuss meint, ihre Tanzerei habe ihm »ganz wohl gefallen«, doch sei er sich nicht sicher, ob ihr Versuch zu einer »gründlichen Tanzreform« führen werde. Als ihn Lulu wissen lässt, der modernen Malerei könne sie nicht viel abgewinnen, offenbar sei sie noch nicht reif dafür, schreibt er ihr begeistert von der letzten Ausstellung der Berliner Sezession zurück, rühmt das »große, Starke, Einfache«, das in der moderne Kunst stecke – »gerade in dieser Sezession« –, und hebt Kalckreuth, Slevogt, vor allem Leistikows »wunderbare Landschaften« hervor.[37]

Er wohnt in einer der »verwegensten Gegenden« der Stadt und schließt Bekanntschaft mit dem Berliner Kleinbürgertum und seinem »unpathetisch-verständigen Wesen«, das er bislang nur aus der Literatur kannte, aber auch mit Wanzen, die in dieser Gegend offenbar üblich waren. Die Bude ist billig, sie kostet nur 17 Mark im Monat, liegt im vierten Stock des Hinterhauses in der Elsässerstraße 38, die noch zum Revier der Straßenmädchen der Friedrichstraße gehört. Irgendwie schließt er – den Blutsaugern in seinem Bett zum Trotz – sogar Freundschaft mit den Wirtsleuten: mit Paula Kliemchen, einer fülligen Person um die Sechzig, die er großartig findet »in ihrer mütterlichen Besorgtheit, ihrem nüchternen Witz«, und ihrem Mann, einem brummigen Schlosser bei Borsig, wo vor allem Lokomotiven gebaut wurden. Zum Abschied machen sie sogar einen gemeinsamen Familienausflug nach Tegel. In die Berliner Zeit des stets bildungshungrigen jungen Heuss fällt eine Pfingstreise nach Stralsund und Greifswald, wo er zwar nicht die Ostsee – die langweilt ihn –, wohl aber die Backsteingotik schätzen lernt. Zwei Tage wandert er auf Rügen, zum Puttbuser Schloss und zu den Kreidefelsen, setzt dann mit der Fähre über Saßnitz-Trelleborg-Malmö nach Dänemark über. Vierzig Jahre später erinnert er sich an den »unvergesslichen Glanz«, den die Frühsommerluft der Stadt gegeben habe. Wie an jedem Ort, an den er kommt, besucht er zuerst die Museen und ist überrascht von der skandinavischen Malerei, von der man in Deutschland so wenig zu sehen bekommt. Der junge Heuss saugt fremde Landschaften, Städte, ihre Bauten und ihre Kunst geradezu in sich hinein.

Die Heimreise von Berlin im Sommer 1904 führt den Bildungs-
versessenen über Leipzig – die Stadt Max Klingers – zunächst nach
Prag, wo ihn der Zauber des profanen Barocks und das alte Ghetto
beeindrucken. Er besucht Karlsbad, nicht nur des häufigen Kurgasts
Goethes, sondern auch der reaktionären Beschlüsse von 1819 wegen,
gegen die sich die Empörung aller Demokraten gerichtet hatte. Eger
ist, schon wegen Wallenstein und Schiller, auf der Rückreiseroute
unverzichtbar, aber auch Pilsen wird nicht ausgelassen, denn von
dort verschickt er Postkarten an befreundete junge Akademiker in
Heilbronn, um endlich einmal als Nicht-Aktiver »aufschneiden« zu
können. Nie zuvor hatte ein Heilbronner Korporierter eine Entde-
ckungsfahrt zum hochgelobten »Urquell« gemacht. Mit einer Rechnung vom »Goldenen Engel« in Pilsen, auf welcher der Wirt ihm
die vielen Liter Bier bescheinigt, die er dort getrunken hat, wird
Heuss »zur achtungsvoll beneideten Legendenfigur bei sämtlichen
Kategorien des korporierten Studententums«.[38]

Der Ausklang seiner Studentenzeit, das fünfte und sechste Semester vom Herbst 1904 bis zum Frühsommer 1905, sieht ihn dann
wieder in München, jener Stadt, die ihn der Versuchung aussetzte,
Bohemien zu werden – doch er wurde es nicht, denn »dazu gehörten Liebesgeschichten und Schulden«, und beides, so versichert
er, hatte er nicht. Allerdings wissen wir, dass er zumindest einmal
Schulden machte – bei der zehn Jahre älteren Balladendichterin
Lulu von Strauß und Torney, die in München der Enge des heimat-
lichen Bückeburg entfliehen will. Beider Bekanntschaft datiert auf
einen Bohème-Abend in einem Atelier, auf dem er auf eine Dame
in einem langen Kleid trifft, das über und über mit Zetteln bedeckt
ist, auf denen – und das weckt seine Neugier – Gedichtfetzen stehen.
Nach nur dreiwöchentlicher Bekanntschaft pumpt er sie an und
erhöht die Summe mit Diplomatie, wie er sich erinnert, von 30 auf
40 Mark, zahlt sie aber prompt zurück, wie sie dankend in einem
Brief bestätigt. Aus der Bekanntschaft entwickelt sich eine keusche
Freundschaft. Gemeinsam mit einem der »Malmädele«, der jungen
Malerin Lis Niemeyer aus Halle an der Saale, geht man im Isartal als

»fideles Trio« wandern. Wie sehr den jungen Studenten die soziale Frage in jener Zeit bewegt, ist einem der Gedichte zu entnehmen, das er Lulu nach Bückeburg schickt und das, wie sie freundlich begutachtet, »sehr feine Stellen« enthalte. Es hat den Titel »Streik«:

> Sie drängen sich am breiten Gittertor
> Und warten. Fabrikarbeiter. Drinnen im Kontor
> Da stehen, die sie abgesandt
> Beim Prinzipal und bitten höheren Lohn,
> Sie drehn die Mütz verlegen in der Hand,
> Doch fest und hart spricht ihres Ernstes Droh'n.
> Umsonst. »Arbeit wird eingestellt!?«
> »Gut. Euch muß wol (sic!) sein. Wiedersehn!«
> Sie wenden hart sich weg. Die Türe fällt.
> Ruft einer denen, die da draußen stehn:
> »Streik!«[39]

Auch wenn er schon für seine Dissertation arbeitet, genießt er in diesen letzten Semestern den Fasching in vollen Zügen. In einem Bildhaueratelier, das sich in eine »römischen Taverne zur Zeit Neros« verwandelt hatte, tritt er als deutscher Sklave auf: »Es war malerisch ganz herrlich, ein spärliches grünes Licht von oben, darunter ein wirres Getanz und Gewehe von Weiß, Rot, Fleisch.« Auf einem »Spitzwegfest« »macht« er, wie er Lulu berichtet, den »Dichter« aus der Pinakothek und lernt einige fröhliche »Malweiber« kennen. Am Faschingstag hat er fünfzig »Butterbröter nacheinander fabriziert«, weil zehn Menschen auf seine Bude kommen – »bei sechs Tassen und drei Messern«, schreibt er, könne sie sich vielleicht denken, »wie schön, wie schön das war«.[40]

Überhaupt stilisiert er sich zum Künstler, wenn auch einem sehr eigenwilligen, wie Fotos aus jener Zeit bezeugen. Er setzt flache, sehr breitkrempige Hüte auf, welche die freie Zunft der »Geistigen« markieren sollen, wie er später selbstironisch vermerkt; er verzichtet aus Prinzip auf die Krawatte und trägt stattdessen hochgeschlossene

Westen, aus denen modisch hohe, steife, weiße Kragen ragen – ein ekklesiastischer Look, wie sein Studienfreund Wilhelm Hausenstein einmal meint, und in der Tat begrüßen ihn Kinder gelegentlich als katholischen Pfarrherrn. Auch das Porträt, das sein Freund Albert Weisgerber 1905 von ihm malt – er hat ihn auf einem Fest des *Simplicissimus* kennengelernt –, zeigt ihn mit Stehkragen und der unvermeidlich hochgeschlossenen Weste, doch die Züge des Gesichts wirken bei Weisgerber sehr viel kräftiger und männlicher als auf den Fotos, auf denen Heuss noch wie der zarte, sensible Jüngling dreinblickt.

Als Münchner Korrespondent der *Neckar-Zeitung* verdient er sich durch Artikel nebenbei die nötigen Mark, um am fröhlichen Treiben teilzuhaben. Ernst Jäckh, seit 1902 Chefredakteur des Heilbronner Blatts schreibt in seinen Erinnerungen, dass eines Tages der Abiturient Heuss bei ihm erschien und ihn um Hilfe gebeten habe, weil er eine politische Karriere einschlagen wolle. Auf die Frage, wie er das denn tun könne, habe Heuss gesagt: »Indem Sie mir Gelegenheit geben, meine bisherige gelegentliche Mitarbeit an der *Neckar-Zeitung* regelmäßig und ständig zu machen – durch Beiträge aus München. So, denke ich, lerne ich am besten Journalismus und Politik.« Jäckh, der sich ironisch gelegentlich als schwäbischen Nationalisten bezeichnet, willigt in den Vorschlag ein, und so beginnt eine Beziehung, die für Heuss' künftige Karriere fast so wichtig wird wie die Nähe zu Naumann. Mehrfach wird er Heuss auf wichtige Positionen nachziehen, die er selbst innegehabt und freigemacht hat.

Die Beiträge des Münchner Korrespondenten Heuss, dies ist Reiner Burgers äußerst verdienstvoller, akribischer Untersuchung über *Heuss als Journalist* zu entnehmen, gelten teils literarischen Themen, teils Malern wie Ludwig Richter oder dem Italiener Giovanni Segantini.[41] Es handelt sich dabei oft um den für das Zeitungsfeuilleton typischen Gedenkjournalismus, Anlass für die Beiträge sind meist Jubiläen, etwa der hundertste Geburtstag Richters oder der sechzigste von Detlev von Liliencron. Aus München berichtet Heuss im Januar 1903 über eine Auseinandersetzung zwischen dem Dramatiker Sudermann und seinen Kritikern Maximilian Harden (*Die Zukunft*) und Siegfried Jacobsohn, ausgelöst durch Sudermanns Streitschrift *Die Verrohung der Theaterkritik*. Auch die Erfahrungen des Berliner Jahres finden in der *Neckar-Zeitung* ihren journalistischen Niederschlag, etwa in einem Bericht »Vom Kunstleben Berlins« vom Dezember 1903, in dem er den »Tiefstand deutscher Plastik« beklagt, aber die Sezessionsausstellung lobt, die Rodin, Munch, Turner, Max Liebermann und Käthe Kollwitz zeigt. Auch seine Reisen verwertet er fürs Feuilleton – so schreibt er über Rodins Denkmal »Die Bürger von Calais«, das er in Kopenhagen gesehen hat, und berichtet von der ersten Station seiner Rückreise von Berlin nach Heilbronn aus Leipzig: »... ich [hatte] heute das Glück als einer der ersten das neue Marmorbildwerk von M[ax]. Klinger im Atelier des Künstlers bewundern zu können.« Keinen kenne er unter den Lebenden, Rodin ausgenommen, »der so wie der erst späte Plastiker Klinger ein Meister der Technik« sei.

Wenn sich Heuss' Verhältnis zu Brentano bald so freundschaftlich entwickelt wie das zu Naumann, hat dies mit dem sechzigsten Geburtstag des Münchner Kathedersozialisten zu tun – vor allem mit den Versen, die sein Doktorand über den Weinbau dazu schmieden wird. Als den Jüngsten des Seminars fordern ihn die Kommilitonen nämlich auf, die Festrede zu halten – offenbar dachten sie, so Heuss, dass ein sehr schwäbisch redender, »schüchterner Hirtenknabe« eine reizvolle, ja heitere Kontrastfigur zu den offiziellen akademischen Laudatoren abgeben werde. Der Student Heuss hält indes keine Rede, sondern bringt seine Huldigung in Versen dar – in schwerflüssigen, manchmal derben Alexandrinern, gespickt mit dem Vokabular der Vorfahren der Nationalökonomen, der Kameralisten aus dem 18. Jahrhundert. Er leiht sich einen Talar, eine Allongeperücke und eine Brille mit Fensterglas, pudert das Gesicht und trägt das Poem vor, in dem ein Urvater der Kameralistik dem Enkel oder Urenkel Brentano bestätigt: Dieser mache alles besser als er, der sein nationalökonomischer Urahn sei. Brentano muss sich unendlich amüsiert haben, jedenfalls lädt er Heuss – »mit Tränen der Heiterkeit und der Rührung« – zum Festtags-Galaessen am nächsten Tage ein, bei dem dieser – unter den aus ganz Deutschland angereisten »Nobilitäten des Geistes« – sich ebenso geehrt wie unbehaglich fühlt. Kein Zweifel: Er hat sich das besondere Wohlwollen Brentanos erdichtet.[42]

Einige Tage zuvor hatte Naumann bei ihm angefragt, ob er Redakteur der *Hilfe* werden wolle und bereit sei, am Unterhaltungsteil, am »Büchertisch« und am Herstellen der Verlagsartikel mitzuarbeiten. Er werde, so Naumann, auch gern an Brentano schreiben und ihn fragen, ob er erlaube, »den Dr. von hier [Berlin] zu machen«. Nach einiger Bedenkzeit sagt Heuss unter der Bedingung zu, dass Naumann warte, bis seine Doktorarbeit beendet sei. Heuss konzentriert sich ganz auf die Dissertation und jene Übungen und Seminare, die für das Rigorosum unerlässlich sind. Seine Vorarbeiten in Heilbronn, das Studium der Statistiken und historischen Unterlagen hat er abgeschlossen und durch Oral History, durch viele Gespräche mit Winzern, ergänzt. Die Heilbronner Weingärtner haben sich offenbar darüber gefreut, dass Heuss nach ihren Sorgen und Nöten fragte und sich für ihre Familiengeschichten interessierte. Einer von ihnen hat ihm sogar einen kleinen Teil eines Weinbergs »in der Nähe des Gewanns ›Hundsberg‹« überlassen, damit er sich – nach dessen Anweisung, versteht sich – selbst im Beschneiden der Rebstöcke übe. Offenbar hat Heuss dies fehlerfrei getan, denn voll Stolz berichtet er, bei der Ernte habe niemand bemerkt, dass hier nicht der Winzer selbst am Werk gewesen sei.[43]

Mit einem Koffer voller Unterlagen, quartiert sich der Student im sechsten Semester beim Kastellan des Schlosses in Dachau ein, der zugleich Wärter im nahe gelegenen Amtsgerichtsgefängnis ist. Gegen eine monatliche Miete von 15 Mark bezieht er eine Stube mit Blick auf den Schlossgarten. Eine zweite wird er nicht zahlen müssen, denn er sitzt täglich zwölf Stunden am Schreibtisch und schreibt, beflügelt von Naumanns Angebot, die Arbeit in der Rekordzeit von insgesamt drei Wochen nieder. *Weinbau und Weingärtnerstand in*

*Heilbronn am Neckar*, so der Titel, sei »kein wesentlicher Beitrag für die Wissenschaft geworden«, meint er selbstkritisch.

Das Thema zwingt einen Vergleich mit der Dissertation des sechs Jahre älteren Gustav Stresemann geradezu auf, der ja, wie Heuss, schon als Gymnasiast für Zeitungen geschrieben und früh mit Naumann sympathisiert hat, ehe er 1903 zu den Nationalliberalen ging. Stresemann, zusammen mit Aristide Briand Friedensnobelpreisträger des Jahres 1926, ist Sohn eines Kneipiers in Berlin-Mitte, der auch eine Anlage zur Abfüllung von Bierflaschen unterhielt. Im Jahr 1900 wird er in Leipzig mit einer Arbeit über *Die Entwicklung des Berliner Flaschenbiergeschäfts* zum Dr. phil. promoviert. Nach heutigen Maßstäben sind beide Arbeiten knapp gehalten – Stresemann schrieb 93, Heuss 126 Seiten –, beide handeln von beiden vertrauten Themen, immerhin gehörten Wein und Weinbau in Heilbronn mehr oder weniger zum Alltag auch des Jünglings Heuss. Allerdings unterscheiden sich die Dissertationen nach Ansatz und Stil: Die Stresemanns ist betont nüchtern und nationalökonomisch gehalten, die von Heuss, zwar ebenfalls mit volkswirtschaftlichen Statistiken und Fakten unterlegt, zeigt lebhafte Sympathie für die kulturelle Eigenschaft der Weingärtner, die sich als geschlossene, konservative Gruppe in einer aufblühenden Industriestadt behauptet haben. Im Grunde versucht Heuss die Soziographie eines Standes, entwirft das Bild von etwa 300 Familien, alle sesshafte Bürger, die an der alten reichsstädtischen Tradition festhalten, schildert ihre großen und hohen Giebelhäuser mit den breiten Einfahrten in der Altstadt, aber auch das Gefälle zwischen Reich und Arm, das es unter ihnen gibt. Die Dissertation von Heuss enthält ein großes Stück anschaulich geschriebener Kulturgeschichte und lässt schon den späteren Autor historischer Essays und Biographien erkennen, die von Stresemann bleibt stets bei trockenen, prosaischen Fakten des Herstellens, des Vermarktens und des Handels mit in Flaschen abgefülltem Gerstensaft. Wer die Arbeiten vergleicht, würde den Titel eines Doktors der Staatswissenschaften wohl eher Stresemann zusprechen, den eines Dr. phil. dagegen Heuss. Die akademische Welt wollte es offenbar anders, und so wird Theodor Heuss – cum laude – zum jüngsten Doktor der Münchner staatswissenschaftlichen Fakultät ernannt.[44]

Ende Mai 1905 hält er in Brentanos Seminar das übliche Abschlussreferat, genauer: Er liest, nach einleitenden Bemerkungen über die Anlage der Arbeit, das Schlusskapitel vor. Am nächsten Tag fährt er nach Berlin. Die Universität in München nimmt die Arbeit an, und zum mündlichen Examen im Oktober, dem Rigorosum, kommt er aus Berlin angereist, jetzt als Redakteur von Friedrich Naumanns *Hilfe* mit einem Anfangsgehalt von 150 Mark. Im Rückblick räumt er ein, dass diese Abschlussprüfung alles andere denn glänzend verlief. So sei der präzise Finanzwissenschaftler Walther Lotz, der ihn über Wesen und Technik öffentlicher Anleihen ausfragte, über ihn »sehr betrübt« gewesen, und Heuss selbst erinnert diese halbe Stunde als »durchaus blamable Angelegenheit«. Bei Brentano hingegen sei alles ordentlich und nach Wunsch verlaufen. Er habe nach Arbeiten aus seiner, Brentanos, Frühzeit gefragt und nach Praxis und Theorie des Gewerkschaftswesens, was Heuss als Entgegenkommen betrachtete: »Er wußte, daß die Auseinandersetzung mit derlei jetzt bereits halb und halb Berufsbeschäftigung geworden« war. Offenbar hatte der berühmte Lehrer und Kathedersozialist ein Interesse daran, das Rigorosum seines Schülers, mit dem ihn die freundschaftliche Beziehung zu Naumann verband, »zu einem glatten und raschen Abschluß zu bringen«.[45] Von einem Besuch bei der mütterlichen Verwandtschaft Gümbel in Speyer meldet er seiner Brieffreundin Lulu am 30. Oktober Vollzug: »Die Münchner Affäre ist gut verlaufen« – und grüßt herzlich »von einem fröhlichen Atelierfest mit drei nette Mädle«.[46]

Das Vorspiel ist beendet, der Ernst des Lebens beginnt.

# Um die Reform des Reichs

Redakteur bei Friedrich Naumann
und eine moderne Ehe

Als Heuss im Juni 1905 als 21-jähriger Redakteur in die *Hilfe* eintritt, wird er völlig zu Naumanns jungem Mann. Ihm schenkt er, wie er einmal sagt, seine »halberwachsene Knabenseele«, später sieht er es als »männliche Pflicht und Freude« an, für dessen »Größe zu zeugen«. Er ist mehr als ein Assistent, er wird – und so versteht er sich im Rückblick selbst – Naumanns wichtigster, ja »nächster Mitarbeiter« bis zu dessen Tod 1919. Wie schnell die beiden einander nahekommen, zeigt die Tatsache, dass Heuss das erste Weihnachten als Redakteur nicht in Heilbronn bei seiner Mutter verbringt, sondern bei Naumann in Berlin, »wo es halb feierlich und halb fröhlich, im ganzen aber sehr gemütlich zuging«. *Die Hilfe* erscheint im bücherähnlichen Quartformat und hat rund 7600 Abonnenten, aber die Zahl täuscht über ihre Wirkung: Sie wird von Lehrern, Pfarrern und Studenten gelesen, sogenannten Multiplikatoren, und ist Leitmedium für junge, liberal denkende Akademiker, welche die überkommenen verhärteten Fronten in Politik und Gesellschaft aufbrechen wollen. Redigiert wird sie in Schöneberg, in einem lärmumtosten Viertel am Rande der Stadt zwischen zwei Bahnsträngen, von den Bewohnern die »Insel« genannt – in einer »greulichen Umgebung« also, wie Heuss erinnert. Erst als Naumann in einem der Häuser, die dort gebaut werden, zwei größere Wohnungen auf dem gleichen Stockwerk erwirbt, die eine für sich und seine Familie, die andere für die *Hilfe*-Redaktion, ist die graue

Düsterkeit gebannt, unter der Heuss im ersten Jahr offenbar gelitten hat. Der Blick schweift nun über den Zwöf-Apostel-Friedhof, auf dem Naumann später seine letzte Ruhe findet, »an ein paar wüsten Backsteinhäusern vorbei« auf die »Weite des noch unbebauten Tempelhofer Feldes«. Berlin ist dabei, sich auszubreiten, als Heuss zur *Hilfe* kommt, mit Hoch- und Untergrundbahnen mausert es sich zur Weltstadt, und da er mehrfach die Buden wechselt – erst in Friedenau wohnt, dann in Wilmersdorf –, wird er Zeuge der Prosperität des Kaiserreichs vor 1914: Die ungeheure Bautätigkeit frisst die noch vorhandenen Grünflächen in den westlichen Vororten regelrecht auf. In nur zwei Jahren, in denen er in Friedenau am Friedrich-Wilhelm-Platz wohnt, entsteht auf dem Gelände der populären Radrennbahn nebenan ein ganzes Stadtviertel, architektonisch nicht eben gelungen, so der Kritiker Heuss, sondern, typisch 19. Jahrhundert, eine »verlegene Verständigung zwischen dem Rationalen und dem Romantischen«.

In der Redaktion fühlt sich der junge Journalist wohl, das Artikelschreiben macht Spaß, die Arbeit strengt ihn nicht zu sehr an und lässt ihm genug Zeit, eigenen Interessen nachzugehen. Vor allem ist Heuss zufrieden, dass er wirtschaftlich unabhängig ist und der Mutter nicht mehr auf der Tasche liegt. Was handwerklich nötig ist, lernt er, der zwar schon als Schüler und Student Artikel geschrieben, aber nie bei einer Zeitung volontiert hat, im Handumdrehen: Der drei Jahre ältere Dr. Eugen Katz, Leiter des politischen Teils, einziger Redakteur neben ihm und ebenfalls Brentano-Schüler, bringt ihm bei, welche Häkchen und Striche er auf Manuskripten zu machen hat, ehe sie in die Setzerei geschickt werden, auch, dass er für den Umbruch kleinere Meldungen im Stehsatz parat halten soll, um Lücken zu stopfen. Die größte Schwierigkeit bereitet ihm anfangs das Lesen der Manuskripte, da Autoren, die eine Schreibmaschine besitzen, noch die Ausnahme bilden und ihre Beiträge in meist nur mühsam zu entziffernder Handschrift auf dem Redaktionstisch landen. Pannen sind damit vorprogrammiert. So entdeckt er im Blatt einmal eine »moralbeglänzte Zaubernacht«, ein Unding eigentlich,

denn der romantisch gestimmte Autor hatte, wie sich zu spät her-
ausstellte, von einer »mondbeglänzten« geschwärmt. Ein Text des
gelernten Journalisten Hellmut von Gerlach, der mittlerweile als
einziger Abgeordneter der früheren Nationalsozialen im Reichstag
sitzt, bereitet Schwierigkeiten, denn seine Schrift sei eine »Kombina-
tion von Morsezeichen und stenographischen Schnörkeln« gewesen,
über der er brütend mit dem Korrektor gesessen habe. Beide reiben
sich die Augen, als sie in seinem Beitrag lesen, dass sich Gastwirte
zu einer systematischen »Seelenreinigung« entschlossen hätten, was
für einen Erzrationalisten wie Gerlach allerdings einer verblüffen-
den religionspsychologischen Einschätzung gleichgekommen wäre,
bis es ihnen schließlich dämmert, dass er von »Saalverweigerung«
geschrieben hat – einer Tatsache, die in Wahlkämpfen bei konservativen Wirten gegenüber liberalen und linken Parteien nicht unüblich
war.[1]

Heuss redigiert zunächst das »Beiblatt«, das jene Artikel bringt,
die bei anderen Zeitungen im Feuilleton stehen: Aufsätze über Kunst,
Literatur und Architektur, Buchrezensionen und Theaterkritiken,
gelegentlich auch zu musikalischen Ereignissen. Er ist außerdem
verantwortlich für die Rubrik »Allerlei« und die Leserbriefe, die an
die *Hilfe* gerichtet werden. Auch wenn auf der ersten Seite dieses
Beiblatts in der linken Spalte regelmäßig eine Andacht des protestantischen Pfarrers Gottfried Traub veröffentlicht wird, vertritt *Die
Hilfe* des Jahres 1905 – der neue Redakteur wird es zufrieden gewesen sein – nicht mehr jene programmatisch-prinzipielle christliche
Grundposition, mit der sie einst begann. Bei der Gründung 1895 war
Naumann ja noch »Vereinsgeistlicher der Inneren Mission Frankfurt« gewesen, und sein Blatt machte bereits im Untertitel klar, dass
es für eine betont christliche Sozialpolitik stand. Schon 1901, einige
Jahre nach dem Ende von Naumanns christlich-sozialer Phase und
der Entkoppelung von Religion und Politik, firmierte *Die Hilfe* dann
als *Nationalsoziales Volksblatt,* um im Jahr 1905, als Heuss in der
Redaktion in Berlin-Schöneberg anheuert, zu dem Untertitel *Nationalsoziale Wochenschrift* zu wechseln; ab 1909 wird sie dann den

Zusatz *Wochenschrift für Politik, Literatur, Kunst* tragen. Doch der Jungredakteur sähe am liebsten auch den Haupttitel entchristlicht und liberalisiert, weil er ihn als Auflagenhindernis betrachtet, zumal er meint, dass er sich nicht mehr mit den veröffentlichten Beiträgen über ökonomische, gesellschafts-, innen- und parteipolitische Fragen, vor allem nicht mit den immer häufiger ins Blatt gehobenen Artikeln über Außenpolitik decke. So jedenfalls argumentiert er gegenüber Naumann, als dieser den neuen Mitarbeiter fragt, ob er einige grundsätzliche Vorschläge mitgebracht habe. Schließlich ist *Die Hilfe* mit der Wandlung Naumanns vom Christlich-Sozialen zum demokratischen Imperialisten nicht nur zum publizistischen Sprachrohr für ein soziales Kaisertum geworden, sondern, da sie Kolonial- und Weltmachtpolitik bejaht, auch eines für die Tirpitz-Flotte. Naumann verspricht zwar, über den von Heuss empfohlenen Verzicht nachzudenken, lässt aber dann, wohl um die alte national-soziale Hausmacht nicht vor den Kopf zu stoßen, doch lieber alles beim Alten.[2]

Was sein Idol und Mentor von ihm erwartet, klingt einfach, macht aber einige Mühen: Heuss soll das bislang vernachlässigte Beiblatt profilieren, den feuilletonistischen Teil ausbauen und dabei einen Stil pflegen, der den Akademiker interessiert und doch für den einfachen Leser verständlich bleibt. Will Naumann *Die Hilfe,* die ja in erster Linie eine politische Zeitschrift ist, zehn Jahre nach ihrer Gründung durch die Verstärkung des Beiblatts endlich zu dem Familienblatt ausbauen, das er ursprünglich im Sinn gehabt hat? Heuss ist sich im Rückblick sicher, dass er seiner Aufgabe, der Zeitschrift ein eigenes und festes literarisches Profil zu geben, nur »unvollkommen gerecht geworden« sei. Angesichts seiner Jugend, bei seiner unsystematischen Art der Vorbildung und seinem Mangel an »Fühlung« mit den literarischen Kreisen habe das auch gar nicht anders sein können. Zudem findet er neben wenigen talentierten Mitarbeitern einen Stamm von Autoren vor – meist Pfarrer und Lehrer mit volkspädagogischer Grundhaltung –, die seinen literarischen Ansprüchen kaum genügen und denen er, der Einundzwanzigjährige, nun beibringen muss, dass »Gedrucktwerden nicht bloß von der richtigen Gesinnung« abhängig sei. Er bemüht sich um neue Autoren, aber mit besonders attraktiven Honoraren kann er nicht locken: 10 Pfennig pro Zeile bietet er Lulu von Strauß und Torney für Kurzgeschichten, aber sie winkt ab, weil sie nicht viel schreibt und ihre »Produktivität«, wie sie das formuliert, »so schlecht dressiert und langsam ist«. Er selbst ist oft mehrfach im Blatt zu lesen, in den ersten zwei Jahren fast ausschließlich im feuilletonistischen Teil: Es sind überwiegend Buchbesprechungen und Kunstbetrachtungen – etwa über den Schweizer Maler Ferdinand Hodler oder den von ihm besonders geschätzten Max Liebermann –, seltener finden sich Theaterrezensionen, so über Max Reinhardt, den er den »mutigen, zielsicheren Erneuerer unserer Schauspielkunst« nennt. Er zeigt sich begeistert von Walt Whitman, genauer dem »wilden Orkan seiner Leidenschaft«: Für den Amerikaner sei Demokratie »die würdigste und gesündeste Form eines Volkes« zu leben – nicht bloß in einem politischen, sondern auch in einem kulturellen und philosophischen Sinn. Heuss bedauert, dass eine solche Demokratie, die den Einzelnen läutere und erfülle, hierzulande nicht wachsen könne, denn Europa hänge zu voll von spielender Romantik und Philologie.

Als Feuilletonist schreibt Heuss auch Stimmungsbilder von Städten, bringt Berichte von seinen Reisen nach Paris (1906), nach Brüssel und Brügge (1907), scheut aber auch harte Polemik nicht. So rechnet er, der seit seiner Münchner Zeit, seit der Lektüre von Karl Kraus selbst einige Vorbehalte gegenüber Heines Lyrik hat, im September 1906 mit der Heine-Biographie des rechten Barden Adolf Bartels ab: Sie sei mit Hass geschrieben, dem Philister Bartels fehlten alle seelischen und literarischen Organe, sich mit der Persönlichkeit und der Kompliziertheit Heines zu befassen, ohne über ihn herzufallen. Bartels habe sein Hauptvergnügen darin gefunden, »ekelhafte Verdächtigungen, politische Bosheiten und die Geschmacklosigkeiten des Gassenantisemitismus möglichst zahlreich unterzubringen«. Sein vernichtendes Urteil: Dieses

»Bartels'sche Proletentum« darf keinen Eingang in die ästhetische Geschichtsschreibung finden.[3]

Bei allem Vorrang des Feuilletonistischen wird in den ersten Jahren des neuen *Hilfe*-Redakteurs immer wieder dessen Engagement für Soziales und eine Wahlrechtsreform in Preußen deutlich, aber auch sein besonderes Interesse für die Auseinandersetzungen zwischen orthodoxem und revisionistischem Flügel der Sozialdemokraten. So berichtet er im Januar 1906 von der großen Heimarbeit-Ausstellung, für die Käthe Kollwitz das Plakat schuf, das eine abgearbeitete, verhärmte Frau zeigte, die der Kaiserin Auguste Viktoria so sehr missfiel, dass es von allen Litfasssäulen in Berlin entfernt werden musste. Das ganze Elend der damaligen Heimarbeit zeigt Heuss am Beispiel der Herrenkonfektion: Dort seien Stundenlöhne von 70 Pfennig für einen Jünglingsanzug und von 18 Pfennig für einen Drillichanzug üblich, den die sächsische Militärverwaltung bestelle. »Die Ausstellung«, so sein Kommentar, sei »wie ein Ruf all derer, denen die Jahre in Not und ohne Sonne hingehen und denen die Arbeit zum Fluch wird, der ihr ganzes Leben und all ihre Stunden vergiftet«. An dem »Weg des Freimachens« (von diesem Unglück) mitzuschaffen, sei nicht nur eine »soziale, sondern auch eine kulturelle Pflicht des deutschen Volkstums«.

Unter der Überschrift »Proletarierleben« bespricht er die von Paul Göhre, dem linken, zur SPD abgewanderten, einst nationalsozialen Pfarrer herausgegebene und eingeleitete *Lebensgeschichte eines Fabrikarbeiters*. Es ist das Porträt eines 33-jährigen Mannes aus Ronneburg in Thüringen, der »ohne allzu viel Lyrik« und »auf dem Weg über das Kind« sehr jung zu einer Frau kam, sich als Ungelernter in Pantoffelmachereien, als Kellner und in Maschinenfabriken durchschlägt, inzwischen sechs Kinder hat und lungenkrank ist, so dass die Frau sich in Heimarbeit nebenher abschuften muss. Der spezifisch sozialdemokratischen Denkweise und ihrem »Gefühlsinhalt«, die inzwischen »zur tragenden Kraft seines Lebens« wurde, gewinnt Heuss durchaus Positives ab: Indem sie Köpfe und Seelen von der Dumpfheit der eintönigen Handarbeit frei mache und ihnen ein Ideal, eine Sehnsucht und eine Pflicht gebe, bedeute dies einen »nicht schätzbaren Gewinn an allgemeiner geistiger und kultureller Energie in unserem Volkstum«. Auch wenn er sich über manche sozialdemokratischen Äußerungsformen bisweilen ärgert, empfiehlt er das Buch. Der Führung der deutschen Sozialdemokratie, die sich Bündnissen mit bürgerlichen Parteien noch immer strikt verweigert, stellt er Jean Jaurès als Vorbild hin: Als der linksbürgerliche Regierungschef Georges Clemenceau den französischen Sozialisten Ende Juni die Zusammenarbeit bei Reformen – etwa der Nationalisierung von Monopolbetrieben – anbietet, habe dieser nicht etwa abgelehnt, sondern erklärt, er schließe sich »rückhaltlos jeder Reformarbeit an, wofern sie nur ernsthaft wirksam ist«. Sollten sich die ewigen Neinsager Bebel und Kautsky nicht endlich ebenso verhalten? Zumindest die süddeutschen Sozialdemokraten sieht er auf dem richtigen Weg, denn sie sind keine Fundamentaloppositionellen, sie stimmen in den jeweiligen Landtagen für das Budget, um sich nicht zu isolieren und, wie etwa in Baden, durch eine Allianz mit den Liberalen und dem Freisinn eine reaktionäre Kammermehrheit von Konservativen und Zentrum zu verhindern. So lobt er, als er die vor allem von der Volkspartei konzipierte württembergische Verfassungsreform kommentiert, die entscheidende Rolle der württembergischen Sozialdemokraten. Nach dem Motto, alle Vorschläge zu unterstützen, die sich ihren Grundsätzen näherten, hätten sie der Reform zugestimmt und damit eine vom Volk nach dem Verhältniswahlrecht gewählte – und entscheidende – zweite Kammer im Jahr 1906 ermöglicht. Da Württemberg mit dieser Reform den demokratischen Vorsprung von Baden und Bayern aufgeholt habe, sieht Heuss den »Schwerpunkt der politischen Zukunft« des Reichs sich dem Süden zuneigen.[4]

Es ist im Wesentlichen der Assistent Heuss, der seinem verehrten Meister einen Wahlkreis verschafft und so bei den »Hottentotten«-Wahlen von 1907 Naumanns Einzug in den Wallotbau als Reichstagsabgeordneter sichert. Als Reichskanzler Bernhard von Bülow – im Einvernehmen mit dem Kaiser – im Dezember 1906 den

Reichstag auflöst, weil seine blauschwarze Koalition von Konservativen und Zentrum keine Mehrheit für den Nachtragshaushalt zur Liquidierung der Kosten des Kolonialkriegs in Deutsch-Südwest fand, sucht Naumann nach einer Möglichkeit, für den Reichstag zu kandidieren. Weil das kleine Fähnlein der Freisinnigen Vereinigung mit seinen neun Abgeordneten nicht über »sichere« Reichstagswahlkreise verfügt, ist das Risiko zu scheitern allerdings hoch. Heuss sieht eine besonders gute Chance in Heilbronn, da er im Sommer 1906 in Stuttgart ein Abkommen mit Conrad Haußmann ausgehandelt hatte, das einem nationalsozial-orientierten Mitglied der Freisinnigen Vereinigung, dem Arzt Dr. Ludwig Bauer, für die württembergischen Landtagswahlen im Herbst den Wahlkreis Urach sicherte. Haußmann, Rechtsanwalt, Journalist und Führer der Süddeutschen Volkspartei, wollte die »partikularschwäbische« Enge verlassen, war zu einem Vorkämpfer der liberalen Einigung geworden und stimmte einem liberalen Einheitskandidaten zu. Das Bündnis bewährte sich, Bauer zog in den Landtag ein und schloss sich, wie von Heuss versprochen, der volksparteilichen Landtagsfraktion an.

Lässt sich das provinzielle Erfolgsmodell von Urach, wo Heuss sich erstmals als Wahlkampfmanager betätigte, in einem viel größeren Rahmen für Naumann in Heilbronn wiederholen? Er quartiert sich bei der Mutter ein und führt zunächst Einzelgespräche mit den wichtigsten Liberalen der Stadt, um sie auf Naumann einzuschwören. Überzeugend aber hat wohl erst das Referat gewirkt, das der Zweiundzwanzigjährige in der entscheidenden Mitgliederversammlung des Ortsvereins der Volkspartei halten kann: Einmütig beschließt sie, Naumann die Kandidatur anzubieten. Heuss gelingt es, auch einen bedeutenden Teil der Nationalliberalen für Naumann zu gewinnen – ihre eher nach links orientierten Jungliberalen nämlich, die in Heilbronn das Sagen gegenüber den Alten haben. Dass Naumann im linksliberalen Lager ein Befürworter von Weltmachtpolitik, starker Flotte und deutschen Kolonien ist, mag dabei eine Rolle gespielt haben. Mit ihm als Kandidaten, meint Jürgen Frölich, konnten sich die Linksliberalen im Wahlkreis Heilbronn als national zuverlässige Kraft darstellen – vor allem gegenüber dem Zentrum, das sie als ihren Hauptgegner im Kampf um den Reichstagssitz betrachteten.[5]

Der Wahlkampf, der nun entbrennt, trägt in Heuss' Erinnerung schon »amerikanische« Züge, denn nicht in zweispännigen Kutschen wie im Landtagswahlkampf um Urach, sondern in Automobilen fährt man über die Dörfer, um dort Veranstaltungen abzuhalten. Im Rückblick sieht Heuss sich gern als Vater von Naumanns Sieg, aber nicht minder wichtig war wohl die Leistung Ernst Jäckhs, des damaligen Chefredakteurs der *Neckar-Zeitung*, der Naumanns Ideen schon seit langem in seinem Blatt populär gemacht hatte. Jetzt stellt er es in den Dienst des Wahlkampfs und überredet die Fabrikanten und Mäzene der Linksliberalen dazu, ihre noch viel bewunderten Automobile Naumann und seinen Wahlkampfhelfern zur Verfügung zu stellen. Sowohl Heuss als auch Naumann sind von den modernen Gefährten so beeindruckt, dass beide nahezu enthusiastisch in der *Hilfe* darüber schreiben. Es ist Heuss' erste Fahrt in einer Kutsche ohne Pferde, in seiner Schilderung sitzt der Chauffeur »wie zum Angriff geduckt vor uns«, und »plötzlich« geht es los: »Der Wagen rast die Anhöhe hinauf, der Dreck klatscht hoch auf, das Schneewasser an den Straßenrändern springt wie ein Goldregen in das helle Licht... Der Wagen stürmt hinauf und hinunter und die Bewegung, dieses ungewisse, halb ängstliche, mitreißende Fortfort gibt der Seele ein scharfes Tempo.«

Dass Kandidat Naumann auf ärztliche Order nur Wasser trinken darf, wird in den Weindörfern zum Problem: Zwar steht auf seinem Pult stets eine Seltersflasche bereit, aber die Winzer missdeuten dies leicht als Unverständnis für ihre Sorgen, zumal der Gegenkandidat vom Bauernbund dem Wein »bis zum Suff« zuspricht. Da ist es besser, der junge Assistent Naumanns trommelt in den Weindörfern, als dass sein Wasser trinkender Chef mögliche »schlotzende« Wähler vor den Kopf stößt. Schließlich kennt Heuss seit seiner Promotionsarbeit die Nöte der Winzer bestens und kann mit ihnen über ihre beruflichen Sorgen reden. Er sei allmählich »mit den intimsten Angelegenheiten der Landwirtschaft vertraut«, bemerkt er einmal über seinen Wahlkampf auf dem Land, unter dem Beifall der Hörer rede er selbst über die »Aufzucht der Milchschweine«; überhaupt sei dies seine »außerpersönlichste Zeit«, denn er sei »nur Funktion der Naumannschen Wahl«.

Das »Wahlbuereau von drei Stuben« leitet Wilhelm Cohnstaedt, Brentano-Schüler wie Heuss, der bald in der *Frankfurter Zeitung* schreiben wird; als Adjutant zur Seite steht ihm Harald Dohrn, Student der Landwirtschaft, Bruder des mit Heuss befreundeten Brentano-Schülers Wolf Dohrn und jüngster Sohn des in Neapel ansässigen Zoologen Anton Dohrn, über den Heuss in den dreißiger Jahren eine Biographie verfassen wird. Der Heuss'sche Stil des Wahlkampfs, meint Frölich, sei nicht gerade zimperlich gewesen: »Klaqueure wurden von auswärts herangekarrt, die gegnerischen Versammlungen durch *agents provocateurs* aufgemischt, was die Gegner besonders ärgerte, weil sie noch gar nicht wahlberechtigt, also älter als 25 Jahre waren ...«

Mit Hilfe sozialdemokratischer Wählerstimmen – Ernst Jaeckhs sozialdemokratischer Bruder hat bei der SPD-Bezirksleitung in Stuttgart eine Art wohlwollender Neutralität durchgesetzt – gewinnt Naumann schließlich die Stichwahl mit 1500 Stimmen Vorsprung. In den Heilbronner Kilianshallen, wo seine Anhänger den Sieg feiern, umarmt er Heuss und gibt ihm einen Kuss – eine Szene, die Heuss zwiespältig erinnert: »Ich hätte in den Boden sinken mögen und schämte mich für ihn – denn er hatte uns doch das Sentimentale abgewöhnt oder abgewöhnen wollen. Erst später habe ich, nicht ohne Rührung, diese seine innere Bewegung zu würdigen, fast zu verzeihen gewusst.«[6]

Die Freisinnige Vereinigung vergrößert ihre Fraktion von neun auf nun vierzehn Abgeordnete, und die linksliberalen Parteien verwirklichen einen alten Traum von Naumann, der seit langem für ihre Vereinigung kämpft: Im neuen Reichstag bilden sie erstmals eine Fraktionsgemeinschaft. Die im Herbst 1903 zwischen Theodor

Barth und Friedrich Naumann geschlossene Freundschaft allerdings wird bald zerbrechen, denn die neue Fraktion stimmt im Reichstag mit den Konservativen und den Nationalliberalen und gehört damit zum sogenannten Bülow-Block. Doch entschiedene Reformen, wie sie Naumann etwa beim preußischen Dreiklassenwahlrecht anmahnt, sind nicht durchsetzbar. Zwar können die Liberalen beim Reichsvereinsgesetz Fortschritte erreichen, die heute Selbstverständlichkeiten sind – so dürfen Frauen und Jugendliche über achtzehn Jahren endlich Mitlieder von politischen Vereinigungen sein und die Befugnisse der Polizei bei der Auflösung von Versammlungen werden eingeschränkt –, doch enthält das Gesetz genügend Sprengstoff, um die kleine Freisinnige Vereinigung erneut zu spalten. Paragraph 7 schreibt nämlich Deutsch für alle öffentlichen Versammlungen – ausgenommen internationale Kongresse – als Sprache zwingend vor, richtet sich damit vor allem gegen die polnische Minderheit im östlichen Preußen und ist insofern Teil der offiziellen Germanisierungspolitik. Theodor Barth, Hellmut von Gerlach und Rudolf Breitscheid, die alle kein Reichstagsmandat erhalten haben und ohnehin keine Freunde des Bülow-Blocks sind, nehmen den Sprachparagraphen zum Anlass, im Frühjahr 1908 ihren Austritt aus der Freisinnigen Vereinigung zu erklären. Heuss spricht von einem »Musterbeispiel der Auseinandersetzung zwischen prinzipieller und realistischer Politik«: Der Realist Naumann beschränke sich auf das Erreichbare, der Prinzipielle Barth bestehe auf dem Idealen. Max Weber zeigt volles Verständnis für Naumanns pragmatische Haltung und versichert ihn seiner Sympathie: »Sachlich«, so Weber an Naumann, »konnten Sie keine andere Politik machen ...« Der Gedanke liegt nahe, den damals schwelenden Konflikt zwischen Naumann und Barth auch als einen zwischen Verantwortungs- und Gesinnungsethik zu bezeichnen, selbst wenn Weber diese gegensätzlichen Begriffe erst 1919 in seiner Schrift *Politik als Beruf* prägen wird.[7]

Zu den Kritikern Naumanns gehört auch Lujo Brentano, dem Naumann doch einiges zu verdanken hat: Weil ein Drittel aller Bergarbeiter des Ruhrgebiets fremdsprachlich seien, so der Kathedersozialist aus München, müsse eine Fassung des Sprachparagraphen gefunden werden, die alle mit Arbeiterkoalitionen zusammenhängenden Versammlungen vom gesetzlich vorgesehenen Deutschzwang ausschließe. Das aber vermag Naumann im Gesetz nicht festzuschreiben; vielmehr muss er sich mit der mündlichen Zusicherung des zuständigen Staatssekretärs für Inneres, Theobald von Bethmann Hollweg, begnügen; eine Anwendung auf die Gewerkschaften sei nicht vorgesehen. Die Folge ist ein bitteres Zerwürfnis zwischen Naumann und Brentano, das bis in die ersten Jahre des kommenden Krieges reichen wird. Doch kommt dieser Bruch nicht von ungefähr, denn Brentano neigt zu, wenn auch freundschaftlich gedachten, Mahnungen und Rügen. Im Sommer 1907 kommt es zu einem regelrechten Briefduell zwischen beiden, weil der Professor in München an Naumanns – und seiner Zeitschrift *Hilfe* – Stellung zu Carl Peters Anstoß nimmt. Dessen brutale Kolonisierungsmethoden waren auf harte öffentliche Kritik gestoßen, nachdem der Deutsch-Ostafrika-Pionier sich eine afrikanische Geliebte gehalten hatte, sie und seinen Diener aber aufhängen und ihre Dörfer dem Erdboden gleichmachen ließ, als er entdeckte, dass die beiden ein Verhältnis miteinander hatten. Seine Gegner nannten ihn deshalb »Hängepeters«. Als der Kolonialist sich 1907 in einem Prozess in München gegen den Vorwurf des feigen Mordes wehrt, nimmt ihn der Theologe und Publizist Paul Rohrbach, der außen- und kolonialpolitische Experte der *Hilfe,* in Schutz: Es sei elend und kleinlich, sich gegenüber Peters sittlich zu entrüsten, denn er habe lediglich »zur Aufrechterhaltung seiner Autorität« als Expeditionsführer gegen einen unverschämten Dorfhäuptling, einen diebischen Diener und ein schwarzes Freudenmädchen mit Pulver und Blei und mit dem Strick durchgegriffen ...« Schwäche dürfe der Weiße gegenüber Eingeborenen nie zeigen. Sobald Gefahr vorliege, so Rohrbach, gelte der Satz: »Lieber etwas Blut vergießen vorbeugender Art, als hinterher ein Gemetzel großen Stils unter den Eingeborenen oder der Untergang der ganzen Expedition.« Der damalige *Hilfe*-Redakteur Heuss meint, Brentanos humanitäre Ethik sei durch die Haltung des

Blatts tief getroffen gewesen. Nach dem Konflikt über das Vereinsgesetz bricht der Briefwechsel zwischen Naumann und Brentano jedenfalls auf Jahre ab, und Brentano selbst scheidet aus dem Wahlausschuss der Freisinnigen Vereinigung aus. So bezeichnet Heuss in seinem bedächtig-abwägenden Stil, Barth, Gerlach, Breitscheid und Brentano im Sinn, 1908 als Jahr der »schmerzlichen, menschlichen Abschiede«.[8]

Sieg!«, telegraphiert er am 25. Januar 1907 aus Heilbronn an eine junge Dame in Straßburg, die er im Oktober 1905 an einem Abend bei Naumann in Berlin kennengelernt hat. Sie heißt Elly Knapp, ist die Tochter des Nationalökonomen Georg Friedrich Knapp, der als Professor in Straßburg lehrt, und hat sich in einem Brief an ihn zuvor ironisch über sein Engagement im Wahlkampf geäußert: »Nun sind Sie mitten im Wühlen und Hetzen, reden und lügen, renommieren und ängstlich sein... Ich spanne auf Nachricht.«[9] Der kritische Ton freilich trügt: Sie wünscht sehnlichst Naumanns Sieg, schon als Schülerin hat sie die *Hilfe* von ihrem Taschengeld gehalten und ist von deren Herausgeber so begeistert, dass sie, kaum hat sie eine kleine Erbschaft gemacht, dem Blatt und der Sache der Nationalsozialen einen beträchtlichen Teil davon spendet.

Elly Knapp ist alles andere denn die übliche höhere Tochter jener Zeit, sie studiert in einem Lehrerinnenseminar und macht ein Examen, das sie zum Unterricht in der Grund- und Mittelstufe berechtigt. In Straßburg engagiert sie sich beim Aufbau einer Fortbildungsschule für Mädchen, ist in der Sozialfürsorge tätig und lernt die Außenansicht Deutschlands durch einen Ferienkurs in Grenoble verstehen. Sie hält sozialpolitische Vorträge bei Frauenvereinen und Fürsorgerinnen, vor Handlungsgehilfen und bei der Heilsarmee. Als Rednerin ist sie im Elsass und in den angrenzenden Gebieten bald so bekannt und beliebt, dass sie, von der Mutter des Großindustriellen Hugo Stinnes eingeladen, in Mülheim an der Ruhr über Probleme der Heimarbeiterinnen spricht.[10] Um ihre nationalökonomischen und

sozialpolitischen Kenntnisse zu erweitern, studiert sie ein Semester
in Freiburg und anschließend ein weiteres Semester als Gasthörerin
der damaligen Friedrich-Wilhelms-Universität in Berlin. Als Naumanns jüngste Mäzenatin wird sie sofort in dessen Kreis aufgenommen, wo sich Elly und Theodor erstmals begegnen. Aber es ist mehr
als die gemeinsame, ja »liebende Verehrung« (Heuss) für Naumann,
die beide als Seelenverwandte zusammenführt. Was Elly Knapp nach
diesem Winterhalbjahr 1905/06 für Theodor Heuss bedeutet und
wie sie auf ihn wirkt, offenbart er nach ihrer Abreise umgehend
seiner Brieffreundin Lulu von Strauß und Torney: »In diesen letzten Wochen habe ich wieder eine große Freundschaft geschlossen
mit einem Straßburger Mädchen, das mir sehr viel war ... Sie ist
ein kluges und sehr fröhliches Mädchen und mit einem Fonds von
Persönlichkeit, Wille, Kraft, Frische ausgestattet, der überaus wohl-
tuend weiterwirkt. So ging sie wie eine schöne und weiße Wolke
durch den Himmel unseres Frühlings und wir werden traurig sein,
wenn sie hinter den Bergen entschwunden ist.«[11]

Sein poetischer Stimmungsbericht datiert vom 28. März 1906,
drei Tage später schreibt er Elly, die inzwischen wieder im heimischen Straßburg ist, einen ersten, schüchtern-werbenden Brief: Er
spricht davon, dass ihr Weggehen durch das »seelische Leben der
letzten Wochen einen sehr empfindlichen Riß gemacht« habe, dass
er ihn jetzt mit Briefpapier zuzukleben versuche und das nächste
Glas guten Weins der Dauer ihrer Freundschaft weihe. Wie sie wisse,
habe er Frauen gegenüber »nicht das Talent der raschen Annäherung«, aber wo er Menschen gefunden, die er liebe, wolle er sich
»ihre treue Zuneigung ertrotzen oder erwecken«. Er hat »Heimweh
nach ihrem Lachen«, ihrer Mütterlichkeit, ihrem »fröhlichen Mit-
Tun, Dabei-Sein«[12] und schickt ihr Gedichte, die sie mit einer goldenen Schnur zusammenbindet. Beide sind große Briefschreiber, seine
Zeilen werden werbender, ihre sind voll Herzlichkeit, aber doch
vorerst in einem freundschaftlich-kameradschaftlichen Grundton
gehalten; immer häufiger gehen die Briefe hin und her, die Reichs-
post ist Anfang des 20. Jahrhunderts erstaunlich, ja beneidenswert

schnell: Ein Brief, den Heuss abends zwischen sieben und acht Uhr in Berlin in den Briefkasten steckt, trifft am nächsten Tag um 14 Uhr in Straßburg ein.

Wer den Briefwechsel heute liest, den faszinieren die Offenheit und der intellektuellen Anspruch, die in beider Zeilen deutlich werden. Man tauscht sich über die gegenseitige Lektüre aus, über gemeinsame Freunde, Kunstausstellungen, über den von ihnen verehrten Naumann, seine Politik und – von ihrer Seite durchaus kritisch – auch über Heuss' Artikel in der *Hilfe*. So warnt sie ihn vor einem stilistischen Manierismus, zu dem er neigt, etwa »antikisierender Neubildungen« wie »ein *neuerliches* Verhältnis« – das sei eine Gefahr für ihn, auch meint sie, er schreibe zu »verzwickt«, seinen Kunstbesprechungen fehle es oft an Klarheit.[13] Wenn sie vor dem Einschlafen Gedichte von ihm liest, wundert sie sich über den großen Einfluss von Dehmel: In seiner »Epistel an Eugenie« sei manches sehr nett, »manches auch ein bisschen verlogen, z. B. der Schluß«.[14] Auch ihre Reiseeindrücke teilen sie einander mit. Im Mai 1906 schreibt er von einem dreiwöchigen Aufenthalt in Paris, wie sehr ihm dessen Architektur imponiere: Das meiste, was die Franzosen bauten, sei wundersame Dekoration, »die Kerle« – er meint ihre Architekten – verfügten über »einen unvergleichlichen Reichtum an Einfällen und Kompromissen«, aber Sachen »wie [das moderne Berliner Kaufhaus] Wertheim, Ihr Münster, mein Heilbronner Rathaus hätten hier nicht wachsen können«. Die Pariser gefallen ihm etwas besser als die Berliner, weil sie »beim Laufen die Köpfe etwas mehr in die Luft stecken« und die Frauen ihre Röcke »etwas pikanter« tragen.[15]

Sie rühmt ihm drei Monate später »unvergessliche« Rembrandt-Porträts, die sie während einer Hollandreise in Amsterdam besichtigt – »allein die ›Nachtwache‹ lohne die Reise hierher«. Der exotische Reichtum der frühen Kolonialmacht Holland wird deutlich, wenn sie ihm die Atmosphäre der Luxushotels schildert, in denen sie absteigt, weil sie mit einer reichen Freundin und auf deren Einladung reist: Im Essssaal sei »alles weiße Seide, dazwischen laufen

Negersklaven herum, die gar nicht zum Bedienen, nur zum Schnörkel da sind«. Und die Kellner bedienten einen, »wie wenn man sich
nicht selber nehmen könnte, und man nimmt immer die falsche
Gabel und fühlt sich als Vetter vom Land«. Vor allem den anwesenden Engländerinnen fühlt sie sich gesellschaftlich unterlegen: »Gelt,
man ist doch auch etwas wert, auch wenn man nicht mit einem
hochmütigen Klappen der Augenlider alle Kellner fliegen macht?«[16]

Als ihr Heuss im September 1906 seine Liebe gesteht – »Keinem
Menschen habe ich wie Ihnen mein Wesen aufgetan« –, weist sie
ihn, wenn auch in äußerst schonender Art ab: Sie will seine Freundschaft nicht missen, ihm »eine gute Schwester bleiben« und bittet
ihren »lieben Dorle«: »…bleiben Sie mir das, was Sie mir bis jetzt
waren«.[17] Noch fühlt sie sich an ihren alten Freund Walter Leoni
in Straßburg gebunden und erst dann frei, als dieser einer ihrer
Freundinnen einen Heiratsantrag macht. Sie ist die zweifellos reifere
Person und Heuss gesellschaftlich weit überlegen, und er spürt das,
räumt es ihr gegenüber sogar ein, wenn er schreibt, es sei »kein Vergnügen, 22 Jahre alt zu sein und außer einer kleinen Cousine noch
kein Mädel geküsst zu haben«. Man komme sich dann »bisweilen
arg dumm und dackelhaft vor«.[18] Dann wieder schreibt er ironisch,
er wisse wohl, dass er heute noch ein Kind, ein etwas altkluger
Knabe sei, aber er wisse auch, in fünf oder acht Jahren werde er
»ein reifer und sicherer Mann« sein.[19] Sie nennt ihn mütterlich, später betont oft »mein lieber Bub« und sieht in den drei Jahren, die
sie ihm voraus ist, zunächst ein ernstes Hindernis. Konventionelle
Anschauung dieser Zeit ist ja, dass ein Ehemann mindestens fünf,
wenn nicht sieben Jahre älter sein solle. Er hält dagegen: Was sind
drei Jahre »gegen das große und fruchtbare Leben, das noch unser
wartet und das wir erwarten«?

Die Temperamentsunterschiede zwischen ihnen sind nicht zu
übersehen. Sie vermisst einmal stürmische Leidenschaft bei ihm,
worauf er, ein Mann nicht der Brüche, sondern der stetigen Entwicklungen, antwortet: Wer so lebe und so erzogen worden sei wie
er, »immer ganz frei und immer in enger Selbstdisziplin«, für den

sei »Leidenschaft nicht der Anfang der Liebe, sondern ihr Ergebnis«, in »Stille und Stete« gewachsen. Einmal schreibt er ihr auch von seiner stark disziplinierten Sexualität, »diszipliniert weniger durch soziales Räsonnement als durch eine vollkommen individuelle Reinheits- und Reinlichkeitsethik«. Man sage ihm zwar oft, »diese Monogamie sei bei einem so freidenkenden Menschen eine fixe Idee. Aber mich leitet sie so durch alle Situationen des Lebens, daß ich allerdings an die ›starke Leidenschaft‹, an das Besitzenwollen um allen Preis des Lebens, nicht bei mir glauben kann. Heute wenigstens, da ich noch in der Entwicklung stehe, nicht. Vielleicht ist das Schwäche, vielleicht ist es Stärke.«[20] Schließlich verloben sie sich heimlich im Frühjahr 1907, offiziell dann im Sommer desselben Jahres. Nur Ellys Vater, der als Professor in Leipzig eine seiner Studentinnen, die sieben Jahre jüngere Lydia von Karganow aus einem russifizierten georgischen Adelszweig geheiratet hatte, meint spöttisch-brummelnd, Heuss sei zwar ein ordentlicher Kerl, aber dass Buben jetzt ihre Großmütter heiraten wollten, bleibe ihm unverständlich.

Theodor Heuss kommt aus der schwäbischen Provinz, sie stammt aus einer Juristen- und Gelehrtenfamilie, deren Wurzeln über Generationen zurückreichen. Schon Ellys Urgoßvater Knapp war Geheimer Staatsrat des Hessischen Großherzogs, ihr Großvater Ludwig Friedrich Knapp Chemiker an der Hochschule in Braunschweig, der die Schwester von Justus von Liebig, dem Erfinder der Phosphatdüngung, heiratete. Ihr Vater Georg Friedrich Knapp, Mitbegründer des Vereins für Socialpolitik, hatte mit seiner Studie über die Bauernbefreiung und den Ursprung der Landarbeiter in Preußen ein grundlegendes Werk der deutschen Agrargeschichte verfasst. Mit seiner 1905 veröffentlichten, damals viel beachteten *Staatlichen Theorie des Geldes* entkoppelte er das Geldwesen von der bis dahin in der Wissenschaft unerlässlichen Deckung durch materielle Werte wie Gold oder Silber und betonte seinen staatlichen Ordnungscharakter. »Das Geld ist ein Geschöpf der Rechtsordnung« – mit diesem Satz, den Rezensent Ludwig Dehio mit einer »dogmatischen Fanfare«

vergleicht, setze das Buch gleich ein. In Fachkreisen habe zunächst »Befremdung« überwogen, doch dass die zentrale Bedeutung des staatlichen Willens sich nicht leugnen lasse, habe die »Erschütterung der Metallwährungen in der Weltkriegsära« gezeigt. Auf Anregung von John Maynard Keynes wurde das Buch ins Englische übertragen, später folgte eine Übersetzung selbst ins Japanische.[21]

Knapp ist einer der ersten deutschen Professoren, der nach 1871 an der neuen Kaiser-Wilhelm-Universität in Straßburg lehrt und auch dort bleibt, bis ihn die Franzosen nach dem Ersten Weltkrieg des Landes verweisen. Er steht Brentano nahe, auch Naumann, obwohl er besonders kritisch über Wilhelm II. denkt; aber zu Problemen der Tagespolitik bezieht er – anders als die beiden – keine Stellung. Sein Staatsverständnis ist beinahe altkonservativ, denn er preist den Elsässern das Ethos Alt-Preußens an: Keine Herrschaft, erklärte er 1891 bei der Übernahme seines ersten Rektorats an der Universität, »werde so leicht ertragen, ja so dankbar empfunden wie die Herrschaft hochsinniger und hochgebildeter Beamter«. Die Beamten würden sich in Deutschland nicht mehr das Heft aus der Hand nehmen lassen, »auch von parlamentarischen Mehrheiten nicht, die wir ja meisterlich zu behandeln wissen«. Der deutsche Staat sei ein Beamtenstaat und er hofft, »daß er in diesem Sinne ein Beamtenstaat bleibt«.[22]

Als Heuss 1906 erstmals die Knapps in Straßburg besucht, leben sie bereits im herrschaftlichen Appartement eines deutschen Neubauviertels nahe der Universität, in der vorzugsweise deutsche Professoren, Offiziere und Beamte wohnen. Zur Oberschicht Industrieller und reicher Kaufleute, der immer noch französisch gesinnten und untereinander oft französisch sprechenden bürgerlichen Elite des Elsass haben diese zugezogenen »Altdeutschen« meist keine Kontakte. Das gilt wohl auch für Vater Knapp, der jeden Ruf an eine andere Universität ablehnt, weil er meint, »es müsse eine Generation Altdeutscher hier aufwachsen und das Land als ihre Heimat ansehen«. Das Wort »germanisieren«, erinnert sich Elly, sei bei ihnen zu Hause nicht ausgesprochen worden, denn der Vater habe nur an die Wirkung »ungewollter Ausstrahlung« geglaubt: »Er redete nicht vom Deutschtum, er lebte es.«

Elly allerdings erlebt hautnah die Spannungen und Risse, die quer durch einen Teil der elsässischen Gesellschaft gehen. Sie ist mit der Tochter eines alten Professors und berühmten Gynäkologen befreundet, der beim Einzug der Deutschen die Läden seines Vorderhauses fest verrammelt hat; seither lebt er zur Gartenseite hinaus und wolle sie – so das Ondit – erst wieder öffnen, wenn die Franzosen wiedergekommen seien. Mit ihr, Elsa Köberle, die selbst französische Gedichte schreibt und im *Mercure de France* veröffentlicht, begeistert Elly sich früh für Stefan George, aber auch für Verlaine. Durch sie lernt sie Dr. Pierre Bucher kennen, der die zweisprachige *Illustrierte Elsässische Rundschau* gründet und zum Anführer einer geistig und kulturell französisch orientierten Opposition im Elsass wird. Folgt man Ellys Erinnerungen, dann hatte »das Volk, die Bauern und Kleinbürger«, zwar kein Staatsgefühl, aber ein ausgesprochenes Heimatbewusstsein – und das sei »alemannischdeutsch« gewesen »wie ihre Sprache«. Die Regierung hätten sie vor allem danach beurteilt, wie viel Steuern sie zahlen mussten. Die Arbeiter dagegen hätten sich, schon der fortschrittlichen deutschen Sozialpolitik wegen, eindeutig als zur deutschen Arbeiterschaft gehörig gefühlt.

Dass das Elsass im Kern deutsch sei und deshalb zu Recht zum Reich gehöre, daran zweifeln um die Jahrhundertwende weder Heuss noch Elly Knapp, zumal Heuss die Nation nicht republikanisch als Willensakt versteht, wie in Frankreich seit der Revolution üblich, sondern als historisch gewachsene Sprach-, Kultur- und Erlebnisgemeinschaft und das Elsass aus seiner Sicht selbstverständlich zum deutschen Siedlungsgebiet gehört. Allerdings üben beide Kritik an der Art der preußischen Verwaltung der »Reichslande«, die sehr oft zu wenig Verständnis für die Eigenart der Elsässer aufbringt.

Wichtig für Ellys Entwicklung wird vor allem der sogenannte Radlerkreis, eine Gruppe Jugendlicher und junger Erwachsener, die zusammen musiziert, Probleme wälzt und mit Fahrrädern die

Natur und das Umland entdeckt. Was für Theodor Heuss die weiten Wanderungen mit dem Vater waren, ein Stück Vorwegnahme der Jugendbewegung, ist für Elly Knapp ihr »Radelklub«: die Sehnsucht der Jugend, in die Natur hinauszukommen, Absonderung von den überlebten Konventionen der Gesellschaft, natürlich auch »ein Stück Kulturkritik und das stolze Gefühl des Anbruchs einer neuen Zeit«. Einer aus diesem Kreis ist Albert Schweitzer, Theologe, Bach-Biograph und Orgelspieler: »Gelegentlich versammelte sich in seiner Stube der ganze Kreis, dann spielte er auf dem Orgelklavier Teile aus der Matthäus-Passion und erklärte seine Entdeckung der Leitmotive.« Offenbar hat sich der Kreis an Sonntagnachmittagen auch mit Ellys Vater getroffen, »der mit Albert Schweitzer lange Gespräche über neue und alte Bibelübersetzungen führte«. Einmal, als der Radelklub bei den Eltern Schweitzers im Pfarrhaus in Günsbach zu Gast ist, stört Elly ihr eigenes und das Hochdeutsch einiger Freunde – doch die »etwas strenge Mutter Schweitzer« nimmt sie alle »so herzlich« auf, dass ihr dieser Tag »als schönstes Zusammensein« in Erinnerung bleibt.

Dem stets ordentlich-bürgerlichen und skeptischen Heuss fällt es anfangs nicht leicht, sich auf die bedeutendste Figur in Ellys Freundeskreis, auf Schweitzer und dessen Fülle an Begabungen, einen Reim zu machen, ringt sich dann allerdings zu einem »nachwirkenden Eindruck« durch, den dieser »merkwürdige Mann« auf ihn damals gemacht habe. Was Schweitzer vorhat, ist ja in der Tat exzeptionell: Der gestandene Mann, erfolgreich im Beruf, Organist, Dr. phil, habilitierter Theologe, Dozent an der Universität Straßburg und Vikar in St. Nikolai, will all dies hinter sich lassen, um ein Leben als tätiger Christ, und dies unter widrigsten Umständen, zu führen. Mit dreißig Jahren beginnt er, Medizin zu studieren, um Missionsarzt in Schwarzafrika zu werden und »das große Abenteuer seines Lebens« vorzubereiten: den Aufbau eines Urwaldhospitals mit Leprastation in Gabun. Übrigens wird ihn eine enge Freundin Elly Knapps, Helene Bresslau, Tochter eines Historikers in Straßburg, dabei als Frau und Gefährtin begleiten.[23]

Elly muss dem Vater in seiner zweiten Amtszeit als Rektor der Universität das Haus führen, denn Knapps Frau Lydia, eine begeisterte Klavierspielerin, die sieben Sprachen spricht, ist an einem Nervenleiden erkrankt und lebt in Sanatorien, meist in Baden-Baden. Da die älteste Tochter Marianne inzwischen mit dem Mediziner und Physiologen Ernst Lesser in Halle an der Saale verheiratet ist, fällt die Aufgabe, »Spitzenessen« zu geben, der jüngeren Tochter zu. Sie kriege, schreibt sie dem Verlobten, »den Statthalter [der Reichslande Elsass-Lothringen] zu Tisch und mehr solchen Klimbims. Es macht mir aber Spaß, und der Papa behauptet, ich würde reaktionär dabei.«[24] Im Gegensatz zu Theodor kennt sich Elly, das Professoren- und Rektorentöchterlein, mit der Etikette aus, sitzt bei einem Festessen neben Prinz August Wilhelm (nicht ahnend, dass dieser vierte Kaisersohn später einmal Mitglied der NSDAP und SA-Standartenführer wird): »Wir wurden so lebhaft miteinander, erzählten jedes seine Hollandreise, renommierten mit Kenntnis der einzelnen Museen, fielen uns ins Wort, lachten und riefen [den damals in Straßburg lehrenden Kunsthistoriker] Dehio als Schiedsrichter an, kurz, ich habe mich noch selten mit einem eben kennengelernten Menschen so glänzend unterhalten. Als der Champagner kam, nahm er sein Glas, beugte sich zu mir und sagte ganz leise: ›Wir wollen gegenseitig auf jemand anstoßen, der hier fehlt. Wir sind ja nun in der gleichen Lage.‹ Das hat ihm mein Herz gewonnen.« Da Elly offiziell bereits verlobt ist, sind mit den Fehlenden offenbar Heuss und die damalige Herzensdame des Prinzen gemeint. »Es war«, fasst sie ihren Eindruck von der »Großen Welt« zusammen, »doch sehr interessant, die oberste Gesellschaftsschicht so als dazugehöriger Mensch anzugucken. Im ganzen war ich angenehm enttäuscht. Aber sehr vermissen werde ich's nicht. Nur wenn ich keine Gelegenheit mehr habe, mein elegantes Kleid anzuziehen, werde ich traurig.«[25]

Entspricht es ihrer gesellschaftlichen Stellung, aber auch ihrer fast mütterlichen Fürsorglichkeit gegenüber dem Jüngeren, wenn sie ihm bereits im Oktober 1906 schreibt: »... machen Sie mir und sich und allen eine große Freude und – ziehen Sie um! Bitte! – Auf jeden Fall in ein sehr sauberes Zimmer, was man lüften kann.« Seine Bude fand sie im Sommer zu schrecklich, und seine Mutter mache sich auch Kummer darüber. »Und jetzt seien Sie nicht bös' (Sie schimpfen ja schon!), sondern tun Sie's. Reinlichkeit ist nämlich kein Luxus, und man kann in dieser Beziehung nicht so anspruchslos leben wie Sie's tun. – Ich möchte Sie gern im Januar... in einer hellen, hübschen, sauberen Bude besuchen.«

Also ermahnt, zieht Heuss vom Friedrich-Wilhelm-Platz in Friedenau in die Tübinger Straße in Wilmersdorf um. Und da sie, nach der Verlobung gern »ein bißle Staat« mit ihm machen will, sucht sie, sein Äußeres zu verfeinern: Er solle sich »amerikanische Stiefel« im Vera House in der Friedrichstraße kaufen – »bitte tu's«, schreibt sie und verspricht ihm Extraküsse dafür. Sie selbst sehe zwar nur seine Augenbrauen und seine Hände und ihn überhaupt – »aber die anderen Leute gucken auf die Stiefel«. Auch seine »berühmte weiße Weste« soll er tragen, in der er so viel netter aussehe. Es sei Elly geglückt, so Heuss in seinen *Erinnerungen,* ihn zu domestizieren und ihm seine »jugendliche Koketterie« abzugewöhnen: So habe er gelernt, dass man zum Cut keine gelben Schuhe trage, auf seine »prätentiöse hochgeschlossene Weste« und die lange Pfeife zu verzichten, weil sie ihren Qualm als unerträglich empfand, auch sei er – wenn auch mit leichtem Murren – auf Anweisung zum Friseur gegangen, der den Haarschopf beträchtlich verkürzte.

Dass er offiziell bei Professor Knapp um die Hand seiner Tochter Elly Hand anhält, ist eine Formalität, die in einem Seminarraum der Straßburger Universität abgewickelt wird – mehr einem Rigorosum gleichend denn einem Gespräch darüber, ob der künftige Schwiegersohn der Tochter auch eine sichere materielle Grundlage zu bieten hat. Knapp offeriert eine bescheidene Brasil, aber über die ökonomischen Voraussetzungen der Ehe will er nichts wissen. Lieber spricht er mit ihm über dessen nationalökonomische Lehrer, die er sehr gut kennt, zumal Lujo Brentano als auch Gustav Schmoller einige Jahre Kollegen in Straßburg gewesen sind. Aus Heuss' Art der Erzählung und nach seiner Einschätzung sucht er sich ein Bild von dem neuen Familienmitglied zu machen.[26]

Die finanzielle Basis für die Ehe ist freilich schmal. Da sein Redaktionskollege Eugen Katz, ein überzeugter Zionist, als Syndikus für eine Stiftung nach Hannover geht, die junge Juden für Siedlungszwecke in Landwirtschaft unterrichtet, redigiert Heuss seit Mitte 1907 auch den politischen Teil der *Hilfe*. Nach Naumann sei er nun der »Öberschte in unserem Betrieb«, schreibt er stolz an seine Freundin Lulu, und so bittet er Naumann um eine Gehaltserhöhung. Der zahlt ihm, auch mit Blick auf die bevorstehende Eheschließung, nun jährlich 4000 Mark, was einem Monatsgehalt von rund 330 Mark entspricht. Dazu kommen jährlich 500 Mark vom Verlag der *Hilfe* für besondere Arbeiten sowie weitere 500 Mark im Jahr als Honorare für Artikel in anderen Zeitungen. Elly schätzt daraufhin, »gering gerechnet«, ihrer beider jährliches Einkommen – inklusive Zinsen für ihr schmales Kapital – auf 6000 Mark, von denen ihnen nach Abzug von Miete, Steuern, Kohlen, »Toilettengeld« (Bekleidungskosten), Lohn für das Dienstmädchen sowie Feuer- und Krankenversicherung etwa 3000 Mark »rein für Essen und Trinken und ev. Reisen« blieben. Sie könne »viel durch Selbstaufpassen am Essen sparen« und ihn dabei doch »gut nähren«. Weil er ihre Schätzung für zu hoch hält, will sie notfalls ein »riesiges, dickes, scheußliches Armband« ihrer armenischen Großmutter verkaufen, das mit seinen Diamanten sicher 1000 Mark wert ist.

Die Suche nach einer gemeinsamen Wohnung gestaltet sich schwierig und kostet ihn einige Zeit und Mühe. Sie mache sich keine Vorstellung, was das bedeute, wenn der Suchende »eine Braut in Straßburg hat, die sich für die ausgefallensten Dinge wie Badeofen und Bodenräume« interessiere, schreibt er Lulu nach Bückeburg: »…ich rannte mit einem Meterstab in den Stuben der Leute rum, zeichnete einen Grundriß, schickte ihn nach Straßburg, besprach hin und her die Vorteile und gab somit den übrigen Liebhabern höflich die Möglichkeit, mir die Wohnung allemale wegzumieten.« Endlich wird er fündig und mietet – mit ihrer Zustimmung – eine

Wohnung in Schöneberg an, nur tausend Schritte von der Redaktion entfernt. Sie liegt in der dritten Etage des Mietshauses Königsweg 8 mit Blick über den Zwölf-Apostel-Friedhof und hat neben den vier Zimmern, in denen das Paar wohnen wird, auch einen Balkon, ein Fremdenzimmer und eine Mädchenkammer.

Am 28. März 1908 zieht er aus seiner Bude in Wilmersdorf aus, schläft erstmals »in einem Durcheinander von Kisten, Büchern und Koffern« im neuen Heim und wartet auf Möbel, die sie bei den Deutschen Werkstätten von Karl Schmidt bestellt haben. Für den heutigen Geschmack mögen sie ein wenig wuchtig wirken, doch sie sind von jener gediegenen, sachlichen, schnörkellosen Moderne, die sie auf der Gewerbeausstellung 1906 in Dresden schätzen gelernt haben – ein Stil, wie er auch vom Deutschen Werkbund propagiert wird. Elly wird diese Stücke mit einigen Antiquitäten – Schränken und Kommoden – mischen und hat in London Stoffe für Vorhänge bestellt.

Am 11. April 1908 traut Albert Schweitzer das Paar Theodor Heuss und Elisabeth Eleonore Anne Justine Knapp in der Wilhelmer Kirche in Straßburg. Im Scherz fragt er später, ob das Brautpaar sich nicht an seinem Lysoformgeruch gestört habe – er sei nämlich gerade von einer Operation gekommen. Dem Bräutigam Heuss ist dies offenbar nicht aufgefallen, zumal er vor dem Altar mit anderen Problemen ringt. Getauft zwar und konfirmiert, ist er doch weder christlich noch kirchlich verwurzelt, und da er eine tiefe Abneigung gegen pastörliches Pathos hat, sträubt sich alles in ihm gegen eine kirchliche Hochzeit. Am liebsten beließe er es bei der standesamtlichen Eheschließung, die Straßburgs Oberbürgermeister Rudolf Schwander vollzieht – ein sozial engagierter Mann, der ein für das ganze Reich vorbildliches System der städtischen Armenpflege schuf.

Elly muss ihrem Liebsten gut zureden, die kirchliche Trauung nicht als »etwas Lästiges« zu empfinden, zumal der Pastor ja ein Freund sei, der nur ausspricht, »was nahestehende Freunde uns sagen wollen«. Um ihn friedlich zu stimmen, erlässt sie ihm sogar

den Gehrock, den er für die Kirche anziehen sollte – jene doppelrei-
hige, knielange schwarze Jacke, die er verabscheut, die man indes
bei festlichen Anlässen zu tragen hat. »Ich verlange nur«, schreibt
sie ihrem Dorle, »daß Du Dir Müh' gibst, Dich nicht in Abwehr
hineinzusteigern.«

Natürlich beugt er sich, aber die Traurede Schweitzers kann ihm
nicht missfallen haben. Wenn dieser »starkknochige Mann mit küh-
nem Gesicht« und »behaglicher Dialektfärbung« (Heuss) für sie
das Bibelwort »Ihr seid das Salz der Erde« wählt, verläuft letztlich
selbst die innerlich abgelehnte kirchliche Hochzeit irgendwie »naumännisch«. Jesus hat diese Worte ja zu seinen Jüngern gesprochen,
und Schweitzer legt sie dahin aus, dass das Paar sich nicht nur
gelobe, füreinander zu leben, sondern zugleich »miteinander für
etwas leben« wolle. Nur die hätten begriffen, um was es sich bei
der Arbeit in unserer Zeit handele, denen es aufgegangen sei, »daß
alles Helfen, Bessern und Fördern auf die Schaffung eines neuen
Geistes gehen muß«. Für den neuen Geist steht natürlich Naumann,
mit dem Elly ihren Vorsatz, seinen engsten Mitstreiter zu ehelichen,
übrigens ausführlich diskutiert hat. Obwohl zunächst skeptisch, ist
Pastor Naumann selbstverständlich als Ehrengast anwesend und
segnet den Bund mit seiner Tischrede ein, für die er als Leitgedanken
ein Wort Paul Gerhardts wählt: »Eines ist des andern Licht, wissen's
alle beide nicht.«

Die »erste gemeinsame Fahrt ins Leben« (Heuss), die Hochzeits-
reise in der Kutsche – »im offenen Chaisle« –, führt dann durch den
Odenwald ins romantische Miltenberg, wo Ellys Urgroßvater Louis
einst Förster war und wo sie mit ihrem geliebten Großvater viele
Sommer verbracht hat. Schließlich enden die Flitterwochen, wieder
ganz naumännisch, in einem verräucherten Saal in Frankfurt, wo
sich auf dem Parteitag der Freisinnigen Vereinigung »in dramati-
scher Spannung« (Heuss) die Trennung zwischen Barth/Gerlach/
Breitscheid und der Mehrheit um Naumann vollzieht.[27]

So funktional, einfach und mit klaren Formen die Einrichtung,
die keine »Plüschbebaglichkeit« mit gedrechselten Stuhlbeinen und

einem »Dackel als Salzfaß« kennt, so modern soll auch die Ehe sein, die das Paar führen will: eine auf Augenhöhe, bei der sich die Frau nicht dem Mann unterwirft, sondern Gleichberechtigung, auch intellektuelle, gilt. Um die Jahrhundertwende beginnt ja, nicht nur seit Ibsens »Nora«, eine Diskussion um die traditionelle Ehe und ihre Fragwürdigkeit. Ibsen-Zirkel bilden sich, der große norwegische Dramatiker wird als Befreier von der Konvention gefeiert, und die Experimente auf dem berühmten Monte Verità bei Ascona, auf dem sich schließlich Anhänger verschiedenster nichtbürgerlicher Lebensentwürfe sammeln, beginnen mit einer Liebeskommune.

Beim Paar Elly und Theodor Heuss geht alles frei und dennoch gutbürgerlich zu. Elly ist die emanzipierte Frau, die an ihrer Eigenständigkeit im Beruf festhält und schon wenige Tage nach dem Einzug in die gemeinsame Berliner Wohnung im Mai 1908 Unterricht in zwei Fortbildungsschulen gibt – an der Lette-Schule zur »Förderung der Erwerbsfähigkeit des weiblichen Geschlechts« und der Viktoria-Schule, einer »Lehr- und Erziehungsstätte zur Ertüchtigung von Mädchen für das praktische Leben«. Im Spätsommer wird sie in die »Prüfungskommission für Gewerbelehrer« berufen, und als ihr die Sozialreformerin Alice Salomon Unterricht an ihrer Sozialen Frauenschule in Aussicht stellt, beginnt sie, ein systematisches Lehrbuch zu schreiben, das beim Leipziger Verlag Voigtländer erscheinen wird: *Bürgerkunde und Volkswirtschaft für Frauen*, als ein Leitfaden für Frauenschulen gedacht. Was sie darin über Geld sagt, bittet sie ihren Vater zu überprüfen – es komme ihr bei allem nur darauf an, »Sachen hervorzuheben, die zum Unterricht bei fünfzehn- bis siebzehnjährigen Mädchen geeignet sind«. Pro Unterrichtsstunde erhält sie fünf oder sechs Mark, und ihr Geld verwaltet sie »ganz allein«. Der Theodor finde sogar, berichtet sie dem Vater nach Straßburg, »daß wir ganz formell noch vor dem Notar einen Vertrag auf Gütertrennung schließen sollten als moderne Eheleute. In der Praxis haben's wir von Anfang an so gehalten.«

Im Grunde führen beide nicht nur »die neue«, wie Elly meint, sondern auch eine intellektuelle Ehe: Es gibt keine größeren Artikel von ihm oder ihr, über die beide nicht miteinander sprächen und sich austauschten, nichts, was den einen bewegt, bleibt dem anderen fremd. Übrigens schreibt auch Elly gelegentlich für *Die Hilfe*. Eines ihrer ersten Reisefeuilletons handelt von »Zwei Fahrten nach Holland« – die eine gemächlich im Boot auf Kanälen und durch Grachten, bei der man durch die großen gardinenlosen Fenster in die blanken Stuben schauen kann, die andere im Automobil, in dem man den Rausch des Fahrens, den Rhythmus der Bewegung genießt »und Kinder und Geisen« mit »lustigängstlichen Sprüngen vor uns in den Graben« springen.[28]

Bei all ihrer Fortschrittlichkeit hat Elly Heuss-Knapp, wie sie sich jetzt nennt, eine distanzierte Haltung zu Frauenrechtlerinnen vor allem der ersten Generation, sie ist alles andere als eine Suffragette und findet es »verkrampft«, wenn ehrbare und brave Damen sich radikal gebärden. In der Sache ist sie mit ihnen meist einig, in der Form offensichtlich seltener. Ganz bürgerlich geht das Paar davon aus, bald Kinder zu haben, und als sich die Anzeichen für die Geburt des ersten mehren, pachtet es zwei Mansardenzimmer in einer Villenkolonie in Neubabelsberg. Dort kann die werdende Mutter im Sommer einen schönen schattigen Garten benutzen, morgens fährt sie manchmal mit dem Dampfer bis zur Glienicker Brücke und geht dann am Wasser entlang zu einem Haus, zu dem der Kronprinz täglich mit dem Auto kommt, um dort zu schwimmen. Für viele Zuschauer eine Gaudi, legt er die Hand zum Gruß ans nasse Haar. »Warum er ausgerechnet an einer Landungsstelle baden muß, während ihm in seinem Park das ganze Ufer zu Gebot steht – das weiß ich nicht«, so Elly an ihre Schwester Marianne. »Vielleicht ist er so stolz auf seinen gut gebauten Körper.«

Läden gibt es in dieser Gegend nicht – wenn man ein Huhn haben will oder Gurken, schreibt man an Wertheim, dessen von Pferden gezogener Lieferwagen bis Neubabelsberg etwa drei Stunden braucht und alles bringt – außer frischem Obst. Das Wertheim-Warenhaus am Leipziger Platz mit seinem riesigen Lichthof und der durch Pfeiler gegliederten Außenfassade damals das größte

Kaufhaus Europas, das selbst Harrods in London in den Schatten stellte, war für Theodor Heuss ein Beispiel prosperierender deutscher Moderne, wie er es sich an der Seine bei seinem ersten Paris-Besuch nicht hatte vorstellen können.

Am 5. August 1910 erblickt das »Ludwigli«, der Sohn Ernst Ludwig, das Licht der Welt – nach einer äußerst schwierigen, nahezu endlosen, ganze 85 Stunden währenden Geburt, die seine Mutter an den Rand des Todes bringt. Der Kopf des Sohnes lag nicht richtig, man musste ihn im Mutterleib umdrehen und an den Füssen herausziehen – »das feste Eingreifen war notwendig, da das Kind in großer Gefahr war, zu ersticken«, berichtet Heuss dem Schwiegervater in Straßburg. Der Sohn muss von der Portiersfrau gestillt werden, weil Elly »um des Herzens willen« viel Alkohol und Sekt eingeflößt wird und ihr Magen nur eingeschränkt Nahrung aufnehmen kann. Sie hatte zuvor gelegentlich leichte Herzbeschwerden gehabt, die sich jetzt verschlimmern und Sanatorienaufenthalte notwendig machen. Auch scheinen nun alle Hoffnungen auf ein weiteres Kind – für eine Tochter hatten beide bereits den Namen Lotte-Marianne gewählt – für immer hinfällig. Der Brieffreundin Lulu beschreibt er, knapp drei Monate später, die Komplikationen: »... eine schwierige Operation, Herzkollaps, Magenauspumperei, vierzehn Tage ohne Schlaf, die Erholung ging sehr langsam vorwärts ...« Jetzt sitze er arbeitsam zwischen seinen Wänden, schreibe Artikel und wickle seinen Sohn – eine Behauptung, die Elly in einem Briefzusatz sofort zurechtrückt: Mit dem Wickeln habe er wohl »etwas renommiert«. In der ersten bösen Zeit, als ihre Pflegerin fort war, habe er das zwar brav getan – »aber jetzt ist er mehr fürs Spaßmachen mit dem Sohn und weniger fürs Säubern«.

Im März 1911 zieht die Familie Heuss dann in ein angenehmeres Viertel und eine kindgerechtere Wohnung in die Grillparzerstaße 15 in Steglitz um. Das Haus ist solide gebaut, ohne die »Schundeleganz der Berliner Hausbesitzer«, aus allen Fenstern Ausblick ins Freie, dazu einen Garten von sechs mal zehn Quadratmetern und Kinderspielplätze in erreichbarer Nähe rundum. Elly gibt wieder Unterricht und arbeitet intensiv an der Vorbereitung der großen Ausstellung »Die Frau in Haus und Beruf« mit, die im Februar und März 1912 im Ausstellungsgelände am Zoo technische Neuheiten für den Haushalt vorstellt und die Probleme der Frauenarbeit in Industrie, Handwerk und Landwirtschaft zeigt.[29]

Besser vernetzt als Theodor Heuss kann in den letzten zehn Jahren vor der Urkatastrophe, dem Ersten Weltkrieg, kaum einer sein, denn Friedrich Naumanns Sympathisanten, unter ihnen nicht wenige einflussreiche und bedeutende Wissenschaftler, Theologen, Künstler, Unternehmer, Pädagogen und Politiker, finden sich in den letzten Winkeln des ganzen Reiches. Zu diesem wahrlich stattlichen Netzwerk, auf das sein engster Mitarbeiter jederzeit Zugriff hat, kommt mit der Ehe ein ihm »neuer Menschenkreis« hinzu. Seine Frau Elly, die Großnichte Justus von Liebigs, ist mit dessen Enkelinnen Amalie und Lina Thiersch verwandt: Sie sind Cousinen zweiten Grades, die erste mit dem berühmten Theologen Adolf von Harnack, die zweite mit dem nicht minder bedeutenden Historiker Hans Delbrück verheiratet. Während ihres Universitätsjahres in Berlin hatte diese, wenn auch entfernte, Verwandtschaft ihr einigen Rückhalt geboten, und so führt sie jetzt die herzlichen Kontakte fort. Im Hause Harnacks und Delbrücks lernt Heuss manche wichtige Persönlichkeit kennen, etwa Max Planck bei einer Gesellschaft, die Delbrück gibt. Der Kontakt zu den Harnacks wird vor allem während des Dritten Reiches wichtig werden, da deren Sohn Ernst enge Beziehungen zu Widerstandskreisen hält.

Mit der mütterlichen Linie der Karganows weht ein Hauch der russisch-zaristischen Adelswelt durch den vergrößerten »Familienverband«: Auf einer Hollandreise besucht Heuss 1907 Ellys Vetter, einen Gesandtschaftsrat der russischen Vertretung im Haag, Joris von Loris-Melikow, dessen Mutter wiederum eine Schwester von Ellys Mutter ist. Der angeheiratete Vetter kommt aus einer den Romanows bedingungslos ergebenen Familie und spricht fließend Deutsch, das er auf dem Gymnasium in Baden-Baden erlernt hat. Nach dem Ersten Weltkrieg begegnet Heuss ihm in Berlin wieder, einer Zwischenstation auf dem Weg in die Emigration, die ihn schließlich nach Paris führen wird. Glaubt man Heuss' *Erinnerungen,* dann ist bei aller wechselseitigen Sympathie die Verständigung mit ihm indes schwierig, als sie einander ein letztes Mal vor Kriegsausbruch im Hause von Ellys Schwester Marianne in Heidelberg sehen: »... er war auf Hitlers antibolschewistische Tiraden vollkommen hereingefallen«, denn »er erwartete von ihm die Befreiung seines Vaterlandes«. Es wollte, so Heuss, nicht gelingen, ihm diese Illusion auszureden.[30]

W ie sieht das wilhelminische Deutschland aus, in dem der Redakteur Heuss – zusammen mit Friedrich Naumann – vom Sommer 1907 bis zum Frühjahr 1912 die politische Linie der *Hilfe* bestimmt? War der in der deutschen Gesellschaft vorherrschende Typ damals wirklich der »Untertan«, wie der gleichnamige kritische, ja satirische Roman von Heinrich Mann suggeriert? Thomas Nipperdey stellt diese Frage und prüft, ob Manns Hauptfigur Diederich Heßling – »unterwürfig nach oben, brutal nach unten, charakterlos, karrierebesessen, dumm und zugleich gerissen« –, ob dieser »gemeine, feige, sentimentale« Romanheld ein spezifisch deutscher Typ, »ein Produkt des deutschen politischen-sozialen Systems« der Wilhelminischen Ära gewesen sei. Er entdeckt vieles, was das Bild von der Untertanengesellschaft zu bestätigen scheint: martialisch-bramarbarsierende, theatralische Kaiserreden, das laute, auftrumpfende, arrogante und parvenuhafte Neudeutsche, das die Gesellschaft durchdringt, den bürgerlichen Militaria-Kult des Reserveoffiziers oder die Übernahme »entleerter, feudalmilitärischer Normen durch die Korporationsstudenten«. Ja, meint Nipperdey, die Gesellschaft des Wilhelminismus sei tatsächlich »obrigkeitlich bürokratisch« geprägt gewesen und das Zutrauen zu »General Dr. von Staat«, das der junge Thomas Mann so ironisch apostrophierte, habe eine große Rolle gespielt. Und doch hält er das Bild von der Untertanengesellschaft für »eine Teilwahrheit und nur eine Teilwahrheit« – zur ganzen Wahrheit gemacht, wird sie nach seiner Meinung zum »irreführenden Klischee«.[31]

In der Tat trägt die Ära des Wilhelminismus einen Januskopf, denn neben all dem, wofür der »Untertan« steht, neben dem Festhalten an überholten, rigid-konservativ-feudalen Vorrechten, am Einfluss der Junker und Agrarier durch das Dreiklassenwahlrecht in Preußen und an der privilegierten gesellschaftlichen Stellung des Militärs, neben alledem gibt es nicht nur die beschleunigte Industrialisierung, welche eine Abkehr vom Überkommenen erzwingt; es gibt die beginnende Blüte der Naturwissenschaften, die Jugendbewegung und die Lebensreform als Absage an die Tradition einer erstarrten Gesellschaft, und es gibt den Auf- und Durchbruch zur Moderne in Literatur und Theater, in Kunst, Handwerk und Architektur. Es ist dies eine Moderne, die der Journalist Heuss als Rezensent von Literatur, Kunst-, Bau- und Gewerbeausstellungen fast durchweg positiv beurteilt, die jedoch in nahezu allem gegen den Geschmack des Kaisers steht. Zwar fördert Wilhelm II. die Naturwissenschaften vorbildlich, aber von der Kunst verlangt er, dass sie durch Harmonie und Schönheit erzieherisch auf die unteren Stände wirkt, den Naturalismus verachtet er als Rinnsteinkunst, und den Leiter seiner Nationalgalerie, Hugo von Tschudi, verjagt er nach München, weil dieser französische Impressionisten angekauft hat. Aber die Moderne in Kunst und Literatur kann er nicht verhindern. Wenn dem Präsidenten Heuss später die goldenen zwanziger Jahre über Gebühr gelobt werden, merkt er aus gutem Grund an, die Moderne sei in der späten Kaiserzeit schon angelegt gewesen. In der Tat: Haben Walter Gropius und Adolf Meyer, als sie 1911 die – inzwischen zum Weltkulturerbe erklärte – Fagus-Schuhleistenfabrik in Alfeld an der Leine bauten, nicht wichtige Elemente des späteren Bauhauses längst vorweggenommen?

Der Januskopf des Wilhelminismus zeigt sich auch in der Politik. Da ernennt der Kaiser den Kanzler und bestimmt damit die Regierung, aber dieser Kanzler ist nur seiner Majestät und nicht dem Reichstag verantwortlich. Dessen Abgeordnete werden nach dem

Prinzip *One man, one vote* gewählt, also in allgemeiner, gleicher, direkter und geheimer Wahl, und damit ist man in Deutschland etlichen Staaten, darunter auch Großbritannien, voraus. Aber im Gegensatz zur britischen parlamentarischen Monarchie haben die Volksvertreter in Berlin bei der Regierungsbildung nichts zu sagen, und der ganze Bereich der sogenannten großen Politik, der Militär- und Außenpolitik, bleibt ihnen vorenthalten. Andererseits kann der vom Kaiser ernannte Regierungschef auch wieder nicht schalten und walten, wie ihm beliebt, denn jedes Gesetz, darunter auch das wichtigste, der jährlich zu verabschiedende Staatshaushalt, braucht die Zustimmung der Mehrheit des Reichstags, um in Kraft zu treten.

Es ist diese komplizierte Gemengelage von (Kaiser-)Kanzler-vollmacht und Reichstagskompetenz, die Eberhard Jäckel zu der Einschätzung bringt, die Führung des Reichs sei »weithin, wenn auch nicht vollständig, von einer vom Volk frei gewählten Mehrheit abhängig« gewesen. Überhaupt sieht er das Reich in den Jahren vor dem Ersten Weltkrieg auf dem Weg zur vollen Parlamentarisierung: Die Wahlen von 1912 hätten, einem Erdrutsch gleich, ein Zeichen der Demokratisierung gesetzt, weil die Sozialdemokraten mit 110 Abgeordneten erstmals die stärkste Fraktion stellten und die klassischen Regierungsparteien – Konservative und National-liberale – zusammen nur 102 Mandate erhielten. In der Tat haben diejenigen Parteien, die später die Weimarer Demokratie tragen wer-den – Sozialdemokraten, Zentrum und linke Liberale –, zusammen eine Mehrheit der Sitze. Aber diese Parteien sind 1912 noch durch tiefe weltanschauliche Gräben voneinander getrennt, die jede denk-bare Koalition unmöglich machen. Man mag, wie Jäckel, dennoch folgern, das Reich sei auf dem Wege gewesen, seine Strukturpro-bleme zu lösen, nur sei dann der Krieg dazwischengekommen.[32]

Aber stimmt die These überhaupt, dass das Reich in diesen Jahren an der Schwelle zur Parlamentarisierung stand? Die Meinungen gehen da auseinander. Theodor Heuss ist überzeugt, die Jahre 1907 bis 1909 hätten unzweifelhaft »eine Etappe in Richtung der Par-lamentarisierung der deutschen Reichsführung« dargestellt, »ohne daß die Regierung das eigentlich wollte und ohne daß das Parlament das eigentlich merkte ...« Fritz Fischer zitiert Kassandrarufe der Konservativen, die in höchsten Tönen über eine zunehmende Parlamentarisierung Deutschlands und eine wachsende Einflussnahme der politischen Parteien im wirtschaftlichen und politischen Leben klagen. Und Michael Stürmer schreibt, wenn ein kaiserlicher Reichskanzler sich je parlamentarisch verhielt, dann sei Bernhard von Bülow dieser Rolle am nächsten gekommen, jener gewandte, beredte Reichskanzler, der die großen Auftritte liebte, aber das große Spiel mit den vielen Kugeln nicht habe spielen können. Bülow stützt sich ja seit 1907 auf eine Allianz von Freikonservativen, Nationalliberalen und Linksliberalen, den sogenannten Bülow-Block, der von Friedrich Naumanns Freisinniger Vereinigung mitgetragen wird. Im Dezember 1907 macht der allein dem Kaiser verantwortliche Kanzler, um Druck auf diese Parteien auszuüben, sein Verbleiben im Amt sogar von der Aufrechterhaltung ihrer Koalition abhängig – ein »Geschenk«, das der Reichstag empfängt, obschon er es gar nicht erwartet hat (Heuss) und das Friedrich Naumann in der *Hilfe* zu dem Kommentar beflügelt, jetzt beginne die »Morgendämmerung eines parlamentarischen Ministeriums nach englischer Art«.

Verhält sich Bülow nicht auch parlamentarisch, als seine Allianz 1909 zerbricht, weil die Konservativen die Einführung von Erbschaftssteuern nicht mittragen wollen? Man könnte es meinen, denn er reicht beim Kaiser umgehend sein Entlassungsgesuch ein. Der bittet ihn jedoch, bis zum Ende der Beratungen über die Finanzgesetze, die sich noch etwa einen Monat, bis Mitte Juli 1909 hinziehen werden, im Amt zu bleiben. Hätte Wilhelm II. seinem Entlassungsgesuch sofort stattgegeben, wäre die Deutung nicht abwegig gewesen, der Monarch vollziehe nur den Willen der Reichstagsmehrheit und akzeptiere damit, so Heinrich August Winkler, »den Übergang von der konstitutionellen zur parlamentarischen Monarchie«. Allerdings bestreitet Winkler wohl zu Recht, dass es 1909 überhaupt die Voraussetzung für eine Parlamentarisierung, nämlich eine Mehrheit im Reichstag, gegeben hätte. Konservative, Nationalliberale und selbst das Zentrum hätten die Beibehaltung der bislang üblichen konstitutionellen Regierungsweise gewollt. Im Prinzip seien nur die Linksliberalen für die Parlamentarisierung gewesen, da die Sozialdemokraten – auch wenn mehr Rechte des Parlaments in ihr Konzept einer umfassenden Demokratisierung Deutschlands gepasst hätten – aus Prinzip Bündnisse mit bürgerlichen Parteien ablehnten. Selbst für den unwahrscheinlichen Fall einer Reichstagsmehrheit sieht Winkler eine solche Verfassungsänderung noch lange nicht vollzogen: Da der Bundesrat mit einer Sperrminorität von vierzehn Stimmen jede Änderung der Reichsverfassung blockieren konnte, hätte ein preußisches Veto ausgereicht, alles beim Alten zu lassen. Und dass die regierenden Kreise Preußens um jeden Preis am Dreiklassenwahlrecht festhalten wollten, um notfalls durch ein preußisches Veto jede Parlamentarisierung des Reiches zu verhindern – daran kann wohl kein Zweifel bestehen. Friedrich Naumann hatte das, als er – innerhalb des Bülow-Blocks – die Forderung nach der Reform des preußischen Wahlrechts erhob, nur zu bitter erfahren müssen.[33]

Man mag die zweieinhalb Jahre dieses Bülow-Blocks das innenpolitische Zwischenspiel tastend versuchter, sehr zögerlicher politischer Modernisierung nennen, in die freilich die schwerste innenpolitische Krise des Wilhelminismus fällt: die Daily-Telegraph-Affäre, die, so Heuss, den »monarchischen Gedanken demoliert« und seinen politischen Ziehvater Naumann zur längst überfälligen Korrektur seines Idealbilds vom Kaiser zwingt. Wilhelm II. hatte dem englischen Oberst Sir Stuart-Wortley ein Interview gewährt, das bei seiner Veröffentlichung im *Daily Telegraph* am 28. Oktober 1908 einen Sturm der Entrüstung auslöst. In der Absicht gegeben, das Misstrauen der Briten gegen die Person und die Flottenpolitik des Kaisers auszuräumen, missrät es dank der grenzenlosen Naivität Wilhelms II. zu einem Meisterstück der Kunst, es sich mit allen reihum zu verderben: mit den Briten, weil er sich als besonderer Englandfreund darstellt, der seiner Großmutter Queen Victoria einen Feldzugsplan zur Niederwerfung der Buren entwarf – als ob Generäle der britischen Weltmacht ohne kaiserliche militärstrategische Beratung der Lage in Südafrika nicht hätten Herr werden können; mit der großen Mehrheit der Deutschen, weil sie im Krieg um Transvaal und den Oranje-Freistaat begeistert Partei für die Buren und gegen England ergriffen hatten und sich durch ihren Kaiser, der 1896 dem Präsidenten der Südafrikanischen Republik Paul Krüger telegraphisch zum Erfolg im ersten Burenkrieg gratuliert hatte, nun desavouiert, ja mit dessen Feldzugsplan arglistig hintergangen fühlen; mit Chinesen und Japanern schließlich, weil der Kaiser – wahrheitswidrig – behauptete, der Bau der deutschen Schlachtflotte sei nicht gegen England gerichtet, sondern für die kommende große Auseinandersetzung im Pazifik geplant, sie solle Deutschland gegen die »gelbe Gefahr«, China und Japan, stärken.

Naumanns und Heuss' *Hilfe* spricht von einem »großen Sturm des Volksempfindens gegen den Kaiser«, und im Reichstag sind sich die Parteien von links bis rechts in der Kritik an Wilhelm einig. Selbst der Kanzler richtet eine Mahnung an Seine Majestät, sie möge sich in Privatgesprächen »im Interesse einer einheitlichen Politik« künftig mehr zurückhalten, andernfalls könne weder er »noch einer seiner Nachfolger die Verantwortung tragen«. Und in der *Hilfe* beginnt Naumann mit der Demontage des eigenen Kaiserbilds: Hätten wir während des Burenkriegs geahnt, »daß der Kaiser sich mit seinen obersten Offizieren zusammensetzte, um den Engländern einen Kriegsplan auszuarbeiten, so würden wir fertig gewesen sein mit dieser Staatsleitung, die so wenig das Empfinden ihres eigenen Volkes teilt«. Es ist eine Demontage, in die viel persönliche Enttäuschung hineinspielt, die sich über Wochen und viele Nummern der *Hilfe* hinzieht und für die nach Heuss »die erschrockene Begegnung mit einem grandiosen Dilettantismus« verantwortlich ist, die die »Verfahren und Motivierung der deutschen Außenpolitik unabmeßbar blamierte«. Naumann habe Wilhelm II. von diesem Augenblick an »für eine Gefahr« gehalten.

Nur zwei Tage nach der Veröffentlichung des Interviews, am 30. Oktober 1908, schreibt Naumann an Max Weber, mit dem er manche Auseinandersetzung über den Monarchen geführt hat: »Ich muß zugeben, daß Sie in der Beurteilung des Kaisers leider recht gehabt haben. Es wird mir schwer, dies zuzugeben, aber ich glaube, daß wir von jetzt an nur noch darüber nachdenken können, wie wir die Einwirkung dieser Stelle auf die deutsche Politik vermindern können.« Sein Nachdenken zeitigt Resultate: Gut vier Wochen nach diesem Brief an Max Weber, am 22. November 1908, veröffentlicht er in seinem Blatt den Artikel »Die Kaiserfrage« und verlangt, dass der Reichskanzler frei gemacht werde von einer einseitigen Abhängigkeit vom Kaiser, der ihn einsetze. Um dies zu gewährleisten, fordert er die Änderung von Paragraph 15 der Reichsverfassung, der bestimmt, dass der Kaiser den Kanzler ernenne. Hier müsse eingeschoben werden: »nach Vorschlag des Reichstags«. So macht die Daily-Telegraph-Affäre aus Naumann, seiner *Hilfe* und ihrem Redakteur Heuss, den einst so beredten Anwälten und Propagandisten eines modernen Cäsarismus, Vorkämpfer der Parlamentarisierung, die jetzt, wie Lujo Brentano schon immer, für eine Monarchie nach britischem Muster eintreten. Aber der Abschied von seinem modernen Industrie- und Flottenkaiser fällt Naumann schwer. Zwar stößt er sich an Wilhelms II. »martialischem Husarendekor« und lobt den eleganten Gehrock Eduards VII. Und doch: »Man streiche alles, was Wilhelm II. seit 1890 für die Flotte, Werften, Häfen, Küstenverteidigung, Auslandsverkehr, Telegraphie geleistet hat, und man wird erkennen, was wir an ihm trotz allem gehabt haben.« Eine immer kritischere Sicht der Person Wilhelm II. ist das eine, der Verzicht auf die Vorstellung vom Kaiser als Vertreter des nationalen Gesamtwillens etwas völlig anderes, denn Naumann bleibt überzeugter Monarchist und damit nahe bei seinem Freund Max Weber, der ja die – parlamentarisch gebundene – Monarchie für die flexibelste und stärkste Staatsform hält, schon weil in ihr die höchste Stelle im Staat ein für allemal besetzt und damit dem Machtstreben ehrgeiziger Politiker entzogen ist.[34]

Und Heuss selbst? Auch er bleibt bis zum Herbst 1918 überzeugter Monarchist und ist nach dem Urteil von Jürgen C. Heß »von einer grundsätzlichen Ablehnung des wilhelminischen Staates weit entfernt«. Heß sieht ihn von einer optimistisch liberalen Reformhaltung bestimmt, welche eine Reformfähigkeit des wilhelminischen Staates voraussetzt: Entsprechend den Vorstellungen Naumanns, erwartet er vom Volkswachstum – »dem größten geschichtlichen Vorgang unserer Zeit« – einen Prozess der Demokratisierung, der sich auf Wehr- und Schulpflicht sowie Wahlrecht stützt und unaufhaltsam ist. Hat Heuss damit, wie Heß meint, die Macht der einer Demokratisierung entgegenstehenden Kräfte und die Erstarrung des Kaiserreichs unterschätzt, die Stärke und die Wirkungsmöglichkeiten der die Demokratisierung bejahenden Schichten aber überschätzt? Aus heutiger Sicht gewiss. Aber das wilhelminische Reich war ein Rechtsstaat, der ein hohes Maß an persönlicher Freiheit garantierte und der, auch wenn seine Verfassung keinen Katalog der Grundrechte kannte, »doch fast alle« gewährleistete: Briefgeheimnis, Pressefreiheit, Glaubens- und Gewissensfreiheit, Gewerbefreiheit, selbst die Gründung von politischen Parteien war frei. Folgt man Jäckel, der quasi eine Binnensicht des damaligen wilhelminischen Staates versucht, dann ist Heuss' liberaler Reformoptimismus keinesfalls völlig unberechtigt gewesen. Das Reich schien, jedenfalls auf mittlere Sicht, vor einer Wende zu stehen. Ein Machtwechsel, so Jäckel, wäre früher oder später gekommen, »und es war eigentlich nur noch die Frage, wie er vor sich gehen werde – ob durch eine Revolution oder in einem friedlichen, reformerischen Übergang«. Dass er für den jungen, modernen Bürger Theodor Heuss friedlich geschehen sollte, steht außer Frage.[35]

»Schreibend und redend« beteiligt sich Heuss an Naumanns Versuch eines reformerischen Übergangs, an dem Unterfangen, die Verantwortlichkeit des Reichstags auszudehnen und die Vormachtstellung der Agrarier und Junker in Preußen durch die Abschaffung des Dreiklassenwahlrechts zu beenden. Als Redner tritt er jetzt oft vor Freisinnigen Vereinigungen auf mit dem Ziel, die Grenzen zwischen den linksliberalen Gruppierungen völlig abzuschaffen und sich zu einer neuen, einigen Partei zusammenzutun, die liberale Vorstellungen mit mehr Gewicht in die Öffentlichkeit tragen kann.

Der Zusammenschluss der verschiedenen freisinnigen Gruppen und der württembergischen Demokraten zur Fortschrittlichen Volkspartei im Jahre 1910 führt schließlich dazu, dass Heuss in Berlin zum Vorsitzenden des Fortschrittlichen Jugendvereins Eugen Richter gewählt wird. Ist er damit, welch ein Paradox, unversehens »Schildhalter und Siegelbewahrer« der Berliner Tradition Eugen Richters geworden, den zwar sein Vater in hohen Ehren hielt, den er selbst aber, im Gefolge Naumanns, als »gescheiten Philister« und Gegner von Flotten- wie Kolonialpolitik so sehr verachtet hatte? Mehr aus Pflichtgefühl denn aus innerer Überzeugung liest er nun dessen Erinnerungen, bleibt aber bei seinem negativen Urteil aus der Studentenzeit: Allzu oft erweise sich Richters »knorrige Charakterfestigkeit« als »phantasiearme Rechthaberei«. Doch macht er »Fingerübungen«, wie er das nennt, auf dem Klavier der sogenannten Geschäftsordnung, leitet Versammlungen, entwirft Tagesordnungen, präsidiert Sitzungen und erwirbt damit politische Fähigkeiten, die ihm bald auf einem anderen Gebiet hilfreich sein werden. Als er nämlich den Roman eines Berliner Autors in seinem Blatt lobend bespricht, wird er von diesem ins »Café Austria« eingeladen, wo mehrere Autoren über die »Lage der Schriftsteller« und das Verhältnis zu Verlegern oder Redaktionen beraten wollen. Geht es um die Gründung eines ersten deutschen Interessenverbandes von Autoren, der für ihre Rechte streiten soll? Die Begegnungen, so Heuss, wiederholen sich, er selbst spricht einmal über die Grenzen eines Schriftstellerzusammenschlusses zum Gewerkschaftlichen hin, auch »über die Technik einer Organisation und über den Sinn einer Geschäftsordnung« – und verlässt daraufhin die Versammlung im »Austria« als zweiter Vorsitzender eines soeben gegründeten Schutzverbandes deutscher Schriftsteller.

Alle Hinweise auf seine Redakteurstätigkeit bei der *Hilfe*, die ja die Möglichkeit einer Inkompatibilität beinhalten, fruchteten nichts – man habe darauf bestanden, ihn in den Vorstand zu wählen. »Die Ziele des Verbands sind rein wirtschaftlich«, meldet er Lulu nach Bückeburg: »Bessere Manuskriptbehandlung, pünktliche Honorierung, Kontrolle der Buchverträge, unentgeltliche Rechtsberatung und Rechtsvertretung.« Ein Jahr nach der Gründung hat der Verband schon 300 Mitlieder, darunter einige mit »besten Namen«. Der stellvertretende Vorsitzende Heuss präsidiert den monatlichen Versammlungen und schreibt stolz, aber mit dem üblichen Schuss Selbstironie: »... Sie sollten mal sehen, wie ich den Schriftstellern Geschäftsordnung beibringe!« Er übt das Amt, auf das er »viel Zeit und Arbeit« verwendet, bis zu seinem Weggang aus Berlin 1912 und dann wieder von 1920 bis 1926 aus.[36]

Wie schon 1907, als er half, den Wahlkreis Heilbronn für Naumann zu erobern, kämpft er auch 1912 für dessen Wiederwahl. Ursprünglich sollte er ihm zur rednerischen Unterstützung nur die letzten acht Tage beistehen, aber da Wilhelm Cohnstaedt, vor fünf Jahren Leiter des Wahlbüros und inzwischen politischer Redakteur bei der *Frankfurter Zeitung*, zunächst verhindert ist, bleibt die technische Leitung des Heilbronner Wahlkampfs erst einmal an ihm hängen. »Meine Arbeit«, schreibt er dem Schwiegervater nach Straßurg, »wird Dir einigermaßen seltsam sein: Ich ordne Versammlungen an, dirigiere Redner, schreibe Flugblätter und polemische Artikel, organisiere den Versand von 105 000 Drucksachen, was keine Kleinigkeit ist, und wenn es irgend geht, pump ich mir ein Auto und mach mich so auf den Weg, um abends in irgendeinem Bauerndorf oder in einer kleinen Stadt selber eine Wahlrede zu halten.« Der Begriff »pumpen« könnte allerdings in die Irre führen: Heuss war zeitlebens nie im Besitz eines Führerscheins, so dass parteinahe Kaufleute oder Fabrikanten ihm nicht nur ihren Wagen, sondern auch einen Fahrer zur Verfügung stellen mussten.

Aber alle Anstrengungen fruchten nichts: Der Überraschungssieg von 1907, »der fast ein Handstreich gewesen war«, lässt sich nicht wiederholen, denn alle Gegenparteien, Sozialdemokraten, der Bund der Landwirte und das Zentrum, konzentrieren in ihren Wahlzeitungen das Feuer auf Naumann, den »Reingeschmeckten«. Dieser kann zwar einen leichten Stimmenzuwachs verbuchen, kommt jedoch nicht in die Stichwahl. Damit steht er allerdings nicht allein, denn

seine Fortschrittliche Volkspartei erobert – trotz eines Stimmen-
zuwachses von 1,4 Prozent – im ganzen Reich nicht einen einzigen
Wahlkreis im ersten Wahlgang.[37]

Inzwischen schreibt Heuss als Korrespondent für die *Rigaer Neuesten Nachrichten*, die von ihm wöchentlich eine kommentierende
Zusammenfassung des politischen Geschehens im Reich bringen –
eine »sehr mühelose und angenehme« Einnahmequelle«, lässt er den
Schwiegervater im Januar 1911 in Straßburg wissen. Er erhält dafür
jährlich 900 Mark und kommt zusammen mit gelegentlichen Artikeln für die *Neckar-Zeitung*, das *Stuttgarter Neue Tagblatt* oder die
*Frankfurter Zeitung* auf einen erklecklichen Nebenverdienst. Mit
seinem Gehalt von der *Hilfe*, Ellys Einnahmen durch Unterrichtsstunden, Vorträge und gelegentliche Veröffentlichungen kommen
jährlich etwa 6000 Mark zusammen, und das reicht »zu einem
behaglichen bürgerlichen Leben«. Wer bedenkt, dass das statistische
Durchschnittseinkommen im Reich damals bei knapp 1200 Mark
im Jahr liegt, wird diesem Urteil nur zustimmen können. Heuss
schreibt auch für den *Kunstwart*, der sich *Eine Rundschau über
alle Gebiete des Schönen* nennt. Der Einfluss der Zeitschrift auf
das gebildete Bürgertum um die Jahrhundertwende ist kaum zu
überschätzen, und er wird später sagen, sie sei damals »eine geistige
Macht« in Deutschland gewesen: An den Einrichtungen von Post-
sekretären oder Amtsrichtern, am Wandschmuck, der Möbelwahl,
vor allem an den Bücherregalen habe man sofort ablesen können,
ob hier ein Kunstwart-Bezieher hause. Oft genügt auch ein Blick auf
die Wände, denn mit seinen äußerst billigen *Kunstwart*-Drucken, so
Reiner Burger, trug ihr Gründer, Ferdinand Avenarius, auch wirksam »zur Popularisierung der deutschen Kunst von Dürer bis zu den
damaligen zeitgenössischen deutschen Malern bei«.

Den ersten Heuss-Beitrag, ein Essay über Lou Andreas-Salomé,
veröffentlicht der *Kunstwart* im Januar 1908, es folgen Artikel über
den schwedischen Dichter Gustaf Geijerstam und Frank Wedekind,
aber zu einer regelmäßigen Mitarbeit, wie von Avenarius erhofft,
kommt es nicht. Doch Heuss' Interesse an Kunst und Literatur wei-

tet sich, seine fachmännische Kritik wendet sich bald Architektur und Kunstgewerbe zu, und die Anregung zu diesem Themenkreis geht auf seinen Besuch der Dresdner Gewerbe-Ausstellung 1906, zurück, auf der erstmals ein neuer Formwille für Möbel und Hausgeräte, Textilien, Tapeten und Schmuck zur Schau gestellt wird. Verstärkt wird diese Tendenz zu einer sachlichen Moderne durch die Gründung des Deutschen Werkbundes, den zwölf Künstler und zwölf Unternehmer 1907 im Münchner Hotel »Vier Jahreszeiten« aus der Taufe heben. Ziel ist, so Joan Campbell in ihrer Geschichte des Werkbunds, durch Zusammenarbeit von Kunst und Industrie den Rang der angewandten deutschen Kunst zu erhöhen, einen nationalen Stil zu entwickeln, der mit dem Geist der Neuzeit im Einklang steht und die Kluft zwischen Kunst und Industrie zu überbrücken. Angeleitet von den besten Künstlern soll die Maschine die angewandten Künste zu neuem Leben erwecken – »vom Sofakissen bis zum Stadtplan«. Das Zitat stammt von Hermann Muthesius, dem großen Werkbund-Anreger und Architekten, Erbauer von Landhausvillen im englischen Stil, der den gängigen Historismus ablehnt. Er tritt für eine an der Funktion orientierte Bauweise ein und beruft, als Ministerialdirektor im Handelsministerium für die kunstgewerbliche Erziehung in Preußen zuständig, bald erstklassige Gestalter wie Peter Behrens oder Hans Poelzig in Schlüsselstellungen an Kunstakademien. Heuss erinnert sich an heitere gesellige Nachmittage und Abende in Muthesius' Haus an der Rehwiese in Berlin-Nikolassee, in der die Mitglieder der »werdenden Gemeinschaft« zusammenkamen und ihre programmatischen Ideen miteinander abstimmten.

Wenn er an diesen Treffen prominenter Avantgardisten mit fortschrittlichen Männern der Industrie teilnehmen kann, verdankt er dies natürlich seiner Eigenschaft als junger Mann Friedrich Naumanns, den Joan Campbell einen der drei geistigen Väter des Unternehmens nennt: Der zweite nach Muthesius sei Henry van de Velde gewesen, der seit 1902 als Leiter der Kunstgewerbeschule in Weimar versucht, Handwerk und Kunstgewerbe auf ein höheres künstlerisches Niveau zu heben und die Industrie einbezogen wissen will. Naumann aber habe dem Ganzen organisatorischen Halt verschafft, bei der Abfassung der Satzung geholfen und auch die erste Werbebroschüre geschrieben. Er sorgt außerdem dafür, dass die Werkbund-Zentrale zunächst in Dresden angesiedelt wird – bei Karl Schmidt mit seinen Dresdner Werkstätten für Handwerkskunst (die später zu den Deutschen Werkstätten werden), dem auf Vorschlag von Heuss bald Wolf Dohrn, Sohn des Gründers der Stazione Zoologica in Neapel, als Werkbund-Geschäftsführer zur Seite steht.

Heuss hatte mit Dohrn, einem begeisterten Nationalsozialen, in seiner Münchner Studienzeit Freundschaft geschlossen. Am Stadtrand von Dresden gründen Schmidt und Dohrn zusammen die Gartenstadt Hellerau, wo die neuen Fertigungsgebäude für Schmidts Werkstätten, aber auch Wohnhäuser für seine Arbeiter und ein Festspielhaus für Theater und Tanz entstehen. Hellerau wird zum Synonym für den Versuch eines organischen Nebeneinander von Wohnen und Arbeiten, Kunst und Kultur, zu dem bald Lebensreformer aus ganz Europa pilgern. Der Werkbund, meint Campbell, sei wichtiger Teil einer weitgespannten kulturellen Reformbewegung im wilhelminischen Deutschland gewesen, die bereits zu ähnlichen Vereinigungen geführt habe: dem Dürerbund, der auf die ästhetische Erziehung des Volkes zielte, aber auch dem Deutschen Bund Heimatschutz, der nach heutigen Begriffen für Umwelt- und Denkmalschutz stand.

Heuss zeigt sich von diesem Aufbruch zu neuen Formwelten mitgerissen. Er spricht einmal vom »Wunderbaren dieser Frühzeit«, von der »befeuernden Kraft« einer »Künstlerrebellion gegen den Kanon des Geschichtlichen«, die »mit ihrem Anspruch Akademieprofessoren und Unternehmergruppen tief verschreckte und verstimmte«, denn sie habe von ihnen Umdenken und Umlernen verlangt. Das Engagement Naumanns für einen neuen Formwillen führt er auf dessen geradezu enthusiastische Begeisterung für die Schönheit des Eiffelturms zurück, der ihn zu der Einsicht brachte, der zeitgemäße, der »neue Stil«, nach dem alle suchten, müsse »eiserne Knochen« haben. Am Beispiel des 1905 eröffneten Berliner Doms, eines teils im Stil der italienischen Hochrenaissance, teils des Barock errichteten Prunk-und-Protz-Gebäudes habe er erkannt, dass er von seinem verehrten Kaiser »eine in der Gesinnung saubere Kunst« nicht erwarten könne. Heuss stilisiert Naumann gar zum »Anti-Ruskin« des Werkbunds: So sicher England die Heimat der Erneuerung des Kunstgewerbes gewesen sei, so gewiss habe der Protest des Kunsthistorikers John Ruskin gegen die billige Massenware des technisierten Industrialismus wieder ins Handwerkliche, formal sogar oft ins Gotische zurückgeführt. Der sehr viel modernere Werkbund dagegen habe gegen diese Entwicklung ein selbstbewusstes Gegenwartsgefühl gesetzt, und Naumann, der Verfechter moderner Baumethoden, die Eisenbeton, Stahl und Glas verwenden, sei ihr beredter Sprecher geworden. Dass sein Idol Naumann der Werkbund-Bewegung kurz vor Ausbruch des Ersten Weltkriegs dann eine nationalpolitische Zielsetzung geben wird, dass der Werkbund – aus der Sicht Naumanns – die Welt mit einem neuen, einem »deutschen Stil« beglücken sollte, davon wird noch zu handeln sein. Hier zählt erst einmal, dass sich für Heuss mit dem Werkbund ein Menschenkreis öffnet, dem er, wie er prüfend selbst feststellt, »wohl mehr Bereicherung der eingeborenen Kräfte danke als dem literarischen Umkreis und auch als dem durchschnittlichen politischen Betrieb« seiner mittleren Jahre. Für die Aufnahme in den Bund galt die Adaptionsregel: Nur auf Empfehlung zweier Mitglieder konnte man selbst beitreten. Heuss erhält diese Mitgliedschaft erst 1910, ist bis dahin aber, wie selbstverständlich, als Naumanns rechte Hand und Vertrauensmann auf allen wichtigen Tagungen dabei.[38]

Als er im Juni 1911 über die Tagung des Werkbunds in Dresden berichtet, würdigt er vor allem die Gartenstadt Hellerau, dieses »Dokument neuer Gesinnung«, und lobt den großzügigen Versuch, »unsere besten Architekten in den Dienst von Arbeiterkolonien« zu stellen. Zwar werde nach einem gemeinsamen Grundriss gebaut, aber von verschiedenen Architekten doch in unterschiedlichen Formen: Muthesius suche nach dem Typ des ländlichen Arbeiterhauses; Tessenow, »der Mecklenburger«, gehe mit großer Sparsamkeit den

Spuren der Kolonistenhäuser nach, wie sie die preußischen Könige auf den ersten Domänen gebaut hätten; Riemerschmid, der Bayer schließlich, gebe mit der bewussten Gestaltung eines malerischen Dorfbildes »stark süddeutsche Erinnerungen«. Ganz von der neuen Werkbundgesinnung durchdrungen ist auch sein Feuilleton über den »Hausrat der Proletarier«, in dem er sich kritisch mit dem auseinandersetzt, was wir heute Gelsenkirchener Barock nennen würden. Als »lächerlich« bezeichnet er die Tatsache, dass die Wohnung des modernen Industriearbeiters ihren Schmuck aus den verwaschenen Symbolen der Renaissance und des absoluten Fürstentums bestreite. Der Arbeiter, fordert Heuss, solle zum »Ausdruck seines eigenen Wesens« kommen und die »entlehnten und verdorbenen Formen einer Oberschicht« abstoßen. So lobt er eine Ausstellung im Gewerkschaftshaus, die mit einer Modellwohnung von zwei Zimmern und einer Küche mit schlichten, einfachen Möbeln wirbt. Nur Böswillige, schreibt er, würden jetzt der Sozialdemokratie vorwerfen, ihr Terrorismus gehe so weit, den Arbeitern bestimmte, immergleiche Möbel aufzunötigen. Er dagegen gewinnt den Stücken dieser Ausstellung etwas von der »einfachen Schönheit des Alltags« ab: Eine solche »Uniformierung des Geschmacks« schätzt er »zehnmal wertvoller als die Anarchie der individuellen Geschmacklosigkeit«.

Einem Prozess, in dem er als verantwortlicher Redakteur der *Hilfe* wegen Beleidigung zu Geldstrafen von zunächst 50, dann 150 Mark verurteilt wird und über den sein Blatt berichtet, verdankt er eine Bekanntschaft, die ihn mit einem gewissen Stolz erfüllt. Verklagt hat ihn ein Mann namens Rudolf Lebius. Er ist der Vorsitzende eines Gelben Arbeiterbundes, der »wirtschaftsfriedlich« auf die Waffe Streik verzichtet und sich durch eine Glosse in der *Hilfe* beleidigt fühlt. Doch führt dieser Lebius auch endlose Prozesse mit Winnetou-Autor Karl May, der sich gegen dessen Diktum vom »geborenen Verbrecher« zur Wehr setzt. Eines Tages klingelt ein aufmerksamer *Hilfe*-Leser an Heuss' Tür: ein »ältlicher kleiner Herr mit einem zerknitterten Gesicht«, mit »riesiger Krawatte« und einer bunten Emaille-Brosche, die mit einer großen Swastika verziert ist – damals, wie Heuss versichert, noch ein harmloses kunstgewerbliches Ornament ohne politischen Bekenntnischarakter. Er stellt sich vor: »Karl May.« Theodor Heuss fragt zurück: »Old Shatterhand?« und erhält als Antwort »freundlich geschmeichelte Zustimmung«.

Als Schüler hat er fast sämtliche Karl-May-Bände verschlungen, auch wenn er sie vom eigenen Taschengeld kaufen musste, weil der Vater, stets aufs pädagogisch Wertvolle bedacht, nichts von dem – bis heute von allen deutschen Schriftstellern meistübersetzten – sächsischen Trivialliteraten hielt. Nun stellt May ihm Hilfe für seinen Prozess mit Lebius in Aussicht, bezeichnet diesen als ausgesprochenen Halunken und bietet für die Fortsetzung des Prozesses die Ehescheidungsakten seiner ersten Frau Emma an, in denen Lebius offenbar keine rühmliche Rolle spielte. Heuss lehnt ab, weil er Privates nicht mit dem sozialpolitischen Sinn vermischen will, den er seinem gerichtlichen Streit mit dem erklärten Gegner der klassischen Gewerkschaften geben will. Doch sei er diesem Lebius, schreibt er in seinen *Erinnerungen,* ein Leben lang dankbar. Sein Renommee bei jungen Menschen sei unerhört gewachsen, wenn er habe sagen können: »Doch, den Karl May gab es. Er hat mich einmal aufgesucht«.[39]

Immer wieder rennt er in der *Hilfe,* aber auch in Artikeln für das *Stuttgarter Neue Tagblatt* oder für die *Neckar-Zeitung* gegen das preußische Dreiklassenwahlrecht an, das er einmal »das elendeste aller Wahlrechte« nennt und als »Garantie einer konstanten konservativen Vorherrschaft in Preußen« bezeichnet. Für Heuss, meint Jürgen C. Heß, sei die Regierung in Preußen die Beauftragte der Junkerklasse gewesen, die »in schroffster Form Klassenkampf und Klassenherrschaft« betreibe. Angesichts der Vormachtstellung des übermächtigen Bundesstaats Preußen im Reich sehe er die Zeit, in der eine Politik um des Volkes willen gemacht werden könne, erst gekommen, wenn dieses Wahlrecht mit seiner öffentlichen Stimmabgabe gefallen sei. Wie schreiend ungerecht dieses Wahlrecht ist, lässt sich am Unterschied von Stimmen- und Mandatszahlen ablesen.

So erhalten die Konservativen bei den Wahlen 1913 nur 14,8 Prozent der Stimmen, aber 149 Sitze, also mehr als ein Drittel der insgesamt 443 Sitze im Abgeordnetenhaus, die Freikonservativen mit nur 2 Prozent der Stimmen sogar 53 Sitze, die SPD hingegen muss sich bei einem weitaus höheren Stimmenanteil von 28,4 Prozent mit nur zehn Mandaten bescheiden. Im Jahr 1903 hatten die Sozialdemokraten mit 18,8 Prozent der Stimmen überhaupt keinen Sitz, bei den Wahlen von 1908, als sie erstmals den Einzug ins Abgeordnetenhaus schaffen, mit 23,9 Prozent der Stimmen nur sieben Mandate erhalten. Die Deutschkonservativen, nach Heinrich August Winkler »unbeugsame Verteidiger des Status quo und dessen Hauptnutznießer«, erlangen mit 14 Prozent der Stimmen 1908 143 Sitze, was einem Mandatsanteil von 34 Prozent entspricht. So sind es klar die Sozialdemokraten, die auf die Einführung des allgemeinen, geheimen, gleichen und direkten Reichstagswahlrechts auch in Preußen drängen, aber eindeutig unterstützt werden sie dabei nur von den Linksliberalen; die rechtsgerichteten Nationalliberalen wollen das Dreiklassenwahlrecht durch ein Pluralwahlrecht abgelöst wissen, das finanziell besser Gestellte begünstigen würde.

Als Theobald von Bethmann Hollweg, wie alle Kanzler des Bismarckreichs zugleich preußischer Ministerpräsident, 1910 auf eine Interpellation der SPD erklärt, der preußische Geist vertrage sich mit dem allgemeinen Wahlrecht nicht, und diesem obendrein einen »verrohenden und verflachenden Charakter« bescheinigt, wird er von Heuss scharf angegriffen: Aus Bethmann spreche der Geist der Gutshöfe des Ostens, der sich schwer mit Demokratie und politischer Kultur vertrage, weil er sich in dem alten Kolonialland aus der Niederhaltung einer slawischen Unterschicht herausgebildet habe. Später, vor allem im Krieg, wird er Bethmann als dem maßvollen, bedächtigen Streiter gegen Chauvinisten, Annexionisten und die Diktatur der Obersten Heeresleitung Respekt abgewinnen, doch jetzt nennt er ihn einen zwar »klug redenden, menschlich sympathischen, aber unsicheren und empfindlichen Raisonneur«. Bethmann sei – und dieses Urteil hält Heuss wohl auch in der Kriegszeit aufrecht – kein Mann, »aus dem politischer Wille und Entschlossenheit herausleuchten«.

Dass Heuss ein Freund sozialdemokratischer Revisionisten und ein überzeugter Gegner der sozialistischen Orthodoxie ist, wird einmal mehr deutlich, als er unter der Überschrift »Der Revolutionsprophet« Karl Kautskys Buch *Der Weg zur Macht* bespricht. Er nennt das Werk ein »Gemisch von Buchwissen, Bosheit und pedantischem Enthusiasmus« und bezichtigt seinen Autor der »Gelehrteneitelkeit«. Derlei harte Kritik nimmt nicht wunder, denn Kautsky legt sich in diesem Buch ausführlich mit Friedrich Naumann an und bezichtigt ihn des ökonomischen Dilettantismus. Und natürlich verwirft der Gralshüter der reinen marxistischen Lehre in diesem Buch alles, was Heuss und Naumann so engagiert verfechten: Er lehnt jede Bündnispolitik mit bürgerlichen Parteien ab, weil die Sozialdemokratie damit in »unüberwindliche Widersprüche« gerate, an denen sie »scheitern« müsse. Schon weil die Nationalsozialen die Entwicklung der Sozialdemokratie »schier als die Mitte der deutschen Schicksalsfrage« betrachten, beobachtet Heuss für die *Hilfe* die sozialdemokratischen Parteitage in Nürnberg, Leipzig, Magdeburg und Jena in den Jahren 1908 bis 1911 und erlebt, wie die Revisionisten immer wieder von den Linken und dem Zentrum der Partei »niedergedonnert« werden. Besonders im Visier von Heuss steht dabei Karl Liebknecht, den er im Verdacht hat, sich »mit dem väterlichen Namen gestärkt« auf den Weg um die Nachfolge Bebels zu begeben. In Heuss' Bericht vom Parteitag in Jena, wo auch über die zweite Marokkokrise und den Panthersprung nach Agadir diskutiert wurde, heißt es: »Das Kaliber Liebknecht schießt los, wenn ein deutsches Schiff vor Anker geht, schießt los allerdings, ohne sein Ziel recht zu kennen. Wenn es nur knallt!« Heuss konstatiert einen hysterischen Zug an Liebknecht, hält ihn für wenig begabt, seine »aggressive Beredsamkeit« könne kaum verbergen, »daß er eigentlich wenig zu sagen« hat. Dagegen hält er Rosa Luxemburg, deren Politik seinem Naturell ebenfalls zutiefst widerstrebt, für eine »ungewöhnlich intelligente Frau« mit einem »scharfen Verstand, der dem dialektischen Spiel die sicherste Form zu geben« weiß.

Heuss' ganze Sympathie gilt Ludwig Frank, dem aus einer jüdischen Bauernfamilie im Schwarzwald stammenden Rechtsanwalt, mit dem er – zusammen mit Elly – im Herbst 1906 in Mannheim ein nächtliches politisches Streitgespräch führte und anschließend mit ihm Freundschaft schloss. Frank ist ein glänzender Redner, eine der großen Begabungen unter den jungen Sozialdemokraten, Mitbegründer des badischen Großblocks, zu dem sich alle liberalen Kräfte, auch die nationalliberalen, nach den Landtagswahlen von 1905 mit den Sozialdemokraten zusammentun, um eine konservativ-klerikale Politik – vor allem auf dem Schulsektor – zu verhindern. Im Grunde ist Frank weniger ein »Revisionist«, denn Theorie interessiert ihn kaum, er ist ein »Reformer« wie Georg von Vollmar in Bayern, ein Sozialdemokrat, der Realpolitik treiben und sich dabei nicht von überlieferten Dogmen behindern lassen will. Wenn Heuss am pragmatischen Frank Gefallen findet, hat dies abseits persönlicher Sympathie auch den überzeugend sachlichen Grund, dass Frank in Baden praktiziert, was Naumann und mit ihm Heuss unter dem Schlagwort »Von Bassermann bis Bebel« vergebens für das Reich fordern – die Allianz aller liberalen Kräfte mit den (allerdings revisionistischen) Sozialdemokraten. Dass zu dieser Großblock-Politik auch die Zustimmung zum Budget, zum Landeshaushalt, gehört, versteht sich von selbst, aber gerade daran entzündet sich die Kritik der Parteimehrheit auf den SPD-Parteitagen von Nürnberg und Magdeburg, zumal die Sozialdemokraten in Bayern und Württemberg dem Haushalt ebenfalls zugestimmt haben. Kautsky spricht von Parteiverrat, Bebel geißelt die Süddeutschen, weil sie den Glauben der Massen an die Prinzipien der Partei erschüttert hätten. Die große Mehrheit der Parteitage beschließt, jedes Entgegenkommen gegenüber dem herrschenden System sei abzulehnen. Aber Frank, den man um seiner äußeren Erscheinung willen gerne mit Ferdinand Lassalle vergleicht, verteidigt diese Politik mit dem Argument, eine Ablehnung des Budgets komme der selbstgewählten Isolierung gleich. Zusammen mit 66 anderen Delegierten aus süddeutschen Ländern bestreitet er auf dem Parteitag in Nürnberg auch das Recht, zu landespolitischen Budgetfragen Stellung zu nehmen – über sie sei einzig in den zuständigen Landtagsfraktionen zu entscheiden.

Auch »Hofgängerei« wird auf diesen Parteitagen als Verrat an den proletarischen Prinzipien angeprangert, und was damit gemeint ist, schildert Heuss in einer Glosse mit dem Titel »Schilda in Sachsen«. Dort hat der Landtag nach den Wahlen von 1909 mit Unterstützung der Liberalen einen Sozialdemokraten zum zweiten Vizepräsidenten gewählt, der sich allerdings weigert, zur Landtagseröffnung zum König ins Schloss zu gehen. Die SPD benehme sich wie die »Schildbürger« in »Minopotamia hinter Utopia«, meint Heuss und spielt damit auf das sächsische Städtchen Schildau an, das laut Schildbürgerbuch von 1598 angeblich die Heimat der Schildbürger mitsamt ihren Streichen ist. Indem die SPD verzichte, Einfluss auf den parlamentarischen Betrieb zu nehmen, verzichte sie zugleich darauf, den Monarchen daran zu gewöhnen, dass sie als gleichberechtigtes Glied im Staatskörper existiere. Aber sind Heuss' Hoffnungen auf ein pragmatisches Verhalten der SPD im Reich nicht auch utopisch?

Als nach den Wahlen von 1912 die Sozialdemokraten die stärkste Fraktion im Reichstag stellen, werden sie wiederholen, was die sächsischen Genossen vorexerzierten. Erstmals wird ein Sozialdemokrat, wird Philipp Scheidemann zum Vizepräsidenten gewählt – aber soll er etwa in vorgeschriebener Hoftracht mit Kniehosen und Schnallenschuhen ins Schloss gehen und das offizielle Hoch auf den Kaiser ausbringen, wenn dieser, wie üblich, den Reichstag mit einer Rede im Weißen Saal des Schlosses eröffnet? Scheidemann weigert sich, und folglich ist seine Partei im Präsidium des Reichstags nicht vertreten. So tief sind damals die Gräben zwischen Revisionisten und Reformisten auf der einen, der Linken und dem marxistischen Zentrum auf der anderen Seite. Die große Mehrheit bleibt bei ihrer verbalradikalen, revolutionären Theorie, sie wartet mit Bebel lieber auf den großen Kladderadatsch, den kommenden Untergang des kapitalistischen Systems, und blockiert mit ihrem klassenkämpferischen Nein zur Regierungsbeteiligung »einen verfassungspolitischen Wandel, den zu fördern ihr höchstes Interesse hätte sein müssen«.[40]

Außenpolitik ist in der *Hilfe* dem weit gereisten Paul Rohrbach vorbehalten, einem Deutschbalten, theologischen Lizenziaten und Dr. phil., der für den acht Jahre älteren Naumann die kolonial- und außenpolitische Autorität »schlechthin« bedeutet: »... er hatte«, erinnert Heuss, »die Welt gesehen, während wir anderen, auch wenn Naumann sich einige Male an den Rändern des Mittelmeeres aufgehalten hatte, uns doch als erbärmliche Binnenländer fühlten.«

Rohrbach, drei Jahre Ansiedlungskommissar in Deutsch-Südwest, danach Dozent für Kolonialwirtschaft an der Handelshochschule in Berlin, gilt Anfang des 20. Jahrhunderts als brillanter außenpolitischer Experte, dessen Leitartikel und Analysen auch in großen Tageszeitungen erscheinen. Wie Naumann dem wilhelminischen Zeitgeist verfallen, tritt auch er für eine Weltmachtpolitik ein, die auf weitere Kolonien abzielt. Allerdings will er – als Vordenker eines theologisch und moralisch fundierten »ethischen Imperialismus«, der vor allem Schulen und Waisenhäuser, Missionen und Hospitäler baut – diese Kolonien nicht kriegerisch erobern, sondern in Verhandlungen oder durch ökonomische Durchdringung erwerben. Heuss schreibt einmal, er sei später unsicher geworden, »ob man immer das Richtige« von Rohrbach gelernt habe. Folgt man ihm, dann hat der Naumann-Kreis ohnehin »kein abgerundetes außenpolitisches Bild« besessen – und vor allem: kein stetiges.

Zunächst vertritt Rohrbach das Konzept einer Anlehnung an Russland, das er als Weltmacht im Aufstieg sieht, und gibt die anti-englische Losung aus, später wird er zum Vorkämpfer für die Zerstörung des russischen Vielvölkerimperiums und die Befreiung von Balten und Ukrainern. Früh lenkt Rohrbach die Aufmerksamkeit des Naumann-Kreises auf den vorderen Orient, darin bestärkt von Ernst Jäckh, der nach der Revolution der Jungtürken für ein deutsch-türkisches Bündnis wirbt und – Stichwort Bagdadbahn – von einem großen Wirtschaftsraum von Hamburg bis Basra träumt. Ohnehin hat Deutschland hier, so Heuss, »ein großes Stück seiner kapitalistischen Expansion in der anatolischen und arabischen Zukunft angelegt«. Allerdings zeigen sich bei Naumann in den letzten Jahren vor dem Krieg erste Ansätze zu einem außenpolitischen Orientierungswechsel: Zwar hat seine *Hilfe* Verständnis für den Panthersprung nach Agadir, aber das Blatt führt, so Peter Theiner, während der zweiten Marokkokrise einen vergleichsweise gemäßigten Ton; es warnt vor »nationalistischen Überpatrioten« und hält nichts von der absurden Idee der Alldeutschen, in Marokko deutsche Siedlungs-Kolonien anzulegen. Auch die offene Begeisterung für die Flottenrüstung weicht der Überlegung, dass die riesige Rüstungsplanung ökonomisch problematisch und – mit Blick auf die wachsenden zwischenstaatlichen Spannungen – nicht zu begrüßen sei. Sieht Naumann endlich das Konfliktpotential, das aufzubauen er mit seiner »fröhlichen Tirpitzgläubigkeit« (Heuss) unterstützt?[41]

England ist eine, politisch sicher die wichtigste Station auf den frühen Bildungsreisen, die der junge Heuss in den Jahren bei der *Hilfe* macht – aber eben nur eine. Kopenhagen, Paris, Belgien und Holland hat er schon vor der Hochzeit mit Elly gesehen, und das junge, modern-bürgerliche Paar ist fest entschlossen, seinen Horizont zu weiten und die Welt rundum gemeinsam zu erkunden. Mittel für Reisen, vor allem Auslandsreisen, sind deshalb – für die damalige Zeit ungewöhnlich – fest im Familienetat eingeplant. Im Jahr 1908 geht es im August allerdings nur an den Bodensee, wo Heuss sich vor allem von der damaligen technischen Luftfahrt-Sensation, dem Zeppelin, begeistert zeigt – von dem »silbrigen Schiff«, das vom nahen Friedrichshafen startet und das er ein paar Mal bei seinen Übungsflügen sieht, wie es »mit herrlicher Sicherheit über den jubelnden Menschen hinwegflog« und ihnen eine neue Sphäre erschließt. Aber herrliche Sicherheit? Es handelte sich um Zeppelin 4, der nach einer Reise rheinwabwärts auf dem Rückflug in Echterdingen bei Stuttgart auf einer Wiese notlanden muss, gegen Obstbäume getrieben wird und explodiert. Als Elly auf den

Plakattafeln in Meersburg von der Katastrophe erfährt, weint sie, und Heuss ist »nahedran« – die deutsche Nation zeigt sich 1908 womöglich ähnlich erschüttert wie die amerikanische beim Verglühen des Raumschiffs Columbia beim Wiedereintritt in die Atmosphäre 2003. Es kommt zu einer Nationalspende, die den Bau des nächsten Luftschiffs ermöglichen soll – und die Bevölkerung fühlt sich, wie Heuss hervorhebt, bei dieser Aktion ganz »als Einheit«. Dass für einen »tragischen Irrtum« gespendet wird, ahnt damals kaum einer, auch Heuss nicht. Die kluge Public-Relations-Politik des im Volk so beliebten Grafen Zeppelin hatte Lilienthals Flugversuche gar nicht ins Bewusstsein der Nation kommen lassen. So wird auch Heuss erst später erkennen, dass den Flugversuchen des »skurrilen wie genialen« Otto Lilienthal, dass dem Flugzeug, keineswegs dem Zeppelin, die Zukunft gehört.

Im Frühjahr 1909 fährt das Ehepaar Heuss über Basel, den Gotthard und Genua nach Florenz. Genua sei herrlich, schreibt Elly ihrem Vater: »Ganz enge Gassen mit riesigen Palästen an beiden Seiten. Alles Marmor. Durch die großen Türen sieht man Gärten mit Palmen.« In Florenz wohnen sie in einem »ordentlichen italienischen Hotel« und zahlen 3,50 Lire für das Zimmer. Der junge Bildungsbürger Heuss ist »bildungstechnisch« – durch Vorlesungen der Münchner Zeit und die Lektüre von kunstgeschichtlichen Standardwerken – gut vorbereitet, auch hat er ein wenig Italienisch auf dem Heilbronner Gymnasium gelernt und kommt damit »ganz ordentlich durch«. Museen, Kirchen, Gemäldegalerien und Paläste werden besichtigt, Pisa, Lucca und die toskanische Hügelwelt erkundet, Siena und das »Armenhaus« Volterra besucht.

Heuss fällt es schwer, in der Stadt der Medici, die er eine Stadt »des Maßes und der Anmut« nennt, den Rahmen für die vier Jahre des Schreckenregiments Savonarolas zu begreifen, jenes Bußpredigers, der die Verderbtheit der Herrschenden anprangerte und die Medici aus der Stadt trieb – bis er »die düsteren (Seiten)Gassen mit ihren freilich so heiteren Eßkneipen« sieht. Elly veröffentlicht in der *Hilfe* ein kleines Feuilleton über den Frühling in Florenz.

Insgesamt dreimal führt der Weg vor dem Ersten Weltkrieg nach Süden – einmal reist er allein nach Venedig, während sie aus Gesundheitsgründen in Baden-Baden kurt. Von dort aus entdeckt er die Etschstädte und macht Abstecher nach Ravenna und Ferrara. Die letzte, wieder gemeinsame Reise führt im Mai 1914 über Mailand und Bologna nach Rom, aber auch die Schweiz und Wien stehen auf dem Programm. Man reist damals ohne Papiere, man fährt einfach los – »ohne Personalausweis, ohne Paß, ohne Finanzamtsgenehmigung (ob wir unsere Steuern bezahlt hätten), ohne Polizeiverhandlung hüben und drüben, ohne Devisen-Zuteilung, ohne Eintrag, wo wir eine Grenze im Hin, wo im Her überschritten – es gab gar kein Papier für die später zum Renommieren so beliebten Stempel«.

Das Europa, von dem man als gemeinsamer supranationaler Lebensmöglichkeit heute so viel rede, habe es schon einmal gegeben, und das Merkwürdige sei gewesen: »Wir fühlten uns gar nicht als Europäer, sondern wir waren es auf eine völlig undogmatische Weise.« Natürlich schreibt er das nicht für die heutige Generation, die inzwischen europäische Freizügigkeit als Frucht der Integration mit größter Selbstverständlichkeit genießt, er schreibt das für die Leser seiner 1963 erscheinenden *Erinnerungen,* die ein Europa polizeilich gesicherter, oft genug waffenstarrender Grenzen erlebten, welche nach zwei Kriegen und der großen Wirtschaftskrise zunächst nur schwer, nur mit behördlichem Segen und den nötigen Papieren mit Visa und Stempeln versehen, zu überqueren waren.[42]

Anfang Juli 1911 schifft er sich mit Elly in Bremen auf der »Schwan« ein, einem Stückgutdampfer mit ein paar Kajüten, der zu den Katharina-Docks unterhalb der Towerbridge in London dampft. Wie erlebt Heuss England, das einerseits mit seiner parlamentarischen Monarchie Vorbild für liberal denkende Deutsche ist, andererseits mit der Entente cordiale seit 1904 die Rolle des wichtigsten Widerparts der wilhelminischen Weltmachtpolitik spielt, die Naumann und sein Kreis im Kern für richtig halten?

Fast vier Wochen währt sein Aufenthalt, in drei langen Artikeln – »Englische Reise I bis III« – berichtet er in der *Hilfe* über seine

Eindrücke. Und wer Jahrzehnte später kritisch behaupten wird, der Präsident Heuss sei eigentlich Literat und bei Licht besehen kein »richtiger« Politiker, könnte sich durch die Lektüre dieser Beiträge bestätigt fühlen. Zwar ist Heuss schon seit dem Sommer 1907 der politische Redakteur des Blatts, aber seine Reiseberichte erscheinen im Beiblatt, dem Feuilleton, und da gehören sie auch hin. Es gibt viel gut und scharf Beobachtetes, klug Kommentiertes über Gemeinsamkeiten und Unterschiede zwischen Engländern und Deutschen: Die großstädtische und die industrielle Entwicklung liefen parallel, schreibt er, die Probleme des sozialen Zusammenlebens wie der Ordnung der öffentlichen Dinge seien sich oft ähnlich, »wobei der Vorsprung der einen Nation vor oder anderen oft wechselt«. Er sieht England, das »Land der großen Konventionen« freier von Vorschriften und Paragraphenbindungen als Deutschland, weniger gestört von dem deutschen Reformfanatismus, aber »darum auch ärmer in der vielseitigen geistigen Aussprache und oft genug zopfig bis zum Unrationellen«.

Er bewundert die Internationalität des Engländers: In einem Londoner Boardinghouse – offenbar der Pension, in der das Ehepaar Heuss wohnt – sitze die ganze Welt am Nebentisch, außer Deutschen und Engländern Amerikaner, Brasilianer, Schweizer, Holländer, Russen, Malaien, ja selbst ein schwarzer Baptistenprediger von der Golfküste sei hier zu finden. Der Engländer, so Heuss, kenne weniger Rassenhass als andere Völker, weil in ihm das Gefühl gewachsen sei, er bilde selbst das auserwählte Volk. Die Maßstäbe seien eben größer, weil »in einem Reich mit solchen Grenzen« jeder zweite Mann einen Bruder, Vetter oder Schwager in einem anderen Weltteil sitzen habe. Heute würden wir sagen: Internationalität fördert Toleranz – von dieser Gesinnung, erfährt der deutsche Leser, können »wir« ein gut Teil lernen »und wollen es wie aufmerksame Schüler tun«.

Wie alle Besucher Londons macht Heuss dem Bobby und seiner entgegenkommenden Hilfsbereitschaft Komplimente – die deutschen Schutzleute besäßen zu oft ein »grobes Kaliber«. Er bewundert die Rednerecke im Hyde Park, die aus seiner Sicht eine politisch-kriminalistisch-hygienische Vorbeugefunktion hat: Weil hier alle »ihre brütenden Gedanken und reformerischen Eitelkeiten in den weichen Wind eines Sommerabends auslüften« können, sei letztlich dafür gesorgt, dass der »menschheitsrettende Wahnsinn ihrer Gehirne sich nicht in trübe Leidenschaft« verwandele – das gesprochene Wort, »das über die Strohhüte und hellen Blusen hinfliegt«, sei »die erlösende Tat«. Wer an den Embonpoint des späteren Präsidenten denkt, der seine Viertele und seine Zigarren genießt, wird verständlich finden, mit welcher Vehemenz der junge Besucher Heuss den Sportsgeist verurteilt, der inzwischen das ganze außerberufliche Leben in England durchdrungen hat. Dass die Presse ihre besten Spalten dem Sport zur Verfügung stellt, findet er unverständlich, die »Heldenverehrung«, welche sie mit dem Sportsmann treibt, geradezu »widerwärtig« – handelt es sich nicht um »falsches Pathos durchsetzt mit böser Geschäftemacherei«? Von der »Wetterei«, die in England »allem entwickelten Sportsgeist« folge, behauptet er schlicht, sie führe naturnotwendig zu »Stumpfsinn und zur Verdummung«. Vor solchem Import will er Deutschland unbedingt bewahrt wissen und lobt den klassischen deutschen Turnverein: Der biete wenigstens Gewähr dafür, dass Sport »in der Übung und Gesinnung edlen Kräften dient«. Seine Warnung half nicht viel, die Mischung von Sport und Kommerz hat längst auch Deutschland erobert, wo Spitzenfußballer inzwischen oft mehr verdienen als erfolgreiche Banker mit Boni.

Die dritte und letzte Folge seiner Serie gilt fast ausschließlich Architektur, Kunst und Design – die Kathedralen, ihre Vielzahl und Größe, auch ihre klotzigen Türme ohne schlanke Spitze beeindrucken ihn, und er bestaunt die Museen: Admiräle und Generäle hätten aus aller Welt unglaubliche Schätze nach Hause gebracht. Die Siedlungen und Vororte rund um London findet das Werkbund-Mitglied Heuss indes wenig anmutig, ja monoton: Ihr »nüchterner gelbschwarzer Backstein und die mit dünnen kleinen Schloten dicht besteckten Dächer« haben für ihn nichts Anziehendes, und der ewig gleiche Grundriss verströmt für ihn Langeweile. Grundtenor: Manches können wir lernen, aber im Großen und Ganzen mit unserem Deutschland ganz zufrieden sein.

Wo aber bleibt die Politik? Am 1. Juli 1911, zu Beginn des Monats, in dem Heuss England besucht, geht das deutsche Kanonenboot »Panther« im Hafen von Agadir vor Anker, die zweite Marokkokrise hebt an – »von Deutschland inszeniert« und Europa »an den Rand des großen Krieges« treibend (Stürmer). Frankreich hat Fez und Rabat militärisch besetzt – formell, um den Sultan gegen Aufständische zu unterstützen, aber die Militärintervention verstößt gegen die Abmachung von Algeciras aus dem Jahr 1906, welche die formelle Souveränität von Marokko bestätigt hatte. Das Reich ist bereit, die französische Vorherrschaft über Marokko anzuerkennen, verlangt dafür aber eine Entschädigung durch Abtretung umfangreicher Kolonialgebiete am Kongo. In dieser Situation – der Alldeutsche Verband in Berlin rührt bereits die Kriegstrommel und fordert ganz Westmarokko für Deutschland – sichert der bislang als deutschfreundlich geltende britische Schatzkanzler Lloyd George am 22. Juli durch eine aufsehenerregende Rede im Mansion House Frankreich britische Unterstützung zu. Von der sich verfestigenden Entente cordiale zwischen Briten und Franzosen, von deutsch-britischem Gegensatz, speziell dem Wettrüsten zur See – von alldem findet sich nichts in den England-Berichten des 27-jährigen *Hilfe*-Redakteurs. Zwar ist er im Unterhaus gewesen und schreibt über Dinge, die ihn »staunen« machen: »Als ich sah, wie im Parlament die Beine des Ministers Lloyd George auf dem Tisch des Hauses, zwischen Büchern und Akten, Platz nahmen und in schöner Schwingung von unten nach oben den ganzen Gang sperrten, da dachte ich einen Augenblick an [Reichskanzler] Bethmann Hollweg und wo sich dessen Beine im Deutschen Reichstag aufhalten – was sind wir doch für ein wohlerzogenes und feierliches Volk, zumal an den Stätten, wo wir Paragraphen beschließen, während die Engländer politische Geschichte machen!«

Dass sich zur aktuellen Politik dieser Tage und Wochen, dass sich von Lloyd Georges aufsehenerregender Geste in seinen Berichten von der englischen Reise nichts findet, empfindet Heuss in der

Rückschau selbst als erhebliches Manko: »Davon, daß dieser Mann gerade in diesen Tagen eine scharfe Attacke gegen die deutsche Marokkopolitik ritt, Notiz zu nehmen, hatten wir, durch Museen streifend, Kathedralen und Universitäten des Landes besuchend, offenbar keine Zeit gefunden.« Über die wachsende Verstimmung der Briten gegenüber dem Deutschland Wilhelms II. habe es kaum Gespräche gegeben. Allerdings wäre auch zu fragen, ob Heuss' politische Überzeugung damals nicht der Erkenntnis von den Gefahren der deutschen Marokkopolitik im Wege gestanden hätten. Fünf Wochen nach seiner Englandreise, als die Sozialdemokraten in Berlin gegen die drohende Kriegsgefahr demonstrieren, wirft er zwar in der *Hilfe* die Frage auf, ob die Entsendung des »Panthers« eine zu große Geste gewesen sei, die zu Missverständnissen geradezu herausgefordert habe. Aber im Prinzip zeigt er sich mit der Politik einverstanden: Sie sei keiner »Abenteurerlaune« entsprungen, denn man müsse die Franzosen »ernsthaft und nachdrücklich« darüber befragen, was eigentlich ihre Generale so angelegentlich in Marokko zu suchen hätten. Gegen die Sozialdemokraten erhebt er den Vorwurf, durch »Maßlosigkeit und Ungerechtigkeit im Schreien und Schimpfen« die Verhandlungen der deutschen Regierung zu erschweren.

Die zweite Marokkokrise endet schließlich mit einer herben deutschen Niederlage, wieder einmal steht es in der Welt als der ewige Störenfried da. Waren die »paar Tausend Quadratkilometer malariaverseuchten Urwalds« (Sell) ihrer Kongoprovinz, das die Franzosen schließlich konzedieren, das gefährliche, leichtsinnig inszenierte Manöver wirklich wert, zumal Frankreich ein Stück vom deutschen Togo im Gegenzug erhält, man also von einem Austausch von Gebieten sprechen kann? Die Regierung hat nicht erreicht, was sie hätte erreichen müssen, schreibt Friedrich Naumann enttäuscht und verbittert in der *Hilfe*: »Entweder mehr wirkliche Friedensgarantien zwischen uns und den Franzosen oder mehr an brauchbarem Kolonialgebiet.« Wenn er fragt, ob das »Deutschtum für seine Zukunft« mehr hätte leisten können, dann spricht, so Heuss, aus diesen Worten »die Enttäuschung seiner imperialistischen Jugendhoffnung«.[43]

Am Ende diesen Jahres zeichnet sich ab, dass sich die Wege von Heuss und Naumann trennen werden – nicht im Geistigen und wahrlich nicht, was die politischen Überzeugungen angeht, sondern nur, soweit es die *Hilfe* betrifft. Nach sieben Jahren bei diesem Blatt steht Heuss verständlicherweise der Sinn nach Veränderung, nach mehr Verantwortung und mehr Gestaltungsmöglichkeiten, und am liebsten ginge er zur *Frankfurter Zeitung*, die einen neuen Feuilletonchef sucht. Da ihn dies journalistisch sehr lockt, bringt er sich in Frankfurt in Erinnerung. Allerdings würde die Position ihn völlig von der Politik abschneiden, und dies nicht nur, was den Einfluss auf das politische Geschehen über die Berichterstattung betrifft.

An seinem ursprünglichen Ziel, das er ja schon dem Chefredakteur der *Neckar-Zeitung*, Ernst Jäckh, darlegte, als er während seines Studiums Korrespondent in München werden wollte, hat er immer festgehalten: den Journalistenberuf mit einem Mandat als Abgeordneter zu verbinden, eine in Frankreich gängige Mischung beider Sphären, in Deutschland indes eher bei Sozialdemokraten als bei Liberalen anzutreffen. Noch die SPD-Bundestagsabgeordneten Schumacher, Wehner und Brandt werden in den Bundestagshandbüchern »Journalist« als Beruf angeben.

Nach Naumanns Wahlniederlage bei den Reichstagswahlen im Januar 1912 bietet sich für Heuss die Chance zur Verwirklichung seines Traums. Da Ernst Jäckh nach Berlin übersiedelt und dort die Geschäftsführung des Werkbunds übernimmt, sucht der Verleger der *Neckar-Zeitung* einen neuen Chefredakteur und verhandelt mit Theodor Heuss. Ganz Heilbronn, schreibt Elly Heuss-Knapp ihrem Vater, wolle den Theodor als Nachfolger von Jäckh, und »Naumann redet ihm sehr zu, die Sache anzunehmen«. Heuss solle versuchen, den Wahlkreis für sich selbst zu erobern, denn er habe mehr Aussicht auf Erfolg. Die Katholiken seien nicht von vornherein so sehr gegen ihn eingestellt wie gegen den ehemaligen protestantischen Pastor Naumann, der das Zentrum als ein deutsches Unglück betrachtet, weil es im Reichstag ja meist mit den Konservativen stimmt und so einen Garant für den Immobilismus des wilhelminischen Parteiensystems ist. Naumann sieht in Heuss mehr als den »begabten, feinen Literaten«, zu dem er sich in Berlin oder Frankfurt zweifellos weiter entwickeln würde. Vor Elly, die gern nach Frankfurt mitgehen würde, sich aber sträubt, nach Heilbronn in die Provinz zu ziehen, rechtfertig er sein Zureden: Der Heimatboden sei für ihren Theodor »die rechte Stelle«, um ein »selbstständiger aktiver Charakter mit steigender Wirksamkeit zu werden. Er soll einmal von Stuttgart aus ein eigener Mann im deutschen Volke sein.« Was Heuss dazu bringt, das Angebot anzunehmen, ist nicht so sehr die frohe Erwartung, als Chefredakteur endlich auf eigenen Füßen stehen. Ausschlaggebend ist die Aussicht, in dieser Funktion in Heilbronn auf die Sicherung eines Wahlkreises für sich hinzuarbeiten.

Im Frühjahr 1912 wird umgezogen. Am 1. April 1912 April tritt Theodor Heuss, nunmehr 28 Jahre alt, seinen neuen Posten an.[44]

# Patriotismus und der Versuch, nüchtern zu bleiben

## Chefredakteur während des Ersten Weltkriegs in Heilbronn und die Mitteleuropa-Idee

Im Rückblick verklärt Heuss die Jahre bei der *Neckar-Zeitung* in Heilbronn: Gemessen an der späteren technischen Entwicklung habe das Zeitungsmachen im Jahr 1912 einen »fast idyllischen Charakter« gehabt.

Den Chefredakteur Heuss mitgerechnet, verfügt das Blatt über insgesamt zwei Redakteure, die einander an einem Doppelpult gegenübersitzen, erst einige Zeit später kommt ein Volontär hinzu. Fernschreiber gibt es noch nicht. Morgens um halb sieben Uhr, wenn der Redaktionsbetrieb beginnt, liegen einige Drucksachen von der Stuttgarter Vertretung des Wolff'schen Nachrichten-Büros und der Telegraphenunion auf dem Schreibtisch, die einzelnen Seiten werden zerschnitten, geordnet und wandern in den Satz; wenn etwas Besonderes passiert, produziert Heuss »schnellhändig« einen Leitartikel. Das Neueste wird am Vormittag von den Nachrichtenbüros aus Stuttgart telefonisch übermittelt, und der Redakteur Robert Bauer, zuständig vor allem für Lokales und Sport, nimmt sie ins Stenogramm. Befindet er sich aber in der Setzerei, macht der Chefredakteur, zuständig für Politik und Feuilleton, selbst stenographische Notizen. Da das Blatt mittags erscheint, endet der Redaktionsbetrieb in der Regel vormittags halb elf. Heuss nimmt danach meist »ein kurzes, erfrischendes Schwimmbad«, wie er dem Schwiegervater schreibt, geht zum

Essen, ruht ein wenig und kommt von vier bis fünf Uhr nachmittags noch einmal in die Redaktion, um Mittagspost und Zeitungen durchzusehen.

Auf das Ersinnen von Schlagzeilen braucht der Chefredakteur »keinerlei Phantasie zu verwenden«, denn Straßenverkauf gibt es nicht. Nach heutigen Begriffen ähnelt die damalige *Neckar-Zeitung*, die sich stolz das »älteste Tagblatt Württembergs« nennt, einer ziemlich öden Bleiwüste, hebt sich damit aber kaum von ihren Konkurrenten ab. Deren gibt es, für eine Stadt dieser Größe erstaunlich, gleich drei: die *Heilbronner Zeitung*, das sozialdemokratische *Neckar-Echo* und den *Heilbronner Generalanzeiger*, der im selben Verlag wie die *Neckar-Zeitung* erscheint. Da Viktor Krämer, der Verleger beider Blätter, ein Klassenkamerad von Heuss' ältestem Bruder Ludwig war, duzen sich Chefredakteur und Verleger, was »für den Beginn eine Erleichterung«, für den »Fortgang eine Erschwerung sein« konnte, wie Heuss bemerkt. Und weil er Krämers Wunschkandidat für die Jäckh-Nachfolge war, verfügt der Chefredakteur über eine relativ starke Stellung, die er auch zu nutzen weiß. Als Krämer einmal in die Redaktion kommt und bei dem »harmlos eifrigen« Redakteur Bauer wegen irgendeiner Sache Krach schlagen will, erinnert ihn Heuss an die gute alte Tradition der Trennung von Redaktion und Verlag: »In der Redaktion«, teilt er Krämer in ruhigem, aber bestimmtem Ton mit, »habe er nichts zu sagen.« Darauf verließ dieser »die Stube, um sie wochenlang nicht mehr zu betreten«. Besondere Neuerungen führt der Chefredakteur Heuss nicht ein, im Gegenteil: Wenn er seinen Lesern versichert, er werde die Zeitung in den »Dienst der freiheitlichen Volksentwicklung und der nationalen Stärke« stellen, unterscheidet ihn dies vom Vorgänger kaum, denn auch Jäckh hatte sie im Naumann'schen »Gedanken- und Geisteskreis« gestalten wollen.[1]

Wenn das Erbe, das Heuss antritt, dennoch nicht leicht ist, hat das mit den Erfolgen seines umtriebigen Vorgängers zu tun, der das Blatt zweifellos hochgebracht hatte. Der neun Jahre ältere Dr. phil. Ernst Jäckh, als Journalist ebenso begabt wie als kulturpolitischer Manager, hatte durch Vermittlung Naumanns während einer Urlaubsreise in das Osmanische Reich den Gesandten von Kiderlen-Wächter kennengelernt, der damals in Vertretung des erkrankten Botschafters in Konstantinopel die Verhandlungen über die Bagdadbahn führte. Beide sind Schwaben, beide sind sich über die Möglichkeiten einig, die sich aus einer Unterstützung der revolutionären Jungtürken für die deutsche Orientpolitik ergeben; sie schließen Freundschaft, und sie wird sich für Jäckh auszahlen.

Seine Nähe zu Kiderlen-Wächter, seit 1908 stellvertretender Staatssekretär des Auswärtigen Amtes, 1910 dann dessen Leiter, verschaffen seinen außenpolitischen Artikeln erhöhte Aufmerksamkeit. So wird das Provinzblatt, schreibt Burger, »zur reichsweit geschätzten Tageszeitung«, die eine Auflage von 18 500 Exemplaren erreicht. Nach einer weiteren Reise in die Türkei – zusammen mit dem Bankier Hjalmar Schacht und Paul Rohrbach – entwickelt Jäckh in seinem Buch *Der aufsteigende Halbmond* das Programm eines deutsch-türkischen Bündnisses und wird, neben Rohrbach, zu einem der »aktivsten Propagandisten für die Nahostexpansion des deutschen Imperialismus«. Reisen nach Albanien und Bulgarien verschaffen dem Orientexperten den zusätzlichen Ruf eines Balkankenners, der selbst den Kaiser beeindruckt. Er lädt ihn auf seine Yacht »Hohenzollern« ein, und so kann Jäckh sich in seinen Memoiren rühmen, er habe als einziger Nichtuniformierter zusammen mit Generälen und Admirälen an Seiner Majestät Tafel gesessen.

Jäckh versteht sich glänzend darauf, für alle möglichen Projekte immer wieder Fördermittel aufzutreiben – so bei dem Stuttgarter Industriellen Robert Bosch, zu dem er enge Beziehungen unterhält und der sich zunehmend für die Ideen Friedrich Naumanns interessiert.

Es ist Kiderlen-Wächter, der den beinahe beängstigend tatkräftigen, unermüdlichen, Kontakte nach allen Seiten unterhaltenden, hochbegabten Strippenzieher Jäckh zum Umzug nach Berlin veranlasst, wo er als eine Art inoffizieller Mitarbeiter im Auswärtigen Amt in der Wilhelmstraße ein- und ausgehen wird. Und es ist Hermann Muthesius, der ihn auf Vorschlag des Heilbronner Silberwaren-fabrikanten und Werkbund-Mitgründers Peter Bruckmann bittet, die Geschäftsführung des Werkbunds in Berlin zu übernehmen, um diesen »aus seinem Hellerauer Aschenbrödeldasein« zu erlösen und »zu einer deutschen Kulturzentrale zu entwickeln«. Ausdrücklich erklärt sich Muthesius mit dem Wunsch Kiderlen-Wächters einver-standen, Jäckh möge neben der Werkbund-Leitung seine »bisher so erfolgreiche orient- und auslandspolitische Arbeit« fortsetzen – allerdings »ehrenamtlich«.

Kiderlen, Jäckh, Bruckmann, Bosch, der führende Volksparteiler Conrad Haußmann und Heuss – das ist eine höchst einflussreiche schwäbische Gruppierung in jenen Jahren, in der Heuss die Rolle des Jüngsten spielt. Dem »robusten, pfiffigen« Kiderlen-Wächter hat er damals »landsmannschaftliche Vorschußlorbeeren« geschenkt und wusste sich dabei einig mit Naumann. Sieht man von des Staats-sekretärs gefährlicher, unbedachter Politik in der zweiten Marokko-krise ab, für die er sich selbst von den Alldeutschen Schützenhilfe in Form einer Pressekampagne erbat, hat er, zusammen mit Kanzler Bethmann Hollweg, immerhin den Versuch unternommen, die wäh-rend dieser Krise so bitter erfahrene internationale Isolierung des Reichs zu durchbrechen: Er bietet Tirpitz Paroli, indem er den Aus-gleich mit England sucht, auch will er die nibelungentreue Bindung des Reichs an Österreich in der Balkanfrage lockern. Allerdings stirbt er bereits im Sommer 1912.[2]

Neben Naumann zählt vor allem Jäckh zu den großen Förderern von Heuss: Er war es, der den Studenten zum Münchner Korres-pondenten für die *Neckar-Zeitung* machte, er empfahl ihn als seinen Nachfolger in Heilbronn, und er wird, was Heuss' Beruf und Kariere angeht, auch in den kommenden Jahren für den Jüngeren ein wich-tiger Ratgeber, ja Weichensteller bleiben. Beide sind inzwischen befreundet, Jäckh stand Pate bei der Taufe von Heuss' Sohn Ernst Ludwig in Straßburg, und auch wenn Heuss von ihm als schrei-bendem Journalisten nicht sonderlich beeindruckt ist, rühmt er ihn als »wunderbaren Organisator und Menschenbehandler«. Zu den »Erbschaften der Jäckhschen Betriebsamkeit« gehören auch Vereine, die der Vorgänger in Heilbronn gegründet hat: der Goethebund, für den Heuss nun Redner für Vortragsabende gewinnen, oder der Verein für ländliche Wohlfahrtspflege, für den er als Schatzmeister amtieren muss.

Das von Jäckh geprägte außenpolitische Niveau der *Neckar-Zeitung* zu halten, ist gewiss nicht leicht, und so zieht Heuss vermehrt den Außenpolitiker des Naumann-Kreises, Paul Rohrbach, als Autor heran, und ein anderer Deutschbalte, Axel Schmidt, der Chefredakteur der *Rigaer Neuesten Nachrichten*, für die Heuss aus Berlin berichtete, schreibt nun als Russlandexperte für das Blatt.

Schon bald ergibt sich die Chance, von der Heuss immer geträumt und deretwegen er die Position in Heilbronn überhaupt akzeptiert hat: den Beruf des Journalisten mit dem eines aktiven Politikers mit Mandat zu verknüpfen. In Württemberg stehen zum 16. November 1912 Landtagswahlen an, und weil der bisherige Volkspartei-Abgeordnete im Wahlkreis Backnang nicht wieder kandidieren will, bringen Friedrich von Payer und Conrad Haußmann, die Führer der schwäbischen Demokraten, Theodor Heuss als Nachfolger ins Spiel. Im »schönen Murrhardt« einstimmig zum Kandidaten gewählt, zieht Heuss ab Mitte Oktober Tag für Tag in die Schlacht. Er kennt keine Seele in diesem Wahlkreis und erinnert sich, welch »herbe Wochen« dies für ihn waren: »... zwischen halb sieben und halb elf Uhr beanspruchte mich die Redaktion, dann ging es brav in der vierten Klasse in den Wahlkreis, immer drei Versammlungen, Heimkehr gegen ein Uhr nachts – aber man war ja noch jung.«

Stellt die Kandidatur für ihn ein Experiment dar, das Aufschluss darüber geben wird, wie weit sich die bäuerliche Bevölkerung auf einen Stadtmenschen – und zumal einen erst 28-jährigen – einlassen wird? Es ist wohl vor allem der Stadtmensch Heuss, der – wenn auch knapp – dem Kandidaten des Württembergischen Bauernbundes unterliegt, doch auch seine Jugend und das leicht künstlerischintellektuelle Flair im Äußeren mögen eine Rolle gespielt haben. In Heilbronn ist er in alte Gewohnheiten zurückgefallen und trägt wieder »einen kecken Schlapphut auf länger werdendem Haar«. Er selbst benennt als wichtigsten Grund für seine Niederlage die Gegnerschaft konservativer schwäbischer Pietisten, die ihm sein Eintreten für Gottfried Traub, den Pfarrer, verübeln, der Naumanns Andachten in der *Hilfe* übernahm und wegen seiner Verteidigung eines unorthodox, aber umso erfolgreicher predigenden Seelsorgers vom zuständigen stockkonservativen Oberkirchenrat seines Amts als Pfarrer enthoben wurde. Ist es etwa angängig, so fragen die Pietisten in einem Flugblatt, einen Mann wie Heuss zu wählen, der seine Feder für einen »Abtrünnigen« missbraucht hat?

Aber seine Pläne, nach einem Mandat zu greifen, sind mit diesem Misserfolg keineswegs vom Tisch. Er schätze die »Kampfstimmung« von Wahlversammlungen, schreibt er Lulu nach Bückeburg, die Anstrengung sei »lehr- und genussreich« gewesen, und sein persönliches Scheitern habe »nichts Endgültiges« an sich. In der Tat richtet sich sein Blick auf die nächsten Reichstagswahlen, die regulär 1917 anstehen und die Möglichkeit zu einem neuen Anlauf bieten, zumal er zu Conrad Haußmann, einem der einflussreichsten schwäbischen Volksparteiler, jetzt engere Beziehungen knüpft. Dass diese Wahlen dem kommenden Krieg und dem Burgfrieden im Inneren zum Opfer fallen werden, kann er Ende 1912 natürlich nicht ahnen.[3]

Es ist der Stuttgarter Conrad Haußmann, der Heuss zu seinem zweiten Job in Heilbronn verhelfen wird: zum Redakteur des linksliberalen *März*, einer im Kaiserreich richtungsweisenden und vielbeachteten Zeitschrift für Politik und Literatur. Der Rechtsanwalt und Publizist, Landtags- und Reichstagsabgeordnete Haußmann stammt wie Heuss aus einer Familie, die den Geist der 1848er-Revolutionäre hochgehalten hat. Im Reichstag zählt er zu den schärfsten Kritikern des persönlichen Regiments Wilhelms II., tritt nach der Daily-Telegraph-Affäre konsequent für die Parlamentarisierung ein und schreibt, als einer der profiliertesten Linksliberalen der Wilhelminischen Ära, für die liberale *Frankfurter Zeitung* und das nicht minder liberale *Berliner Tageblatt.*

Als Anwalt vertritt er gleich mehrfach den satririschen Münchner *Simplicissimus* – so bei der Beschlagnahme der berühmten Zentrumsnummer, für die Ludwig Thoma eine Fastenpredigt im Stil Abraham a Santa Claras verfasste, jenes berühmten Rokokopriesters, der gegen Völlerei und Trunksucht zu Felde zog und seine Predigten mit satirischen Anspielungen spickte. Er schließt Freundschaft mit Ludwig Thoma, dem Chefredakteur des Blattes, und wird Mitgesellschafter des *März*, der von seinen Gründern, wie Karin Rabenstein-Kiermaier betont, von vornherein als seriöses Gegenstück zum *Simplicissimus* konzipiert ist: Wo das von Albert Langen und Thoma herausgegebene satirische Blatt seiner Natur nach »in der Hauptsache negativ« ist, soll der progressive *März* »positiv aufbauend« wirken und für die liberalen Positionen der *Simplicissimus*-Herausgeber werben.

Der Titel will auf Kommendes, Aufbruch und Neubeginn verweisen, aber er steht, wie Reiner Burger anmerkt, auch für den Monat, in dem die aus Frankreich kommende liberal-bürgerliche Revolution 1848 Deutschland erfasste. Weder konfessionell noch parteigebunden, sieht sich der *März* in der Tradition der Paulskirche und will – so ein Inserat im *Simplicissimus* vom Dezember 1908 – als Revue in literarischer Form sagen, »was Deutschland nottut in dieser Zeit des Uebergangs vom persönlichen Regiment zu gesicherten politischen Zuständen«.

Allein die Auswahl der Autoren zeigt, dass der Verleger Albert Langen, der überzeugte Verfechter einer deutsch-französischen Aussöhnung, betont europäisch denkt: Da schreiben Anatole France und André Tardieu, Leo Tolstoi und Bjørnstjerne Bjørnson, Émile Vandervelde und Jean Jaurès, selbst Woodrow Wilson steuert einen Artikel bei.

Unter den deutschen Autoren finden sich jene, die Anfang des 20. Jahrhunderts modern und literarisch führend sind: René Schickele und Franz Werfel, Georg Heym und Robert Walser, der Maler

Ferdinand Hodler und der Kunsthistoriker Wilhelm Worringer, auch der junge Kurt Tucholsky meldet sich unter dem Pseudonym Ignaz Wrobel zu Wort. Einer der Schwerpunkte liegt auf moderner Literatur, und so ist es kein Zufall, dass Hermann Hesse zu den Herausgebern gehört und die Literaturkritik fast allein besorgt. Da er grundsätzlich nur bespricht, was er für gut befindet, bringt der *März* ausschließlich positive Rezensionen.[4]

Um das Blatt zu retten, das 1912 wieder einmal vor der Pleite steht, verlegt Haußmann den Druckort von Leipzig zu Viktor Krämer nach Heilbronn und spart allein damit schon die Hälfte der Herstellungskosten. Gespart wird auch beim Chefredakteur: Heuss, der die Zeitschrift ab Juli 1913 redigiert, verzichtet zunächst auf ein Redaktionsgehalt und gibt sich mit der Einzelhonorierung seiner eigenen Artikel zufrieden. »Eine Dachstube konnte in dem Mietshaus freigemacht, eine Sekretärin gewonnen werden – der Verlag übernahm sie«, so Heuss in seinen *Erinnerungen*. Persönlich hält er »das Unterfangen für ein wunderbares Abenteuer«, denn es erlaubt ihm, Kontakte zu der literarischen Welt herzustellen.

Als Heuss die Redaktion des *März* übernimmt, kostet die Wochenschrift im Einzelverkauf 50 Pfennige und hat, bei einer Gesamtauflage von 5720 Exemplaren, 2678 feste Abonnenten im Reich – damals eine für Zeitschriften dieses Typs stattliche Zahl. Haußmann ist auch deshalb für den Ortswechsel von Redaktion und Verlag nach Heilbronn eingetreten, weil er, der selbst oft in dem Blatt schreibt, vom nahen Stuttgart aus größeren Einfluss auf die Redaktion nehmen kann und – in Zusammenarbeit mit Heuss – dann auch dessen Linie bestimmt.

Sein wichtigster Helfer bei der Sanierung des *März* ist der Völkerrechtler Otfried Nippold, Vorsitzender des Verbandes für internationale Verständigung, der 10000 Mark in Jahresraten zuschießen will, aber, so Karin Rabenstein-Kiermaier, Bedingungen daran knüpft: Die Redaktion soll Militarismus und Chauvinismus bekämpfen und für die Anbahnung friedlicher Beziehungen zu

Staaten eintreten, die nicht im (deutsch-österreichisch-italienischen) Dreibund sind, vornehmlich zu Frankreich und England. Es sind Auflagen, mit denen er bei Conrad Haußmann offene Türen einrennt, ist dieser doch selbst Mitglied des Verbandes und nimmt im Mai 1913 an der Verständigungskonferenz deutsch-französischer Parlamentarier in Bern teil, die von Heuss-Freund Ludwig Frank angeregt wurde.

Und doch: Ist es nur Zufall, dass ausgerechnet einer der ersten Artikel des neuen *März*-Redakteurs Heuss sich mit dem Thema »Der deutsche Chauvinismus« beschäftigt? Chauvinismus, schreibt er da, »jene auf nationalen Haß und Selbstgerechtigkeit gestellte Gesinnung«, nähre sich stets von gegenseitigen Fiktionen – der französische etwa davon, dass das deutsche Volk nur auf den Augenblick warte, in dem es wieder Frankreichs Westgrenze überschreiten könne. Der deutsche Chauvinismus dagegen sei relativ jung und habe lange keine Bedeutung gehabt – doch jetzt sei er im Wachsen und könne für die internationalen Beziehungen zur Belastung werden. Heuss warnt in seinem Artikel vor »akademischem und militärischem Maulheldentum«, bezeichnet »unbedachte Unverantwortlichkeit« als dem Chauvinismus »eigentümlichen Wesenszug« und beruhigt zugleich: Noch, erfährt der Leser, gehöre in Deutschland Verantwortlichkeit zum Wesen des Regierens.

Ist es ebenfalls nur Zufall, dass der *März* im Herbst des gleichen Jahres von der Tagung des Verbandes für internationale Verständigung in Nürnberg berichtet? Ausführlich lässt er dessen Vorsitzenden zu Wort kommen: »Wir vertreten die Temperenz in der auswärtigen Politik«, so Nippold über die Ziele seines Verbandes, »wir halten weder den politischen Alkoholismus der Alldeutschen, noch die politische Abstinenz der Pazifisten für das Richtige, sondern halten es mit der Goldenen Mittelstraße.« Nippold verdammt gewissenlose Kriegshetze und will das Volk zur vernunftgemäßen, ruhigen und sachlichen Betrachtung der politischen Lage zurückführen.[5]

Was *März*-Redakteur Heuss bedauert – dass er in Heilbronn keine rechten Partner für Gespräche über Literatur finde –, gerät zum Segen für Elly Heuss-Knapp. Sie wird seine engste Mitarbeiterin in literarischen Fragen und fühlt sich seitdem in Heilbronn mehr zu Hause. Aus dem »verwöhnend reichen Leben in Berlin fortzugehen«, wo sie zuletzt an der Ausstellung »Die Frau in Haus und Beruf« mitgearbeitet hatte, war ihr ja »furchtbar schwer« gefallen. Bei der Tagung, mit der diese eröffnet wurde, bemerkt sie später, habe man damals leider einen Punkt völlig übersehen: »Er ist sehr wichtig und heißt: Die Frau und der Beruf ihres Mannes.« Dass ihr Theodor schon jetzt eine württembergische Lokalgröße werden und in Heilbronn »Träger und Spitze der Intelligenz spielen« solle, will ihr nicht einleuchten, zumal sie sich höchst ungern von ihren Berliner Lehrverpflichtungen trennt. Den kompletten Umzug nach Heilbronn musste Theodor Heuss denn auch allein besorgen – sie war mit dem Buben zum siebzigsten Geburtstag ihres Vaters nach Straßburg gefahren. Dort stellte sich heraus, dass ihre Gesundheit ihr weder erlaubte, zu arbeiten noch Feste zu feiern.

Spielte auch ein innerer Widerstand gegen den Umzug nach Heilbronn, spielten psychosomatische Gründe eine Rolle, wenn sie sich an dem Umzug nicht beteiligen will? Tatsache ist, dass sie seit der für sie lebensbedrohlichen Geburt ihres Sohnes gesundheitliche Schwierigkeiten hat und im Februar 1913 gleich zweimal operiert werden muss. Elly kurt nach dem Besuch in Straßburg mehrere Wochen in Badenweiler, und als sie schließlich nach Heilbronn kommt, fühlt sie sich wie in der Diaspora. Die vielen Antrittsbesuche, die man der Konvention entsprechend zu machen hat, werden ihr zur Qual: »Gestern«, schreibt sie ihrem Vater, »haben wir den dreihundertundsoundsovielten Besuch gemacht, und damit ist diese schauerliche Angelegenheit erledigt. Wir sind ganz erlöst. Nun kommen die dreihundertundsoundsovielen Gegenbesuche. Aber denen standzuhalten, geht über unsere Kraft. Wir werden sonntags Ausflüge machen.«

Dass eine säuerliche Dekansgattin, die ihren Namen im Zusammenhang mit der Berliner Ausstellung in der Zeitung gelesen hatte, ihr beiläufig mitteilt: »Hier brauchen wir keine Suffragetten«, hat sicher zu ihrem Gefühl des plötzlich Entwurzeltseins beigetragen. »Dass ich mich hier je wohlfühlen werde«, so Elly an Friedrich Naumann, »das glaub' ich nicht. Aber ich glaube, daß ich die Zeit der Widerspenstigkeit hinter mir habe und nach dem guten alten englischen Rezept verfahren werde: ›To make the best of it.‹«

Theodor Heuss hat Familie und Schulfreunde in Heilbronn, nennt »praktisch die ganze Stadt du« – sie dagegen fühlt sich als »Hereingeschmeckte«, und es dauert, bis sie auch die Vorteile einer kleinen Stadt entdeckt: dass ihr Sohn hier viel freier aufwächst, ja in eine Gemeinschaft hineinwächst, während die Großstadt atomisiert. Gelegentlich unternimmt sie kleine Vortragsreisen, referiert in verschiedenen Städten über ihren alten Themenkreis: soziale und wirtschaftliche Frauenfragen. Aber das, findet sie, ist kein »Ersatz für den Unterricht, wobei man junge Menschen dauernd beeinflußt«. Es macht sie glücklich, als zwanzig Heilbronner Putzmacherinnen und Schneiderinnen von ihr einen abendlichen Kurs in Bürgerkunde erbitten, wirklich froh aber ist sie erst, als sie nach Straßburg melden kann: »Wir sind Redakteur vom 1. Juli an, und das Blatt wird hier gedruckt…« Sie arbeitet von drei bis sieben Uhr im *März*-Büro, das in der Mansarde ihres Wohnhauses in der Lerchenstraße 31 untergebracht ist, wickelt zusammen mit einer Schreibmaschinenkraft, die stundenweise zur Verfügung steht, den täglichen Routine-Schriftverkehr der Redaktion ab und sichtet vor allem die eingehenden literarischen Manuskripte.[6]

Es ist die Zabern-Affäre vom November 1913, die dem *März*-Redakteur Heuss eine Klage Erich von Falkenhayns, dem preußischen Kriegsminister, späteren Generalstabschef und Erfinder der fatalen Ausblutungsstrategie vor Verdun, einträgt – ein Prozess, auf den er sich freut, weil er mit Sicherheit öffentliche Aufmerksamkeit findet und damit eine ganz andere Sache zu werden verspricht als die mit dem »kläglichen Lebius« bei der *Hilfe*.

Der Fall im elsässischen Zabern gerät zum größten Skandal des wilhelminischen Deutschland in den Jahren vor dem Ersten Weltkrieg, führt zu einer Welle der Empörung, zu Demonstrationen im ganzen Reich und zu stürmischen Sitzungen des Reichstags, denn er zeigt in drastischer Klarheit den Januskopf des Wilhelminismus auf, er steht, so Michael Stürmer, für die »Arroganz der Militärkaste«, die dem zivilen Deutschland vorführt, »wer Herr im Hause« ist. Was war geschehen? In Zabern kommt es zu wochenlangen Unruhen, weil ein unbedarfter, noch nicht zwanzigjähriger Leutnant namens Günter Freiherr von Forstner bei einer Rekruteneinweisung erklärt hatte: »Wenn Sie angegriffen werden, machen Sie von Ihrer Waffe Gebrauch; wenn Sie dabei so einen Wackes niederstechen, dann bekommen Sie von mir noch zehn Mark.«

Mit dem verächtlichen Begriff »Wackes« waren zweifellos die Elsässer gemeint, von denen etliche, kaum werden die Worte des Leutnants durch die Zaberner Zeitungen bekannt, sich vor der Kaserne zusammenfinden und laut ihre Empörung bekunden. Da ihr Protest friedlich verläuft und die zivilen Behörden keinen Grund zum polizeilichen Eingreifen sehen, handelt das Militär auf eigene Faust: Soldaten treiben die Menge auseinander, verhaften etliche Personen und sperren sie über Nacht in einem Keller des Zaberner Schlosses ein – darunter zwei Richter und ein Staatsanwalt, die beim Verlassen des dortigen Landgerichts zufällig in die Menge geraten waren. Unter Missachtung des Gesetzes und aller Garantien der Verfassung durchsuchen Soldaten auch die Redaktion einer Lokalzeitung, um Hinweise auf Informanten zu finden, welche die »Wackes«-Äußerung des Leutnants öffentlich gemacht haben. Die Affäre eskaliert, als ein Schuster beim Anblick von Forstner, der mit fünf bewaffneten Soldaten durch Zabern marschiert, in lautes Gelächter ausbricht und umstehende Bewohner – Motto: Lächerlichkeit tötet – darin einstimmen. Der Leutnant zieht den Säbel, streckt den Schuster mit einem flachen Hieb nieder und verletzt ihn am Kopf. Vom Kriegsgericht in Straßburg zu lediglich 43 Tagen Arrest verurteilt, wird Forstner in zweiter Instanz vom Oberkriegsgericht freigesprochen, weil er angeblich in Putativnotwehr gehandelt hat.

Reichskanzler Bethmann Hollweg distanziert sich im Reichstag nicht eindeutig vom brutalen, ungesetzlichen Vorgehen des Militärs, und Kriegsminister von Falkenhayn deckt den skandalösen Freispruch und erklärt sich unzuständig: Weder er selbst noch der Reichskanzler noch gar das Parlament hätten das Recht zur Kontrolle von militärischen Disziplinarstrafen, dies sei ausschließlich Sache der königlichen Kommandogewalt. Genau darin sieht Heinrich August Winkler den eigentlichen Skandal der Zabern-Affäre: Sie habe die Machtlosigkeit von Reichstag, Reichskanzler und Kriegsminister gegenüber der königlichen Kommandogewalt enthüllt, der »preußische Soldatenstaat« habe dem Verfassungsstaat gezeigt, wo seine Grenzen liegen. »Der Absolutismus«, so Winkler, »war im zivilen Leben überwunden. Auf dem Gebiet des Militärs lebte er fort.«

Auf Antrag der Fortschrittlichen Volkspartei kommt es erstmals zur Anwendung eines Instruments, über das der Reichstag überhaupt erst seit 1912 verfügt: Er spricht dem Reichskanzler seine Missbilligung aus, weil sein Handeln im Fall Zabern nicht den Anschauungen des Parlaments entspreche. Doch ein Missbilligungsantrag in jenen Tagen gleicht nicht dem Misstrauensvotum in unseren: Der Reichskanzler, vom Kaiser ernannt und nur diesem verantwortlich, denkt nicht an Rücktritt, er bleibt selbstverständlich im Amt.

Im *März* greift Ulrich Rauscher, Landsmann, ja Freund von Heuss und Korrespondent der *Frankfurter Zeitung* in Straßburg, mit geradezu bitterböser Leidenschaft das unglaubliche, willkürliche Vorgehen der Militärs und das Verhalten Bethmann Hollwegs und Falkenhayns vor dem Reichstag an: Bethmann, »verknittert und trüb«, fasele vom notwendigen Schutz für des Königs Rock, auch wenn bei solchen Maßnahmen die gesetzlichen Grenzen nicht eingehalten würden. Er glaube nicht, »daß der oberste Chef der Zivilverwaltung irgendeines Landes sich je jämmerlicher selbst beschimpft hat als Herr von Bethmann ...«

Und Falkenhayn? »Vom Kriegsminister wird mit der unerhörten Beleidigung operiert, die Offiziersehre stehe höher als die Zivilistenehre.« Der Kriegsminister solle sich vor dem Reichstag für die Ungesetzlichkeit seiner Leute rechtfertigen und tue das, »indem er sie als die manchmal etwas täppischen Äußerungen ihres jugendlichen Übermuts für schätzenswerte Eigenschaften in den Kauf nehmen zu wollen erklärt. Ich glaube nicht, daß ein Parlament jemals blutiger verhöhnt worden ist als von diesem Prätorianer Seiner Majestät.«

Verglichen mit Rauschers leidenschaftlichen Attacken nehmen sich Heuss' Kommentare zur Zabern-Affäre eher zurückhaltend aus, auch wenn er gelegentlich – und das ist ja seine Stärke nicht – kräftige, eindeutige Worte findet, etwa von »gewalttätigem Rechtsbruch« des Militärs schreibt. Wie immer bei ihm, macht sich auch hier sein Hang zur Ironie bemerkbar. Als der Kronprinz den Militärs aufmunternde Worte nach Straßburg telegraphiert, meint er, in Anspielung auf das Glückwunschtelegramm Wilhelms II. an Ohm Krüger, wie der ehemalige Präsident der südafrikanischen Republik auch genannt wurde: »Das Talent zu ungeschickten und überflüssigen Depeschen hat der Thronfolger nicht gestohlen; es liegt ihm im Blut.«

Es sind nicht seine, Heuss', Artikel zu Zabern, es ist die scharfe Abrechnung Rauschers mit Bethmann und Falkenhayn, die ihn als verantwortlichen Redakteur wegen Beleidigung des Kriegsministers vor Gericht bringen soll. Doch zu dem Prozess, von dem Heuss sich Spannung, öffentliche Kontroversen und damit Werbung für den *März* verspricht, soll es nicht kommen: Nach Kriegsausbruch zieht Falkenhayn seine Klage zurück. Burgfrieden ist angesagt.[7]

Wer die *Neckar-Zeitung* der Kriegszeit studiert, wird gewiss keine chauvinistischen Äußerungen finden, doch frei von der Siegeseuphorie der ersten Wochen und Monate zeigt sich ihr Chefredakteur nicht. Wegen der Schulterbehinderung mit seinen dreißig Jahren selbst vom Landsturm freigestellt, kommt er sich »kläglich« vor, als Freunde und Bekannte einrücken müssen; in den ersten Tagen der Mobilmachung traut er sich, wie er dem Vater seines bereits im Feld stehenden Jugendfreundes anvertraut, in seinem »Bürgerkittel«

kaum auf die Straße, versichert ihm aber, es sei »eine wunderbare Aufgabe, von den Waffentaten des Heeres und dem großen inneren Aufschwung des Volkes berichten zu können«.

Der Journalist Heuss ruft, als die Festung Lüttich im Sturm erobert wird, »ein kräftiges Hurra den wackeren Soldaten« zu – ihr Draufgängertum mehre den deutschen Waffenruhm und verursache bei den Feinden schlimme Bestürzung. Die Zeit, in der er meinte, auf Schlagzeilen verzichten zu können, ist seit der Ermordung des österreichischen Thronfolgers in Sarajewo längst vorüber: »Schlag auf Schlag – Sieg über Sieg!«, titelt die *Neckar-Zeitung*, als die nach Lothringen eingefallenen Franzosen zwischen Metz und den Vogesen in die Flucht geschlagen und nach Frankreich hinein verfolgt werden.

Das Blatt reiht sich ein in die große vaterländische Front: dass Russland der Aggressor ist und mit seiner Mobilmachung den Krieg ausgelöst hat, dass es sich um einen Verteidigungskrieg handelt, steht außer Frage. Wie der Kaiser keine Parteien mehr kennt, sondern nur noch Deutsche, fordert auch Heuss in seinem Leitartikel zum Kriegsbeginn, »alle Gegensätze, die uns bis heute getrennt haben«, müssen schweigen, »alle die Reibungen, die uns zusammen beengt« haben, müssen weichen, »alle Gefühle, alle Taten« gehören jetzt dem Vaterland. »Die Enkel und Söhne einer großen, opfervollen Geschichte«, schreibt er, der sonst kein Mann des Pathos ist, »werden sich, da ihnen das eherne Los zufällt, Geschichte zu gestalten, der Ahnen würdig erweisen« und vor der Zukunft »groß und würdig« bestehen. Zwar meint er in seinen Memoiren, die hurrapatriotische Stimmung des August 1914 sei mit dem Wort Begeisterung nicht (treffend) umschrieben, er spreche lieber von »willigem Ernst«, aber seine Zeitung feiert Siege freudig mit.[8]

Da werden die Franzosen erbleichen
Und vor den Schwabenhieben weichen

heißt es in dem Gedicht eines »Karl Gust. Riedl« über die Mannen des Heilbronner 4. Füsilierregiments, das in der Rubrik »Heilbronner Chronik« der *Neckar-Zeitung* am 14. August 1914 zu lesen ist. Die unbeholfenen Verse enden:

> Zum Kampf, zum Sieg durch Frankreichs Flur!
> Gott wird euch helfen, vertrauet ihm nur,
> Durch Fährnis und Nöte im Kampfesfeld,
> Daß jeder kehrt heim als wackrer Held,
> Mit Lorbeer umwunden als Sieger im Strauß
> Kehrt wieder, Füsilier, zur Heimat ins Haus.

Schon nach der Mobilmachung unterrichtet Heuss seine Leser, dass mit dem Kriegszustand Verordnungen in Kraft treten, welche die »Berichterstattung ganz wesentlich einschränken«. Aber im Grunde hält er die Zensur, die vom stellvertretenden Generalkommando XIII in Stuttgart ausgeübt wird, aus »vaterländischen Gründen« für »fachlich ganz verständlich«. Der Kampf um die Selbstbehauptung der Deutschen verbietet aus seiner Sicht für die Dauer des Krieges jede Kritik an der Politik der Reichsleitung, an Kriegsführung und Oberster Heeresleitung, und so sieht er das Selbstverständnis der *Neckar-Zeitung* beschränkt auf die Rolle einer Mittlerin »zwischen den großen Ereignissen der Weltgeschichte und der Bevölkerung, die mit Herz und Hirn an dem Kampf unserer Brüder im Felde teilnimmt«, wie er Mitte September schreibt.

Reiner Burger, der die Akten der Stuttgarter Zensurbehörde studiert hat, fand keinen Hinweis auf Konflikte, die der Chefredakteur der *Neckar-Zeitung* mit den zensierenden Militärs gehabt hätte – ganz im Gegensatz zu anderen Blättern, etwa der von Clara Zetkin herausgegeben *Gleichheit*, die wiederholt verwarnt und zensiert wurde. Nur beim *März*, welcher – einschließlich veröffentlichter Gedichte – der Vorzensur unterliegt und dessen Korrekturfahnen Heuss vor dem Druck des Heftes nach Stuttgart schicken muss, untersagt der Zensor gelegentlich einen Artikel.

Zunehmend bestimmen nun Krieg, Kriegsverlauf, aber auch kriegs-bedingte Folgen an der »Heimatfront« das Gesicht der *Neckar-Zei-tung*: Die Rubrik »Heilbronner Ehrentafel« berichtet über gefallene und verwundete Krieger aus der Stadt, die »Württembergische Ver-lustliste« über Gefallene aus dem Land, jedes an Heilbronner Solda-ten verliehene Eiserne Kreuz wird stolz gemeldet, und im Lokalteil wird auf eine »Sammelstelle für Geld und Liebesgaben aller Art« für die im Feld Stehenden geworben. Heuss bietet als Service für Heil-bronner Soldaten auch ein Feldpost-Abonnement an, damit sie auch an der Front über die Vorgänge informiert bleiben, »die ihr Leben in Friedenszeiten umgeben haben«. Selbst im Anzeigenteil gewinnt der Krieg an Bedeutung: Danksagungen für Beileidsbekundungen häufen sich, Textilhäuser werben vermehrt für Trauerkleidung, »mili-tärfreie« Chauffeure und Küfer werden gesucht, und das Bekleidungs-amt des XIII. Armeekorps in Ludwigsburg wünscht – »zu sofortigem Eintritt bei hohem Lohn« – gelernte Schneider zur Anfertigung von Waffenröcken, Mänteln und Reithosen.

Mit Kriegsausbruch beginnt auch »die große« Zeit seiner Frau Elly, erinnert Heuss in seinen Memoiren. Sie baut – zusammen mit Johanna Rümelin – eine Arbeitsbeschaffungsstelle für Soldaten-frauen und Kriegerwitwen auf, die in Heimarbeit Textilien nähen oder stricken, darunter außer Uniformteilen auch Hemden, Knie-wärmer und Ohrenschützer. Das Startkapital stellt Friedrich Mück, ein guter Freund von Heuss und Leiter der Handels- und Gewerbe-bank in Heilbronn, zur Verfügung. In den ersten Wochen beschäf-tigt die Arbeitsvermittlung schon 450 Frauen, und Elly wird zur »gewieften Geschäftsfrau«, die in einer Woche 700 Paar Strümpfe verkauft. Als ihr die Wolle ausgeht, fährt sie nach Berlin und spannt mit Erfolg den württembergischen Bundesratsbevollmächtigten für ihre Sache ein: Er erreicht beim preußischen Kriegsministerium die Freigabe von Wolle für 80 000 Paar Socken, die Ellys Frauen stri-cken werden.

Nur einmal während des ganzen Krieges nähert sich Heuss der Front: Als er im März 1915 als Gast des Lazarettzugs der Familie

Siemens der württembergischen Division, und da vor allem dem Heilbronner Füsilier-Regiment, das im Osten an der Düna steht, Liebesgaben – Wein, Südfrüchte und Tabakwaren – überbringt. Den Kommandeur kennt er aus der Zeit vor dem Krieg gut. Unbehaglich und deplatziert kommt er sich vor, als er in Lodz in einem Hotelsaal von »schauerlich verstaubtem Prunk« als einziger Mann in Zivil unter hundert Offizieren an der Tafel der Armeeführung sitzt. Bei dieser Gelegenheit lernt er den Chef des Feldeisenbahnwesens, seinen Landsmann Wilhelm Groener, kennen, der 1918 Ludendorff als Generalquartiermeister nachfolgt, sich auf den Boden der neuen Republik stellt und mit Friedrich Ebert zusammenarbeitet.[9]

»Wir mussten lernen, daß das Sterben Schicksal und Aufgabe der Jungen wurde«, so Heuss in seinen Memoiren. Schauerlich habe der Krieg unter den nächsten Freunden gehaust »und *alle* getötet, die mir von der frühsten Kindheit oder aus den Studentenjahren nahe standen, näher als meine Brüder«, berichtet er Lulu von Strauß und Torney im Juli 1915, nach nur einem Jahr Krieg: »... die beiden einzigen Männer, die hier auch im täglichen Zusammensein in der Familie nahegeblieben, fielen schon im September. Glaß und Weisgerber, die Sie vielleicht in München kennen gelernt haben, starben in diesem Frühjahr.« (Karl Glaß war ein Studienfreund, der befreundete Maler Weisgerber, ein Mitglied der Münchner Sezession, hatte ein eindrucksvolles Porträt vom Studenten Heuss gemalt). Auch Elly hat ihren besten Straßburger Freund, den Kommunalpolitiker Walter Leoni, im Herbst 1914 verloren.

Als »furchtbare Tragik« empfindet Heuss die Tatsache, dass Ludwig Frank, der stets die Verständigung zwischen Deutschland und Frankreich wollte, schon am 4. September 1914 bei einem Angriff auf Noissoncourt nahe dem lothringischen Lunéville durch eine französische Kugel fällt. Der jüdische sozialdemokratische Reformer, der erste von zwei Reichstagsabgeordneten, die im Krieg bleiben, hatte sich als Vierzigjähriger kriegsfreiwillig gemeldet. Zwar sei sein sehnlichster Wunsch, so Frank, zu überleben und dann am Innenausbau des Reiches mitzuschaffen. Aber auch wenn er nicht wisse, ob die französischen Kugeln seine parlamentarische Immunität achten würden, sei nach Kriegsausbruch für ihn »der einzig mögliche Platz in Reih und Glied«. Heuss trauert um einen der »unbefangensten, klügsten Köpfe« der Sozialdemokratie, um einen ihrer »stärksten und entschlossensten Charaktere«. Niemanden habe diese Partei so dringend nötig gehabt wie gerade diesen einen Menschen, der – ausgestattet mit der Autorität der Massen, mit Verantwortungsgefühl und geschichtlichem Verständnis, vor allem aber mit Staatssinn und Machtwillen – »jene große Korrektur der inneren Politik« hätte mitbestimmen können, die nach dem Krieg nötig werde. Und er fragt zu Recht: »Wo steht der Mann, der ihn vertreten kann?«[10]

Fast täglich schreibt Heuss einen Leitartikel, in dem er die Lage kommentiert, er hält Vorträge in Lazaretten und veröffentlicht auch Broschüren – etwa über den »Kriegssozialismus«. Schlüssig legt er darin dar, dass dieser mit dem marxistischen Sozialismus nichts, viel dagegen mit Fichtes autarkem, geschlossenem Handelsstaat zu tun hat. Beeindruckend an dieser 50-Pfennig-Broschüre, herausgegeben 1915 von Ernst Jäckh in dessen Reihe *Politische Flugschriften*, ist nicht so sehr Heuss' mehr oder weniger gelungene Beschreibung der deutschen Kriegswirtschaft mit Produktionslenkung, Bewirtschaftung und Rationierung als vielmehr die Siegesgewissheit, der er Ausdruck gibt. Offen spricht er die riesigen Finanzlasten an, die – mit Krüppel-, Hinterbliebenenfürsorge und den immensen Zinszahlungen für die unentwegt neu aufgelegten Kriegsanleihen – auf Deutschland im Frieden zukommen werden, »mögen wir mit der Kriegsentschädigung für unsere besiegten Feinde noch so freigiebig sein«. Er rechnet also nicht nur mit Sieg, sondern – in Erinnerung an den deutsch-französischen Frieden 1871 – mit Reparationszahlungen der besiegten Feinde. Erstaunlicherweise findet sich diese Illusion noch 1917, als er im *März* schreibt, die Milliarden der sechsten Kriegsanleihe seien die Waffe, um den Krieg so zu entscheiden, »daß wir« – im Friedensvertrag – »dem Konzern der Gegner das gebührende Maß an Lasten auferlegen können. Das ist keine Folge unserer Wünsche, sondern eine unseres Sieges. Zum Sieg aber bedarf man der letzten Milliarden.«

Wer Heuss' Einlassungen zur deutschen Wirtschaftslage im Kriege liest, fragt sich, wieso er, der doch bei dem Volkswirtschaftler Brentano gehört und promoviert hat, sie so naiv in rosaroten Tönen schildern kann. Zwar räumt er Devisenprobleme ein, doch die Spareinlagen des mittleren und kleinen Mannes wüchsen, warteten auf Investitionen, und auf eine Weise gereiche die britische Blockade – »die Rücksichtslosigkeit des feindlichen Handelskriegs« – sogar zum Segen: »Das durch Jahrzehnte angespannter Arbeit aufgespeicherte Kapital bleibt im Rundlauf im eigenen Land, verströmt und versickert nicht über die Grenzen ... Gewiß haben auch wir durch das Stocken der Warenabgabe an das Ausland unsere Valutaschwierigkeiten, aber begreift man den Gesamtzusammenhang, wird Deutschland nicht ärmer.«[11]

Auch an der Verklärung Hindenburgs wirkt er nach Kräften mit, nennt ihn nach der Schlacht von Tannenberg den »genialen Führer unseres Ostheeres« und schreibt im Herbst 1914, das deutsche Volk danke dem Kaiser, dass er Hindenburg, »den es in seiner Empfindung längst zum zweiten Blücher gemacht« habe, nun in den Rang eines Generalfeldmarschalls hob. In einem Leitartikel in der *Neckar-Zeitung* vom 1. Oktober 1917 zu Hindenburgs siebzigstem Geburtstag preist Heuss ihn nicht nur als »den größten Feldherrn dieses Krieges«, als »Fels der Zuversicht« und »Schrecken der Feinde«, er findet auch »etwas Wunderbares« darin, »daß ein Mann heute an der Spitze der Wehrmacht steht, von dem man spürt, daß er nicht nur ›Fachmann‹ ist, sondern eine Persönlichkeit stark quellender Kraft«.

Ein Gedicht, das er im *März* nach der Schlacht von Tannenberg veröffentlicht, überbietet all dies bei Weitem und scheint zu beweisen, dass der kollektive deutsche Siegesrausch der ersten Kriegszeit auch vor deren doch sonst so bedächtig abwägendem Chefredakteur nicht Halt macht. Verfasst hat es allerdings nicht Heuss, sondern der deutsch-schweizerische Schriftsteller Edgar Steiger, der auch für den *Simplicissimus* und für die *Jugend* arbeitet.

Das war der Herr von Hindenburg,
Der kam den Russen hintendurch.
Ihr Pfeifer und Tamburen
Spielt auf: Wir waren drei zu fünf,
Was tut's, wozu hat man die Sümpf',
Die Sümpfe von Masuren.

Deutschland von deutschem Blute rot,
Und uns're Weiber Zuckerbrot
Für schmierige Kosaken?
Zum Teufel nein! Schlagt drein, schlagt drein
Und werft sie in den Sumpf hinein,
Daß sie wie Frösche quacken!

Ein jeder Sklav' gleicht seinem Herrn,
Und Schmutz und Schmutz gesellt sich gern.
Drum, Schmierfink, in die Pfütze!
Ich lehr' Dich Deinen Lebenszweck:
Ganz Russland steckt wie Du im Dreck,
Bedienung und Geschütze.

O wundervolle Sauenhatz!
Sie springen vorwärts Satz auf Satz,
das ist ein lustig Pirschen.
Das rattert rechts und rattert links
Und schüttelt in die Gräben rings
Den Feind wie reife Kirschen...

Dass der *März* seine bisherige, ganz auf internationale Verständigung, zumal mit Frankreich, ausgerichtete Linie in Kriegszeiten nicht beibehalten kann, ist einigermaßen verständlich; auch er schwenkt auf den vaterländischen Grundkonsens und auf den Burgfrieden ein, und auch er unterliegt der Zensur. Dennoch wirken Steigers Tannenberg-Verse, die an nationaler Überheblichkeit, ja an Verächtlichmachung des Gegners ihresgleichen suchen, selbst im *März* der Kriegszeit wie ein Fremdkörper. Zwar gibt es gelegentlich Propagandaaufsätze, wie Burger anmerkt, aber im Grundtenor warnt das Blatt vor aller patriotisch-chauvinistischen Überhitzung. So macht Conrad Haußmann eindeutig Front gegen den »Kathederpatriotismus« eines Werner Sombart, der die Deutschen als Helden besungen, die Engländer propagandistisch als Krämer gescholten und von der »unermesslich geistigen Beschränktheit« der Briten geschrieben hatte. Entschieden wendet er sich dagegen, dem »Vaterland der Newton, Shakespeare, Bacon, Carlyle, Darwin, Jenner, Spencer den Kultur- und Menschheitswert abzustreiten« und geißelt die Geisteshaltung des Soziologen und Volkswirts: Sie führe »an den Abgrund des Größenwahns«.

Vor patriotischen Exzessen warnt auch Theodor Heuss Ende 1914, als Professor Ernst Haeckel in einem offenen Brief vorschlägt, das Bild Ferdinand Hodlers vom Aufbruch der Jenenser Studenten 1813, das im Auditorium Maximum der Universität Jena hängt, zu entfernen und öffentlich meistbietend zu versteigern. Hodler hatte einen internationalen Protest gegen die Beschießung von Reims unterschrieben, in dem die Deutschen als »Kulturbarbaren« bezeichnet wurden. Deutsche Artillerie hatte die berühmte Kathedrale, die Krönungskirche der französischen Könige und ein Juwel der Gotik, das heute zum Weltkulturerbe zählt, schwer beschädigt. Einerseits attackiert Heuss den Maler: Er habe »unaustilgbare und schmerzliche Schuld« auf sich geladen, als er das »blöde Gerede von den deutschen Barbaren« unterzeichnete. Andererseits unterstreicht er den Wert von Hodlers Kunst, der sich durch den Krieg »nicht um das geringste geändert« habe. Aus Rache an der politischen Manifestation eines Künstlers sich seines berühmten Bildes zu entledigen, eines Gemäldes zudem, das »uns nie innerlich so nahe stand wie jetzt«, wertet er als eines Kulturvolks unwürdige und unsinnige nationalistische Reaktion. So bezeichnet er den offenen Brief Haeckels als »die einzige schlimme Niederlage, die die Deutschen in diesem Krieg bisher erlitten haben«.[12]

Hat Heuss das Steiger-Gedicht über Tannenberg vielleicht auf Drängen des Herausgebers Ludwig Thoma ins Blatt gehoben? Der von der wilhelminischen Obrigkeit gefürchtete *Simplicissimus*-Chef, dieser bissige linksliberale Kritiker von Militarismus, Junkertum und Kirche wandelt sich im Laufe des Krieges zum Nationalisten, Alldeutschen und Antisemiten. In einem Brief an Heuss beschwert er sich schon im November 1914 über die »wachsweichen, superklugen und wohltemperierten Aufsätze« und fragt, eine Richtungsänderung anmahnend: »Gibt es für den März keine Empfindung für die großen Geschehnisse und die Männer, deren Namen wir heute zum erstenmal hören und die nun plötzlich mitten unter uns stehen... Könnte man keine klugen und warmherzigen Beiträge über Hindenburg... erhalten?«

In der Tat wirkt der *März* der Kriegsjahre ambivalent, zumal Hermann Hesse, der ursprünglich als Mitherausgeber Thomas den Beginn der Zeitschrift bestimmt hatte und auch während der Kriegsjahre für ihren literarischen Teil schrieb, einen völlig anderen Weg als dieser geht und sich zum Pazifisten wandelt.

Als Papiernot und der Wegfall von Inseraten das Blatt erneut in eine tiefe Krise stürzen, wird es Ende 1917 eingestellt, um künftig in der in Berlin erscheinenden, von Paul Rohrbach und Ernst Jäckh herausgegebenen *Deutschen Politik* aufzugehen. Haußmann versichert, in der neuen »Gemeinschaft« würden die »Stimmungen und Urteile, die Gesinnungen und der Wille« des *März* weiterhin zum Ausdruck kommen – eine Absichtserklärung, die durch die Rückkehr von Theodor Heuss nach Berlin unterstrichen wird, der dort ab Januar 1918 die redaktionelle Leitung der *Deutschen Politik* übernimmt. In einer Abschiedsnotiz räumt die *März*-Redaktion übrigens offen ein, dass der Krieg die »Einheitlichkeit dieses Kreises und damit seine Arbeit« erschwerte. Die »Gegensätzlichkeit in der Beurteilung der politischen Tagesfragen« habe bei ursprünglich »verwandten Naturen und Gesinnungen« eine tiefe Kluft gerissen. Der nationalistische Kurs von Ludwig Thoma und die besonnene Linie von Heuss waren nicht auf einen gemeinsamen Nenner zu bringen.[13]

Von Heuss und der *Deutschen Politik* wird noch zu reden sein, doch hier interessiert zunächst ein Heuss-Artikel in der *Neckar-Zeitung*, der überzeugend Aufschluss darüber gibt, wie wenig er sich den Blick auf wahre Kunst durch kriegsbedingte, propagandistische Polemik verstellen lässt, ja wie sehr er, trotz seines Glaubens an den Sieg der deutschen Waffen, innerlich zutiefst Humanist geblieben ist. Unter der Überschrift »Der Vaterlandslose« verteidigt er Anfang November 1915 Hermann Hesse gegen Angriffe von rechtsnationaler Seite, die sich häufen, seit dieser im November 1914 in der *Neuen Zürcher Zeitung* unter der Überschrift »O Freunde, nicht diese Töne« an die deutschen Intellektuellen appellierte, nicht in nationalistische Verblendung und Polemik zu verfallen.

Seither gibt es immer wieder Angriffe gegen Hesse wegen seiner Gesinnung, Hassbriefe gehen bei ihm ein, und als er, der sich ursprünglich als Kriegsfreiwilliger gemeldet hatte, aber kriegsuntauglich geschrieben wurde, vom *Kölner Tageblatt* in einem viel beachteten, mehrfach nachgedruckten Artikel als »vaterlandsloser Gesell« und »Drückeberger« attackiert wird, weist Heuss diese Angriffe empört zurück. Er bittet die Leser, diese »Hetze gegen Hermann Hesse« nicht mitzumachen und verurteilt einen Boykott seiner Werke. Hesse habe vor nationalistischer Polemik gewarnt, weil ihm auf die Nerven gegangen sei, »wie fast die ganze Dichtung rechtsum schwenkte und in Kriegskonjunktur machte«. Und zum besseren Verständnis für den befreundeten *März*-Autor fügt er hinzu: Man wisse allmählich doch, »wie ungemein mäßig das meiste von dem ist«, was als Literatur oder Dichtung dabei herausgekommen sei. Hesse ist nicht der geschichtlich denkende Politiker, so Heuss, sondern ein Künstler und Dichter mit einer Weltanschauung der »humanitär-universalistischen Richtung«, und diese als undeutsch zu verwerfen könne nur, wer von der deutschen Geistesgeschichte keine Ahnung hat.

Er hebt den »unverdorbenen Wohllaut« seiner Sprache hervor und lobt, dass Hesse, gerade weil er sich nicht »auf das Besingen des Krieges« geworfen habe, weil er »keusch und ehrlich« in den Grenzen seiner Natur geblieben sei, mitten im Krieg »unverdorbene Kunst« geschaffen habe. Ihn ärgert über die Maßen, dass der Dichter des *Peter Camenzind* und der *Roßhalde* in der Heimat, »deren treuester und liebevollster Schilderer er gewesen«, als ein »verächtlicher Kerl« herumgereicht wird. Und er druckt Hesses Gedicht »Denken an den Freund bei Nacht« ab, das mit den Versen endet:

Und vielleicht,
Vielleicht kommst Du einmal vom Krieg zurück
Und eines Abends trittst Du bei mir ein.
Man spricht von Lüttich, Longwy, Dammerkirch
Und lächelt ernst, und alles ist wie einst,
Und keiner sagt ein Wort von seiner Angst,
Von seiner Liebe. Und mit einem Witz
Wirfst Du die Angst, den Krieg, die bangen Nächte,
Das Wetterleuchten scheuer Männerfreundschaft
Ins kühle Nichtgewesensein zurück.

Für dieses eine Gedicht von Hesse, schreibt Heuss, »gebe ich Neunzehntel der übrigen ›Kriegslyrik‹ her«. Leidenschaft ist seine, des stets maßvollen Mannes Sache nicht, aber wenn er je in den Grenzbezirk der Leidenschaft vorgestoßen sein sollte, dann mit dieser klaren, unzweideutigen Verteidigung Hesses und der Kunst gegen alle nationalistische Verächtlichmachung und zeitbedingt propagandistische Kriegsreimerei.[14]

Kaum weniger engagiert wendet sich Heuss gegen die sogenannte »Judenzählung«, eine statistische Erhebung, die der preußische Kriegsminister am 11. Oktober 1916 anordnet, um den Anteil der Juden unter den deutschen Soldaten festzustellen. Für Heuss ist eindeutig, dass sich der Minister damit den Vorwurf antisemitischer Kreise, vor allem des Reichshammerbundes, zu eigen macht, dem zufolge unverhältnismäßig viele Juden vom Wehrdienst freigestellt sind oder sich in der Etappe herumtreiben, um dem Einsatz an der Front zu entgehen. Des in den ersten Kriegstagen gefallenen Freundes und Abgeordneten Ludwig Frank eingedenk, bezeichnet Heuss diese »Judenzählung« als »widerwärtiges Herumsuchen«, als ein Zeichen moralischen »Tiefstands« und beklagt, »daß die Gemeinheit antisemitischer Treibereien sich an die Öffentlichkeit wagen darf, solange die Klage um Ludwig Franks Tod noch wach ist, solange jüdische Freunde im Trommelfeuer der Sommeschlacht liegen, solange wir sehen, daß jüdische Familien wie die andern einzige Söhne dem Vaterland zum Opfer brachten ... « Übrigens wird das Ergebnis dieser Statistik bis Kriegsende geheim gehalten, was die antisemitischen Ressentiments nur verstärken konnte. Klarheit bringt erst eine genaue Untersuchung aus dem Jahr 1922, nach der proportional ebenso viele deutsche Juden wie Nichtjuden im Weltkrieg eingezogen wurden und 77 Prozent der jüdischen Soldaten an Fronteinsätzen beteiligt waren.

Sein scharfer Artikel habe nicht politische, sondern rein menschliche Motive gehabt, schreibt Heuss dem schwäbischen Freund und Pfarrer Eberhard Goes, er sei auch nicht um der Juden, sondern um seinet-, Heuss', willen erschienen: »Mir schien es nötig, daß wenigsten *ein* Journalist soviel ›Zivilcourage‹ und praktisches Christentum aufbringen mußte, einmal einer volkstümlichen Ungerechtigkeit u. Gedankenlosigkeit schroff entgegenzutreten ... wenn ich ... abzähle, wie viele jüdische Familien hier [in Heilbronn] in Trauer sind u. einige davon den einzigen Sohn verloren haben, dann finde ich das Stammtischgerede unerträglich. Geradeso, wie wenn die Besitzer von NSU- und Knorraktien über die jüdischen Kriegsgewinne sich aufhalten. Der Artikel hat denn auch viele Leute sehr geärgert; das war aber auch sein Zweck. Von einem wenigstens weiß ich, daß er ihn bekehrt. Und ich bin mit dieser Seele zufrieden.«[15]

So zeigt der Heuss der Kriegszeit verschiedene Gesichter – einmal das durch und durch nationale, er würde sagen: das »vaterländische«, des Deutschen und des Staatsbürgers, der die gemeinsame

Kriegsanstrengung als Versuch der nationalen Selbstbehauptung bewusst bejaht, rechtfertigt und unterstützt; das Gesicht des liberalen Humanisten, der religiöse und rassische Diskriminierungen ablehnt und sich gegen nationalistische Tendenzen in der Kunst wendet; schließlich das Gesicht des durch Europa gereisten Bildungsbürgers, der Frankreich, Belgien und Holland, Italien und England mitsamt der für sie spezifischen Kunstwerke schätzt und auch im Krieg die Achtung vor anderen Überzeugungen und Kulturen nicht verlieren will.«»... da ich die Franzosen nicht beschimpfen konnte, kam ich mir in der ersten Zeit entsetzlich einsam vor«, schreibt er dem Historiker Wilhelm Ohr in Tübingen im Januar 1915 und beklagt, dass »Kultur-Intellektuelle und Hochschulprofessoren« angefangen hätten, »Handgranaten von Aufrufen und Protesten hinter die Schützengräben« zu werfen. Deutlich setzt er dies ab von einer »geschichtlichen und menschlich anständigen Art der Kriegsbehandlung«, die er einzig für richtig hält.

Eine dieser »Handgranaten« ist der »Aufruf an die Kulturwelt« vom Oktober des ersten Kriegsjahres, in dem 93 deutsche Schriftsteller, Künstler und Publizisten – darunter übrigens auch sein Mentor Friedrich Naumann – den feindlichen Vorwurf zurückweisen, die Deutschen hätten den Krieg verschuldet, die belgische Neutralität verletzt und Kriegsgreuel in Belgien begangen.

Als eine andere »Handgranate« versteht er jene »Erklärung der Hochschullehrer des Deutschen Reiches«, mit der die britische Propagandathese zurückgewiesen wird, es gebe einen Gegensatz zwischen dem Geist der deutschen Wissenschaft und dem preußischen Militarismus – eine These die, wenn auch indirekt, letztlich ja Respekt vor den deutschen Gelehrten bekundete. Im deutschen Heer, versicherten dagegen 3016 Professoren und Hochschullehrer, sei kein anderer Geist lebendig als in der deutschen Wissenschaft, und beteuerten, das Heil »für die ganze Kultur Europas« hänge an dem Sieg, den der deutsche »Militarismus« und »die Manneszucht, die Treue, der Opfermut des einträchtigen freien deutschen Volkes« erkämpfen werde. Es ist Werner Sombart, der den nationalistischen

Inhalt dieser Erklärung später auf die absurde Formel bringen wird, der deutsche »Militarismus... ist Potsdam und Weimar in höchster Vereinigung«.

Wie sehr Heuss sich von solchen Kulturprotesten, vor allem dem »deklamatorischen Pathos der Professoren« abgestoßen fühlt, lässt er auch seine Freundin Lulu von Strauß und Torney wissen: In diesen »nationalistischen Eitelkeiten« habe er sich schwer zurechtfinden können. Er sei immer bemüht gewesen, »die Ereignisse in ihren großen geschichtlichen Linien zu fassen, ohne Geschrei und Phrasen, sondern sachlich«, aber das habe man ihm übel genommen.

Elly Heuss zeigt sich erfreut, dass ihr Vater die Erklärung der Hochschullehrer nicht unterzeichnet hat und auch die Namen Brentanos und der Brüder Weber fehlen. Ausdrücklich dankt sie dem Vater Knapp für ihr »Erbteil an Skeptizismus«, auch wenn einen das in diesen Tagen isoliere – und fügt hinzu: Zum Glück habe »der Theodor etwa die gleiche Dosis« davon. Bei Friedrich Naumann klagt sie über die »Herabsetzung, Verleumdung des Feindes«, die doch jetzt Trumpf sei – »auch bei uns«. Wenn Franzosen deutsche Ehren ablegten, so könne man darüber lächeln, doch: »...wenn deutsche Gelehrte das mit englischen akademischen Würden tun, so ist es zum Weinen. Würdeloser Kitsch – und die Zeitungen schreien es als Patriotismus aus... wir müssen doch höhere Ansprüche an uns stellen.«[16]

Nicht Heuss, der Humanist, aber Heuss, der Vaterlandsliebende und Nationale, überschätzt die Möglichkeiten der deutschen Kriegsführung, was ihn bei seinen Lageanalysen zu manchem Fehlurteil verleitet und seinen klaren Blick trübt. Wie sehr der Burgfrieden die seit 1908 eher negative Beurteilung einer Person zum Positiven verändern kann, wird an seinem Glückwunsch-Artikel zum 56. Geburtstag Kaiser Wilhelms II. deutlich. Ist es das Scherflein, das Heuss selbst zur vaterländischen Eintracht beitragen will? Oder sucht er, wenn er ihn in der *Neckar-Zeitung* jetzt den »Friedenskaiser« nennt, ihn gegen Feindpropaganda in Schutz zu nehmen, die Wilhelm als »Attila II.«, als Hunnenkaiser karikiert?

Früher sei Wilhelm »durch seine lebhafte Teilnahme an allen kulturellen Äußerungen« eine »sehr umkämpfte Persönlichkeit gewesen«, heute habe er ein »einheitliches und vertrauendes, nicht räsonnierendes Volk hinter sich«. Sein Geburtstagswunsch: Dass der Kaiser nach Sieg und ehrenvollem Frieden »noch lange an der Spitze des neu erstarkten Reiches« stehen möge und die deutsche Zukunft sichere und erhöhe.

Für ihn sind, wenn die berühmte Gotik der Kathedrale von Reims unter dem Feuer deutscher Artillerie Schaden nehmen sollte, ausschließlich die Franzosen dafür verantwortlich – sie nämlich lassen es, in der »Besinnungslosigkeit ihres Verzweiflungskampfes«, an »antiquarischer Pietät« fehlen. Wenn es stimme, so steht in der *Neckar-Zeitung* zu lesen, dass die Türme der Kathedrale mit Geschützen bewehrt seien, falle die »Verantwortung für das Kommende (und sei es das Furchtbarste)« ausschließlich auf die französische Heeresleitung.

Die wohl wichtigsten Fehleinschätzungen, die in der *Neckar-Zeitung* oder im *März* zu lesen sind, betreffen den unbeschränkten U-Boot-Krieg, den Kriegseintritt Amerikas sowie die Friedensresolution des Reichstags, und in all diesen Fällen stimmen sein Urteil und das seines großen Vorbilds Friedrich Naumann nicht mehr nahtlos überein. Auch wenn er den Beschluss nach außen mit vertritt, ist Naumann doch kein Anhänger des unbegrenzten U-Boot-Krieges, den das Reich am 9. Januar 1917 beschließt, denn er glaubt nicht an die von seinen Befürwortern in ihn gesetzten Erwartungen: dass nämlich England, in sechs bis acht Monaten in die Knie gezwungen, zu Friedensgesprächen bereit wäre. Auch unterschätzt er die Amerikaner nicht: »Es unterliegt keinem Zweifel«, so Naumann, »daß die Amerikaner, wenn sie wollen, einen Krieg, einen Krieg großen Stils führen können, aber daß sie dazu etwa ein Jahr Vorbereitungszeit brauchen.«

In der *Neckar-Zeitung* liest sich das anders. »Wer genau verfolgte, wie sehr sich die Leistungsfähigkeit unserer Tauchboote gesteigert hat, spürte, wie hier auch der politischen Führung neue Kräfte zuwuchsen, die ihr größere Handlungsfreiheit gab«, heißt es da eher positiv. Und als Washington Anfang Februar die Beziehungen zu Berlin abbricht, schätzt Heuss den Vorgang für die nächsten Monate als unerheblich ein:»Wenn in unseren U-Booten wirklich die Kraft liegt, England tatsächlich mürbe zu machen und die Industrien Italiens und Frankreichs lahm zu legen, dann wäre der ungeheure Zuwachs an finanzieller, technischer und wirtschaftlicher Kraft [durch den Kriegseintritt der USA] für die Entente wirkungslos.« Für den Fall aber, dass es nicht gelinge, bis zum Spätherbst die Welttonnage zu dezimieren, werde Amerikas Eingreifen in den Krieg nur »sehr mäßig« sein:»Eine irgendwie in Betracht kommende Landarmee ist nicht vorhanden – an Freiwilligenkorps würde es nicht fehlen, aber sie würden mehr Tonnage brauchen, als England heute schon abgeben kann. Eine größere eigene Handelsflotte hat Amerika nicht...«

Naumann stimmt für die Friedensresolution des Reichstags im Juli 1917, in der die Mehrheitssozialdemokratie, das Zentrum und die Fortschrittliche Volkspartei den Charakter des Verteidigungskriegs betonen und sich gegen die Annexionswünsche der Rechten wenden: Sie fordern einen Frieden der »Verständigung und der dauernden Versöhnung der Völker«, mit dem »erzwungene Gebietserweiterungen und politische, wirtschaftliche oder finanzielle Vergewaltigungen« – Annexionen oder Reparationen also – unvereinbar seien. Heuss hält diese Resolution, wie er im *März* ausführt, für »keineswegs glücklich«, da ihre Formulierungen »für den praktischen Fall der Friedensverhandlungen als eine Entwertung unserer militärischen Erfolge und Faustpfänder« wirken können. Sieht er nicht, dass die Reichstagsmehrheit vor allem auf eine kritische Zuspitzung der Kriegslage reagiert – auf die Kriegsmüdigkeit der von den jahrelangen Kämpfen innerlich zunehmend zermürbten k.u.k.-Vielvölker-Monarchie, die bereits ihre Fühler nach einem Sonderfrieden mit Frankreich ausgestreckt hatte?

In einem persönlichen Brief an Naumann – Anrede: »Lieber Freund!«, man duzt sich seit Jahren – erklärt er seine ablehnende

Haltung: Für deutsche Unterhändler werde die »Technik des Friedenschlusses« durch die Formulierung der Resolution erschwert, denn sie würden damit »eine Entwertung der tauschbaren Faustpfänder gegen sich haben«. Außerdem habe er den Eindruck, die Mehrheitssozialdemokraten hätten die Formel des Petersburger Arbeiter- und Bauernsowjets vom »Frieden ohne Annexionen und Kontributionen« in die Resolution geschmuggelt, aber dabei übersehen, dass diese »Formel sozialistischer Literaten« nur den deutlichen Imperialismus verdecke, der »auch im revolutionären Russentum vorhanden« sei. Dass den Mehrheitssozialdemokraten – vor allem nach der Abspaltung der USPD – mit Blick auf die eigenen Anhänger vor der Bewilligung neuer Kriegskredite vor allem an der Klarstellung gelegen sein muss, es handele sich keinesfalls um einen Eroberungskrieg, spielt in seinen Überlegungen offenbar keine Rolle.

Allerdings gebietet die Fairness, vor der Annahme zu warnen, Theodor Heuss sei bei seinen Einschätzungen der Kriegslage, mögen sie sich als richtig oder falsch herausgestellt haben, prinzipiell seiner Urteile stets sicher gewesen. Dafür weiß er viel zu gut, wie es um die Wahrhaftigkeit von Informationen in Kriegszeiten bestellt ist: nämlich dass sie an Verschleierungskünsten, propagandistischer Übertreibung von Siegen und Beschönigung von Niederlagen Schaden nimmt.

Schon am Anfang des Krieges spricht er gegenüber seinem Jugendfreund Heinrich Paul von einer »ungeheuren Merkwürdigkeit« – nämlich »Zeuge der Weltgeschichte zu sein« und gleichzeitig »von allen wesentlichen Vorgängen durch Stilisierung des Generalquartiermeisters abgesperrt zu werden«. Erst in ein paar Jahren, also nach dem Krieg, wenn man Zugang zu den Quellen habe, so Heuss, werde man so weit sein, »das zu erfahren und zu übersehen, was heute geschah«. Sein Brief an den Freund, am 2. September 1914 geschrieben, kommt ungeöffnet zurück mit dem Vermerk: »Gefallen! Zurück an d. Absender«. Heinrich Paul war am 4. September bei Münster im Elsass ums Leben gekommen.[17]

Nachdem sich Anfang September 1917 als Reaktion auf die Friedensresolution rechts von der Reichstagsmehrheit die Deutsche Vaterlandspartei gebildet hat, eine Art Sammelbecken »vaterländischer Kräfte« um den Großadmiral Tirpitz und den ostpreußischen Generallandschaftsdirektor Wolfgang Kapp (den späteren Initiator des Kapp-Putsches von 1920), finden sich Naumann und Heuss unter den Mitgliedern des Volksbunds für Freiheit und Vaterland. Dieser gründet sich Mitte November und versteht sich als Antwort auf die Vaterlandspartei und ihre maßlose nationalistische Agitation. Die rechte Bewegung setzt gegen den von ihr sogenannten Scheidemann-Frieden der Verständigung ihre Forderung nach einem siegreichen Hindenburg-Frieden mit erklecklichen Gebietsgewinnen im Westen wie im Osten. Der Volksbund dagegen will keinen Gewaltfrieden und fordert demokratische Reformen im Inneren, vor allem die Abschaffung des Dreiklassenwahlrechts in Preußen.

Dass eine Reihe alter Nationalsozialer, darunter der langjährige *Hilfe*-Autor und Pastor Gottfried Traub, der außerdem Heuss' Sohn Ludwig in Straßburg getauft hat, zur Vaterlandspartei überwechseln, empfinden Heuss und Naumann schmerzlich; weit schmerzlicher allerdings ist, dass der demokratische Volksbund, den Männer von Rang und Namen wie Max Weber, Ernst Troeltsch, Friedrich Meinecke und Hugo Preuß unterstützen, mit seinem Programm des freiheitlichen, demokratischen Ausbaus der deutschen Institutionen nach innen in der Öffentlichkeit weit weniger Resonanz findet als die Bewegung von Kapp und Tirpitz. Nominell ist er der Vaterlandspartei zwar an Mitgliederstärke überlegen, weil die Gewerkschaften korporatives Mitglied sind, aber gegen die nationalistischen und populistischen Parolen der Rechten kommt er nur schwer an, zumal es ihm an innerer Geschlossenheit fehlt. Sieht man, wie später Friedrich Meinecke, den Volksbund als eine Allianz zwischen Arbeitern und Bürgern und damit als einen Vorgriff auf die Weimarer Koalition, dann ist mit diesem Kräfteverhältnis 1917/18 der Ausgang des Kampfes um die erste deutsche Demokratie 1933 schon vorbestimmt.[18]

Bei Kriegszielen und Verfassungsfragen hält sich der Journalist Heuss als loyaler Anhänger des Burgfriedens zurück, indirekt verteidigt er aber doch zunächst den Status quo: die deutsche konstitutionelle Monarchie Bismarck'schen Typs. Die Reichhaltigkeit des staatlichen Lebens in Deutschland und »die Jugend des deutschen Staates« gebe ihm eine »innere Überlegenheit über andere Staaten«, schreibt er 1915 in *Schwaben und der deutsche Geist.* Er rühmt Deutschlands Verkehrswesen, seine Infrastruktur, seine Sozial- und Bildungspolitik, spricht gar vom »freiesten Wahlrecht« und behauptet: »In der stärksten Durchdringung des Staates mit sittlichen Zwecken und der Erfüllung des wirtschaftlichen und kulturellen Lebens mit dem staatlichen Gedanken – darin ruht die Überlegenheit des deutschen Geistes.« Ist dies eine Verbeugung vor dem deutschen (Kriegs-)Zeitgeist und den Ideen von 1914, die sich betont antiwestlich geben? Immerhin hat selbst Thomas Mann damals deutsche Kultur und »machtgeschützte Innerlichkeit«, also den Obrigkeitsstaat, der Musik, Dichtung und Philosophie »von der Politik abschirmte«, gegen westliche Zivilisation und den »rhetorischen Bourgeois« gestellt.

Aber im Dezember 1916 notiert Heuss offenbar erfreut, dass der Krieg den Reichstag gestärkt habe: Weil Kanzler Bethmann Hollweg Gewicht darauf lege, die Handlungen der Regierung »in Übereinstimmung oder doch im Meinungsaustausch mit den Parteiführern zu halten«, entstehe hier »ein Gewohnheitsrecht«. Seit jedoch der Verfassungsausschuss des Reichstags im Frühjahr 1917 über Monate hinweg über der Frage brütet, welche Reformen nach dem Krieg notwendig seien, gibt er die bisherige Zurückhaltung, die er sich in dieser Frage aus »vaterländischen Rücksichten« selbst auferlegte, vollends auf und tritt klar für eine Parlamentarisierung ein – ausdrücklich betonend, dass dies kein Schielen nach westlichen Vorlagen sei. Das ist es in der Tat auch nicht, denn Heuss versteht Parlamentarisierung vor allem als Gegengewicht zur Macht des Bundesrats, als Stärkung der zentralen Kräfte im Reich, welche die überzogenen Ansprüche der Einzelländer zurückweisen könnten.

Aus der Sicht des unitarisch denkenden Heuss ist der Bundesrat unfähig, die wirtschaftlichen und finanzpolitischen Probleme, die der Krieg mit sich bringt, in der wünschenswerten Geschlossenheit zu lösen. Parlamentarisierung, wie er sie begreift, soll deshalb vor allem helfen, »aus dem unübersichtlichen und sachlich unverantwortlichen Zufallsbetrieb unserer politischen Gestaltung herauszukommen«. Dass Bayerns Ministerpräsident Georg von Hertling – ab November 1917 Reichskanzler – die Teilung des Reichslandes Elsass-Lothringen in einen bayerischen unterelsässischen, einen badischen oberelsässischen und einen preußischen lothringischen Teil befürwortet, kann Heuss' Kritik am Bundesrat als einer Verteidigungsstellung des deutschen Partikularismus nur beflügelt haben. Die *Neckar-Zeitung* sieht die Gefahr eines preußisch-bayerischen Dualismus und weist die dynastischen Ansprüche Bayerns scharf zurück: Für das Elsass komme nur eine Zukunft als Bundesstaat unter einem Monarchen oder die volle Eingliederung in Preußen in Frage.

Übrigens findet sich bei Heuss kein Hinweis, wie er sich die von ihm geforderte Parlamentarisierung konkret vorstellt – eine Tatsache, die Jürgen C. Heß damit erklärt, dass Heuss eben »kein systematisch vorgehender Verfassungstheoretiker, sondern ein Journalist und Politiker« ist, dem es mehr um das Aufzeigen von allgemeinen Tendenzen und Notwendigkeiten geht als um eine »Analyse der Funktionsbedingungen des parlamentarischen Systems«. An eine Parlamentarisierung, die darauf hinausliefe, dass sich eine Reichstagsmehrheit auf einen Kanzler einigt, den der Kaiser dann ernennt, also an eine parlamentarische Monarchie nach englischem Modell, denkt Heuss offenbar nicht. Er begnügt sich mit der Überlegung, ein Kanzler werde der Einsicht, »daß er gegen das Parlament verfassungsmäßig nicht regieren könne, die logische Entschließung seines Rücktritts folgen« lassen.[19]

Wenn Heuss weder im *März* noch in der *Neckar-Zeitung* Kriegsziele formuliert, heißt das nicht, dass er keine hat – im Gegenteil. Er hält sich zunächst nur an die Auflage der Reichsregierung, welche die öffentliche Erörterung von Kriegszielen untersagte, weil sie zu Recht die Gefahr witterte, ihre offizielle These vom deutschen Verteidigungskrieg könnte durch eine öffentliche Diskussion über Annexionen gründlich widerlegt werden. Als die Debatte nach einiger Zeit dennoch hochkocht, beschränkt Heuss sich meist auf die Kritik an überzogenen Kriegszielen der »wilden Schreiber«, allen voran der Alldeutschen, und macht sich über deren Vorsitzenden Heinrich Claß lustig, der im Herbst 1914 Toulon zum Mittelmeerstützpunkt für die deutsche Kriegsmarine ausbauen wollte. Wie er über Gebietsgewinne im Osten denkt, darüber schreibt er nicht in seinem Blatt, wohl aber in einem Brief an seinen linksliberalen Parteifreund Gothein in Breslau: Er gehe mit ihm einig, »daß eine sehr starke Grenzänderung gegen Osten das Ziel des Krieges« sein solle.

Stimmt dies mit einer Linie überein, die Theodor Wolff, der Chefredakteur vom *Berliner Tageblatt* und der Historiker Hans Delbrück in der Kriegszieldebatte steuern? Nach Winkler stehen beide »für eine gemäßigtere Richtung unter den deutschen Intellektuellen«, die Gebietserweiterungen im Westen mit dem Argument ausschließt, »die Einverleibung oder Angliederung politisch selbstständiger und an Selbstständigkeit gewöhnter Völker sei zu verwerfen«. Aber den Weg zu Gebietserweiterungen im Osten ließen »auch diese maßvollen Imperialisten offen«.

Wie Heuss grundsätzlich über Grenzänderungen im Westen denkt, wird im April 1916 deutlich, als er Bethmann Hollweg gegen die Alldeutschen und ihre »wildgewordenen Journalisten« verteidigt, die den Kanzler immer wieder als »schwächlichen Zögerer« kritisieren. Schon um den Charakter eines Verteidigungskriegs zu betonen, so Heuss, müsse Bethmann die weitgehenden Annexionsforderungen der Alldeutschen selbstverständlich ablehnen – aber das heiße keineswegs, dass er sich »dem weltgeschichtlichen Zwang entziehen« werde, im Ergebnis des Krieges »Flur- und Grenzbereinigungen der Erdkarte« vorzunehmen. Zu Ende gedacht bedeutet dies nichts anderes, als dass territorial begrenzte Annexionen im Rahmen eines

Verteidigungskrieges nicht auszuschließen sind – eine These, die auch Friedrich Naumann vertritt, wenn er sagt, von Eroberungskrieg könne erst dann gesprochen werden, wenn »für den Grenzschutz nicht nötige Landesteile« verlangt werden.

Wäre Lüttich mit seinen Festungen ein solcher für den Schutz der deutschen Grenzen nötiger und abzutretender Landesteil, wie in Deutschland viele behaupten? Heuss bleibt eher vage, nennt als Ziel solcher »Flur- und Grenzbereinigungen« die »Sicherung der deutschen Zukunft« und die »Entfaltung wachsender Kräfte nach innen und nach außen«. Schon im Interesse der deutschen Sicherheit müsse das polnische Schicksal vom russischen, das belgische vom »englisch-französischen Bann« gelöst werden. Allerdings wagt er sich weit vor, wenn er in diesem Zusammenhang, Bethmann zitierend, auf das »Vlaamentum« als »ein Stück schutzbedürftigen Deutschtums« verweist.

Wie in der deutschen Kriegszieldebatte überhaupt, spielt Belgien in den seltenen Fällen, in denen Heuss Kriegsziele anspricht, eine zentrale Rolle. Im Januar 1917, nach der Ablehnung eines deutschen Friedensangebots durch die Entente, schreibt er über Belgien: »Die Zukunft dieses Landes wird, wenn wir auch keineswegs daran denken können, wenigstens die Besonnenen unter uns, das belgische Volk für die zweideutige Torheit seiner Regierung zu ›strafen‹, von uns in erster Linie von dem Gesichtspunkt unserer deutschen Staatsnotwendigkeit betrachtet und gestaltet werden müssen.«

Glaubt er um diese Zeit noch an einen Siegfrieden, in dem Deutschland, was es für staatsnotwendig hält, praktisch diktieren kann? Seine Haltung scheint widersprüchlich, denn wenn der Kritiker der Friedenresolution moniert, man gäbe mit ihr Faustpfänder aus der Hand, geht er doch von einer großen Friedenskonferenz aus, auf der die Frieden schließenden Parteien Pfänder tauschen können.

Ist er, was Belgien betrifft, vielleicht von seinem Freund, Mentor und Vorbild Friedrich Naumann beeinflusst? Der hatte sich ja in einer Denkschrift an die Reichskanzlei im Herbst 1914 gegen die

Wiederherstellung Belgiens gewandt, weil es als Staat nach dem Krieg der Ausgangspunkt einer deutschfeindlichen Agitation werden und die von ihm, Naumann, gewünschte deutsch-französische Verständigung belasten würde. Weil die Belgier aus seiner Sicht keine Nation sind, schließt er sie vom Selbstbestimmungsrecht der Völker aus und schlägt auf einer großen Friedenskonferenz die Aufteilung Belgiens nach Volkstums-Grenzen vor: Die Franzosen sollen die volkreichen wallonischen Bezirke erhalten und werden damit für einige Gebiete entschädigt, die sie an Deutschland abtreten müssen; Holland erhält die flämischen Landesteile, Luxemburg ebenfalls einige angrenzende Gebiete, und Deutschland nehme sich »die militärische Eingangspforte«, also Lüttich mit seinen Forts und die große Bahnlinie bis nach Brüssel. Mit diesem Teilungsplan, urteilt Peter Theiner, gibt Naumann ein Stück Vernunft preis und schwächt die antiannexionistische Front.[20]

Einige Jahre später sieht Naumann ein um das belgische Flandern vergrößertes Holland als gleichberechtigten Partner »in einem ökonomischen und militärischen Garantieverband der Mittelmächte« – in einem »Mitteleuropa« also, dessen Konzeption er 1915 in seinem gleichnamigen Buch vorlegt, welches bald zum Bestseller wird und das Heuss in der *Neckar-Zeitung* wie im *März* – in einem übrigens gleichlautenden Artikel – geradezu euphorisch lobt: Für ihn ist es die »inhaltlich und wohl auch rein literarisch … stärkste und fruchtbarste Gabe in der Unsumme der Literatur«, die durch den Krieg entstanden sei. Dabei liegt die Idee eines »Mitteleuropa« als zentrales deutsches Kriegsziel geradezu in der Luft. Walther Rathenau, der Vorstandsvorsitzende der AEG, träumt von einer mitteleuropäischen Zollunion und einem Wirtschaftsverband, in dem Deutschlands Stellung stärker sei als die Preußens im Reich. Auch Kurt Riezler, wohl der engste Berater Bethmann Hollwegs (und später ein guter Freund von Heuss), denkt an einen europäischen, um das Reich gruppierten und von diesem dominierten Staatenbund. Er flüstert die Idee dem Kanzler ein, so dass »Mitteleuropa« in dessen geheimem Septemberprogramm der Kriegsziele eine zentrale Rolle spielt. Aber Naumann ist der Erste, der die bislang vagen Ideen in seinem Buch *Mitteleuropa* zu einem konkreten Programm bündelt und ihr einflussreichster Agitator wird.

Heuss, der ja aus einer Familie mit großdeutscher Tradition kommt, ist vor allem vom Grundgedanken dieses Konzepts fasziniert: dass ein enger Bund zwischen Deutschland und Österreich den deutschen Kern dieses Mitteleuropa bilden soll. Wird damit, wie Winkler meint, außenpolitisch nicht an das großdeutsche Erbe von 1848 angeknüpft und innenpolitisch eine Brücke »zu den Kräften, die der kleindeutschen Lösung am längsten widerstrebt hatten«, zu Katholiken, süddeutschen Demokraten und Sozialdemokraten geschlagen? Nach dem Krieg und dem Zerfall der k.u.k.-Monarchie wird vom Naumann'schen Mitteleuropa-Konzept nur die großdeutsche Vision eines um Deutsch-Österreich erweiterten Deutschen Reiches bleiben, das – sich auf das von Wilson proklamierte Selbstbestimmungsrecht der Völker berufend – sowohl die Weimarer als auch die deutsch-österreichische Nationalversammlung anstreben. Von den Alliierten bei Friedensschluss untersagt, bleibt diese späte großdeutsche Lösung doch als Wunschtraum und Fernziel lebendig, dem sich auch Heuss und seine Linksliberalen stets verpflichtet fühlen.

Eine Frucht »starker politischer Phantasie« nennt Heuss das Naumann'sche Mitteleuropa, und er hebt hervor, dass es nicht nur um Wirtschaftsfragen und um militärische Sicherung gehe, sondern dass »eine neue Überstaats- und Kulturgesinnung, ein ausgeweitetes Gefühl für Aufgaben und Pflichten« entstehen müssten. Er spricht damit jene für die damalige Zeit eher fortschrittlichen Züge an, die Naumanns Mitteleuropa aufweist, obschon es im Ansatz durchaus imperial gedacht ist. So will Naumann eine Wirtschaftsföderation, einen Bund existierender Staaten, der nicht auf Zwang, Unterwerfung oder Eroberung beruht, sondern auf Freiwilligkeit, die allein Dauer verbürgen kann. Da er auch die kleineren westslawischen Nationen in diese Föderation einbeziehen möchte, hält er nichts von dem Germanisierungszwang oder dem von den Alldeutschen ausgerufenen Existenzkampf zwischen Germanen und Slawen. Deutsche Tüchtigkeit und deutsche Kultur würden schon den deutschen Einfluss stärken und Deutsch zur Handelssprache des neuen Blocks machen. Er vertraut auf die Anziehungskraft der stärksten Wirtschaft, der deutschen, wie auf das Selbstinteresse der kleineren Staaten, die nach innen – in Sprache, Kulturpolitik, Religionsfragen – völlig autonom bleiben, aber deren Wirtschaftsgesetzgebung Schritt für Schritt angeglichen werden soll.

Wer sein Buch heute liest, vermag einige Ähnlichkeiten zum gegenwärtigen Europa zu entdecken: Die einzelnen Staaten bleiben weiter bestehen, einen neuen Staat namens Mitteleuropa gibt es nicht, aber Naumann sieht »mitteleuropäische Organe« vor, so die Errichtung sachverständiger mitteleuropäischer Arbeitskommissionen für verschiedene Wirtschaftsbereiche, selbst eine mitteleuropäische Zentralverwaltung für Wirtschaftsfragen hält er für denkbar. Einmal gerät er, bei aller von Heuss gerühmten »nüchternen Kühle in der Beschreibung« sogar ins Schwärmen, denn er stellt sich vor, er komme »in 10 Jahren, oder seien es auch noch mehr, nach Prag« und besuche »den Vorsitzenden oder den stellvertretenden Vorsitzenden [sie wechseln ab!] des mitteleuropäischen Wirtschaftsausschusses«. Der zeigt ihm seinen schönen Neubau und sagt: »Als wir kamen, dachten wir, wir hätten nichts zu tun, und nun wächst es an allen Wänden in die Höhe!« Was für uns heute Brüssel, ist in seiner Vision Prag, das ja im Zentrum dieses Mitteleuropa liegt.

Vieles bleibe bei Naumann im Dämmerlicht, meint Theodor Schieder, doch zeigten sich erstmals die Umrisse eines übernationalen Gedankens, der »über die nationalstaatliche Enge und zugleich über die imperialistische Maßlosigkeit« hinausweise. Aber dieses Naumann'sche Mitteleuropa, dieser Ansatz zu übernationalen Strukturen, soll ohne Zweifel als kontinentale Basis einer deutschen Weltmachtpolitik dienen. Naumann denkt in Großräumen; er ist überzeugt, dass nur große wirtschaftliche und militärische Einheiten den darwinistischen Kampf ums Überleben in der modernen Welt bestehen können, und so will er einen neuen Großblock unter deutscher Führung schaffen, der sich mit dem russischen, dem britischen und dem amerikanischen messen kann. Für ihn wächst dieses Mitteleuropa aus der »Schützengrabengemeinschaft« heraus, es ist »Kriegsfrucht«, wie er am Ende seines Buches sagt: »...zusammen haben wir im Kriegswirtschaftsgefängnis gesessen, zusammen haben wir gekämpft, zusammen wollen wir leben.«

Neben wirtschaftlicher Integration sieht er als wichtigstes Element seines Konstrukts eine mitteleuropäische Heereskonvention vor, die praktisch auf eine stark vereinheitlichte mitteleuropäische Streitmacht unter deutscher Führung hinausläuft. Aus der engen militärisch-wirtschaftlichen Zusammenarbeit sieht er nach und nach auch eine gemeinsame Außenpolitik entstehen, die eine deutsche Handschrift trägt. So bleibt fraglich, ob er wirklich nur den Rückzug von deutscher Weltpolitik auf die ursprünglich kontinentale Stellung des Reichs will, von der Heuss einmal spricht, ein Zurückfallen auf eine, wenn auch gewandelte und vertiefte »Bismarck'sche Überlieferung«.

Andreas Peschel hat zu Recht darauf hingewiesen, dass dieses Mitteleuropa für Naumann, wenn möglich, eine Erweiterung seiner »nördlichen und südlichen Seeküste« braucht (kommt hier wieder Belgien ins Spiel oder Holland?), auch seinen Anteil an überseeischem Kolonialbesitz, und dass der alte Anhänger einer deutsch-französischen Aussöhnung auch hoffte, eines Tages werde sich Frankreich der Magnetkraft eines wirtschaftlich und militärisch geeinten Mitteleuropa nicht entziehen können. Die Tür für die Türken will er ohnehin offen lassen, und als Bulgarien an der Seite der Mittelmächte im Herbst 1915 in den Krieg eintritt, lädt er auch dieses nach Mitteleuropa ein. Sein Konzept ist also keineswegs nur defensiv, sondern ausgesprochen hegemonial gedacht, es soll als Basis für eine ausgreifende Kolonialpolitik dienen und wird, so Winkler, gerade deshalb »eine Art Bibel des moderaten deutschen Weltkriegsimperialismus«.[21]

Anders als Heuss, der in seiner Kritik im *März* ausschließlich auf die positiven Aspekte der Naumann'schen Mitteleuropa-Konzeption abhebt, nimmt sein Münchner Lehrer Lujo Brentano als überzeugter Freihändler nicht nur Anstoß an der gemeinsamen Schutzzollmauer, die Naumann rund um Mitteleuropa ziehen will, er spricht, mehr oder weniger offen, auch die imperialistischen Aspekte an. Seit das Buch in englischer Übersetzung vorliege, so Brentano in seinen Memoiren, habe das Buch im Ausland der deutschen Sache unendlich geschadet: Die Amerikaner hätten es als Beweis dafür gewertet, dass Deutschland »das gesamte Wirtschaftsgebiet von Hamburg bis zum persischen Golf für sich in Anspruch nehmen« und die ausländische Konkurrenz von diesem Wirtschaftsraum aussperren wolle. So sei Naumanns *Mitteleuropa* eines der wichtigsten Agitationsmittel geworden, um die Amerikaner gegen die Deutschen aufzustacheln.

Bei Heuss spielt dieser Aspekt selbst in seiner voluminösen Naumann-Biographie kaum eine Rolle. Nur einmal, als er die »Pariser Wirtschaftskonferenz« der Entente-Mächte anspricht, geht er auf den Vorwurf des »Pangermanismus« ein: Der »dauernde Wirtschaftszusammenschluß« der Alliierten, der in Paris für die Nachkriegszeit entworfen worden sei (und der dann wegen auseinanderstrebender Interessen nie zustande kam), sei als Antwort auf die pangermanistischen Ideen Naumanns gedeutet, von diesem aber als ein Stück der üblichen Propaganda nicht sonderlich beachtet worden.[22]


K rieg bedeutet Verzicht auf vieles, was bisher selbstverständlich war, aber Urlaub muss die Familie Heuss sich nicht völlig versagen. Elly kurt mehrmals in ihrem geliebten Badenweiler, während er durch Franken wandert und Bamberg entdeckt oder, im Sommer 1916, mit Bruder Hermann einen einwöchigen Bildungs- und Malurlaub in Xanten macht. Er zeichnet den Xantener St.-Viktor-Dom und besichtigt auf einem nahe gelegenen Hügel die Reste einer römischen Legionärsfestung mit ihrem Amphitheater. Vor allem aber schwärmt er von der Verpflegung, die wegen der Nähe zum neutralen Holland offenbar keine kriegsbedingten Mängel kennt: »… der Hecht schwamm in zerlassener Butter in den Magen und die neuen Kartoffeln waren wieder köstlich«. Die ganze männliche und weibliche Jugend, berichtet er Elly, fahre fröhlich Fahrrad, obwohl die Bevölkerung im Reich – wegen Kautschukmangels – aufgefordert war, ihre Gummireifen abzuliefern. So gewinnt er den Eindruck, »daß sich die Leute in ihrer mangelnden Hochachtung vor Berliner Wünschen bereits zu Holland rechnen«. In Cleve werden er und sein Bruder als »verdächtige Ausländer« angezeigt, die in einer fremden Sprache miteinander sprechen – offenbar gehört breites Schwäbisch am Niederrhein nicht mehr zum deutschen Sprachkreis.

Im Sommer 1917 fährt Elly mit Sohn für einen Monat ins schweizerische Arosa, indes der Bildungsbürger Theodor sich auf Kunstreise begibt und durch Ober- und Bayerisch-Schwaben wandert. Mit dabei: sein Freund Friedrich Mück, mit dem er Rokokokirchen, Marmorsteinbrüche und Renaissance-Festsäle besichtigt; in einem Brief an Elly nennt er ihn den »armen«, denn er müsse von ihm, Heuss, verabreichte »Kunstgeschichte wie aus Lebertranlöffeln« fressen.

Gereimte Briefe, die er von seinen Wanderungen an Sohn Ludwig schickt und die mit vielen Zeichnungen versehen sind, zeigen ihn als liebevollen Vater. In Münster hat er nicht nur Museen und Gemäldegalerien, sondern auch den zoologischen Garten besucht, und so heißt es in einem seiner Bilderbriefe:

Denk mal, heute zwischen fünf und halb acht,
hat der Papa ganz besondere Geschichten gemacht,
statt immer weiter nur Bilder studieren,
lief er einfach zu den wilden Tieren
in ihren Garten. Na – ich sag' Dir blos,
das Schreien und Brüllen war ziemlich groß.

Viel hundert Kinder in weißen Röckchen,
roten Hüten, braunen Söckchen,
die sprangen vor den Käfigen hin und her,
da hüpft der Affe, da brummt der Bär,
da stinkt – der Löwe, der Papagei juchzt,
der Adler trauert, die Taube schluchzt.
Ach dacht ich da zwischen Kindern und Tieren,
es ist nicht immer klug, allein zu spazieren.
Weißt Du, die alten Bilder mit den steifen Gebärden,
die täten Dir noch bald langweilig werden,
da muß man den Vater so laufen lassen
durch hohe Kirchen und die engsten Gassen,
aber heute Abend, da denkt der Papa,
wären nur die Elly und der Lulu da,
das sollte ein Vergnügen sein
vom Meerschweinchen bis zum »Markenschwein«.[23]

Im Juni dieses Jahres 1917 nimmt er an einer Veranstaltung auf Burg Lauenstein bei Probstzella in Thüringen teil und gerät für ein paar Tage in eine Welt, die ihn »in ihrer geistigen Buntheit« und mit ihrem intellektuellen Anspruch verlockt. Er trifft dort nicht nur Richard Dehmel, den Lyriker, den er als Student bewundert hat, den Historiker Friedrich Meinecke, den revolutionären Sozialisten Ernst Toller, den Schriftsteller Walter von Molo, die Sozialwissenschaftler Werner Sombart und Ferdinand Tönnies – da ist auch, ihn am meisten beeindruckend, Max Weber, der mit Anklagen gegen den Kaiser und seine Umgebung so um sich schleudert, dass man ihn wegen Majestätsbeleidigung umgehend hätte vor den Kadi bringen können. Geladen hat der Verleger Eugen Diederichs, der nicht nur Autoren der Klassik und Romantik verlegt, sondern Schriften des Wandervogels und der Jugendbewegung, der Sympathien für den Expressionismus hegt, Mitglied des Werkbunds ist und damit – wie Max Weber spöttisch bemerkt – ein ganzes »Warenhaus der Weltanschauungen« unterhält. Kein Wunder also, dass Heuss sich eher

distanziert zu ihm äußert: Bei Diederichs sei alles »wild durcheinander« gegangen, ihn habe an der Person die »Mengung von mas-
kierter Romantik und energischer Geschäftsbetriebsamkeit« gestört.

Wenn er als einer der weniger Bekannten zu diesem elitären Kreis
stoßen kann, verdankt er dies zweifellos seiner alten Freundin Lulu
von Strauß und Torney, die der Verleger 1916 geheiratet hat und
die seither in Jena lebt. Heuss genießt die intellektuellen Debatten,
zumal den Disput zwischen Max Weber, dem Verfechter der Parlamentarisierung, und dem früheren Nationalsozialen Max Maurenbrecher, der von Naumann zu den Sozialdemokraten wechselte, nur
um sich im Krieg dann zum Alldeutschen, völkischen Romantiker
und Mitglied der Vaterlandspartei zu wandeln.

Bemerkt Heuss auf Burg Lauenstein, wie sehr er in Heilbronn
von den großen geistigen Auseinandersetzungen der Zeit abgeschnitten ist, an denen er in seiner Münchner und Berliner Zeit so
lebhaft Anteil nahm?[24] Als Jäckh aus Berlin ihn dort einmal besuchen kommt, notiert er ironisch, er werde »uns Provinziellen wieder
etwas Residenz-Weisheit bringen«. Und wird er, schon weil er die
Zukunft des *März* düster sieht, den er um die »seelischen Klippen
und Gegensätze seiner Herausgeber« herumsteuern muss, seiner
Tätigkeit in Heilbronn, wird er des Daseins in der Provinz langsam
überdrüssig?

Jedenfalls zögert er nicht lange und greift zu, als sich im Sommer
die Chance bietet, von Heilbronn zurück nach Berlin zu wechseln. Er
akzeptiert das Angebot Ernst Jäckhs, hauptamtlich in die Geschäftsführung des Deutschen Werkbunds einzutreten und übernimmt
gleichzeitig die redaktionelle Leitung der Zeitschrift *Deutsche Politik*, die Jäckh gemeinsam mit Paul Rohrbach in Berlin herausgibt.
Wenn er die Chefredaktion der *Neckar-Zeitung* aufgibt, ohne dem
Posten nachzutrauern, mag dies auch damit zu tun haben, dass
Heuss zwar ein begabter, intelligenter und fleißiger Redakteur und
kluger Kommentator, aber eben kein Blattmacher ist, kein Mann
der Schlagzeilen, keiner mit Publikumsgespür oder besonderem Sinn
für Aufmachung.

Wer beim Memoirenschreiber Heuss liest, wie stolz er, der Bildungsbegeisterte, noch immer darauf ist, dass er – kaum zum Chefredakteur in Heilbronn bestellt – seinen doch bestenfalls durchschnittlich gebildeten Lesern Tolstois *Krieg und Frieden* dreimal wöchentlich in der Unterhaltungsbeilage in Fortsetzung »zumutete« und sich einer protestierenden Abbestellung nicht entsinnen kann, der wird Verständnis dafür haben, wenn der Verleger des Blatts seinen Weggang alles andere denn bedauert. Folgt man Reiner Burger, dann ist das Verhältnis zwischen Heuss und Viktor Krämer zutiefst gestört, seit dieser, 1917 aus dem Heer entlassen, nach Heilbronn zurückkehrte. In einem Brief an den künftigen Heuss-Nachfolger nennt Krämer die Wahl von Heuss zum Chefredakteur 1912 einen »Mißgriff«, der »verheerende Folgen für die Neckar-Zeitung« gehabt habe. Ein Plan zur »Wiederaufrichtung der Neckar-Zeitung«, den sich der Verleger von Erich Schairer, dem neuen Redaktionsleiter, erbittet, lässt sich nur als »Fundamentalkritik« (Burger) am Chefredakteur Heuss lesen, auch wenn dieser nie beim Namen genannt wird. Da ist von »langweiligem Inhalt und schlechter Aufmachung« die Rede, die Schairer als Fehler bezeichnet, an denen selbst das beste Journal im Laufe der Zeit kaputt gehen müsse. Besondere Kritik übt er an der ersten Seite des zweiten Blattes, der nach der Titelseite »besten Stelle« der ganzen Ausgabe. An deren Spitze fände er regelmäßig die eintönigen und täglich wiederkehrenden Listen der Träger des Eisernen Kreuzes, Gefallenen, Verwundeten und einige langweilige amtliche Bekanntmachungen. Selbstverständlich müsse dies gebracht werden, aber nicht an der Spitze dieses Blattes – dahin gehöre »etwas Interessantes, schon durch die Überschrift Fesselndes«. Es tue ihm förmlich weh, »diesen Platz in der bisherigen unwirksamen und das ganze Aussehen des Blattes verödenden Weise verwendet zu sehen«.[25]

Da Schairer, ehe er die Heuss-Nachfolge antritt, als Geschäftsführer der Deutsch-Türkischen Vereinigung und als Privatsekretär von Ernst Jäckh tätig ist, liegt der Gedanke nahe, dass unter den linksliberalen Gesinnungsgenossen über den Kopf von Heuss hinweg ein Geschäft auf Gegenseitigkeit abgewickelt wird, das alle zufrieden stellt. Ernst Jäckh, der die *Neckar-Zeitung* ja zum reichsweit beachteten Blatt hochgewirtschaftet hatte, entlastet den mit ihm befreundeten Verleger Krämer vom »Mißgriff« Heuss, zu dem er ihm einst riet; zugleich holt er sich als Werkbund-Geschäftsführer, der für Schwung sorgt und hervorragend organisieren kann, aber von den künstlerisch-ästhetischen Sachfragen, um die dort gestritten wird, keine Ahnung hat, mit Heuss einen Mann an seine Seite, der sich durch zahllose Rezensionen und Artikel auf diesem Gebiet als Sachkenner ausgewiesen hat; als Dritter im Bunde gibt Conrad Haußmann seinen Segen, indem er den *März*, der an den inneren Gegensätzen seiner Mitarbeiter krankt, einstellt und in Jäckhs Zeitschrift *Deutsche Politik* aufgehen lässt, deren Schriftleitung sein einstiger *März*-Redakteur übernimmt.

Dass Jäckh, Schairer und Krämer offenbar lange miteinander verhandelten, ehe die Entscheidungen fielen, davon wusste Heuss offenbar nichts. Von den Misstönen, die seinem Abschied von der *Neckar-Zeitung* vorausgingen, von dem schwierigen Verhältnis zu dem aus dem Feld zurückgekehrten Verleger, findet man in seinen Erinnerungen keine Zeile. Da heißt es nur, dass ihn »die Heilbronner Aufgabe befriedigte« und dass er sich weiter als den natürlichen Anwärter auf eine Kandidatur im Wahlkreis Heilbronn für die nächsten Reichstagswahlen sah. Die Abschiedsrede, die er auf dem traditionellen Dreikönigstag der schwäbischen Demokraten am 6. Januar 1918 hält, versteht er offenbar »als die Sicherung seines Anspruchs« auf einen guten Platz auf der Liste und damit auf ein Mandat.

Noch im selben Monat taucht er in die nervöse Atmosphäre der Reichshauptstadt im letzten Kriegsjahr ein. Er geht zunächst allein nach Berlin und bezieht ein »großes, schönes« Pensionszimmer am Magdeburger Platz, fünf Minuten von seinem Büro entfernt. Dem Schwiegervater schreibt er, er sei froh und zufrieden, dass die neuen Aufgaben – die beim Werkbund und die bei der Zeitschrift *Deutsche Politik* – es ihm erlauben, sowohl seinen ästhetischen als auch seinen politischen Interessen nachzugehen und jede einseitige Festlegung auf eine der beiden vermieden wird.[26] Noch ahnt er nicht, wie schnell sich der deutsche Horizont verdüstern, dass er zum Zeugen der letzten Zuckungen des imperialen Deutschland werden wird: der späten, verzweifelten Hoffnungen auf Sieg, des großen Scheiterns im Westen, der kläglichen Flucht des Monarchen, des plötzlichen und unerwarteten Zusammenbruchs und einer Revolution, die in seiner Sicht diesen Namen nicht verdient.

# Großdeutscher auf dem Boden
# der jungen Republik

## Demokratie und Nation – Hochschule für Politik

Auf neutralem Boden, »auf einer friedlich besonnten Bank« in Kopenhagen sitzend und mühsam am Dänisch einer Zeitung »herumstudierend«, liest Heuss von dem, was der Generalquartiermeister Ludendorff den »schwarzen Tag des deutschen Heeres« nennt: vom Durchbruch alliierter Truppen, unterstützt von einigen Hundert britischen und französischen Panzern am 8. August 1918 bei Amiens. Dass der Krieg nicht mehr zu gewinnen ist, wird Heuss wenig später vom Grafen Brockdorff-Rantzau bedeutet, einem guten Bekannten Ernst Jäckhs, der das Reich damals als Gesandter in Dänemark vertritt. Der Graf, erinnert sich Heuss, habe ihm »alles andere als diplomatisch«, also sehr freimütig, »Unterricht in Illusionslosigkeit« erteilt. Dabei ist Heuss noch siegesgewiss nach Dänemark gekommen, um deutsche Kulturpropaganda zu treiben – ein Begriff, den er in seinen Memoiren »plump« nennt, der damals in der Tat noch nicht zum gängigen politischen Vokabular gehörte und doch sehr genau jene Sache trifft, um derentwillen er nach Kopenhagen gereist ist. Um der Feindpropaganda vom »deutschen Barbarentum« entgegenzutreten, die langsam auch im neutralen Ausland zu wirken beginnt, gilt es, Deutschland von seiner besten, der kulturellen Seite zu zeigen. Deshalb hat das Auswärtige Amt den Deutschen Werkbund beauftragt, Ausstellungen zu organisieren, die »feinste deutsche gewerbliche Arbeit« präsentieren sollen – Möbel, Keramik, Textilien, Metallgerät oder Schmuck. Der

Kunstgewerbe-Ausstellung im August 1918 in Kopenhagen, für deren künstlerische Gestaltung der Münchner Werkbund-Architekt und Jugendstilkünstler Richard Riemerschmid die Verantwortung trägt, waren Präsentationen in Bern, Winterthur und Basel vorausgegangen, zusammengestellt von Peter Behrens, der vor allem als AEG-Chefdesigner und Schöpfer der vom Kaiser verachteten neoklassizistischen Deutschen Botschaft in Petersburg bekannt geworden war. Dass der Werkbund sich ganz in den Dienst der vaterländischen Sache stellt, war schon auf der letzten Werkbund-Ausstellung vor dem Krieg im Mai 1914 deutlich geworden, auf der, so die Werkbund-Biographin Joan Campbell, ein »erkennbar deutscher Stil« zur Schau gestellt wurde – allerdings sei der Wettbewerb der Stile damals überwiegend friedlich gedacht gewesen. Eines der erklärten Ziele des Werkbunds war ja, das künstlerische Primat Frankreichs zu brechen, und nicht zufällig sprach Friedrich Naumann in seinem Referat auf der Kölner Werkbund-Tagung im Juli 1914 davon, dass kulturell nach der – vermeintlich – absteigenden französischen jetzt »die deutsche germanische Periode gekommen« sei. Für Naumann stand Deutschland im Begriff, »in der freien, selbstbewussten Formung an die Spitze der Völker zu treten« und der Welt »einen neuen, den ›deutschen Stil‹« zu bringen. So nachzulesen in der Naumann-Biographie von Theodor Heuss, der betont, wie sehr sein Idol Naumann die Werkbundarbeit ins »nationalpolitische Blickfeld« rückte, auch wenn er – im Nachhinein – dessen damalige Haltung als »Ansage eines seelisch-geistigen Imperialismus« wertet.[1] Mit dem Geschäftsführer Ernst Jäckh, dem großen Förderer von Heuss, gewinnt der Werkbund stetig an Mitgliedern und Einfluss, und großzügige Zuwendungen Robert Boschs erlauben den Ausbau der Geschäftsstelle selbst im Krieg. Als neues Mitglied des Jäckh-Stabs redigiert Heuss nicht nur die *Werkbund-Mitteilungen* und gibt sie heraus, er bearbeitet in der Geschäftsstelle des Werkbunds vorrangig jene Fragen, die mit ökonomischen und gesetzgeberischen Entscheidungen zusammenhängen. So reist er nach Kopenhagen, um für die *Werkbund-*

*Mitteilungen* über die Kunstgewerbeschau zu berichten, hat dort aber auch etliche mit ihr verknüpfte finanzielle und vertragliche Angelegenheiten zu regeln.

Immer wieder lobt er die Doppelstellung seiner Arbeit beim Werkbund und bei der Zeitschrift *Deutsche Politik* als »Vereinigung von ästhetischen und politischen Interessen«, eine Verbindung, an der ihm für seinen »inneren Menschen« viel gelegen sei. Beide Arbeiten erledigt er in einem Haus, unter dessen Dach sich der ganze »Jäckh-Konzern« befindet, wie er einmal ironisch sagt – denn am Schöneberger Ufer 36a befinden sich nicht nur die Geschäftstelle des Werkbunds und die Redaktionsräume der *Deutschen Politik*, hier haben auch der »Mitteleuropa-Ausschuß« und die auf Initiative von Jäckh gegründete Deutsch-Türkische Vereinigung ihren Sitz. Unter dem überaus geschäftigen Jäckh wird der Werkbund im Kriege auch propagandistisch für ein größeres »Mitteleuropa« eingespannt, das Bulgarien und das jungtürkische Osmanische Reich einschließen soll und – für Jäckh völlig selbstverständlich – »seinen künstlerischen Ausdruck im Werkbund« finden wird.[2]

Heuss muss sich in der Werkbund-Geschäftsstelle viel mit dem Haus der Freundschaft befassen, das als ein sichtbares Symbol deutscher Kulturpolitik in Konstantinopel entstehen soll und vor allem auf eine Jäckh'sche Initiative zurückgeht. Gelegen an einem »herrlichen Platz« in zentraler Lage, nicht weit von der Hagia Sophia und der Beyazit-Moschee entfernt und gedacht zur »seelisch-geistigen Verfestigung« des von Jäckh unermüdlich propagierten deutschtürkischen Bündnisses, soll es Clubzimmer, Vortrags- und Konzertsäle für je 2000 und 500 Besucher, Räume für Sprachkurse und eine stattliche Bibliothek enthalten. Gefördert wird das Projekt vom Sultan und von Wilhelm II., der im April 1917 höchstselbst zur Grundsteinlegung nach Konstantinopel reisen wird. Jäckh gewinnt auf der Jahresversammlung 1916 in Bamberg die Werkbund-Mitglieder dafür, sein großes Projekt mitzutragen: Sie beschließen die Federführung durch den Werkbund und benennen zwölf seiner damals als besonders begabt geltenden Architekten-Mitglieder für einen

Wettbewerb, bei dem diese Teilnehmer zugleich als Preisrichter über die Entwürfe ihrer Rivalen zu urteilen haben. Wenn Heuss in seinen *Erinnerungen* meint, diesem Vorhaben habe »eine ungewöhnlich honorige Vorstellung von der inneren Sauberkeit und Sachlichkeit der beteiligten Männer« zugrunde gelegen, umschreibt er äußerst vornehm die Tatsache, dass der Werkbund damit eklatant gegen das übliche Wettbewerbsreglement verstößt. Auf dieses pocht erzürnt der Bund Deutscher Architekten, der eine europaweite Ausschreibung fordert und fragt, ob ein solches Unternehmen in einer Zeit, da beide Völker »auf Leben und Tod um ihre politische und wirtschaftliche Existenz kämpfen«, überhaupt am Platz sei. Widerstand regt sich aber auch intern – so bei dem Dresdner Stadtbaumeister Hans Poelzig, der in einem Brief an Walter Gropius klagt, Jäckh benutze den Werkbund »lediglich als Folie, um seine eigenen Geschäfte zu betreiben«. Das Deutsch-Türkische Haus nennt er eine »Kateridee«, ausgeheckt von eben diesem Jäckh nur, »um zu zeigen, daß er für den Werkbund doch irgendetwas zu Rande bringen kann«.[3]

Poelzig, der eher unpolitische Architekt, Maler und Bühnenbildner, stand auch einer Festanstellung des Jäckh-Freundes Theodor Heuss äußerst skeptisch gegenüber. Sollte die Erweiterung der Geschäftsstelle um einen zusätzlichen Anhänger Naumanns und dessen Mitteleuropa-Konzepts etwa einen Kurs des Werkbunds verstärken helfen, der nach seinem Geschmack ohnehin viel zu tagespolitisch ausgerichtet war? Jäckh hält es für geraten, dass Heuss selbst die Skepsis des einflussreichen Werkbund-Mitglieds ausräumt. Also macht dieser sich im Herbst 1917 auf den Weg nach Dresden zu einer Aussprache, die in den Büroräumen Poelzigs im Ratshaus beginnt, in deren Verlauf sich beide näher kommen und die im »Ratskeller« bei etlichen Gläsern Wein endet – für Heuss eine »denkwürdige Begegnung«, die eine bis zum Tod Poelzigs 1936 währende Freundschaft begründet. Fortan zählt er Poelzig, den späteren Erbauer des IG-Farben-Verwaltungsgebäudes in Frankfurt, des Rundfunkhauses an der Masurenallee in Berlin und Schöpfer der Kulissen zu dem berühmten Golem-Film der UFA mit Paul Wegener,

zu den drei wirklich genialen Menschen, denen er in seinem »über-
reichen Leben« begegnet ist; als die anderen zwei nennt er Albert
Einstein und Max Weber. Hans Poelzig wird er auch eine seiner
Biographien widmen, die er in der Nazizeit schreibt und mit denen
er sich finanziell mühsam über Wasser hält.

Weil der Anstellung im Jäckh-Konzern nach dieser Aussprache in
Dresden nichts mehr im Wege steht, folgt ihm die Familie im März
1918 nach Berlin-Friedenau, wo Heuss in der Fregestraße 80 eine
geräumige Wohnung gemietet hat. Sie liegt gegenüber dem Friede-
nauer Rathaus und hat das typische Berliner Zimmer, jenen Durch-
gangsraum, der die Wohnzimmer mit dem Seitenflügel verbindet, nur
über ein Eckfenster zum Hof verfügt und deshalb meist düster ist –
kein Wunder, wenn Heuss diese Berliner Spezialität »schrecklich«
findet. Und doch bietet die neue Behausung für die damalige Zeit
viele Annehmlichkeiten: Sie ist sehr sonnig, verfügt über je einen Balkon vorn und hinten, hat Warmwasserversorgung und elektrisches
Licht, auch gibt es kein Gegenüber. Nach vorn geht der Blick auf
Bäume, nach hinten in einen weiten Hof mit ein wenig Rasen und
einigen Büschen. Es ist eine standesgemäße, gut bürgerliche Wohnung, nicht billig, aber finanziell steht sich Heuss »beruhigend« gut,
wie er dem Schwiegervater schreibt und, die kommende Hyperinfla-
tion nicht ahnend, hinzufügt: auch für die Zeit nach dem Krieg. Er
bezieht in den beiden neuen Positionen ein Jahres-Fixum von 13 200
Mark, eine Summe die sich durch zusätzliche literarische Arbeit von
ihm und auch durch Ellys Unterrichtsstunden und Vorträge, die sie
wieder aufgenommen hat, leicht steigern lässt. Dem Brief ist auch
zu entnehmen, dass ihn das rege intellektuelle und kulturelle Leben
der Metropole zwar ganz gefangen nimmt, er aber »Berlin nicht als
Definitivum« ansieht – persönlich, versichert Heuss, wäre er lieber
nach Stuttgart gegangen, zumal er das Gefühl hat, »in der Heimat
doch auf festerem Boden« zu stehen.[4]

In seiner neuen Stellung beim Werkbund hat Heuss die Entwürfe
für das Haus der Freundschaft zu veröffentlichen und das Pro und
Contra, und zwar durchaus in eigener Verantwortung, zu kom-

mentieren – eine »heikle Sache«, zumal er etliche der teilnehmen-
den Architekten, so Riemerschmid, Behrens und Taut, persönlich
kennt. Auch Poelzig, der das Ganze ja für eine Kateridee hält, hat
sich am Wettbewerb beteiligt – mit einem phantastisch wirkenden
Entwurf, einer »Variation über die legendären hängenden Gärten
der Semiramis«. Er stellt einen hoch aufragenden, mächtigen hellen, stufenweise ansteigenden Kubus in die orientalisch-städtische,
von Minaretten durchsetzte Stadtlandschaft; die Fassade ist durch
hohe Säulen mit Rundbögen aufgelockert, die jeweiligen Terrassen
zwischen den einzelnen Stufen sind mit Zypressen und mediterra-
nen Pflanzen begrünt. Dass Heuss seine Pläne besonders hervorhebt, sichert ihm zwar das wachsende Wohlwollen des Dresdner
Stadtbaumeisters, gefährdet aber manch andere Freundschaft.
Den Auftrag erhält allerdings nicht Poelzig, auch nicht Taut, der
sich ebenfalls orientalisch gibt und auf die Architektur des Serails
zurückgreift, sondern ein – wie Heuss meint – farblos repräsenta-
tiver Entwurf des »geschmäcklerischen« German Bestelmeyer aus
München. Gebaut wird dieses Haus der deutsch-türkischen Freundschaft freilich nie, weil nur wenige Monate nach der Grundsteinlegung der Vormarsch der Briten in Palästina und der Aufstand der
Araber, geführt von T. E. Lawrence, die Kriegslage im Nahen Osten
dramatisch zu Ungunsten der Türken ändert.[5]

Über einen Mangel an Informationen kann sich der aus der Provinz nach Berlin zugereiste Heuss nicht mehr beklagen, denn er
bewegt sich nicht nur im Naumann-Kreis mit dessen vielfältigen
Kontakten zu Parlament, Parteien und Regierungsbehörden, er
taucht auch tief in die Vielfalt der damaligen Berliner Diskussions-
kultur mit ihren parteiischen Verästelungen ein. So führt Jäckh ihn
beim sogenannten Delbrück-Abend ein, an dem sich, meist einmal
wöchentlich, etwa fünfzehn bis zwanzig liberal denkende Gleichgesinnte treffen, um sich »über den Gang der militärischen und
politischen Dinge vertraulich« auszusprechen. Neben Hans Delbrück und Adolf von Harnack sind als bedeutendste Teilnehmer der
Philosoph Ernst Troeltsch, der Historiker Friedrich von Meinecke

Bürgerliches Familienglück in Brackenheim um 1886/87:
Theodor, der Jüngste, in der Mitte mit Eltern und den Brüdern
Hermann (links) und Ludwig (rechts)

Allotria zur Münchner Zeit:
die Brieffreundin und Lyrikerin
Lulu von Strauß und Torney
und mit dem Freundeskreis
im Fotoatelier

Porträt des Studenten Heuss
von Albert Weisgerber sowie Heuss
für ihn Modell sitzend als Zeitungs-
leser (um 1905/06)

Der geliebte, übermächtige,
aber geistig erkrankende Vater –
Tuschzeichnung des 20-jährigen
Theodor Heuss

Heuss als Wandersmann

Heuss lernt seine spätere Frau,
die Professorentochter Elly Knapp, 1905
kennen. Sie ist eine bewusst moderne
Frau und engagiert sich als Lehrerin
für soziale Frauenfragen.
Porträtfoto Theodors mit Widmung
für Elly

*Elli Knapp z frdl. Erg.*
*Berlin, 14. III. 06. Theodor Heuss*

Elly auf Fahrrad 1897

Elly und Theodor
mit Wilhelm Cohnstaedt
(links, später Redakteur der
*Frankfurter Zeitung*) und
Eugen Katz (Redakteur der
*Hilfe*)

Heuss' Doktorvater, der Kathedersozialist Lujo Brentano, mit Frau
und Tochter Sissi, Friedrich Naumann und Elly Knapp (v.l.n.r.)

XII. JAHRGANG     NUMMER 29

# Die Hilfe

Sonntag, 22. Juli 1906

## Politische Notizen

**Dreyfus.** In Frankreich hat eben der oberste Gerichtshof die kriegsgerichtliche Verurteilung des Hauptmanns Dreyfus aufgehoben, und die Kammer votierte durch zwei besondere Gesetze, daß Dreyfus wie sein Vorkämpfer Piquart wieder in den militärischen Verband aufgenommen werden. Dreyfus wird zum Major, Piquart zum General befördert. Damit hat ein Kampf ums Recht seinen Abschluß gefunden, wie er zäher und bedeutsamer nicht gedacht werden kann. Frankreich erweist die Kraft seines moralischen Gewissens. Der ganze Sumpf nationalistischer und antisemitischer Korruption, das Gewebe plumper und raffinierter Fälschungen konnte den Weg der Wahrheit wohl hemmen, aber nicht aufhalten. Das unvergeßliche Hervortreten von Emile Zola, dessen Reste man jetzt in das Pantheon überführt, ist nicht ohne Frucht geblieben. Die Einzelheiten des langen Kampfes, der die besten Männer auf den Plan rief, treten hinter dieser Tatsache, dem Triumph des Rechtes, zurück. Die politische Entwicklung Frankreichs hat sich an der Affaire verjüngt. Als der Kampf gegen die antisemitische Unehrlichkeit im Generalstab einmal aufgenommen war, konnte er nicht mehr erdrückt werden. Dem Kampf ums Recht folgte der Kampf um die Macht. Dreyfus ist ein einzelner, er tritt zurück. Es gibt auch sonst unschuldig Verurteilte. Aber das System ist aufgedeckt und bricht unter der Wucht des moralischen Empfindens, das sich in politischen Willen umsetzt, zusammen. Hieran grenzt die außerordentliche politische Bedeutung, die dieser Rechtsstreit im politischen Leben unseres Nachbarstaates gewonnen hat.

**Sattler †.** Die nationalliberale Partei hat einen ihrer bekanntesten Abgeordneten verloren, ohne daß sie diesen Verlust jedoch in diesem Augenblick besonders schwer empfinden dürfte, da sie schon seit einigen Jahren auf die Arbeitskraft Sattlers verzichten mußte. Seit etwa 1903 war Sattler so leidend, daß es eine Qual war, ihn sprechen zu hören. Man stand immer unter dem Eindruck der Furcht, daß er plötzlich stecken bleiben würde. Im letzten Winter war er nur noch einmal besuchsweise im Reichstag. Früher dagegen hat Karl Sattler, der dem Reichstag seit 1884, dem preußischen Abgeordnetenhaus seit

1885 angehörte, eine hervorragende Rolle in seiner Partei gespielt. Man überließ ihm den alten Bennigsenschen Wahlkreis Stade-Bremervörde, als Bennigsen aus der Politik ausschied. Man machte ihn zum stellvertretenden Fraktionsvorsitzenden und bestimmte ihn bei einer Reihe der wichtigsten Gelegenheiten zum Fraktionsredner. Warum er so in den Vordergrund treten konnte, ist nicht ganz leicht zu sagen. Er war ein weniger als mittelmäßiger Redner und auch sonst keine Persönlichkeit von besonderen Gaben. Er, der zweite Direktor des Staatsarchivs in Berlin, machte durchaus den Eindruck eines nur aus Versehen in die Politik hineingeratenen Bureaukraten. Ein Mann mit urbanen Formen, ein gewissenhafter Abgeordneter, ein fleißiges Kommissionsmitglied, ein kenntnisreicher Gelehrter — alles das erkannten auch die Gegner an ihm an. Von den politischen Qualitäten, die ihm die Stellung in seiner Partei gegeben haben müssen, merkten sie nichts. Vielleicht war sein wesentliches Parteiverdienst das, daß er innerhalb der „Partei der Mitte" die mittlere Linie am korrektesten einzuhalten wußte. Er stammte aus der alten hannoverschen Schule Bennigsens, stand also von vornherein in einem gewissen Gegensatz zu den agrarisch-scharfmacherischen Elementen, die allmählich in der Partei dominieren. Er hat die Partei sicher nach rechts gedrängt. Aber so ganz allmählich ließ er sich mit nach rechts drängen.

**Der Streik gegen den Massenstreik.** Als der sozialdemokratische Parteitag in Jena eine Resolution für den Massenstreik annahm, bezeichneten wir diese Resolution als eine Pistole, von der diejenigen, denen man damit droht, wissen, daß sie ungeladen sei. In Deutschland ist jeder erfolgreiche politische Massenstreik ausgeschlossen. Der klägliche Ausgang der sozialdemokratischen Wahlrechtsdemonstrationen beweist diese Erfolglosigkeit ebenso, wie die Verlegenheit, die innerhalb der Sozialdemokratie über die Indiskretionen der „Einigkeit" herrscht. Bebel wird in Mannheim ein zweites Referat über den Massenstreik halten. Die Sozialdemokratie also wird ihre Gegner noch einmal anschreien, daß ihre Pistole geladen sei. Es fehlen der Sozialdemokratie jedes Gefühl für die Komik zu sein, die einer solchen Politik anhaftet. „Es wird fortgewurstelt" — keine Politik wird heute besser durch dieses Wort bezeichnet, als die Sozialdemokratie. Der „Vorwärts" hat jetzt das erlösende Wort gefunden:

„Die Masse der Genossen einschließlich der ungeheuren Ueberzahl der Führer kennt freilich die nervöse Ungeduld nicht, die — im Grunde aus lauter Verzagtheit — blindem Draufgängertum das Wort redet. Sie war dazu nie in der Lage, von dem Dreimillionenfest des Jahres 1903 eine „Weltenwende" mit preußischem Millerandismus und anderen Dokumenten der vermeintlichen „politischen Macht" des Proletariats zu erwarten. Sie begnügte sich mit dem Erstarken der Partei, der proletarischen Organisationen, in denen sie den einzig zuverlässigen Maßstab der wirklichen Macht der Partei erblickt. Was aber den „politischen Einfluß" anlangt, so ist es schon richtig, daß die Sozialdemokratie in Deutschland zurzeit in der Hauptsache nur durch die Wucht ihrer Kritik und die drohende Warnung, die innerhalb der Sozialdemokratie über die zu wirken vermag, die in dem bloßen Existenz liegt. Richtig ist, daß die herrschende Klasse bis jetzt stets dem Drängen der Sozialdemokratie nach Gesetzen zugunsten der Arbeiterklasse den lebhaftesten Widerstand entgegengesetzt und die Gesetze meist so mit kapitalistischem Inhalt erfüllt hat, daß die Sozial-

Im Juni 1905 beginnt das Berufs-
leben als Journalist: Heuss wird
Leiter des Feuilletons und der
Kunstbeilage von Friedrich Naumanns Zeitschrift *Die Hilfe,* aber
viele seiner frühen Artikel gelten
sozialen Fragen — etwa der Lage
der Heimarbeiter, über die eine
große Ausstellung 1906 berichtet
(Plakat von Käthe Kollwitz u.r.).
1912 folgt er einem Ruf als Chefredakteur der *Neckar-Zeitung*
nach Heilbronn und übernimmt
dort 1913 auch die Redaktion
der angesehenen linksliberalen
Halbmonatszeitschrift *März,* eine
Aufgabe, die viele Kontakte zur
literarischen Welt erfordert.

Modern und
von Werkbund-
Gesinnung geprägt
die Einrichtung:
ohne Schnörkel und
Gedrechseltes

Frühes Elternglück:
Elly und Theodor
Heuss mit Sohn
Ernst Ludwig 1910

und der letzte Staatsekretär des Reichskolonialamts, Wilhelm Solf, zu nennen, aber auch Männer aus der Wirtschaft, ehemalige Diplomaten und Offiziere tragen zu den Debatten bei. Alle eint die Forderung nach einem Verständigungsfrieden und die Ablehnung von Annexionen – für Heuss, den jüngsten Teilnehmer, eine »Schule der Skepsis«, wie er sagt, in der er »viel gelernt« und sich selbst »nicht wichtig gemacht« hat. Der Delbrück-Kreis – nicht zu verwechseln mit der eher wissenschaftlichen, vom Großvater des Reichskanzlers Bethmann Hollweg gegründeten Mittwochsgesellschaft – ist nur einer unter vielen solcher Zirkel, die im Berlin der Kriegszeit aus dem Boden sprießen und, so Heuss, »zum Zeitbild gehören«, denn sie »markieren jene tiefe Gegensätzlichkeit, die durch den Krieg hindurch die Folgejahre so schwer gemacht hat«. Da gibt es – als nationalliberales Gegenstück zum Delbrück-Kreis – den Stresemann-Abund, auf dem eher die annexionistischen Kriegsziele einflussreicher wirtschafspolitischer Verbände verfochten werden und – als wohl bedeutendsten *round table* – den Holtzendorff-Tisch, so genannt nach dem Direktor der Hamburg-Amerika-Linie, der über gute Verbindungen zum kaiserlichen Hof verfügt. An ihm treffen sich Männer der Wirtschaft, Wissenschaftler, Generäle, Admiräle und auch Parteiführer – ausgenommen, versteht sich, sozialdemokratische. Sie bleiben auf Wunsch des Reeders und kaiserlichen Freundes Albert Ballin ausgesperrt. Die geistige Elite der Vaterlandspartei dagegen findet sich auf Dietrich-Schäfer-Abenden ein, die ihren Namen von einem anderen Historiker der Berliner Universität, einem Antisemiten, Chauvinisten und Treitschke-Schüler, beziehen. Heuss wird auch Mitglied der Deutschen Gesellschaft 1914, die im Zeichen des Burgfriedens Anhängern der verschiedenen Lager und Weltanschauungen die Möglichkeit einer Aussprache von Mensch zu Mensch bieten will. Mit ihren vielen prominenten Teilnehmern gilt sie als wichtiger Umschlagplatz für politische und militärische Informationen.[6]

Über ausgezeichnete Informationsquellen verfügt vor allem Paul Rohrbach, der zusammen mit Jäckh und dem Wirtschaftsanwalt Philipp Stein, damals Leiter der Kriegsrohstoffabteilung, jene *Deutsche Politik* herausgibt, deren Schriftleitung Heuss Anfang Januar 1918 übernimmt. Der hochgeschätzte außenpolitische Kommentator arbeitet im Krieg zunächst im Reichsmarineamt, dann in der dem Auswärtigen Amt angegliederten Zentralstelle für Auslandsdienst, erhält als einer der wenigen Deutschen auch während des Krieges einen umfassenden Überblick über die Reportagen und Kommentare der wichtigsten, auch im feindlichen Ausland erscheinenden Blätter und ist in verschiedenen Missionen gelegentlich für die deutsche Regierung tätig. Es sind diese Beziehungen, aber auch Jäckhs Verbindungen zum Auswärtigen Amt, die der *Deutschen Politik* den Ruf einer der außenpolitisch führenden Zeitschriften verschaffen. Einst Verfechter einer russisch-deutschen Allianz, strebt Rohrbach inzwischen ein deutsch geführtes Osteuropa an, ohne deshalb auf seine alten Forderungen nach mehr Kolonien und der Entwicklung der Deutschen zum »Überseevolk« zu verzichten. Als Wortführer einer »Dekomposition« des russischen Vielvölkerreichs fordert er die nationale Autonomie der Ukraine, des Kaukasus und Turkestans und verspricht sich davon eine Ausdehnung des wirtschaftlichen und politischen Einflusses Deutschlands auf die künftigen Randstaaten Russlands. Es sind Vorstellungen von einer Neuordnung im Osten, die er in der *Deutschen Politik* immer wieder vorträgt und die sich nahtlos in die Mitteleuropa-Konzeption Naumanns einfügen, denn im Gegensatz zu der rassistischen Herrenvolk-Attitüde der Alldeutschen will auch Rohrbach keine Annexionen. Wenn er allerdings durch Ansiedlung Russlanddeutscher im Baltikum die künftigen Ostsee-Provinzen des Deutschen Reiches sieht, zeigt sich, dass er – im Gegensatz zu Naumann – nicht frei von Germanisierungstendenzen ist.[7]

Die *Deutsche Politik*, 1916 gegründet, setzt ganz auf einen Siegfrieden, der Deutschland jenes Stück »wirkliche Größe« verschaffen soll, die es in den Augen Rohrbachs erst zum »Weltvolk« macht. Mit dem neuen Schriftleiter Heuss beginnt sie erstmals, von ihrer Festlegung auf ausschließlich außen- und kolonialpolitische Themen abzurücken und sich, wenn auch zögerlich, der Innenpolitik zu öffnen. Wichtigster Grund für diese Umgestaltung der Zeitschrift, die neben Bosch nun auch der Hamburger Bankier Max Warburg finanziell unterstützt, ist nach Burger die 1917 im Reich aufkommende Diskussion über die notwendigen innen- und verfassungspolitischen Reformen nach dem Krieg. Auch finden kolonialpolitische Artikel nach dem kriegsbedingten Verlust der deutschen Kolonien beim Leser des Jahres 1918 weit weniger Interesse als zuvor.

Als erster größerer innenpolitischer Beitrag von Heuss erscheint ein Kommentar über den großen Massenstreik vom Januar 1918, in dem bessere Arbeits- und Lebensbedingungen, demokratische Reformen und ein Ende des Krieges gefordert werden und der die Munitionsversorgung des Heeres bedroht. Heuss macht für diesen Ausstand, den die revolutionären Obleute der USPD und Spartakisten initiierten, neben »Fehlgriffen in der Ernährungslage« die Unfähigkeit der Regierung verantwortlich, innere Reformen durchzuführen und das preußische Dreiklassenwahlrecht abzuschaffen. Schon hier wird ein Grundtenor erkennbar, der sein Urteil über die Linke in den kommenden Jahren bestimmen wird: Sein ganzer Zorn gilt stets den Unabhängigen, gegenüber der Mehrheitssozialdemokratie um Ebert und Scheidemann lässt er dagegen Milde und Verständnis walten. Als die Sozialdemokraten sich im Frühsommer 1919 bereit zeigen, den Vertrag von Versailles zu unterzeichnen, wird er ihre »Angst vor der ›unabhängigen‹ Hetze« dafür verantwortlich machen. Vehement verteidigt er Anfang Februar 1918 die Mehrheits-Sozialdemokratie gegen die Agitation der rechtsextremen Vaterlandspartei, welche die Hauptverantwortung für den großen Streik auf die »Scheidemänner« schieben will: Weder hätte die Mehrheitssozialdemokratie diesen Streik vorbereitet noch gewünscht, schreibt Heuss, allerdings sei sie, nachdem er einmal begonnen habe, »mit nicht ganz sicherem Gleichgewicht [in die Streikleitung] eingetreten«. Wie so vieles, was Heuss damals zur Lage schreibt, spiegelt auch dieser Kommentar die Haltung Naumanns und der Linksliberalen wider, die das Verhalten der MSPD zwar nicht billigen, aber den Verratsvorwurf der Rechten bewusst nicht aufgreifen. Dass es Ebert, Scheidemann und Otto Braun (dem späteren preußischen Ministerpräsidenten) mit ihrem Eintritt in die Streikleitung vor allem darum geht, dem Einfluss der radikalen USPD entgegenzutreten und den Vorwurf zu entkräften, das Proletariat falle der kämpfenden Front in den Rücken, bleibt bei Heuss unerwähnt. So liest sich, was er im Februar 1918 zur Verteidigung Eberts schreibt, nicht ganz so überzeugend wie in den zahlreichen Artikeln nach dessen Tod und in seinen *Erinnerungen*. Da wird er sagen, der MSPD-Chef habe sich zum Eintritt in die Streikleitung entschlossen mit dem klaren Ziel, den Ausstand »abzuwürgen«.[8]

Wer die *Deutsche Politik* der Monate bis zum Spätsommer 1918 durchblättert, findet noch viele, aus heutiger Sicht nahezu unverständliche Illusionen, es scheint, als habe der »täuschende Triumph im Osten« (Stürmer), der Diktat- und Gewaltfrieden von Brest-Litowsk, selbst eher nüchterne Beobachter blind gemacht für die Einsicht in die seit dem Frühsommer sich rapid verschlechternde Lage der Mittelmächte. Rohrbach, Jäckh und Heuss, jeder aus seiner Sicht, begrüßen diesen Frieden, durch den Russland ein Drittel seiner Bevölkerung, gut 70 Prozent seiner Kohle- und Stahlförderung sowie den Zugang zum Schwarzen Meer verliert. Obwohl Lenins und Trotzkis Bolschewiken an die Tür Europas klopfen, behauptet Rohrbach, die Zeit, in der Russland eine Gefahr für Europa war, sei endgültig vorüber; Jäckh träumt – wenige Monate vor dem Zusammenbruch der verbündeten Bulgaren und Türken – noch von einem »westasiatischen« Weg Deutschlands bis an den Persischen Golf, den es zusammen mit Bulgarien, Österreich und der Türkei beschreite; und Heuss stellt zwar kurz die Frage, ob Brest-Litowsk ein Gewalt- oder Verständigungsfriede sei, denn darüber werde in der Sozialdemokratie diskutiert, doch lässt er daran, dass es sich bei diesem Friedensschluss für ihn selbst um »Verständigung« im Osten handelt, keinen Zweifel, wenn er vom deutschem »Befreiertum« spricht: Deutschland habe, ohne sie zu suchen, von der Geschichte die Aufgabe erhalten, die osteuropäischen Randvölker des russischen Imperiums zu eigenem staatlichen Leben zu führen. Allerdings fügt er hinzu, dies müsse uneingeschränkt auch für Polen gelten, dessen Status damals nicht präzise umschrieben ist. Damit nimmt er unmissverständlich gegen alldeutsche Positionen und gegen die Oberste Heeresleitung Stellung, denn Ludendorff will noch im September 1918 große Teile des ehemaligen russischen Polens für Deutschland annektieren. Im Grunde folgt Heuss der höchst ambivalenten, ja widersprüchlichen Haltung Naumanns und der Fortschrittlichen Volkspartei, die einerseits dem Vertrag im Reichstag zustimmt, obschon er alles andere als ein Verständigungsfrieden ist und eklatant gegen die Friedensresolution verstößt (die Mehrheitssozialdemokraten, in sich zerrissen, enthalten sich der Stimme, nur die USPD lehnt den Vertrag ab), und andererseits am Tag zuvor in einer Resolution zusammen mit den Sozialdemokraten gefordert hat, das Selbstbestimmungsrecht nicht nur Litauens und Kurlands, sondern auch Polens zu respektieren. Wie sehr dieser Siegfrieden im Osten auch bei Heuss von der Realität längst überholte Hoffnungen weckt, zeigt sich im Mai 1918, als er in der *Deutschen Politik* noch von der Verfestigung Mitteleuropas spricht, das sich zu einem »schlechtweg unangreifbaren Block«, ja durch seine Macht auch zu einem »führenden Faktor einer Weltfriedenspolitik« entwickeln werde. Und noch am 9. August 1918 steht in der *Deutschen Politik* zu lesen, das offene Wort Ludendorffs über »Unternehmen Michael«, die deutsche Frühjahrsoffensive im Westen – »diesmal ist unser strategischer Angriffsplan nicht geglückt« – werde allgemein »als sicherstes Unterpfand für neue Siege« vom deutschen Volk begrüßt. Dabei erklärt, wie man heute weiß, die Oberste Heeresleitung unter Hindenburg und Ludendorff nur fünf Tage später, am 14. August 1918, im kaiserlichen Hauptquartier in Spa erstmals offen die Fortführung des Krieges als aussichtslos.

Auf Heuss trifft offenbar zu, was seine spätere Freundin Margret Boveri nach dem Zweiten Weltkrieg schreiben wird: »Wer das Kriegsende zweimal erlebt hat, wird mir zustimmen, daß das erste Mal das schrecklichere war. Es traf uns unvorbereitet. Ringsum war alles unverändert. Das Dasein und seine Ordnung schienen zwar belastet... aber in sich fest.« Und: »Plötzlich, über Nacht das Ende. Niederlage? Nach lauter Siegen? ... Ich war außer mir über die Art, wie wir bis zum letzten Augenblick belogen worden waren und blieben.« Nur: Hätte Heuss nicht aufmerken müssen, als er Ende Juli 1918, vor seiner Reise nach Dänemark, im Auftrag Naumanns das bereits »von Gefährdungen knisternde Wien« besuchte, um zu erkunden, wie man dort im letzten Kriegsjahr über den »Stand der ›Mitteleuropa‹-Frage« denkt? Traf er dort nicht führende österreichische Sozialdemokraten, die Naumanns Überlegungen längst für »verjährte Romantik« hielten? Für den Historiker Ludo Hartmann und den Publizisten Karl Leuthner jedenfalls war der bevorstehende Zerfall des morbiden, von vier Kriegsjahren zermürbten Habsburger Reiches längst beschlossene Sache, nach Heuss lebten sie bereits ganz in der Idee, »die man ein halbes Jahr später mit dem Wort ›Anschluß‹ umfaßte«. Doch bleiben dies für ihn offenbar eher theoretische Überlegungen für die Zeit von Friedensverhandlungen, in die Deutschland, und diese Sicht teilt er damals mit der großen Mehrheit der Deutschen, mit den besetzten Teilen Belgiens, Frankreichs und den Gebieten im Osten noch etliche Faustpfänder einbringen kann. Von der Katastrophe, die über die Mittelmächte hereinbrechen wird und alle Überlegungen über einen Friedenskongress mit gegenseitigem Geben und Nehmen hinfällig macht, ahnt er, wie die große Mehrheit der Deutschen, damals nichts. So bleibt das in seiner Erinnerung wichtigste Ergebnis dieser Reise nach Wien nicht der sich abzeichnende Zerfall Österreich-Ungarns, sondern die Begegnung mit Gustav Stolper, dem Herausgeber des *Österreichischen Volkswirts*, und mit Toni Kassowitz, dessen späterer Frau. Zu ihnen entwickelt sich eine »nie gefährdete Freundschaft«, eine menschliche Nähe zwischen den Familien, die – trotz Gustav und Toni Stolpers Emigration nach den USA – selbst die Nazizeit unbeschadet übersteht.[9]

Nach dem klaren Sieg im Osten nun der Schock, der Krieg im Westen ende mit einer großen Niederlage, obschon doch die deutschen Heere dort Hunderte Kilometer tief im Feindesland stehen? Nach aller bisherigen Kriegserfahrung, so Hagen Schulze, galt ein Krieg ja nur dann als verloren, wenn es dem Feind gelungen war, »große Teile des eigenen Territoriums zu besetzen und die eigene politische und militärische Führung handlungsunfähig zu machen«. Doch das offene Eingeständnis der deutschen Führung gegenüber dem Volk, dass der Krieg nicht mehr zu gewinnen sei, zieht sich hin und es kommt wenn, dann nur scheibchenweise, wie der Journalist Heuss es erinnert. In einer Rede auf Ebert, 32 Jahre später, wird er sagen: Dieses militärische Ende war »nicht vorbereitet in dem Wissen und Fühlen der Masse des Volkes«. In einem Saal des preußischen Abgeordnetenhauses, auf einer Pressekonferenz mit geladenen Journalisten, die von der Zentrale für Heimataufklärung (der Vorläuferin der Reichszentrale für Heimatdienst der Weimarer Republik) veranstaltet wird, hört er noch Ende Oktober 1918, die Siegfriedstellung werde Durchbruchsversuche der Alliierten im Westen »im ganzen noch zu halten vermögen«. Kaum hat der vortragende Offizier dies erklärt, fordert er auf, Schreibfedern und Bleistift beiseite zu legen, denn was er jetzt zu sagen habe, müsse vertraulich bleiben: dass nämlich auf einigen der Kriegschiffe in Kiel eine Matrosen-Revolte ausgebrochen sei. Da die ersten Meutereien in Kiel am 28.Oktober begannen, wird es sich vermutlich um die Pressekonferenz vom 29. Oktober gehandelt haben. Was der Offizier da mitteilte, hat nach Heuss zunächst eine »die Seelen lähmende Wirkung«, in der Rückschau freilich »fast etwas Rührendes« an sich: Konnte ein Schweigegebot etwa von einer Katastrophe ablenken oder sie »verharmlosen«? Erst am 5. November, einen Tag also, nachdem die ursprüngliche Meuterei auf einigen Kriegsschiffen sich zum Aufstand der Matrosen der ganzen Hochseeflotte geweitet hat, tritt dann der Zentrumsabgeordnete Matthias Erzberger, inzwischen Staatssekretär ohne Portefeuille in der Regierung des Reichskanzlers Max von Baden, vor die Presse, ein Mann, der laut Heuss ein Gefühl dafür hat, »daß mit dem Verschweigen oder der Verniedlichung der Lage nichts mehr anzufangen« ist. So gibt er ein Bild der Situation, so offen und »soweit ihm das selber zwischen all den Gerüchten möglich« ist.

Kaum ist die Pressekonferenz zu Ende, nimmt der Zentrumsmann aus dem Schwarzwald Heuss beiseite und bittet ihn, mit ihm in die gemeinsame Heimat zu fahren, um »den Leuten von der Presse, den ›Unterrichtsoffizieren‹ und wer sonst dem dortigen Generalkommando wichtig erschien«, mitzuteilen, dass der Krieg verloren sei. So erlebt Heuss die dramatischen bürgerkriegsähnlichen Ereignisse um den 9. November nicht in Berlin, sondern in der schwäbischen Heimat. Doch wie er sie erlebt, wie er sie versteht, beschreibt er mit der äußersten Reserviertheit, ja Distanz dessen, der diesem Umsturz nichts Positives abgewinnen kann. In Nürtingen spricht er auf einer überfüllten Versammlung, auf der ein »robuster Kommunist« die Menschen einzuschüchtern sucht, aber von ihm – so jedenfalls Heuss – »grob abgefertigt« wird. In Heilbronn sieht er Offiziere der Heimatgarnison, denen die Achselstücke weggerissen wurden. Es werde ein Tag sein, »dessen man sich noch in Jahrzehnten schämen muß, da sich deutsche Soldaten die Reichskokarde herunterrissen und den Offizieren die Achselstücke wegschnitten«, wird er in seiner Rede über »Deutschlands Zukunft« gut zwei Monate später in Stuttgart sagen. Das Heilbronner Gefängnis ist geöffnet, und so erblickt er an diesem Tag im November 1918 unter den Massen auf dem Marktplatz Häftlinge in ihren gestreiften Kleidern, zu einem Haufen zusammengedrängt – »in der Hauptsache Kriminelle«, wie er vermutet, »deren Antlitz keinerlei Freiheitsgefühl spiegelte«. Er trifft seinen ehemaligen Setzer, der ihn wie einige andere Bekannte, auffordert, eine »Freiheitsrede« zu halten. Doch er lehnt schroff ab: »Da würden ja nur billige Sprüche gemacht – wer«, so fragt er in seinen Memoiren, »wollte sich gestehen, wer konnte es wissen, daß das deutsche Schicksal an jenem Tag, und gewiß nicht ohne Schuld auch der deutschen Führungsschicht, in Jahre, in Jahrzehnte der inneren Not und Zerklüftung eingetreten sei?« Doch scheint er Schlimmes zu ahnen. Auf der Heimfahrt nach Berlin in dieser Novembernacht findet er keinen Schlaf und steht am dunklen Fenster seines Schnellzugabteils. Ist dies eine Revolution? Nein! Eine Revolution sieht in seiner Phantasie anders aus.[10]

Statt Revolution benutzt er lieber das unscharfe Wort »Zusammenbruch«, denn was eine Revolution aus seiner Sicht ausmacht – daß sie von einer schöpferischen Idee oder einer sozialökonomischen Ideologie getragen wird – vermag er nicht zu erkennen. Und wenn er die Wortwahl »Zusammenbruch« jeder anderen vorzieht, entspricht dies zutiefst seinem inneren Empfinden. Intendiert dieser Begriff nicht auch jenes Jähe, Plötzliche, Unerwartete, das dem sprichwörtlichen Kollaps innewohnt, der auch den Kräftigsten unversehens niederstrecken kann? Denkt er wie Max Weber, der von einem »blutigen Karneval« sprach, welcher »den ehrenvollen Namen Revolution« nicht verdiene? In den *Mitteilungen des Werkbunds* spricht er Ende 1918 sogar davon, die sogenannte deutsche Revolution kennzeichne sich, »grob ausgedrückt, als militärische Sabotage des Krieges«. Vor allem aber: Er betrachtet diese »Revolution« schlicht als nationales Unheil, weil er durch sie die Aushandlung eines vernünftigen Friedens gefährdet glaubt. Die Position der deutschen Verhandlungsdelegation, die an den »Friedenstisch« treten muss, ständig von Putschen bedroht, hinter sich ein in der Erwartung schneller Demobilisierung sich bereits auflösendes Heer, sieht er von vornherein erschwert, ihren Spielraum erachtet er als gering. Da die Parlamentarisierung auf Wunsch der Obersten Heeresleitung durch Änderung der Reichsverfassung praktisch schon am 28. Oktober vollzogen wurde, kann er in der Revolution auch keinen Akt demokratischer »Selbstbefreiung« erkennen. Wie Max Weber, der die Monarchie, allerdings die streng parlamentarische, für die beste, den Deutschen gemäße Staatsform hält, ist auch Heuss im Grunde seines Herzens Monarchist – und doch stellt er sich von Anfang an ganz auf den Boden der Republik: Die Regierung der Volksbeauftragten sei aufs Loyalste zu unterstützen, eine Rückkehr zur Monarchie hält er bestenfalls theoretisch für denkbar, praktisch aber für ausgeschlossen, denn »der ins Ausland geflüchtete Kaiser« habe »bei vielen den Glauben an die besondere Würde der alten historischen Institution mit über die Grenze genommen« und damit »die große Feuerprobe der Geschichte«, den Krieg, nicht bestanden. Wenig später wird er an die Tradition der »großen preußischen Geschichte«, an den zweiten Friedrich erinnern: Der habe in der Schlacht von Torgau, der letzten des Siebenjährigen Krieges, und in verzweifelter Lage »vom Morgen über den Tag bis in die Nacht hungernd, schwitzend, bedreckt, blutend mit seinen Grenadieren« gekämpft, bis der Sieg erfochten war. Kaiser Wilhelm dagegen habe sich im Automobil nach Holland davongemacht, und das verziehen ihm gerade diejenigen nicht, die an die große Hohenzollerntradition gebunden seien: die konservativen preußischen Offiziere. Und typisch für den stets in historischen Relationen denkenden Heuss, greift er in diesen chaotischen Wochen des Dezember 1918, als es um die Frage geht, ob es Wahlen zur Nationalversammlung geben wird oder nicht, auf die Erfahrungen, aber auch die Ziele der demokratischen Revolution von 1848 zurück. So empfiehlt er, um dem noch ungewohnten Wort Deutsche Republik Farbe zu geben, »Freiligrathsches Pathos« zu lesen. Er zitiert Ludwig Uhland, der sich für die periodische Wahl des Reichsoberhauptes durch die Volksvertretung erklärte, und druckt dessen noch heute aufrüttelnde Rede in der Paulskirche ab: »Verwerfen Sie die Erblichkeit, schaffen sie keinen herrschenden Einzelstaat, stoßen Sie Österreich nicht ab ... Glauben Sie, meine Herren, es wird kein Haupt über Deutschland leuchten, das nicht mit einem vollen Tropfen demokratischen Öls gesalbt ist.«

Man könnte meinen, der Heuss des »Zusammenbruchs« nehme das schwarz-rot-goldene, das großdeutsch-demokratische Banner seines Uronkels wieder auf, dem sich noch der Vater verpflichtet fühlte. Denn so bitter – und wohl auch unverdient – er die Niederlage empfindet, sieht er dennoch dieses »geschlagene und revolutionierte Deutschland« einen Schritt weiter auf dem Weg zum »wirklichen Nationalstaat« gehen, den er erst mit der Einbeziehung Österreichs abgeschlossen glaubt. Er habe in jenen Wochen, so Heuss in seinen *Erinnerungen,* keinerlei Illusionen gehabt, dass es auf absehbare Zeit eine selbstständige deutsche Politik hätte geben können – »nur der Blick auf das geschlossene deutschsprachige Siedlungsland Österreichs schien eine Aufgabe anzubieten«.

Nun ist die großdeutsche Idee alles, was nach dem Krieg von Naumanns Mitteleuropa-Konzept übrig bleibt, und wenn Heuss sie vehement verficht, befindet er sich im Winter 1918/19 in bester Gesellschaft. Noch sind die Friedensbedingungen von Versailles unbekannt, und den harten Waffenstillstandsbedingungen zum Trotz gibt es noch Illusionen – etwa die Hoffnung auf das von Wilson proklamierte Selbstbestimmungsrecht der Völker. Als »Traumland der Waffenstillstandsperiode« hat der linksliberale Theologe und Philosoph Erst Troeltsch die Zeit zwischen dem 11. November 1918, der Unterzeichung des Waffenstillstands in Compiègne, und der Unterschrift unter den Vertrag von Versailles am 28. Juni 1919 einmal treffend bezeichnet. In der Tat gibt es da noch Träume: Die provisorische deutsch-österreichische Nationalversammlung erklärte schon Mitte November Deutsch-Österreich zum Teil der Deutschen Republik, und die Weimarer Nationalversammlung zeigt sich entschlossen, die »österreichischen Brüder« (Ebert) nicht abzuweisen. Jenen Historiker Ludo Hartmann, den Heuss im Juli 1918 in Wien getroffen hatte und der damals schon den Anschluss im Auge hatte, ihn schickt die Wiener Regierung als Gesandten nach Berlin und Weimar, wo er sich alsbald in einer »Zwitterstellung« (Löbe) befindet: Halb ist er Gesandter eines (noch) selbständigen Staates, halb schon – wenn auch als Gast mit beratender Stimme – Vertreter eines (künftigen) Bundeslandes des demokratischen Reichs, der mit den Vertretern Preußens und Bayerns, Sachsens und Badens auf den gleichen Bänken im Reichsrat sitzt. Im Verfassungsausschuss der Nationalversammlung meldet er sich oft zu Wort und plädiert energisch für Schwarz-Rot-Gold als Reichsfarben, denn Schwarz-Weiß-Rot stehe historisch lediglich für die überholte kleindeutsch-preußische Lösung der deutschen Frage. Dass vor allem die Österreicher ins Reich streben, davon überzeugt sich Heuss im Februar 1919 in Wien, als er zusammen mit Hjalmar Schacht – »damals ein eifriger Demokrat«, wie Heuss anmerkt – die neu gegründete Bürgerlich-Demokratische Partei im österreichischen Wahlkampf unterstützt, die die beiden schon als den verlängerten österreichischen Arm der deutschen Linksliberalen betrachten. Einmal ist ein Saal so überfüllt, dass der Wahlhelfer Heuss durchs Fenster einsteigen und für seine Rede auf einen Tisch klettern muss. Aber alle auf das Selbstbestimmungsrecht gegründeten Hoffnungen zerschellen im Frühsommer an den harten Bedingungen der Verträge von St. Germain und Versailles, und dass sie überhaupt gehegt wurden, mag man im Nachhinein wahrlich für naiv halten. Wurde Clemenceau, *le tigre*, nicht der Satz zugeschrieben, es gebe 20 Millionen Deutsche zuviel? Sollen ausgerechnet die französischen Militärs, die auf Frankreichs Friedensbedingungen entscheidenden Einfluß nehmen, einer erheblichen Stärkung der ohnehin zu großen deutschen Volkskraft durch den Anschluss von sechs Millionen Deutsch-Österreichern zustimmen? Die Erwartung, der demokratische großdeutsche Nationalstaat, den einst die Paulskirche wollte, ließe sich ausgerechnet nach der Niederlage 1918 verwirklichen, muss aus heutiger Sicht geradezu bizarr-irreal erscheinen. Und doch: Heuss, seine Parteifreunde, aber auch viele Sozialdemokraten halten unerschütterlich an diesem Traum fest. »Haben wir, weil das in St. Germain so beschlossen wurde«, fragt Heuss in seiner *Deutschen Politik*, »auf die Vereinigung mit Deutsch-Österreich verzichtet?« Seine Antwort: »Nur der hoffnungslose Tagespolitiker oder der modische Verräter am nationalstaatlichen Gedanken hat dieses Ziel ›abgeschrieben‹, das der nächste Inhalt unseres politischen Arbeitens bleiben muß.« Und in der *Daimler-Werkzeitung* proklamiert er, Versailles zum Trotz, die großdeutsche Lösung als ein »Ziel unserer staatlichen Entwicklung, das unverrückbar bleibt …« So unverrückbar wie die Forderung nach einer Revision der Friedensbedingungen von Versailles, über die – wenn auch nicht über die Methoden, mit der sie erreicht werden sollten – in Deutschland »seit dem Tag, an dem der Vertrag unterzeichnet wurde«, Konsens besteht.[11]

Wenn er sich in der *Deutschen Politik* im Dezember 1918 in zwei langen Artikeln mit Verfassungsfragen befasst, etwa der Wahl und der Stellung des Reichspräsidenten, der Frage einer föderativen oder zentralistischen Gliederung, eines Ein- oder Zweikammersystems, mag das wie eine Vorübung auf die Debatten in der Weimarer Nationalversammlung wirken. Ist jetzt nicht die Zeit gekommen, seinen alten Traum wahr zu machen, den Journalismus mit der Rolle des aktiven Politikers zu verbinden und am Entwurf der neuen Verfassung als Abgeordneter teilzunehmen? Schon Mitte November, als noch längst keine Klarheit über Wahltermin und Wahlmodus besteht, bewirbt er sich bei Conrad Haußmann um einen der vordersten, aussichtsreichsten Plätze auf der württembergischen Landesliste. Dass er es verdient, »an guter Stelle ... auf den Zettel« zu kommen, steht für ihn selbst außer Frage, der Ton des Briefes ist fordernd gehalten, er pocht auf die eigene Sachkenntnis in Verfassungsfragen, auf seine bisherigen Leistungen, aber auch auf die Notwendigkeit der Verjüngung der Fraktion: »Ich darf wohl sagen, daß ich in den sechs Jahren in Württemberg ... agitatorisch am meisten für die Partei gearbeitet habe ... Heute stellt sich für mich die Frage so dar, ob ich jetzt, Mitte Dreißig, verantwortungsvoll in die Politik eintrete oder noch einmal eine Reihe von Jahren warten muß. Ich glaube, daß es der bürgerlichen Demokratie notwendig ist, bei dieser großen Kraftprobe junge Kräfte mit heranzuholen.« Als Haußmann ausweichend antwortet, setzt er vier Wochen später nach, verweist auf Zuspruch zu seiner Kandidatur von Leuten, »die in der Partei etwas geleistet haben und was gelten« und ihn bitten, bald in die Heimat zu kommen, um dazu beizutragen, die »Stuttgarter Cliquenpolitik« zu beenden, über die in den Reihen der Partei im Ländle offenbar gestritten wird. Doch auch dieser Appell ist vergebens: Er erhält lediglich Platz sechs der Liste, die von dem 72-jährigen Friedrich von Payer und dem 62-jährigen Conrad Haußmann angeführt wird; vor Heuss stehen noch ein Fabrikant, ein Landwirt und die Frauenrechtlerin Mathilde Planck. Dass das alte Wahlrecht durch das Proporzsystem ersetzt wurde, gerät Heuss zum Nachteil, denn die personelle Bindung eines Kandidaten an die Wähler seines Bezirks zählt nicht mehr; der heimatliche Wahlkreis Heilbronn, mit dem er so fest gerechnet hatte, geht mit Einführung des Proporzes im Großbezirk Württemberg auf, und sein Erfolg hängt damit ausschließlich von der Platzierung auf der Landesliste ab. Ausgerechnet Friedrich von Payer, der erstmals schon 1887 Mitglied des Reichstags geworden war und mit dessen Verzicht aus Altersgründen Heuss gerechnet hatte, teilt dem 38 Jahre jüngeren Bewerber mit – und zwar »in behaglichem Ton«, wie Heuss vorwurfsvoll vermerkt: »Kronprinze müesset warte könne.« Der bärtige Alte will noch nicht weichen, zumal es darum geht, manche seiner unerfüllten demokratischen Wünsche endlich mit der Verfassung der neuen Republik wahr zu machen. Zwar kämpft »Kronprinz« Heuss wacker um Platz sechs, reist im ganzen Land herum – »immer vierter Klasse«, was er als »anstrengend und lehrreich« erinnert; oft hält er drei Versammlungen an einem Tag, wohl wissend, dass sein Einsatz nach dem neuen Wahlgesetz zwar für die Partei insgesamt wichtig, für ihn persönlich allerdings aussichtslos ist. Obschon die Linksliberalen reichsweit immerhin stolze 18,5 Prozent der Stimmen erhalten, können nur die ersten vier der württembergischen Landesliste in den Reichstag einziehen. Wenn der Journalist Heuss auch nicht einen Tag nach Weimar fährt, um wenigstens die Atmosphäre der verfassunggebenden Nationalversammlung zu schnuppern, hat dies, er verhehlt es nicht, mit einem »Untergefühl des Gekränktseins« zu tun: Er will nicht Schlachtenbummler sein, wo er sich doch »innerlich auf das Mitberaten vorbereitet hatte«.

Nicht viel besser ergeht es ihm bei den ersten Wahlen zum Reichstag im Juni 1920. Zwar fühlt sein alter Heilbronner Freund Friedrich Mück bei Conrad Haußmann vor und wirbt für einen sicheren Platz, trifft dabei aber auf »einigen Widerstand«, wie er Heuss berichtet. Auch wenn er nur von der sechsten auf die fünfte Stelle vorrücken kann, engagiert er sich mit aller Kraft: In der Zeit vom 10. Mai bis 4. Juni hält er insgesamt 26 Versammlungen ab, spürt jedoch im Gegensatz zu den Wahlen vom Januar 1919 erheblichen Gegenwind. Er werde durchfallen, weil die Bauern wegen der noch anhaltenden Zwangswirtschaft maßlos verstimmt seien, schreibt er Elly, auch sei Conrad Haußmann »als Spitzenführer des Zettels« zur Belastung geworden, weil er sich gelegentlich in der Wortwahl vergriffen, etwa vom nach Holland geflüchteten Kaiser als »Wilhelm von Amerongen« statt von Wilhelm II. gesprochen habe – was bei den national denkenden Bauern offenbar nicht gut angekommen ist. Aber dies sind Petitessen, bedenkt man, dass diesmal nur die ersten zwei der auf der württembergischen Landesliste aufgeführten Kandidaten in den Reichstag kommen. Wenn die Linksliberalen reichsweit von 18,5 auf 8,3 Prozent, die Sozialdemokraten von 38 auf 21 Prozent abrutschen und nur das Zentrum zusammen mit der Bayerischen Volkspartei sich mit 18 Prozent als einigermaßen stabil erweist, wenn diese ersten Reichstagswahlen vom 6. Juni 1920 zum schwarzen Tag der Parteien der Weimarer Koalition geraten, hat dies mit den im ersten Halbjahr 1920 vorangegangenen Unruhen zu tun: mit dem Kapp-Putsch, der zwar relativ schnell an einem Generalstreik scheitert; aber aus dem Kampf gegen die schwarz-weiß-roten Kapp-Putschisten entwickelt sich im Westen der Ruhraufstand, der von der Reichswehr erst nach blutigen Kämpfen mit der roten Ruhrarmee niedergeworfen werden kann. Bürgerstimmen, um *law and order* besorgt, wandern in Massen nach rechts, Proletarier, welche die in Berlin regierenden Sozialdemokraten und Gegner des Ruhraufstands als »Klassenverräter« betrachten, stärken die radikale Linke. Wie die Bürger urteilen, geht aus einer Notiz Thomas Manns hervor, der damals offenbar noch wie der Autor des *Tagebuchs eines Unpolitischen* denkt und die Hagen Schulze zu Recht mit dem Adjektiv »borniert« versieht: »In der Zeitung Nachrichten über den Ausfall der Wahlen, mit dem die ›Demokratie‹ offenbar sehr unzufrieden zu sein Ursache hat. Kein Wunder, eher anerkennenswert, dass sich die Wahlen zu einem Protest gegen den gegenwärtigen Saustall gestaltet haben. Autoritative Ordnung oder Diktatur der Arbeiter, die öffentliche Stimme mußte so urteilen.« SPD, Zentrum und die Linksliberalen, jene die Republik tragende Mitte, die in der Nationalversammlung eine klare Zweidrittelmehrheit besaß, verfügt jetzt nur noch über 43 Prozent der Mandate und wird bis zur Machtübertragung an Hitler nie wieder eine Mehrheit im Reichstag erobern.[12]

Beide, Theodor und Elly, gehören seit Ende 1918 der Deutschen Demokratischen Partei an, die auf einen Aufruf von Theodor Wolff, Alfred Weber und anderer liberaler Intellektueller hin gegründet wird und in der die Fortschrittliche Volkspartei aufgeht. Sie bekennt sich eindeutig zur Republik, sagt bolschewistischem wie reaktionärem Terror den Kampf an und will sich als etwas völlig Neues eindeutig von den beiden liberalen Parteien des späten Kaiserreichs abheben. Heuss, der das Rätesystem als »Instrument der Gewalt« und eine Art Dauerrevolution ablehnt, wertet diesen Aufruf als die »erste öffentliche Regung nichtsozialistischer Elemente«, die den marxistischen Parteien nicht allein die »Gestaltung der deutschen Dinge« überlassen will. Zwar schließen sich auch einige wenige prominente Nationalliberale an, aber zur großen liberalen Einheitspartei, von der Fortschrittler und Nationalliberale am Ende des Kaiserreichs träumten, wird die Neugründung nicht. Gustav Stresemann, der Führer der Nationalliberalen, der im Krieg für umfangreiche Annexionen, den unbegrenzten U-Boot-Krieg eingetreten war und als junger Mann Ludendorffs gegolten hatte, ist für den Gründerkreis untragbar. Selbst Friedrich Naumann scheint mit einigen Thesen seiner Kriegspolitik diesem Intellektuellenzirkel nicht genehm, »daß er Mitteleuropa gedacht und dafür gekämpft hatte«, meint Heuss, »erschien den Leuten als Belastung«. Offenbar suchen sie »nach neuen Maßstäben«, erinnern sich seiner Haltung zur belgischen Frage am Anfang des Krieges und werten Mitteleuropa als hegemonial-imperialistisches Konzept. Naumann selbst nennt die Vorgänge, die zu der neuen Partei geführt haben, »sehr unerfreulich«, man habe ihn erst einmal in die »Entlausung« schicken wollen. Von »einer Art Staatsstreich« spricht er, der vom *Berliner Tageblatt* ausgegangen sei: »Man hat uns bolschewisiert«, schreibt er einem Freund und spielt damit wohl auf die Meinungs-Diktatur einer

Minderheit von Journalisten und Mitgliedern der früheren Fort-schrittlichen Volkspartei an. Folgt man Werner Stephan und seiner Geschichte der Deutschen Demokratischen Partei, dann platzt der Wolff-Webersche Gründungsaufruf mitten in Besprechungen zwischen Naumann und Stresemann hinein, die beide, in Begleitung von je zwei Vertrauten der Links- und Nationalliberalen, über eine Verschmelzung verhandeln, die in »kürzester Frist, vielleicht schon in ein oder zwei Tagen« bekannt gegeben werden soll. Auch Heuss spricht sich im November 1918 für die Bildung einer liberalen Einheitspartei durch den Zusammenschluss der Fortschrittlichen mit den Nationalliberalen aus, wie Jürgen C. Heß betont, und hält einen Namen für sie parat: Nationaldemokratische Partei. Doch Alfred Weber und Theodor Wolff, so Stephan, hätten von den National-liberalen den Rückzug Gustav Stresemanns aus der Politik verlangt und eine Vertretung der früheren Nationalliberalen durch ihn im Spitzengremium der neuen Demokratischen Partei Deutschlands für undenkbar erklärt. Weil Wolff und Weber den »großen Charisma-tiker« Stresemann ins Abseits drängen wollten, sieht Stephan in ihnen die Hauptverantwortlichen für die Zersplitterung des libera-len Bürgertums am Anfang der Weimarer Republik. Abgewiesen und für untragbar erklärt, gründet Stresemann seine eigene, eher nach rechts tendierende liberale Gruppierung, die Deutsche Volkspartei. Wie allerdings die früheren Fortschrittlichen, die stets zur Sozial-demokratie hin aufgeschlossen waren und sich ganz auf den Boden der Republik gestellt haben, in einer neuen liberalen Sammelpartei mit dem Vernunftrepublikaner Stresemann und seinem eher monar-chistisch gesonnenen, mit der Großindustrie verbandelten Anhang zurechtgekommen wären, muss der Spekulation überlassen bleiben. Im Gegensatz zu Stephan urteilt Heuss weniger scharf: Naumann habe am Gelingen einer Verständigung mit den Nationalliberalen ohnehin seine Zweifel gehabt und sich deshalb der neuen Partei angeschlossen. Erst als Alfred Weber, wegen der nachweislich fal-schen Anschuldigung, die Ruhrindustriellen Stinnes und Thyssen arbeiteten mit den Franzosen zusammen, als provisorischer Vorsit-

zender zurücktreten muss und Theodor Wolff aus dem geschäftsführenden Ausschuss der neuen Partei ausscheidet, erst als nach den
eifernden Intellektuellen bewährte politische Routiniers das Ruder
übernehmen, wird Naumann schließlich zum Vorsitzenden der
Deutschen Demokratischen Partei gewählt. Heuss hält von beider,
Webers wie Wolffs, Qualitäten als praktische Politiker ohnehin nicht
viel. Alfred Weber, dem Bruder des von ihm bewunderten genialen
Max, bescheinigt er, dass er ein unerhört geistreicher Mensch, aber
für »Führerqualitäten« leider »viel zu hysterisch« sei, ihm fehle
»sachliche Ruhe und Gehaltenheit«. Und mit Theodor Wolff »an
der Spitze« ist für ihn »auch keine Volksbewegung zu machen«:
Deutschland brauche, so lässt er Haußmann wissen, etwas »anderes
als pazifistische Pointen«, es müsse zu »nationaler Würde« erzogen
werden. Heuss' Haltung gegenüber Wolff wird stets von Skepsis
geprägt bleiben.

Besser als dem Kandidaten Theodor in Württemberg ergeht es
bei den Wahlen zur Nationalversammlung der Kandidatin Elly in
Berlin: Auf dem »Zettel« der DDP erhält sie hinter Bernhard Dernburg, einem ehemaligen Staatssekretär des Reichskolonialamts, und
Otto Nuschke (dem späteren Vorsitzenden der Ost-CDU) immerhin
Platz 3; nur wenige Stimmen fehlen, und um ein Haar wäre sie Mitglied der Nationalversammlung geworden. Bitter beschwert sie sich
über die »ungeheuerlich gemeine Kampfweise« der Deutschnationalen Volkspartei (DNVP), welche die Linksliberalen als Partei der
Juden verunglimpft, eine Propaganda, die Elly in ihren Versammlungen mit dem Satz kontert: Die »unchristliche Partei« sei die der
Antisemiten, es sei ihr Christentum, das sie davon abhalte, je in
die DNVP zu gehen. Günstiger als Theodor wird sie auch bei den
Reichstagswahlen platziert werden, man weist ihr wiederum den
dritten Platz, diesmal auf dem DDP-Wahlvorschlag im Wahlkreis
Potsdam II, zu – eine aussichtslose Position, wie sich allerdings bei
der verheerenden Niederlage der Parteien der Weimarer Koalition
herausstellen wird. Elly hat inzwischen einige Prominenz erlangt,
weil sie im Ausschuss der Frauenverbände, der sich kurz nach dem

9. November 1918 gebildet hat, das Referat für »Propaganda« übernahm. Es ging ja darum, die Frauen, die bei den Wahlen zur Nationalversammlung erstmals in Deutschland wahlberechtigt sind, auch davon zu überzeugen, von ihrem neuen Recht Gebrauch zu machen. Die insgesamt zwölf Verse, mit denen sie zum Gang an die Wahlurne animierte, hingen an den Plakatsäulen ganz Deutschlands. Einer lautete:

> Frauen werbt und wählt,
> Jede Stimme zählt!
> Jede Stimme wiegt,
> Frauenwille siegt!

Im Wahlkampf zur Nationalversammlung arbeitet sie von morgens früh bis spät in den Abend bis zum Umfallen – täglich hält sie mindestens einen Vortrag oder auch zwei, sie spricht in den westlichen Vororten Berlins und den Randgebieten bis nach Teltow hin, auch in Fabriken, wie sie ihrer Schwester Marianne schreibt: »Dazwischen Wahlpropaganda und nachts Zeit, an das Elsaß zu denken. Dann bringt's mich fast um.« Im Gegensatz zum Wahlkämpfer Theodor, der um diese Zeit im zwar aufgewühlten, im Großen und Ganzen aber friedlichen heimischen Württemberg im Wahlkampf steht, erlebt Wahlkämpferin Elly die Bürgerkriegswirren und den sogenannten Spartakus-Aufstand, der die Wahlen zur Nationalversammlung verhindern will, hautnah: »Nach Tempelhof fuhr ich vorgestern abend, während die Kanonen dröhnten, und unser Auto wurde dreimal angehalten und nach Waffen durchsucht...«, berichtet sie Heuss nach Heilbronn. Und: Am Dienstag, auf dem Weg zu einer Vorstandssitzung der Partei im Reichstag, »kam ich in eine Schießerei hinein, wurde von der Welle der Flüchtenden in die Dorotheenstraße mitgerissen, wollte im Hausflur des Hansabunds Schutz suchen und wurde wie ein Kaninchen am Kragen gepackt und hinausgeworfen von dem Portier in Uniform. Schließlich gelangte ich bis zur Untergrundbahn in der Mohrenstraße und fuhr dann heim.«[13]

Wenn Spaltung historisch das Schicksal der Liberalen in der Kaiserzeit war, wird Spaltung ihr Schicksal auch in Weimar sein und vor allem der DDP zum Nachteil gereichen. War diese in der Nationalversammlung noch mit 75 Mandaten vertreten und damit fast viermal so stark wie die Konkurrenz Stresemanns, kehrt sich das Kräfteverhältnis schon mit den ersten Reichstagswahlen 1920 radikal um: Jetzt zieht die Deutsche Volkspartei (DVP) mit 65 Mandaten an der DDP vorbei, die nurmehr 39 Mandate zählt. Der danach einsetzende Schrumpfungsprozess beider liberaler Parteien vollzieht sich langsam, aber unaufhaltsam, und in den frühen dreißiger Jahren werden sie bald nur noch ohne Fraktionsstatus im Reichstag vertreten sein. Doch kann die DVP, relativ gesehen, seit 1920 vor den linken Liberalen stets einen Vorsprung halten. Der Niedergang der DDP mag zum Teil auch auf das frühe Hinscheiden der großen, ihre Politik prägenden Persönlichkeiten zurückzuführen sein. Friedrich Naumann stirbt, nur 59-jährig, im August 1919, der 55-jährige Reichsaußenminister Walther Rathenau fällt den Kugeln rechtsextremer Mörder im Juni 1922 zum Opfer, und Hugo Preuß, der Vater der Weimarer Verfassung, wird, 65 Jahre alt, im Oktober 1925 vom Tod ereilt. Vor allem der Tod Naumanns schmerzt beide, Theodor, aber auch Elly Heuss-Knapp, tief: Sie waren ihm persönlich nahegekommen, Naumann hatte, so Heuss, »mein wie auch Ellys Leben und Gesinnungen nicht nur beeinflußt, sondern bestimmt«. Beide sahen in ihm nicht nur den politischen Lehrer, sondern auch einen väterlichen Freund, für beide wird er stets das große Vorbild bleiben. Es ist der bis dahin »stärkste menschliche Verlust«, den Heuss erfährt und betrauert, und er wird sich fortan als Hüter des Naumann'schen Erbes verstehen.[14]

Auch wenn ihm der Sprung in den Reichstag 1924 schließlich gelingen wird, spielt Heuss in der Weimarer Zeit eine eher marginale politische Rolle; Spitzenämter in der Politik bleiben ihm versagt, vielleicht auch, wie Thomas Hertfelder vermutet, weil es ihm an der Entschlusskraft fehlt, dem Journalismus völlig zu entsagen und »sein Leben ganz auf die Politik zu gründen«. Nach dem Urteil von Jürgen C. Heß steht er »am Rande des Geschehens, fernab und auch abseits jener Publizistik, die damals die allgemeine Aufmerksamkeit auf sich zog«. Doch ist die Republik von Weimar ohne seine Deutsche Demokratische Partei, in der seine Stimme intern zählt und mit den Jahren mehr und mehr an Gewicht gewinnt, schlichtweg nicht zu denken. Und dies nicht nur, weil die DDP bis 1932 trotz rückgängiger Mandatszahlen an nahezu jeder Regierung beteiligt ist, sondern auch weil Friedrich Ebert, der Vorsitzende des Rats der Volksbeauftragten, Hugo Preuß, den Juristen und Rektor der Handelshochschule in Berlin, einen linksliberalen Fortschrittler, zum Staatssekretär des Reichsamts des Inneren beruft und Mitte November 1918 mit der Ausarbeitung einer Verfassung für die Nationalversammlung beauftragt. Vielen gilt Preuß, der der DDP nach ihrer Gründung ohne zu zögern beitritt, deshalb als »Vater« der Weimarer Verfassung, auch wenn er etliche seiner Vorstellungen – etwa die Auflösung Preußens und seine Zergliederung in mehrere Länder – nicht hat durchsetzen können. Dennoch trägt diese Verfassung zweifellos seine Handschrift, und Abgeordnete der DDP haben in wichtigen Fragen auf ihre endgültige Ausformung entscheidend Einfluss genommen. Für viele ist die DDP deshalb *die* Verfassungspartei der Weimarer Zeit schlechthin.

In seiner Rolle als außenstehender Beobachter stimmt Heuss freilich nicht allem zu, was seine Parteifreunde in Weimar vorschlagen oder durchsetzen. Wenn Conrad Haußmann zusammen mit den Sozialdemokraten erreicht, dass die Verfassung einen Volksentscheid vorsieht, vorausgesetzt, ein Zehntel aller Wahlberechtigten hätte sich zuvor in einem Volksbegehren für einen solchen ausgesprochen, stößt dies bei ihm auf Unverständnis. Direkte Demokratie hält er nur in kleinen, überschaubaren politischen Einheiten, etwa den Kantonen der Schweiz, für sinnvoll, für eine Vielmillionenbevölkerung sei sie nicht zu kopieren. Nach seiner Vorstellung muss eine Volksvertretung, die »Mittelpunkt der deutschen Politik« sein solle, »der Demagogie entrückt«, rein sachlich arbeiten können und gegen »das Hin und Her aufgeregter, leicht aufzuregender Volksstimmung« gesichert bleiben, schreibt er im August 1919. In seinen Erinnerungen wird er drastischer und nennt Volksbegehren und Volksentscheid eine »institutionelle Verführung zur brutalen Demagogie«, eine Position, die er über die Jahrzehnte beibehalten und im Parlamentarischen Rat 1948/49 ebenso energisch wie erfolgreich vertreten wird. Auch über Naumanns Versuch, Grundrechte zur Verfassung beizusteuern, ist er nicht begeistert, und dies nicht nur, weil dessen Sätze, »in fast dithyrambischer Fassung« gehalten, sich »wie Prophetien lasen« und nur zum Teil und in juristisch stark ausgenüchterter Form in die Verfassung Eingang fanden. Wenn er spöttisch von der »Lyrik der Menschen- und Grundrechte« schreibt, dann, weil er nichts vom Naturrecht hält und diesem Teil der Verfassung grundsätzlich wenig Bedeutung beimisst. »Die Gefahren, die das 20. Jahrhundert für Freiheit und Würde des Menschen durch den totalitären Staat mit sich bringen sollte«, so deutet Heß diese Haltung, »konnte er noch nicht erahnen.« Heuss' Vorbehalt gegenüber allem Plebiszitären gilt auch für den Reichspräsidenten – nicht gegen dessen starke Stellung gegenüber Parlament und Parteien, dessen Recht zur Auflösung des Reichstags und dessen Notstandsvollmachten, die Preuß, beraten von Max Weber, durchsetzte und die den Reichspräsidenten theoretisch zu einer Art »Ersatzexekutive« machten, sondern gegen dessen Direktwahl durch das Volk, die schließlich auch von den anfangs gegen sie opponierenden Sozialdemokraten mitgetragen wurde. Auch Friedrich Naumann trat energisch für die Volkswahl ein, schon weil sie aus seiner Sicht einem Präsidenten, der im Gegensatz zu den Koalitions- und Parteipolitikern des Parlaments das Ganze im Auge haben soll, die nötige Legitimation verschafft. Heuss dagegen zieht die Wahl durch das Parlament (und zwar durch die beiden Kammern, die er Ende 1918 noch erwartet) der Direktwahl vor. In seiner Rede über »Deutschlands Zukunft« vor der DDP in Stuttgart zwei Tage vor den Wahlen zur Nationalversammlung, lehnt er die Volkswahl des Präsidenten ab: Amerikanische Verhältnisse ließen sich auf Deutschland nicht übertragen, zumal das Verhältniswahlrecht, das er ohnehin für falsch hält, die Parteienzersplitterung fördere. Die Verbindung des plebiszitären Präsidenten mit dem parlamentarischen Regierungssystem und dem Verhältniswahlrecht sieht er durchaus kritisch: Als ahne er die große Krise des Weimarer Staats in den frühen dreißiger Jahren voraus, bezeichnet er die Republik als »ein wenig unsicher in dieser Konstruktion«, zumal sich nicht absehen lasse, wie sie sich in der Wirklichkeit bewähren werde. Später klingt grundsätzliche Kritik an der Doppelkonstruktion der Verfassung durch, die ja im Wesentlichen dem französischen Muster der III. Republik folgt, aber bei der Institution des Präsidenten auf das amerikanische Modell zurückgreift. Doch daran, dass er einen starken, wenn auch nicht direkt gewählten Präsidenten wünscht, kann kein Zweifel bestehen: Stets beharrt Heuss darauf, dass der Reichspräsident einen Kanzler seiner Wahl ernennt, so wie er auch während des Krieges immer für das Ernennungsrecht der Krone eingetreten ist. Dieser Kanzler soll frei sein in der Wahl seiner Mitarbeiter und sich mit diesen dann dem Vertrauensvotum des Reichstags stellen. Dass der Kanzler das Vertrauen des Parlaments braucht, versteht sich von selbst – aber er will nicht, dass er von Fraktionsspitzen ausgekungelt, dem Präsidenten vorgeschlagen und dann erst von diesem ernannt wird. Und ebenso lehnt er es ab, dass die Fraktionen darüber entscheiden, welche Minister im Kabinett dieses Kanzlers vertreten sind. Allerdings ist dies graue Heuss'sche Theorie, denn die Praxis der Regierungsbildung bis etwa 1930 entspricht seinem Idealbild kaum: Wer Reichskanzler und wer Minister wurde, entschieden bis zur Ära Brüning zumeist interfraktionelle Gespräche und Vereinbarungen zwischen den Parteien. Wenn Heuss die Rolle des Präsidenten bei der Regierungsbildung betont, heißt das allerdings nicht, dass er Parteien grundsätzlich misstraut. Er bejaht sie voll und ganz als Organisationen, in denen sich der Volkswille artikuliert, nennt sie notwendige und »wichtigste Hebel der politischen Gestaltung im Staatsinneren« und unterscheidet sich damit deutlich von den prinzipiellen Gegnern des Parteiensystems, von der in Weimar dramatisch wachsenden Parteienverdrossenheit, ja Parteienverachtung. Aber eines will er nicht: dass sie die Herrschaft im Staat übernehmen. Ohnehin ist sein Staats- und Regierungsverständnis weitgehend vom konstitutionellen System der Kaiserzeit geprägt; folgt man Heß, dann versteht er wie Max Weber das Parlament nicht als regierendes, sondern eher als kontrollierendes Organ der Demokratie. In seiner Sicht kommt dem Reichpräsidenten die Funktion einer »ruhigen Objektivierung von Staat und Staatsidee« zu, als einer Art Gegengewicht zu dem selbstsüchtigen Egoismus der Parteien. Heuss will keinen Nachtwächterstaat wie die klassischen Liberalen des 19. Jahrhunderts, als Schüler und Gefolgsmann Friedrich Naumanns befürwortet er einen starken Staat, wünscht sich eine Weimarer Demokratie, die sich ihrer Macht bewusst ist und sie ausübt. »... kein Staat, auch der demokratischste«, sagt er in Stuttgart 1919, »kann der Obrigkeit, des Befehlens und des Gehorsams entbehren, wenn er nicht zur Karikatur werden will.«[15]

Wichtig für das Verständnis von Heuss ist auch, dass sich seine Vorstellungen von Demokratie ganz auf die staatliche Sphäre beschränken, auf das Funktionieren des Rechtsstaats mit Meinungsfreiheit, Gleichheit vor dem Gesetz und den privaten Freiheiten, auf freie Wahlen, eine dem Parlament verantwortliche Regierung und eine stimmige Balance zwischen den Gewalten. Zwar spricht er mehrfach von »Demokratie als Lebensform«, meint damit aber individuelle politische Tugenden, von denen er hofft, dass sie sich beim Staatsbürger herausbilden; den Wandel gesellschaftlicher Strukturen hat er nicht im Sinn. Jürgen C. Heß bezeichnet dies als eine der »wesentlichen Schwächen von Heuss' Demokratieverständnis«. Nicht wenige Historiker meinen, die Weimarer Republik hätte bessere Überlebenschancen gehabt, wären die zweieinhalb Monate zwischen dem 9. November 1918 und dem Zusammentritt der Nationalversammlung Anfang Februar 1919 in Weimar für eine mutigere Politik benutzt worden – etwa für Reformen an der Spitze des konservativen Beamtenapparats, »um die erstrebte parlamentarische Demokratie auf eine festere gesellschaftliche Grundlage« zu stellen (Winkler). Doch Heuss sieht für solche Reformen keine Notwendigkeit, im Gegenteil: Mit Befriedigung stellt er fest, dass trotz des Zusammenbruchs die alten Verwaltungsapparate fast überall bruchlos weiter funktionieren. Zwar räumt er ein, dass der alte Staat »manchmal recht bedrückend Parteistaat« gewesen sei und bei Beamten und Professoren gewisse Überzeugungen nur »in Auswahl« geduldet hätte – eine ausgesprochen freundliche Umschreibung der Tatsache, dass in der Regel Juden der Offiziersberuf und höchste Staatsämter versperrt, Sozialdemokraten (aber auch ungetaufte Juden) als Professoren nicht berufen wurden. Aber dass Parteigesinnung über Sachverstand triumphiert, solche »Revolutionserfahrungen« beängstigen den Bürger Heuss 1919 sehr viel mehr. So plädiert er, in Übereinstimmung mit der Mehrheit auch der linken Liberalen, für den überkommenen Beamtenapparat, benennt als unverrückbares Ziel für die DDP, »das Beamtentum in Justiz und Verwaltung in seinen eigentlichen Funktionen außerhalb der politischen Machtverschiebungen zu halten«. Unfähigkeit und mittlere Begabung, so Heuss, dürften nicht »durch Tüchtigkeit irgendeiner Parteigesinnung zu Amt und Macht steigen«. Ein freies Beamtenrecht nennt er das »Beste, was der deutsche ›Obrigkeitsstaat‹ seinem Nachfolger als Erbe zu übergeben hat«.

Was die ungebrochene Kontinuität des kaiserlich-preußischen Beamtenapparats etwa in der Justiz bedeutet, wird sich Jahre später vor Gericht in Magdeburg zeigen, wo Reichspräsident Ebert seine Ehre gegen einen völkischen Journalisten verteidigen muss, der ihn wegen seines Verhaltens im Munitionsarbeiterstreik 1918 des Landesverrats bezichtigte. Das Urteil wird Heuss beschämend nennen, es gilt, wie wir noch sehen werden, in der demokratischen Öffentlichkeit zu Recht als Rufmord – Anlass für eine kritische Überprüfung zu seiner Haltung gegenüber dem überkommenen Beamtentum ist dies für ihn jedoch nicht.[16]

In jeden Paragraphen sei die Gesinnung gegossen, die »Deutschlands gegenwärtige Ohnmacht zur Vernichtung seiner wirtschaftlichen und moralischen Existenz ausnutzen will«. So kommentiert Heuss im Juni 1919 den Vertrag von Versailles und nennt ihn eine »Verhöhnung« der Wilson'schen 14 Punkte, einen glatten Wortbruch des amerikanischen Präsidenten. In der Tat sind die Bedingungen des Vertrages unerhört hart, auch wenn zu fragen wäre, ob Deutschland, das im Frühjahr 1918 ja den Gewaltfrieden von Brest-Litowsk diktiert hatte, bei einem Sieg im Westen mit Belgien und Frankreich sehr viel anders umgesprungen wäre. Sie führen zu einem wütenden Aufschrei nationaler Empörung, auch weil die Anerkennung der alleinigen Kriegsschuld, die Forderung nach Auslieferung des Kaisers und die Überstellung gefeierter Kriegshelden wie Hindenburg, Ludendorff und Mackensen, aber auch vielbejubelter erfolgreicher U-Boot-Kapitäne an alliierte Kriegsverbrecher-Tribunale von den Deutschen nahezu unisono als unzumutbare Demütigung der Nation empfunden wird. Zwar kommt es zu dieser Auslieferung nie, auch weil die Reichsregierung deutsche Kriegsverbrecherprozesse in Aussicht stellt. Dass es ohne den auch von Heuss so verächtlich gescholtenen Wilson wahrscheinlich zur Abspaltung des Rheinlands als eigenem Staat gekommen wäre, dass es den Rhein als definitive französische Militärgrenze gegeben hätte, dass alles ohne den amerikanischen Präsidenten also noch viel schlimmer hätte kommen können, weiß man, so Hagen Schulze, erst seit Öffnung der britischen, französischen und amerikanischen Archive. Doch es sind nicht die einordnenden Vergleiche von Historikern über Tragweite und Auswirkungen des Vertrags, es sind die subjektiven Einschätzungen der Zeitgenossen, welche die Haltung zu Versailles bestimmen. Wenn Heus schreibt, der Vertrag habe vom Frieden nur den Namen, »Geist und Methode« aber seien »härteste Brutalität des Krieges«, entspricht dies, wenn auch gehobener formuliert, durchaus dem damaligen deutschen Mainstream-Denken. Der Heuss, der das schreibt, zählt zu den vehementen und überzeugten Verfechtern der Ablehnung einer Unterzeichnung. Eine Unterschrift bedeutet für ihn Selbsterniedrigung, wer unterzeichnet, drückt Deutschland den »Stempel freiwilliger Entehrung«

auf. Wie er denkt die übergroße Mehrheit der Abgeordneten der Nationalversammlung und steht klar zu einem Nein, ausgenommen die kleine Fraktion der Unabhängigen Sozialdemokraten, die an Brest-Litowsk zu erinnern wagt. Der Sozialdemokrat Philipp Scheidemann, der 1918 die Republik ausgerufen hatte, der erste in Weimar gewählte Regierungschef der ersten deutschen Demokratie, spricht von einem »Mordplan« der ehemaligen Feinde, spürt die »erdrosselnde Hand an der Gurgel«, er lehnt die Zustimmung zum »Bekenntnis der eigenen Unwürdigkeit«, zur »erbarmungslosen Zerstückelung« des Reichs ab und spricht den berühmten Satz: »Welche Hand müßte nicht verdorren, die sich und uns in solche Fesseln legt?« Selbst der besonnene Friedrich Ebert lehnt den Vertrag zunächst ab. Erst als sich herausstellt, dass es nichts zu verhandeln gibt, weil die Alliierten, ausgenommen eine Volksabstimmung in Oberschlesien, die sie zugestehen, in allen Punkten unnachgiebig bleiben, gewinnen die Stimmen für die Unterzeichnung in SPD und Zentrum an Gewicht. Entscheidend für die bedingungslose Annahme ist letztlich die Erklärung der einzig verbliebenen militärischen Autorität: Generalquartiermeister Groener versichert, dass das Reich im Westen wehrlos sei, einem Einmarsch der Alliierten, der bei einer Ablehnung des Vertrags drohe, lasse sich militärisch nichts entgegensetzen. So tritt Scheidemann zurück und die von Ebert berufene neue Regierung Gustav Bauer unterzeichnet – allerdings wird sie nur noch von den Mehrheitssozialdemokraten und dem Zentrum getragen, weil die DDP sich verweigert und demonstrativ aus der Regierung ausscheidet.

Haben sich die Deutschen Demokraten damit aus der Verantwortung gestohlen? »Es werden wenige Menschen so keck sein, sich heute den Geschichtsverlauf auszumalen, wenn der ›Frieden‹ damals abgelehnt worden wäre«, schreibt Heuss in seinen *Erinnerungen*. »Die Erörterung über die Möglichkeiten« sei zudem verjährt. Allerdings war die DDP, wie so oft in den Jahren bis 1933, schon in dieser entscheidenden Frage im Mai/Juni 1919 nicht ganz einig. Es gab einige wenige, darunter den Nestor der Fraktion,

Friedrich von Payer, die sich »keck« ausmalen konnten und wollten, was bei einer Ablehnung möglicherweise geschehen würde. Payer zog den Vergleich zu Brest-Litowsk und der ersten Ablehnung der Russen – sie gaben schließlich nur nach, weil der deutsche Vormarsch weiter ging. So befürchtet er bei einem Nein nicht nur den Einmarsch der Alliierten, sondern das Zerbrechen des Reichs: Verlust des linken Rheinufers und des Ruhrgebiets an die Franzosen, Gründung eines linksrheinischen Staats, auch hält er das Entstehen eines neuen Rheinbunds als das Ergebnis einer Revolution friedenshungriger Massen nicht für unwahrscheinlich. Heuss dagegen sieht selbst bei einer alliierten Invasion die Reichseinheit nicht in Gefahr und denkt offenbar in langen Zeiträumen: Selbst wenn es zu einer Sezession des Südens komme, etwa dem Abfall Bayerns vom Reich, werde dies nur Episode bleiben. Wie Payer stimmen weitere sechs der 75 DDP-Abgeordneten für die Annahme der Friedensbedingungen. Heuss volle Sympathie allerdings gilt Friedrich Naumann, der erklärt: »Da wir der Meinung sind, es muß auch in Zukunft solche geben, die der zukünftigen deutschen Nationalgeschichte frei und ungebunden gegenüberstehen, muß es auch solche geben, die mit dieser Unterschrift nicht belastet sind.« Er denkt ähnlich wie Max Weber, der für die »Ablehnung auf jede Gefahr« eintritt. Peter Theiner spricht in diesem Zusammenhang von einer Flucht Naumanns und seiner Liberalen vor der Wirklichkeit: Einerseits habe er den Unterzeichnenden gedankt, andererseits habe er sich in der Unterzeichnungsfrage geradezu vehement auf Ablehnung festgelegt. Da jedoch weder er noch die DDP über ein Konzept verfügt hätten, was denn geschehen werde, wenn man nicht unterzeichne, vermutet er, die Hinnahme des Vertragswerks sei die »kalkulierte Voraussetzung der bürgerlichen Ablehnungsgruppierung« gewesen: Weil man sicher sein konnte, dass es letztlich eine linke Mehrheit für die Unterzeichnung geben werde, habe man ungefährdet ablehnen und die nationale weiße Weste damit rein und unbefleckt halten können. Für diese Überlegung sprechen Erzbergers Erinnerungen, in denen er, der das Zentrum auf die

Zustimmung eingeschworen hat, den DDP-Chef des Doppelspiels bezichtigt: »Heute brauchen wir Sie notwendig«, habe Naumann ihm vor der Abstimmung erklärt, »aber in wenigen Monaten, wenn die Situation anders ist, werfen wir Sie weg.« Heuss bezweifelt die Darstellung Erzbergers mit dem Argument, solch ein Satz sei »sehr wenig nach Naumanns Art« gewesen. Kalkül hin oder her: Genutzt hat ihr Nein der DDP am Ende in Weimar nichts. Schon im Herbst tritt sie wieder in die Regierung ein, für die extreme Rechte wird sie trotz ihres Neins zum Versailler Vertrag stets eine Säule des verachteten, verhassten Systems sein, das es zu liquidieren gilt. Getrogen hat auch jene feierliche, vor der entscheidenden Abstimmung zwischen den Fraktionen ausgehandelte Erklärung, in der die Nein-Sager ausdrücklich die vaterländischen Motive der Ja-Sager anerkennen. Was Heuss zu Recht eine »Regung des Anstands« nennt, welche die Haltung der Ja-Sager aus dem künftigen Parteienstreit heraushalten soll, entpuppt sich sehr bald als »arge Täuschung« und schiere Illusion.[17]

Der Heuss der Weimarer Republik ist ein Nationalist, aber ein demokratischer, und seine betont nationale Haltung steht – für ihn, aber auch für die Partei, der er angehört – keineswegs im Widerspruch zu seiner kompromisslosen Bejahung der ersten deutschen Demokratie. Weil sie das Auseinanderbrechen des Reichs verhindert habe, versteht er diese Demokratie als Rettung der deutschen Nation und ihres Staates und wird auch dreißig Jahre nach ihrer Gründung, nach der deutschen Katastrophe, nicht müde werden, sie in dieser Rolle gegen Kritiker von rechts zu verteidigen. Zudem sieht er in ihr, wie Theiner betont, auch einen Schutz vor der von ihm verworfenen und verabscheuten sozialistischen Wirtschaft, der durch ihre bürgerlich-demokratische, weitgehend von seinen Freunden in der DDP mit entworfenen Verfassung möglich geworden sei. Weil den Deutschen das Selbstbestimmungsrecht in den Friedensverträgen von Versailles vorenthalten wurde, postuliert Heuss in seinem Buch *Die neue Demokratie* 1920 eine »Pflicht des demokratischen Nationalismus« und scheut selbst vor dem

Wort »Irredenta« nicht zurück, das auch Max Weber in seinem Zorn über die Revolution und den Frieden von Versailles benutzte. *Terre irredente* hatten die Italiener jene italienischsprachigen Gebiete genannt, die nach dem Risorgimento, nach der Gründung ihres Nationalstaats, bei Österreich verblieben waren. Für Max Weber hieß Irredenta 1918/19 »Nationalismus mit revolutionären Gewaltmitteln«, und die Notwendigkeit dazu sah er vor allem in den deutschen Ostgebieten gegeben. Wer die *Deutsche Nation* aufschlug, eine Zeitschrift, die Heuss ab 1922 redigiert, fand innen auf der ersten Seite das nationale Memento: »Gedenket der Deutschen in Posen und Westpreußen, in Schlesien und Böhmen, im Süden der Steiermark, Kärntens und Tirols, der Deutschen im Elsaß und in Lothringen! Vergeßt nicht Danzig und Memel, Eupen und Malmedy!« Heuss spricht noch 1926, in seinem Buch *Volk und Staat* davon, dass dort, »wo dem Deutschen Reich staatlich ferngehaltene Deutsche in unzerbrochener Siedlung angrenzen«, der »historische und ethnische Anspruch auf nationalstaatliche Einheit« nicht preisgegeben werden könne. Für ihn sind dies deutsche *terre irredente*, unerlöste Gebiete, und er zählt offenbar Südtirol dazu, wenn er schreibt: »Was die Italiener auf dem Weg ihrer nationalen Einigung ›Irredenta‹ genannt haben und was sie mit Kränzen stolzer Legenden schmücken, haben sie selber [eben mit Südtirol], und nicht sie allein, den Deutschen zum Gesetz einer nationaldemokratischen Politik aufgezwungen.« Es ist ein eindeutig revisionistisch-großdeutsches Programm, das er damit vertritt, ein Programm, das Deutsch-Österreich und das Sudetenland logischerweise einschließt, auch wenn Irredenta hier politisch zu verstehen ist und nicht als nationalrevolutionäre Gewalt, wie der leidenschaftliche Weber sie sechs Jahre zuvor im Sinne hatte. Heuss denkt nicht an Krieg, aber an eine zielgerichtete Politik: Irredenta-Politik sei immer die Stärke demokratischer Bewegungen gewesen und müsse »der erste Inhalt der republikanischen Auslandspolitik sein, damit für die Deutschen, die zu Deutschland wollen, die staatliche Grenze falle«. Aber für den demokratischen Nationalisten Heuss ist es die demokratische Republik, die solche Ziele friedlich erreichen soll – nicht eine reaktionäre nationalistische Regierung, welche der ersten deutschen Republik den Todesstoß versetzen will. Als am 13. März 1920 die Marinebrigade Erhard in Berlin einmarschiert und der Kapp-Putsch beginnt, gehört Heuss zu den heftigsten Gegnern des Versuchs, die gewählte Regierung durch ein reaktionär-autoritäres System zu ersetzen: Er bezeichnet ihn als ein »national verbrecherisches Unterfangen«. Und *Verbrechen gegen die Nation* heißt auch eine schnell gefertigte Broschüre, in der er Wolfgang Kapp, der sich selbst zum Reichskanzler ernennt, als einen »missglückten Napoleon« und als Marionette einiger Offiziere um den General Lüttwitz und um Ludendorff skizziert, den er allerdings für den »Maschinenmeister hinter den Kulissen« hält. Dass Stresemann in diesen Märztagen eine zwielichtige Rolle spielt und offenbar bereit ist, Kapp für eine Übergangszeit gegen die »Garantie von baldigen Reichstagswahlen zu dulden, kann Heuss in seiner persönlichen Abneigung gegen den früheren Nationalliberalen und jetzigen DVP-Chef nur bestärken: Diesem »Benjamin«, den es unter den Nationalliberalen immer »nach vorn pressierte«, habe doch stets und vor allem »die Macht imponiert«. In seiner konsequenten Ablehnung des Staatsstreichs war Heuss einig mit seinem alten Freund und ehemaligen *März*-Autor Ulrich Rauscher, der – inzwischen Pressechef der Reichsregierung – den Aufruf zum Generalstreik verfasst hat, an dem der Putsch letztlich scheiterte. Dass die Demokratie, die in Deutschland nie erkämpfte, diese »Hinterlassenschaft eines verlorenen Krieges«, in ihrem ersten Überlebenskampf den Sieg davontrug, empfindet Heuss als »Trost in der Bitternis dieser Woche nationalen Unheils«. Auch in den *Mitteilungen des Werkbunds* wirbt er für die junge Republik, begrüßt die Errichtung eines demokratischen Volksstaats, denn damit seien die letzten Schranken vor dem Aufblühen der modernen Kunst hinweggefegt. Er erinnert an das massive Eingreifen des Kaisers in Kunstdinge, die er als »reines Unheil« bezeichnet, und hofft, die Demokratie werde jetzt, da die Freiheit von höfischen und bürokratischen Fesseln erzwungen sei, schöpferische Kräfte freisetzen, die vorher im Volk geschlummert hätten. Doch wäre er nicht Heuss, wenn er nicht zugleich vor Gefahren warnte. Da denkbar sei, dass im parlamentarischen System auch kunstfeindliche Individuen und Gruppen zur Macht kämen, fordert er die Republik beinahe prophetisch auf, sich davor zu hüten, je volkstümlichen Demagogen Macht in Sachen Kultur einzuräumen.[18]

Blickt man auf die ersten Jahre nach dem Umzug von Heilbronn nach Berlin zurück, dann scheint Heuss besonderes Glück nicht beschieden – jedenfalls beruflich nicht. Die erhoffte Karriere als Parlamentarier muss er statt in der Nationalversammlung oder im Reichstag ganz unten beginnen: als Stadtverordneter von Schöneberg Anfang der zwanziger Jahre und, nach dessen Eingemeindung nach Groß-Berlin, als Bezirksverordneter. Hilfreich bei diesem Einstieg ins kommunale Parlamentarierleben ist ohne Zweifel der damalige Schöneberger Oberbürgermeister Alexander Dominicus, nicht nur ein Partei-, sondern auch ein Jugendfreund von Elly Heuss-Knapp aus gemeinsamen Straßburger Zeiten. Als Kommunalpolitiker schlägt sich Heuss mit Haushaltsplänen und Schulfragen herum, auch nimmt der Stil- und Architekturkritiker kein Blatt vor den Mund, wenn er in den Stadtverordnetenversammlungen Projektzeichnungen für Neubauten oder bereits geschehene Bausünden kritisiert. Brav lernt er parlamentarische Technik und das Handwerk des Abgeordneten an der Basis, auch wenn die wenigen Zeugen aus dieser Zeit dem Stadtverordneten und Redner einen steten Hang zum eher Grundsätzlichen, zur »hohen Politik« attestieren. Ein Fresko im Turmzimmer des Rathauses in Schöneberg zeigt ihn im Kreis seiner Kollegen mit einem Ober, der waghalsig ein Tablett mit Weinflasche und Gläsern über ihren Köpfen balanciert.

Zwar versucht der Journalist Heuss, die *Deutsche Politik*, die ja vor allem wegen ihrer außenpolitischen Beiträge im Kaiserreich einen festen Leserstamm erobert hatte, den neuen Verhältnissen anzupassen. Deshalb verstärkt er vor allem die innenpolitische Berichterstattung und lässt Autoren von Rang und Namen schreiben: etwa Hugo Preuß zu preußischen Verfassungsfragen oder Walther Rathenau über den Bund zur Erneuerung wirtschaftlicher Sitte und Verantwortung. Doch sein Versuch, das Blatt zu retten, ist von Anfang an von der Tatsache überschattet, dass er und der wichtigste Herausgeber, Paul Rohrbach, keine gemeinsame Linie finden. Auch nach der Niederlage ist Rohrbach nicht bereit, seine Weltmachtträume aufzugeben und sieht, so Reiner Burger, statt des Kaiserreichs nun die Weimarer Republik in einer weltpolitischen Führungsrolle selbst für die Kriegsgegner – und zwar in einer »Bollwerkfunktion gegen die bolschewistische Gefahr«.

Außerdem baut er die SPD systematisch als Feindbild auf, indem er sie für alle gegenwärtigen Schwierigkeiten verantwortlich macht – eine Kommentierung, die nun wahrlich nicht der Meinung seines Redakteurs Heuss entsprochen haben kann. In der Tat schrieb Rohrbach im August 1919, auf den Sozialdemokraten laste unwiderleglich der Vorwurf, »daß die einen von ihnen… zuletzt der kämpfenden Armee von hinten den Dolch in den Rücken gestoßen haben und daß die anderen, die Gemäßigten… sich der maßlos törichten und verderblichen Täuschung hingegeben haben, ein sich selbst entwaffnendes und seine ›Schuld‹ bekennendes Deutschland werde von den Feinden einen gerechten und ehrlichen Frieden erhalten«. Das ist Dolchstoßlegende pur, und wer dies liest, muss sich unwillkürlich fragen, was für ein Kampf da hinter den Kulissen zwischen Rohrbach und Heuss getobt haben muss. Rohrbach ist zwar inzwischen der DDP beigetreten, aber »irrlichtert« an ihrem »rechten Außenflügel«, wie Jürgen C. Heß bemerkt. Als es um die Frage der Unterzeichnung des Versailler Vertrages geht, behauptet er, kein Deutscher schulde einer unterschreibenden Regierung mehr Gehorsam: »Was Feiglinge, Verräter und schuftige Intriganten unterzeichnen mögen, das bindet in Gegenwart und Zukunft kein Volk, und der moralische Galgen für sie wäre schon gerichtet.« Und er fügt hinzu: »Eines Tages auch der hölzerne.« Wie sehr die beiden in ihren Urteilen auseinandergehen, wird deutlich, als Heuss, der ja ebenfalls ein Gegner der Unterzeichnung war, sich nach Inkrafttreten des Vertrags immerhin auf den Boden der damit geschaffenen Tatsachen stellt. Die deutsche Regierung, schreibt er Anfang Mai 1920 in der *Deutschen Politik*, habe Gründe genug, loyal zur Erfüllung des Friedensvertrags zu stehen – das sei sie »vor allem den besetzten Gebieten schuldig«, deren Leidenszeit »nicht ins Unermessliche« verlängert werden dürfe.

Hat Heuss versucht, die *Deutsche Politik* in ein Organ der DDP umzuwandeln, als Rohrbach 1921/22 auf eine monatelange Reise durch Nord- und Südamerika geht, um, wie er sagt, draußen auf eigene Faust »eine moralische Offensive für Deutschland zu starten«? Dass Heuss sich und das Blatt während Rohrbachs Abwesenheit von dessen Linie absetzt, ist unübersehbar, auch wenn er dessen Beiträge stets loyal veröffentlicht. Eine redaktionelle Notiz in der ersten Januarnummer 1922 verheißt den Lesern eine in Vorbereitung befindliche »Um- und Ausgestaltung« des Blattes, doch wird es bereits mit der dritten Nummer dieses Jahres eingestellt. Erstaunlich, dass sich bei Heuss später nichts zu dieser offenbar heftigen Dissonanz zwischen Herausgeber und Redakteur findet. Zwar spricht er einmal davon, dass der »wirkungswillige Publizist« Rohrbach gelegentlich »den einsichtigen Betrachter« in sich überrannte, auch von »manchem Ungemach«, das ihm die Tätigkeit bereitete, weil die Leser die innenpolitische Polemik, die er ins Blatt gebracht habe, offenbar nicht schätzten. Unter den Gründen für die Einstellung führt er neben der Inflation – dem »Werteverfall zwischen Eingang des Bezugsgeldes und den Pflichten an den Drucker« – den Resonanzverlust der außenpolitischen Artikel Rohrbachs an, die durch den Ausgang des Krieges den »Charakter verstimmter Nekrologe« gewonnen hätten.[19]

Auch sein zweiter Rettungsversuch schlägt fehl. Er gilt der *Deutschen Nation*, einer politischen Zeitschrift, deren redaktionelle Leitung er, nur wenige Monate nach der Einstellung der *Deutschen Politik*, im Mai 1922 übernimmt und die ebenfalls tief in Finanzierungsnöten steckt. Erstmals im Januar 1919 erschienen, wird sie von Männern herausgegeben, die sich rückhaltlos zur Republik bekennen. Es sind dies Kurt Riezler, Bernhard Wilhelm von Bülow und Harry Graf Kessler – der erste einst enger Berater des Reichskanzlers Bethmann Hollweg, der zweite Diplomat, ab 1923 Leiter des Völkerbundreferats im Auswärtigen Amt und ab 1930 dessen Staatssekretär, der dritte Kunstsammler und Mäzen, Kosmopolit und Publizist. Wenn sich alle drei im ersten Heft bescheinigen, sie hätten die Fehler des alten Regimes »aus unmittelbarer Nähe« erlebt und bekämpft, trifft dies, genau besehen, nur auf Kurt Riezler zu. Der Altphilologe und Nationalökonom, »ein Mann starker Formulierungskraft, an griechischer Philosophie geschult« (Heuss), hatte einst deutsche Weltmachtträume sehr überzeugt mitverfochten, war aber ab Mitte des Krieges Schritt für Schritt von überzogenen Positionen abgerückt. Er wurde zum erklärten Gegner des unbeschränkten U-Boot-Krieges, leitete 1919/20 einige Monate das Büro von Reichspräsident Friedrich Ebert und vertrat die Reichsregierung bei der Bayerischen Regierung Hoffmann, welche die Münchner Räteregierung niederwarf. Seine erst nach dem Zweiten Weltkrieg veröffentlichten Tagebücher geben Einblick, so Imanuel Geiss, in einen »faszinierenden Lernprozeß seines Autors«. Dagegen glaubt Harry Graf Kessler, Rittmeister der Reserve der 3. Garde-Ulanen in Potsdam, bis zum Kriegsende fest an einen deutschen Sieg. Erst nach dem Zusammenbruch wandelt er sich zum Pazifisten und schlüpft in die Rolle des »roten Grafen«, die er im Bewusstsein der Öffentlichkeit seit den Weimarer Jahren spielt. Bülow, der als Diplomat an den Friedensverhandlungen in Brest-Litowsk teilnimmt, zählt zu den jüngeren Mitgliedern des Auswärtigen Amtes, die zwar die Revolution ablehnen, aber im Gegensatz zur Mehrheit der älteren Diplomaten eindeutig die Republik bejahen. Im sogenannten November-Klub organisiert, sind sie entweder Mitglieder der DDP oder stehen ihr nahe. Für Heuss ist Kessler zwar die zweifellos »interessanteste Figur« unter den Herausgebern, aber der Kontakt mit ihm bleibt eher locker, indes er mit dem zwei Jahre älteren Riezler, den er aus Münchner Zeiten kennt, der wie er bei Brentano promovierte und den geistigen Mittelpunkt des *Nation*-Kreises bildet, aber auch mit Bülow enge Freundschaft schließt. Dissonanzen zu einem der Herausgeber wie bei der *Deutschen Politik* hat der neue Schriftleiter Heuss nicht, die große Linie, die das Blatt bisher steuerte, entspricht ganz den eigenen politischen Vorstellungen: Großdeutsch orientiert, tritt es für den Anschluss Österreichs ein, wie es denn damit wirbt, »gegen die Pariser Allianz ... gegen die Knechtschaft des Versailler Vertrages und für Deutschlands nationales Recht« zu kämpfen. Wenn er diese Monatszeitschrift ohne Entgelt redigiert, dann wohl auch, weil es sich bei ihr schon fast um ein Parteiorgan handelt und er hoffen darf, sein Streben nach einem sicheren Platz auf der Kandidatenliste für den Reichstag werde durch seine Mühen – er spricht von »pflegerischer Betreuung am Krankenbett« der *Nation* – gefördert. Denn seit 1920, seit die DDP-Spitze der *Deutschen Nation* Werbung unter ihren Mitgliedern versprach, werden führende DDP-Politiker als Mitherausgeber genannt – so etwa Conrad Haußmann, Walter Goetz oder Eugen Schiffer.

Aber Heuss' Einsatz trägt keine Früchte, die Auflage sinkt und kann die Kosten nicht einspielen. Einer der Gründe dafür ist zweifellos der Niedergang der DDP bei den Wahlen 1924: Den Verlusten an Wählern entspricht offenbar der Rückgang an Lesern und Abonnenten ihres inoffiziellen Parteiorgans. Ein weiterer Grund ist die Inflation. Im August 1923, als ein Dollar bereits 4 860 000 Mark wert ist und das Porto für einen Inlandsbrief 1000 Mark beträgt, werden die Papier- und Druckkosten unerschwinglich, und das Blatt muss sein Erscheinen aussetzen. Zwar geht es nach Einführung der Rentenmark und gelungener finanzieller Stabilisierung im Juni 1924 wieder auf den Markt, aber der Versuch, an die frühere Auflagenhöhe anzuknüpfen und an die einstigen Leser und Bezieher zu appellieren, schlägt fehl, was nach der zehnmonatigen Zwangspause kaum verwundern kann. Im Juni 1925 wird die Zeitschrift endgültig eingestellt. In den knapp zwei Jahren, die er das Blatt redigiert, hat Heuss – verglichen mit der Zeit bei der *Deutschen Politik* – neben einer Vielzahl kurzer Buchbesprechungen und kleinerer Glossen relativ wenig größere Beiträge veröffentlicht. Sein erster längerer Artikel gilt dem Vertrag von Rapallo, und Heuss sieht ihn nicht etwa skeptisch wie Friedrich Ebert, der befürchtet, der Vertrag werde eine sich anbahnende wirtschaftliche Verständigung mit den Westmächten stören, sondern begrüßt ihn im Mai-Heft 1922 ohne jede Einschränkung: Er sei ein großer Gewinn, weil er der Welt gezeigt habe, »daß es noch ein Deutschland gibt, das nicht lediglich gewillt sei, Befehle entgegenzunehmen«. Seit dem Übereinkommen mit der »bolschewikischen Regierung« biete Deutschland nicht mehr das Bild einer »trägen Masse«, die in der Form verharre, »in die man sie knetet«. Den Erfolg schreibt er dem – im Gegensatz zu Reichskanzler Wirth – in dieser Sache eher zögerlichen Walther Rathenau zu, der durch sein persönliches Ansehen »dem deutschen Minister des Aeußeren wieder Gehör, Beachtung und Interesse« verschafft habe. Zwei Hefte weiter, nach der Ermordung Rathenaus am 24. Juni 1922, hebt er dessen patriotisches Engagement hervor: Er habe die Rohstoffwirtschaft im Kriege organisiert und noch im Oktober 1918 in einer verzweifelten nationalen Aufwallung zur »levée en masse« aufgerufen. Klar benennt er den Grund dafür, dass ausgerechnet ein solch national gesonnener Mann »durch die feige Hand nationalistischer Buben« fallen musste: Rathenau »...hatte das Unglück, Jude zu sein. Wäre er das nicht gewesen, so wäre er leicht zu einer nationalen Legendenfigur geworden.« Auf die Ermordung Erzbergers im Jahr zuvor anspielend, beklagt er, dass der politische Mord in Deutschland ein »gegebenes Element im Kampf um die Staatsmacht« und damit quasi »institutiv« geworden sei.

Sein zweifellos wichtigster Beitrag in der *Nation* – Überschrift: »Perfidie gegen den Reichspräsidenten« – gilt dem Magdeburger Beleidigungsprozess, den Friedrich Ebert gegen den Redakteur Erwin Rothardt angestrengt hat und von dem weiter oben schon kurz die Rede war. Rothardt hatte in der völkischen *Mitteldeut-*

*schen Presse* geschrieben, Ebert habe durch seinen Eintritt in die Streikleitung im Januar 1918 Landesverrat begangen. Dass sich das deutsche Staatsoberhaupt gegen solche infamen Vorwürfe »minderwertiger Schreiber« wehren müsse, nennt Heuss eine »Tortur für jedes anständige Empfinden« und eine »Schande für Deutschland«. Jeder, der die Zeit miterlebt habe, wisse um Eberts »vaterländische Haltung« bei diesem Streik. Der eigentliche Skandal ist indes weniger der Vorwurf selbst, gegen den sich Ebert wehrt, als das Urteil des Schöffengerichts unter dem Vorsitz eines durch und durch konservativen Landgerichtsdirektors. Es verurteilt den Verleumder zwar wegen Beleidigung zu drei Monaten Gefängnis, stellt aber in der Begründung fest: Wie immer man historisch und politisch die Haltung Eberts auch bewerte, habe er sich »formalrechtlich« damals zweifellos des Landesverrats schuldig gemacht. Heuss bezeichnet dieses Urteil als eines der »beschämendsten Kapitel« der deutschen Geschichte und schreibt: »Der Ekel faßt einen an... Es wird in Deutschland, so lehrt dieser Prozeß, Mut dazu gehören, um das erste Amt des Reichs sich zu bewerben; denn die Techniker der Schmutzkübel werden ihr möglichstes zu leisten bestrebt sein.« Das Urteil wirkte wie Gift, von nun an, so Hagen Schulze, »besaß jeder Esel die gerichtliche Lizenz, den Reichspräsidenten ungestraft als Verräter zu bezeichnen«.

Es ist der Demokrat in Heuss, der sich so sehr über das »unfassbare Unrecht« des in Magdeburg einen Tag vor Heiligabend ergangenen Urteils empört, dass er am ersten Weihnachtsfeiertag einige persönliche Zeilen an Ebert schreibt und versichert, er gedenke in diesen Tagen seiner Person »mit lebhafter Sympathie und vaterländischer Dankbarkeit«. Wenn sich, was er hoffe, alle anständigen Elemente diesem »trüben Ungeist einer hetzerischen Politik« entgegenstellen, werde dieser Zwischenfall einmal »nichts anderes sein als eben ein Zwischenfall, der den Zustand unseres Volkes charakterisiert und dessen man sich nur mit Scham und Peinlichkeit erinnert«. Übrigens hatte schon Elly Heuss am Tag zuvor einen mitfühlenden Brief an Friedrich Ebert geschrieben. In seinem Buch

*Führer aus deutscher Not* aus dem Jahr 1927, in dem Heuss auch politische Porträts von Friedrich Naumann, Hugo Preuß, Conrad Haußmann und Max Weber zeichnet, wird er Ebert ein Denkmal setzen: Der Heidelberger Handwerkersohn habe Deutschland aus der »Gärung des revolutionären Chaos« heraus- und zur »nationalen Demokratie« hingeführt und dem aus dem Nichts heraus geschaffenen Reichspräsidentenamt »Würde, Kraft und Tradition« verliehen. Wenn man jemandes Bild mit dem Wort »der Retter« plakatieren wolle, schreibt Heuss, und wenn mit diesem Wort Dank für eine »deutliche historische Leistung« gemeint sei, »dann das Eberts«. Wenn er ihn den »Abraham Lincoln der deutschen Geschichte« nennt, scheint dies nicht nur berechtigt, weil der Amerikaner ebenso wie Ebert aus einfachen Verhältnissen stammt. Lincoln ist zweifellos der sehr viel bessere, größere Redner, aber so, wie er die amerikanische Union rettet, rettet Ebert die Einheit des Reichs, die bis 1923 ja gefährdet bleibt. Und natürlich stehen beide fest auf dem Boden der Demokratie, nach der berühmten Definition Lincolns der »Regierung des Volkes durch das Volk für das Volk«. Heuss sieht in Ebert den Arbeitersohn, der sich »königlich bewährt« hat, der von seinem Amt »festen und sicheren Gebraucht« machte, es mit »psychologischen Takt und menschlicher Würde« führte, und er ist fest davon überzeugt, die Geschichte werde ihm dereinst »die Bürgerkrone verleihen«.[20]

Als Heuss seine Festanstellung beim Werkbund verliert, der sich den aufwendigen Stab seines Geschäftsführers Jäckh nicht mehr leisten kann, verdüstert sich seine finanzielle Lage. Er wird damit indirekt Opfer seines Freundes Poelzig, der 1919 zum Vorsitzenden des Werkbunds gewählt wird und schon seit Jahren dafür plädiert, den Mitarbeiterstab zu halbieren, da ihm Ernst Jäckh mit seiner vitalen politischen Betriebsamkeit stets verdächtig war. Die Arbeit, die Heuss dort verrichtete, bezeichnet er selbst einmal als »linde Angelegenheit« – er sei mit ein paar Sachgutachten mit ökonomischem Akzent beauftragt worden, darunter einem über die Wirkung der Luxusteuer auf das Kunsthandwerk, gegen die er, als ihm endlich der Sprung in den Reichstag gelingt, dann als Abgeordneter zu Felde ziehen wird. Außerdem habe er viele Vorträge in Kunst- und Bildungsvereinen halten müssen. Dass man Expertisen auch von befreundeten Fachleuten einholen und sie genauso für Vorträge verpflichten kann, dafür also keinen festangestellten Mitarbeiter braucht, versteht sich. Doch bleibt Heuss dem Werkbund eng verbunden, arbeitet – bis 1924 – ohne Entgelt in der Geschäftsführung weiter und ist – bis zur Gleichschaltung 1933 – als Mitglied des Vorstands sowie in verschiedenen Ausschüssen tätig.

Wie intensiv er die Debatten innerhalb des Werkbunds verfolgt, zeigen die Beiträge über Tagungen und Ausstellungen, die er als freier Journalist für mehrere Blätter schreibt. In ihnen wird auch deutlich, dass er selbst, avantgardistischen Experimenten wenig zugeneigt, einer eher gemäßigten Richtung im Werkbund zuzurechnen ist. So sieht er Gropius mit seiner These, dass Kunst und Technik eine neue Einheit darstellten, in einem Bericht für die *Frankfurter Zeitung* über die erste Bauhaus-Ausstellung in Weimar auf »einem im Letzten ungangbaren Weg«. Zwar zeigt er Verständnis für das Ziel seines Bauhauses – zu Form und Typus zu kommen, wie die Industrie ihn braucht. Er lobt die auf der Ausstellung gezeigte Keramik, auch findet er die Versuche des Bauhauses auf der Bühne anregend: Das »Spiel von Kreisen und Flächen, das die Laterna Magica zauberte«, diesen »phantastisch-rhythmischen Tanz grotesker Farbflächen in ungefährer Menschenform«, zeigt für ihn »entwicklungsfähige Empfindungen«. Doch wehrt er sich gegen das Wort vom »neuen Weltgefühl«, das ein Bauhaus-Redner geprägt und damit einen Zustand umschrieben habe, in dem sich offenbar alle logischen Gegensätze aufhöben. Anders als für Gropius, existieren für Heuss Technik und Kunst auf verschiedenen Ebenen, auch wenn sie naturgemäß »tausendfältig« verbunden sind. Am Ende der Gropius-These von der Einheit von Kunst und Technik, so Heuss im *Stuttgarter Neuen Tagblatt*, stehe offenbar eine rationalisierte Phantastik, wie er sie am Beispiel eines Stuhls verkörpert sieht: »Da war ein Stuhl des Bauhauses, ›der‹ Stuhl, sozusagen die

›platonische Idee des Stuhls‹; meinethalben ein geglücktes oder vollkommenes Experiment der Statik des ›richtigen‹ Sitzens, aber allen dynamischen Gefühls bar.« Meint er vielleicht den hölzernen Lattenstuhl Marcel Breuers mit gewebtem Stoffsitz und Schultergurt, der mit seinen auf das funktionell Nötigste reduzierten geometrischen Formen fast schon die Abstraktion eines Stuhles darstellt? In der Zeitschrift *Werkbund-Gedanken* wirft er Gropius sogar vor, er verriete die Kunst einem kalten Intellektualismus zuliebe. Übrigens sieht Joan Campbell – eine Tochter des mit Heuss befreundeten Gustav Stolper – in der Gründung des Bauhauses nur eine von zwei wichtigen Errungenschaften des Werkbunds in der unmittelbaren Nachkriegszeit. Als zweite bezeichnet sie die vom Werkbund inspirierte Gründung des Amts des Reichskunstwarts durch die Nationalversammlung in Weimar, in das als Erster – auf Jäckhs Vorschlag hin – Erwin Redslob, seit Jahren der Werkkunst-Vertreter für Weimar-Sachsen-Eisenach und später für Thüringen, berufen wurde.[21]

Ernst Jäckh ist es auch, der wieder die Weichen in Heuss' Karriere stellt, ihm in seiner misslichen Lage hilft und eine – diesmal sichere – Position verschafft: Heuss wird Studienleiter und Dozent an der neuen Hochschule für Politik, deren Gründung auf eine alte Idee Friedrich Naumanns zurückgeht. Um die im kaiserlichen Beamtenstaat an Politikabstinenz gewöhnten Deutschen zu politischem Denken und politischer Verantwortung zu erziehen, hatte Naumann eine Staatsbürgerschule ins Leben gerufen, die ihren Hörern eine politisch liberale Orientierung vermitteln sollte, ohne dass sie auf Mitglieder der liberalen Parteien beschränkt blieb. Auch als Konkurrenz zur Parteischule der SPD und zu Fortbildungseinrichtungen des politischen Katholizismus gedacht, handelte es sich dabei zunächst um nicht mehr als eine Art politischer Volkshochschule, die noch im Krieg 1918 ihren Betrieb aufnahm. Weil die junge Republik Bedarf nach einer Bildungseinrichtung hat, die sich an demokratischen und republikanischen Vorstellungen orientiert, fällt Jäckhs Idee, sie zur Hochschule für Politik (DHP) auszubauen, auf fruchtbaren Boden. Hilfreich ist neben Robert Bosch, der wieder in die Tasche greift, vor allem Carl Heinrich Becker, der DDP-nahe damalige Staatssekretär und spätere preußische Kultusminister, der die Schinkel'sche Alte Bauakademie im Zentrum Berlins kostenlos als Sitz zur Verfügung stellt.

In einer Denkschrift, die Jäckh bei seinem Werben um Sponsoren als Argumentationshilfe dient, betont Heuss das »Führerproblem«, vor das sich die neue Demokratie gestellt sehe. Woher aus dem unpolitischen deutschen Volk jene »Führerbegabungen« nehmen, die allein ja »Mehrheiten handlungsfähig« machen? So wandelt sich Naumanns bescheidene Staatsbürgerschule unter der Vizepräsidentschaft des Multifunktionärs Jäckh als DHP in eine republikanische Kaderschmiede, die ihre Schüler für demokratische Führungsfunktionen ausbildet, und wird schließlich zur »repräsentativen Institution der Selbstbehauptung der Republik« (Rudolph).

Als Antwort auf die Gründung der republikanischen Hochschule rufen konservative Kreise um den Kulturhistoriker und Publizisten Arthur Moeller van den Bruck das Politische Kolleg ins Leben, das bald den Zusatz Hochschule für nationale Politik erhält und von Alfred Hugenberg zur Schulungsanstalt für seine DNVP ausgebaut wird. Doch fehlt es auch in den Reden der republikanischen Prominenz, die sich am 24. Oktober 1920 zur feierlichen Eröffnung der DHP in der Berliner Bauakademie einfindet, nicht an weihevoll nationalen Tönen, zumal der Schock von Versailles noch allgegenwärtig ist. Der große Hörsaal, berichtet die *Vossische Zeitung*, habe »die Erschienenen kaum fassen« können – außer dem Reichspräsidenten seien Minister des Reiches und der Länder gekommen, dazu zahlreiche Vertreter von öffentlichen und freien Körperschaften sowie der demokratischen Parteien. Wenn der damalige Außenminister Walter Simons sich nicht nur die Ausbildung »fester, zielsicherer Führer« wünscht, sondern als Vorbild für die Neugründung ausdrücklich die französische École libre des sciences politiques (heute die in die Sorbonne integrierte

Sciences Po) beschwört, weist er ihr eine besondere Rolle für die Bildung eines neuen republikanischen Nationalbewusstseins zu. Aus dieser École, so Simons, sei nahezu jeder einflussreiche Politiker Frankreichs hervorgegangen, von ihr hätte die politische Führungsgeneration des Weltkriegs ihren *point de vue*, ihre »Willensbildung« bezogen. Émile Boutmy, der diese École als private Hochschule nach der französischen Niederlage 1872 zur Festigung des republikanischen Gedankens ins Leben rief, hatte sie auch als nationale Antwort auf die preußischen Reformen von Stein und Hardenberg verstanden, und so zitiert Ernst Jäckh, der neue Präsident der DHP, ihn mit dem Satz: »Es war die preußische Universität, die bei Königgrätz siegte« – und fügt hinzu: Heute könne man mit dem gleichen Recht sagen, es sei die École libre gewesen, die den Weltkrieg gewonnen habe. Die Hochschule für Politik erhält damit einen nationalen Auftrag, wie er schon in Heuss' Denkschrift angeklungen ist. Heuss weist ihr darin ja die Rolle eines »wichtigen Instruments für die Wiederaufrichtung des deutschen Staates« und für die Entwicklung eines »verbindlichen politischen und nationalen Gefühls schlechthin« zu. Der heutige Befund lautet nüchterner: Die DHP, angesiedelt zwischen der Universität und den Volkshochschulen, wird zum Vorläuferinstitut der späteren westdeutschen Politikwissenschaft. Der nationale Auftrag tritt zurück, nach den ersten Anfängen wird der Lehrplan von Vorlesungen über Staatsaufbau, Geschichte und Ziele von Parteien sowie Einführungen in volkswirtschaftliche Probleme, aber auch praxisorientierten Kursen dominiert. Für dessen Gestaltung und die Auswahl der Dozenten ist Heuss bis 1925 als Studienleiter zuständig, er liest aber auch selbst und hält Seminare ab. So beginnt er seine Lehrtätigkeit im Wintersemester 1921/22 mit einer »Einführung in die Geschichte der Parteien«, später folgt eine »Übung zur deutschen Verfassungsgeschichte«, fast alle seine Vorlesungen gelten innenpolitischen Fragen – etwa der Parlamentspraxis, dem Wahlrecht oder dem Verhältnis von Reich und Ländern. Allerdings führt er auch »Übungen über Tagesfragen« ein, in denen außenpolitische Kontroversen und Fragen der Legislative behandelt werden. Die Dozenten, die er für die ersten beiden Semester gewinnen kann, sind ihm politisch nahestehende Professoren, Politiker oder Publizisten, Naumannianer zumeist und/oder Mitglieder der DDP – so die Historiker Friedrich Meinecke, Hans Delbrück und Walter Goetz, amtierende oder frühere Minister wie Hugo Preuß, Eugen Schiffer oder Erich Koch-Weser, Publizisten wie Paul Rohrbach, Kurt Riezler oder Gertrud Bäumer. Bald stoßen mehr und mehr Sozialdemokraten, so Rudolf Hilferding oder Hans Simons (der Sohn des Außenministers und späteren Reichsgerichtspräsidenten in Leipzig) dazu, auch bildet sich – nach anfänglich häufigem Wechsel – binnen kurzem ein fester Stamm an hauptamtlichen Dozenten, zu dem Heuss, den man mit seiner umfangreichen Denkschrift ja getrost zu den Mitbegründern der DHP zählen kann, ganz selbstverständlich gehört. In seinen *Erinnerungen* betont er jedoch, dass keiner dieser Dozenten je »verbeamtet« war, handelte es sich doch um eine private Hochschule, finanziert zunächst durch Spenden der Wirtschaft; erst die Wirtschaftskrise macht größere öffentliche Zuschüsse, etwa des Landes Preußen, erforderlich. Amerikanische Stiftungen geben ab Mitte der zwanziger Jahre Geld, und so kommt es zu einem Carnegie-Lehrstuhl für Außenpolitik, der abwechselnd mit führenden ausländischen Professoren besetzt wird. Keiner der Dozenten der DHP hatte Anspruch auf den Titel eines Professors, und auch Heuss erhält ihn erst nach dem Krieg, als er im Januar 1948 als Honorarprofessor für Politische Wissenschaften an die Technische Universität Stuttgart berufen wird.

Es ist hier nicht der Ort, die Geschichte der DHP zu erzählen, doch sei auf einiges hingewiesen. Für Carl Heinrich Becker, den Staatssekretär und späteren preußischen Kultusminister, war die DHP ein Zwischenglied zwischen den alten Hochschulen und einem noch zu schaffenden neuen Volkshochschultyp, er förderte das Unternehmen, so Antonio Missiroli, als »Schrittmacher« und »Versuchsanstalt«. In der Tat hatte Jäckh bei der Gründung der DHP ihre Dreiteilung in Hochschule, Fachschule und Volkshochschule im Sinn. Zu Beginn überwiegen deshalb Kurse und Vorlesungen für Gewerkschafts- und Genossenschaftsfunktionäre, für Beamte und Redakteure. In Zusammenarbeit mit dem Auswärtigen Amt gibt es seit 1923 einen zweisemestrigen Lehrgang für junge Diplomaten, die sogenannten Attachékurse. Als die Hochschule in den späten zwanziger Jahren eine »Akademische Abteilung« eröffnet, an der nebenamtlich Lehrer wie Friedrich Meinecke, Hajo Holborn und Hermann Heller, der betont republikanisch gesonnene Staatsrechtslehrer, unterrichten, wird das Studium an dieser Abteilung vom Preußischen Kultusministerium als ordentliches Hochschulstudium anerkannt, einschließlich der Diplome, die diese Abteilung – aber nur diese – vergibt. In dieser Abteilung werden u. a. »Außenpolitik und Völkerrecht«, »Wirtschaftsgrundlagen der Politik«, aber auch »Politische Psychologie und Auslandskunde« gelehrt. 1932 erhält sie zusätzlich eine Forschungsabteilung, die wissenschaftliche Veröffentlichungen der Hochschulen fördert und weitgehend von der Rockefeller-Stiftung finanziert wird. Auch gibt es Sonderkurse für die Presse und – für angelsächsische Studenten – Vorlesungen in englischer Sprache, an denen zeitweise auch George Kennan, der nachmalige Begründer der Containment-Politik, teilnimmt. Nicht wenige der Dozenten emigrieren nach Amerika und arbeiten dort an der progressiven New School for Social Research, aus der 1933 eine »University in Exile« wird, unter anderem für Hans Simons, der über Internationale Beziehungen lehrt und zeitweise deren Präsident wird. Heuss wird ihn 1948/49 als amerikanischen Offizier wiedertreffen, der als Abteilungsleiter der US-Militärregierung (OMGUS) für die Kontakte zum Parlamentarischen Rat zuständig ist. Mit ihm hat er, wie er später schreibt, »ganz vertraulich entscheidende Politik gemacht«, indem Simons ihn »sozusagen heimlich, aber doch im Auftrag« über die Position unterrichtete, die OMGUS zu verschiedenen, von den Deutschen kontrovers diskutierten Fragen einnahm. Kein Zweifel: Ist er schon durch die Arbeit für Naumann mit dessen großem Freundeskreis, ist er durch seine

Arbeit beim Werkbund mit zahlreichen Architekten und Künstlern bekannt, wird er mit seiner Tätigkeit an der Hochschule für Politik noch weiter und noch besser vernetzt. Da er bewusst Kontakte und Freundschaften pflegt, wird er, wohin auch immer er später als Bundespräsident reist, auf Vertraute und Freunde treffen. Gelegentlich wird sich selbst ein ausländischer Diplomat, der ihm in Bonn sein Beglaubigungsschreiben überreicht, als ehemaliger Student der Hochschule für Politik entpuppen.[22]

Die galoppierende Inflation der Jahre 1922/23 übersteht Heuss einigermaßen ungeschoren. Er kann für die *Svenska Tidskrift* in Stockholm und das *Argentinische Tageblatt* in Buenos Aires schreiben, außerdem für ein Blatt der Siebenbürger Sachsen – auch wenn er sich später nicht daran erinnert, wer ihm die Kontakte verschafft hat. Einmal schreibt er sogar für die deutsch-amerikanische *Neue Zeit*, eine Wochenschrift für Politik, Kunst und Literatur, die in Chicago erscheint. Das Honorar erhält er in Devisen, und so gedenkt er »mit Rührung« der Kronen, der Pesos und der rumänischen Lei, auch der Dollar, die er als Honorar erhielt, die ihn vorübergehend wohlhabend machten und mit denen er sofort in »Sachwerte« floh – »in mächtige Käselaibe, Tilsiter, Emmentaler«, die er in der Großmarkthalle am Alexanderplatz kaufte, in einen großen Rucksack steckte und, weil er mit so viel »Sachwerten« auf dem Rücken keinen Sitzplatz finden kann, in der Straßenbahn neben dem Schaffner stehend, nach Hause schleppt. Einmal dient dieser Rucksack auch dem Geldtransport, denn der Demokratie-Dozent Heuss wird zunehmend auch als Beirat für die Reichszentrale für Heimatdienst interessant, der Vorgängerinstitution unserer Bundeszentrale für politische Bildung. Für sie, die in Weimar für Demokratie und die republikanischen Ideale wirbt, schreibt er Broschüren, gibt er das offizielle Gedenkbuch der Deutschen Reichsregierung zum 10. Verfassungstag am 11. August 1929 heraus, hält er viele Vorträge. So erbittet sie in der Inflationszeit seine Mitwirkung an einem ihrer Kurse im hessischen Witzenhausen und zahlt Honorar samt Reisespesen in amtlich gebündelten Fünfmarkscheinen bar aus.

Es muss sich um etliche Millionen, wenn nicht Milliarden gehandelt haben – und wo konnte er sie wohl verstauen, wenn nicht in seinem Rucksack, den sie bis zum Platzen prall füllten?[23]

Im November 1923 endet die Inflation mit der Einführung der Rentenmark. Sechs Monate später geht endlich in Erfüllung, was Heuss seit 1917 das große, unerreichte Traumziel gewesen ist: Der »Kronprinz« muss nicht länger warten, er bekommt seine Krone und – zieht in den Reichstag ein.

# Aufgeputzte Ladenhüter
# der Wilhelminischen Epoche

Reichstagsabgeordneter,
Kampf um die Demokratie und
sein Buch *Hitlers Weg*

Sehr solid, wenig Alkohol, aber entsetzlich viel Tabak«, schreibt Heuss nach seiner Wahl am 4. Mai 1924 an seinen Freund Gustav Stolper in Wien. »Reden, Reden, Reden, dazwischen Flugblätter, Zeitungsaufsätze – nun, Sie kennen ja den Betrieb.« Gesundheitlich hat er den Wahlkampf ohne Schwierigkeiten durchgehalten, auch wenn eine Versammlung die andere jagte, allein in den ersten elf Tagen nach der Wahlkampferöffnung hatte Heuss in zwölf Orten Württembergs für sich und seine Partei geworben. Wenn ihm der Sprung in den Reichstag endlich gelingt, verdankt er das nicht nur dem eigenen unermüdlichen Einsatz, entscheidend wirkt sich aus, dass er den zweiten Platz auf dem »Zettel«, der Landesliste seiner Partei erhält, schon auf dem dritten hätte er keine Chance mehr gehabt. Denn bei den Wahlen zum 2. Reichstag wird die gemäßigte bürgerliche Mitte wiederum erheblich geschwächt, während die republikfeindlichen Parteien – die Kommunisten und die Deutschnationalen – beachtliche Erfolge einfahren können. Die Sozialdemokraten schrumpfen um 5,5 Prozent auf Kosten der extremen Linken, und Heuss' DDP verliert gar ein Viertel ihrer Wähler. Ein wichtiger Grund für ihren Niedergang ist die Weimar-typische Zersplitterung des bürgerlichen Lagers, bedingt auch als späte Folge der Inflation. So wildert der bürgerliche Volksbund der Entrechteten

und der betrogenen Sparer, im Schwäbischen von einem ehemaligen
Mitglied der DDP angeführt, im Stimmpotenzial der Demokraten
und kann allein in Württemberg mehr als die Hälfte aller reichsweit
für ihn abgegebenen Stimmen holen.[1]

Das Bild bessert sich leicht mit der zweiten Wahl des Jahres 1924
im Dezember, bei der Heuss der Einzug in den 3. Reichstag gelingt
und seine DDP sogar um 0,6 Prozent zulegen kann. Inzwischen
zeichnen sich ja die Erfolge der Stresemann'schen Politik ab: Ruhrkampf und Inflation sind beendet, der Dawes-Plan erleichtert die
Reparationszahlungen, verschafft der deutschen Industrie amerikanische Kredite und erlaubt einen wirtschaftlichen Aufschwung, und
französische und belgische Truppen räumen das Ruhrgebiet. Heuss'
Jahre im 3. Reichstag fallen damit in die Phase der relativen Stabilisierung der Republik. Der Vertrag von Locarno schreibt 1925 die
deutschen Westgrenzen völkerrechtlich fest, ist ein wichtiger Schritt
zum Ausgleich mit Frankreich und ermöglicht 1926 die Aufnahme
in den Völkerbund, den Vorläufer der Vereinten Nationen. Allerdings
ist 1925 ist nicht nur das Locarno-Jahr, es ist auch das Hindenburg-
Jahr, das eine zunächst latente Wende der Republik nach rechts signalisiert. Nach dem Tod Friedrich Eberts gelangt mit der Wahl des
78-jährigen kaiserlichen Generalfeldmarschalls zum Reichspräsidenten ein eingefleischter Monarchist an die Spitze der Republik – eine
Entwicklung, gegen die sich die Parteien der Weimarer Koalition, die
Sozialdemokraten, das Zentrum, aber auch Heuss und seine Freunde
in der DDP mit allen Kräften, doch leider vergeblich stemmen. Heuss'
zweite Periode als Reichstagsabgeordneter 1930–1932 steht dagegen schon ganz im Zeichen der Wirtschaftskrise und des Nieder-
gangs, ja des Todeskampfes der Weimarer Demokratie. Denn als er
nach zweijähriger Zwangspause – bei den Wahlen 1928 hatte er den
Sprung in den Reichstag nicht geschafft – 1932 dann wieder in den
(nun 5.) Reichstag einziehen kann, ist der Parlamentarismus praktisch schon am Ende: Reichskanzler Brüning regiert im Zeichen der
Weltwirtschaftskrise, führt ein Präsidialkabinett und muss sich auf
die Notverordnungsvollmachten des Reichspräsidenten stützen; und

bei der Partei, die Heuss jetzt im Reichstag vertritt, handelt es sich nicht mehr um seine alte DDP, weil auch diese sich inzwischen nach rechts öffnete und jetzt Deutsche Staatspartei heißt. Nach Jahren der Stabilisierung sind es jetzt also Jahre der Krise, die der Abgeordnete und Redner Heuss im Parlament und in den Versammlungen seiner Partei hautnah miterlebt. Als der Reichstag im Sommer 1932 wieder aufgelöst wird, gelingt ihm bei den Juliwahlen zwar knapp der Sprung in den 6. Reichstag, in dem die Nationalsozialisten jetzt die stärkste Fraktion stellen, aber der wird, kaum dass er zusammengetreten ist, wieder aufgelöst. Nach einer erneuten Zwangspause von etlichen Monaten gelingt ihm schließlich Anfang März 1933 der Einzug in das schon nicht mehr völlig frei gewählte Parlament, und er bleibt dort formell Abgeordneter bis zur Aberkennung seines Mandats durch NS-Innenminister Frick am 12. Juli 1933. Nichts zeichnet besser die Probleme und Gefahren, welche seine letzten Reichstagsjahre überschatten, als die Tatsache, dass Heuss und seine Freunde, aber auch die Sozialdemokraten und das Zentrum, die einen Präsidenten Hindenburg 1925 gemeinsam hatten verhindern wollten, 1932 beinahe verzweifelt für dessen Wiederwahl werben: für einen Mann, der – wie sie den Wählern geradezu beschwörend zu vermitteln suchen – über den Parteien steht, der in seiner Person Pflichterfüllung für das Volksganze verkörpert und der vermeintlich der einzige Retter vor einem Hitler ist, der drohend *ante portas* steht. Dass der erhoffte Retter der Republik ihren Zerstörer dann doch zum Kanzler bestellt, steht am traurigen Ende der anfangs eher unbeschwerten Geschichte des Reichstagsmitglieds Theodor Heuss.

Beginnen wir mit der Fraktion, in die er im Sommer 1924 einzieht. Sie zählt nurmehr 28 Abgeordnete, aber Heuss, mit seinen vierzig Jahren der Benjamin in diesem überalterten Kreis, fühlt sich von Anfang an nicht fremd, denn er trifft auf etliche, die wie er zum engsten Kreis um Friedrich Naumann zählten: Gertrud Bäumer etwa, Ministerialrätin für Jugendfragen im Reichsinnenministerium und zeitweise Redakteurin der *Hilfe* wie auch Heuss; Walter Goetz, der Historiker, bei dem er als Student in München über die Kunst der Renaissance hörte, der jetzt in Leipzig lehrt und mit dem er längst Freundschaft geschlossen hat; auch Anton Erkelenz, der liberale Gewerkschafter, der ihm – »mit schweren Arbeiterhänden« geschriebene – Artikel für die *Hilfe* lieferte und ihm jetzt die verfängliche Frage stellt: Gehörst Du zum linken oder zum rechten Flügel in der Fraktion?

Heuss, der gemeint hat, solche inneren Gegenpole fänden sich eher bei Stresemanns DVP-Fraktion, die dem Außenminister und Vernunftrepublikaner bekanntlich nur zögernd bei seiner Verständigungspolitik mit den Siegermächten folgt, zeigt sich überrascht. Mit der Naivität des Neudazugestoßenen und, wie er selbst betont, mit »verblüffender Schärfe« antwortet er, dass er sich eine solche »Zuteilung« verbitte; er habe vor, je nach Sachlage und nach der »inneren Gewissenhaftigkeit« zu entscheiden.[2] Doch wird er in dem kommenden vier Jahren sehr oft zwischen den Flügeln wählen müssen, denn innere Zerrissenheit hat nun einmal Tradition bei den Liberalen und vor allem in der DDP. Nicht einmal, als es am 19. Juli 1919 um die Flaggenfrage für die neu gegründete Republik ging, konnte sich die DDP-Fraktion auf eine gemeinsame Linie einigen: Die Mehrheit der damals 75 Mitglieder stimmte nicht etwa für das Schwarz-Rot-Gold der 1848er-Demokraten als Symbol für die junge Demokratie, sondern für das Beibehalten von Schwarz-Weiß-Rot – und zwar »im Sinne eines stolzen ›Dennoch‹ gegenüber den Demütigungen des Friedensvertrages«, wie Gertrud Bäumer dies in der *Hilfe* zu rechtfertigen meinte. Lediglich die Süddeutschen in ihren Reihen votierten für die Farben des Hambacher Fests und der Paulskirchen-Demokratie. Heuss, eifriger Verfechter von Schwarz-Rot-Gold, aber kein Mitglied der Nationalversammlung, verfolgte das Debakel aus der Berliner Ferne. Zu Recht nennt Werner Stephan in seiner Geschichte der DDP diesen 19. Juli 1919 den ersten »schwarzen Tag« der noch jungen Partei. Der Parteivorsitz der DDP, meint Thomas Hertfelder, sei eine »Herkulesaufgabe« gewesen, denn das Spektrum der in der Partei vertretenen Auffassungen reichte in der Außen- und Sicherheitspolitik vom radikalen Pazifismus eines Ludwig Quidde bis zum Militarismus eines Otto Geßler, in der Wirtschafts- und Sozialpolitik von den Gewerkschaftlern in der Partei um Anton Erkelenz bis zum Industrieflügel eines Bernhard Dernburg, Hermann Fischer und Eduard Hamm. Im Jahr 1924, als Heuss zur Fraktion stößt, gibt es einen linken Flügel, auf dem sich Pazifisten, Jungdemokraten wie Ernst Lemmer und Gewerkschafter wie Erkelenz finden, die in der Tradition Naumanns die Partei als Brücke zwischen Bürgertum und Sozialdemokratie verstehen, und da gibt es den rechten Flügel mit seinen Vertretern aus Handwerk, Wirtschaft und Industrie, der die Öffnung nach rechts zu einem Bürgerblock anstrebt. Diese Erweiterung nach rechts, die Hineinnahme der DNVP in sein Kabinett wünscht auch Kanzler Marx, damit seine Regierung endlich eine Mehrheit im Reichstag hat. Weil indes das Gros der DDP-Fraktion, geführt vom Vorsitzenden Erich Koch-Weser, diesmal mit der Linken geht und eine Mitte-Rechts-Regierung oder den Bürgerblock ablehnt, trennen sich sieben Abgeordnete von der Partei – das sind immerhin ein Viertel der Fraktion, geführt von dem erfahrenen, einflussreichen, redegewandten Eugen Schiffer, der aus dem nationalliberalen Lager zur DDP gekommen war. Und weil der Kanzler Marx somit weiter in der Minderheit bleibt, muss am 7. Dezember 1924 zum zweiten Mal in diesem Jahr gewählt werden.

Wo aber stand und steht Heuss in dieser Auseinandersetzung zwischen den Linken und den Rechten innerhalb von Fraktion und Partei? Zehn Tage hat er in seiner Seele »hin und her die Ja und Nein« ventiliert, schreibt er seinem Freund Fritz Elsas. Und ursprünglich hat er die Beteiligung der DDP an einer Regierung unter Einschluss der DNVP durchaus befürwortet, schon weil es anfangs auch darum ging, die Deutschnationalen mit der Regierungsbeteiligung zu ködern und für den Dawes-Plan zu gewinnen. Ein Teil der Deutschnationalen hat sich auch zu einem Ja durchgerungen und damit die Annahme des Plans ermöglicht.[3]

Zur Linken in der Fraktion zählt Heuss auf keinen Fall, schon weil dort in Militärfragen der Historiker Ludwig Quidde und der Völkerrechtler Walther Schücking das Wort führen, deren Pazifismus ihm, dem national Denkenden, wider den Strich geht. In den ersten Tagen nach der Reichstagsauflösung im Herbst 1924 warnt er den Vorsitzenden Koch-Weser ausdrücklich »vor dem Erstarken des linken Flügels«, den er nach dem Ausscheiden der sieben Fraktionskollegen nach den kommenden Wahlen fürchtet. Zwar schätze er einige, die sich selbst zur Linken zählen, außerordentlich, etwa den Juristen Hugo Preuß, aber er möchte nicht, dass diese Gruppe »prävaliert«, weil dann eine »gewisse Antimilitärstimmung in der Fraktion breiteren Platz« gewinne, die er für »sehr unerwünscht und unerträglich halten müßte«. Im Grunde stellt er sich damit schützend vor seinen Parteifreund Otto Geßler, der als Nachfolger Gustav Noskes das Reichswehrressort seit dem Kapp-Putsch 1920 unter wechselnden Regierungen und, wenn die DDP vorübergehend in der Opposition steht, als von ihr unabhängiger »Fachminister« ohne Unterbrechung bis Anfang 1928 leitet. Da in seine Amtszeit auch die geheime Zusammenarbeit von Reichswehr und Roter Armee fällt, die Philipp Scheidemann 1926 im Reichstag aufdeckt, wird seine Tätigkeit natürlich auch von der Linken in der DDP kritisch hinterfragt. Michael Dorrmann meint, Heuss habe gegenüber Geßler eine »bis zur Bedingungslosigkeit gehende Gefolgschaft« gezeigt. Das »bedingungslos« sei dahingestellt, aber dass es gute, enge, ja freundschaftliche Beziehungen zwischen beiden gegeben hat, deutet Heuss selbst an: Er nennt Geßler »dasjenige Kabinettsmitglied«, dem er während der Weimarer Zeit »menschlich am nächsten getreten« sei. Und in manchem Jahr hat er einige Wochen als Feriengast auf dessen Bauernhof im Allgäuer Lindenberg verbracht.[4]

Zweifellos hat er, der die allgemeine Wehrpflicht stets als selbstverständliches Element einer demokratisch verfassten Nation versteht, Verständnis für die Schwierigkeiten Geßlers, aus den Trümmern der monarchistischen Armeen eine auf hunderttausend Mann begrenzte und parteipolitisch neutrale Berufsarmee zu schaffen, die schon um der Effizienz willen auf das frühere Offizierskorps zurückgreifen muss. Geßler genoss in seinem Amt übrigens das volle Vertrauen Eberts und zunächst auch Hindenburgs, und folgt man Dorrmann, dann hat Heuss die Geßlersche Reichswehrpolitik, »die auf das

Konzept eines der Republik neutral gegenüberstehenden und der parlamentarischen Kontrolle weitgehend entzogenen ›Staates im Staate‹ hinauslief«, stets gegen scharfe Kritik aus den Reihen der Sozialdemokraten, aber auch der eigenen DDP verteidigt. Zwar verkennt Heuss bei alledem keineswegs, »wie fatal politisch vielfach das Auftreten auch wesentlicher Leute der Reichswehr ist«, aber, so rechtfertigt er seine Haltung gegenüber seinem Freund Stolper, er habe nun einmal »zuviel historisches Gefühl, um aufs Ganze gesehen nicht anzuerkennen, daß es eine ungeheure Aufgabe war und bleibt, ein Heer mit dieser Tradition umzustellen ohne dauernde innere Krise der Wehrmacht selber«. Harte oder gar aufgeregte Kritik – etwa von Sozialdemokraten oder linken DDP-Mitgliedern wie Schücking oder Quidde – kann aus seiner Sicht das Zusammenleben von Wehrmacht und Republik nur unnütz erschweren, und so empfiehlt er, lieber mit »zarter Vorsicht« vorzugehen, »da ja nun die Reichswehr fast der einzige reale Machtbestand in diesem gallertartigen Staate« sei. Zu fragen wäre allerdings, ob derlei »zarte« Rücksichtnahme auch Verständnis für die illegale Aufrüstung oder die Zusammenarbeit von Reichswehr und Roter Armee einschließt. Die Antwort muss mit großer Wahrscheinlichkeit »Ja« lauten. Nicht anders als die Rechtsparteien sahen auch Zentrum und Deutsche Demokraten in den Auflagen von Versailles die Hauptgefahr für Deutschlands Sicherheit, meint Heinrich August Winkler, sie waren »daher nur allzu geneigt, die illegale Aufrüstung zu decken«. Anders als Heuss in den zwanziger Jahren, sehen die meisten Historiker Geßlers Rolle allerdings durchweg kritisch und die Entwicklung der Reichswehr zu einem »Staat im Staate« als ernstzunehmende Gefahr für die Republik; Hagen Schulze nennt den Reichswehrminister sogar »Wachs in den Händen des Chefs der Heeresleitung« – jenes Generalmajors Hans von Seeckt, der sich mit den Worten »Truppe schießt nicht auf Truppe« während des Kapp-Putschs abwartend-neutral verhalten und so gar nicht als Freund der Republik erwiesen hatte.

Übt Heuss im Rückblick vielleicht auch Selbstkritik, wenn er schreibt, dass Geßler sich geirrt habe, als er glaubte, die Reichswehr völlig in der Hand zu haben? Wie eigenwillig und eigensinnig Seeckt unter seinem Minister zu walten gewohnt war, zeigte sich, als dieser den Sohn des Kronprinzen in Uniform an einer Übung des Infanterieregiments 9 in Potsdam, dem exklusivsten, auch »Graf neun« genannten, Regiment der Reichswehr teilnehmen ließ, in dem vor allem Adlige das Offizierskorps stellten. Die Teilnahme des Hohenzollernprinzen führte zu einem öffentlichen Skandal. Und da Seeckt es nicht für nötig gehalten hatte, seinen Minister zu informieren, geschweige denn, ihn um Erlaubnis zu bitten, besteht Geßler auf Seeckts Entlassungsgesuch.

Der Parlamentarier Heuss hat zunächst Mühe, einen Platz in einem der wichtigeren Ausschüsse zu erhalten. Wie die meisten Neulinge muss er sich »seine Arbeit suchen«, weil es in den wichtigen, den »kontinuierlichen Ausschüssen« so etwas »wie Erbsitze« gibt. Anfangs hat er sich deshalb mit dem Petitionsausschuss zu begnügen, der die unzähligen Anregungen, Klagen und Vorschläge der Bürger sichtet, darunter nicht wenige von Querulanten oder »welterlösenden Utopisten«. Jahrzehnte später, da er in Bonn ja einer Flut von Petitionen und Bittschriften Herr werden muss, wird ihm die Arbeit in diesem Ausschuss wie der Besuch einer »Klippschule für das Präsidentenamt« vorkommen. Schließlich findet er einen Sitz im Kriegsopfer-Ausschuss, dem er deshalb als Sachverständiger gilt, weil er sich schon aus verwandtschaftlichen Gründen um die Entschädigung der sogenannten Grenzlands- oder Auslandsdeutschen kümmert – so von Elsässern, die als sogenannte Altdeutsche (i.e. nach 1872 aus den deutschen Ländern Zugezogene) von den Franzosen ins Reich ausgewiesen wurden. Elly hatte ihren seit mehr als vierzig Jahren in Straßburg sesshaften Vater 1919 in Offenburg vom Flüchtlingszug abgeholt – seitdem lebte er in Darmstadt bei Verwandten. So ist Heuss' Jungfernrede am 24. Juli 1924 ein knapper, nüchterner Beitrag zur Novellierung des Kriegsopfergesetzes, in dem er auf die besonders schwierige Lage der Offizierswitwen eingeht, aber auch auf die Grenzen verweist, die wirklich gerechten Lösungen einem durch Krieg und Inflation völlig verarmten Staat gesetzt sind.[5]

Heuss ist ein in zahllosen Wahlversammlungen geübter, flüssiger Redner, wenn er die Tribüne erklimmt, hat er zwar einige Zettel in der Jackentasche, aber er spricht frei, meist mit einem ordentlichen Schuss Ironie, geht schlagfertig auf Zwischenrufe ein. Nicht selten streut er Beweise seiner umfassenden klassischen Bildung ein, so in seinem Beitrag zur Einheitskurzschrift, mit dem er den Ruf eines Parlamentariers erwirbt, der im Plenum selbst die parteipolitischen Gegner zu Heiterkeit, ja zum Lachen bringen kann. Der neue Kurzschrifttyp soll die Fehde zwischen den Babelsbergern und den Stolze-Schrey-Anhängern beenden, die Heuss »weltanschaulich versteift« und fast zum Religionskrieg aufgebläht nennt. Selbst in Stolze-Schrey geübt, vergleicht er die Auseinandersetzung der feindlichen stenographischen Lager, etwa um die Frage, ob das »R« wie ein »Radzahn-R« oder wie ein »Ringel-R« geschrieben werde, den Dogmenstreitigkeiten der Kirchengeschichte, so der Auseinandersetzung zwischen Arianern und Athanasianern vor dem Konzil von Nicäa, als es um die Wesensähnlichkeit oder die Wesensgleichheit von Gott und Christus ging. Sich selbst ironisch als »Verräter« an Stolze-Schrey in Frage stellend, plädiert er für die neue »stenographische Nationalkirche« und trägt mit viel Humor dazu bei, der Einheitskurzschrift eine klare Mehrheit im Reichstag zu verschaffen. Voller Stolz, nicht ohne Eitelkeit notiert er in seinen Erinnerungen: Die meisten Redner hätten mit der »den Deutschen eigenen Wichtigtuerei« die Verhandlungen weitertreiben wollen, er jedoch habe »die Seelen mit einer spielerischen, quasitheologischen und auch selbstironischen Abhandlung« entkrampft.[6]

Seine frühe Zeit im Reichstag ist allerdings bald von der Auseinandersetzung um die Frage überschattet, wer die Nachfolge des ersten Reichspräsidenten Friedrich Ebert antreten soll, der am 28. Februar 1925 den Folgen einer verschleppten Blinddarmvereiterung nach einer Operation erlag. Seit dem Rufmord der Magdeburger Urteilsbegründung war Ebert zum Freiwild für die Rechtspresse des Hugenberg-Konzerns geworden, die ohne den geringsten Grund versuchte, ihn in den Bestechungsskandal um die anrüchige Geschäftspraxis der Brüder Barmat hineinzuziehen, der damals Schlagzeilen machte. Unter der Hetzjagd auf ihn leidend, hatte Ebert es versäumt, sich rechtzeitig in ärztliche Behandlung zu begeben. Wer soll jetzt an seine Stelle treten – ein überzeugter Demokrat und Republikaner oder ein konservativer, der Vergangenheit verhafteter Gegner der demokratischen Republik, gar einer, der alles daran setzt, sie wieder in eine Monarchie zurückzuverwandeln? Es ist die erste in der Verfassung vorgesehene Volkswahl eines Präsidenten, denn der Reichstag hatte die Amtszeit Eberts, der ja von der Nationalversammlung zunächst nur zum provisorischen Präsidenten gewählt worden war, mit verfassungsändernder Zweidrittelmehrheit bis zum Juni 1925 verlängert. Heuss begeistert sich für den Vorschlag der Bayerischen Volkspartei, Otto Geßler für eine Sammelkandidatur der bürgerlichen Parteien einschließlich der DVP zu gewinnen, und es ist auch keineswegs auszuschließen, dass dieser Kompromisskandidat spätestens im zweiten Wahlgang hätte gewinnen können. Doch scheitert die Kandidatur Geßlers am Veto des Außenministers Stresemann, der befürchtet, die Nominierung eines Reichswehrministers könnte von den Entente-Mächten, mit denen er ja den Ausgleich sucht, als Provokation verstanden werden. Es ist ein rationaler Einwand, und als ein zweiter Wahlgang nötig wird, weil kein Kandidat im erstem die absolute Mehrheit erringen konnte, bleibt Stresemann dieser Überlegung treu und unternimmt alles, den Generalfeldmarschall Hindenburg von einer Kandidatur abzuhalten, um die ihn die Deutschnationalen bitten. Doch Heuss argwöhnt, das Veto gegen Geßler sei vom Außenminister nur vorgeschoben, ja »künstlich arrangiert«, und sieht seine menschlichen Vorbehalte gegen Stresemann nur ein weiteres Mal bestärkt. Da es dem rechten »Reichsblock« schließlich doch gelingt, den zunächst zögernden, aber populären Generalfeldmarschall des großen Krieges aus seinem »Kyffhäuser« an der Eilenriede in Hannover mobil zu machen – der überzeugte Monarchist hatte zuvor die Zustimmung des Kaisers in seinem holländischen Exil eingeholt –, haben die Republikaner, wenn sie den ebenso populären wie legendären Feldherrn schlagen wollen, nur die Wahl, sich auf einen gemeinsamen Kandidaten der Weimarer Parteien zu einigen. So ziehen Sozialdemokraten, Zentrum und Deutsche Demokraten als »Volksblock« mit Wilhelm Marx, einem kirchentreuen Katholiken und mehrfach erprobten, aber nicht besonders volkstümlichen Kanzler, in die Schlacht gegen den Sieger von Tannenberg. Als Wahlprediger für Marx »rast« Heuss, wie er diese Wochen harten Wahlkampfs erinnert, im März und April 1925 mit der Eisenbahn quer durch Deutschland, spricht in Schwerin, in Aachen, in Neiße, dazu in vielen mitteldeutschen wie auch württembergischen Städten, und er schreibt zahllose Artikel, in denen er vor der Wahl Hindenburgs warnt. Mit Hindenburg steht ja nicht eine politische Persönlichkeit zur Wahl, sondern der »Mythos siegreicher Feldzüge«, wie er später einmal sagen wird, ein Mythos allerdings, an dem er als Chefredakteur der *Neckar-Zeitung* während des Krieges nach Kräften mitgebastelt hat. Schon damals betonte er, der Marschall müsse als Volksheld »außerhalb der politischen Kämpfe« bleiben, denn er gehöre »keiner Partei, keiner Richtung«, er gehöre der »Volksgesamtheit«. Es spricht nur für seine Fairness und seinen menschlichen Anstand, aber auch für seine gefestigte, nüchterne demokratische Überzeugung, wenn er dem Gegner im Wahlkampf die nationalen Verdienste und die »menschliche Größe«, die er ihm einst bescheinigte, nicht abstreitet, zugleich aber betont, Politik sei »keine Veranstaltung von Weihrauchdüften«: »Wir ehren den Marschall als eine große deutsche Persönlichkeit; aber wir würden gegen das Gebot der inneren Wahrhaftigkeit verstoßen, wollten wir nicht sagen, daß wir seine Wahl für ein deutsches Unglück halten müßten.« Er sei gegen Hindenburg, nicht weil er Krieg bedeute oder bald achtzig sei, schreibt Heuss am Ende des Wahlkampfs im *Stuttgarter Neuen Tagblatt*, sondern weil seine Wahl das Eingeständnis des deutschen Volkes wäre, »daß es zu seiner eigenen Zukunft mutlos ist«. Wenn er Hindenburg als »vornehmen Exponenten einer Zeit« bezeichnet, die »ins Grab ging«, meint er nicht die Epoche Wilhelms II., sondern die des ersten Kaisers, die »zur Wurzel seines Wesens gehöre«. Gegen diese weit zurückreichende

Vergangenheitsorientierung des Monarchisten Hindenburg stellt er, beinahe pathetisch, die »Morgendämmerung eines neuen Wesens und Werdens, des großdeutschen, demokratischen Nationalstaats, der nicht auf dem ›ewigen Bund‹ von Dynastien beruht, sondern aus Wille, Gefühl und Interesse einer Volksgemeinschaft wächst«. Doch es siegt Hindenburg, und dies nicht nur von Thälmanns Gnaden, wie der sozialdemokratische *Vorwärts* den Wahlausgang kommentiert. Zwar präsentierten die Kommunisten ihren Parteichef auch im zweiten Wahlgang als Kandidat, und einige, wenn auch gewiss nicht alle der 1,9 Millionen Stimmen, die er erhielt, wären sicher zu Marx gewandert, hätte Thälmann nicht kandidiert. Doch auch viele Katholiken desertierten zu dem protestantischen Hindenburg: Die Bayerische Volkspartei rief zur Wahl des Marschalls auf, auch rechte Zentrumsabgeordnete um Papen, weil sie in ihm den zuverlässigeren Gegner der Sozialdemokraten vermuteten als in dem katholischen Reichspräsidenten Marx. Die Deutschen, schreibt Heuss an Elly, die wieder einmal in Badenweiler kuren muss, unterließen eben »keine Dummheit… die zu machen das Schicksal sich anbietet«. Aber anders als Theodor Wolff, der im *Berliner Tageblatt* die Offiziersbündler Sektpropfen knallen lassen hört und fragt: »Was soll man mit einem Volk anfangen, das aus seinem Unglück nichts lernt, und sich immer wieder, auch zum zehnten und zum zwölften Male, von den gleichen Leuten am Halfterbande führen läßt?«, gewinnt Heuss dem Sieg des Marschalls auch eine tröstliche, positive Seite ab. Denn Hindenburg legt am 11. Mai 1925 vor dem sozialdemokratischen Reichstagspräsidenten Paul Löbe und der schwarz-rot-goldenen Standarte des Reichspräsidenten den Eid auf die Weimarer Verfassung ab – und dass »der vornehmste und moralisch stärkste Vertreter der monarchischen Legitimität sich mit Eid und Manneswort unter die Legitimität der demokratischen Republik begeben« habe, wertet Heuss als »wichtigen Einschnitt in die Gefühlswelt derer«, deren Seele an dem Gedanken der Restauration hing. So jedenfalls sein Kommentar in der *Deutschen Nation* im Juni 1925, dem letzten Heft, das vor der endgültigen Liquidation der Zeitschrift erscheint.

Auch einer von deren Herausgebern, Harry Graf Kessler, der wie Heuss für Marx geworben hatte, hofft, dass es den Hakenkreuzlern jetzt schwer werde, »schwarz-rot-gold wieder durch den Straßenkot zu schleifen«. Heuss zitiert in diesem Heft einen ungenannt bleibenden Führer der Völkischen, der gesagt haben soll: »Der Mann [Hindenburg] ist imstande, seinen Eid zu halten«.

In der Tat zeigt die Wahl Hindenburgs eine höchst ambivalente Wirkung. Einerseits scheint die Republik jetzt bei der Rechten halbwegs hoffähig zu werden, Schwarz-Rot-Gold erscheint überall als Hindenburgs persönliche Standartenfarbe. Heuss' Einschätzung, die Bindung Hindenburgs an den Eid habe ihn »vor aller politischen Versuchung« bewahrt, die »man« ihm wohl zugemutet hatte, wird von Historikern bestätigt: Hindenburgs Haltung, so Hagen Schulze, sei von seinen Anhängern, die von ihm einen drastischen Rechtsschwenk erwarteten, falsch beurteilt worden. Der Feldmarschall habe sich an den Eid gehalten, der Republik ein guter Präsident sein wollen und versucht, mit parlamentarischen Mehrheiten zu regieren, solange es sie gab, ja er habe – zum Entsetzen seiner Anhänger, selbst Stresemanns Locarno-Politik mitgetragen. Ohne diese Art der Amtsführung wäre Hindenburgs Wiederwahl 1932 auch undenkbar gewesen. Andererseits aber erhalten Vorstellungen und Hoffnungen intellektueller Ratgeber der Rechten, etwa Carl Schmitts, Auftrieb, die den plebiszitären Präsidenten weiter stärken und das Parlament, das sie ohnehin nur noch als ein Forum von Interessenvertretern betrachten, in jene Schranken verweisen wollen, die ihm in der Kaiserzeit gesetzt worden waren. Seit der großen Wirtschaftskrise Ende der zwanziger Jahre werden ihre Ideen an Gewicht gewinnen. Ein Schritt weg vom Weimar des Jahres 1919, so Heinrich August Winkler, sei die Wahl Hindenburgs ohne Zweifel gewesen: »Was sich im Frühjahr 1925 vollzog, war nichts geringeres als ein stiller Verfassungswandel, eine konservative Umgründung der Republik.«[7]

In seinen ersten vier Jahren als Reichstagsabgeordneter meldet sich Heuss insgesamt siebzehn Mal zu Wort, spricht mehrfach über die Regelung von Kriegsschäden, greift verfassungs- und finanzpolitische Fragen auf und behandelt auch kulturpolitische Probleme, soweit das Reich für sie überhaupt zuständig ist. Als Württemberger meldet er, schon mit Blick auf seine Wähler, Forderungen an, wenn es um die Belange seiner Region geht. So setzt er sich im Februar 1926 energisch für die weitere Kanalisierung des Neckars ein, deren Finanzierung offenbar in Frage gestellt wird. Nach Heuss kommt ihr besondere Bedeutung zu, weil die Ausfuhrindustrie Württembergs einen wichtigen Faktor der deutschen Gesamtwirtschaft darstelle: Gerade deshalb dürfe man sie »nicht verkümmern lassen«. Als Vorstandsmitglied des Werkbunds plädiert er geradezu leidenschaftlich gegen die geplante Luxussteuer, die er als »Meisterwerk steuerlicher Kasuistik« schlicht »krank« nennt. Weil sie die handwerkliche und vor allem künstlerische Qualitätsarbeit höher belastet als mechanisch hergestellte Ware sei sie qualitätsfeindlich und bedrohe die Existenz ganzer Handwerke. Seine Argumente können das Gesetz allerdings nicht verhindern. Wenn der Kulturpolitiker Heuss das Reichsschulgesetz anspricht, das auf eine Vereinheitlichung des Schulwesens zielt, tut er das mit Worten, die in der heutigen Bundesrepublik nichts an ihrer Aktualität eingebüßt haben: »Deutschland, das Land der großen Binnenwanderung«, so Heuss im März 1927 im Deutschen Reichstag, »kann nicht auf die Dauer die Masse von verschiedenen Schularten, die nicht aufeinander abgestimmt sind, nebeneinander haben. Die Gelenke des Schulwesens müssen einigermaßen zusammen passen, wenn einer von Preußen nach Bayern und von Schwaben nach Sachsen kommt.« Früh nimmt der Kritiker Heuss auch die Nationalsozialisten ins Visier, so in einer Debatte um ein Amnestiegesetz für politische Straftäter, in der sich der NSDAP-Abgeordnete Wilhelm Frick (später Hitlers Reichsinnenminister) für die rechtsextremistischen Fememörder eingesetzt hatte. Ein »gewisses Gefühl der Reinlichkeit«, so Heuss, bewahre ihn davor, sich mit Herrn Dr. Frick auseinanderzusetzen, denn dieser habe den »Jargon der Mörder«, denen die Amnestie zugutekommen solle, »parlamentsfähig« machen wollen, indem er von »umlegen« gesprochen habe. »Sind wir denn soweit heruntergekommen, daß wir sozusagen eine Lizenz für Mord- und Totschlag bei bestimmten Organisationen als etwas schlechthin Gegebenes einfach hinnehmen und uns dann die Täter als einen neuen Typus nationalen Heldentums aufdrängen lassen?«[8]

Er ist ein fleißiger Abgeordneter, der nach den Anfangsschwierigkeiten jedes Neulings bald in sieben Ausschüssen sitzt, schon weil viele seiner Fraktionskollegen sich ihr Abgeordnetendasein bequemer gestalten wollen als der pflichtgetreue Heuss. So wird er unter anderem Mitglied des Bildungsausschusses, eine Funktion, die ihm 1926 zu äußerst fragwürdigem Ruhm, nämlich dem Ruf eines berüchtigten geistigen »Reaktionärs«, verhelfen wird. Denn dieser Ausschuss, in dem er zusammen mit seiner DDP-Kollegin Gertrud Bäumer sitzt, folgt einem Auftrag der Weimarer Verfassung und arbeitet ein »Gesetz zur Bewahrung der Jugend vor Schund- und Schmutzschriften« aus, das nicht nur von Politikern der Linken, sondern auch von Künstlern, Literaten und der liberalen Presse empört, ja wütend zurückgewiesen wird. Ihr Argument: Es stehe zu befürchten, dass der Jugendschutz nur als Vorwand genommen wird, um eine Zensur einzuführen. So muss Heuss, nach seiner Rücksiedlung von Heilbronn nach Berlin wieder in den Vorstand des Schutzverbandes Deutscher Schriftsteller gewählt – 1920 zum stellvertretenden, 1925 zum ersten Vorsitzenden –, sein Amt niederlegen, weil er mit seiner Befürwortung des Gesetzes den Interessen des Verbandes angeblich schwer geschadet hat. Viele der Protestierenden erinnern an das Jahr 1920, als die Nationalversammlung ein Gesetz zur Filmzensur verabschiedete, das ebenfalls dem Schutz der Jugend dienen sollte, aber später politisch missbraucht wurde und für das Verbot von Sergei Eisensteins berühmtem Film *Panzerkreuzer Potemkin* herhalten musste. Im Visier hat der Gesetzgeber vor allem Groschenhefte und erotische Literatur. Auf einer Reichsschundliste aufgeführt, dürfen sie weder im Umherziehen feilgehalten noch in Buchhandlungen oder Kiosken angekündigt oder an Jugendliche unter 18 Jahren verkauft werden. Doch die Gegner dieser verordneten Sittlichkeit monieren von Anfang an, das Gesetz enthalte keine präzise Definition dessen, was eigentlich

Schund- oder Schmutzliteratur wirklich sei. In der Tat begnügt dieses Gesetz sich mit dem vagen Hinweis auf Schriften, welche für die »Massenverbreitung« bestimmt und »nach Form und Inhalt verrohend und entsittlichend wirken«.

Aber wer fällt das Urteil, wer entscheidet über künstlerischen oder wissenschaftlichen Wert, wer über ihren möglicherweise verrohenden, entsittlichenden Charakter? Das Votum zu fällen obliegt Prüfstellen, die in Kooperation der Länder mit dem Reichsinnenministerium entstehen und in die – von den Regierungen ausgewählte – Vertreter von Kunst und Literatur, von Jugendverbänden und Jugendwohlfahrtsorganisationen, von Lehrer-, Volkshochschulverbänden und von Buchhändlern entsandt werden. Der Einfluss der jeweils regierenden Parteien ist damit garantiert, das Durcheinander der Länderprüfstellen gegeben und der bürokratische Aufwand groß: Zwar wird, um ein solches Durcheinander zu vermeiden, eine Oberprüfstelle in Leipzig eingerichtet, aber entscheidend bleibt weiter der Mangel an einer klaren Definition von Schund und Schmutz, eine Fragwürdigkeit, zu der Theodor Heuss sich im Reichstag freimütig und geradezu gefährlich naiv bekennt – so, als kenne er die Möglichkeit von Missbrauch nicht. Das Fehlen einer »formaljuristischen« Definition hält er »nicht für so schlimm«, wie er am 27. November 1926 im Plenum sagt, denn die »geschraubten oder sehr allgemeinen Worte, mit denen solche definierenden Satzungetüme arbeiten«, würden nur zu einer »juristischen Klauberei« führen. Es gehe doch darum, dass das »einfach menschlich saubere und literarisch empfindende Gefühl (Zuruf von den Sozialdemokraten: Also der normale Mensch!) das Notwendige ausspricht«. Vertraut er auf den einfachen, normalen Menschenverstand, der angeblich immer weiß, was anständig und unanständig, sittlich und unsittlich ist?

Wenn er sagt, das Gesetz solle jene in der Schuljugend verbreiteten »billigen und schlecht gedruckten Hefte« treffen, die »durchaus nicht ›unsittlich‹ … im landläufigen Sinne des Wortes« sind, zeigt das nur, wie weit er selbst den Begriff von Schmutz- und Schundschriften fasst und wie beliebig er die Grenzen selbst dehnen würde:

Für ihn fällt darunter offenbar auch »jene Literatur der Unterwelt«, die »unsittlich« ist »durch ihre verlogene Phantasie, ihre sprachliche Minderwertigkeit, ihr falsches Heldentum, ihre gekünstelten Abenteuer«, also Groschenromane, die »eine ungesunde Trübung der Welterkenntnis und eine Verwirrung ethischer sowie geschmacklicher Werte in sich schließen«. Wo aber verläuft hier die Grenze zwischen Kitsch und Schund? Heuss selbst gesteht, dass er, in eine Prüfungskommission delegiert, nach Lektüre solchen Schunds »wahrscheinlich einer der schärfsten Kritiker« würde – »wie vielleicht jeder Schriftsteller der aus seinem literarische Empfinden heraus sein Urteil geben muß«.

Zu Recht merkt Ernst Wolfgang Becker an, Heuss habe damit ein »bildungsbürgerliches Kunstverständnis« offenbart, das noch nicht im 20. Jahrhundert angekommen schien. Wenn er behauptet, das Gesetz sei kein Akt der Zensur, argumentiert er durchaus kasuistisch: In Wahrheit, hält er den Kritikern entgegen, handele es sich ja nur um ein »Kleinhandelsgesetz«, das den Absatz einer literarischen Ware »durch Einschränkung des Feilhaltens« und durch das »Verbot des Verkaufs an Jugendliche« begrenze. Von Zensur, so der Tenor, könne also keine Rede sein. Von Protesten der liberalen Presse wie der geistigen linken Elite des Landes zeigt er sich unbeeindruckt, weil er die Sorgen von Jugendpflegern, die seit Jahren auf eine gesetzliche Regelung drängen, demonstrativ über alle Einwände stellt: »...ich wage zu sagen, daß eine namenlose junge Frau, die irgendwo in einem Berliner Vorort des Ostens täglich in der sozialen Fürsorge steht, in dieser Frage, ob ein Schutzgesetz notwendig ist, mir eine größere Autorität ist als die gesamte preußische Dichterakademie.«

Als Heuss auf einem Sammelprotest auch den Namen des von ihm verehrten Thomas Mann, einem Mitglied eben jener Akademie findet, will er ihn mit seinen, wie er meint, stichhaltigen Argumenten vertraut machen und schickt ihm seine Reichstagsreden. Die Antwort gleicht einer kühlen Zurechtweisung: Angesichts der »heutigen Umstände« begreife er, Thomas Mann, weder Heuss' Glauben an die Nützlichkeit noch seinen Glauben an die Unschädlichkeit des Gesetzes. Wer die heutige Atmosphäre »politisch-rankünöser Restaurationstendenzen« kenne, dürfe eigentlich nicht – wie Heuss – »mit dieser Gutgläubigkeit auf die Ansichten blicken, mit denen dieses Gesetz eingebracht und verfochten wurde«. Sehr viel härter schlägt Kurt Tucholsky alias Ignaz Wrobel in der *Weltbühne* zu: Er attackiert vor allem Gertrud Bäumer, eine der wichtigsten Initiatorinnen des Gesetzentwurfs, als »Old Bäumerhand« und »Schrecken der Demokratie«, als Kleinbürgerin, welcher »der deutsche Bevormundungsdrang in allen Fingern kribbelt«, und bedauert höchst ironisch, dass Heuss, doch wohl »ein ehrlicher, überzeugungstreuer, rechtschaffener Mensch« an dieser Gesetz gewordenen »Schande« mitgewirkt habe: »Wäre er [Heuss] politisch begabt, er könnte von mir aus weniger anständig sein«, ätzt er und spricht vom »leicht säuerlichen Knastergeruch eines Tübinger Seminars«, der die Luft im Reichstag »durchzittert« habe, als Heuss, der ehemalige Vorsitzende des Schutzverbandes der Deutschen Schriftsteller, »die Interessen seines eigenen Standes an die Banausen verriet...« Geradezu vernichtend ist sein abschließendes Urteil über Heuss: »Mit Bildung, Lexikonkenntnis und einer sanften Philosophie wurde hier ein böses Werk getan.«

Nein, mit Ruhm hat Heuss sich bei diesem Gesetz wahrlich nicht bekleckert, viel zu löcherig, zu naiv, zu sehr geprägt von klassischen bildungsbürgerlichen Idealen der Hochkultur war seine Vorstellung von Schmutz- und Schundliteratur. Aber er bleibt sich und seiner Überzeugung treu und verteidigt sein und Gertrud Bäumers Werk als »Sozialpolitik der Seele«. Zeigt er sich hier als Sohn einer vermeintlich heilen Provinz, der sein angeborenes Misstrauen gegen die Großstadt mit ihrer entwurzelten Bevölkerung nie ganz überwindet? Jedenfalls betont er, der Grundgedanke des Gesetzes sei aus den Großstadterfahrungen heraus erwachsen, denn nur in einer Massenstadt, »die heimatlos von irgendwoher kommende Menschen sammelt«, kämen »die Dinge, die uns unerfreulich sind, an die Oberfläche«. Der »familienlosen Masseneinsamkeit der Großstädte«, die er beklagt, stellt er bewusst die »bürgerliche Kleinstadtfamilie« entgegen, in der noch »soundsoviel Gegenkräfte« gegen sittliche Verwahrlosung vorhanden und wirksam seien. Es ist wahrlich nicht unberechtigt, wenn Modris Ekstein Heuss als einen politisch Liberalen charakterisiert – aber einen, dessen Tradition und Ideale von Natur aus konservativ und keineswegs radikal seien.[9]

Das Gesetz wird schließlich von einer rechten Mehrheit – von Deutschnationalen, Zentrum, DVP, Bayerischer Volkspartei, Deutschvölkischer Freiheitspartei und Nationalsozialisten gegen die Stimmen der beiden Linksparteien verabschiedet. Heuss eigene Partei aber kann, wie so oft, auch diesmal keine gemeinsame Linie finden, sie verhält sich, so Werner Stephan in seiner Geschichte der DDP, völlig »irrational«. Bei der Schlussabstimmung votieren fünfzehn Abgeordnete der DDP, darunter auch ihr Parteivorsitzender Koch-Weser, mit Nein, ein Abgeordneter enthält sich, und nur zwölf Mitglieder der Fraktion stimmen für das Gesetz. Ein zorniger Theodor Wolff, Chefredakteur des liberalen *Berliner Tageblatts*, erklärt daraufhin in einem Brief vom 4. Dezember 1926 den Austritt aus der Partei, deren Mitbegründer er vor acht Jahren gewesen ist. Statt sich leidenschaftlich gegen jede mögliche Zensurwillkür aufzulehnen, argumentiert er, leisteten wesentliche Teile der DDP mit diesem Gesetz »Zutreiberdienste für reaktionäre und muckerische Geisteshüter«. Auch Reichsbankpräsident Hjalmar Schacht, der mitgeholfen hatte, die Inflation zu beenden und mit dessen Prominenz die DDP so gerne in Wahlkämpfen warb – »Unser Schacht hat's gemacht!« –, verlässt die Partei.

Im Nachhinein scheint die erhitzte Auseinandersetzung um das Schund- und Schmutzgesetz 1926 reichlich überzogen, denn zu der beargwöhnten Zensur durch die Hintertür kam es nicht einmal ansatzweise: »Das Vorgehen der Prüfstellen entsprach nicht den Befürchtungen der Gegner des Gesetzes«, urteilt Margaret F. Stieg in ihrer Untersuchung der Folgen, doch hätten auch die Hoffnungen getrogen, die seine Verteidiger sich gemacht hätten. Bei den Büchern, die auf die Reichs(schund)liste gesetzt wurden, habe es sich weder um Literatur noch um Kunst gehandelt, und wenn die Prüfstellen im

Schnitt pro Jahr knapp dreißig Titel benannt hätten, seien das weit weniger gewesen, als die Hauptinteressenten, das Zentrum und die Deutschnationalen, erwartet hatten. So gab es vielleicht keine klaren Gewinner, aber doch einen eindeutigen Verlierer bei dieser Auseinandersetzung: die Deutsche Demokratische Partei. Die Abstimmung über das Gesetz machte die tiefen Gegensätze innerhalb der Partei deutlich, die sich zuvor schon in der Frage der Fürstenenteignung und der Flaggenfrage gezeigt hatten. Als es im Juni 1926 um eine von der KPD und der SPD beantragte Volksabstimmung über die entschädigungslose Enteignung der Fürstenhäuser ging, bezog die DDP als Partei keine Stellung, sondern gab die Abstimmung für ihre Mitglieder frei. Und als das Kabinett Luther im April 1926 mit einer Verordnung des Reichspräsidenten den deutschen Gesandtschaften und Konsulaten im Ausland es zur Pflicht machte, neben der schwarz-rot-goldenen Reichsflagge auch die schwarz-weiß-rote Handelsflagge mit der fast winzigen schwarz-rot-goldenen Gösch aufzuziehen, fehlte es der Partei wiederum an Geschlossenheit. Ihr Innenminister Külz bekannte sich als mitverantwortlich, Parteichef Koch-Weser aber stellte einen Misstrauensantrag gegen das Kabinett Luther, doch keineswegs alle Fraktionsmitglieder folgten ihm. Der Abgeordnete Heuss zum Beispiel, der mit seinen 42 Jahren immer noch zur Führerreserve der Partei zählte, entzog sich der Abstimmung, weil er nichts davon hielt, den parteilosen Luther zu stürzen, nur damit der aus seiner Sicht weitaus weniger liberale, sondern klerikale Wilhelm Marx auf ihn als Kanzler folgen konnte. Möglicherweise verstanden die Wähler der DDP nicht immer die komplexe Problematik, mit der sich ihre Führung auseinanderzusetzen hatte, aber unübersehbar für sie blieb, dass Vorstand und Fraktion dieser Partei meist uneins und in sich tief zerstritten waren. So ist das Schund- und Schmutzgesetz nur einer von vielen Marksteinen, allerdings ein wichtiger, auf dem Pfad zum sich beschleunigenden Niedergang der linksliberalen Partei.[10]

Der Schutzverband Deutscher Schriftsteller, aus dem er wegen des Schund- und Schmutzgesetzes ausscheidet, ist allerdings nur einer von mehreren überparteilichen Verbänden und Organisationen, in denen Heuss sich in den Weimarer Jahren engagiert. Er gehört auch dem Reichsbanner Schwarz-Rot-Gold an, jenem 1924 gegründeten »Bund republikanischer Kriegsteilnehmer«, der sich nach einem Wort seines Vorsitzenden Otto Hörsing als überparteiliche »Schutzorganisation von Republik und Demokratie gegen Hakenkreuz und Sowjetstern« versteht. Sozialdemokratisch dominiert, sind im Reichsbanner auch Mitglieder der beiden anderen Parteien der Weimarer Koalition vertreten – so Adenauers spätere Minister Heinrich Krone für das Zentrum und Ernst Lemmer, damals Mitglied der DDP. Heuss findet sich zwar nicht unter den grau uniformierten Marschierern, welche die Straße den paramilitärischen Verbänden der extremen Rechten und Linken nicht überlassen wollen, aber er tritt gelegentlich als Redner auf – so auf dem Republikanertag im Mai 1926, in dem über und über mit schwarz-rot-goldenen Fahnen geschmückten Konstanz, wo er vor der Stadt auf einem riesigen Platz im Freien spricht. Zuvor hat er zusammen mit dem »Reichsbannergeneral«, dem Vorsitzenden Otto Hörsig – »primitive Energie, aber nicht viel mehr«, so schildert er ihn Elly –, auf einer Tribüne in der Hauptstraße den »fahnen- und musikreichen Vorbeimarsch der Massen« abgenommen. Dass sich darunter auch zwei Abteilungen der »Schutzwehr«, des österreichischen Gegenstücks zum Reichsbanner, aus Wien und Vorarlberg befinden, die mit dem Schiff von Bregenz gekommen sind, freut den großdeutschen Heuss besonders, ist er doch auch Mitglied im Vorstand des Deutsch-Österreichischen Volksbundes, der auf die Komplettierung des deutschen Nationalstaates durch den Anschluss Österreichs hinarbeitet. Da Heuss, »veranlaßt durch seine elsaß-lothringischen Freundschaftsbeziehungen«, sich im Reichstag mehrfach der Entschädigungsfrage verdrängter Auslandsdeutscher angenommen hatte, bittet man ihn Anfang 1926, den Posten eines Ersten stellvertretenden Vorsitzenden im »Bund der Auslandsdeutschen zu übernehmen«. Im Gegensatz zu anderen Vereinen, die sich um das deutsche Volkstum kümmern, vertritt Heuss' Organisation vor allem die Interessen von reichsdeutschen Staatsbürgern, die im

Ausland leben – seien es Kaufleute, Techniker oder Filialleiter deutscher Betriebe. Im Jahr 1928 nimmt er an der großen »Orientreise« des Bundes teil, weil er hofft, »dabei nicht nur etwas Kunstgeschichte aufzuholen«, sondern bei den ortsässigen Deutschen etwas von Politik und Wirtschaft des Balkans kennenzulernen.

Die Reise beginnt in Wien, führt über Budapest, Belgrad, Sofia, Bukarest, Constanza, Istanbul, Piräus, Korfu nach Brindisi und endet in Venedig. Es ist seine erste Begegnung mit dem Orient, und unvergesslich bleibt dem Bildungsbürger vor allem die Fahrt vom rumänischen Constanza durch den Bosporus – »diese Stunden, fast ganz allein an Deck, denn unten war großes Diner« (das er schwänzte), und »diese Landschaft mit wunderbarem Wechsel, diese Bedrängnis durch die Weltgeschichte!«. Doch bald spürt er, dass die Hitlerei an den Randstellen des deutschen Siedlungsgebiets Wurzeln zu schlagen beginnt, und als der Bund im April 1933 in einem Akt der Selbstgleichschaltung die Parteien der Weimarer Koalition als »national unzuverlässig« verunglimpft, zieht er einen Schlussstrich und tritt aus.

Auf zwei mehr oder weniger offiziellen Reisen kann er seine beeindruckend umfassende Bildung wenige Jahre später weiter vervollkommnen: 1931 in Griechenland, wo er auf Wunsch des Auswärtigen Amts an einer internationalen Tagung der Partis radicaux et libéraux in Athen teilnimmt und von dort aus Korinth, Mykene und Olympia besucht, und, ebenfalls 1931, als Teilnehmer der Amitié des peuples, eines Clubs für internationale Verständigung, der in Warschau tagt. Er macht einen Abstecher nach Krakau, der alten Hauptstadt Polens und findet dessen Schönheit »beglückend« – das Königsschloss auf dem Wawel-Hügel etwa, das in wichtigen Teilen von lombardischen Meistern geformt ist, und den großartigen Marienaltar im Dom, geschaffen von Veit Stoß. Ihn, so Heuss, hätten die Polen lange als einen der Ihren beansprucht, bis ein polnischer Kleriker in einer Urkunde entdeckte, er sei ein Bürger von Horb am Neckar gewesen – was Heuss' »schwäbischem Gemüt, wenn er [Stoß] auch ein recht wilder Bürger gewesen, wohlgetan hat«.[11]

Heuss sieht die Fortschritte durchaus, welche die Locarno-Politik bringt, er anerkennt die Erfolge der Stresemann'schen Außenpolitik, stützt die Bemühungen um den Ausgleich mit Frankreich loyal und verteidigt sie gegenüber den Deutschnationalen. Aber in die allgemeine Euphorie über den Beitritt zum Völkerbund einzustimmen oder gar, wie Coudenhove-Kalergi und seine Paneuropa-Bewegung, in Locarno einen ersten Ansatz zu einer europäischen Politik zu sehen, ist seine Sache nicht. Zu sehr ist sein Denken noch ganz der Nation und ihrem unvollendeten Nationalstaat verhaftet, so Jürgen C. Heß, als dass er »wie der klarsichtigere Thomas Mann die Nationalidee als eine Vergangenheitsidee« hätte verstehen können. Was ein einiges Europa angeht, so überwiegt bei ihm die Skepsis, dass die Völker nach Lebensführung, Geistigkeit und Temperament »in der Tiefe« viel zu unterschiedlich seien. Paneuropa ist für ihn ein blutleerer Begriff, mit dem »europäische Schwierigkeiten in den Dauerschlaf gesungen werden« – und natürlich denkt Heuss dabei auch an den Anschluss Österreichs. Und was den Völkerbund betrifft, empfiehlt er dem Reichstag zwar nüchtern, sich praktisch auf die Mitarbeit einzustellen, denn er sei ein »nun einmal vorhandenes Instrument internationaler Politik«. Doch zugleich sieht er in dieser Organisation das »Kampffeld zwischen dem historischen Machtstaat und dem Naturrecht des Volkstums« – eines Volkstums zudem, dessen »göttliches und menschliches Recht ... auf sein staatlich-kulturelles Eigenleben« er betont, ein Recht, das durch Versailles schändlich missachtet worden sei.

Heuss unterscheidet streng zwischen dem Ideal des Völkerbunds und der Realität, die ihn als Werkzeug der französischen Politik erscheinen lässt – und dieser Realität misstraut er immer noch, so Modris Ekstein, schon weil er als Württemberger Frankreich ganz natürlich als eine Macht betrachtet, »der Deutschlands Einheit immer eine Bedrohung bedeutet hatte und die ständig des Versuchs verdächtigt wurde, diese Einheit zu untergraben«. In der

Tat behauptete Heuss, Frankreichs Kriegsziel sei die Rückführung Deutschlands in einen Bund souveräner Einzelstaaten gewesen, und die französische Besetzung der Ruhr deutete er als Wiederaufnahme der Politik Richelieus und Napoleons. Auch sieht er das deutsch-französische Verhältnis durch das französische Bündnissystem mit Polen, Rumänien und der Tschechoslowakei belastet, das jede friedliche Revision der deutschen Ostgrenze ausschließe.

Gelegentlich, so im Juni 1925, greift er das Wort vom »Volksbürgertum« auf, das damals modern wird und stellt es nahezu gleichberechtigt neben das Staatsbürgertum. In seinen Bemerkungen zum Völkerbund im Reichstag 1926 postuliert er das »rationale und demokratische Naturrecht des Glaubens und Wissens, daß ein Volkstum auf Sprache, Kultur und *eigenen* Staat unverlierbaren Anspruch hat«. Das wäre, so Heuss, »vom Volk her gesehen, eine traurige Demokratie, die nicht Tag um Tag mit brennenden Herzen an ihr draußen kämpfendes brüderliches Volkstum dächte. So reden wir auch hier vom ersehnten und kommenden Anschluß Österreichs und lassen uns nicht stören durch den Lärm, der in Pariser Gazetten darüber geführt wird.« Ein wahrer Völkerbund, eine Organisation unter Gleichen, ist für ihn, dessen Denken um den Staat und die Synthese von Demokratie, Volk und Nation kreist, nur denkbar, wenn das »tief Dämonische der nationalen Leidenschaften in diesem Europa seine Lösung gefunden hat«. Und da er ein zäher Anwalt der Rechte der Deutschen draußen sein will, fordert er die Regierung auf, »bei uns im Reich mit einem vorbildlichen Minderheitenrecht voranzugehen«, das – etwa im Grenzgebiet zu Polen – kulturelle Autonomie biete, eine Minderheitenpolitik, die Modell stehen solle für Staaten, in denen deutsche Minderheiten im fremden Staats- und Volksverband siedeln. Aristide Briand aber, der mit Stresemann zusammen den Friedensnobelpreis erhielt und beim Einzug der deutschen Delegation in den Völkerbund pathetisch erklärt hatte: »Fort mit den Gewehren, fort mit den Kanonen, fort mit den Maschinengewehren, Platz für Versöhnung, das Schiedsgericht und den Frieden!« – diesen Partner Stresemanns, der 1930 einen europäischen Staatenbund vorschlagen wird, charakterisiert Heuss als »Freund von Wolkenbildungen«, der »harte, schwierige Dinge im Gefühligen« auflöse. Für Heuss sind »übernationale oder zwischenstaatliche Gebilde« erst denkbar, wenn dem nationalen Anspruch in seiner Tiefe Genüge geschehen, genauer: wenn der Anschluss Österreichs vollzogen ist; bis dahin aber sind sie, so das Urteil von Jürgen C. Heß, für Heuss bestenfalls zeitpolitische Instrumente vorübergehenden Charakters.

So sehr er das Recht des Volkstums auf Autonomie oder auf einen eigenen nationalen Staat betont, so vorsichtig urteilt Heuss allerdings im Falle Elsass-Lothringens und respektiert damit den Locarno-Pakt. Als sich einige Jahre nach dem rauschenden Einmarsch der Franzosen im Elsass, ihrer »erlösten Provinz«, ein erster Protest gegen das zentralistische französische System meldet und einige Elsässer die Forderung nach Autonomie erheben, warnt er nachdrücklich vor »Dreinreden«, »Einmischen« oder »romantischem Spekulieren« von deutscher Seite. Zwar spiele sich »im fremden Staatsverband, aber innerhalb unserer Siedlungsgrenzen ein Stück Geschichte des deutschen Volkstums« ab, doch sollten wir »das Unsere tun, diesen Vorgang nicht mit staatspolitischen Illusionen und Spekulationen zu verwirren oder zu belasten«. Nichts sei ungeschickter als die Forderung einiger deutscher Parlamentarier, die nach einer deutschen Kultur- und Minderheitenpolitik im Elsass riefen, zu der Locarno angeblich die Tür aufgestoßen habe. Gerade weil er die Stimmung im Elsass kennt, da Elly weiterhin gute Kontakte nach Straßburg pflegt, rät er zu strikter Nichteinmischung: Die Elsässer sehnten sich nicht nach neuen Kämpfen und seien dankbar, wieder in den Schatten der Weltgeschichte zurückzutreten. Paris sei für sie so fern wie einst Berlin, aber gerade diese Ferne habe immer den Charakter ihres Volkstums gestärkt. In Städten wie Straßburg werde mehr deutsch gesprochen, vermerkt er mit großer Zufriedenheit, obschon sich die französische Politik allergrößte Mühe gäbe, die Elsässer zu Franzosen zu machen.[12] Heuss' Haltung gegenüber Stresemann, dem nach Ebert bedeutendsten Politiker, ja dem einzigen *Staatsmann* der Weimarer Republik, mag für Heutige schwer zu verstehen sein. Vor allem seine obstinate Weigerung, ihn in die Essay-Reihe über *Die Großen Deutschen* aufzunehmen, die er, schon Bundespräsident, zusammen mit dem Historiker Hermann Heimpel und dem Journalisten Benno Reifenberg herausgibt, ist nur schwer nachzuvollziehen. Trotz der Erfolge der Stresemann'schen Außenpolitik, die auch Heuss anerkennt, will er der »Apotheose« des Staatsmanns Stresemann keine »neuen Klänge« beifügen. Dabei hat sich dieser ja nicht nur um den Ausgleich mit Frankreich Verdienste erworben. In den gut drei Monaten, die er 1923 als Nachfolger des glücklosen Wilhelm Cuno als Reichskanzler amtierte, gelang es ihm, die Republik durch ihre gefährlichsten Krisen zu steuern – den Ruhrkampf einzustellen, die Inflation mit der Einführung der Rentenmark zu beenden und die Verfassung gegen Bedrohungen von rechts (in Bayern) und links (in Sachsen) zu schützen. Zwar bescheinigt Heuss ihm einen »gewissen Mut«, der dazu gehört habe, »den Karren herumzureißen« und den Ruhrkampf zu liquidieren. Aber er vergisst ihm nicht, dass er, der damals als der junge Mann Ludendorffs galt, 1927 zusammen mit dem Zentrumsabgeordneten Erzberger und der Obersten Heeresleitung die Stellung des Reichskanzlers Bethmann Hollweg unterminierte und ihn schließlich stürzen half; er vergibt ihm die ambivalente Haltung beim Kapp-Putsch nicht, von der bereits die Rede war, und er verzeiht ihm auch nicht, dass er – wie wir schon sahen – die Präsidentschaftskandidatur Geßlers ablehnte, den Heuss – ihn damit höchstwahrscheinlich überschätzend – für eine präsidiale und national-repräsentative Figur hielt. Jedenfalls haben beide, Heuss und Stresemann, wenn sie einander gesellschaftlich begegneten, »zurückhaltende Distanz« geübt.

Freilich stand zwischen beiden auch ein erheblicher Unterschied an Naturell und Temperament. So kritisiert der eher nüchterne Heuss bei Stresemann, was ihm selbst völlig abgeht: »Begeisterungspathos« in den Reden, aber auch eine gewisse »Vereinssentimentalität«. Als Stresemann einmal ein höchst mittelmäßiges Gedicht eines Auslandsdeutschen freiweg deklamierte, habe er »boshaft« gedacht: »… wann fängt er das Schluchzen an?« Heuss' Haltung zu

Erzberger, den der Publizist Robert Leicht zum 90. Jahrestag seiner Ermordung in der *Zeit* einen großen »Patrioten« nennt und zu den Gründervätern der ersten deutschen Republik zählt, ist nicht weniger ambivalent. Zwar erkennt er dessen konsequent-unitarische und auf mehr soziale Gerechtigkeit zielende Reichsfinanzreform an, die das Reich nicht länger zum Kostgänger der Bundesstaaten machte, ihm genügend eigene Steuerquellen erschloss und die Kriegsgewinnler durch erhöhte Besteuerung zur Kasse bat. Doch Heuss sieht in ihm nicht nur einen streitbaren, sondern vielmehr einen »streitsüchtigen« Mann, dazu einen von höchst problematischem Charakter. Dass er die Fahrt nach Compiègne zur Unterzeichnung des Waffenstillstands antrat, nennt er »sachlich und menschlich eine fehlerhafte Entscheidung«. Mit seinem Argument, diesen Waffenstillstand hätte die Oberste Heeresleitung und nicht der Zivilist Erzberger abschließen müssen, hat Heuss – zumal mit Blick auf die spätere Dolchstoßlegende – sicherlich recht, und fast alle namhaften Historiker teilen seinen Einwand. Aber Erzberger fuhr ja nicht auf eigene Initiative, sondern als Staatsekretär im Auftrag des kaiserlichen Kabinetts Max von Baden, und unterschrieben hat er erst nach Rücksprache mit Hindenburg und dem inzwischen als Reichskanzler amtierenden Friedrich Ebert. Doch gerade in dieser Fahrt nach Compiègne sieht Heuss eine besondere Schwäche Erzbergers: eine »betriebsame, bedenkenlose, auch mutige Verantwortungswilligkeit«. Dass es Erzberger war, der die Friedensresolution 1917 initiiert hatte, und dass es Erzberger gelang, das Zentrum auf ein Ja zum Versailler Vertrag einzuschwören, wird ihn Heuss, dem überzeugten Kritiker der Friedensresolution und Gegner von Versailles, nicht sympathischer gemacht haben. In der Beurteilung von Erzbergers staatsmännischen Zielen und Leistungen sind für Heuss jedenfalls »Bedeutsames und Subalternes« geradezu »qualvoll« miteinander vermischt, ihm sei stets der Eindruck des »Ineinander von unproblematischer Tatkraft und zuversichtlicher Leichtfertigkeit« geblieben.

Der Rechten wegen Friedensresolution, Waffenstillstand und Besteuerung der Reichen verhasst wie kein zweiter, wird Erzberger von Attentätern der rechten Organisation Consul am 26. August 1921 auf einem Spaziergang im Schwarzwald ermordet. »Sein Geschichtsbild trat in das Zwielicht zwischen staatsmännischer Leistung und Märtyrerschicksal und blieb darin ...«, so Heuss.[13]

Im Herbst 1925 siedelt Gustav Stolper, der den *Österreichischen Volkswirt* aufgegeben hat, von Wien nach Berlin über, weil er hier größere Wirkungsmöglichkeiten für seine Ideen und Vorstellungen sieht. Nach anfänglicher Tätigkeit als Chefredakteur für Politik und Wirtschaft beim *Berliner Börsenkurier* gründet er, des Tagesjournalismus überdrüssig, sein eigenes Wochenblatt. *Der deutsche Volkswirt. Zeitschrift für Politik und Wirtschaft* ist, *cum grano salis*, als eine Art deutscher *Economist* gedacht und wird ein überraschender publizistischer Erfolg, an dem Hjalmar Schacht, damals noch nicht nach rechts zu den Republikfeinden abgewandert, nicht geringen Anteil hat. Sich auf den Präsidenten der Reichsbank und den DDP-Politiker Schacht berufend, vermag Stolper Wissenschaftler, hohe Beamte und führende Männer der Wirtschaft als Autoren zu gewinnen – »es galt«, schreibt Heuss, »fast als eine Ehre, in dem jungen ›Volkswirt‹ seine Meinung vortragen zu dürfen«.

Das Blatt ist vor allem an Wirtschafts- und Außenpolitik interessiert, dem üblichen Klein-Klein der Innenpolitik vermag Stolper keinen Reiz abzugewinnen. Auch der ob seiner These von der »schöpferischen Zerstörung« berühmte Joseph Schumpeter, ein alter Freund Stolpers aus Wien und in den zwanziger Jahren als Professor in Bonn lehrend, zählt zum Mitarbeiterkreis. Aus der ersten Begegnung von Heuss und Stolper 1918, noch von Naumann vermittelt, hatte sich über die Jahre eine freundschaftliche Beziehung entwickelt, die sich in Berlin zu einer vertrauensvollen »Männerfreundschaft« auswächst und bald Elly und Toni Kassowitz, die zweite Frau Stolpers, aber auch ihre Kinder einschließt. Gemeinsam machen die Familien Ferien in Tirol, im Schwarzwald und in der Schweiz. Begünstigt wird die enger werdende Freundschaft auch durch die räumliche Nachbarschaft: Heuss mietet im Juli 1930 das Reihenhaus Kamillenstraße 3 in Lichterfelde-West, um es 1937 dann käuflich zu erwerben – beide Familien können einander seither zu Fuß erreichen.

Stolper und Heuss, sehr verschieden nach Anlagen, Interessen und Temperament, ergänzen einander hervorragend: Der Österreicher, ein brillanter Analytiker und Mann von kämpferischer Leidenschaft, schreibt leicht und mit einem »unpedantischen pädagogischen Zug« (Heuss), er ist musikalisch, singt ganze Akte von Wagner-Opern und findet seine Entspannung am Klavier; Heuss, der durchweg Unmusikalische, aber als Hobbyzeichner, Literaturexperte und Freund der Poesie keineswegs Amusische, anerkennt vor allem die logischen Fähigkeiten des vier Jahre jüngeren Freundes; er weiß ihn in der ökonomischen Schulung überlegen, doch bringt er selbst seine umfassende klassische Bildung und sein Wissen um »geschichtliche Zusammenhänge und Bedingtheiten« in die Freundschaft ein; vor allem nimmt er die Dinge, die Stolper erregen, sehr viel gelassener. Beide sind Anhänger des Anschlusses, beide Bewunderer und Verehrer Friedrich Naumanns, obschon Stolper sehr viel früher als Heuss erkannte, dass die k. u. k.-Monarchie an der Vielfalt der Nationalitäten und ihren inneren Gegensätzen zerbrechen, ein Mitteleuropa in der ursprünglichen Naumann'schen Konzeption also nie zustande kommen würde. Wichtig wird für Heuss vor allem der Dienstagskreis des *Volkswirts*, zu dem Stolper Informanten und Mitarbeiter zum vertraulichen Gedankenaustausch einlädt. Kellner des Hotels »Esplanade« bringen Speisen und Getränke, der große runde Konferenztisch des Blatts wird dann zum Mittagstisch, an dem Redakteure und Gäste beim Essen ihre Meinungen austauschen. Der Dienstagskreis bietet auch Gelegenheit, Politik aus erster Hand kennenzulernen, denn regelmäßiger Gast ist Bernhard Wilhelm von Bülow, der Leiter des Völkerbundreferats im Auswärtigen Amt (und spätere Staatssekretär), der gelegentlich junge Mitarbeiter einführt, die ihm nahe stehen und über dieses oder jenes Spezialproblem der auswärtigen Politik berichten können. Besonderes Interesse mag in diesem Zusammenhang verdienen, dass Bülow nicht zu den Freunden der Verständigungspolitik Stresemanns zählt, sondern ganz im

Gegenteil für eine engere Zusammenarbeit mit der Sowjetunion plädiert, von der er sich den Anschluss Österreichs und eine Änderung der deutschen Ostgrenzen erhofft.[14]

Heuss wird regelmäßiger Mitarbeiter des *Volkswirts*, schreibt – so Toni Stolper – mit »funkelnden Spitzen und Klingen« Glosse um Glosse und kann die Honorare dafür gut gebrauchen, da er bei den Wahlen zum 4. Reichstag im Mai 1928 vergeblich kandidiert und der Verlust der Reichstagsdiäten im Heuss'schen Haushaltsbudget schmerzlich ins Gewicht fällt. Die DDP hatte bei diesen Wahlen, deren Hauptgewinner die Linksparteien waren, nochmals 1,5 Prozentpunkte verloren. Hätte es damals eine Fünf-Prozent-Klausel wie in der Bundesrepublik gegeben, wäre ihr mit 4,8 Prozent der Stimmen nicht einmal der Einzug ins Parlament gelungen. So verliert sie zwar sieben Sitze, ist aber mit 25 Abgeordneten als Fraktion im Reichstag vertreten und beteiligt sich an der letzten Regierung der Republik, die sich auf eine parlamentarische Mehrheit stützen kann: die Große Koalition unter dem Sozialdemokraten Hermann Müller, die in der großen Wirtschaftskrise im März 1930 dann auseinanderbrechen wird. Heuss hatte wieder auf Platz zwei der württembergischen Landesliste kandidiert, doch konnte die Partei wegen sinkender Zustimmung selbst in ihrem liberalen Kernland nur den Erstplatzierten in den Reichstag senden. »Man muß das Schicksal nun eben hinnehmen«, schreibt er dem moderaten Deutschnationalen Gottfried Treviranus, der sein Ausscheiden aus dem Parlament bedauert, denn beide hatten gern freundschaftlich die Klinge gekreuzt. Vermutlich werde er jetzt »stärker an die Wissenschaften« herangehen. Und seinem Freund Walter Goetz in Leipzig bekennt er, »schon aus finanziellen Gründen« müsse er sich jetzt nach einer »Arbeitsergänzung« umsehen.

Im Zentrum seiner Arbeit steht weiter seine Dozententätigkeit an der Hochschule für Politik, er schreibt vermehrt für verschiedene Zeitungen und macht auch erste Versuche in Oral History, denn im Auftrag der Historischen Reichskommission führt er Interviews mit früheren Reichskanzlern wie Wilhelm Marx, die im Reichsarchiv aufbewahrt werden sollen. Für die Reichszentrale für Heimatdienst gibt er 1929 das Werk *Deutsche Einheit – Deutsche Freiheit* heraus, das offizielle *Gedenkbuch der Reichsregierung zum 10. Verfassungstag. 11. August 1929*, zu dem Reichspräsident Hindenburg die Einleitung beisteuerte, und avanciert damit, wenn man so will, zum offiziellen Chronisten der ersten Republik. Auch beginnt er mit der Durchsicht des Naumann-Nachlasses für eine umfassende Biographie über sein großes Vorbild, ein Unternehmen, das er allerdings immer wieder unterbricht und erst 1937 beenden wird. Schließlich lässt er sich überreden, wieder in der Kommunalpolitik mitzuwirken und zieht außer in die Schöneberger Bezirksversammlung auch »ins zentrale Parlament für Groß-Berlin« ein – was dem späteren Bundespräsidenten bei der Einschätzung so manches politischen Freundes oder Gegenspielers helfen wird. Man kennt sich eben, wenn Heuss nach Berlin reist und den Regierenden Bürgermeister Ernst Reuter trifft, seinerzeit Chef des Verkehrsdezernats und für den Ausbau der U-Bahn verantwortlich. Und selbst wenn der Bundespräsident in Berlin jede Begegnung mit dem Ostberliner »Gegenpräsidenten« peinlichst vermeiden muss, um ihn nur ja nicht offiziell anzuerkennen – man weiß um einander mitsamt seinen Stärken und Schwächen, denn außer mit Joseph Goebbels hat es für den kommunalen Abgeordneten Heuss auch so manchen polemischen Schlagabtausch mit Wilhelm Pieck gegeben, dem damaligen Chef der kommunistischen Stadtrat-Fraktion.[15]

Im Reichstag ist Heuss die nächsten zweieinviertel Jahre nicht vertreten, aber wenn er im Oktober 1929 in den Vorstand der DDP gewählt wird, zeigt dies, dass seine Stimme in der Partei Gewicht gewinnt. Er ist persönlich wegen seiner charmanten Bonhomie beliebt und als Redner viel gefragt, nicht zuletzt für besondere programmatisch-historische Anlässe wie den hundertsten Geburtstag des 1848er Revolutionärs und späteren Innenministers der USA Carl Schurz im März 1929 in der Frankfurter Paulskirche oder die hundertste Wiederkehr des Hambacher Festes im Mai 1932 in Neustadt/Pfalz. Der offenbar unaufhaltsame Schrumpfungsprozess der Liberalen lässt ihn parteiintern zum Anwalt einer engen Zusammenarbeit mit der immer noch beinahe doppelt so starken DVP werden. Zudem setzt er sich – etwa im *Deutschen Volkswirt* – verstärkt gegen »die Herrschaft der Liste«, also gegen die in der Verfassung festgeschriebene Proportionalwahl und für die Einführung des Mehrheitswahlrechts ein, für die auch Gustav Stresemann bis zu seinem frühen Tod im Oktober 1929 kämpft. Heuss' zentrales Argument: Erfolgreicher Parlamentarismus erfordert statt der Splittergruppen des Proporzes, die Zünglein an der Waage spielen und klare Richtungsentscheidungen verhindern, große Parteikörper, die in der Lage sind, Macht verantwortlich auszuüben. Eine Wahlrechtsreform, die dies bewirken soll, hält Heuss für so dringlich, dass er sie notfalls auch mit einer Verordnung des Reichspräsidenten nach Paragraph 48 durchgesetzt sehen will – gestützt allerdings auf die Zustimmung der Großen Koalition. Als diese im Frühjahr 1930 scheitert, muss er seine Hoffnung begraben. Vage war sie ohnehin, weil die Sozialdemokraten, auf deren Drängen das Proportionalwahlrecht einst in die Verfassung geschrieben wurde, eine Änderung kaum befürwortet hätten.

Auch Pläne für eine Arbeitsgemeinschaft oder gar Vereinigung mit der DVP zerschlagen sich, denn der Parteivorsitzende Koch-Weser beschließt, »in einer Art von internem Staatsstreich« (Heuss) die Fusion mit der Volksnationalen Reichsvereinigung um den »Hochmeister« des Jungdeutschen Ordens (abgekürzt Jungdo) Artur Mahraun, einer Organisation, die eher dem Lager der konservativen Revolution zuzurechnen ist – nach dem Urteil Heinrich August Winklers »ein nachgerade verzweifelter Versuch, den weiteren Niedergang der Partei aufzuhalten«. Keine der damaligen Parteien sei so sehr mit der Weimarer Republik identifiziert worden wie die DDP, meint Thomas Hertfelder, und keine habe einen so katastrophalen Bankrott erlebt – so habe sie versucht, ihren nach rechts abdriftenden Wählern hinterherzulaufen, »indem sie sukzessive liberale Überzeugungen über Bord gehen ließ...«

Wenn die Fusion mit Mahrauns bündischer Organisation denn ein Staatstreich war, dann ein von langer Hand vorbereiteter, denn

Gertrud Bäumer hatte schon einen Monat nach der erschreckenden Wahlniederlage von 1928 in zwei Artikeln in der *Hilfe* die Erweiterung der Partei gefordert. Sie will Bundesgenossen außerhalb suchen, will »Staatsgeist und Volksgefühl« in der größeren Partei vereint sehen, will breite Schichten des protestantischen Bürgertums zurückgewinnen und ist bereit, die alte »Brücken-Funktion« der Linksliberalen zu den Sozialdemokraten aufzugeben, weil sie in ihnen nur noch radikale Interessenvertreter sieht. Was sie sich wünscht, läuft auf eine neue Partei »zwischen den Sozialdemokraten und den Deutschnationalen« hinaus, vor allem will sie eine Verjüngung der Partei und erwähnt dabei ausdrücklich den Jungdeutschen Orden. Der ist zwar kein Freund der parlamentarischen Demokratie, sein vages Programm zielt auf einen »Volksstaat«, der auf sogenannten Nachbarschaften aufbaut – »blasse Romantik zwischen dem Werden der Industriegesellschaft mit ihren Zwängen«, wie Heuss es zu Recht nennt. Noch Monate vor der Fusion mit der DDP zur Deutschen Staatspartei enthält die Satzung des Jungdeutschen Ordens einen Arierparagraphen, von dem sich Mahraun zwar distanziert, doch kann an der antisemitischen Orientierung der Mehrheit der Jungdo-Mitglieder trotz dieses Dementis kaum Zweifel bestehen. Was die Gruppierung mit dem romantischen Namen aus dem »Wortarsenal des hohen Mittelalters« (Heuss) in den Augen Koch-Wesers und Gertrud Bäumers dennoch als Partner empfiehlt, ist einmal die Tatsache, dass sie sich während des Kapp-Putschs mit der legalen Reichsregierung solidarisch erklärte, dass sie die Politik der Aussöhnung mit Frankreich gegen alle Hetze von rechts mitträgt und ein erklärter Gegner Hugenbergs und seiner Deutschnationalen ist. Zweitens hat sie angeblich gut hunderttausend Anhänger im Reich, die sie in die erstarrte und verkalkte DDP einbringen kann. Diese machen die durch Fusion entstehende neue Partei vor allem für jüngere Wählerschichten attraktiv. So rufen »maßgebende, aber nicht legitimierte Vertreter« (Stephan) der DDP zur Gründung der Deutschen Staatspartei als einer Sammlung der Mitte auf, die auf dem Boden der Verfassung stehen und die staatlichen Symbole ehren will. Der Parteivorstand und die Wahlkreisvorsitzenden billigen Koch-Wesers »Putsch«, führende DDP-Mitglieder wie Wilhelm Külz und der preußische Finanzminister Höpker-Aschoff stellen sich hinter den Vorsitzenden, und Theodor Heuss bittet Robert Bosch schriftlich um die Unterstützung der neuen Staatspartei: Sie solle der »weiteren Zersplitterung im Parteienlager der linken Mitte begegnen« sowie – typischer Heuss-Stil – »eine Gruppe jüngerer Menschen der Romantik ihres Seins entziehen und politisch aktivieren«. Zwar war er an den Überlegungen, die zur Fusion führten, nicht beteiligt, aber er setzt – trotz unverhohlener Skepsis gegenüber dem ideologischen Gut, das die Jungdeutschen einbringen – doch Hoffnungen in sie und unterstützt Koch-Weser, der dies alles eingefädelt hat: »Die Führung hat recht, im gegebenen Augenblick zur Tat zu schreiten.« Schon im August schrieb er seinem Vorsitzenden, der beim Schund- und Schmutzgesetz gegen ihn gestimmt hatte, ihm sei der Menschentypus, »der jetzt zu uns stoßen soll, höchst willkommen«, denn er glaube, dass er gerade in dieser Frage seiner »inneren Auffassung näher steht als das sichtbare demokratische Parteischema dieser Dinge zeigt«. Vielleicht hätte ein Charismatiker wie der verstorbene Stresemann, der angeblich vor seinem Tod ebenfalls mit Mahraun verhandelte, dieser neuen Gruppierung der Mitte inneren Halt und den nötigen Schub zum Erfolg geben können. Ohne ihn aber gerät die Fusion der nach Herkommen und Überzeugung fremdartigen Partner zum Desaster: Wichtige DDP-Mitglieder wie Anton Erkelenz, der Verbandssekretär der Hirsch-Dunkerschen Gewerkvereine, schließen sich der SPD an, weil sie in den Sozialdemokraten nun die einzig konsequente republikanische Kraft sehen; bis auf wenige jüngere Mitglieder zeigt sich die DVP ablehnend, und das jüdische Bürgertum, bislang bei Wahlen eine zuverlässige Stütze der DDP, betrachtet das Zusammengehen mit den Jungdeutschen mit äußerstem Argwohn.[16]

Zwar kann Heuss nach mehr als zwei Jahren erzwungener Abstinenz bei den Wahlen zum 5. Reichstag im September 1930 – diesmal ist er die Nummer Eins »auf dem Zettel« – wieder ein Mandat gewinnen. Aber die Staatspartei, diese etwas dubiose Neuschöpfung, die er jetzt vertritt, verliert entgegen allen Erwartungen, die in die Fusion mit den Volksnationalen und Jungdeutschen gesetzt wurden, gegenüber dem DDP-Ergebnis von 1928 wiederum ein Prozent der Stimmen, und es dauert nicht lange, bis die neugewählte Fraktion, die jetzt nur noch zwanzig Köpfe zählt, auseinanderbricht. Die sechs Mitglieder der Volksnationalen scheiden aus, weil die demokratischen Politiker die Staatspartei angeblich als Fortsetzung der alten DDP und als linksbürgerliche Partei erscheinen lassen – eine Haltung, die Heuss als »ungewöhnliches Maß von sachlicher und menschlicher Illoyalität« wertet, denn mit den bleibenden vierzehn Mitgliedern ist der Fraktionsstatus der Staatspartei in Gefahr. Erst als es gelingt, einen Abgeordneten des Bauernbunds zu sich herüberzuziehen, sind die Staatsparteiler mit nunmehr fünfzehn Abgeordneten nicht mehr völlig gelähmt und können als Fraktion in den wichtigen Ausschüssen mitarbeiten.

Als die neue Fraktion zusammentritt, bietet man ihm den Vorsitz an – aber Heuss lehnt mit Blick auf die ihm wichtigen Verpflichtungen bei der Hochschule für Politik ab, auch will er seine Meinung als Journalist weiter frei vertreten können, zumal er auf die Einnahmen als Dozent und auf Honorare angewiesen bleibt. Nach seinen Vorstellungen muss der Vorsitzende der Fraktion »ein in seiner Freizeit und in seinen Geldmitteln unabhängiger Mann« sein, und beides ist er nach eigenem Urteil nicht. Aber er akzeptiert das Amt des Fraktions-Geschäftsführers und diktiert nun »bieder«, wie er selbstironisch im Rückblick meint, Protokolle von Aussprachen und Fraktionsbeschlüssen – Dokumente, die von Jungdemokraten nach der Machtübergabe an Hitler abgeholt und vernichtet wurden, wohl in der Absicht, Material zu beseitigen, das in den Augen der nationalsozialistischen Machthaber Abgeordnete der DDP hätte belasten können. Er selbst versteht sich weiter als Liberaler, hält den Liberalismus nicht für überwunden, bleibt auch am Ende der Weimarer Republik »optimistisch gegenüber der Zukunft seines politischen Wertesystems«, so Ernst Wolfgang Becker, und schließt sich damit der »Flucht aus dem Liberalismus« (Langewiesche) nicht an. Doch der Trend nach rechts, der sich mit der missglückten Ehe zwischen Demokraten und Jungdeutschen abgezeichnet hat, ist in der früheren DDP unverkennbar. Hermann Dietrich, der nach dem Rücktritt Koch-Wesers gewählte Vorsitzende, will die neue Partei vor allem »auf dem Staatsgedanken aufgebaut« sehen und erklärt in aller Form: »Wir gehen davon aus, daß das Zeitalter des Liberalismus hinter uns liegt«. (Dass der Liberalismus überholt sei und »auf die Verhältnisse von heute nicht passt«, hatte übrigens schon Gertrud Bäumer nach der Wahlniederlage 1928 erklärt.) Dietrich fordert die Erziehung des einzelnen Bürgers zur Staatsidee und beklagt die »völlige Entartung der Meinungs- und Pressefreiheit, in der die Seele des Volkes immer mehr verwirrt« werde.

Folgt man Werner Stephan, dann ist der offizielle Gründungsparteitag am 9. November 1930 in Hannover, auf dem Dietrich dies programmatisch verkündet, von einem einzigen großen Rechtsschwenk bestimmt: Selbst der Ehrenvorsitzende und Altliberale Carl Petersen aus Hamburg sagt dem Pluralismus ab. Er beklagt die »große Wirrnis unserer Tage«, die auf »das Nebeneinander der vielen Organisationsformen unseres sozialen Lebens« zurückzuführen sei und ruft – für die DDP bislang unvorstellbar! – nach mehr Eingreifen des Staates in die Wirtschaft, und zwar »auf der entscheidenden Seite der Produktion«. Der Staat schlechthin, so Stephan, sei für die einstigen Linksliberalen jetzt wesentlich, nicht mehr Recht und Freiheit des Einzelnen, das nachgerade klassische Traditionsgut der Liberalen. Natürlich ist all dies vor dem Hintergrund der großen Wirtschaftskrise zu sehen: Mitte 1930 liegt die Arbeitslosenzahl bereits bei nahezu drei Millionen und steigt bis Dezember auf 4,4 Millionen an, die Nationalsozialisten, die erdrutschartigen Sieger der Septemberwahlen, schnellen von nur zwölf im Jahre 1928 auf sensationelle 117 Mandate hoch, auch die Kommunisten nehmen den Sozialdemokraten ein paar hunderttausend Stimmen ab und gewinnen 23 Mandate hinzu. Das negative Bild von Weimar als einer heillos zerstrittenen, handlungsunfähigen Parteiendemokratie, das noch lange nach dem Zweiten Weltkrieg im Volk lebendig war, hat hier seine Wurzel. Heuss jedenfalls meint, es sei »kein Wunder, daß die Funktionsfähigkeit der parlamentarischen Apparatur für die Deutschen selber höchst fragwürdig geworden« sei. Im Grunde war diese »Apparatur«, eben die parlamentarische Demokratie, schon mit dem Auseinanderbrechen der Großen Koalition im März 1930 gescheitert.

Heuss bejaht die Form des Präsidialkabinetts, mit der Brüning jetzt, gestützt auf die Vollmachten des Reichspräsidenten und toleriert von den Sozialdemokraten bis Mai 1932 regiert, zumal seine Partei mit ihrem Vorsitzenden, dem Badener Hermann Dietrich als Vizekanzler und Finanzminister in dessen Regierungen entscheidende Positionen besetzt. Wann immer es darum geht, »den Staat zwischen Klippen und Brandung hindurchzubringen«, tritt Heuss für die Stärkung der Exekutive ein, meint Jürgen C. Heß und zweifelt nicht daran, dass er unter der Rettung des Staates auch die Rettung der Demokratie versteht. So waren auch die beiden Ermächtigungsgesetze des Jahres 1923 für den Pragmatiker Heuss einer der »staatspolitisch vernünftigsten Akte des deutschen Reichstags«, denn sie räumten den Kanzlern Stresemann und Marx außerordentliche Vollmachten ein, die es ihnen erlaubten, die Republik durch die große Staatskrise des Herbsts zu steuern und sie vor einer Katastrophe zu bewahren. Ein Präsidialkabinett à la Brüning ist für ihn jedoch nur für den Notfall gerechtfertigt, »jeglichen Dauerlösungen überparlamentarischer Art« hält er »ein scharfes Nein entgegen«. Allerdings ist dieser Notfall mit dem Anwachsen der radikal antiparlamentarischen und antisemitischen Nationalsozialisten, aber auch der Kommunisten für ihn gegeben, zumal die Reichstagswahlen von 1932 dazu führen, dass die Sitze der beiden radikalen, extremen Parteien zusammen eine negative, sprich antiparlamentarische Mehrheit ergeben. Selbst eine Koalition sämtlicher anderen Parteien, so heterogen sie auch sein mochten, hätten im Reichstag keine Mehrheit mehr gehabt.[17]

Hatte Heuss Hitler und seine Bewegung einst als bloße »Inflationserscheinung« abgetan und gemeint, die Phase der Stabilisierung der Weimarer Republik habe sie ihres Elans beraubt, nimmt er nun die NSDAP und ihren »Führer« umso gründlicher unter die Lupe. Selbst in einem Urlaub, den er im September 1930 allein am Gardasee verbringt, hat er Hitler-Lektüre dabei, weil er für die Reichszentrale für Heimatdienst eine Analyse des NSDAP-Programms erarbeiten soll. Er habe »Angst wegen des Stils«, schreibt der Literaturkenner und -liebhaber an Elly in Berlin und hofft, dass er »besser« sei als bei Hitlers »gedruckten Reden«. Auch persönlich hat er allen Anlass, sich kritisch mit Hitler zu befassen, ist er doch für die Nationalsozialisten nicht nur als überzeugter Liberaler ein politischer Gegner, sondern zählt für sie auch zu jener Kategorie Mensch, die sie als »Blutfeinde« aus dem deutschen Volkskörper eliminieren wollen: Vielleicht weil die Staatspartei viele jüdische Mitglieder hat, wird er in einem Buch Heinrich Himmlers über den Reichstag von 1930 unter jenen Abgeordneten aufgeführt, die »einwandfrei als Rassejuden nachweisbar sind«. Doch im Gegensatz zu seinem Parteifreund und »Bruder im Leid« Walter Goetz, der gegen den »Rassenforscher« Hans F. K. Günther klagt, weil dieser ihn – den Major der Reserve und Sohn des Führers der Deutschen Turnerbewegung – in seiner *Rassenkunde des jüdischen Volkes* mit Foto vorgeführt und als eindeutig »vorderasiatisch« eingeordnet hatte, beschreitet Heuss den Klageweg nicht. Er sei weit davon entfernt, verletzt zu sein, schreibt er Goetz, im Gegenteil, die Geschichte habe ihm »einen kolossalen Spaß« gemacht, denn er habe sie in allen Wahlversammlungen vorgelesen und sogar erreicht, dass sich ein paar Nationalsozialisten entschuldigt hätten. Überhaupt fragt er sich: Soll er, der doch viele Freimaurer und Juden zu seinen persönlichen und politischen Freunden zählt, etwa gegen die *National-Sozialistische Volks-Zeitung Schwenningen* wegen Beleidigung vor Gericht ziehen, weil sie ihn im Wahlkampf 1932 als »Freimaurer und Juden« bezeichnet und ihm »jüdische Frechheit« vorgeworfen hat? Würden sich seine jüdischen Freunde durch eine solche Klage von ihm nicht beleidigt fühlen? Das NS-Blatt hatte eine presserechtliche Berichtigung mit dem Hinweis abgelehnt, es werde den

Wahrheitsbeweis führen, er solle ruhig Privatklage gegen sie erheben. Heuss begnügt sich mit einer Anzeige wegen Vergehens gegen das Pressegesetz, und ein Gericht in Tuttlingen verurteilt die Zeitung zum Abdruck einer Gegendarstellung, zur Übernahme der Kosten und einer Geldstrafe von 30 Mark.

Nach einer Rede im Februar 1931 in Tübingen, in der er sich mit der Hitler-Bewegung auseinandersetzt, bittet ihn die Union Deutsche Verlagsgesellschaft in Stuttgart um ein Buch über den Nationalsozialismus. So entsteht *Hitlers Weg. Eine historisch-politische Studie über den Nationalsozialismus*, die wohl erste kritische, aber auch sachliche Auseinandersetzung mit der deutschen rechtsextremen Bewegung, die schon im Dezember 1931, rechtzeitig zum Weihnachtsgeschäft, auf den Markt kommt, obschon als Erscheinungsjahr 1932 angegeben ist. Die kartonierte Ausgabe kostet 2,80, die in Ganzleinen 3,80 Reichsmark, der Autor erhält von jedem verkauften Exemplar ein Honorar von jeweils 10 Prozent. Den Umschlag zur deutschen Ausgabe nennt Heuss »sehr frech«: Ein grimmiger Hitler in dynamischer Rednerpose weist »mit aufgerissenem Maul« und ausgestrecktem rechten Arm in eine ferne Zukunft, die linke Hand zur Faust geballt. Mit acht deutschen Auflagen ist es das erfolgreichste Buch, das Heuss vor dem Zweiten Weltkrieg geschrieben hat, es wird ins Schwedische und Holländische übersetzt und erscheint, um etliche Passagen zu Mussolini und Südtirol gekürzt, selbst im faschistischen Italien. Als Hitler 1934 erstmals mit dem Duce in Venedig zusammentrifft – da hat er das Buch in Deutschland längst verboten –, prangt die italienische Ausgabe noch in den Schaufenstern der Buchhandlungen der Lagunenstadt.[18]

Mit »viel sprachlichem und sachlichem Widerwillen« hat Heuss sich durch Hitlers *Mein Kampf*, Rosenbergs verworrenen *Mythus des 20. Jahrhunderts*, Schriften von Goebbels, *Das Manifest zur Brechung der Zinsknechtschaft des Geldes* von Gottfried Feder, durch Reden des »Führers« und seiner Mitstreiter und durch die nationalsozialistische Programmatik gearbeitet. Am Ende legt er ein Buch vor, aus dem zwischen den Zeilen immer wieder der Dozent für Parteiengeschichte der Hochschule für Politik herauslugt: eine mit nüchterner Sachlichkeit geschriebene, wenn auch mit typisch Heuss'scher Ironie durchsetzte kritische Analyse der Hitler-Bewegung, die auf laute Polemik verzichtet, sie historisch einzuordnen und zu begreifen versucht, aber das Unsinnige und Irrationale ihres Programms – in der Sprache von Heuss: »Torheiten« und »geistige Verzerrungen« – deutlich benennt und an den Pranger stellt. Einerseits herrscht ein verständnisbereiter Grundton vor – etwa, wenn der Autor die Spannkraft Hitlers, seine organisatorischen und propagandistischen Leistungen und seine Massenwirksamkeit hervorhebt oder wenn er es für unwürdig hält, dass man ihn, den Staatenlosen, der seine österreichische Staatsangehörigkeit als bayerischer Kriegsfreiwilliger verloren habe, als »Ausländer« behandle: »...das«, so Heuss, »sollte eigentlich nicht möglich sein in einer Zeit, da der großdeutsche Gedanke eines der wenigen Güter ist, das über die Parteien hinweg einigende Kraft besitzt«.

Die Polemik um Hitlers Staatsbürgerschaft, für Heuss »ein agitatorisch nicht immer erfreuliches Kapitel«, wird schließlich Ende Februar 1932 durch den nationalsozialistischen Innenminister des Landes Braunschweig beendet, der den »Führer« zum Regierungsrat ernennt, damit einbürgert und ihm die Kandidatur im Wahlkampf ermöglicht. Andererseits setzt Heuss sich betont kritisch mit dem »Blutdogma« der Bewegung, mit jener Rassenkunde auseinander, die er als »Wissenschaft der Nationalsozialisten« bezeichnet, für ihn vergleichbar der Rolle des Marxismus bei den Sozialisten. Ironie ist im Spiel, wenn er sagt, auf der Suche nach dem nordischen Menschen müssten die Nationalsozialisten »den Umweg um viele Gipfel des deutschen Lebens machen«, so um Luther und Beethoven, Schopenhauer und Nietzsche, Schubert und Liszt, bekanntlich gehörten ja »auch Goethe und der Rundkopf Bismarck zu den nordischen Fragwürdigkeiten«. Schärfer, derber, ja bitterernst wird er da, wo es um den Antisemitismus geht, dessen Literatur zu lesen »eine Strafe« sei. Was Hitler in *Mein Kampf* über die Juden schreibe, sei »subaltern und brutal«, auch »verzerrt und kenntnislos in der Charakteristik der historischen Wirtschaftswirkung des Juden«. Was viele Deutsche später nicht gewusst haben wollen, umreißt Heuss in seinem Buch 1932 eindeutig und in aller Schärfe: dass Hitler und die nationalsozialistische Bewegung die Juden aller staatsbürgerlichen Rechte entkleiden wollen, dass Juden unter einer Hitler-Regierung weder ein öffentliches Amt versehen noch wählen dürfen und dass sich eine solche Regierung ihre Ausweisung vorbehält. Er warnt davor, dass solche Ideen anderen Staaten, vor allem in Osteuropa, Argumente dafür lieferten, die Position der deutschen Minderheiten zu schädigen oder sie, wie von den Nazis mit den Juden beabsichtigt, unter Ausnahmerecht zu stellen. Zugleich aber bezeichnet er den Antisemitismus als »gemeindeutsche Angelegenheit«, spricht von der Zerstörung jüdischer Friedhöfe und erklärt: »Wir alle tragen einen Fleck an uns herum, seit in Deutschland solches, feig und ehrfurchtslos, möglich wurde.«

Es gibt ein paar merkwürdige Vergleiche in diesem Buch, etwa wenn er Hitler neben Ferdinand Lassalle stellt, den er als Erfinder der »präsidentiellen Personalpartei« vorführt, der als Chef des von ihm gegründeten Allgemeinen Deutschen Arbeitervereins beinahe so diktatorische Vollmachten wie Hitler als »Führer« nach ihm in der NSDAP beansprucht habe. Oder wenn er Bebels *Die Frau und der Sozialismus* »etwas kühn«, wie er selbst zugibt, neben *Mein Kampf* stellt: beide in Festungshaft geschrieben, beide mit einer zentralen Rolle für die jeweilige Anhängerschaft, ihrer beider Autoren frei über »Wissenschaft« verfügend – Hitler über die gesamte Weltgeschichte, Bebel über die Sozialökonomie. Handelt es sich, wie Eberhard Jäckel meint, hier wirklich um Heuss'sche Ironie, die darin besteht, die »Nationalsozialisten gerade solchen Personen anzunähern, wie Sozialisten und Juden, die sie von ihren Voraussetzungen her am schärfsten ablehnten«? Heuss jedenfalls war stolz auf diese Analogien: Er habe viel Geschichte in das Buch hereingebracht, schreibt er seinem alten Freund Friedrich Mück in Heilbronn, »darunter solche, die den Sozialdemokraten nicht gefallen wird (Parallele Hitler-Lassalle, Hitler-Bebel)«. Aber haben

Analogien nicht da ihre Grenze, wo man eine im Kern in Aufklärung, Vernunft und rationalem Argumentieren wurzelnde linke Massenbewegung, auch wenn sie gläubige Anhänger hat, einer rechten, ganz auf den Glauben an Blut und Rasse, ans Völkische, an Nationalismus und heroisches Führertum gegründeten nahezu gleichsetzt?

Gar zu akademisch wirkt seine Auseinandersetzung mit der Wirtschaftsordnung der NSDAP, ihrem Parteiprogramm und dem NS-Wirtschaftstheoretiker Gottfried Feder, der einst die Verstaatlichung der Banken und die Abschaffung des Zinses forderte. Nur: Hat diese Partei überhaupt ein verbindliches Wirtschaftsprogramm? Als Heuss sich mit Feder und dessen »negativem Geldwahn« befasst, ist dieser innerhalb seiner Partei beinahe schon zur Marginalie geworden, und in der späteren Praxis hat das Programm der NSDAP ohnehin keine Rolle gespielt. Aber das sind Petitessen aus heutiger Sicht. *Hitlers Weg* ist und bleibt der erste ernsthafte Versuch einer kritischen Analyse des Nationalsozialismus, und zwar »weltweit«, wie Jäckel betont. Gewiss zu milde in seiner Kritik, aber eben typisch Heuss: kein Schwarz-Weiß, sondern ungewöhnlich nuanciert. Er wollte »in den aufwuchernden, rein polemischen, apologetischen Broschürenhaufen« der damaligen Zeit »ein wenig geistig historisches Niveau einführen«, wie er später sagen wird. Margret Boveri sieht darin den Versuch, dem »wilden Mann« und seiner großen Gefolgschaft« mit »Vernunft beizukommen« – als ob das möglich gewesen wäre! Typisch für die Diskussion der frühen dreißiger Jahre, in denen das Buch ja entstand, sind vor allem jene Passagen, in denen die Hoffnung deutlich wird, die NSDAP ließe sich durch parlamentarische Mitarbeit »ausnüchtern« oder durch Koalitionen »zähmen.« In fast allen bürgerlichen Parteien grassiert ja seit den sensationellen Wahlerfolgen Hitlers die Idee, die NSDAP an der Regierungsverantwortung zu beteiligen in der Erwartung, sie werde sich den realen Sachzwängen beugen müssen, ihre Anhänger damit enttäuschen und sich nur zu bald verschleißen. Heuss greift solche Überlegungen auf, er richtet seine ganze Hoffnung darauf, dass die »Logik des Parlaments« beginnt, dessen Widersacher, »wenn auch unter Kampf und Krampf«, zu unterwerfen. Er erinnert an die große Kontroverse um die Budgetbewilligung, die innerhalb der Sozialdemokratie um die Wende vom 19. zum 20. Jahrhundert geführt wurde, als süddeutsche Pragmatiker und Reformer sich gegen die Bebelschen Puristen durchsetzten und erstmals die Zusammenarbeit mit bürgerlichen Parteien wagten. Welchen Weg die NSDAP in dieser Frage nehmen wird, weiß er (noch) nicht, weiß in der Tat zu dieser Zeit keiner, aber die Gefahr, dass Hitler sich, entgegen den sozialdemokratischen Reformern, der Logik des Parlaments nicht unterwirft, schließt er keineswegs aus: Wer mit einer antiparlamentarischen Grundgesinnung ins Parlament geht, so Heuss, der nutzt einerseits die Volksvertretung als Bühne agitatorisch, »zum anderen will er die Arbeitsmöglichkeiten und -gewöhnungen des parlamentarischen Betriebs stören und, wenn es möglich ist, zerstören«.[19]

»Es gab«, schreibt Heuss in seinen *Erinnerungen*, »selbst in der Führung der Staatspartei einige hervorragende Männer, die schon 1931 der Meinung waren, man solle Hitler an der Macht beteiligen, Männer, die noch 1933 aus Gründen der ›Rasse‹ oder der ›Versippung‹ Deutschland verlassen mussten; er werde sich an den Realitäten verbrauchen«. Aber hat er dem wirklich immer eindeutig und grundsätzlich widersprochen, wie er in diesem Zusammenhang behauptet? So eindeutig ist das nicht. Zumindest »parteitaktisch« zeigt er für diese Auffassung »alles Verständnis«, wie er in einem Brief an den württembergischen Generalsekretär Albert Hopf betont. Aber einmal denkt er, die Nationalsozialisten wollten selbst nicht in eine Koalitionsregierung eintreten, ein andermal sind solche Überlegungen bei ihm »für den Augenblick fehl am Platz«, weil Brüning vor wichtigen außenpolitischen Verhandlungen steht. Als nach dem Krieg ein Freund vorschlägt, *Hitlers Weg* neu herauszugeben, lehnt Heuss ab, denn nach zwölf bitter erlebten Jahren Nationalsozialismus weiß er sehr genau: Das Buch liegt falsch, denn jetzt hätte es »als eine Verharmlosung dessen gewirkt, was wir, die einzelnen und das Volk, erlitten hatten«. Obwohl ein erklärter Gegner Hitlers, hat er das ganze Gewaltpotenzial und die totalitären Züge unterschätzt, die zu

Terrorismus, Krieg um Lebensraum und zu Völkermord führten. Als nach seiner Wahl zum Bundespräsidenten Vorwürfe von rechtsradikaler und kommunistischer Seite aufkommen, Heuss habe in seinem Buch Sympathien für Hitler gezeigt oder ihn nicht scharf genug angegriffen, antwortete er einem Kritiker der rechtsradikalen Zeitschrift *Nation Europa* ironisch, indirekt trage wohl sein Vater die Schuld daran: »Er hat, selber ein sehr bewegter ›Politiker‹ bezirklicher Art, mir eine Erziehung zu bürgerlicher Anständigkeit gegeben, in der das Verbrechen als aktuelle Form des öffentlichen Lebens nicht vorkam. Unsere Phantasie, auch wenn wir einige Übersicht über Greuel des historischen Geschehens besaßen, reichte nicht so weit, das Verbrechen als institutionelle Form staatlichen Wirkens einzusetzen ... «

Zwar überwiegt, als das Buch im Winter 1931/32 erscheint, bei den Rezensenten der Zuspruch, aber es gab auch durchaus kritische Stimmen. Die *Frankfurter Zeitung* lobt, *Hitlers Weg* sei der »beste, immer um Sachlichkeit bemühte und sehr gut geschriebene Baedeker durch den Nationalsozialismus«, und das *Stuttgarter Neue Tagblatt* meint, einen vornehmeren, aber auch schonungsloseren Gegner werde Hitler nicht so leicht finden können – Heuss anerkenne, »was großzügig und mitreißend an einer Volksbewegung und ihrem Führer ist«, aber er decke ohne Erbarmen »alle Fehler des Entwurfs, des Durchdenkens und der Durchführung politischer Ziele und Ideen« auf. Schon kritischer, bescheinigt das *Berliner Tageblatt* dem Autor zwar eine Fülle guter Beobachtungen und gewandter Formulierungen, aber es schätzt offenbar den bildungsbürgerlich-akademischen Ansatz nicht und nimmt, *cum grano salis*, die Kritik vorweg, die nach dem Krieg geübt werden wird: Das Buch sei zu ideengeschichtlich und zu wenig an den tatsächlichen Aktionen der NSDAP orientiert, vor allem fehle die Schärfe in der Auseinandersetzung mit dem, »was am Nationalsozialismus nicht ideologisch, sondern höchst robust ist und nur durch den Willen, nicht durch die Idee allein überwunden werden kann«. Das Gesamturteil: Eine Schrift »für den politischen Feinschmecker, der Nationalsozialismus selbst ist es nicht«. Noch deutlichere Vorbehalte äußert der sozialdemokratische *Vorwärts*, wenn er fragt: »Kann man, darf man nur Verständnis aufbringen, wo sich Gewalt, Brutalität, Terror und bewusste Unvernunft in dieser Bewegung organisiert und gesammelt haben? ... Der Faschismus fügt sich keiner idealistischen Humanität.«

Die Nationalsozialisten nehmen die Heuss'sche Analyse offiziell in ihren Blättern nicht zur Kenntnis, allerdings findet sich in Goebbels Tagebuch der Eintrag, was Heuss geschrieben habe, sei alles so dumm, dass es keiner Beachtung wert sei: »Die bürgerliche Welt versteht uns nicht und kann uns wohl auch nicht verstehen« – ihre Argumente gingen »haarscharf an den eigentlichen Wesenheiten unserer Bewegung vorbei«. So jedenfalls liest es sich in seinem Buch *Vom Kaiserhof zur Reichskanzlei*, wobei es sich freilich um eine überarbeitete Stelle seines Tagebuchs handelt. Als man das Original entdeckt, liest es sich anders, nämlich eher widerstrebend-anerkennend: »Spät noch Broschüre gelesen von Theodor Heuß: ›Hitlers Weg‹. Nicht ganz dumm. Weiß sehr viel von uns. Nutzt das gemein aus. Aber immerhin eine Kritik, die sich sehen lassen kann.«[20]

Das Erscheinen von *Hitlers Weg* fällt in die Zeit des Wahlkampfs um die Reichspräsidentschaft, und wenn das Buch eine Auflage nach der anderen erlebt, dann auch, weil Hitler, soeben eingebürgert, erstmals selbst als Kandidat bei Wahlen antritt. Um seinen Sieg zu verhindern, vollzieht das republikanische Lager gegenüber dem Jahr 1925 eine Schwenkung um 180 Grad und stellt sich jetzt hinter den Feldmarschall, indes die deutschnationale Rechte, von ihrem einstigen Idol Hindenburg enttäuscht, Theodor Duesterberg, den zweiten Vorsitzenden des Stahlhelms nominiert. Unter denen, die nun die Werbetrommel für Hindenburg rühren, findet sich selbstverständlich Theodor Heuss, der dessen Wahl vor sieben Jahren noch für ein »deutsches Unglück« hielt, ihn jetzt aber eindeutig als das kleinere Übel bevorzugt. Getreu der republikanischen Parole »Schlagt Hitler, wählt Hindenburg« schreibt er im *Stuttgarter Neuen Tagblatt*, die Wiederwahl Hindenburgs sei »volkspolitisch wie außenpolitisch geboten« und weist auf das unparteiische Amtsverständnis Hindenburgs hin: Der habe in den sieben Jahren sowohl mit Rechts als auch mit der Sozialdemokratie regiert und damit die von Friedrich Ebert geprägte »überparteiliche verfassungspolitische Aufgabe des Amtes verfestigt«. Hitler dagegen lasse keinen Zweifel daran, dass er das Amt anders verstehe und es mit seinem »Parteiwillen« identifiziere. »Die primitive Gleichsetzung seines Machttriebes mit den Bedürfnissen der Nation«, so Heuss, lasse ihn »eine andere Aufgabe gar nicht sehen.« Dass den einstigen Gegnern und jetzigen Befürwortern Hindenburgs ihre negativen Parolen aus dem Wahlkampf 1925 vorgehalten würden, nennt er ein »dürftiges Spiel«, denn Hindenburg habe dem Amt »das Gewicht seiner innerlich freien Persönlichkeit geliehen« und damit auch jene »zu sich gezwungen, die ihm [1925] unsicher gegenüber gestanden«.

Wenn man dies heute liest, fragt man sich allerdings, ob Theodor Heuss, als er die Qualitäten des Kandidaten Hindenburg pries, innerlich wirklich überzeugt davon gewesen ist, der 84-Jährige sei physisch wie psychisch in der Lage, das Amt weiter souverän zu führen. In seinen *Erinnerungen* schreibt er, es sei eine unmögliche Aufgabe gewesen, »den überalterten Marschall draußen zu empfehlen, weil der Gesundheits- und Geisteszustand des Greises ins Gerede« gekommen sei – aber hat er ihn »drinnen« den Wählern nicht dringend ans Herz gelegt? Selbstkritik sähe wohl anders aus. Viel besser als Heuss, der nur von »Gerede« spricht, wusste wohl der Reichskanzler, der die zweite Kandidatur Hindenburgs angestoßen und die Koalition für die Wiederwahl gezimmert hatte, um den Zustand des »alten Herren«. Als er Hindenburg im Juli 1930 am Bahnhof Friedrichstraße abholt, erkennt Hindenburg ihn nicht, obwohl der ihn begleitende Sohn Oskar ihm mehrfach bedeutet, dass dies der Reichskanzler Brüning sei. »Über Nacht war er greisenhaft geworden«, schreibt Brüning in seinen Memoiren. »Das eröffnet düstere Ausblicke für die Zukunft.« Dennoch hält er Hindenburgs Wiederwahl für ein Gebot der Loyalität, auch will er Hitler um jeden Preis verhindern und sucht Zeit zu gewinnen – wie auch die SPD, die ihre Genossen zur Wahl Hindenburgs aufruft, weil Hitler »Chaos und Panik in Deutschland und ganz Europa« bedeuten würde. So siegt

Hindenburg im zweiten Wahlgang im April 1932 mit 53 Prozent der Stimmen gegen Hitler, der immerhin 37 Prozent erreicht, und gegen Thälmann mit rund 10 Prozent nur, um den Kanzler, der seine Wiederwahl betrieben hat, Ende Mai zu entlassen und damit jene tragische Endphase der Weimarer Republik einzuläuten, die – auf dem Umweg über die Kabinette Papen und Schleicher – acht Monate später mit der Bestallung Hitlers zum Reichskanzler enden wird.

Die Nationalsozialisten sollten nicht greinen, meint Heuss, wenn der demokratisch-liberale Staat im Kampf um seine Existenz sich mit den Mitteln der Gewalt durchzusetzen versucht. Er sagt das am 11. Mai 1932 im Reichstag, meint das Verbot von SA und SS durch den damaligen Innenminister Groener und nimmt damit ein Konzept vorweg, das in der Bundesrepublik später als wehrhafte Demokratie bezeichnet wird: Da jeder Staat auf Befehlsgewalt und Gehorsamsanspruch aufgebaut sei, habe die Demokratie keinen Grund, sentimental zu sein, wenn sie es mit ihren erklärten Feinden zu tun habe, zumal nicht bei Gegnern wie den Nationalsozialisten. Heuss hält es für geradezu grotesk, wenn diese beim SA-Verbot »den liberalen Rechtsstaat deklamieren, während sie selbst für den totalen Machtstaat sind«.

Harte Auseinandersetzungen mit Hitlers Parteigängern hat Heuss nie gescheut, er ist sie schon aus seinen Wahlkämpfen gewohnt. Als Nationalsozialisten im August 1930 seine Versammlung in Bad Mergentheim stören wollten, griff er sie dermaßen schwäbisch-derb an, »daß sie nach einigem Geschrei völlig still wurden«. Einschüchtern lässt er sich nicht, setzt auf den groben Klotz einen groben Keil: »Ich glaube«, schrieb er damals seiner Frau Elly aus Mergentheim, »ich komme ohne allen Krach durch, weil die Leute erstaunt sind, wenn man sich nicht von ihnen terrorisieren läßt.« Auch mit Joseph Goebbels legt er sich an, wenn er schreibt, »das Seelenbild des kleinen Rheinländers schreit nach Psychoanalyse«. Schmerzliche Gebrechen und die »Unansehnlichkeit der Erscheinung«, so Heuss in *Der Staat seid ihr,* einer u.a. von Walter Dirks und Thomas Mann 1931 herausgegebenen, kurzlebigen republikanischen Wochenschrift, hätten »zu einer Überkompensation geführt. Er ist kein Held, darum muß er vom Heldischen reden, ganz laut. » Als er im Reichstag einmal davon spricht, Fairness und menschliche Anständigkeit gehörten zum Funktionieren des Parlamentarismus, die Abgeordneten hätten in diesem Sinne eine gemeinsame Sprache zu sprechen, kommt von den NSDAP-Sitzen der Zwischenruf: »Wenn Sie mauscheln!« Zwischenrufer ist Dr. Robert Ley, Gauleiter Hitlers und später Chef der Deutschen Arbeitsfront, dessen Äußeres dem Gegenteil eines nordischen Helden gleicht. Heuss wendet sich ihm zu und sagt: »Verehrter Freund, wer so aussieht wie Sie und in dem Verdacht steht, Levy geheißen zu haben, der soll mir nicht von Mauscheln reden.«

Es ist also ein betont streitbarer, für seine Verhältnisse beinahe aggressiver Heuss, der sich an diesem 11. im Mai 1932 zu Wort meldet und die erhöhte Aufmerksamkeit eines vollen Hauses genießt, weil nach ihm der Reichskanzler Heinrich Brüning sprechen wird. Nur fünf Zettel mit einigen Notizen hat er präpariert, dreißig Minuten will er sprechen, aber dann gerät er »in volle Fahrt«, wie er seinem Parteifreund Reinhold Maier berichtet, und es wird eine ganze Stunde daraus. Es wird seine letzte, auch seine bedeutendste Rede sein, die er im Reichstag halten kann, und sie gerät zu einer einzigen großen Abrechnung mit dem Nationalsozialismus. Nicht »die neue Aristokratie« oder die neue Elite, wie von Goebbels behauptet, bilde die SA, er benennt sie klar als »Instrument der Einschüchterung, der einfachen Terrorisierung« und als »fortgesetzten Appell an den ängstlichen Spießbürger«. In etlichen Passagen greift er auf sein Buch *Hitlers Weg* zurück, warnt erneut vor der NSDAP-Forderung, Staatsbürger dürften nur »Volksgenossen«, nicht aber Juden sein. Deutsche Minderheiten im Ausland, »Millionen deutscher Volksgenossen«, kämen in eine gefährliche Lage, wenn andere Staaten »das staatsbürgerliche Prinzip« der NSDAP »zu ihrer Staatskonstruktion verwenden würden«. Durch Zwischenrufe lässt er sich weder aus dem Konzept bringen noch gar einschüchtern, er kontert und wird offensiv: »Ich habe soviel dummes und auch böses Zeug von Nationalsozialisten in meinem Leben über mich ergehen lassen müssen, daß sie mir schon lange nicht mehr auf die Nerven fallen. Ich bin auf diesem Gebiet ganz immun geworden.« Als Goebbels ihn in einem Zwischenruf fragt: »Was wollen Sie eigentlich in diesem Hause? Sie haben ja gar keinen Anhang mehr!«, antwortet Heuss: Goebbels möge bitte sein erregtes Getue mäßigen – den Nationalsozialisten sei »für diese Reichstagssession in toto ein anständiges, manierliches und biederes Verhalten« auferlegt – und fügt hinzu: »Das gilt doch wohl auch für Sie!« Einmal bricht der Kunstrezensent und -kritiker in ihm durch: Die Heldenepopöe, die ein Berichterstatter über die Flüge Hitlers während des Präsidentschaftswahlkampfs geschrieben hat – die Nutzung des Flugzeugs erlaubte Hitler in bis zu drei Versammlungen pro Tag zu sprechen –, nennt er »das Grausamste an Kitsch«, was zur Zeit in der deutschen Publizistik geleistet werde. Im »neuen Stil des kommenden Deutschland«, in der »Ausstattung des Dritten Reichs«, mit dem die Nazis prahlen, sieht er einen »Großausverkauf von neulackierten und aufgeputzten Ladenhütern der Wilhelminischen Epoche«. Sein Denken ist historisch geprägt, er hat den Wilhelminismus erlebt und Hitler schon früher mit Wilhelm II. verglichen. Aber bei allen Fehlern und Schwächen Wilhelms II. war Deutschland unter ihm doch unbestritten ein Rechtsstaat. Ist es Heuss' Hang zu historischen Analogien, der – so Ernst Wolfgang Becker – zu seiner »fatalen Verkennung« des kommenden »Dritten Reiches« führt?[21]

Heuss gehört auch dem 6. Reichstag an, der am 31. Juli 1932 gewählt wird und in dem die NSDAP, mit 37,6 Prozent der Stimmen zur stärksten Fraktion aufgerückt, nun mit Hermann Göring den Reichstagspräsidenten stellt. Die Staatspartei, auf ein Prozent der Stimmen abgesackt, ist nur noch mit vier Abgeordneten vertreten – zu wenig, um als Fraktion anerkannt zu werden. »Was wir vier Männeken machen sollen«, fragt Heuss in einem Brief an seinen bei den Wahlen durchgefallenen Parteifreund Wilhelm Külz in Dresden, »ist mir noch etwas unklar«. Doch wird er der Antwort auf diese Frage nur zu bald enthoben, denn der Reichspräsident löst diesen Reichstag schon Mitte September wieder auf. Auf einen Sitz im folgenden 7. Reichstag, der am 6. November gewählt wird, muss Heuss verzichten, weil Reinhold Maier ihm den württembergischen Spitzenplatz mit Erfolg streitig macht. Heuss galt der württembergischen Führung der eigenen Partei als zu akademisch, Maier dünkte sie volksnäher, denn anders als Heuss geht er in seinen Reden auf die ganz konkreten wirtschaftlichen Sorgen der Wähler ein. Zwar gelingt Maier der Einzug in den Reichstag, aber die dramatische Talfahrt der Partei ist keineswegs gestoppt: Außer ihm ist sie nur noch mit Dietrich vertreten, und um »nicht dem Fluch der Lächerlichkeit« ausgesetzt zu sein, verzichten die zwei Abgeordneten auf den großtönenden Namen Deutsche Staatspartei und nennen sich schlicht Süddeutsche Demokraten.[22]

So schlecht die Staatspartei auch abgeschnitten hat, gelten die Novemberwahlen 1932 doch vielen als Wendepunkt, der Anlass zu Hoffnungen gibt. »Abwärts mit Hitler«, titelt der sozialdemokratische *Vorwärts*, denn die Nationalsozialisten verlieren, auch wenn sie stärkste Fraktion bleiben, zwei Millionen Stimmen und büßen 36 Mandate ein. Es scheint, als hätten Hitler und seine Partei ihren Höhepunkt überschritten, als sei der ärgste Ansturm vorüber, als nehme ihr Niedergang seinen Lauf. Auch Heuss erliegt diesem tragischen Irrtum. Am 29. Dezember 1932 schreibt er an Robert Bosch: »Die Hitlerei dürfte sich bei ihrer gegenwärtigen Krise nicht mehr erholen«, fügt allerdings einschränkend hinzu, es wäre gefährlich, seine Partei als Machtfaktor zu unterschätzen, weil in ihrem Apparat »Tausende doch um ihre ökonomische Lebensstellung« kämpften. Er sieht erhebliche Risse in dem sonst so geschlossenen nationalsozialistischen Lager, seit Gregor Strasser mit einer Regierungsbeteiligung und den Querfront-Gedanken des Generals Schleicher liebäugelt, den Hindenburg zum Nachfolger Papens ernannt hat. Offenbar gibt er dem Kabinett Schleicher eine Chance, und dies nicht nur, weil der Deutsche es liebe, »einen Offizier an seiner Spitze zu wissen«. Der General sei »wendig und geschickt« und werde eine »demokratische Atmosphäre pflegen«, schon weil er im Frühjahr die Zustimmung des Parlaments zu seinem Budget brauche. So geht Heuss voller Hoffnung ins neue Jahr und stimmt weitgehend mit seinem engen Freund Gustav Stolper überein, der die Hitler-Partei »in einem Zusammenbruch« wähnt, »dessen Ausmaß und Tempo nur mit dem seines eigenen Aufstiegs vergleichbar« sei. In einem Rück- und Ausblick für das *Göppinger Tageblatt* jedenfalls sieht Heuss Hitler zu Beginn des Jahres 1933 »weiter von der Siegessäule entfernt... als vor einem Jahr« und meint, trotz der »strapaziösen Dauerverwendung« des Stimmrechts habe 1932 offenbar »doch der Stabilisierung der Demokratie« gedient. Die »agitatorische Glaubenskraft« des Nationalsozialismus hält er für »zerdehnt« und »erschlafft« und diagnostiziert eine »selbstgewollte oder leichthin erduldete breite Verdummung« durch Missbrauch des Führergedankens und -glaubens. Zwar nennt er das Irrationale die große, »bequeme« Mode, aber eine, die notwendig zur Quelle der Enttäuschung werde: »Die Epoche der Zauberer«, schreibt Heuss optimistisch, »ist weggesunken... Die ›Entzauberung‹ ist die Aufgabe des Jahres 1933...« Dass der Politiker, der im kommenden Jahr entzaubert wird, nach seiner Überzeugung Adolf Hitler heißt, darüber lässt Heuss die Leser seines Ausblicks nicht im Zweifel.[23]

# Ein Ja, das aus der Lebensgeschichte nicht auszulöschen ist

## Ermächtigungsgesetz, innere Emigration und Biograph einer bürgerlichen Welt

Das Jahr 1933 markiert den Beginn von zwölf Jahren innerer Emigration von Heuss. In Schriften, Reichstags- und unzähligen Wahlkampfreden als eindeutiger Gegner der Nationalsozialisten ausgewiesen, ist deren Argwohn groß, und so bleibt er stets im Visier von Partei und Gestapo, die ihn als Verdächtigen überwacht, belastendes Material gegen ihn sammelt und in ihren Akten speichert. Doch insgesamt kommt er, wie er selbst bekennt, »besser durch die Hitlerjahre«, als er eigentlich hatte hoffen dürfen: »Schutzhaft«, KZ und scharfe Gestapoverhöre, womöglich unter Folter, bleiben ihm erspart. Zwar wird er auf einem Fahndungsblatt 1933 unter dem Stichwort »Schutzhaft« aufgeführt – »alphabetisch zwischen Notzuchtverbrechern, Münzfälschern u.s.f.«, wie er ironisch bemerkt –, aber wenn SA oder Gestapo damals nicht zugriffen, hat Heuss dies offenbar Karl Ernst zu verdanken, einem besonders wilden und brutalen (Heuss: »historisch fragwürdigen«), doch einflussreichen SA-Gruppenführer in Berlin, der drei Semester an der Hochschule für Politik gehört, in seinen Seminaren gesessen hat und 1933 offenbar als eine Art Schutzgeist für ihn wirkt. (Im Jahr darauf wird er im Zuge der Röhm-Affäre ermordet.) Wenn er, wie die meisten seiner liberalen Parteifreunde, relative Schonung erfährt, wäre allerdings zu fragen, ob in dieser Phase der NS-Machtübernahme die Liberalen von den Nazis überhaupt noch als ernstzunehmende Gegner angesehen werden. Schon ein Blick auf ihre kümmerlichen Wahlergebnisse zeigt ja, dass die Handvoll ehemaliger liberaler Abgeordneter keine Gefahr darstellt, da ihnen – im Gegensatz zu ihren Kollegen vom Zentrum, der SPD oder der KPD – jeder Einfluss auf die Massen fehlt.

Heuss hat in den zwölf Jahren der Naziherrschaft mit erheblichen wirtschaftlichen Schwierigkeiten zu kämpfen: Schon im April 1933 verliert er, als überzeugter Verfechter des verhassten »Systems« von Weimar, seine Stelle als Dozent an der Politischen Hochschule und damit die wichtigste Quelle eines festen monatlichen Einkommens. Auch andere Einnahmequellen entfallen – Sendungen im Rundfunk, so für die Deutsche Welle, die innerhalb weniger Wochen gleichgeschaltet wird, oder Vorträge für die Reichszentrale für Heimatdienst, die sich das Mitte März neu geschaffene Reichsministerium für Volksaufklärung und Propaganda unter Goebbels umgehend einverleibt. Zudem stehen zwei seiner Bücher – *Hitlers Weg* und *Führer aus deutscher Not*, in dem er vor allem Friedrich Ebert und dessen Leistung gerühmt hatte – auf jener Liste, die im Rahmen der Aktion »Wider den undeutschen Geist« von der Deutschen Studentenschaft an Schandpfählen in jeder Universität zur Schau gestellt wird. Nicht alle, aber viele Werke dieser Liste gehen am 10. Mai auf dem Berliner Opernplatz in Flammen auf. Die Szene, von Scheinwerfern für die *Wochenschau* erhellt, ist in bester Goebbels-Manier wirkungsvoll arrangiert: Rund um einen riesigen Scheiterhaufen sind Hitlerjugend und Korporationen in vollem Wichs aufmarschiert, SA-Kapellen spielen vaterländische Lieder, Studenten treten, einer nach dem anderen, mit Büchern vor, die sie entweder antideutscher, pazifistischer, marxistischer, liberaler oder jüdisch-zersetzender Tendenzen beschuldigen und anschließend in die Flammen werfen. In Berlin gehören die zwei Bücher von Heuss nicht zu den verbrannten, und ob sie in den Flammen eines der anderen Scheiterhaufen landen, die an diesem 10. Mai 1933 in 21 deutschen Universitäts- und Hochschulstädten lodern, bleibt ungeklärt. Sicher aber ist, dass der Autor Theodor Heuss sich in jeder deutschen Universität an den nationalen Pranger gestellt sieht und die beiden Werke umgehend verboten werden.

Hat Heuss das alles – und es war ja erst der Anfang – kommen sehen? Ist er, schon zu Beginn der »Hitlerei« über die künftigen Dinge »sachlich und persönlich« ohne jegliche Illusionen gewesen? Als er dies rückblickend in zwei fragmentarischen Kapiteln seiner *Erinnerungen* zu Papier bringt, ist er von Krankheit gezeichnet und dem Tod nicht mehr fern. Unterliegt er einer jener autobiographischen Selbsttäuschungen, wie sie jedem Memoirenschreiber unterlaufen können? So eindeutig jedenfalls, wie er es in den beiden nachgelassenen Kapiteln behauptet, ist die Sache keineswegs. Natürlich verbringt Heuss den 31. Januar 1933, seinen 49. Geburtstag, »in kläglicher Stimmung«, denn die von ihm erhoffte Entzauberung des nationalsozialistischen Führers hat nicht stattgefunden, im Gegenteil: Seit dem Abend des 30. Januar gehören die Straßen den braunen Bataillonen Hitlers. Aber ganz ohne Hoffnung ist er nicht, wie ein Artikel zeigt, der zweieinhalb Wochen nach Hitlers Bestallung zum Kanzler in der *Hilfe* vom 18. Februar erscheint. Heuss spielt darin auf die Zuversicht der Deutschnationalen an, die ja die große Mehrheit der Minister stellen und glauben, der von Papen und Hugenberg so trefflich »eingerahmte« Hitler ließe sich in der tagtäglichen Regierungsverantwortung »entradikalisieren«. Papen, meint Hans-Ulrich Thamer, sei sicher gewesen, Hitler in nur zwei Monaten derart in die Ecke zu drängen, »daß er quietscht«. Hat solche Illusionen vielleicht auch Theodor Heuss?

Nüchtern stellt er fest, dass der »verbindliche« Herr von Papen und Hugenberg, »der Geheimrat mit den kühlen Augen«, Hitler offensichtlich »binden, benutzen, verbrauchen« wollen, lässt allerdings offen, ob ihnen dies gelingen wird. Doch rechnet er fest mit einer großen Krise, wenn nicht dem Auseinanderbrechen der Regierung. Er sieht eine Front »mitten durch das Kabinett« verlaufen, bezweifelt also, dass die »Harzburger Front« aus Deutschnationalen und Nationalsozialisten, die ja schon in der Opposition auseinanderfiel, sich in der Regierung als Einheit bewähren kann. Handelspolitik und Finanzlage nennt er »ungeduldige Dränger«, die nach ein paar Wochen schon dafür sorgen würden, dass der »Berg der Erwartung ins Rutschen« komme, »den eine chiliastische Agitation des Versprechens geschaffen hat«. Kluge Beobachtungen und Fehlurteile halten sich in diesem Kommentar die Waage, aber die größte Fehleinschätzung ist wohl, dass er die Auflösung des Reichstags als »Bedürfnis nach Zeitgewinn« interpretiert. Versteht Hitler die jetzt anstehenden Wahlen – und er macht ja kein Geheimnis daraus, dass sie nach seinem Willen die letzten dieser Republik sein werden – nicht als Plebiszit, das seiner Regierung der »nationalen Erhebung« die Mehrheit verschaffen und ihn für immer als Machthaber installieren soll?[1]

Zum letzten Mal stürzt sich Theodor Heuss in diesen Monaten in die Schlacht um einen Reichstagssitz, und im Wahlkampf vertritt er klar, mutig und unbeirrt durch Störer von rechts die Hauptthese des Wahlaufrufs: dass die Erhaltung der politischen und geistigen Freiheit, »dieses höchsten Guts des Staatsbürgers«, wichtigstes und vornehmstes Ziel der Staatspartei sei. Aber das Echo fällt noch geringer aus als bei den vorausgegangenen Wahlgängen. Am 5. März 1933 unterbietet seine Partei selbst das bislang schlechteste Ergebnis vom letzten November, bei dem Heuss als Kandidat durchgefallen war: Die Deutsche Staatspartei wird jetzt nur noch von 334 000 der insgesamt 39,5 Millionen Stimmberechtigten gewählt und fällt damit von einem Prozent auf 0,85 Prozentpunkte zurück. Nachdem sie nach den Novemberwahlen 1932 mit nur zwei Abgeordneten vertreten war, gelingt es ihr jetzt – trotz des miserablen Abschneidens –, dank einer Listenverbindung mit der SPD mit immerhin fünf Abgeordneten in den Reichstag einzuziehen. Einer davon ist Theodor Heuss, Spitzenkandidat der Reichsliste in Hessen-Nassau und Hessen-Darmstadt, und doch wird er, ebenso wie seine vier Kollegen, des errungenen Mandats nicht froh: Nur zwei Tage nach der Reichstagseröffnung stimmt er am 24. März für die Selbstentmachtung des Parlaments, bewilligt der Regierung Hitler die Vollmacht, am Reichstag vorbei Gesetze zu erlassen, die Verfassung außer Kraft zu setzen und gibt, indem er »Ja« zu diesem »Gesetz zur Behebung der Not von Volk und Reich« sagt, der kommenden braunen Diktatur auch noch den Anschein der Legalität. Jeder von uns, erklärt er in einem nachgelassenen Fragment zu seinen *Erinnerungen,* sei einmal – gleich ob als Publizist oder Politiker – zu Entscheidungen gezwungen gewesen, »die er später bedauerte, hat Dummheiten gemacht«. Das läse sich arg wie Beschönigung, räumte er nicht umgehend ein, dass der Begriff »Dummheit« viel zu schwach sei für die Zustimmung zu diesem Gesetz, auch treffe das Wort »später« nicht seine innere Lage, denn, so wörtlich: »… ich wußte schon damals, daß ich dieses ›Ja‹ nie mehr aus meiner Lebensgeschichte auslöschen könne«. Aber diese Einsicht, die einem persönlichen Schuldeingeständnis nahekommt, wird etliche Zeilen später glatt durch die Behauptung aufgehoben, sein »Ja« habe eigentlich nichts verändert und deshalb auch nichts Besonderes bewirken können: »Denn«, so Heuss, »das ist nun meine feste Überzeugung, das ›Ermächtigungsgesetz‹ hat für den praktischen Weitergang der nationalsozialistischen Politik keinerlei Bedeutung gehabt«.

Was er da schreibt, steht in krassem Gegensatz zum Urteil der Historiker, denn Hitler konnte sich mit diesem Gesetz vom Reichspräsidenten befreien, auf dessen mäßigenden Einfluss ja viele Hitler-Kritiker oder -Gegner, paradoxerweise auch Ja-Sager der Staatspartei wie Reinhold Maier, gerade ihre Hoffnung setzten – in dem irrigen Glauben, das Schlimmste ließe sich mit Hindenburgs Hilfe verhüten. Gerade auf dessen Notverordnungen aber war Hitler jetzt nicht mehr angewiesen. Indem er seine Abhängigkeit vom Reichspräsidenten beendete, befreite er sich auch von seinen »Bändigern«, den deutschnationalen Partnern im Kabinett, denn jetzt konnte er gegen sie das ganze Gewicht der nationalsozialistischen Massenbewegung ausspielen. »Die Republik«, so Michael Freund, »vollführte im hellen Licht des Tages Selbstmord«, denn die Regierung erhielt nun Vollmacht, »so gut wie alles zu tun«, sofern nur die »Kulissen« von Reichstag, Reichsrat und Reichspräsident erhalten blieben. Und Hans-Ulrich Thamer betont, dass die psychologische wie juristische Bedeutung und Wirkung des Ermächtigungsgesetzes kaum überschätzt werden kann: Es lieferte »dem Ausland wie dem nicht-nationalsozialistischen Deutschland den Schein der Rechtmäßigkeit, was die Diktatur nach außen absicherte und ihr im Innern die Mitarbeit derer verschaffte, die auf der – wenn auch nur scheinbaren – Einhaltung von Gesetz und Ordnung bestanden. Das verdrängte die Bilder von Terror und Verfolgung.« Vor allem beruhigte es das Gewissen konservativer Sympathisanten, die im formalen Denken groß geworden waren, denn es bot ihnen die Möglichkeit, Hitler zu dienen und gleichzeitig ihr »Gewissen wie die positivistischen Vorstellungen von Staat und Recht zu befriedigen«. Das Gesetz, kein Zweifel, half den Nationalsozialisten ganz wesentlich bei der Errichtung und vor allem der Stabilisierung ihrer Diktatur.[2]

Seine Zustimmung zum Ermächtigungsgesetz hat Heuss' Leben zumindest in den ersten Nachkriegsjahren überschattet, denn die württembergischen Ja-Sager von 1933 mussten sich 1947 vor einem Landtagsausschuss in Stuttgart verantworten: Wie war es zu diesem Ja gekommen? Ist es nur aus den Zeitumständen zu erklären? Welches waren die Motive für die Zustimmung zu diesem parlamentarischen Suizid? Wurde das Ja aus freien Stücken gegeben? Im Rausch eines »nationalen Aufbruchs« etwa, den die Nationalsozialisten tags zuvor in Potsdam inszenierten, wo Friedrich Eberts »Geist von Weimar« feierlich zu Grabe getragen und der »namenlose Gefreite« nicht den wilden Mann im Braunhemd spielte, sondern demonstrativ bürgerlich im Cut mit Zylinder erschien, um sich vor dem preußischen Marschall und Präsidenten in der kaiserlichen Uniform mit den vielen Orden auf der Brust gespielt demütig zu verneigen? Oder war es ein Ja, gegeben mit Kalkül, mit Vorbehalten, war es die Folge von Drohungen, waren Sorgen um die Fortexistenz der Partei, um die künftige Karriere und Angst im Spiel? *Spiegel*-Gründer Rudolf Augstein hat als zeithistorisch interessierter Journalist immer wieder betont, die Zeit des Nationalsozialismus mit seiner Unterdrückung, seinem Terror, aber auch der Zustimmung der meisten Deutschen zu seinen frühen außenpolitischen Erfolgen könne nur verstehen, wer unter Hitler habe leben müssen. Es ist sicher leicht, heute den Stab über jene zu brechen, die – wie Heuss – trotz heftigem inneren Widerstreben dem Ermächtigungsgesetz ihre Zustimmung gaben. Diese Feststellung kann und soll sie nicht entschuldigen. Aber inwieweit stimmt seine Maxime auch für das liberal-bürgerliche Ja zu Hitlers »Gesetz zur Behebung der Not von Volk und Reich«?

Wer das Verhalten von Heuss und der kleinen Gruppe der Staatspartei an diesem 23. März verstehen will, muss vor allem vom Terror sprechen, und den gibt es ja nicht nur am Tag der Abstimmung, als vor der Krolloper, dem neuen Tagungsort nach dem Reichstagsbrand, die braunen Sturmabteilungen und SS-Verbände aufmarschieren und in Sprechchören die Bewilligung des Gesetzes fordern – eine äußere Drohkulisse, durch die sich alle Parlamentarier ihren Weg bahnen müssen, sorgsam und wirkungsvoll von Goebbels aufgebaut und bis in das Innere verlängert: »In der Krolloper wimmelte es von bewaffneter SA und SS ... der Sitzungssaal war mit Hakenkreuzen und ähnlichem Zierrat ausgeschmückt ...«, erinnert sich der SPD-Abgeordnete und spätere bayerische Ministerpräsident Wilhelm Hoegner. »Als wir Sozialdemokraten unsere Plätze auf der äußersten Linken eingenommen hatten, stellten sich SA- und SS-Leute an den Ausgängen und Wänden hinter uns im Halbkreis auf. Ihre Mienen ließen nichts Gutes erwarten.« Nicht viel anders schildert Reinhold Maier dem Untersuchungsausschuss des Württembergischen Landtags im Januar 1947 die Szene – er habe das Gefühl gehabt, in eine »Mausefalle« zu gehen: »Der Reichstag war besetzt. Man konnte die Treppen nur durch eine ganz enge Gasse hinaufgehen. Rechts und links war eine Reihe SA-Leute aufgestellt, und im Reichstagssitzungssaal kamen schätzungsweise auf jeden oppositionellen Abgeordneten [er zählt zu ihnen auch die fünf Ja-Sager der Staatspartei] ... zehn schwerbewaffnete SA- und SS-Leute, die direkt in unserem Rücken standen.« Für die Abgeordneten kommt die Präsenz der bewaffneten Bürgerkriegsmiliz der Nationalsozialisten im Inneren des Parlaments einer offenen terroristischen Erpressung vor der entscheidenden Abstimmung gleich – eine Provokation, wie es sie im Reichstag nie zuvor gegeben hatte.

Draußen im Lande allerdings setzte der nationalsozialistische Terror schon wenige Tage nach Hitlers Berufung zum Kanzler mit einer Notverordnung vom 4. Februar ein, welche das Verbot von Versammlungen und Zeitungen erlaubt, und zwar nicht nur bei Gefahr für die öffentlich Sicherheit, sondern auch für den Fall, dass Behörden oder leitende Beamte des Staats verächtlich gemacht werden. Begründet wird diese »Verordnung zum Schutz des deutschen Volkes« mit einem Aufruf der KPD vom 31. Januar zum Generalstreik, dem allerdings die Gewerkschaften nie gefolgt sind. Doch mit den bewusst vage gehaltenen Formulierungen dieser Verordnung, so Thamer, verschafft sich die Minderheitsregierung Hitler/Papen gut vier Wochen vor den Reichstagswahlen die Möglichkeit, »willkürlich politische Konkurrenten auszuschalten« und die öffentliche Meinungsbildung wesentlich einzuschränken. Und Hermann Göring, kommissarischer Innenminister in Preußen und damit Herr über die preußische Schutzpolizei, die nach der Reichswehr bedeutendste bewaffnete Kraft im Staat, macht hemmungslos Gebrauch von dieser Möglichkeit. Er »räumt in Preußen auf«, wie die Nationalsozialisten dies nennen, säubert den Staatsapparat von Anhängern des »Systems«, jagt Mitglieder des Zentrums, der Staatspartei und die letzten Sozialdemokraten aus Spitzenpositionen in Verwaltung und Ministerien, bis es keinen Ober-, Regierungs- oder Polizeipräsidenten, selbst keinen Ministerialrat oder Landrat mehr gibt, der nicht dem »nationalen Lager« angehört, nicht entweder Nationalsozialist oder deutschnationaler Konservativer ist. Und Preußen macht immerhin drei Fünftel des Territoriums und zwei Drittel der Bevölkerung des Reiches aus. Das Erscheinen des sozialdemokratischen Parteiorgans *Vorwärts* wird für eine Woche verboten, weil es Kritik an dem brutalen Vorgehen der SA geübt hat. Göring deckt nicht nur den SA-Terror mit dem Argument, zunehmende Ausschreitungen von linksradikaler Seite müssten wirksamer bekämpft werden, er ermuntert die Polizei durch einen Schießbefehl ausdrücklich zum Gebrauch der Waffe und macht den Bock zum Gärtner, als er am 22. Februar die SA zusammen mit der SS und dem deutschnationalen Stahlhelm zur Hilfspolizei ernennt, jedermann kenntlich durch eine weiße Binde am Arm. »Hitlers Bürgerkriegstruppe erhielt damit hoheitliche Befugnisse«, so Heinrich August Winkler, »ihre Rachefeldzüge wurden zu Staatsaktionen. Wen die Nationalsozialisten als Feind ihrer Bewegung betrachteten, der konnte seines Lebens fortan nicht mehr sicher sein.«

Nur einen Tag nach diesem Erlass durchsuchen Polizei und SA die Parteizentrale der KPD, das Karl-Liebknecht-Haus in Berlin, und wirksamen Polizeischutz gegen Störungen kommunistischer und sozialdemokratischer Versammlungen durch SA-Trupps gibt es nicht mehr. All dies geschieht schon vor dem Brand des Reichstags, aber als am Abend des 27. Februar aus seiner Kuppel die Flammen lodern, werten Göring und Hitler dies fälschlich als Signal für einen kommunistischen Aufstandsversuch und lassen auch die letzten Hemmungen fallen. Nicht nur, dass alle kommunistischen Abgeordneten und Hunderte KP-Funktionäre verhaftet, die Zeitungen der KPD verboten und ihre Parteibüros geschlossen werden – auch die sozialdemokratische Presse trifft ein zweiwöchiges Erscheinungsverbot, und in Haft genommen werden auch bekannte linke Intellektuelle wie Carl von Ossietzky, Erich Mühsam oder Egon Erwin Kisch. Grundlage dieser Verhaftungsaktion ist jene »Verordnung des Reichspräsidenten zum Schutz von Volk und Staat«, am Tag nach dem Reichstagsbrand von Hindenburg unterschrieben, welche die Grundrechte der Weimarer Verfassung bis auf weiteres außer Kraft setzt: Wer verdächtig ist, kann jetzt willkürlich verhaftet werden, es gibt keine Meinungs- oder Versammlungsfreiheit mehr, das Briefgeheimnis ist aufgehoben, Deutschland befindet sich praktisch im Ausnahmezustand, in dem die Regierung niemandem mehr Rechenschaft schuldig ist.

Tag für Tag gewinnt der Terror seither an Brutalität und Aggressivität, in den Kellern ihrer Quartiere richtet die SA die ersten »wil-

den« Konzentrationslager ein, und bis zum Wahltag zählen die Gegner der Nationalsozialisten 51 Tote und mehrere Hundert Verletzte,
indes Hitlers Bürgerkriegstruppen nur achtzehn Opfer zu beklagen
haben, die Goebbels zu nationalen Märtyrern stilisiert. Mit der Notverordnung vom 28. Februar, so urteilt Thamer, »und nicht erst im
Ermächtigungsgesetz eine Woche später, wurde die entscheidende
gesetzliche Grundlage nationalsozialistischer Herrschaft geschaffen ...« Aber das Ermächtigungsgesetz gibt dieser Notverordnung
praktisch die parlamentarischen Weihen, und am Tag der Abstimmung erscheint Hitler im Reichstag nicht mehr bürgerlich gezähmt
im Cut wie am Tag von Potsdam. Er trägt – wie die ganze NSDAP-
Fraktion – demonstrativ das Braunhemd, fordert die Abdankung
des Parlaments und erklärt am Schluss seiner Rede, die Abgeordneten hätten jetzt die Wahl zwischen einer »ruhigen Entwicklung«
durch Zustimmung und der »Ansage des Widerstandes«: »Mögen
Sie, meine Herren Abgeordneten, nunmehr selbst die Entscheidung
treffen über Krieg oder Frieden.« Nach diesen Worten gibt es nicht
den geringsten Zweifel: Hitler wird sich mit Gewalt, notfalls im
Bürgerkrieg nehmen, was das Parlament ihm trotz dieser Drohung
verweigern sollte – die absolute Macht.[3]

Dies ist die Situation, in der Theodor Heuss sich mit seinen vier
Kollegen der Staatspartei für ein Ja, ein Nein oder eine Enthaltung
entscheiden muss. Weil der Parteiausschuss sich nach langer Diskussion nicht auf eine klare Linie hat einigen können, überlässt
die Staatspartei dies nun den fünf Abgeordneten, die allerdings
in ihrer Haltung zunächst ebenfalls nicht einig sind – außer darin,
dass sie in dieser ernsten Situation nicht als gespaltene Gruppe
auftreten, sondern Einigkeit demonstrieren und geschlossen abstimmen wollen. Heuss und Hermann Dietrich argumentieren *gegen*,
Reinhold Maier, Ernst Lemmer und Heinrich Landahl plädieren
*für* Zustimmung. Heuss schreibt in seinen *Erinnerungen,* er habe
zwei Erklärungen formuliert – eine für Ablehnung und eine für
Enthaltung – und sei bereit gewesen, beides vor dem Plenum zu
vertreten. Unterliegt er auch hier einem autobiographischen Irr-

tum, verwechselt er später »das, was er im März 1933 gern getan hätte, mit dem… was er wirklich tat«, wie Modris Ekstein vermutet? Im Nachlass jedenfalls wurde ein ablehnender Entwurf nie gefunden, und alle Wahrscheinlichkeit spricht dafür, dass Heuss nur eine Erklärung für eine Enthaltung ausgearbeitet hat. Allerdings war diese so gefasst, dass ihr Schlusssatz ebenso gut in ein klares Nein hätte abgewandelt werden können. Klaus-Jürgen Matz, der Biograph Reinhold Maiers, meint sogar, dass die Kernsätze des Heuss-Entwurfs tatsächlich im Reichstag verlesen wurden – und zwar in kaum veränderter Fassung von Maier selbst, nur habe am Schluss weder Enthaltung noch Ablehnung, sondern Zustimmung gestanden. Zu einem ähnlichen Urteil gelangt auch Klaus Stephan, wenn er schreibt, Maier habe in einer würdigen, »von Theodor Heuss verfassten Erklärung Rechtsbrüche, Zweideutigkeiten und Gefahren des neuen Regimes ohne Scheu« gekennzeichnet. Tatsache jedenfalls ist, dass der Passus über Bedenken und Besorgnisse, den Maier vorträgt, fast die Hälfte des Textes ausmacht und in dieser Form ebenso gut als Begründung einer Enthaltung oder Ablehnung hätte dienen können, denn es heißt da:

Wenn wir gleichwohl in dieser ernsten Stunde uns verpflichtet fühlen, Besorgnisse zum Ausdruck zu bringen, so gehen wir davon aus, daß auch der jetzigen Regierung eine sachliche und loyale Kritik ihrer Maßnahmen nicht unerwünscht sein wird. Wir vermissen in dem vorliegenden Gesetzentwurf, daß den verfassungsmäßigen Grundrechten des Volkes und den Grundlagen der bürgerlichen Rechtsordnung keine ausdrückliche Sicherung vor Einriffen gegeben wurde. Unantastbar müssen vor allem bleiben die Unabhängigkeit der Gerichte, das Berufsbeamtentum und seine Rechte, das selbstbestimmende Koalitionsrecht der Berufe, die staatsbürgerliche Gleichberechtigung, die Freiheit von Kunst und Wissenschaft sowie ihre Lehre. Diese Werte, meine sehr verehrten Damen und Herren, sind Grundelemente jedes Gemeinschaftslebens in einem geordneten Rechtsstaat. Gerade sie werden durch die Verfassung von Weimar aus der alten deutschen und der alten preußischen Tradition gerettet, und sie dürfen heute wie vor vierzehn Jahren nicht gefährdet werden.

Im Interesse von Volk und Vaterland und in der Erwartung einer gesetzmäßigen Entwicklung werden wir unsere ernsten Bedenken zurückstellen und dem Ermächtigungsgesetz zustimmen.

Vor allem der Hinweis, dass die Verfassung von Weimar traditionelle preußische Werte gerettet habe, spricht dafür, dass Maier sich weitgehend des Heuss-Entwurfs bedient, als er sein Ja mit »Bedenken« für die Staatspartei ausspricht. Heuss hatte immer darauf verwiesen, dass der bürgerliche Rechtsstaat keine Weimarer Erfindung, sondern tief in den Traditionen Preußens verwurzelt sei, gerade mit diesem Argument verteidigte er die Republik und die bürgerliche Rechtsordnung stets gegen Extremisten von rechts. Die Behauptung allerdings, Dietrich und Heuss hätten ihren Widerstand gegen ein Ja (der ja auch in einer Enthaltung, wenn auch nicht gerade mannhaft, deutlich geworden wäre) schließlich aufgegeben, um – 3:2 überstimmt – die Geschlossenheit der winzigen Fraktion zu wahren, kann nicht überzeugen. Es kam ja vor allem auf die Haltung des Zentrums an, ohne dessen Kooperationsbereitschaft die Nationalsozialisten die nötige Zweidrittelmehrheit für das verfassungsändernde Gesetz nicht hätten zustande bringen können. Heuss selbst weist darauf hin, dass sein Fraktionskollege Hermann Dietrich, als Vizekanzler und Finanzminister enger Mitstreiter Brünings in dessen Präsidialkabinetten, sich in dieser entscheidenden Situation nicht von Brüning habe trennen wollen. »Auf Dietrichs Wunsch« habe er deshalb in der Nacht vor der Abstimmung Brüning aus der Zentrumsfraktion herausrufen lassen und von ihm gehört, diese werde dem Ermächtigungsgesetz zustimmen. Als Begründung führte Brüning Zusagen an, die Hitler dem Chef der Zentrumsfraktion, dem Prälaten Kaas, gegeben habe, denen er, Brüning, freilich misstraue. Hitler hatte Kaas unter anderem erklärt, der christliche Einfluss in Schule und Erziehung werde gewahrt, zugleich stellte er bessere Beziehungen zum Vatikan in Aussicht – Zusagen, die Brüning zwar persönlich bezweifelte, die in der Mehrheit der Fraktion jedoch den Ausschlag für ein Ja geben, in das auch der Skeptiker Brüning schließlich einstimmt. Heuss' Schilderung ist zu entnehmen, dass Dietrich nach dieser Erkundungsmission ebenfalls für Zustimmung plädiert, und er, Heuss, habe in dieser Situation wiederum »an der Seite von Dietrich« bleiben wollen.

Die fünf Staatsparteiler werden sich also in ihrem Ja sachlich weitgehend einig, zumal sie sich der Tatsache bewusst sind, dass sie mit ihren fünf Stimmen so oder so nichts ändern oder verhindern können. Doch will Dietrich durch Abstimmung mit dem Zentrum offenbar vermeiden, als einzige bürgerliche Gruppierung neben den Sozialdemokraten im Reichstag gegen die Vorlage zu votieren und es der Regierung dadurch zu erleichtern, mit repressiven Maßnahmen gegen die Staatspartei vorzugehen. Dass Hitlers Regierung der »nationalen Erhebung« in den – freilich unfairen, vor allem die Linke massiv behindernden – Wahlen vom 5. März 51,9 Prozent der Stimmen erhalten hatte und damit als erstes Kabinett seit 1930 über eine klare parlamentarische Mehrheit verfügt, ist zweifellos eine Tatsache, welche das Abstimmungsverhalten des Zentrums, aber auch der Liberalen ganz wesentlich mitbestimmt. Regierungen, gleichviel welcher Couleur, müssen von der verfassungs- und gesetzestreuen Staatspartei anerkannt und respektiert werden, wenn sie sich auf den klaren Mehrheitswillen der Bevölkerung stützen – so heißt es in einem Rundschreiben der Geschäftstelle der Staatspartei, das die Haltung der fünf den Mitgliedern draußen im Land verständlich machen soll. Reinhold Maier betont diese prinzipielle Einstellung schon im ersten Satz seiner Zustimmungserklärung:

Das deutsche Volk hat am 5. März eine absolute Mehrheit der Rechten in den Reichstag gewählt und damit seinen Willen bekundet, die Führung dieses Staates der gegenwärtigen Regierung anzuvertrauen.[4]

Nun ist persönliche Angst bei Heuss und den meisten seiner Kollegen sicher auszuschließen, aber dass die bürgerlichen und sozialdemokratischen Abgeordneten bei dieser Sitzung im Reichstag unter massivem Druck stehen, davon zeugt schon Goebbels' Drohkulisse drinnen und draußen. Sieht man genauer hin, dann beruht das Ja der Staatspartei auf einem ganzen Bündel von Motiven: Da gibt es einmal Sorge um die Karriere und die Fortexistenz der Partei, dann die Überlegung, das Wüten der SA werde bei einer Ablehnung weiter gehen und sich verstärken, und schließlich die Hoffnung, der »wilde« Terror ließe sich durch Bewahrung der verfassungsmäßigen Legalität der Hitler-Regierung mildern und in gesetzliche Bahnen zwingen. Folgt man Jürgen C. Heß, dann haben Ernst Lemmer und Heinrich Landahl auch die Interessen der eigenen Anhänger im Auge, von denen nicht wenige Beamte sind, die sich bei einem Nein in ihrer Stellung »akut bedroht« sehen. Dazu kommt nach vierzehn Jahren Weimar mit seinen häufigen Kabinetts- und Kanzlerwechseln die Erwartung, auch eine Regierung Hitler werde nicht ewig dauern, und dies nicht nur, weil das Scheitern angesichts der schwierigen wirtschaftlichen und sozialen Lage vorprogrammiert scheint. Reinhold Maier zum Beispiel, der gute Beziehungen zu General Schleicher unterhält, rechnet mit großen Gegensätzen zwischen der SA und der Reichswehr: Der Oberbefehlshaber der Armee sei Hindenburg, nicht Hitler. »Niemand«, erklärt er nach dem Krieg vor dem Untersuchungsausschuss des Landtags in Stuttgart, habe sagen können, es sei ganz ausgeschlossen, »dass es nicht doch noch eine Änderung im System gibt.« Und für diesen Fall, so Maier weiter, sei es einzig darauf angekommen, ob auch ein »entmachtetes Parlament« weiterbestünde, »ob wir noch eine letzte Planke zur Verfügung hatten, auf der eine Volksvertretung vielleicht wieder Kraft gewinnen konnte«. Überzeugt, dass der Reichstag in jenen Tagen verschwunden wäre, hätte Hitler seine Ermächtigung nicht bekommen, will ihn Maier mit Blick auf künftige Entwicklungen zumindest als Institution erhalten, damit er sich »in eine bessere Zeit durchretten« kann. Die Demokraten hingen, so Ernst Wolfgang Becker, »dem vagen Zukunftsglauben an, daß das demokratisch-freiheitliche Gedankengut nicht zugrunde gehen kann und die Zeit für ein politisches Comeback kommen werde«. Ausschlaggebend unter all diesen Gründen allerdings ist die Überzeugung, dass eine Ablehnung des Gesetzes den wilden Terror verstärkt und »die revolutionären Kräfte, nicht nur in der Zentrale, sondern im Land draußen in Bewegung gebracht« hätte, wie es in dem oben erwähnten Rundschreiben am Tag nach der Abstimmung heißt. Es sei darum gegangen, »wilde Aktionen« zu vermeiden, die Ordnung, Wirtschaft und Wiederaufbau gefährdeten. In diesem Rundschreiben steht freilich auch, es sei bei diesem Votum »um unser Land und unser Volk und um die deutsche Freiheit nach außen« gegangen – eine Formulierung, die nach Thomas Hertfelder den Schluss nahelegt, der »ranghöchste Wert«, von dem sich die Staatsparteiler hätten leiten lassen, habe »Nation« geheißen.

Mit zu berücksichtigen ist bei alledem allerdings auch, wie sehr der Zeitgeist nach vierzehn Jahren der ersten deutschen Demokratie nach rechts und zu autoritären Lösungen tendiert. Vor allem seit dem Ende der letzten parlamentarischen Regierung unter Hermann Müller 1930 ist der Glaube in die Funktionsfähigkeit der Weimarer Verfassung zunehmend erschüttert. Immer lauter ertönt der Ruf nach einer Verfassungsrevision, die ein arbeitsfähiges Parlament und eine handlungsfähige Regierung ermöglichen soll. Das gilt selbst für die Sozialdemokraten, wo junge Rechte wie Carlo Mierendorff oder Hermann Heller einen »starken Staat« oder »die autoritäre Überordnung des Staates über die Gesellschaft« fordern, und es gilt, wie wir schon bei der missglückten Ehe mit dem Jungdeutschen Orden gesehen haben, vor allem für die Liberalen. Auch sie, eigentlich ja Vertreter der klassischen Weimarer Verfassungspartei, sind der vielen Regierungskrisen müde und verlieren den Glauben an den Parlamentarismus.

Der deutsche Linksliberalismus, meint Elke Seefried, sei etatistisch geprägt, habe den Staat stets als »objektive Instanz über den Parteien und dem Parlament« gesehen, deshalb hätten viele Liberale in der Endphase der Weimarer Republik eine Verfassungsreform mit dem Ziel einer Präsidialdemokratie angestrebt. Nicht zufällig erklärt Reinhold Maier auf einer Veranstaltung der Staatspartei im Plenarsaal des Preußischen Herrenhauses Anfang 1933 in Berlin, der deutsche Staat werde »heute und in aller Zukunft aus natürlichen Gründen einen stark autoritären Einschlag haben«. Und als Schwabe betont er, gerade die schwäbischen Demokraten pflegten »eine ausgesprochen konservative Demokratie« und hätten bei ihrer Politik »immer das Bild von einem starken Staat vor Augen«.[5]

So sehr es also wichtig und nötig ist, die Entscheidung vom 23. März 1933 in den Kontext ihrer Zeit zu stellen und den Motiven liberaler Ja-Sager wie Heuss und Maier nachzuspüren, so unverständlich bleibt, wie sehr diese nach zwölf Jahren Nationalsozialismus, der in die Katastrophe von Vernichtungskrieg und Endlösung mündete, darauf beharren, das Gesetz – und damit auch ihr Abstimmungsverhalten – seien völlig bedeutungs- und folgenlos gewesen. Gewiss hat Heuss recht, wenn er vor dem Untersuchungsausschuss darauf verweist, dass ihre Gruppe, »diese fünf Leute«, durch ihr Ja oder Nein »einen eigentlichen Einfluß nicht haben konnten«. Aber hätten er und Reinhold Maier während ihrer Zeugenaussagen nicht ihre damalige Haltung hinterfragen, hätten sie nicht einräumen müssen, es wäre besser gewesen, im Reichstag durch Nicht-Zustimmung ein mutiges Signal für Rechtsstaat und für die bürgerlichen Freiheiten zu setzen? Hätte die Partei damit, wie Ekstein meint, nicht »im letzten Augenblick einen würdigen Schlussstrich unter ihre wechselvolle Geschichte gesetzt« – etwa wie die Sozialdemokraten, deren klares Nein die Ehre der ältesten deutschen Partei rettete? Wenn Heuss seine ursprüngliche Intention, nicht zuzustimmen, vor dem Untersuchungsausschuss 1947 als einen Entschluss aus »historischem« oder »moralischem Stilgefühl« bezeichnet, hat er einen solchen Schlussstrich offenbar im März 1933 durchaus im Sinn gehabt. Nur bedauert er 1947 nicht etwa, ihn nicht gezogen zu haben, er betont vielmehr, er stehe voll und ganz zu seinem Ja: Einmal habe so die Gesetzlichkeit – wenigstens für einige Zeit, wie er einschränkend hinzufügt – eine »relative Festigung« erhalten, außerdem habe das Gesetz auch eine gewisse »Hemmung« bedeutet, vorausgesetzt man glaube, es wäre zum Bürgerkrieg gekommen, falls es nicht die nötige Zweidrittelmehrheit erhalten hätte. Beinahe gebetsmühlenartig wiederholen er und Maier immer wieder, das Ermächtigungsgesetz habe absolut nichts verändert, weil Hitler seit der Reichstagsbrandverordnung bereits über alle Terrorvollmachten verfügte. Deshalb habe sein Abstimmungsverhalten, so Heuss, auch »keinen Menschen politisch draußen interessiert«, keiner habe gesagt: »Herrgott, ihr habt uns verraten.« Was Historiker heute für erwiesen halten – dass nämlich dieses Ja der Staatspartei und des Zentrums die Naziherrschaft moralisch aufgewertet und gestärkt hat, nennt er – so wörtlich! – eine »hirnverrückte Idee«, die erst »seit Herrn Franz Karl Maier modern geworden« sei.

Um solche Aussagen von Heuss, aber auch die Reinhold Maiers vor dem Ausschuss richtig zu bewerten, ist von vornherein in Rechnung zu stellen, dass sie einen ausgesprochen defensiven Charakter haben. Denn dieser Franz Karl Maier mit der »hirnverrückten Idee«, Jurist, Mitherausgeber der *Stuttgarter Zeitung* (und später Herausgeber des Berliner *Tagesspiegel*) und öffentlicher Ankläger der Spruchkammer Stuttgart, hatte gegen Ministerpräsident Reinhold Maier und Kultusminister Simpfendörfer (im Reichstag 1933 Abgeordneter des konservativen Christlich-Sozialen Volksdienstes) Anklage erhoben, weil sie mit ihrer Zustimmung zum Ermächtigungsgesetz die Fundamente der Weimarer Demokratie untergraben und zur Errichtung der NS-Diktatur beigetragen hätten. Reinhold Maier unterläuft dieses Verfahren, indem er dafür sorgt, dass der Landtag einen Untersuchungsausschuss einsetzt, welcher der Bevölkerung eine »objektive Beurteilung der damaligen Sachlage« ermöglichen soll. Als Zeuge vernommen, weist Heuss vor allem darauf hin, dass Hitler sich durch die Wahl vom 5. März »in der Macht plebiszitär bestätigt« sah und meint: »Darüber kommen wir nicht hinweg.« Er verspottet Franz Karl Maier als den »Robespierre von Ochsenhausen« und hält es mit seinem alten Fraktions- und Parteifreund Reinhold Maier, der trotzig »jede Kausalität für den Ablauf der Dinge« bestreitet: Mit oder ohne Ermächtigungsgesetz wäre es »genauso gegangen«, er habe sein Ja nie als eine Belastung empfunden, denn es habe »niemanden in etwas hineingebracht« und »niemandes Lage verschlimmmert«. Im Abschlussbericht des Untersuchungsausschusses zeichnet sich dann auch eine Haltung ab, wie sie für den Umgang mit der jüngsten Vergangenheit in den fünfziger Jahren typisch wird: Das von Eugen Kogon 1947 »so effektvoll postulierte ›Recht auf den politischen Irrtum‹« (Frei), das 1951 die Integration etwa der 131er ermöglicht, jener Beamten, die wegen NSDAP-Mitgliedschaft ihre Positionen verloren hatten, aber nicht als Belastete eingestuft wurden, wird hier, wenn man so will, vorweggenommen. Die Mehrheit des Untersuchungsausschusses folgt im Wesentlichen den Argumenten von Maier und Heuss: »Wäre das ›Ermächtigungsgesetz‹ abgelehnt worden«, heißt es im Abschlussbericht, »wäre die Entwicklung auch nicht anders verlaufen.« Vielleicht hätte es formal einige Unterschiede gegeben, aber an dem Endergebnis – »in erster Linie herbeigeführt durch die plebiszitäre Entscheidung des deutschen Volkes« – hätte sich dadurch praktisch nichts geändert. Die Hoffnungen, welche die Ja-Sager zu ihrer Zustimmung bewogen hätten, seien zwar enttäuscht worden, aber »nach der damaligen Sachlage von vornherein nicht unbegründet gewesen«. Und von der Absicht »einer Förderung Hitlers« könne bei der »persönlichen subjektiven Einstellung zu Hitler und seiner Partei«, auch wegen ihrer »offenkundig mit Nachteilen verbundenen Gegnerschaft« zu Hitler bei den Ja-Sagern nicht die Rede sein. Das Minderheitsvotum dagegen, formuliert von zwei Sozialdemokraten und einem Kommunisten im Ausschuss, bezeichnet die Zustimmung zum Ermächtigungsgesetz als einem »schweren politischen Fehler«, denn es habe Hitler »die Maske der Legalität für seine Gewaltherrschaft« geliefert. Dennoch spiegelt dieses abweichende Votum keineswegs die Meinung aller Sozialdemokraten wider. Der Sozialdemokrat Erich Roßmann, der am 23. März 1933 im Reichstag gegen das Gesetz stimmte, spielt als Zeuge vor dem Ausschuss dessen Bedeutung und Folgen bewusst herunter: Nach seiner Überzeugung hat es Hitlers Machtposition

»weder weiter gefestigt noch gehemmt«, und Ja-Sager wie Maier oder Heuss nimmt er ausdrücklich in Schutz: Wer damals Illusionen zum Opfer gefallen sei, dem könne man – eine »ganz zweifelsfrei antifaschistische Einstellung der Gesamtpersönlichkeit« vorausgesetzt – »nicht den Schimpf antun, ein Förderer des Nationalsozialismus in Deutschland gewesen zu sein«.

Und doch sieht sich Heuss in den Nachkriegsjahren immer wieder mit seinem Abstimmungsverhalten am 23. März 1933 konfrontiert, einmal sogar von einem führenden Mitglied der eigenen Partei. So 1950, als er – damals schon Bundespräsident – Anfang Dezember die FDP-Führung zu einem Abendessen einlädt und man beim lockeren Gespräch am runden Tisch auch die Frage diskutiert, warum ausgerechnet der christliche Gewerkschafter Theodor Blank von der CDU zum Sicherheitsbeauftragten der Bundesregierung ernannt wurde und damit die Vorbereitungen für einen deutschen Beitrag zu einer Europa-Armee treffen soll. Sei die FDP da nicht von Adenauer überfahren worden, will der junge FDP-Abgeordnete Erich Mende von Heuss wissen, sei Eberhard Wildermuth, FDP-Wohnungsbauminister und Oberst der Reserve, nicht ohne Zweifel der militärisch sehr viel Sachverständigere? Als Heuss, der übrigens Wildermuth zu seinen engen politischen Freunden zählt, die Wahl Blanks verteidigt und darauf hinweist, es komme darauf an, die Arbeiterschaft zu gewinnen, und das könne der Gewerkschafter Blank besser als der *miles gloriosus* Wildermuth, empört sich der Major a.D. Mende: Mit diesem Wort vom *miles gloriosus* treffe Heuss alle Soldaten dieses Krieges, die vielleicht gar keine Soldaten geworden oder in den Krieg gezogen wären, »wenn Sie und Ihresgleichen nicht dem Ermächtigungsgesetz Hitlers zugestimmt hätten! Damit hat es nämlich angefangen und zwischen Narvik und El Alamein hat es für Millionen schrecklich geendet«. Einen Augenblick, schreibt Mende in seinen Erinnerungen, habe »beklemmende Stille geherrscht, dann habe Heuss tief durchgeatmet und zur allgemeinen Überraschung ausführlich erklärt, wie es zu dem Ja der Demokraten in Berlin gekommen sei. Zum Schluss habe er ihm gewünscht, dass er niemals »so unter Druck und Drohungen abstimmen« müsse wie die kleine Gruppe der Liberalen im März 1933. »Damit war das Thema beendet«, so Mende, »der Abend allerdings auch.« Heuss habe den Vorfall nie vergessen und sei ihm seither nicht mehr mit derselben Herzlichkeit und väterlichen Art begegnet.[6]

Ob Heuss jenen zuzurechnen ist, die 1933 gedacht oder gehofft haben, der Nazispuk werde bald vorübergehen, ist äußerst zweifelhaft. Sicher gehört er zu den Vielen, die sich einfach nicht vorstellen konnten, es würde je so schlimm kommen, wie es dann kam – aber er hat zu viel Geschichtssinn, um nicht von Anfang an zu spüren, dass es sich bei der »nationalen Erhebung«, die bald als »nationalsozialistische Revolution« firmiert, um eine Zäsur von historischem Ausmaß handelt. Bei aller unzweifelhaft demokratischen Grundüberzeugung ist er ja ein Mann, für den Staatsformen keinen absoluten Wert bedeuten, der alles relativ, alles in seiner jeweiligen Zeit, alles in ihrer historischen Bedingtheit sieht. So ist die parlamentarische, repräsentative Parteien-Demokratie für ihn nicht für immer und ewig gegeben, nicht in Granit gemeißelt, keine »Heilsverkündigung«, es gibt auch andere Formen der Demokratie – die kantonale, die präsidiale, die plebiszitäre, die rechtstaatliche im wilhelminischen Obrigkeitsstaat – sie muss also, wie Jürgen C. Heß betont, nach seinem Verständnis »nicht unbedingt liberale Züge« tragen. Zwar gibt Heuss seine liberalen und rechtstaatlichen Ideale und Überzeugungen nie auf, er hofft zuversichtlich, dass sie eines Tages die politische Realität wieder bestimmen werden, doch kann er sich dem »nationalen Aufbruch«, der sich rundum vollzieht, auch nicht völlig verschließen. So wertet er die Wahlen vom 5. März 1933 als historisches Scheitern des parlamentarischen Systems und ist bereit, den »plebiszitären Machtauftrag zur Umgestaltung der innerdeutschen Lage« anzuerkennen, wie er in einem Resolutionsentwurf vom 14. Mai 1933 einmal formuliert. Allerdings hält er in diesem Entwurf daran fest, allein der Rechtsstaat sei der Boden, auf

dem »ein Millionenvolk sein fruchtbares Gemeinschaftsleben ordnen kann«. Was die Ausformung des kommenden nationalsozialistischen Staates betrifft, zeigt Heuss zunächst eine abwartende Haltung: »Formen sind zerbrochen oder zerbrochen worden«, schreibt
er in seinem Kommentar »Zum Ausgang der Parteien« im Sommer
1933 in der *Hilfe*, doch es sei noch nicht erkennbar, ob und wie »sich
ein juristisches System von Macht und Zuständigkeit, von Aufgabe
und Grenzen« herausbilden werde.

Als Hitler im Reichstag am 17. Mai seine große außenpolitische
Rede hält, in der er deutsche Gleichberechtigung vor allem bei Rüstung und Abrüstung fordert, aber zugleich seinen Friedenswillen
unterstreicht, stimmt auch Heuss einer Erklärung zu, mit der sich der
Reichstag »in dieser Schicksalsfrage« geschlossen hinter die Reichsregierung stellt. Selbst die inzwischen auf 65 Köpfe geschrumpfte
Fraktion der SPD, deren Vermögen Göring längst hat beschlagnahmen lassen, schließt sich da nicht aus und stimmt, entgegen dem
Willen ihres inzwischen nach Prag übergesiedelten Vorstands, aber
auch jüngerer Abgeordneter wie Kurt Schumacher, dieser Einigkeitsbekundung zu – eine Entscheidung, die Hitler außenpolitisch aufwertet und im Nachhinein einen Schatten auf ihr würdevolles, mutiges und mannhaftes Nein zum Ermächtigungsgesetz wirft. Gibt es
mit dieser sogenannten Friedensrede plötzlich einen »neuen Hitler«,
der sich, wie sogar die Londoner *Times* spekuliert, zum »Staatsmann« gewandelt hat? Wie so viele im In- und Ausland, lässt sich
auch Heuss von Hitlers Rede täuschen: Er zweifelt nicht an dessen
»ehrlichem Friedenswillen« – dass der neue Reichskanzler schon am
3. Februar vor der Generalität die Eroberung neuen Lebensraums
im Osten als Ziel seiner Politik erklärt hatte, konnte er damals
nicht wissen. Der Reichstag sei »ordentlich verlaufen«, schreibt er
seinem Sohn Ludwig, der inzwischen Jura studiert: »Hitlers Rede«
sei »geschickt in der Möglichkeit, Deutschland wieder Bewegungsfreiheit zu gewinnen«.

Für Heuss soll dies die letzte Reichstagssitzung sein, denn am 12.
Juli 1933 erhält er die Mitteilung, dass ihm das Mandat aberkannt

worden ist. Zur Begründung wird angeführt, die Staatspartei sei nur über die Listenverbindung mit der bereits am 22. Juni verbotenen SPD in den Reichstag gelangt. Ein Vorstoß beim Innenminister, in dem die Abgeordneten Dietrich, Heuss und Lemmer für die kleine Gruppe der Staatspartei darauf verweisen, es habe sich um eine rein »technische Verbindung« mit der SPD gehandelt, bleibt folgenlos. Die Versicherung, die Staatspartei handele politisch stets völlig unabhängig und habe dies mit ihrer Haltung zum Ermächtigungsgesetz ja unlängst bewiesen, kann einen Wilhelm Frick nicht beeindrucken, der konsequent auf einen nationalsozialistischen Einparteienstaat hinarbeitet. Ohnehin hatte sich die Staatspartei, welche die fünf Abgeordneten im Reichstag bis zum 12. Juli vertraten, schon am 28. Juni offiziell aufgelöst und war damit ihrem Verbot zuvorgekommen.[7]

Mit dem Verlust des Reichstagsmandats bricht Heuss die letzte feste Geldquelle weg, auf die er noch hoffen konnte, denn die Diäten hatten immerhin 600 Mark im Monat betragen, außerdem besaß er – wie jeder Abgeordnete – einen Freifahrtschein für die Reichsbahn und alle Postomnibusse, was ihm weitgehende Bewegungsfreiheit innerhalb Deutschlands sicherte. Da ist es eine große Erleichterung für ihn, dass Ernst Jäckh in Verhandlungen über die Deutsche Hochschule für Politik, die verstaatlicht und gleichgeschaltet wird, wenigstens eine Abfindung von knapp 5740 Mark für ihn herausholen kann, eine Summe, die ihm im Juli angewiesen wird, etwa anderthalb Jahresgehältern entspricht und erst einmal über die größten Schwierigkeiten hinweghelfen wird. Unabhängig davon erhält er aus Forschungsmitteln, welche die Rockefeller Foundation der Hochschule zur Verfügung gestellt hatte, für die Abfassung der Naumann-Biographie ein Stipendium von monatlich 319 Mark, das vom April 1933 bis zum 30. September 1934, also achtzehn Monate, läuft und sich insgesamt auf 5742 Mark beziffert. Diese für die damaligen Verhältnisse außerordentlich großzügige Abfindung verschafft Heuss den nötigen Spielraum für eine Übergangszeit, doch insgesamt bleibt die wirtschaftliche Zukunft für ihn ungewiss: Erstmals ist er ein »freier Mann in des Wortes verwegenster Bedeutung«, schreibt er seinem Freund Mück Mitte Juli nach Heilbronn, erstmals in seinem Leben, seit er 1905 bei Naumanns *Hilfe* anheuerte, steht er »ohne feste Bezüge« da. Er versucht, sich journalistisch als freier Mitarbeiter durchzuschlagen, stößt aber auf große Schwierigkeiten, weil die »paar in Frage kommenden Zeitungen entsetzlich überlastet sind«: Die *Frankfurter Zeitung* und das *Hamburger Fremdenblatt* hätten einige Beiträge von ihm angenommen – Reisefeuilletons, die er gegenüber seinem Freund Stolper als »eine Art Verharmlosung des Daseins« bezeichnet. Zwar gelingt es ihm, mehrfach für die *Vossische Zeitung* zu schreiben, aber dieses Glück ist nicht von Dauer, denn das Blatt wird, kurz vor der »Arisierung« des Ullstein Verlags Ende März 1934 eingestellt. Um überhaupt gedruckt zu werden, spezialisiert er sich auf Gedenktage, Jubiläen, Biographisches und Buchbesprechungen – »unverbindliche Harmlosigkeiten«, wie er kritisch-ironisch einräumt, »das Dumme sei nur, daß diese Arbeiten finanziell gar nichts tragen«. Er sei froh, »daß Prinz Eugen vor 200 Jahren gestorben ist«, teilt er im März 1936 Toni Stolper in New York mit – » den habe ich immer geliebt, u. er soll es mir entgelten, da ich viel über ihn schreiben will«. Später nennt er sich einmal einen »Leichenfledderer«, weil er »in solchem Maße Spezialist für Gedenktage« geworden sei. Gustav Stolper hatte, nach einem vierwöchigen Erscheinungsverbot des *Volkswirts,* sein Blatt – auch durch Vermittlung Hjalmar Schachts – Ende Mai 1933 verkaufen können und war mit seiner Familie in die Schweiz gezogen, um von dort aus seine Emigration in die USA vorzubereiten. Er fasst schnell Fuß in New York und arbeitet dort als Wirtschaftsberater für verschiedene europäische Banken.

Hat auch Heuss mit dem Gedanken an eine Emigration gespielt? Noch in der Schweiz, erkundet Stolper offenbar Möglichkeiten für den Freund, an einer Schweizer Universität zu lehren. Heuss jedenfalls schickt ihm eine Auflistung all seiner bisherigen Vorlesungen und Publikationen, fügt aber warnend hinzu, dass seine Arbeit »auf die deutsche Situation im besonderen abgestellt war«. Hat er selbst

Zweifel, ausländische Universitäten könnten an einem Professor Heuss Interesse haben, der sich so ausschließlich innerdeutschen Themen gewidmet hat? Stolper winkt bald ab: Die Chancen »seien nicht sehr hoffnungsvoll«. So ist es vor allem Elly Heuss, die in den nächsten Jahren die »bürgerliche Existenz« bestreitet, für den wirtschaftlichen Unterhalt der Familie und die Studienkosten des Sohnes sorgt. Allerdings fällt auch ihre bisherige Tätigkeit den neuen politischen Umständen zum Opfer: Nach einer Denunziation wird ihr vom Burckhardthaus in Berlin-Dahlem gekündigt, wo sie am Aufbau eines »Seminars für kirchlichen Frauendienst« mitarbeitet und angehenden Gemeindeschwestern Unterricht erteilt. Selbst die Gestapo interessiert sich für die Denunzierte und lädt sie zu einem Verhör vor, das glücklicherweise keine ernsten Folgen hat. Das evangelische Burckhardthaus liegt in der Gemeinde Martin Niemöllers, dessen Lehrkräfte gegen die Deutschen Christen – einer antisemitisch orientierten Strömung im Protestantismus – und gegen die Einführung des Arierparagraphen in die Evangelische Kirche opponieren und deshalb bald zur Bekennenden Kirche stoßen. Als Folge des sich anbahnenden Kirchenkampfs sieht das Burckhardthaus sich gezwungen, ganze Arbeitsgebiete aufzugeben und Lehrkräfte zu entlassen. Auch Ellys sozialpädagogische Sendungen im Rundfunk werden vom neuen nationalsozialistischen Intendanten gestrichen, und sie ist nicht länger Mitglied des Rundfunk-Programmbeirats, in den sie der Evangelische Presseverband entsandt hatte.

So ist jetzt Sparen im Hause Heuss angesagt: »Zigarrenkonsum wird reduziert«, schreibt Heuss an seinen Sohn, der den Kosenamen »Lulu« trägt. Und: Nachts schlafe er schlecht – »wegen der beginnenden privaten Sorgen: was wird mit dem Haus?«[8]

Als das Ehepaar Heuss im selben Jahr seine Silberhochzeit bei Ellys schweizerischen Verwandten in Riehen bei Basel feiert, tut sich für Elly plötzlich eine neue Karriere auf: Warum, so der Vorschlag ihres Vetters Hermann Geiger, des Besitzers der Wybert-Werke, macht sie nicht Rundfunk-Werbung für seine Pastillen gegen Husten und Heiserkeit? Sie greift den Vorschlag auf und hat Erfolg, denn sie besitzt ein »angeborenes und geschultes Gefühl für Rhythmik und Klangfarbe«, ihre Worte und Sätze »kriechen unter die Haut«, wie sie einmal sagt; sie versteht es, sich in Menschen hineinzuden-ken, wählt gute Stimmen aus und untermalt die von ihr erdachten Werbesprüche musikalisch. So tönt es dann aus den Lautsprechern:

> Beim Rauchen, beim Singen, beim Wandern,
> Sagt's immer der eine dem Andern:
> Nimm, nimm, nimm
> Wybert für die Stimm!!
> Wähle, wähle, wähle
> Wybert für die Kehle!
> Die kleinen, die schwarzen, die netten,
> Die Wybert, ja Wybert Tabletten …

Die Rundfunkwerbung steckt noch in den Kinderschuhen, auch große Firmen werden durch ihre flotten Wybert-Sprüche auf sie aufmerksam, bald macht sie Reklame auch für Henkel (Persil) und für Reemtsma, mal »bedichtet« sie Produkte von Beiersdorf, mal die Kopfschmerztablette Pyramidon, gelegentlich wirbt sie sogar für die Winterhilfe der Nationalsozialistischen Volkswohlfahrt (NSV). Sie entwickelt die Werbeform des winzigen Hörspiels, nimmt ihre wer-benden Dialoge auf Schallplatten auf, wird zur geschätzten Exper-tin und tüchtigen Geschäftsfrau, die schließlich sogar Werbefilme dreht, die im Kino vor dem Hauptfilm laufen – so einen für Nivea, aber auch einen über »Frische Fische« (im Auftrag der Deutschen Großeinkaufsgesellschaft GEG), für den sie 1939 auf die Nordsee-insel Baltrum reist und einen Fischkutter mietet. Sie verdient gut, im Januar 1937 ist Heuss sogar in der Lage, einen Kaufvertrag für das Haus Kamillenstraße 3 in Lichterfelde zu unterschreiben, in dem sie seit 1929 zur Miete wohnen.[9]

Indes versucht Heuss, seit Anfang 1933 einer der Mitherausgeber der *Hilfe*, zusammen mit Gertrud Bäumer und Walter Goetz, das Blatt zu retten und auszubauen, für etliche Jahre wird es für ihn die einzige Plattform sein, in der er sich politisch zum Zeitgeschehen äußern kann. In der Publizistik sieht er ja nach dem Verbot oder der Selbstauflösung der Parteien den einzigen Weg, »eine bestimmte Gesinnungsgemeinschaft aufrechtzuerhalten«, allerdings unter der Voraussetzung, dass sie »vorsichtig gehandhabt wird«. So wird, wer seine Artikel aus den ersten zwei oder drei Jahren im NS-Staat liest, Zeuge eines schwierigen Balance-Akts zwischen Billigung, Kritik und Schweigen. Er weiß: Wenn er schreibt, wie er denkt, wird er verboten. Deshalb kommt, was Heuss in der *Hilfe* publiziert, dem Versuch gleich, die »Quadratur des Zirkels« zu lösen, wie der Theologe Otto Dibelius, inzwischen ein Mann der Bekennenden Kirche, ihm Anfang Februar 1936 mit »großem Respekt« bescheinigt: »Auf die [politischen] Bindungen, die dem Schriftleiter heute auferlegt sind, so zu achten, daß die Zeitschrift nicht verboten wird – und ihr doch zugleich eine eigene Note zu geben und sogar selbständige Urteile auszusprechen. Ich weiß, was dazu gehört.« Heuss nimmt sich vor, »von der alten Naumannschen Position aus zu den Dingen die Möglichkeit einer positiven Kritik zu finden«, er will »positive Entscheidungen positiv werten«, hat gleichzeitig aber auch das Bedürfnis, »etwa in bestimmten kulturpolitischen Fragen und zu Fragen der Ausdeutung des Volkssinns vor einem engen Schematismus zu warnen«. Da der alte Verlag zum 1. April 1933 liquidiert wird und der Verleger Hans Bott das Blatt mit allen Urheber- und Verlagsrechten übernimmt, einigen sich die Herausgeber Heuss und Bäumer mit ihm auf einen neuen Kurs, der dem radikalen Umbruch im Politischen Rechnung trägt: Die Zeitschrift soll »auf nationaler Grundlage staatsfördernd und in besonderer Berücksichtigung kulturpolitischer Belange« weitergeführt werden. Es ist dies eine Formel, von der Ernst Wolfgang Becker sagt, sie habe praktisch bedeutet, auch bei Kritik an den herrschenden Verhältnissen »den gegenwärtigen Staat nicht in Frage zu stellen«. Heuss habe dem Blatt eine bürgerliche »Nischenfunktion innerhalb der NS-Öffentlichkeit« verschaffen und das national-soziale Gedankengut Naumanns als »Korrektiv des nationalsozialistischen Machtanspruchs« verstanden wissen wollen. In der Tat besteht Heuss in Gesprächen mit kontrollierenden Nationalsozialisten stets darauf, dass nationales und soziales Denken nicht das Monopol einer – ihrer – Machtgruppe sei, sondern »Pflicht und Besitz jedes aufgeschlossenen Menschen, der die vaterländische Entwicklung mit Leidenschaft, Sorge und Liebe verfolgt«.[10]

Was Heuss' Absicht, »positive Entscheidungen positiv zu werten«, in der Praxis bedeutet, wird vor allem im außenpolitischen Bereich deutlich, wo dem NS-Regime erhebliche Korrekturen am Versailler Vertrag gelingen – allerdings nicht nur dort. Auch wo es um die Stärkung des (Zentral-)Staates geht, findet manches die Zustimmung des Liberalen Heuss. Als die Nationalsozialisten Ende März und Anfang April 1933 durch zwei Gesetze zur Gleichschaltung der Länder mit dem Reich die traditionelle Selbständigkeit der Länder beenden und Hitler direkt unterstellte Reichsstatthalter (meist Gauleiter) als oberste Vollzugsorgane einsetzen, begrüßt der alte Unitarier Heuss diese Maßnahmen, die praktisch das Ende der föderalen Gliederung des Reiches bedeuten. Schon immer ist er ein Gegner der feudal-dynastisch entstandenen Territorialstaaten gewesen, zumal der jeweilige Umfang dieser Länder und Staaten, wie er gern am Beispiel Bayerns demonstrierte, von napoleonischen Diplomaten ohne Rücksicht auf überkommene Stammesgrenzen am grünen Tisch festgelegt wurde. So lobt er die Gleichschaltungsgesetze: Mit ihnen sei deutsche Geschichte gestaltet worden, und zwar Geschichte, »die in ihren wesentlichen Bestandteilen nicht mehr rückgängig gemacht werden darf und kann«. Die Motive, die zur Entscheidung des Kabinetts« geführt haben, dünken ihn völlig gleichgültig, entscheidend ist aus seiner Sicht, dass die »nationale Revolution« 1933 nur nachholt, was im Winter 1918/19 versäumt worden sei. Wer will, mag Heuss'sche Ironie im Spiel sehen, wenn er vermutet, der von der Rechten »viel verspottete« – und, was Heuss natürlich nicht erwähnt: bei den Nationalsozialisten als Jude verfemte – Hugo Preuß hätte an diesem Gesetz seine wahre Freude. Es ist der Historiker, der sich hier artikuliert; dass beide Gesetze einen wichtigen Schritt auf dem Weg zur Vervollkommnung der Diktatur bedeuten, erwähnt sein aktueller Kommentar mit keinem Wort. Allerdings schreibt er dies zu einer Zeit, in der die Parteien formell noch existieren, sein Reichstagsmandat noch nicht aberkannt ist, kurz: als er meint, noch nicht überblicken zu können, wohin genau die nationalsozialistische Politik führen wird, denn die »dynamischen Kräfte des Wandels in Zerstörung und Gestaltung sind noch in lebhaftester Bewegung«. Dies kann allerdings nicht mehr für den letzten Akt der staatlichen Gleichschaltung gelten, die Hitler auch formell zum absoluten und unbestrittenen Diktator macht: Als dieser durch Gesetz am 1. August 1934 – da liegt Hindenburg im Sterben – das Amt des Reichspräsidenten mit dem seinen zusammenlegt, als er, jetzt »Führer und Reichskanzler«, allein an der Spitze des Staates steht und auch Oberbefehlshaber der Wehrmacht wird, die er zudem sofort auf sich vereidigen lässt, findet Heuss dafür kein kritisches Wort. Er hätte schweigen können. Doch er schreibt – und wäre es nicht Heuss, wäre man geneigt, von realpolitischem Zynismus zu sprechen – die »Machtlage in Deutschland« hätte nur eine etwas »künstliche Arabeske« erhalten, wenn die Stelle des Reichspräsidenten als eine Art konstitutionelles Gegengewicht zum Kanzleramt von einer anderen Persönlichkeit besetzt worden wäre als von Hitler: »Die Lösung des 1. August hat, wie die Struktur der deutschen Staatsführung sich darstellt, die innere Logik durchaus für sich. Die plebiszitäre Bestätigung, die sie am 13. August finden soll, wird den Tatbestand anerkennen.« Anerkennt sie nicht auch Heuss selbst mit diesem Kommentar? So wie 89 Prozent der Deutschen, die an der Volksabstimmung teilnehmen und für die Ämterzusammenlegung stimmen, obschon immerhin 10 Prozent Nein sagen und es fast eine Million ungültiger Stimmen gibt? Hat er nicht schon im Sommer 1933, als er das Ende der Parteien kommentierte, wenn auch resignierend, die »Machtverlagerung« im Zuge der nationalsozialistischen Revolution akzeptiert?

Im Großen und Ganzen trifft auf Heuss zu, was Eric Kurlander in seiner Untersuchung über die Haltung der Liberalen unter dem

Nationalsozialismus schreibt: In der Außenpolitik stimmen sie Hitler meist zu, weil ihnen die Revision des Vertrages von Versailles mehr bedeutet als die kriegerische Sprache des neuen Regierungschefs. So begrüßt Heuss den Austritt Deutschlands aus dem Völkerbund, den Hitler im Oktober 1933 erklärt, weil die Westmächte die vor seiner Kanzlerschaft zugesagte militärische Gleichberechtigung Deutschlands nach seinem Amtsantritt für vier (Beobachtungs- und Bewährungs-)Jahre aufschieben wollen. Er befürwortet deshalb auch ein Ja bei der für November anberaumten Volksabstimmung. Und auch für die Wiedereinführung der Wehrpflicht durch Hitler spricht sich Heuss, der alte Nationale und Historiker, im April 1935 aus: Es sei ein »tragischer, des Geschichtsgefühls barer Widersinn von Versailles« gewesen, der deutschen Nation dieses »Kernstück der kontinentalen Demokratie« unter Besatzungsdruck und Einmarschdrohung wegzureißen. Als Heuss dies schreibt, wird die Wehrpflicht in Deutschland allerdings nicht zu einem Kernstück der Demokratie, sondern das einer plebiszitären Diktatur. Verständnis findet bei ihm ebenso die bis dahin riskanteste Operation Hitlers, die Besetzung der entmilitarisierten Zone im Rheinland im März 1936: »…das ist doch deutscher Boden«, kommentiert er, »und nirgendwo in der Welt gibt es einen Staat, der über die Garnisonierung fremde Anweisungen entgegennehmen würde. Das ist die Meinung des billig Denkenden.« Als Hitler im Februar 1938 mit Schuschnigg zusammentrifft, greift der Großdeutsche Heuss sofort auf Naumanns Mitteleuropa-Begriff zurück. Zwar sieht er nicht den Anschluss voraus, der einen Monat später vollzogen wird, wohl aber einen »politischen Gleichklang der beiden deutschen Staaten«, mit dem eine »mitteleuropäische Tatsache« geschaffen werde, die vor allem Prag zum Umdenken zwinge. Das sudetendeutsche Problem vorwegnehmend, weist er auf die dem tschechoslowakischen Staat fehlende ideelle Fundierung hin: Nach dem Selbstbestimmungsrecht der Völker passten zwar die stammesverwandten Slowaken, nicht aber die Sudetendeutschen in diesen Staat. Im Grunde bestreitet er der Tschechoslowakei damit jede Legitimation in ihrer damaligen

Form. Als der Anschluss schließlich Tatsache wird, atmet er förmlich auf. »Der Spuk ist vorbei«, schreibt er in der Wiener *Neuen Freien Presse*, die Lügenhaftigkeit der Verträge von Versailles und St. Germain, die mit brutaler Gewalt die nationale Selbstbestimmung niedergehalten hätten, sei nun offenbar: »Großdeutschland ersteht«, und die »getrennten Wege eines Staats- und Geschichtsbewusstseins einen sich«. Im Februar 1939, nach der Münchner Konferenz und der Angliederung des Sudetenlandes, gut einen Monat vor dem deutschen Einmarsch in die Rest-Tschechoslowakei, spricht er in der *Hilfe* von der »Konsolidierung Mitteleuropas«. Die Ausweitung der deutschen Stellung gegenüber dem Osten und Südosten habe nicht nur das »klanglose Ende« der kleinen Entente zur Folge, sondern vor allem wirtschaftliche Konsequenzen im Sinne der Naumann'schen Mitteleuropa-Konzeption. Die angrenzenden Länder im Südosten würden vermehrt Lebensmittel liefern, auf die Deutschland angewiesen sei, und dafür deutsche Industrieprodukte erhalten. Er sieht hier einen natürlichen Rhythmus zu beider Vorteil am Werk, der die Beziehungen festigen werde, zumal Deutschland für bestimmte Produkte sehr viel aufnahmewilliger sei als seine politischen Konkurrenten – die müssten ja ihre Kolonien »in ihrem Bezug berücksichtigen«.[11]

Solche Kommentare zur Außenpolitik als Anpassungsversuche an das Regime zu deuten, wären allerdings verfehlt, sie beweisen lediglich die Überzeugung von Heuss und fast aller Liberalen, dass die Belange der Nation über politische, zumal parteipolitische Auseinandersetzungen zu stellen sind, dass der »Generalangriff« auf die »Versailler Festung« (Höpker-Aschoff) mitzutragen und nationale Erfolge, errungen unter welchem parteiischen Vorzeichen und von welcher Regierung auch immer, anzuerkennen sind. Hatte Reinhold Maier in seiner Erklärung zum Ermächtigungsgesetz am 23. März 1933 nicht gesagt, die Staatsparteiler fühlten sich »in den großen nationalen Zielen durchaus mit der Auffassung verbunden, wie sie heute vom Herrn Reichskanzler hier vorgetragen wurde«? War es in Weimar gelungen, mit Stresemann Schritt für Schritt eine Revision von Versailles einzuleiten, mochten die Liberalen, wie die übergroße Mehrheit der Deutschen, Hitler Anerkennung da nicht verweigern, wo es ihm gelang, die restlichen Ketten von Versailles zu sprengen und den um Österreich vergrößerten deutschen Nationalstaat im Zeichen deutscher Selbstbestimmung zu verwirklichen.

Innenpolitisch jedoch macht Heuss in seiner *Hilfe* schon ab Mitte 1933 sehr mutige kritische Anmerkungen, die ihm bald mehrfache Verwarnungen eintragen sollen. Gelegentlich versucht er beinahe schlitzohrig, die eigene Kritik in seinen Glossen damit zu rechtfertigen, dass er, führenden Nationalsozialisten wie Goebbels Vernunft oder Mäßigung unterstellend, sie ungefragt für die eigene Meinung in Anspruch nimmt. So, als er von der Gefahr spricht, dass die Beziehung von Kunst und Freiheit künftig durch die Gleichschaltung von Kunst und Rasse auf einen biologischen, naturalistisch vergröbernden Nenner gebracht werde. Für Heuss kann das nur zur tollsten Verwirrung der Wertungen führen, zumal dann, wenn man jüdischen Menschen die künstlerische Gestaltungskraft und die Fähigkeit der Deutung bestreite. »Wir glauben hier mit Dr. Goebbels uns in einer Meinung zu begegnen«, so Heuss wörtlich, »wenn wir etwa des Juden Friedrich Gundolf Buch über ›Shakespeare und der deutsche Geist‹ als eine der großartigsten Aufhellungen deutscher Geistes-, Seelen- und Volksgeschichte betrachten, vor der ein Dutzend völkischer Deutungen ins Wesenlose absinken«. Und er fragt: »Wird man nicht bewegt von der Sorge vor einer Verdumpfung, wenn die Anerkennung geistiger Größe die Unmittelbarkeit des Dankens verliert, den die Leistung als solche, gleichviel wer sie gibt, erwarten darf?« Mehrfach kommentiert er die Eintönigkeit der deutschen Presse und schreibt ohne Scheu, es seien die Ängstlichkeit und Unsicherheit der Redakteure, die zu Monotonie und Langeweile geführt hätten. Als Goebbels bei der Verkündung des Schriftleitergesetzes, das die Redakteure verpflichtete, die nationalsozialistische Weltanschauung zu verbreiten, selbst den »uniformen Zustand« der Zeitungen beklagt, greift er dies auf und vergleicht die Presse einem Klavier: Es dürfe nicht durch »allzu heftige einseitige Bearbeitung eine Reihe von Tönen« verlieren, »weil Saiten springen«. Er spricht von der »Monopolisierung und Einengung des Nachrichtenbetriebs«, die zu einer »Doppelschichtigkeit des deutschen Wissens« führten, denn viele Leute griffen nach ausländischen Zeitungen, weil sie meinten, erst durch sie »über Deutschland Bescheid zu erhalten«. Minister Goebbels habe die eindrucksvolle Antithese formuliert, »monoform im Willen, polyform in der Ausgestaltung« – aber einen »monoformen Willen« in der Außenpolitik vorausgesetzt, bleibe der Weg oft genug strittig, selbst bei denen, »die schließlich Richtung und Tempo bestimmen«. Es sei deshalb häufig das Bedürfnis der Außenpolitik gewesen, »daß sie Opposition besaß, ja sie sich vielleicht bestellte«. Weil das neue Gesetz von einer Verpflichtung des Schriftleiters zur Wahrhaftigkeit spricht, hält es Heuss für »richtig und erzieherisch«, ihm nicht nur in der Kommentierung, sondern auch in der Nachrichtenvermittlung »jenes Maß freier Entscheidung zu geben, das eine tapfere Männlichkeit zu ihrer freien Selbstgestaltung braucht«. Angesichts des bei Goebbels konzentrierten Monopols der Nachrichtengebung muss dies ein frommer, ja sehr frommer Wunsch bleiben – aber ihn auszusprechen erfordert Mut, für den sich die Journalistin Margret Boveri ausdrücklich bedankt: Dass in dieser Haltung heute überhaupt noch etwas geschrieben werde, habe für sie »etwas Aufrichtendes«. Heuss antwortet – »ohne mich besonders rühmen zu wollen« –, dass dies »fast der einzige ›anständige‹ Aufsatz war, der in der deutschen Presse zu diesem Thema geschrieben wurde«. Sicher finden sich, zumal zu Beginn der Kanzlerschaft Hitlers, auch *Hilfe*-Artikel, die sich wie ungeschickte, missglückte Versuche lesen, das Blatt um der Erhaltung seiner Eigenständigkeit willen in eine nationalsozialistische Grundströmung zu integrieren, von der man, schon weil man als Bürgerlicher und Antimarxist nicht zu den vornehmlichen und frühen Opfern zählt, noch nicht ahnt, zu welch bösartigem Geschwulst sich dieser Nationalsozialismus entwickeln wird. Gertrud Bäumer beispielsweise schreibt unter der Überschrift »Unsere nationalsoziale Bewegung und der Nationalsozialismus« im März 1933, Friedrich Naumann habe als erster die Überwindung des Marxismus durch die nationalsoziale Idee und die Einschmelzung der Arbeiterschaft in die Nation versucht. Reiner Burger meint, solche Äußerungen hätten den Eindruck erwecken können, »zwischen nationalsozialem Denken und dem Nationalsozialismus bestehe eine gewisse inhaltliche Affinität« – eine Vorstellung, die gerade Heuss mit allen Anzeichen des Entsetzens von sich weisen würde. Und im Heft danach spricht ein E. Thomas gar davon, dass die »nationalsoziale Bewegung« sich »im Nationalsozialismus verdichtete«. Doch überwiegt bei Heuss, bald auch bei Bäumer deutlich die innenpolitische und die ideologische Kritik etwa am Rassenwahn, und sie wird von den nationalsozialistischen Zensur-Bürokraten sehr wohl bemerkt. So, als Gertrud Bäumer sich äußerst kritisch mit dem Gesetz zur Wiederherstellung des Berufsbeamtentums befasst, das schon im April 1933 jüdische und politisch missliebige Beamte aus dem öffentlichen Dienst entfernt. »… für eine große Zahl wertvoller Menschen auf der Höhe ihrer Leistungsfähigkeit«, schreibt sie, bedeute dieses Gesetz »die Verbannung in ein geistiges Konzentrationslager«, es habe »Scharen anständiger, tüchtiger und kenntnisreicher Menschen in eine Art von politischer Pestzone« verwiesen. Sechs Monate später greift sie die Frage auf: »Was ist Wahrheit?«, weist auf die Kriegszensur 1914–18 hin, in der sich des Volkes eine »unheimliche Unsicherheit« bemächtigt habe, und erklärt – mit deutlicher Anspielung auf das Goebbels-Ministerium – für die englische Öffentlichkeit sei nach der Erfahrung des Krieges »das Wort Propaganda… identisch mit dem Wort Lüge«.

Es gibt mutige Glossen, die anonym erscheinen, aber die Handschrift von Theodor Heuss verraten. Praktisch redigiert er ab April 1933 das Blatt allein, und sein Haus in der Kamillenstraße in Lichterfelde wird ab Januar 1934 auch als Redaktionsanschrift angegeben. Als eine Sondernummer des berüchtigten *Stürmer* über angebliche jüdische Ritualmorde berichtet, fragt die *Hilfe*: »Muß das sein?« Die innerdeutsche Rassengesetzgebung sei von »vieltausendfacher menschlicher Tragik begleitet«, und gerade Nationalsozialisten, denen der Kampf gegen die Juden nicht bloß eine Angelegenheit der Agitation sei, sondern eine Sache »der Überzeugung und des Glaubens«, müssten jetzt sagen: »Laßt es genug sein!« Vier Nummern später wird, wiederum in der Rubrik Umschau, auf eklatante politische Defizite der nationalsozialistischen Berichterstattung zum sogenannten Röhm-Putsch hingewiesen: Wir wüssten nicht, was eigentlich Röhm und seine Leute im Sinne hatten, liest man da. Die Fakten müssten deutlicher werden, schon »um die Phantasie eines Volkes davor zu bewahren, daß es sich in Kombinationen und Gerüchten einen Ersatz für Tatsachen-Nahrung, die es erwartet, schaffe«. Gertrud Bäumer greift erneut rassenpolitische Fragen kritisch auf und tritt der These entgegen, es gebe den Geist einer Rasse. Die Völker des Abendlandes seien nicht durch Reinhaltung der Rasse, sondern durch Aufnahme und Verarbeitung anderer Kulturen in ihre Form hineingewachsen. Es ist hier nicht der Ort, jeden kritischen Beitrag aufzuführen und auf jedes Löcken wider den Stachel in der *Hilfe* hinzuweisen. Aber daran, dass das Blatt unter dem Redakteur Heuss in diesen Jahren überkommene humanistische und liberale Werte gegen eine Diktatur verteidigt, die zunehmend über das Reich der Ideen herrschen will, kann nicht der geringste Zweifel bestehen. Heuss opponiert gegen das neue Geschichtsbild, das Karl den Großen auf den Sachsenschlächter reduziert und Hitlers Reich als das Widukinds bezeichnet, das endlich Wirklichkeit geworden sei. Er wendet sich gegen die »Gleichschaltung des Geistes« mit den Worten: »Geist ist Gewissen, ist intellektuelle Reinlichkeit und Redlichkeit, ist religiöse Verantwortung – das sind die Werte, die für unser Begreifen der Luft der Freiheit bedürfen.« Er sagt Nein zu der NS-Blut- und Bodenthese, die Berliner Nationalgalerie sei »säuberungsbedürftig«: Dampfende Ackerschollen in der Morgenfrühe, der Sämann mit werfender Hand seien schöne Motive – aber die Fragestellungen der Kunst gerade in dieser Zeit seien weiter und kühner, und der künstlerische Versuch bleibe – auch wenn er Konventionen sprenge – »wichtiger als die liniengerade Vorsicht«. Er widmet dem jüdischen Maler Max Liebermann und dem inzwischen verfemten Architekten Poelzig fulminante Nachrufe, und er lässt Juden wie den

Dramatiker und Kritiker Julius Bab regelmäßig über Theater, Film und Kunst schreiben. Bab zeichnet auch für einen Nachruf auf den jüdischen, im Herbst 1936 verstorbenen Verleger Samuel Fischer verantwortlich, in dem ihm große Verdienste für die deutsche Kultur bescheinigt werden. Kein Wunder also, wenn das Propagandaministerium dem Redakteur der *Hilfe* 1934 gleich zwei Verwarnungen zustellt – die erste im August, eine zweite, nun »scharfe Verwarnung« im Dezember. In der ersten heißt es, die Art und Weise, in der die politischen Ereignisse in der Zeitschrift *Die Hilfe* behandelt würden, entspreche nicht den »Forderungen, die der nationalsozialistische Staat stellen muß« und habe »mehrfach zu Beanstandungen Anlaß« gegeben. Als Heuss der Aufforderung folgt und sich zu dem zuständigen Referenten ins Propagandaministerium begibt, erfährt er in einem dreiviertelstündigen, »wechselvollen« Gespräch, dass sein Blatt, gemessen an der Gesamtpublizistik, »abseitig« sei und das politische Geschehen meist »interessiert historisch betrachte, was nicht dem inneren Wesen der heutigen Publizistik entspreche«. *Die Hilfe*, so Heuss in einer nach dem Gespräch gefertigten Notiz, spinne nach Auffassung des Propagandaministeriums ein »dünnes, besonders gefärbtes Fädchen neben den Ereignissen.« Der Staat, erklärt ihm der zuständige Referent, habe zwischen drei möglichen Reaktionen zu wählen: diese Abseitigkeit »ignorierend zu dulden«, den Versuch der Assimilation zu machen oder »zu vernichten«. Vor allem kritisiert er, dass *Die Hilfe* zu den Ereignissen ihr Placet oder Nonplacet gebe, obschon einige Minister das Recht auf Kritik nur Parteigenossen konzedierten. Dem hält Heuss, der Nationale, im Gespräch mutig seine alte These entgegen, dass er ein »Monopol für die Betrachtung der deutschen Volks- und Staatsgeschichte« sittlich nicht anerkenne – »kein Gebot und keine Diffamierung« könne einen Deutschen von der »bewussten, sorgenden Teilnahme an der politischen Entwicklung entlassen ...« Auf die Frage, welche Artikel oder Sätze zu Beanstandungen geführt hätten, verwies der Referent vor allem auf Gertrud Bäumers Artikel »Was ist Wahrheit?« und deren Sätze über die Haltung der Briten, die Propaganda als ein Synonym für Lüge betrachteten. Nach Heuss' Notiz über das Gespräch zeigte der zuständige Beamte, ein Dr. Brauweiler, sogar einen gewissen Charme, als er zum Schluss bemerkte, *Die Hilfe* sei im Nietzsche'schen Sinn »unzeitgemäß« – gerade »darin liege die Konfliktgefahr«.[12]

Anlass der zweiten, diesmal »ernsten Verwarnung« ist ein Artikel von Hermann Höpker-Aschoff, der unter dem Titel »Demokratie und Führertum« Anfang Oktober 1934 die Bedingungen für das Gelingen der Demokratie in England untersuchte. Weil Heuss herausfindet, dass die Gestapo – und zwar deren Unterabteilung II 2, welche die »Gegnerpresse« beobachtet – beim Propagandaministerium auf ein Verbot der *Hilfe* gedrungen hat, bittet Heuss um ein Gespräch im Gestapo-Hauptquartier in der Prinz-Albrecht-Straße, das in »ausgezeichneten Formen« verläuft. Hier, aber auch im Propagandaministerium gewinnt er den Eindruck, dass die Streichung der Herausgebernamen auf der Titelseite – neben dem Gründer Friedrich Naumann die drei Herausgeber Bäumer, Goetz und Heuss, und dazu der des Leitartiklers, der für das Heft, das dem Ministerium vorlag, Hermann Höpker-Aschoff hieß – als Erleichterung empfunden wird: So etwas, es waren immerhin gleich fünf Namen ehemaliger DDP-Größen, gebe es sonst nirgends, so der Gestapo-Beamte, und so wäre es nicht verwunderlich, wenn sie von Parteigenossen draußen Beschwerdebriefe erhielten. Heuss streicht die Herausgebernamen, versichert förmlich, dass die Leitung der *Hilfe* unter dem von ihm »innerlich bejahten Gesetz der nationalpolitischen Geschlossenheit erfolgt«, veröffentlicht vermehrt Artikel zur Außenpolitik, einem Gebiet, auf dem, wie wir sahen, es weniger Konfliktstoff gibt, und so kehrt erst einmal Ruhe ein. Bis Ende September 1936 eine neue Beschwerde erfolgt und das Propagandaministerium damit droht, bei »weiteren Verstößen« die Zeitschrift zu verbieten und den »Schriftleiter zur Verantwortung zu ziehen«. Grund: die Glosse »Der Ausgleich mit Österreich«, in der Heuss Mitte Juli 1936 von einem »deutsch-österreichischen Schimpfkrieg der gegenseitigen Verächtlichmachung« gesprochen hat. Damit, so das Propagandaministerium, sei die »vor zwei Jahren durchgeführte Außenpolitik der Reichsregierung mit Österreich einer unzulässigen Kritik unterzogen« worden. Im polykratischen Nazisystem hatten diesmal gleich drei Instanzen an dem Artikel Anstoß genommen und sich bei Goebbels beschwert: Außer der Gestapo waren dies die Reichsführung SS und der Pressechef der NSDAP. Heuss gilt als Schriftleiter der *Hilfe* jetzt für untragbar, wie Verleger Bott im Propagandaministerium erfährt, und so legt er – im Einvernehmen mit Bott – die redaktionelle Verantwortung für das Blatt freiwillig nieder und zieht sich auch als Herausgeber zurück. Eine Streichung aus der Schriftleiterliste des Reichspropagandaministeriums, die bei einem neuen Verstoß droht, will er keinesfalls riskieren, denn sie käme seinem »publizistischen Tod« gleich, wie er seinem Freund Walter Goetz erklärt. Seine Nachfolge übernimmt ab Januar 1937 Walter Schmidt, dessen Korrespondent er ja für die *Rigaer Zeitung* vor dem Ersten Weltkrieg gewesen ist und mit dem er bei der *Deutschen Politik* zusammengearbeitet hat. Leicht fällt Heuss dieser Abschied sicher nicht, bot doch die *Hilfe* ihm, der seit 1905 gewohnt ist, sich als politischer Journalist zu äußern, seit 1933 die einzige Chance, sich regelmäßig mit kritischen Anmerkungen zum Tagesgeschehen zu Wort zu melden, so gezügelt, verklausuliert oder zwischen den Zeilen versteckt sie auch unter den Bedingungen der Diktatur oft genug hatten vorgebracht werden müssen. Nach einer langen Pause steuert er dann, wenn auch sehr selten, wieder diesen oder jenen Kommentar bei. Unter seiner journalistischen Leitung konnte die *Hilfe* die Zahl ihrer Abonnenten auf über tausend steigern, und nicht zuletzt ihm und seinem Namen war es zu verdanken, wenn der »rote Industrielle« Bosch noch einmal in die Tasche griff und 2000 Mark für die Fortführung der *Hilfe* spendete. Elly allerdings fällt ein Stein vom Herzen, dass er die Redaktion des Blattes aufgibt, wie sie ihre Freundin Toni Stolper auf der anderen Seite des großen Teichs wissen lässt. Sie hat mitgelitten, wie ihr Theodor sich mit Blick auf den Zensor mit manchen Formulierungen quälte, Verwarnungen oder Vorladungen erhielt und einen »Kropf von verschluckten Wahrheiten« bekam, über den auch Heuss selbst einmal – bei seinem Freund Mück – klagte. In dem Versuch, »unhaltbare Dinge krampfhaft zu halten« sieht Elly »etwas ganz Verwerfliches«, empfindet den Schlussstrich als Befreiung und schließt ihren Theodor ohne dessen Wissen in dieses Gefühl gleich mit ein: »... obwohl er es nicht ausspricht«, schreibt sie der Freundin, »empfindet es der Mann doch auch«.[13]

Dennoch finden sich in der *Hilfe*, aber auch in Heuss' Korrespondenz der Jahre 1933/34 einige Stellen oder sogar Artikel, die uns heute außerordentlich merkwürdig anmuten, ja als Überschreitung heutiger Tabugrenzen erscheinen, obschon sie bei näherem Hinschauen wohl eher Bestandteil seines – und nicht nur seines – demokratischen, ethisch konservativen, zutiefst bürgerlichen Selbstverständnisses sind. So wendet sich die *Hilfe* am 1. April 1933 – und das ist zunächst auch aller Ehren wert – in einer Glosse gegen den reichsweiten, von Goebbels inspirierten Boykott jüdischer Warenhäuser, Geschäfte, Arzt- und Anwaltspraxen mit dem Argument, dass es Unschuldige träfe. Die Regierung stellt den Boykott ja als Antwort auf ausländische Greuelmärchen dar, und die *Hilfe* tappt in diese Falle, wenn sie von »Erzählungen über deutsche Pogrome mit Massenopfern« schreibt, die aus den »ostjüdisch-kommunistischen Zirkeln von London und New York« stammten. Aus ihrer Sicht muss die große Mehrheit der eher braven deutschen Juden praktisch als Geiseln für die weit überzogenen Behauptungen der deutschfeindlichen »marxistisch-ostjüdischen« Kreise im Ausland herhalten. Dass draußen die wilden antisemitischen Aktionen der SA, die es im Februar und März in verschiedenen Teilen des Reichs gegeben hat – etwa den Warenhaussturm in Braunschweig oder die Angriffe auf jüdische Geschäfte und die Synagoge in Göttingen – sehr genau verfolgt und kritisch kommentiert werden, ist eine Selbstverständlichkeit, bleibt in dem Artikel aber unerwähnt. Mit dem Wort von den »ostjüdisch-kommunistischen Zirkeln« aber nähert sich das Blatt gefährlich jenem Nazi-Jargon an, den Heuss – und er ist durchaus stolz darauf – aus der Zeitschrift sonst immer ferngehalten hat.

Das Wort »Führer« kommt, solange er die *Hilfe* redigiert, in der Zeitschrift nicht vor. Aber Anfang Februar 1934 erscheint dann ein Artikel, überschrieben: »Ostjuden«, der scharf zwischen ihnen und der »alteingesessenen deutschen Judenheit« unterscheidet. Der Autor, Ludwig Herz, offenbar selbst ein Jude, nennt diese »Ostjuden« ein »Ärgernis«, bezeichnet sie als »Schädlinge nicht zuletzt an den eigenen Glaubensgenossen« der eingedeutschten Judenheit, für ihn sind sie schlicht »Agenten des Antisemitismus«. Aus ihrer Schicht stammten jene »Nichts-als-Intellektuellen«, begabt zwar – schon vom Erbgut her – mit Witz und scharfem Verstand, die aber letztlich »Entwurzelte« seien und deshalb »unschöpferisch«, die voller Minderwertigkeitskomplexe steckten und folglich zu Überheblichkeit neigten. Für den Autor sind diese Ostjuden Menschen ohne Ethos und ohne »Verecundia« – womit er wohl nicht so sehr Demut als vor allem Ehrfurcht meint. Nun ist die Kritik alteingesessener, in die Gesellschaft und Kultur integrierter Juden an der Zuwanderung von Glaubensgenossen aus den osteuropäischen Ghettos keine deutsche Besonderheit. Ähnliches hat es in Großbritannien um die Jahrhundertwende gegeben, als die assimilierten britischen Juden wegen der zunehmenden Einwanderung aus Osteuropa eine Welle des Antisemitismus befürchteten. Besonders peinlich ist allerdings, dass der Artikel über »Ostjuden« in der *Hilfe* wenige Monate nach einem Gesetz erscheint, das Mitte Juli 1933 den Widerruf von Einbürgerungen und die Aberkennung der deutschen Staatsbürgerschaft ermöglicht und damit 16000 sogenannte Ostjuden mit dem Entzug ihrer deutschen Staatsangehörigkeit bedroht.

Dass Heuss kein Feind der Juden ist, steht außer Frage. Ganz im Gegenteil, unter seinen Freunden sind viele Juden, und er hat ihnen, soweit ihm dies möglich war, auch in der Nazizeit geholfen. Allerdings zählen sie – die Stolpers, der Gynäkologe Ferdinand Mainzer, den Heuss als Don Fernando verehrt, oder Fritz Elsas, der langjährige Berliner Bürgermeister – sämtlich zum »bürgerlichen oder gelehrten Judentum«, und dem wird, aus Heuss' Sicht, »um einiger jüdischer Literaten willen« Unrecht angetan, Unrecht, das sich, wie er dem Sohn Ernst Ludwig am 7. Mai 1933 schreibt, »moralisch und wirtschaftlich an uns rächen wird«. Es ist ein zutiefst konservativ-bürgerlicher Instinkt, der hier bei Heuss hervortritt und den er mit der Minderheit des nicht antisemitisch orientierten protestantischen Bürgertums teilt: dass man vor allem jene deutsche »Judenheit« respektiert, die sich assimilierte, »zum selbstverständlichen Teil der deutschen Gesellschaft wurde«, die es zu akademischem Status oder wirtschaftlichem Erfolg brachte und zur deutschen Bourgeoisie gehört. Und gerade weil er sich deshalb von jedem Antisemitismus frei fühlt, erlaubt er sich Kritik am Typus der *Weltbühne*-Literaten, die ihn – wie Kurt Tucholsky – schon beim Schmutz- und Schundgesetz bekämpft haben. Er sieht »in manchem befreundeten Haus« die »materiellen und mehr noch die seelischen Auswirkungen« des Boykotts und der gesetzlichen Bestimmungen über jüdische Anwälte, Ärzte, Professoren und Künstler, aber er gibt vor und leidet mit darunter, dass sie »für das Verhalten und die seelische Taktlosigkeit einer Handvoll entwurzelter jüdischer Literaten, ein paar Hunderttausend Menschen, die sich nicht wehren können, infamiert werden«.

Nun vermutet man das Wort »entwurzelte jüdische Literaten« eher bei einem Deutschnationalen als bei einem aufrechten Demokraten der DDP oder Staatspartei, aber ganz offensichtlich schwingt bei Heuss der Zorn auf jene Autoren der *Weltbühne* mit, die zwar mit geschliffener Feder und treffsicherem Witz die rechten Feinde der Republik – rechtsradikale Kampfbünde, monarchistische Parteien, Militarismus oder eine reaktionäre Justiz – bekämpften, aber zugleich die bürgerlich verfasste parlamentarische Republik von Weimar keineswegs verteidigten, sondern sie als kraftlos, zu kompromisslerisch und spießig ablehnten, ja sie lächerlich und verächtlich machten. Die Republik, für die ein Ossietzky oder ein Tucholsky eintraten, glich einem Ideal und hatte mit der existierenden wenig zu tun, sie stammte eher aus der Weltsicht des »Romanischen Cafés« und war damit, so Hagen Schulze, »ein ganz anderes Gebilde als die Republik von Weimar«. Dass ein Theodor Heuss, der die Wehrhaftigkeit der Demokratie verficht, für einen Pazifisten wie Ossietzky kein Verständnis hat, dass er, der Friedrich Ebert und dessen politische Verdienste um die Gründung der Demokratie außerordentlich schätzt, einen Kurt Tucholsky nicht respektieren kann, der den verstorbenen Reichspräsidenten einen »Verräter«, und zwar einen von »bodenloser Charakterlosigkeit« nennt, versteht sich beinahe von selbst.

Sein Sohn Ernst Ludwig, der in Bonn Jura studiert, fühlt sich offenbar tief getroffen, als er am »Schandpfahl der deutschen Nation«, den die Studentenschaft errichtet hat, den Namen des Vaters entdeckt, und sieht sein Studium gefährdet. Als die *Deutsche Allgemeine Zeitung (DAZ)* in einer »Art Ehrenrettung« – als »Unsere Meinung« veröffentlicht – schreibt, Heuss könne nur durch »einen heimtückischen Zufall« auf die Liste geraten sein und habe die zum Teil »sehr unsympathische Nachbarschaft« nicht verdient, schickt dieser eine Kopie der Notiz sofort an den Sohn in Bonn. Heuss habe zwar auf dem Boden der Demokratie gestanden, heißt es in der *DAZ*, aber im Kulturpolitischen stets »eine saubere, strenge, nationale Haltung« gezeigt und stamme aus einer »alten arischen Familie in Württemberg«. Zwar hat Heuss über einen konservativen Dozenten, der zu seiner Zeit an der Politischen Hochschule lehrte, diese »Verwahrung« selbst initiiert, aber an allem, was da zu seinen Gunsten vorgebracht wird, kann er kaum Freude haben. Denn in dem *DAZ*-Artikel heißt es, zwar sei er politisch stets mit der bürgerlichen Linken gegangen, doch habe er »gegenüber den Erscheinungen des geistigen Lebens« stets eine Stellung eingenommen, »die sich wenig von der der besten Rechten unterschied«. Vor allem gefällt ihm die demonstrative Unterstreichung seines »Ariertums« nicht, denn, so begründet er es gegenüber seinem »Lulu«, er wünsche gerade »jetzt keine Distanzierung zu den Juden, mit denen ich befreundet bin«. Auf der anderen Seite ist er jedoch froh und dankbar, dass man ihn säuberlich von den Herren »Hirschfeld, Hodan [gemeint: Hodann], Tucholsky u.s.f.« scheidet. Hier zeigt sich wieder der konservative Instinkt, der tief drinnen in der Haut des politisch aufgeklärten protestantischen Bildungsbürgers steckt, der traditionelle gesellschaftliche Werte verteidigt, hier werden die Grenzen deutlich, die der Moderne bei Heuss gezogen sind: Sexualforschern wie Magnus Hirschfeld, welche die Homosexualität nicht länger bestraft sehen wollen und für die Rechte sexueller Minderheiten kämpfen, linkssozialistische Sexualpädagogen wie Max Hodann, die gegen die herrschende repressive Sexualmoral angehen und für das freie Recht der Frauen auf Abtreibung eintreten, sind Anrüchige, in ihre Gesellschaft möchte er nicht geraten, mit ihnen in einem Atemzug möglichst nicht genannt werden.[14]

Da er weiter als Journalist und Schriftsteller in der Diktatur tätig sein will, aber auch muss, denn er verfügt über keine andere Berufsausbildung und -eignung, wird für ihn ein Minimum an Anpassungsleistungen Pflicht. Nur wer den entsprechenden neu geschaffenen Zwangsorganisationen angehört, kann ja seine bisherige Tätigkeit weiter ausüben. So schickt Heuss am 1. August 1933 eine Aufnahmeerklärung an den Reichsverband Deutscher Schriftsteller, bezeichnet sich als Tagesschriftsteller, dazu als gelegentlichen Kritiker und versichert mit seiner Unterschrift, dass er sich »jederzeit für das deutsche Schrifttum im Sinne der nationalen Bewegung einsetzen« wird. Der Passus ist im Text des Fragebogens bereits enthalten, ihn durchzustreichen hätte bedeutet, das Aufnahmeersuchen ungültig zu machen. So wird er später vom Makel des »Betrugs« sprechen – eines Betrugs freilich, der Ergebnis eines unsittlichen Zwangs ist und deshalb sein Gewissen nie belasten wird. Seit Januar 1934 außerdem Mitglied des Reichsverbandes der Deutschen Presse, wird er, nach Verkündigung des Schriftleitergesetzes, auch auf der Schriftleiterliste verzeichnet – eine entscheidende NS-Formalie, ohne die er die *Hilfe* nicht hätte redigieren können. Allerdings hat er Schwierigkeiten, den nötigen arischen Nachweis für seine Frau zu erbringen. Die entsprechenden Papiere über ihre georgischen Vorfahren lassen sich aus Tiflis nicht beschaffen, weil – so schreibt Heuss der zuständigen NS-Kammer – die »Familie von den Bolschewiken vertrieben oder vernichtet« sei. So wird schließlich das Reichsamt für Sippenforschung eingeschaltet, das nach einiger die Zeit die Frage zugunsten des Antragstellers klärt.

Nicht unter Zwang erfolgen andere Anpassungsversuche, bei denen allerdings zu fragen wäre, wieweit sie nicht dem verständlichen Schutzbedürfnis eines Mannes entspringen, dem das Regime nach seinem überzeugten politischen Engagement für die Weimarer Republik zutiefst misstraut und den es entsprechend überwacht. So tritt er schon 1933 in die NS-Volkswohlfahrt ein, die wohl harmloseste unter den NS-Massenorganisationen, die vor allem sozialpolitische Ziele verfolgt. 1936 wird er Mitglied des Reichsluftschutzbundes und kriecht, zum Luftschutzwart der Kamillenstraße ernannt, »bei den Nachbarn auf den Dachböden« herum, wie sein Sohn Ludwig von einem Aufenthalt in London 1939 Toni Stolper nach New York berichtet. Ludwig wiederum, um den Fortgang seines Jurastudiums besorgt und von drohenden Aufforderungen des NS-Studentenbunds beeindruckt, tritt zusammen mit seinem Freund und Mitbewohner Wolfgang Macke im Herbst 1933 in die SA ein, bei der er allerdings nicht lange bleibt. Noch im November 1932 war er, entgegen den Bedenken des Vaters, der ihn in eine aus seiner Sicht falsche Gesellschaft kommen sah, Mitglied der SPD als der stärksten demokratischen, sich eindeutig zur Republik bekennenden politischen Kraft geworden. Nach dem ersten juristischen Staatsexamen und seiner Promotion scheidet er 1937 als Referendar aus dem Staatsdienst aus, weil er erkennt, dass er sein ursprüngliches Berufsziel, Verwaltungsbeamter im Kommunalbereich, nur als ein Mitglied der NSDAP erreichen kann. Da er dies unter allen Umständen vermeiden will, geht er lieber in die Wirtschaft und beginnt seine Berufslaufbahn zunächst als Volontär einer Kohlen- und Brikett-Verkaufs-GmbH in Leipzig.

Zwei Entscheidungen, die Heuss 1933 trifft, mögen jene anfänglich ambivalente Haltung belegen, die Heuss nach Ernst Wolfgang Becker gegenüber dem Regime »mitunter« zeigt. Da ist einmal der Heuss, der den Austritt aus dem Bund der Auslandsdeutschen, deren stellvertretender Vorsitzender er ja ist, im April »aus Selbstachtung«

beinahe abrupt vollzieht. Grund: Die Bundesleitung hatte, wohl im Zuge der Gleichschaltung, in einem Rundschreiben behauptet, die sogenannten Novemberparteien hätten keine nationale Politik betrieben. Da er selbst in einer dieser Novemberparteien mitgearbeitet hat, wehrt sich sein Gerechtigkeitsgefühl dagegen, seiner Partei, aber auch den Sozialdemokraten oder dem Zentrum zu unterstellen, sie hätten damals nicht aus nationalen Motiven gehandelt. Ein solches Geschichtsbild wolle und könne er nicht mitverantworten, teilt er dem Geschäftsführer Ernst Grosse mit, zudem ließen sich seine Auffassung von der Behandlung der auslandsdeutschen Fragen »mit denen der gegenwärtigen Regierung« wohl nur »schwer vereinbaren«. Und da ist andererseits der Heuss, der als Mitglied des Vorstands am 10. Juni 1933 für die Gleichschaltung des Werkbunds stimmt und in der *Vossischen Zeitung* Anfang Oktober 1933 betont, die nationalsozialistische Forderung nach einem deutschen Stil sei so neu nicht, Friedrich Naumann habe sie schon 1914 in Köln erhoben. Er begrüßt in diesem Artikel auch die »statuarische Festlegung des Führergedankens« in der neuen Satzung des Werkbunds und erklärt, sie sei insoweit nichts Neues, als der Werkbund bei Publikationen und Ausstellungen seit 1915 »die Durchführung nie einer Kommission, immer einem Einzelnen« übertragen habe, um »die persönliche Verantwortung klarzustellen«. Somit sei die ursprüngliche Praxis nur »paraphiert« und »gestrafft« worden. Heuss unterstützt mit diesem Artikel zweifellos Bemühungen seines Freunds und Mentors Ernst Jäckh – wie übrigens auch Poelzigs –, den Werkbund durch »die Nazirevolution hindurchzuschleusen«, um ihn in eine bessere Zukunft zu retten. Zu diesem Zweck erbittet Jäckh sogar eine Audienz bei Hitler, bei der es nicht zuletzt um den Fortbestand der Hochschule für Politik ging. Im Herbst tritt der Vorstand dann geschlossen zurück, um den Weg für den nationalsozialistischen »Neubeginn« freizumachen; insofern trägt Heuss keine Mitverantwortung für die weitere Tätigkeit des Werkbunds, der 1934 in die Reichskulturkammer integriert wird und sich 1938 schließlich auflöst. Joan Campbell hält denen, die für die Gleichschaltung stimmten,

Heuss am Schreibtisch
in seinem Arbeitszimmer

Das Reiheneckhaus Kamillenstraße 3 in Berlin-Lichterfelde,
das Heuss zunächst mietet
und 1937 kauft

Blick in den »Salon«
der Kamillenstraße

Freunde fürs Leben: Toni Stolper, geb. Kassowitz (oben links),
Heuss mit Gustav Stolper, dem Chefredakteur und Herausgeber
der Zeitschrift *Der deutsche Volkswirt* (rechts)

Reichstags=Handbuch
II. Wahlperiode
1 9 2 4

Herausgegeben vom
Bureau des Reichstags

Berlin 1924

Dr. Heuß

Endlich im Reichstag:
Eintrag im Handbuch
des 2. Reichstags 1924

Heuß, Theodor, Dr. rer. pol.; Schriftsteller in Berlin=Friedenau.
Wahlkr. 31 (Württemberg). — Deutsche Demokratische Partei.
Geboren am 31. Januar 1884 in Brackenheim (Württemberg); evan=
gelisch. Besuchte humanistisches Gymnasium in Heilbronn a. N.,

»Frech« nannte Heuss den Umschlag zu *Hitlers Weg*, seinem erfolgreichsten Buch der dreißiger Jahre. Es war die erste kritische historisch-politische Analyse des Nationalsozialismus, erschien 1932 und wurde ins Holländische, Schwedische und Italienische übersetzt. Heuss schrieb für mehrere Zeitungen und unterrichtete bis 1933 an der Deutschen Hochschule für Politik.

EIN LEBENSBILD VON
THEODOR HEUSS

In der inneren Emigration schrieb er seine großen Biographien über
Friedrich Naumann (1937), den Freund und Architekten Hans Poelzig (1939)
und Anton Dohrn in Neapel (1940) und arbeitete an einer Bosch-Biographie,
die allerdings erst nach dem Krieg erscheinen konnte.

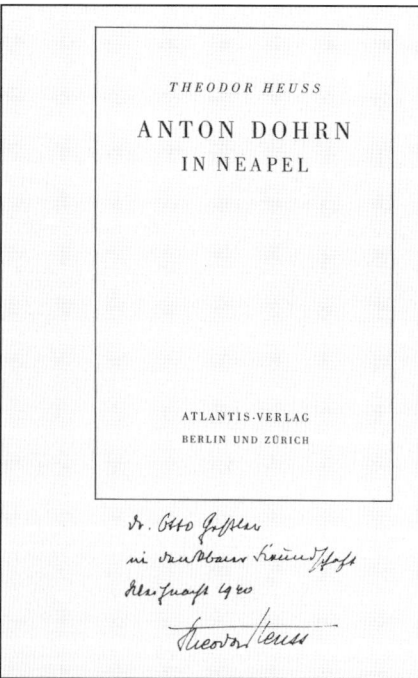

Theodor Heuss
ROBERT BOSCH
Leben und Leistung

Vor den Bom-
benangriffen auf
Berlin suchte das
Ehepaar Heuss
1943 Zuflucht
in zwei Dach-
stuben im Haus
der Schwägerin
in Heidelberg-
Handschuhsheim.

Journalist der
ersten Stunde:
Die Amerikaner
ernennen ihn
am 5. September
1945 zu einem
der drei Lizenz-
träger der neuen
Heidelberger
*Rhein-Neckar-
Zeitung.*

UNITED STATES MILITARY GOVERNMENT
WÜRTTEMBERG-BADEN

TO:      Dr. T h e o d o r   H e u s s

By authority and direction of General of the
Army DWIGHT D. EISENHOWER, Military Governor, United States
zone, Germany, you are hereby commissioned as

Minister of Culture, Land Nord Württemberg-
Baden

You will assume the powers and duties of this
position as of this date and will exercise your functions
until such time as otherwise directed.

WILLIAM W. DAWSON
Colonel, Infantry,
Regional Military
Government Office.

Stuttgart, 22nd September 1945.

Schon im September 1945 berufen die Amerikaner Heuss zum Kultminister in der von ihnen eingesetzten Regierung Maier des Landes Nord Württemberg-Baden – Heuss bleibt zugleich Herausgeber und Lizenzträger des Heidelberger Blattes.

Als Vertreter der Liberalen der Westzonen wird Heuss im März 1947 zusammen mit Wilhelm Külz (dem Vorsitzenden der Ostzonen-LDP; links im Bild) Mitvorsitzender der – allerdings kurzlebigen – gesamtdeutschen liberalen Demokratischen Partei Deutschlands (DPD), die im Kalten Krieg bald auseinanderbricht.

In Heppenheim schließen sich die westdeutschen Liberalen im Dezember 1948 zur FDP zusammen und wählen Heuss zu ihrem ersten Vorsitzenden (links von Heuss Carl-Hubert Schwennicke, rechts Franz Blücher und Hermann Höpker-Aschoff). Das Amt behält Heuss bis zu seiner Wahl zum Bundespräsidenten.

Heuss am Rednerpult des Parlamentarischen Rates: Als Vorsitzender der FDP-Fraktion gilt er als geschickter Vermittler zwischen dem linken und dem rechten Lager und einer der wichtigsten Väter des Grundgesetzes.

Heuss legt am 12. September 1949 den Amtseid ab. Eine bürgerliche Koalition hat ihn im zweiten Wahlgang mit 416 Stimmen (oder 51,7 Prozent der Wahlmänner und -frauen) gegen die Stimmen der Sozialdemokraten zum Präsidenten gewählt. Er beschließt seine erste kurze Rede als Bundespräsident nach der Vereidigung mit dem Satz aus dem Buch der Sprüche Salomos: »Gerechtigkeit erhöht ein Volk ...«

denn auch zugute, sie hätten die gewalttätigen Übergriffe der Nazis in den ersten Monaten als Verirrungen abgetan, sich eingeredet, die »deutsche Revolution« habe ihren Gipfelpunkt überschritten und verbleibende Streitpunkte ließen sich durch vernünftige Aussprachen klären. Allerdings müssen die Anhänger einer solchen »Taktik der Fügsamkeit« nur zu bald die Unvereinbarkeit des Nationalsozialismus mit Vernunft und intellektueller Freiheit entdecken, die »für fruchtbare Werkbund-Arbeit einfach unentbehrlich« sind. Es dauert nur zwei, drei Monate, und der gleichgeschaltete Werkbund verdammt die Weißenhofsiedlung in Stuttgart und den ganzen Weg zum Modernismus als grundsätzlichen Irrtum, entstanden aus einer liberalen Weltanschauung, »die glaubte, losgelöst vom Leben der Nation allein Formprobleme lösen zu müssen«.[15]

Theodor Heuss im Nationalsozialismus – das heißt widerständiges »Sich-Behaupten« bei gleichzeitigen Versuchen, die schwierig gewordene bürgerliche Existenz zu sichern, mit alten politischen Freunden, die wie er zu den Verfemten und Verdrängten des neuen Regimes zählen, Kontakt zu halten, aber auch direkten und offenen Widerstand zu vermeiden, der ihn und seine Familie gefährden würde. Insofern war Heuss kein Held, aber für diese Rolle war er nach seiner ganzen zum Sachlich-Abwägenden neigenden Natur auch nicht gemacht. Dennoch tritt er, der sich stets als Nationaler gefühlt, entsprechend geschrieben und auch im Reichstag gestimmt hat, den Nationalsozialisten selbstbewusst entgegen. Als er im Oktober 1933 feststellt, dass seine Post acht Tage lang geöffnet wird, packt er den Stier bei den Hörnern, schreibt an Dr. Rudolf Diels, den ersten Chef der neu geschaffenen Gestapo (die damals noch dem Preußischen Ministerpräsidenten Göring untersteht), beschwert sich und bittet, ihn »möglichst bald wieder von der Sonderbehandlung zu befreien«. Dass die Post mit ein bis zwei Tagen Verspätung kommt, bereite ihm als Redakteur der *Hilfe* berufliche Probleme, denn weder die Manuskripte noch die Druckfahnen zur Korrektur träfen so rechtzeitig ein, dass sie noch »pünktlich erledigt werden können«. Auf Heuss' Bereitschaft zu einer persönliche Aussprache geht Diels zwar nicht ein, aber das Geheime Staatspolizeiamt antwortet sieben Tage nach dem Beschwerdebrief schriftlich, es werde für die »ordnungsgemäße Zustellung« seiner Post Sorge tragen. Sehr wahrscheinlich galt diese Postüberwachung ohnehin weniger ihm; sie war vielmehr Folge der – bereits weiter oben erwähnten – Denunziation von Elly im Burckhardthaus. Doch zieht Heuss daraus die Lehre, »daß es sich empfahl, sich zu wehren. Erstens waren nicht alle behördlichen Gegenspieler Nationalsozialisten, und zweitens konnte deutliche Unbefangenheit auch Eindruck machen.«

Seine erste »Vorladung« zu einer NS-Dienststelle gilt der Tatsache, dass in Heuss' Wohnung viele jüdische Menschen vorsprachen, die offenbar helfende Ratschläge erwarteten. Als ihm das vorgehalten wird, sagt Heuss, er habe auf der Schule gelernt, »daß Treue eine wesentliche Eigenschaft der Deutschen sei«. Völlig verblüfft über diese Antwort, erwidert sein Gegenüber hinter dem Verhörschreibtisch beinahe beschwichtigend, er habe ihn ja auch nur warnen wollen. Aber er wird mehrfach wegen Verkehrs mit Juden vorgeladen. Als ihm einmal bei der Gestapo der enge Kontakt zu Fritz Elsas vorgeworfen wird, bemerkt er trocken: »Elsas ist kein Jude. Er ist evangelisch!« Werner Stephan, der dies berichtet, zeigt sich erstaunt, dass dieses Dementi der offiziellen Rassenthesen einfach hingenommen wurde. Ein andermal will ihn die Pressekammer zu seinen jüdischen Kontakten vernehmen. Doch stellen Heuss und der mit dem Gespräch beauftragte Referent erstaunt fest, dass sie einander – als Dozent und Student – von der Politischen Hochschule her kennen. So trinken sie Kaffee zusammen und einigen sich auf ein Protokoll, demzufolge Heuss sich nicht in der Lage sähe, »jahrzehntelange freundschaftliche Beziehungen zu Juden abzubrechen«. Von den alten jüdischen Freunden, erklärt Heuss darin, gebe es in Berlin ohnehin nur noch Fritz Elsas, und der bereite sich schon auf seine Auswanderung vor. Dessen »halbarischer« Sohn aber sei gerade an der Spitze der deutschen Truppen in Prag einmarschiert.

Es ist Ludwig Heuss, der dies Toni Stolper in New York so offen schreiben kann, weil er sich gerade in England aufhält. Das mit dem »halbarischen Sohn«, so Ludwig Heuss, »fand der Mann von der Kammer so schön«, dass er es unbedingt im Protokoll verzeichnet wissen wollte. Dem Vater sei danach mitgeteilt worden, »daß dieser Komplex erledigt sei und sonst nicht das geringste gegen ihn vorläge«.

Dass auf den Ämtern nicht nur überzeugte Nazis sitzen, erfährt Heuss auch nach zwei Steuerprüfungen in seinem Haus, die zur schikanösen Routine zählen, mit der die Nazis – aber auch andere Diktaturen und autoritäre Staaten – ihre politischen Gegner einzuschüchtern pflegen. Als er sich zur Klärung noch offener Fragen mit einigen Unterlagen selbst zum Finanzamt begibt und den zuständigen Sachbearbeiter fragt, ob er noch zusätzliche Aufstellungen von seiner Bank in Heilbronn besorgen soll, schlägt dieser auf den Tisch: »Für diese Bande da oben ist das schon mehr als genug!« Heuss beschließt, ihm in seinen *Erinnerungen* ein kleines Denkmal zu setzen.[16]

Wie sehr nicht nur Theodor Heuss, sondern die ganze Familie bereit ist, jüdischen Freunden zu helfen und dabei auch erhebliche Risiken einzugehen, wird am Fall des »Don Fernando« Mainzer deutlich, jenes Berliner Professors der Gynäkologie, in dessen gastfreundlichem, kultivierten großbürgerlichen Hause Professoren und Schriftsteller, Künstler und Diplomaten ein- und ausgehen, in dem musiziert, diskutiert und auch festlich getafelt wird. Nach einer Verletzung an der Hand für immer daran gehindert, Operationen auszuführen, widmet sich Ferdinand Mainzer – den übrigens Lovis Corinth porträtiert hat – ganz dem Studium der Antike; seine Biographie über Julius Cäsar dient Thornton Wilder später als Vorlage zu seinem Roman *Die Iden des März*. Vor allem aber ist Mainzer ein großer Sammler kostbarer, antiker Münzen, die er vor seiner Auswanderung 1938 Elly Heuss übergibt in der Hoffnung, sie könne sie bei Besuchen ihrer Verwandtschaft in die Schweiz schmuggeln. Nach dem Gesetz sind dies Devisenvergehen, auf die schwere Strafen stehen, doch Elly scheut die Gefahr nicht. Sorgsam in Beuteln und Kästchen versteckt, bringt sie einen Teil der Münzen nach und nach über die Grenze; die kostbarsten goldenen Stücke umhäkelt sie und nimmt sie als Kleiderbehang von Badenweiler mit nach Basel-Riehen. Einen Teil der Sammlung vertraut Theodor Heuss der Freundin Margret Boveri an, die 1939 für das *Berliner Tageblatt* als Korrespondentin nach Schweden geht und die Münzen von Stockholm nach England schickt. Den verbliebenen Rest bringt Ludwig Heuss nach London, als er, ab November 1938 bei der dortigen Deutschen Handelskammer beschäftigt, nach England umzieht. Zwar entdecken die britischen Behörden bei seiner Einreise Münzen, mehrere goldene Taschenuhren und etliche Juwelen, die er im Gepäck mitführt, lassen ihn aber anstandslos passieren, als er erklärt, es handele sich um den Besitz von Emigranten, die nach England ausgewandert sind.[17]

Das Kontakthalten mit alten politischen Freunden der DDP ist Heuss in den Jahren des Nationalsozialismus wichtig. Hitler habe es fertiggebracht, ihn zum »wahren Stammtischbruder« zu machen, schreibt er einmal. Und es sind in der Tat sogenannte Mittagstische oder Abendgesellschaften, in denen führende Linksliberale der Weimarer Zeit sich treffen und Informationen austauschen. Ohnehin ist Heuss als alter Naumannianer bestens vernetzt und unterhält – wie schon als Redakteur, später als gelegentlicher Mitarbeiter der *Hilfe* – weiterhin enge Beziehungen zu Walter Goetz, Gertrud Bäumer, Hermann Höpker-Aschoff oder Anton Erkelenz. Aber da gibt es auch einen Stammtisch alter Demokraten, der einmal monatlich zusammenkommt und dem Otto Nuschke und der frühere Oberbürgermeister von Nürnberg, Hermann Luppe, angehören. Es gibt die alte Mittwochsgesellschaft von Hans Delbrück, an der Heuss schon Anfang der zwanziger Jahre teilnahm, die liberal gesinnte Akademiker der verschiedensten Berufe zusammenführt und nach Delbrücks Tod abwechselnd in größeren Privatwohnungen tagt. Wilhelm Külz, der alte Reichstagskollege und frühere Oberbürgermeister von Dresden, lädt regelmäßig zu einem Gesprächskreis in seine Wohnung in Berlin-Wilmersdorf. Und beim Berliner Mittagstisch schließlich treffen sich Liberale wie Eugen Schiffer und Konservative wie Kuno von Westarp in den Vereinszimmern und Hinterstuben verschiedener Restaurants. Heuss referiert gelegentlich in einem dieser Zirkel oder stellt seine Naumann-Biographie vor, die 1937 erscheint. Er hält auch die Beziehung zu Bernhard von Bülow aufrecht, dem Staatssekretär des Auswärtigen Amts, der allerdings seinen Wagen mit dem auffälligen Kenzeichen IA 4 nicht mehr vor dem Haus Kamillenstraße 3 parkt. Seit er die Aufforderung, der NSDAP beizutreten, ablehnte, fühlt er sich überwacht und ist überzeugt, dass auch Heuss unter Beobachtung steht.

Nun sind diese Gesprächskreise, die einander zum Teil überschneiden, keine Verschwörer- oder Widerstandszirkel, aber dass hier keine Freunde des Regimes zusammenkommen, steht außer Zweifel. Da Elly sich mehr und mehr christlich orientiert, bleiben mit Beginn des Kirchenkampfs Kontakte zu oppositionellen Pfarrern, die sich später in der Bekennenden Kirche organisieren, nicht aus. Begonnen hat Ellys aktive Teilnahme am kirchlichen Leben Mitte der zwanziger Jahre mit der Konfirmation ihres Sohnes Ernst Ludwig durch Otto Dibelius, der sie als Prediger stark beeindruckt. Seither driften die Interessen des Ehepaares Heuss etwas auseinander: Sie engagiert sich jetzt ganz in der evangelischen Jugend- und Frauenarbeit, hält Bibelstunden, referiert bei religionspädagogischen Freizeiten und unterrichtet ab 1926 im protestantischen Burckhardthaus; er, der zur Kirche stets Distanz hält, reist für Wahlkampfreden oder Werkbundvorträge durch die deutschen Lande. Doch führen beider getrennte Interessenwege 1933 wieder zusammen, als in der evangelischen Kirche der Kampf um den Arierparagraphen entbrennt. Heuss gehört jetzt zu den »regelmäßigen dankbaren Hörern« des Pfarrers Niemöller, Kirchgang bedeutet für ihn »nun Politik«, wie Elke Seefried schreibt. In Vertretung von Elly, die ihre Bibelstunde in Lichterfelde hält, nimmt er im November an einer improvisierten Gemeindeversammlung in Dahlem teil, auf der sich Niemöller, der inzwischen den Pfarrernotbund gegründet hat, entschlossen zeigt, »die religiös-kirchliche Sphäre gegenüber dem Weitergang von Totalitätsansprüchen zu verteidigen«. Dies berichtet Heuss dem Sohn – damals noch in Bonn – und ermuntert ihn, Kontakt mit Karl Barth aufzunehmen, dem Schweizer Theologen, der dort an der Universität lehrt und einer der Väter der Bekennenden Kirche wird. Elly Heuss zählt nicht nur zu denen in der Gemeinde, die eindeutig gegen den Arierparagraphen Stellung nehmen, sie erwägt sogar, falls er doch kommen sollte, aus der evangelischen Kirche aus- und in die katholische einzutreten. Ihr neuer Wahlspruch: »Gehorchen kann der Mameluck, Mut ist des wahren Christen Schmuck.«

Zu Niemöller ergeben sich bald auch persönliche Beziehungen, wichtiger jedoch sind die Begegnungen mit Klaus Bonhoeffer und dessen Frau Emmi, mit der Elly durch den Liebig-Zweig ihrer Familie entfernt verwandt ist. Bonhoeffer, Syndicus der Deutschen Lufthansa, unterhält ab 1940 Verbindungen zu verschiedenen Widerstandsgruppen, sei es über Canaris und die Abwehr zum militärischen, sei es – über seinen Bruder Dietrich – zum kirchlichen Widerstand. Ein anderer, ebenfalls entfernter Verwandter von Elly, der religiöse Sozialist Ernst von Harnack, Sohn ihres Cousins, des Theologen und Kirchenhistorikers Adolf von Harnack, hat wiederum Verbindungen zum sozialdemokratischen Widerstand. Es ist also ein durchweg widerständiges Milieu, in dem sich Heuss und seine Frau bewegen. In ihrem Haus trifft sich »ein gut Teil der Menschen«, die trotz aller Bedenken später den Versuch wagen werden, »das Hitler-Regime von innen her zu stürzen«, meint Walter Bauer – jener Unternehmer und Mann der Bekennenden Kirche, in dessen Leipziger Brikett-GmbH der Sohn, Ludwig Heuss, zum Kaufmann ausgebildet wird. Auch Julius Leber und Dietrich Bonhoeffer sollen in der Kamillenstraße 3 miteinander Bekanntschaft geschlossen haben. Leber ist Elsässer wie Elly, aber nicht nur das verbindet ihn mit dem Ehepaar Heuss. Beide Männer waren Reichstagskollegen, und Leber, Anhänger der Großen Koalition wie Heuss, stützte die sozialdemokratisch geführte Regierung Hermann Müller auch gegen die Basis der SPD, die ihre eigenen Minister im Kabinett wegen des Baus des Panzerkreuzers A wütend befehdete. Richtige Freundschaft schlossen beide, als Heuss 1932 in Lübeck eine Rede zum 11. August, dem Verfassungs- und Nationalfeiertag der Weimarer Republik, hielt. Von den Nationalsozialisten 1933 verhaftet und in Konzentrationslager gebracht, betreibt er nach seiner Entlassung in einer Baracke in Berlin-Schöneberg jene berühmte Kohlehandlung, die Heuss einmal besucht und eine »rechte Verschwörerbude« nennt: »In der Hinterstube hatte auf verhockten Sesseln die politische Leidenschaft ihre Herberge, verachtender Haß und brennende Liebe.« Zum Kreis um Leber zählen Gustav Dahrendorf und Adolf Reichwein, die später wie Leber vor Freislers Volksgerichtshof stehen werden. Die Gespräche dort, so erinnert sich Heuss, kreisen um die Frage einer Nachkriegsordnung – wie sie »sozialwirtschaftlich« aussehen könnte, welche außenpolitischen Möglichkeiten es gebe, welche Funktionen die Kirchen zu übernehmen hätten.[18]

Der Rückzug von der *Hilfe*-Redaktion Ende 1936 vergrößert seine Existenzsorgen, hatte er doch zuletzt ein zwar lächerlich geringes, aber immerhin festes Gehalt von 100 Mark im Monat erhalten. Vermehrt schreibt er Feuilletons für verschiedene Zeitungen – zunächst vor allem für das *Berliner Tageblatt*, doch bald wird die *Frankfurter Zeitung* sein Hauptabnehmer. Auch für den Kulturteil des ab Frühjahr 1940 erscheinenden *Reichs*, einer der britischen Sonntagszeitung *Observer* nachempfundenen nationalsozialistischen Paradezeitschrift mit intellektuellem Niveau, liefert Heuss Beiträge. Es ist wohl Karl Korn, früher Feuilletonchef des *Berliner Tageblatts*, der ihn zur Mitarbeit auffordert, wie denn die meisten der dort schreibenden Journalisten früher in führenden bürgerlichen Blättern veröffentlichten. *Das Reich* bietet eine Art »Nationalsozialismus im Frack«, will das deutsche Bildungsbürgertum und die Akademiker für das Regime gewinnen und sein Prestige im Ausland fördern. Insgesamt acht Artikel von Heuss erscheinen dort – so bespricht er die Erinnerungen Ernst Moritz Arndts oder rühmt Gottfried Keller: Der sei frei von »Kantönli-Enge« gewesen, ihm sei der Gedanke einer schweizerischen Nationalliteratur albern und unsinnig erschienen. In der Ausgabe vom 7. Juli 1940, wenige Wochen nach der Kapitulation Frankreichs, findet sich unter der Überschrift »Strassburg – Prophezeiung, Traum und Wirklichkeit« auch ein Beitrag von Elly Heuss-Knapp. Wer, fragt die geborene Straßburgerin, hätte zu ahnen gewagt, »als die dicken Knospen an den herrlichen roten Kastanienblumen aufbrachen, ...daß schon zu ihrer Blütezeit die deutsche Kriegsflagge vom Münster wehen würde!« Es ist ein eher lokalpatriotischer Beitrag über die »wunderschöne Stadt« des *Sesenheimer Liederbuchs*, deren Charakter sie – daran lässt sie keinen Zweifel – stets als deutsch empfunden hat. Die Redaktion nimmt den Artikel zum Anlass, auf ihr 1934 erschienenes Buch *Ausblick vom Münsterturm* zu verweisen, Jugenderinnerungen, die durch die Darstellung der »politischen und geistigen Atmosphäre in den Jahrzehnten vor dem Ersten Weltkrieg einen dokumentarischen Rang« erhalten hätten.

»Bei allen Vorbehalten gegen Aufsätze, die man dort lesen kann«, arbeitet Heuss gerne beim *Reich* mit, weil dieses Blatt »geradezu vorweltkriegsmäßig opulent bezahlt und die Aufsätze eine erstaunlich große Publizität erhalten«. Kann man ihm vorwerfen, er habe sich von einer bewusst nationalsozialistischen Paradezeitschrift nutzen lassen, die dem Regime Ansehen verschaffte und damit »die mörderische Seite der Gewaltherrschaft verschleierte«? Es ist das ein hartes Urteil, aus der Sicht Nachgeborener möglicherweise berechtigt, aber es trifft kaum die damalige Situation, in der viele bemüht sind, sich mit Anstand durchzuschlagen, ohne Komplizen des NS-Systems zu werden. Gälte dieser Einwand auf eine Art nicht auch für die Mitarbeit bei der *Frankfurter Zeitung (FZ)*, die Goebbels mit Blick auf das Ausland als ein Aushängeschild und halbwegs liberales Alibi gegenüber dem Ausland befristet am Leben ließ? Keiner der Artikel, die von Heuss im *Reich* oder in der *FZ* erscheinen, hat ihn korrumpiert oder lässt ihn als Unterstützer des Systems erscheinen; das Feuilleton gehört zu jenem Teil der Zeitung, in dem ein Autor, wenn er das will, Distanz zum NS-Staat und seiner Ideologie bewahren und überwintern kann, ohne faule Kompromisse machen zu müssen. Das gilt vor allem für seine Beiträge im Kulturteil der *FZ*, der sich beharrlich weigert, die Kunstmaßstäbe der Nazis anzunehmen, und sich stattdessen für »entartete« Künstler wie Emil Nolde und Franz Marc, Otto Dix oder Ernst Barlach einsetzt. Als die *FZ* Heuss im Frühjahr 1941 einen Ausschließlichkeitsvertrag mit jenem festen Garantiehonorar anbietet, nach dem er bisher vergebens gestrebt hatte, muss er auf die Mitarbeit im *Reich* und anderswo verzichten, aber er tut dies gern, weil ihm die »Sicherung intensiver Mitarbeit bei der FZ willkommener« ist. Für etwa fünfzig Artikel im Jahr erhält er jetzt ein Fixum von monatlich 500 Reichsmark – eine wirtschaftliche Absicherung, die umso angenehmer ist, als Ellys Tätigkeit in der Werbung durch Kriegsbewirtschaftung zunehmend eingeschränkt wird. Doch währt die Freude nicht lange, denn schon im Dezember 1941 wird der Redaktion in Frankfurt bedeutet, Artikel von Theodor Heuss seien nicht länger zu veröffentlichen. Offenbar hat Hitler, als man ihm eine Ausgabe der *FZ* vorlegte, den Namen Theodor Heuss entdeckt, in Erinnerung an das Heuss-Buch *Hitlers Weg* einen Wutanfall bekommen und geschäumt, er wolle diesen Namen nie mehr sehen. Über Martin Bormann und dessen Parteikanzlei ergeht dann die entsprechende Anweisung an die Redaktion in Frankfurt, keine Artikel von Theodor Heuss mehr zu drucken – eine Anordnung, die bald für alle Blätter gilt. So erinnert es Oskar Stark, damals geschäftsführender Redakteur der *FZ*, nach dem Kriege; und wenn die Affäre letztlich dennoch glimpflich für Heuss verläuft, dann hat das mit dem alten Netzwerk der DDP zu tun. Schon Stark, mit dem Heuss den *FZ*-Vertrag ausgehandelt hatte, war ja ein ehemaliges DDP-Mitglied, und wenn Heuss trotz Bormann-Anweisung weiterpublizieren kann, verdankt er dies einem früheren Geschäftsführer der DDP namens Werner Stephan, der in seinem Leben mehrfach die Rolle eines Schutzengels spielt. Nach der missratenen Fusion von DDP und Jungdeutschem Orden wechselte

Stephan zur Presseabteilung der Reichsregierung, wird 1933 mit dieser in das Propagandaministerium übernommen, tritt 1938 in die NSDAP ein und macht Karriere. Aber er versucht – »schon um der Selbstverachtung zu entgehen«, wie er später sagen wird – seinen alten Parteifreunden zu helfen, soweit dies in seiner Macht steht. Als Ministerialrat der Presseabteilung wird er persönlicher Referent des Reichspressechefs Otto Dietrich und rät Heuss, als dieser sich hilfesuchend an ihn wendet, ein Pseudonym anzunehmen. So führt Heuss, in Anlehnung an seinen Geburtsort, nun den Nom de plume Thomas Brackheim und zeichnet kleinere Beiträge künftig mit »r.s.«, den Schlussbuchstaben seines Namens. »Seine Bedenken zerstreute ich«, so Stephan, »indem ich ihm eine Bestätigung in die Hand drückte, die aussagte, daß der ›Reichsminister für Volkskaufklärung und Propaganda dem Theodor Heuss die Genehmigung erteilt, seine Arbeiten in der Presse unter dem Namen Thomas Brackheim zu veröffentlichen. I. A. Stephan‹. Auf dem Durchschlag, der zu den Akten ging, vermerkte ich ›nach Vortrag bei Reichspressechef Dr. Dietrich‹ in der sicheren Hoffnung, daß niemals eine Beschwerde wegen der weiteren Tätigkeit des Verfemten eingehen werde.«

Stephan nahm dies offenbar auf seine eigene Kappe, ohne mit Dietrich je darüber gesprochen zu haben. Heuss geht den vorgeschriebenen, ordentlichen Weg, beantragt das Pseudonym zunächst bei der Polizei, die den Antrag an die Reichspressekammer weiterleitet und kann, da er dort ohne Einwände registriert wird, bis zur Einstellung der *FZ* Ende August 1943 ungehindert publizieren. Schon im Sommer 1939, als der Reichsverband der Deutschen Presse von Heuss den Austritt forderte, da ansonsten ein Ausschlussverfahren drohe, hat Stephan eingegriffen und »diese Aktion abgewürgt«, wie Heuss ihm später in einem »Persilschein« zur Entnazifizierung bescheinigt. Wirksame Hilfe für Heuss hatte Stephan schon geleistet, als das Manuskript für die Friedrich-Naumann-Biographie 1937 bei der Parteiamtlichen Prüfungskommission zum Schutze des nationalsozialistischen Schrifttums lag und zum Druck nicht freigegeben wurde, weil Bedenken gegen den Autor bestanden. Stephan bat damals Philipp Bouhler, den Chef der NS-Prüfungskommission, den Autor zu einem Gespräch zu empfangen. Als die Unterhaltung zustande kam, kreiste sie zunächst um das München von Heuss' Studentenzeit. Der damalige Königlich-Bayerische Fähnrich Bouhler, so Stephan, »fand Gefallen an dem ehemaligen Münchner Studenten Heuss und stellte nur eine Bedingung: ›Das Buch darf an keiner Stelle eine Beziehung irgendwelcher Art zwischen dem Nationalsozialen Verein Naumanns und der NSDAP enthalten‹. ›Wie gern‹, sagte mir Heuss, ›habe ich bestätigt, daß keinerlei geistige oder politische Verbindung zwischen Naumann und Adolf Hitler bestand oder besteht‹. Die Freigabe des Werkes durch Bouhler, der als ›alter Kämpfer‹ zugleich Privatsekretär Hitlers war, bedeutete für die Deutsche Verlags-Anstalt wie für alle Liberalen eine große Überraschung.« Und so konnte *Friedrich Naumann. Der Mann, das Werk die Zeit*, 750 Seiten umfassend, Ende 1937 endlich zum Preis von 9,60 Mark in einer Auflage von 2000 Exemplaren erscheinen, die sich schon bald auf 4000 erhöhte. Trotz Heuss' episch breiten, gelegentlich arg verschlungenen Stils wird die Biographie meist freundlich rezensiert. Heuss selbst rühmt sich einmal, er habe »die geschlossenste (wenn freilich unvollständige) Geschichte der sog. Wilhelminischen Epoche« dargestellt, »die heute aus solchem Blickpunkt vorliegt«. Der Wiener Historiker Heinrich von Srbik lobt »feingetönte Geistesführung«, »scharfe Formulierung«, »kundiges Selbstverständnis« und nennt das Werk ein »wertvolles Stück Zeitgeschichte«. Es gab allerdings auch kritische Töne: »Zu viele sorgsame Striche, zu wenig große, feste Linien« – so das Urteil Wilhelm Stapels, eines Mannes, der eher der Konservativen Revolution zuzuordnen ist, aber den Heuss als Schriftsteller sehr schätzt und zu dem er – allen politischen Meinungsverschiedenheiten zum Trotz – beinahe freundschaftliche Beziehungen unterhält.

Hat die Bewunderung für sein politisches Idol den Autor vielleicht befangen gemacht und das Buch deshalb an Farbigkeit eingebüßt? So fragt Margret Boveri und meint, Heuss zeige sich in seiner Naumann-Biographie so sehr als »verehrender Biograph«, dass die

»echt Heuss'schen Elemente seines Stils – das anekdotische Blitzlicht und das unbefangene, kecke und gerade deshalb meist treffende Urteil« – von dem großen Ernst und der alles überdeckenden Sachlichkeit nahezu ausgelöscht werden. Da das nationalsoziale Projekt Naumanns in vielen Besprechungen als Vorläufer des Nationalsozialismus verstanden wurde und seine Mitteleuropa-Konzeption in den Augen zahlreicher Leser mit dem Anschluss Österreichs und des Sudetenlands 1938/39 praktisch umgesetzt erschien, erweitert Heuss die Nachkriegs-Neuauflage im Mai 1949 um ein Nachwort, in dem er diese Sichtweise konsequent verwirft: Naumann sei nie, wie angelsächsische Historiker behauptet hätten, ein »Vorläufer Hitlers« gewesen, auch sei dieser alles andere denn der »Vollzieher« der Naumann'schen Konzeption, er habe sie vielmehr »ideell und sachlich verdorben«. Mitteleuropa in all seiner »Kompliziertheit« hätte man niemals durch Gauleiter und SS-Verbände schaffen können, so Heuss, es hätte dazu eines »weisen Staatsmanntums des Überzeugens und Gewinnens« bedurft – also des genauen Gegenteils von Hitlers brutaler Annexionspolitik.[19]

In den kommenden Jahren wirft sich Heuss mehr und mehr auf das biographische Genre, und wie sehr ihm dies im Blut liegt, zeigen nicht nur seine großen Biographien, sondern auch die meisten jener kleinen Feuilletons, die er für die *FZ* schreibt – fast alle handeln von historischen Figuren, wichtigen und bedeutenden, gelegentlich aber auch vergessenen, abseitigen oder gar abenteuerlichen Existenzen. Da porträtiert er Berühmtheiten wie Gustav Nachtigal oder Gottlieb Daimler, Leopold von Ranke oder Wilhelm Conrad Röntgen, um nur einige zu nennen; aber da er auch Freude am Exzentrischen und am Tragikomischen hat, beschwört er aus dem Schatten seines reich bestückten Kuriositätenkabinetts die merkwürdigsten Figuren herauf. Wer weiß heute noch um jenen ungarischen Grafen Moritz August von Benyowsky, einen draufgängerischen Seemann, Soldaten und Unternehmer, der aus sibirischer Gefangenschaft ausbricht, ein Schiff in Macao kapert, um die halbe Welt segelt, Madagaskar für die französische Krone erobert und sich selbst zum Kaiser der

Insel macht? Paris will seiner Amaßung ein Ende setzen, und so kommt er beim Laden einer Kanone, die er gegen Soldaten einer eben gelandeten französischen Invasionsarmee richtet, um. Und wer kennt noch den »König von Korsika« – jenen westfälischen Baron Theodor von Neuhoff, einen Spieler und Diplomaten, der die Korsen von der Unterdrückung durch die Genueser befreien will, von ihnen zum Monarchen erkoren wird und, von einer französischen Armee vertrieben, durch halb Europa irrt, bis er in London im Schuldturm landet? Es ist das Aperçu, das Heuss liebt, sein Hang zum Aphoristischen lockert die historische Erzählung auf, verleiht ihr Buntheit und Plastizität.

Heuss' große Biographien gelten sämtlich berühmten deutschen Männern – dem Theologen und Sozialpolitiker die erste, einem Architekten und Künstler die zweite, einem Zoologen und Darwinisten die dritte, einem betont sozial denkenden Großindustriellen die vierte, doch alle gehören sie auf die eine oder andere Weise in Heuss' »persönlich-politische Familie«, meint Margret Boveri. Und bei allen vier fällt auf, was sie des Autors »behutsames Vorbeigehen am Persönlich-Privaten« nennt. So findet der Leser ganze achtzehn Zeilen in der 750-Seiten-Biographie Friedrich Naumanns über dessen »nicht ganz glückliche Ehe mit Magdalena Zimmermann« und nur an zwei Stellen je einen Satz über Naumanns »sachliche und seelische Gemeinschaft mit Gertrud Bäumer«. Aber bei allen vier Lebensbeschreibungen handelt es sich um Auftragsarbeiten der Hinterbliebenen oder von Freunden. Eine Ausnahme macht da nur der Industrielle, der gleich selbst die eigene Biographie bestellt: Robert Bosch, der schwäbische Landsmann, der »rote Kapitalist« und großzügige Spender für die *Hilfe*, den Werkbund, vor allem für die Hochschule für Politik – für Projekte also, die entscheidende Stationen auf Heuss' Lebensweg markieren. Beeindruckt von der Akkuratesse, mit der Heuss in einem schmalen Band Entwicklung und Persönlichkeit des Chemikers Justus von Liebig (dessen Schwester Elisabeth ja eine Großmutter von Elly Heuss-Knapp ist) und dessen naturwissenschaftliches Umfeld beschreibt, glaubt er, gerade dieser

Autor werde Einfühlungsvermögen nicht nur für seine Person und ihre politischen Überzeugungen haben, sondern auch das nötige Verständnis für die elektrotechnischen und wirtschaftlichen Probleme entwickeln, mit denen er beim Ausbau seines Handwerksbetriebs zum Großunternehmen hat kämpfen müssen. Aber diese Biographie erscheint erst nach dem Krieg. Mit besonderer Liebe schreibt Heuss zweifellos an seiner zweiten, der Poelzig-Biographie, welche dessen Familie von ihm erbeten hat und mit der er es ihm gelingt, dem seit 1933 totgeschwiegenen und 1936 verstorbenen Architekten und Freund ein stolzes Denkmal zu setzen. Alles liest sich flüssig und leicht, der Kunstrezensent und Werkbundangehörige scheint hier ganz in seinem Element. Es ist ein Buch in großem Format, zu dem Poelzigs Frau Marlene 270 Abbildungen beigesteuert hat. Bei seinen Recherchen sah Heuss etliche Kisten mit Korrespondenz und Bauaufträgen durch, führte Gespräche mit Mitschülern, Jugendgespielen und Kommilitonen, aber auch den späteren Schülern des Meisters. Heuss nennt ihn den »künstlerisch stärksten Baumeister seiner Epoche«, und zweifellos gehört Poelzig zu den ganz Großen der Weimarer Republik: Er arbeitete mit an der Weißenhofsiedlung in Stuttgart und an der GAGFAH-Siedlung in Zehlendorf, sowohl die Form als auch die funktionale Bauweise seiner wichtigsten Werke, des IG-Farbenhochhauses in Frankfurt und des Berliner Rundfunkgebäudes an der Masurenallee, bestechen noch heute. Vielen gilt er als ein Mann der Neuen Sachlichkeit, aber Heuss würdigt auch seine expressionistische Phase – den von Max Reinhard erbetenen Umbau des Zirkus Schumann zum Theater mit seiner Kuppel und der teils bewunderten, teils verhöhnten Tropfsteinhöhle mit ihren hängenden Zapfen, welche die Akustik verbessern sollten. Breiten Raum nimmt auch der Künstler ein – etwa der Bühnenbildner Poelzig, der für den Golem-Film der Ufa ein ganzes Ghetto als expressionistische Kulisse in Babelsberg baut. Gerüchte- und legendenumwoben schon seine Herkunft, denn er kommt als sechstes Kind der geschiedenen Gräfin Clara Henriette von Poelzig mit der Mutter aus England nach Deutschland zurück, indes seine fünf Geschwister bei ihrem Vater, einem englischen Reeder bleiben und wie dieser Ames heißen. Die Mutter gibt ihr Jüngstes zum Kantor Liese in Stolpe bei Wannsee in Pflege und Kost, bei ihm wächst Poelzig auf, ihn redet er mit Vater an – an interessantem Stoff fehlt es wahrlich nicht. Das Echo auf diese Biographie ist gemischt, und anders kann es im »Dritten Reich« wohl kaum sein. In der Zeitschrift *Die Literatur* lobt ein Rezensent, Heuss habe es vermocht, »die Persönlichkeit Poelzigs in ihrer ganzen Frische und Einmaligkeit kenntlich« zu machen, das *Zentralblatt der Bauverwaltung* dagegen spricht von Poelzigs Irrwegen und klagt, Heuss stilisiere einen »Hauptvertreter der abgetanen Vergangenheit« zu einem Wegbereiter der Gegenwart. Das Buch, 1939 erschienen, verkauft sich schlechter als der Naumann-Band, zumal Hitler persönlich 1941 seinen Vertrieb verbietet. Wie es dazu kam, schildert Heuss in einem Vorwort zur Neuausgabe, die 1948 in Tübingen erscheint: Demzufolge muss Hitler während eines Besuches bei seinem Stararchitekten wegen eines britischen Bombenangriffs den Luftschutzkeller aufsuchen. Um seinen »Führer« abzulenken und zu unterhalten, zeigt ihm Albert Speer, der offenbar einige der Poelzig'schen Bauten schätzt, zusammen mit anderen Architekturbüchern auch die Heuss'sche üppig bebilderte Biographie. Beim Anblick der vielen Abbildungen, so Heuss, führt Hitler »einen seiner üblichen Anfälle von Toberei auf«, fragt, »wie es denn möglich sei, daß jetzt noch Bücher solcher Art über solche Männer erscheinen« und verfügt das Verbot seiner weiteren Auslieferung. Die Tübinger Neuauflage enthält übrigens nur einen Bruchteil der Abbildungen des Originals, weil die Druckvorlagen dem Bombenkrieg zum Opfer fielen.[20]

Wenn Heuss anschließend eine Biographie über den Zoologen Anton Dohrn schreibt, den Begründer des ersten biowissenschaftlichen Forschungsinstituts, hat dies mit seiner Bekanntschaft mit dessen drei Söhnen zu tun. Den Auftrag erhält er von Boguslav, dem ältesten, enger befreundet aber ist er mit dessen Brüdern Wolfgang und Harald, die beide zum Naumann-Kreis gehören. Wolfgang, den ersten Geschäftsführer des Werkbunds und Mitbegründer der ersten deutschen Gartenstadt Hellerau, kennt er seit seinem Studium in München, Harald, der jüngste Sohn, war 1907 Mitarbeiter und Laufbursche im Heilbronner Wahlbüro von Friedrich Naumann. Anders als bei Naumann oder Poelzig muss sich Heuss, um diese Biographie schreiben zu können, in eine ihm völlig fremde Welt voller Fische und krabbelnder Gliederfüßler, Meereskrebse und Mollusken einarbeiten, sich mit Aquariumstechnik und Evolutionstheorie vertraut machen. Anton Dohrn, Sohn eines reich gewordenen Zuckersieders und Hobby-Insektenforschers in Stettin, studierte bei Ernst Haeckel in Jena und forschte dort an der Entwicklung von befruchteten Hecht- und Barscheiern sowie den daraus entstehenden Embryos. Schon 1870 besuchte er sein großes Idol Charles Darwin in England, und auf einer Kutschfahrt von Apolda nach Jena, das damals noch keinen Bahnanschluss hatte, kommt ihm jene Idee, die ihn berühmt machen wird: Er träumt von riesigen Aquarien, die er am Rande des Mittelmeers errichtet, von Besuchern, denen er Fauna und Flora der Unterwasserwelt mit ihren Algen und Quallen, Krebsen, Schnecken und Tintenfischen zeigt, und von einer internationalen Forschungsstation für Meeresbiologie, die er von den Eintrittsgeldern finanzieren will. Gelungen vor allem die Beschreibung, wie der Wissenschaftler zum Wissenschaftspolitiker wird, wie geschickt Dohrn für seine Idee zu werben versteht, bei den richtigen Ämtern anklopft, sei es in Petersburg oder Wien, London, München und Berlin, wie er Förderer wie den Feldmarschall Moltke oder Fridtjof Nansen, Geldgeber wie die Brüder Siemens in Berlin und London gewinnt. Auch Charles Darwin stiftet ihm aus seinem Privatsäckel 100 Pfund, eine Summe, die 1888 etwa 2040 Goldmark (heute etwa 20 100 Euro) entsprach. Als Dohrns Stazione Zoologica 1875 schließlich in Neapel ihre Pforten öffnet, wird sie nicht nur zur Sensation, die bald den amerikanischen Präsidenten Theodore Roosevelt, König Viktor Emanuel von Italien oder Kaiser Wilhelm II. zu ihren Besuchern zählt, sie dient auch als Modell für internationale Zusammenarbeit und interdisziplinäre Forschung, das auf anderen Kontinenten Schule macht. Bis zu Dohrns Tod 1909 arbeiten 2200 Wissenschaftler aus Europa und den USA an den verschiedenen »Arbeitstischen«, die für ein oder mehrere Jahre zu mieten sind; noch heute ist die Stazione Zoologica Anton Dohrn, inzwischen vom italienischen Wissenschaftsministerium übernommen, ein Ort internationaler Forschung und wissenschaftlichen Gedankenaustauschs. Anfang Oktober 1939 reist Heuss für sechs Wochen in das noch neutrale Italien, um in der Casa Dohrn in Neapel, wo Sohn Reinhard die Arbeit seines Vaters weiterführt, dessen privaten Nachlass und die umfangreiche Korrespondenz mit Wissenschaftlern aus aller Welt zu sichten. Nach dem seit Kriegsausbruch verdunkelten, »unbehaglichen Abendberlin« fühlt er sich wie in einem Märchenland, sitzt hemdsärmlig am offenen Fenster und »erwischt einen Ausblick aufs Meer«, wie er Wilhelm Stapel schreibt, von dem er sich beneiden lassen will.

Er wäre nicht Heuss, wenn er die Zeit in Neapel nicht für Ausflüge nutzte, den Vesuv bestiege, die Inseln Capri und Procida besichtigte und drei beschauliche Tage auf Ischia verbrächte, wo sich Anton Dohrn ein Ferienhaus gebaut hatte. Auf dem Rückweg macht er drei Tage in Rom Station und bleibt danach weitere drei Tage in der Schweiz. Rom, das er das letzte Mal mit Elly kurz vor Ausbruch des Ersten Weltkriegs besucht hat, bietet mehr freigelegte antike Sehenswürdigkeiten als seinerzeit, doch wirken sie auf ihn, wie er anschließend in der *Hilfe* schreibt, »merkwürdig starr, museal, aufgestellt, numeriert, katalogisiert«, und die neue italienische Baukunst, die er am Beispiel des Forum Mussolini studiert, empfindet er als »schmucklosen, zweckhaften Funktionalismus«. Um jede Zensur zu vermeiden, adressiert er seine Papiere aus Neapel an Werner Stephan, seinen Schutzengel im Propaganda-Ministerium, und bittet die Deutsche Botschaft, sie dahin zu überstellen.

Nicht nur seine Reise nach Neapel beweist, dass sich die Familie Heuss in den ersten Jahren der NS-Diktatur keineswegs eingesperrt fühlen muss. Mit den Stolpers, die aus den USA nach Europa gekommen waren, verbringt man im Sommer 1936 einen mehrwöchigen gemeinsamen Urlaub am Karersee in Südtirol. Im Frühjahr 1939 reisen Theodor und Elly Heuss mit der Dante-Gesellschaft durch die Toskana und Umbrien. Aufenthalte bei den Verwandten in der Schweiz sind die Regel, die Schiffspassagen für einen Besuch bei den Stolpers in deren Ferienhaus im amerikanischen Greenhaven/Rye im Herbst 1937 sind bereits gebucht und die Visa beschafft, als die Reise in letzter Minute abgesagt werden muss: Nach dem großen Börsencrash vom August 1937 können sich die einladenden Stolpers die tausend Dollar, die sie das Unternehmen kosten würde, nicht mehr leisten. So wird Elly Amerika nie, Theodor erst als Präsident auf Staatsbesuch im Jahr 1958 kennenlernen.[21]

Den Krieg sieht Heuss schon bei Hitlers Griff über das Sudetenland hinaus bedrohlich nahen, denn der deutsche Einmarsch in Prag im Frühjahr 1939 hat die Briten aus seiner Sicht technisch in eine Lage hineinmanövriert, »die sie unbeweglich machte«. Mit dem »Russenpakt«, dem Abschluss des Nichtangriffsvertrags mit der Sowjetunion wird er für ihn zur Gewissheit, und er vermutet zu Recht, dass die Sowjetunion nicht »unaktiv« bleiben, sondern versuchen wird, die baltischen Staaten zurückgewinnen, was er als eine »latente Bedrohung für Deutschland« wertet. Nach dem Sieg über Polen, der etlichen Hurrapatrioten den Blitzkrieg wie einen Spaziergang erscheinen lässt, wird er in der *Hilfe* gar zur Kassandra, die das ganze Ausmaß des Grauens und Schreckens des modernen Krieges vorwegnimmt. Er überschreibt seinen Artikel »Der totale Krieg«, sagt Belastungen der Zivilbevölkerung voraus und plädiert für völlige Illusionslosigkeit. Dem Leser stellt er den totalen Krieg »in seiner Systematisierung« als eine »sehr harte und nüchterne Angelegenheit der Ratio« dar, aber er fürchtet zugleich, er wecke das »das Unberechenbare, das Irrationale« und warnt: »Dann mögen die Fiktionen die Seelen der Völker beherrschen und ihre Kinder verbluten lassen, während die unbeirrte Ratio mit den schmerzhaften Einsichten zuschaut und nur die antwortlose Frage kennt: wozu?« Deutlicher kann er – jedenfalls unter den Bedingungen der Diktatur und in der ihm eigenen, zurückgenommenen und nüchternen Diktion – nicht ausdrücken, dass er ein Gegner dieses von Hitler entfesselten Krieges ist.

Nach bisherigem Lebensweg und aus Überzeugung ist Heuss auch jetzt wieder ganz Patriot, selbst wenn er klar die Gefahren deutscher Hybris sieht und ohnmächtig mit anschauen muss, was Rassenwahn und Vernichtungswille des Regimes für eine Reihe alter politischer und persönlicher Freunde bedeuten. Er begrüßt die frühen Erfolge der Wehrmacht, weil er, der bereits eine deutsche Niederlage mitsamt ihren Folgen, dem Vertrag von Versailles und dessen verheerenden Nachwirkungen erlebt hat, eine zweite wahrlich nicht wünschen kann. Freunde und Verwandte stehen im Felde, sein Neffe Conrad, zuletzt Oberst und Kommandeur des Heilbronner Infanterieregiments 34, kämpft im Osten, erhält im März 1942 das Ritterkreuz und wird im Frühjahr 1945 in der Nähe von Danzig fallen. Ein zweiter, entfernt verwandter Neffe kann, in Stalingrad verwundet, noch rechtzeitig ausgeflogen werden. Der Ehemann seiner Nichte Hanna, Dr. Arndt Frielinghaus, Jurist und Oberleutnant der Reserve, wird 1943 von Partisanen in der Nähe von Triest erschossen. Zwar schätzt Heuss die deutsche militärische Lage zunächst offenbar optimistisch ein, doch sieht er früh die Gefahren einer deutschen Lebensraum- und Expansionspolitik: »Es sind die Ostdinge, die mir Sorgen machen – nicht für jetzt, sondern für die Zukunft«, schreibt er Wilhelm Stapel Anfang Januar 1940 und betont, er sei »politisch erschrocken«, als er gehört habe, dass Lodz dem neu geschaffenen Warthegau zugeschlagen und damit dem Reich einverleibt wurde. Er hat die deutsche »polizeiliche Praxis« vor Augen und befürchtet die »Massenproduktion« polnischer Märtyrer. Es ist diese Erkenntnis, die ihn – bei günstiger militärischer Lage – noch glauben lässt, es sei zwar möglich, »daß die anderen den Krieg nicht gewinnen, wir aber den Frieden »schon jetzt verloren« hätten.

Gibt es nach dem Frankreichfeldzug noch eine Chance auf einen erträglichen Friedensschluss, ändert sich diese Einschätzung bald radikal. In seinen *Aufzeichnungen,* die Heuss sofort nach Kriegsende innerhalb weniger Tage vom 9. bis 17. Mai niederschreibt, heißt es: »... das sehr kühle Wissen um das Kommen einer rein militärischen Niederlage« habe nach dem Überfall auf die Sowjetunion und der

Kriegserklärung an die USA für ihn »absolut fest gestanden«, doch die eigentliche militärische Kriegswende habe für sein Begreifen nicht Stalingrad, sondern das »Gelingen der großen anglo-amerikanischen Massenlandung in Nordwestafrika« im November 1942 gebracht. Sein Freund Eberhard Wildermuth erfährt durch einen Feldpostbrief von Heuss, was der nationalsozialistische Terror in der Heimat für gemeinsame politische Freunde bedeutet. Heuss schreibt ihm verschlüsselt vom Schicksal eines »Otto H.«, und gemeint ist Otto Hirsch, ein früherer Stuttgarter Rechtsrat, der zuletzt Vorsitzender der Reichsvertretung der Deutschen Juden gewesen und mit dem Heuss seit Studentenzeiten befreundet ist. Hirsch wird im Februar 1941 verhaftet, in das KZ Mauthausen an der Donau deportiert, wo er vier oder sechs Wochen nach seiner Einlieferung ums Leben kommt. In seiner »In Memoriam«-Rede in Stuttgart im November 1945 wird der Kultminister Heuss seinen Freund Hirsch einen »grundgescheiten, einen edlen Mann« nennen und das Nazi-Wort von »Blut und Boden« in sein Gegenteil verkehren: Wenn es je Sinn gehabt haben sollte, dann habe dieses »Zusammentreffen von jüdischem Blut und schwäbischem Boden« mit Hirsch »etwas Schönes und Großes geschaffen«.

Da auch Feldpostbriefe gelegentlich vom Zensor geöffnet werden, kann Heuss die Einzelheiten von Hirschs Tod im Juli 1941 nicht offen schreiben, zumal er die volle Wahrheit selbst noch nicht kennt. So lässt er Wildermuth nur wissen, dass Otto H. Ende Februar seine Frau verlassen musste, »ohne daß sie ahnte warum«, dass H. seit Anfang Mai in einem Lager an der Donau war und sie nichts von ihm oder über ihn gehört hat, »bis ihr vor 14 Tagen von e.[inem] Schupo der Totenschein ins Haus gebracht« wurde. Im Oktober wird schließlich auch seine Frau Martha in den Osten deportiert. Ohne Zweifel weiß Heuss also um den inzwischen eliminatorischen Charakter des nationalsozialistischen Antisemitismus, aber dass er über das ganze Ausmaß des grausamen, industriell betriebenen Massenmords in den Lagern des Ostens, dass er über den Holocaust informiert ist, bleibt unwahrscheinlich.

Zu den rassisch verfolgten, nicht so sehr privaten als politischen Freunden gehört auch Eugen Schiffer, in den frühen zwanziger Jahren Reichsminister für Justiz und Finanzen, der nach 1933 mit an jenem Berliner Mittagstisch gesessen hat, bei dem sich ehemalige demokratische und liberale Politiker jede zweite Woche trafen. 1939 wird Schiffer aus seiner Wohnung in Berlin-Wilmersdorf ausgewiesen, findet zunächst bei einem Freund Unterschlupf, muss mehrfach umziehen und erlebt, nur durch Fürsprache des preußischen Finanzministers Popitz vor der Deportation 1942 bewahrt, das Kriegsende im Siechenheim des Jüdischen Krankenhauses in Berlin. Heuss sieht nach ihm im Herbst 1941, als Schiffer erneut vor einem ihm aufgezwungenen Umzug steht.

Gehört Heuss zu jenen Liberalen, von denen Eric Kurlander schreibt, sie hätten – so sehr sie auch Hitlers Sturz herbeisehnten – eine deutsche Niederlage an der Ostfront nie wünschen oder gutheißen können, weil der Bolschewismus in ihren Augen ein noch schlimmeres Übel als der Nationalsozialismus darstellte? Kurlander spürte zu dieser Frage der Haltung früherer DDP-Mitglieder nach und wurde zwar nicht bei Heuss, wohl aber bei Gertrud Bäumer, Heuss' alter Reichstags- und *Hilfe*-Kollegin, fündig, die während des Kriegs in ihrer Zeitschrift *Die Frau* bei einem Sieg des Bolschewismus den Verlust der traditionellen kulturellen und christlichen Werte befürchtete. Churchill und Roosevelt bezichtigte sie – mit der offiziellen NS-Propaganda beinahe deckungsgleich –, durch ihr Bündnis mit Stalin Verrat an Europa zu üben. Was Bäumer schreibt, entspricht sicher Heuss' Überzeugungen nicht, aber auch er wünscht sich keinen Sieg oder wenigstens kein Vordringen der sowjetischen Armee – und damit des stets verachteten, gefürchteten und politisch bekämpften Bolschewismus – auf deutschen Boden.[22]

Ist es nur der Bombenkrieg, der Theodor und Elly Heuss im August 1943 dazu bringt, Berlin beinahe fluchtartig zu verlassen? Die ersten Bomben in der Nähe des Heuss'schen Hauses waren bereits im März 1941 niedergegangen, doch Schäden gab es erst

Mitte Januar 1943, als ein Teil des Dachs zerstört und fast alle Scheiben zertrümmert wurden – für Heuss selbst »weniger als nichts« gegenüber den »Verheerungen«, die bei einem Großangriff Anfang März in den westlichen Vororten entstehen. Aus Rücksicht auf Ellys chronische Herzkrankheit, die sich wegen der sich häufenden Luftalarme verschlechtert, liegt es für das Ehepaar Heuss nahe, Berlin zu verlassen und Zuflucht bei Ellys Schwester Marianne Lesser im weniger gefährdeten Heidelberg zu suchen. Aber auch Sohn Ernst Ludwig drängt die Eltern, den Wohnsitz in Berlin gegen eine Bleibe in Süddeutschland zu tauschen, und das nicht nur, weil er sich um das schwache Herz der Mutter sorgt. Er wurde gewarnt, dass der Sicherheitsdienst des Reichsführers-SS (SD) und die Gestapo nach der Verhaftung Dietrich Bonhoeffers im April 1943 dazu übergegangen seien, den »Umgang« von Heuss mit Gegnern des Regimes systematisch zu überwachen. Da die Bonhoeffers zu diesem Umgang zählen, zeigt sich der Sohn alarmiert. Ernst Ludwig Heuss, inzwischen als Abteilungsleiter bei der Reichsstelle für Lederwirtschaft für die Produktion und Verteilung zivilen Schuhwerks im gesamten Reich verantwortlich und als »unabkömmlich« vom Kriegsdienst befreit, unterhält selbst direkte Beziehungen zu Widerstandskreisen. Einem Freund von ihm, der seinerseits über die »Abwehr« des Admirals Canaris Kontakte zum Sicherheitsdienst und zur Gestapo hat, ist es offenbar zu verdanken, dass ein Teil der Heuss belastenden Gestapo-Akten nach einem Bombenangriff vernichtet werden können. Es gibt schließlich einen dritten Grund für das Verlassen Berlins: Heuss möchte vermeiden, dass die Unterlagen für die nächste Biographie, die er schreiben will, durch einen Bombenangriff gefährdet werden. Wenige Tage vor dem Tod Robert Boschs im März 1942 hat er dessen Anfrage, ob er eine Biographie über ihn schreiben wolle, mit einem klaren Ja beantwortet und danach mit Hans Walz, dem wichtigsten Mann der Geschäftsführung und früheren Referenten von Bosch, einen Vertrag ausgehandelt. Danach erhält Heuss ab 1. Januar 1943 ein monatliches Honorar von 500 Mark bis zur Fertigstellung des Buches, für die er einen Zeitraum bis zu zweieinhalb Jahren veranschlagt. So kann Heuss es also verschmerzen, dass die *Frankfurter Zeitung* auf Weisung Hitlers ihr Erscheinen Ende August einstellen muss: Das Monatshonorar der Firma Bosch ersetzt exakt jenes Fixum, das er als einzig feste Geldquelle von der *FZ* erhielt.[23]

Der Weg von Berlin führt das Ehepaar Heuss über Heilbronn zunächst zum Boschhof im oberbayerischen Beuerberg, wo er einige Wochen lang die ersten Dokumente für die neue Biographie sichtet. Danach geht es Ende Oktober zu Ellys Schwester Marianne in Heidelberg, wo sie in deren Dachgeschoss in zwei Zimmern mit schiefen Wänden und wenig Schränken hausen, aber über eine eigene Kochgelegenheit verfügen, die Heuss das »Ein-Frau-Küchelein« nennt. Marianne Lesser-Knapp, eine Malerin, war mit dem jüdischen Mediziner und Physiologen Ernst Lesser verheiratet, einem Mitentdecker des Insulins und Zionisten, der sich wegen einer unheilbaren Krebserkrankung 1928 das Leben nahm. Ihr Häuschen liegt am Westhang des Heiligenbergs und am Dorfrand von Handschuhsheim, bei gutem Wetter kann man vom Balkon über die Rheinebene hinweg den blauen Saum des Haardtgebirges und die Türme des Speyerer Doms sehen. Natürlich fühlt sich Heuss beengt nach der relativen Großzügigkeit ihres Reiheneckhauses in Berlin, in dem sie beide über eigene, geräumige Arbeitszimmer und genügend Stellfläche für die Bücher seiner großen Bibliothek verfügten. Und selbstverständlich fehlen ihm seine Bücher, die er zum Teil in ein Lager der Firma Wybert in Konstanz geschickt, zum Teil in Berlin gelassen hat. In Heidelberg sieht man ihn deshalb sehr oft in der Universitätsbibliothek. Aber er nimmt die Enge hin, denn Elly kann sich hier »in kleinem Raum« bewegen und schonen, alle Bekannten sind »in Greifweite«, und sind Hunderttausende nicht noch viel übler dran: »in Massenquartieren und bei fremden Leuten«?

Ironisch wie immer, nennt er sich den »gehobenen Hausknecht« ihrer »Dachidylle«, will darüber den Humor nicht verlieren und schildert Wilhelm Stapel in Hamburg, was das für ihn bedeutet: »Um ½ 7 Uhr rüttele ich den Heizofen u. versorge ihn, dann steige

ich von uns[erem] Hügel mit zwei Blechkannen in das Dorf Handschuhsheim herab u. hole für einige Pfennige ›entrahmte Frisch-
milch‹, ich lüfte und mache die Betten, decke den Tisch zu allen
Mahlzeiten, trockne Geschirr u. Besteck, schaffe die Kartoffeln aus
dem Keller und ›hole ein‹, außer dem bißchen Fleisch, was ich mir
nicht zutraue. Man sieht mich auch gelegentlich mit einem Hand-
karren Briketts heranschaffen oder Wäschebündel fortbringen. Ich
gehöre schon recht ins Straßenbild des Vorortes, wechsle mit Pas-
santen Gewohnheitsgrüße u. bin in allen Läden bekannt.«

Man trifft sich mit alten Bekannten, Professoren wie Alfred Weber
oder Gustav Radbruch, mit Willy Hellpach (eher sporadisch), macht
neue Bekanntschaften, etwa mit Karl Jaspers, und besonders eng
sind die Beziehungen offenbar zu dem Historiker Willy Andreas,
einem anerkannten Renaissance- und Reformationsexperten, den
Heuss seit dem Studium in München kennt. Damit kommt er auch
in Heidelberg in ein überwiegend widerständiges Milieu: Radbruch,
Rechtsphilosoph, Sozialdemokrat und in zwei Kabinetten der Weimarer Republik Reichsjustizminister, wird 1933 seiner Professur
enthoben; Alfred Weber, Nationalökonom und Kultursoziologe,
kommt dem zuvor und legt sein Amt als Ordinarius nieder; Karl
Jaspers, Psychiater und Philosoph, lehnt es ab, sich von seiner jüdischen Frau zu trennen, wird – wegen »jüdischer Versippung« – 1937
vorzeitig in den Ruhestand versetzt und erhält Publikationsverbot.
Weber und Hellpach sind für Heuss prominente Mitglieder seiner
alten Partei – einer ihrer Gründer der eine, Kandidat der DDP im
Wahlkampf um die Reichspräsidentschaft 1925 der andere. Zwar
wird im engsten Freundeskreis offen über die politische Lage gesprochen – »… heute hätte uns wieder jedes Wort an den Galgen bringen
können«, hat Elly wohl gelegentlich gesagt –, doch betont Andreas
im Rückblick auf die gemeinsame Zeit in Heidelberg: »Politische
Schwierigkeiten gab es nicht.« Weder im Guten noch im Schlechten
aufzufallen sei – als Kommisserfahrung des Ersten Weltkriegs – seine
Devise gewesen, und Heuss habe sie auf Schwäbisch bestätigt: »Gut
rasiert im zweite Glied isch's Beschte.«

Fraglich bleibt, inwiefern der nationalkonservative Andreas zu diesem widerständigen Milieu zählt. Auch wenn die NS-Studentenschaft 1933, demonstrativ durch eine Rede des von ihr geladenen Martin Heidegger unterstützt, seine Absetzung als Rektor gefordert hatte, gibt Andreas zusammen mit Wilhelm von Scholz, der 1933 das »Gelöbnis treuer Gefolgschaft« von 88 Schriftstellern zu Hitler unterzeichnete, 1935/36 die Reihe *Die Großen Deutschen* heraus und beginnt 1940 mit der Überarbeitung einer *Propyläen-Weltgeschichte*, die offenbar weitgehend dem nationalsozialistischen Geschichtsbild entspricht. Unter den *Großen Deutschen* findet sich auch ein Porträt des SA-Manns Horst Wessel, zwar nicht von Andreas geschrieben (von ihm stammen die Beiträge zu Friedrich dem Großen und Maria Theresia), aber von ihm inmitten der Gesellschaft großer Männer und Frauen platziert, was ihm nach dem Krieg zu Recht einige Schwierigkeiten bereitet. Doch ist eine andere politische Überzeugung für Heuss im Zweifel kein Grund, Nähe oder Freundschaft zu verweigern, er ist, wie er einem alten DDP-Mitglied schreibt, das sich zum Gau-Kulturwart wandelte, »eine wohl zu gelassene Natur«, um »Zensuren über Menschen nach Parteiblättchen einzurichten«.

Zu den Hunderttausend, die als Männer des Widerstands entschlossen in ihren Schlupflöchern gehockt hätten, so Karl Jaspers an Hannah Ahrendt im August 1963, habe Heuss nicht gezählt. Aber hat er nicht allen Grund zu besonderer Vorsicht gehabt? Julius Leber wurde schon am 5. Juli 1944, also vor dem Stauffenberg-Attentat, verhaftet, seinen Freund Fritz Elsas nimmt die Gestapo Anfang August fest, wenig später auch Ernst von Harnack, Ellys entfernten Verwandten, und Klaus Bonhoeffer – alle waren wiederholt Besucher im Hause Kamillenstraße 3 gewesen. Elsas wurde verhaftet, weil er Goerdeler, dessen Chef der Reichskanzlei er hatte werden sollen, auf der Flucht nach dem misslungenen Attentat Unterschlupf in seiner Wohnung bot. Er wird 1945 im KZ Sachsenhausen ermordet. Leber, Harnack und Bonhoeffer kommen vor Freislers Volksgerichtshof und enden am Galgen in Plötzensee. Sein Freund Otto Geßler, auf dessen Gut Lindenberg im Allgäu Heuss mehrfach zu Gast war, wird verhaftet, verhört und mit eingeschlagenen Zähnen ins KZ Ravensbrück verschleppt. Nur auf Fürsprache des früheren Großadmirals Raeder kommt er im Februar 1945 frei.

Heuss kannte Goerdeler und traf ihn offenbar mehrfach, als er in Stuttgart in der Firma Bosch für seine Biographie recherchierte. Der alte Robert Bosch hatte Goerdeler sehr geschätzt, ihn als Wirtschaftsberater angestellt und ihm damit die nötige Deckung und Tarnung für die vielen Auslandsreisen geboten, auf denen er um Entgegenkommen und Verständnis für eine Regierung der Verschwörer nach Hitler warb. Das ändert sich auch nach dem Tode Boschs im Jahr 1942 nicht; der Geschäftsführer Hans Walz führt den Vertrag mit Goerdeler weiter und bewahrt viele seiner Unterlagen in der Firma auf, darunter auch Aufzeichnungen über die künftige Neuordnung – Akten, die nach dem 20. Juli 1944 von Willy Schloßstein, dem Archivar der Firma, sofort vernichtet werden. Bei einer dieser Begegnungen, im Dezember 1943, erklärt sich Heuss – wie er später selbst berichtet – auf Fragen Goerdelers dazu bereit, Pressechef einer neuen Regierung nach Hitler zu werden. Doch hat es sich dabei entweder um eine völlig unverbindliche Anfrage Goerdelers gehandelt oder aber Heuss hat seine Zusage, wie Jürgen C. Heß vermutet, im Frühjahr 1944 wieder zurückgezogen. Auf den Listen, welche die Gestapo bei Goerdeler findet, ist sein Name – zu seinem Glück! – jedenfalls nicht vermerkt, auch wenn Jakob Kaiser 1959 bestätigt, der Goerdeler-Kreis habe immer wieder die Zusammenarbeit mit Heuss erwogen.

Sind es Vorbehalte, die Heuss, stets der Mann des Maßes und hier ganz offensichtlich auch der Vorsicht, gegen Goerdeler hegt, weil er ihn für zu unbedacht, ja für leichtsinnig hält? Ein ebenso »anständiger wie politisch unbrauchbarer Mann« habe ihn auf Goerdelers Pläne angesprochen, erzählt er seinem Freund Elsas und bittet ihn, Goerdeler dringlich zu raten, künftig weniger »geräuschvoll« aufzutreten. Margret Boveri wird er später schreiben, Goerdeler sei gewiss eine »lautere Natur«, aber eine von »unruhiger Betriebsamkeit« gewesen, und er klagt über dessen »gelegentlich auftrumpfende Unvorsichtigkeit«. Jürgen C. Heß vermutet zu Recht, dass die Chemie zwischen den beiden Persönlichkeiten nicht gestimmt hat: Die Art des überoptimistischen und rastlosen Westpreußen, aber auch dessen deutschnationaler politischer Hintergrund seien dem so besonnenen süddeutschen Demokraten fremd gewesen.[24]

In seiner Dachstube bringt Heuss bis zum April 1945 die letzten Kapitel der Bosch-Biographie zu Papier, die 1946 erscheinen wird. Die Alarme häufen sich, der Krieg rückt näher, vereinzelt fallen auch in Heidelberg Bomben. Schon »aus einer Art von historischer Neugier« heraus will er den Krieg überleben, aber gelegentlich überkommt ihn ein Gefühl der »Müdigkeit oder Wurschtigkeit«, weil all die Dinge kaputtgehen, die er liebt – Anfang Dezember 1944 auch seine Heimatstadt Heilbronn. »Es war ein unheimliches Gefühl«, klagt er Wilhelm Stapel, »zwischen menschenleeren Schutthaufen zu gehen, wo man von jeder Ecke wußte, wie sie aussah ... Der herrliche Kiliansturm, auch beschädigt, ragt ungeheuer ernst u. traurig über dem Elend – alle Kirchen, das prachtvolle Rathaus, sämtliche Schulen, die ›Commende‹ des Deutschen Ordens, alles, alles weg. Die Stadt zählte 45.000 Einwohner; 5700 sind jetzt im Wald in Massengräbern eingescharrt, Hunderte od. Tausende – das weiß man noch nicht – ›vermißt‹. Unter den Toten einige nahe Gespielen der Kindheit.«

Meist raucht er Pfeife, gestopft mit grässlichem Knaster aus der Pfalz, selten eine seiner geliebten Brasil, die ihm – gegen Marken – ein befreundeter »Zigarren-Mann in Schwaben« schickt. Das Haus zittert, wenn dröhnende Bombergeschwader Richtung Mannheim/Ludwigshafen fliegen, seit Anfang Februar häufen sich die Angriffe von Tieffliegern. Am 23. März 1945, als die Amerikaner schon im Anmarsch sind, muss er sich einer Nachmusterung stellen und notiert als »Substanzbefund«, dass er bei einer Länge von 1,79 Metern nur noch 59 Kilo wiegt und sich niemand von ihm, dem radikal Ausgemergelten, »die Wende« zu versprechen scheint. Er wird a.v. geschrieben – »arbeitsverwendungsfähig«. Ende März, die Brücken über den Neckar werden gesprengt und Artilleriefeuer kommt näher, übernachtet das Ehepaar Heuss aus Vorsicht angezogen im Parterre des Hauses. Als er am Morgen des 30. März um halb acht Uhr im Dorf Milch holen will, sagen die Nachbarinnen: Die Amerikaner sind da. Heuss will sich selbst davon überzeugen, dass es sich nicht um ein Gerücht handelt, stößt einige Straßen weiter auf Jeeps, mustert deren Insassen und notiert ebenso präzise wie ironisch: »Sehr verschiedene Typen. Der erste sah aus wie ein bebrillter deutscher Studienreferendar. Auch müde Gesichter.« Als sechs Wochen später das Deutsche Reich kapituliert, nennt er den 8. Mai »einen der furchtbarsten Tage in der deutschen Geschichte« und das Ende der deutschen Wehrmacht bedrückt einen »ungeheuren Sachvorgang«. Doch der Zeithistoriker Heuss begrüßt, dass im Gegensatz zu 1918 nicht »ein betriebsam gefälliger Allerweltspolitiker wie Erzberger« den Soldaten das »böse Geschäft« abgenommen habe, sondern die Herren Keitel und Jodl »ihren Namen unter die Kapitulation« setzen mussten. Die Härte der feindlichen Heerführung, vermerkt er in seinen Aufzeichnungen über »Das Ende«, habe dafür gesorgt, dass diesmal eine Dolchstoßlegende kaum erblühen könne. Der Tag nach der Kapitulation, der 9. Mai 1945, ist der 140. Todestag Schillers, und so kommen ihm, wie nach der Niederlage 1918, die Zeilen aus dem Gedichtfragment Schillers in den Sinn, die der Dichter am Ende des alten Reiches an der Wende zum 18. Jahrhundert schrieb:

> Stürzte auch in Kriegesflammen
> Deutsches Kaiserreich zusammen,
> deutsche Größe bleibt bestehn.

Die Verse sind, so Heuss, in einer Zeit entstanden, »da inmitten politischer Ohnmacht deutsches Dichten und Denken Werte der Weltgeltung schuf«. Doch anders als 1918, als dieses »stolze Trostwort der geschichtlichen Ehrfurcht« seine Bedeutung hatte, kann er im Mai 1945 dieser Worte nur mit Bitterkeit gedenken, denn zwölf Jahre Nationalsozialismus hätten sie »in ihrem Mark und Kern gefährdet, durch Lüge, propagandistische Zweckhaftigkeit und subalternes Ressentiment vergiftet«. So meint er, Jahrzehnte der Aufarbeitung deutscher Vergangenheit vorwegnehmend, am 9. Mai 1945: »Es wird eines ungeheuren seelischen Prozesses bedürfen, um diese Elemente aus dem Wesen der Deutschen wieder auszuscheiden. Ob Schiller dabei helfen kann?«

In den Briefen, die er in den letzten Wochen des Krieges schreibt, zeigt er sich oft resigniert, Zweifel an der eigenen Zukunft beschleichen den 61-Jährigen: Er fragt, ob auf ihn »je noch eine Aufgabe von gemäßem Sinn« wartet, nennt seine Generation im »Zeitstil altmodisch« und sich selbst »museumsreif«. Er sieht nur die Möglichkeit, ein Mann der Feder zu bleiben, schmiedet Pläne für ein Buch über »Ideologie und Wirklichkeit des Nationalsozialismus«, gedacht als breit angelegte Auseinandersetzung für die nächste Generation. Weil ihm das Material dafür fehlt und die Bibliotheken in Heidelberg noch geschlossen sind, beginnt er wie ein alter Mann, der nichts mehr vor sich sieht, seine Jugenderinnerungen niederzuschreiben.

Doch dann fährt eines Tages der amerikanische Leutnant John H. Boxer am Kehrweg Nr. 4 vor und fragt, ob Heuss einer von drei Lizenzträgern einer neu zu schaffenden demokratischen Zeitung für Heidelberg und Umgebung werden will. So beginnt nach zwölf Jahren innerer Emigration eine neue Karriere für Heuss, und diese letzte wird die wichtigste sein: die eines Lehrers und Erziehers zur Demokratie, die ihn – vom Journalisten, Herausgeber der *Rhein-Neckar-Zeitung* und Kultminister, über den Parlamentarier und Mitschöpfer des Grundgesetzes – schließlich zum Amt des Bundespräsidenten führt. Die Fama will, dass am Anfang dieser Karriere wahrlich banale Hausarbeit steht: Der amerikanische Besucher der Information Control Division traf Heuss beim – Teppichklopfen an.[25]

# Ein US-Leutnant fährt vor

## Neubeginn: Journalist, Kultminister und Verfassungsvater

Dass der Tag der deutschen Kapitulation in Wahrheit ein Tag der Befreiung war, wird erst Richard von Weizsäcker, der sechste Bundespräsident, mit der Distanz von vierzig Jahren in seiner historischen Rede am 8. Mai 1985 erklären. Wie Theodor Heuss über den 8. Mai 1945 denkt, kommt dem sehr nahe, auch wenn es, der Zeit entsprechend, noch ganz unter dem Eindruck vom Chaos des Zusammenbruchs und hautnah erlebter Schrecken von Diktatur, Krieg und deutscher Katastrophe steht: »Erlöst und vernichtet in einem«, lautet seine Formel für diesen Tag, und er versteht ihn als die »tragischste und fragwürdigste Paradoxie der Geschichte für jeden von uns«: Erlöst von einem Vernichtungskrieg und der Herrschaft eines verbrecherischen Regimes, das ihn vom Zaun gebrochen, Mord und Elend über die Völker Europas, nicht zuletzt das eigene gebracht hat; und vernichtet nicht nur Städte, die Trümmerwüsten gleichen, Industrieanlagen, Bahnhöfe und Brücken – vernichtet das Reich, auf das er einst stolz gewesen, ein Begriff und ein Wort, das er anfangs noch gebraucht, von dem er aber im Lauf der kommenden Jahre Abschied für immer nimmt.

Doch notiert Heuss diese Einsicht nicht als sofortige Reaktion auf die deutsche Kapitulation – die hat er, wir sahen es, in einer Art historischer Schockstarre zunächst ja »einen der furchtbarsten Tage der deutschen Geschichte« genannt, weil er Deutschlands Schicksal nun ganz in die Hand der Feinde gelegt sah –, der befreiende Satz,

»vernichtet und erlöst in einem«, fällt erst im Abstand von vier Jahren im Parlamentarischen Rat bei der Verabschiedung des Grundgesetzes. Mit ihm sieht er – nach Jahren wachsender Zerstrittenheit unter den Siegermächten und lähmender Ungewissheit über die Zukunft von Volk und Staat – endlich »ein ganz kleines Stück festen Bodens für das deutsche Schicksal geschaffen«. Und es wird nicht zuletzt Heuss' Verdienst sein, wenn das mit diesem Grundgesetz geborene westdeutsche Parlament und der westdeutsche Staat dann stellvertretend auch für jene Deutschen im östlichen Teil des Landes sprechen, denen die Mitwirkung versagt geblieben ist. Letztlich ist es diese, von ihm im Parlamentarischen Rat stets verfochtene Stellvertreterthese, welche die im Entstehen begriffene Bundesrepublik zu einer Art deutschem Piemont für die spätere Einheit werden lässt, auch wenn diese erst vier Jahrzehnte später kommen wird.

Zunächst stehen die ersten vier Nachkriegsjahre, die vom Einmarsch der Alliierten bis zur Verabschiedung dieses »kleinen Stücks festen Bodens« vergehen, für Heuss – und nicht nur für ihn! – ganz im Zeichen einer schwierigen Orientierungssuche. Zäh verwehrt der Nationale schon wegen der Mittellage des deutschen Siedlungsraums, jede einseitige Option für den Westen oder gar den Osten, zeitweise befindet er sogar eine ewige Neutralisierung Deutschlands des »Durchdenkens würdig«, und lange geht er davon aus, dass Deutschland auf Dauer in einem Zustand der Entmilitarisierung bleiben wird. Ein Ende dieses »Attentismus« in der Deutschlandfrage und seiner deutschlandpolitischen »Sendepause« (Heß) zeichnet sich erst im Lauf des Frühjahrs 1948 ab und fällt in die Zeit der Empfehlungen der Londoner Konferenz, auf der die Westalliierten zusammen mit den Benelux-Staaten den Aufbau eines demokratischen, föderalistischen deutschen Staates auf der Grundlage der drei Westzonen empfehlen. Völlig anders dagegen steht es um Heuss' Engagement beim Aufbau demokratischer Strukturen, wie sie die amerikanische Besatzungsmacht von den *grassroots* her, von den Kommunen und Kreisen bis zu den Ländern hin betreibt. Überzeugt davon, die Deutschen müssten bei dem Wort Demokratie

»ganz von vorn anfangen im Buchstabieren«, kennt er hier keinen Attentismus, sondern ist von erster Stunde an dabei und hilft mit, die altverwurzelte, aber in den Jahren des »Dritten Reichs« verschüttete demokratische Tradition Württembergs wiederzubeleben. Allerdings meint er, dies sei vor allem Sache der Deutschen selbst: Von einem Nachhilfeunterricht der Sieger in Sachen Demokratie, von zwangsweiser Umerziehung hält er nichts, schon weil dies von den Besiegten als propagandistisches Diktat empfunden und nur widerstrebend hingenommen würde. Stattdessen setzt er auf deutsche Selbstreinigung, auf psychische Katharsis: Das deutsche Volk habe es sich in seiner Masse zu leicht gemacht, »sich in die Fesseln des Nationalsozialismus zu geben«, wird er im November 1945 in seiner bewegenden »In Memoriam«-Rede in Stuttgart sagen und davor warnen, es sich jetzt erneut leicht zu machen und »die bösen Dinge wie einen wüsten Traum« einfach hinter sich zu werfen. Die innerdeutschen politischen Opfer des Nationalsozialismus und an ihrer Seite die Hunderttausende, ja Millionen zu Tode gequälter Fremder zeugten von dem, was er das schwerste und teuerste Opfer des Nationalsozialismus nennt: »… die Ehre des deutschen Namens, die in den Dreck« gesunken sei. Als »wehrloser Zeitgenosse dieser trübsten Periode der deutschen Geschichte« stellt er dies »zornig, bedrückt und beschämt« fest und bezeichnet es als »Pflicht, den Namen unseres Volkes wieder zu reinigen«.

Zu beginnen hat ein solcher Reinigungsprozess damit, dass sich die Deutschen der »geistigen Auseinandersetzung mit den Folgen der nationalsozialistischen Herrschaft« stellen, aber eine führende Rolle bei diesem Aufarbeiten der jüngsten Vergangenheit will er nicht heimkehrenden Emigranten, sondern denen zusprechen, die im Lande ausgeharrt und »unmittelbar die Nöte des Lebens gespürt haben«. Es geht ja darum, eine nach Krieg, Niederlage und Besetzung in der Bevölkerung um sich greifende apathische, gegenüber allem skeptische, teils zynische Haltung zu überwinden und die Menschen langsam an den Aufbau neuer demokratischer Strukturen heranzuführen. Für diese Aufgabe, daran besteht für Heuss kein Zweifel, bringen jene die besseren Voraussetzungen mit, welche die Verlockungen und Verführungen, aber auch die Zwänge und den Terror des »teuflischen Systems« aus eigener Anschauung kennen lernten. Wenn er im März 1946 in Berlin sagen wird, wir seien alle »in dieser Zeit und durch diese Zeit schmutzig geworden«, und sich selbst keineswegs davon ausschließt, verzichtet er auf den »Gestus des moralisch Überlegenen« (Baumgärtner) und gewinnt mit seiner Argumentation an Glaubwürdigkeit – und dies umso mehr, weil er im gleichen Atemzug beteuert: »Wenn man in ein Volk hineingeboren ist, in seiner geistigen Luft aufwuchs und seine Geschichte weiß, seine Landschaft kennt und liebt, dann liebt man dieses Volk, zu dem man gehört.«

Wer Verfolgung und Konzentrationslager überlebte oder, wie er, in innerer Emigration verharrend, seinen demokratischen Idealen treu geblieben ist, der besitzt für ihn die größere Überzeugungskraft im Kampf gegen die mentalen Verwüstungen, die zwölf Jahre Nationalsozialismus im Volk angerichtet haben. In diese Kontinuität sieht er, der 1933 aller Ämter verlustig ging, sich selbst gestellt, erkennt aber auch die Verpflichtung, die sich für ihn als politischen Publizisten daraus ergibt. So nimmt er, nach langem Zögern, das Angebot der Amerikaner an und wird Mitherausgeber der *Rhein-Neckar-Zeitung (RNZ)*.[1]

»Wir wollen nicht mit Illusionen und Selbstbetrug beginnen«, schreibt Heuss in seinem ersten Leitartikel nach dem Krieg, »Deutschlands staatlich-politische Souveränität ist durch Hitler verspielt und vernichtet worden ... Jetzt herrschen die Anderen, die Sieger. Das ist nun ganz unsentimental der einfache Tatbestand. Wir können ihn keinen Augenblick vergessen, und wenn es auch unser Ziel sein muß, die Würde der Presse zurückzugewinnen, so sind wir nicht töricht genug, von einer wiedergeschenkten Freiheit der Presse zu reden.«

Wenn er lange gezaudert hat, die ihm von Leutnant Boxer erstmals angetragene Aufgabe zu übernehmen, dann einmal, weil Heuss, der Nationale, sich fragt, ob man als Deutscher nicht besser schickliche Distanz zu den Besatzern halten muss; zum zweiten ist er, der Liberale, sich als publizistischer Profi jener Grenzen sehr bewusst, die freiem Journalismus in einem besetzten Land durch alliierte Zensur gezogen sind. Leutnant Boxer, der um ihn warb, war im Stahlhelm mit Pistole im Halfter erschienen und hatte im Haus der Schwägerin über den Zaun klettern müssen, weil die Klingel wegen Stromausfall in ganz Heidelberg nicht funktionierte. Diese Schilderung verdanken wir Reiner Burger, der sich die Szene 1997 in einem längeren Gespräch von dem inzwischen 81-jährigen Boxer erzählen ließ. Zwar lag der Krieg an jenem Tag in seinen letzten Zügen, aber er war noch nicht zu Ende. Als Heuss den amerikanischen Offizier ins Haus bat, wurde dieser von einem GI mit stets schussbereiter Maschinenpistole begleitet. Die Unterredung währte lange, und zum Schluss tauten beide Seiten sichtlich auf, so dass Elly Heuss in den Keller ging und eine Flasche guten Weins heraufholte. Boxer trank freudig ein Glas, doch der GI mit der MP, der überall NS-Werwölfe zu wittern schien, sagte nur: »Don't drink that, it's poisoned!« Offenbar gelang es Boxer, Heuss von den zwar strengen, doch pädagogisch letztlich wohlmeinenden Absichten der Amerikaner zu überzeugen, die besiegte Nazi-Nation Schritt für Schritt zur Demokratie zu bekehren, bis Deutschland in einem friedlichen Europa keinen Störfaktor mehr darstellen würde. Sein Wiener Charme mag dabei eine Rolle gespielt haben, denn Boxer, jüdischer Herkunft und 1916 in Wien geboren, war 1937 über England in die USA emigriert. Jedenfalls trennte man sich betont freundlich, und viereinhalb Jahre später, Heuss ist inzwischen zum Bundespräsidenten gewählt, schreibt ihm der Leutnant, der einst im Stahlhelm mit Pistole zu ihm gekommen war, aus Wien: Er, Heuss, habe ihm damals »den Glauben an ein wahres und gutes Deutschland« wiedergegeben.

Heuss' wochen- wenn nicht monatelanges Zögern, Lizenzträger der *Rhein-Neckar-Zeitung* zu werden, erklärt sich aber auch mit der Überlegung, ob er, statt zum Tagesjournalismus zurückzukehren, in dem er ja seit 1917 keine Erfahrungen mehr hat, nicht besser bei der Schriftstellerei bleiben soll; außerdem überzeugt ihn die Konstruktion dieser amerikanischen Lizenzzeitungen, die drei oder vier gleichberechtigte Herausgeber sehr unterschiedlicher politischer Couleur vorsieht, nicht so recht. Dazu kommt, wegen der Herzbeschwerden Ellys, seine Beanspruchung durch den Haushalt. Es zögert aber auch die amerikanische Militärverwaltung, weil sie zunächst über die Haltung uneins ist, die der von Boxer wärmstens empfohlene Kandidat Heuss im »Dritten Reich« gezeigt hat. Da meinen die Anhänger einer radikalen *reeducation*, Heuss habe sich während der Nazi-Zeit zu vorsichtig verhalten (»leaned toward the side of caution«), zu sehr eine »middle-of-the-road-neutrality« verfolgt, sie verübeln ihm seine Biographie über Robert Bosch, den sie – ohne eine Ahnung von dessen Gesinnung in der Weimarer Zeit und seiner Beziehungen zu Goerdeler zu haben – als Rüstungs-fabrikanten für Hitler schlicht in Bausch und Bogen verdammen; schließlich halten sie es für eine Belastung, dass Heuss während der Nazi-Jahre sein Einkommen hat steigern können. Daneben gibt es auch die weitaus realistischere und einsichtigere Fraktion um Shepard Stone, den späteren Gründer des Aspen-Instituts in Berlin, welche sich Boxers Urteil anschließt, Heuss' Poelzig-Biographie als »mutigen Akt« wertet und in seiner Dohrn-Biographie sogar einen liberalen Grundtenor (»liberal flavour«) entdeckt.

Wenn am Ende die Realisten obsiegen, hat dies auch mit einem glücklichen Zufall zu tun, denn am entscheidenden Tag schneit bei der US-Lizenzierungs-Kommission in Bad Homburg ein Besucher herein, der Heuss aus der Zeit vor 1933 gut kennt. Es ist der deutsch-amerikanische Historiker Felix Gilbert, damals in einer Abteilung des amerikanischen Geheimdiensts OSS beschäftigt, und er versteht es offenbar, überzeugend für den *RNZ*-Kandidaten Heuss zu plädie-ren. Dass dieser 1933 für das Ermächtigungsgesetz gestimmmt und für *Das Reich*, wenn auch nur im Feuilleton, geschrieben hat, ist den Amerikanern entweder damals nicht bekannt gewesen oder es hat für sie keine Rolle gespielt. Folgt man Burger, der die einschlä-gigen Dokumente eingesehen hat, taucht jedenfalls weder das eine noch das andere Argument in dieser Auseinandersetzung auf, eine Tatsache, die auch auf die Form der amerikanischen Fragebögen zurückzuführen ist, denn nach dem Ermächtigungsgesetz wurde da nicht gefragt. Und weder in dem ausführlichen Lebenslauf, den die Amerikaner während der Verhandlungen über die *RNZ*-Lizenz von ihm verlangten, noch in der Anlage zu seinem Fragebogen, in dem Heuss seine Publikationen aufführte, findet sich ein Hinweis auf seine vorübergehende Mitarbeit beim *Reich*. So erhält Heuss am 5. September 1945 zusammen mit dem Sozialdemokraten Dr. Hermann Knorr und dem Kommunisten Dr. Rudolf Agricola die Lizenz zur Herausgabe der *Rhein-Neckar-Zeitung* in Heidelberg. Noch am selben Tag wird die Rotation angeworfen, und schon am 6. September erscheint in der Nummer 1 der *RNZ* jener Leitartikel über die »Deutsche Presse«, in dem Heuss trotz aller Bedenken erklärt, es sei mit dieser Lizenz die Chance gegeben, »daß deutsche Männer unter freier Verantwortung gegenüber der Militärregierung wie gegenüber dem deutschen Volke versuchen können, selber die Sinndeutung des deutschen Schicksals aufzunehmen«.

Illusionen über die Schwierigkeiten dieses Neuanfangs erlaubt er sich und seinen Lesern nicht: Er und seine Mitherausgeber, so Heuss in der ersten Ausgabe des neuen Blattes, werden in den kommenden Wochen und Monaten höchst unangenehme Beschlüsse der Besatzungsmächte mitzuteilen haben, die das »gemeindeutsche Bewusstsein« sehr belasten werden – »dafür der Übermittler zu sein«, sei gewiss »keine schöne Aufgabe«. Dazu kommt der ruinöse Ruf, den sich die Journalisten in den Jahren zuvor als Verbreiter nationalsozialistischer Agitation und sinnloser Durchhalteparolen beim Leser eingehandelt haben. Mit ihrer »Partei-Lohnschreiberei«, sagt Heuss, haben die Nazis einen ehemals »wichtigen Beruf mit allgemeiner Verantwortung« zum Zerrbild gemacht, die Pflicht des Journalisten zu Wahrheit und innerer Wahrhaftigkeit sei an »Block-, Ortsgruppen-, Kreis-, Gau- und Reichsleiter« abgetreten worden. Wie mag es da gelingen – so fragt er sich selbst und die Leser –, der deutschen Presse »ein Stück ihrer freien Würde« und vor allem Glaubwürdigkeit zurückzugewinnen?

Etliche Themen, auf die Heuss in den kommenden Jahren immer wieder zurückkommen wird, klingen schon in diesem ersten Artikel an, der die Zeit seines erzwungenen Verstummens beendet, etwa die notwendige Öffnung des deutschen Denkens zur Welt, damit die Deutschen nach zwölf Jahren überheblichst-nationalistischer Nabelschau endlich wieder zur Kenntnis nehmen, was draußen »im Geistig-Schöpferischen geleistet« wurde und wird. Die Auseinandersetzung mit dem Nationalsozialismus hält Heuss für die unerlässliche Pflicht der Deutschen, betrachtet sie jedoch als einen »inneren und äußeren Reinigungsprozeß«, der nicht durch Erlasse angeordnet werden kann, sondern »in der Selbstbesinnung erkämpft werden muß«. Was man »deutsche Politik« nennen könnte, will er für lange Zeit ganz »klein geschrieben« wissen, erst einmal gehe es um »ein zähes Mühen um Selbsterhaltung, um Einheitsgefühl der Nation und das Schaffen neuer Ordnungen«, worunter er vor allem den Aufbau der Demokratie von unten versteht. Er spricht nicht von Kollektivschuld – und wird es auch später nie tun –, hier aber schon von der »tiefen Schande, womit das deutsche Volk seine Geschichte beflecken ließ«. Doch wenn er bekennt: »Die deutsche Geschichte ist nicht zu Ende«, wenn er von der Notwendigkeit spricht, es müsse ein »volkhaftes Gesamtgefühl« neu geschaffen werden, wenn er versucht, »mit tapferem Herzen und illusionsloser Pflichtstrenge erste Wege durch das Ruinenfeld zu bahnen, das heute Deutschland heißt«, gehört er mit Sicherheit nicht zu denen, die nach 1945 die Nation auf dem Müllhaufen der Geschichte sehen wollen. Vielmehr sucht er nach den geradezu perversen nationalistischen Exzessen der Nazi-Zeit nach einem neuen, »im demokratischen Kontext verantwortbaren Nationalgefühl«, schon um jenes Vakuum zu füllen, das nach einem Wort von Jürgen C. Heß »Missbrauch und Niederlage« hinterlassen haben.

Wie sehr dies ihn, der in den Weimarer Jahren zu den demokratischen Nationalisten zählte, beschäftigt, wird bei einem Vortrag deutlich, den er im Mai 1946 vor Tübinger Studenten hält. »Wir sehen«, wird er dort sagen, »wie das Nationalgefühl heute, auch wenn es an die Vergangenheit sich anschließen will, in der Irre wandert und sucht und sucht.« Die Voraussetzungen, derer es aus seiner Sicht dafür bedarf, schildert er dem Auditorium so: »Aus dem Maßlosen in das Maßvolle, in das Gemäße, aus dem wüsten und vermessenen Abenteurertum, erlauben Sie ein altmodisches Wort, in bürgerliche Redlichkeit, aus den Militärmärschen, die lärmend den Tod angehen, in die Melodie eines sinnvoll erfüllten Lebens, aus dem Haß und der Angst in die Liebe und in die Freiheit, zwischen mir und dir, zwischen Deutschland und den Völkern. Das ist noch nicht ein neues Nationalgefühl, aber dies allein ist der Boden, auf dem es wachsen kann.« Wenig später schreibt er seinen Freunden Stolper, er wolle mithelfen, ein »von Heldengerede freies und sauberes Nationalgefühl zu pflegen, das von Bescheidenheit und Wirklichkeitssinn, Maß und Einordnung in der abendländischen Tradition den Leuten etwas erzählt«. Ernst Wolfgang Becker sieht in Heuss' Biographien einen Beitrag zu diesem Versuch: Heuss wollte mit seiner »Art ›objektiver‹ Geschichtsschreibung eine »positive nationale Wertetradition schaffen, die er vor allem in der »exemplarisch tugendhaften Gesinnung« seiner Protagonisten und deren moralischer Integrität gesehen habe.[2]

Die *RNZ* hat eine Startauflage von 360 000 Exemplaren, erscheint zunächst nur zweimal wöchentlich, und Heuss, von den laufenden Tagesgeschäften wegen Ellys Gesundheitszustand freigestellt, beschränkt sich im Wesentlichen auf die Zulieferung von Beiträgen, bei denen es sich meist um Leitartikel, sehr viel seltener um Rezensionen oder Feuilletons handelt. Die Arbeitsteilung zwischen den drei Lizenzträgern sieht als Chefredakteur den Kommunisten Agricola vor, für alle organisatorischen und geschäftlichen Fragen soll der Sozialdemokrat Knorr zuständig sein, indes Heuss als Vertreter der liberalen Tradition die Aufgabe eines Schiedsrichters zufällt, der selbst über den Charakter seiner Mitarbeit entscheiden kann. Ohne Zweifel ist er für die amerikanischen Lizenzgeber der Garant für intellektuelles Niveau, das sie für eine Zeitung, die in einer der ehrwürdigsten deutschen Universitätsstädte erscheint, klugerweise für unerlässlich halten. Und sehr wahrscheinlich ist dies auch einer der Gründe, warum sie an dem Lizenzträger Heuss festhalten, obschon dieser bereits Mitte September als Kultminister in die erste, von der Militärregierung für den amerikanisch besetzten nördlichen

Teil Württembergs und Badens ernannte Regierung Reinhold Maier berufen wird und nach Stuttgart umziehen muss. »Kaum ischt er / Minister / entwischt er«, reimt ein enttäuschter Heuss-Bewunderer aus Heidelberg. Natürlich schreibt auch der Kultminister Heuss weiter für das Blatt und schickt, bis die Ministersekretärin sie in die Schreibmaschine nimmt, seine Leitartikel in Form von handgeschriebenen Zetteln im DIN-A6–Format, die ein Redaktionsassistent entziffern und in die Setzerei geben muss. Als Herausgeber beschränkt Heuss seine Anwesenheit in der Heidelberger Redaktion in der Regel auf zwei monatliche Besuche, was nicht nur einem weitgehenden Verzicht auf Struktur- und Personalentscheidungen gleichkommt, sondern der Präsenz liberaler Thesen und Ideen, ja selbst Berichten über seine eigenen Reden im Blatt nicht sonderlich zuträglich ist. Als er von seinen Parteifreunden in Heidelberg darauf hingewiesen wird, dass seine Kollegen Agricola und Knorr sehr viel stärker als er die eigenen »parteipolitischen Tendenzen herausarbeiten«, fordert er die beiden Mitherausgeber nachdrücklich auf, künftig besser um einen »gerechten Ausgleich« der Meinungen »besorgt zu sein«. Als gar eine einstündige außenpolitische Rede von ihm, die er beim Dreikönigstreffen der demokratischen Volkspartei im Januar 1947 in Stuttgart gehalten hat, in der eigenen *RNZ* mit keinem Wort Erwähnung findet, beschwert er sich nicht nur bei Agricola, sondern auch direkt beim Stuttgarter *RNZ*-Korrespondenten (und späteren langjährigen ZDF-Chefreakteur) Reinhard Appel: »Über beliebige kleine sozialdemokratische oder kommunistische Kreisveranstaltungen erscheinen Berichte. Diese Veranstaltung wird totgeschwiegen.« Es gehöre in Appels Pflichtenkreis, diese Dinge zu beachten, und er müsse ihn ersuchen, seiner »Aufgabe etwas gewissenhafter zu entsprechen«. Durch Appels gleichgültiges Verhalten wolle er nicht »zum politischen Gespött werden, daß die Leute meinen, gerade in Heidelberg hält man das, was der Heuss in Stuttgart redet oder schreibt, nicht für wichtig genug, um davon Notiz zu nehmen«.

Bald wird auch die Brüchigkeit der amerikanischen Lizenzierungspolitik deutlich, der Heuss von Anfang an mit Skepsis begegnet ist, denn so verschiedene Meinungsträger wie Liberale, Konservative und Kommunisten zu einem »Zeitungsteam« zusammenzuspannen, kann nach seiner Meinung nicht lange gut gehen. Im Einvernehmen mit der US-Militärregierung folgt der Kommunist Agricola im Oktober 1947 zunächst einem Ruf als Professor der Nationalökonomie an die Universität Halle und weilt im Wechsel je zwei Monate an der Saale und am Neckar, bis ihm die Amerikaner im Sommer 1948 – der Kalte Krieg strebt mit der Berliner Blockade einem frühen Höhepunkt zu – die Lizenz entziehen. Ihre formelle Begründung: Da die sowjetische Militärregierung Agricola zum Rektor der Universität Halle berufen will, kann er seinen Verpflichtungen gegenüber der *Rhein-Neckar-Zeitung* nicht mehr nachkommen. Ausschlaggebend ist jedoch die Tatsache, dass Agricola sich wegen der prowestlichen Haltung seines Mitherausgebers Knorr mit diesem heftig überworfen hat. An Heuss halten die Amerikaner trotz der geographischen Entfernung zu Redaktionszentrale und Erscheinungsort fest, so dass er bis zu seiner Wahl als Bundespräsident Herausgeber und Autor bleibt. Im Nachhinein mag es erstaunen, wenn Heuss, der überzeugte Antimarxist und Gegner von Kommunismus, Sozialismus und Planwirtschaft, in den ersten anderthalb Jahren mit Agricola nahezu reibungslos zusammenarbeitet und beide sich persönlich schätzen. Doch den kommunistischen Mitherausgeber und Sohn eines Zigarrenfabrikanten in Ladenburg am Neckar, der als Mitglied einer KP-Widerstandsgruppe wegen »Vorbereitung zum Hochverrat« acht Jahre im Gefängnis saß, und den Demokraten der inneren Emigration verbinden ja nicht nur bürgerliche Herkunft und beider Promotion in Nationalökonomie. Heuss selbst sieht nach Kriegsende die Notwendigkeit des »Zusammenstehens« aller antifaschistischen Kräfte, was er auch in seiner »In Memoriam«-Rede im November 1945 in Stuttgart betont, als er bereits Minister in der ersten All-Parteien-Regierung von Reinhold Maier ist. Doch diese Gemeinsamkeit aller Kräfte kann schon wegen der völlig verschiedenen wirtschafts- und gesellschaftspolitischen Vorstellungen nur von kurzer Dauer sein. Wie sehr im anbrechenden Kalten Krieg die

Meinungen unter den Herausgebern schon bald auseinandergehen, zeigt ein Artikel Agricolas vom Juni 1948, in dem er die »volksdemokratische Umgestaltung«, die mit der Blockpolitik und der Sozialisierung aller großen und mittleren Betriebe in der sowjetischen Zone bereits in vollem Gange ist, gegen ihre westlichen Kritiker verteidigt. Unter der Überschrift »Demokratie« sollte er ursprünglich in der *RNZ* erscheinen, doch lehnte Mitherausgeber Knorr eine Veröffentlichung ab, so dass der Beitrag schließlich im *Mannheimer Morgen* abgedruckt wird. Er markiert den völligen Bruch unter den drei Herausgebern, denn dass Agricola, ohne sie beim Namen zu nennen, den liberalen Heuss und den Sozialdemokraten Knorr attackiert, steht außer Frage. Er schreibt:

> Wer 1933 dem Ermächtigungsgesetz zustimmte, das Dritte Reich tolerierte, ja sich in Wort und Schrift in die »Volksgemeinschaft« einordnete, dem steht es heute schlecht an, von sogenannter totalitärer Demokratie in einem Teile Deutschlands zu sprechen … Kann man die braven Demokraten, die zwölf Jahre ihre Ideale in der Westentasche trugen und heute die Werbetrommel für die wahre Demokratie und allerlei Sozialismen rühren, ernst nehmen? Kann man annehmen, daß sie heute besser kämpfen, denn unter Hitler? Und darf man sich dem Glauben hingeben, daß sie in einer ernsthaften und bedrohlichen Situation mehr Mut zeigen wie 1933? Die so Angesprochenen mögen es dem Verfasser verzeihen, wenn Skepsis am Platze erscheint.[3]

Wenn Heuss von Beginn an ein besonders gutes Verhältnis zur amerikanischen Besatzungsmacht hat, ist dies auf jene Weiße Liste der US-Armee zurückzuführen, auf der Demokraten und NS-Gegner aufgeführt sind, denen nach dem Sieg über Hitler führende Positionen anvertraut werden können. Auf ihr ist der Name Theodor Heuss verzeichnet, und es ist wohl seine dortige Charakterisierung als »Uncompromising Democrat«, die viele amerikanische Besucher in den Tagen vor und nach Kriegsende in seine Heidelberger Dachstube führt. Zwei Drittel davon, so Heuss einmal spöttisch, seien »als Offiziere aufgemachte Professor[en] der Soziologie, die offenbar in den USA in Massenfertigung produziert werden«. Später wird er anmerken, dass man die amerikanische Vorliebe für »statistisch-psychologische Erhebungen« drüben Soziologie nenne, und man könne mit manchen Amerikanern ganz nett darüber diskutieren, »daß nun Gallup über uns herrsche«. Wahrscheinlich haben alte Freunde und Bekannte, vor allem Gustav Stolper, aber auch Ernst Jäckh und Gottfried Treviranus, die beide über England nach Amerika emigriert waren, dafür gesorgt, dass Heuss' Name auf der Liste erscheint.

Zu den ersten amerikanischen Besuchern nach der Besetzung Heidelbergs gehören auch zwei Stolper-Söhne, Wolfi (Wolfgang) und Maxi (Max), die – im Abstand von einigen Wochen – plötzlich unangemeldet in amerikanischer Uniform vor seiner Tür stehen. Vor allem Max, der 1945/46 für die Militärregierung arbeitet, zeigt sich rührend besorgt über die gespenstische, schlaksige Hungergestalt, die ihm da mit seinen fast 1,80 Meter und nur 105 Pfund entgegentritt und leistet erste Lebensmittelhilfe. Besonders erfreut ihn später, dass seine Freunde auch seines Lasters gedenken, denn in Care-Paketen, die Gustav und Toni Stolper, sobald dies möglich wird, aus den USA schicken, finden sich nicht zuletzt Zigarren: »Wir sollen zwar durch die Besatzungsmächte auch auf diesem Gebiet durch eine furchtbar hohe Steuer zur Tugend erzogen werden«, schreibt Heuss in einem Dankesbrief, »aber ich hoffe, daß ein dünner Ausweg zum Laster schon noch bleibt, wenn man wieder anfängt, die Zigarrenstummel zu Rauchtabak zu verarbeiten.« Einige Monate später, im März 1946, hat Heuss schon 20 Pfund zugenommen.

Der Ruf als Kultminister in das Stuttgarter Kabinett beendet das beengte Provisorium des Ehepaars Heuss in der Dachstube am Heidelberger Kehrweg: Ende September steht der Umzug in eine sehr sonnige Vierzimmerwohnung mit Garten in der Löwenstraße 86 in Stuttgart-Degerloch an, welche die Behörden für den neuen Minister gefunden haben. Möbel werden zunächst von verschiedenen Freunden zusammengeliehen, nur fehlen anfangs Bilder an den Wänden. Später kommen zum Teil neue Möbel dazu, die sie direkt aus einer Fabrik beziehen. Ein Garten gehört dazu, und da das Paar jetzt über eine Haushälterin verfügt, hilft Elly dem neuen Minister und sichtet Entwürfe für ein neues Volksschullesebuch. Sie arbeitet auch bei Radio Stuttgart mit, das unter amerikanischer Leitung steht, und führt Diskussionen mit jungen Leuten, die sie jetzt zeitgemäß »Round-table-Gespräche« nennt. Zu den Annehmlichkeiten des Ministeramts gehöre, dass der Theodor »nicht mehr große Körbe mit schmutziger Wäsche durch ganz Heidelberg an den Neckar schleifen muß, sondern daß er morgens mit dem Auto von seinem Vorzimmerbeamten abgeholt wird und mittags und abends wieder her fährt«, schreibt Elly in einem Rundbrief an die Freunde. Dazu habe der Kultminister jeden Tag zwei Plätze im Theater, und »natürlich können wir eine Menge von Menschen damit erfreuen. Wir waren aber auch schon dreimal drin. Das war in Berlin in Jahren nicht passiert«. Die Ministerwürden machen es auch möglich, dass Heuss, als er an einer akuten Magen-Darm-Krankheit leidet, mit Elly zusammen im Oktober 1946 in Baden-Baden kuren kann – in einem der wenigen, von der französischen Besatzungsmacht damals für Deutsche freigegebenen Sanatorien.[4]

Noch in Heidelberg erreicht Theodor und Elly Heus nach dreimonatigem Bangen Anfang Juni 1945 durch einen Boten endlich ein Lebenszeichen von ihrem Sohn Ludwig in Berlin. Sie enthält die schreckliche Nachricht vom Tod des Neffen Conrad Heuss, der als Oberst am 24. März bei Danzig gefallen ist. Sein Bursche, so Ernst Ludwig Heuss, habe ihm dies mitgeteilt und gebeten, die Nachricht an Frau und Mutter weiterzuleiten, doch sei ihm, Ernst Ludwig, dies bisher nicht möglich gewesen. In einem Beileidsbrief an seine Schwägerin Hedwig beklagt Heuss, dass dieser wüste, längst verlorene Krieg »noch dieses, noch so viele Opfer fordern mußte, weil eine Verbrecherbande in die Führung Deutschlands gekommen« sei. Zu den bedrückenden Nachrichten, die der Sohn mitzuteilen hat, gehört auch, dass »Klaus Bonhoeffer, Graf Bernstorff u. andere Freunde ... am 21.4. noch durch ein Rollkommando der SS durch Genickschuß ermordet« wurden. Es gibt allerdings auch Erfreuliches zu vermelden: Ernst Ludwig, der das Auto seiner Dienststelle hatte requirieren können, war es mit der Hilfe eines Ministerialbeamten aus dem inzwischen »kopflosen« Justizministerium (der Minister hatte sich längst nach Norddeutschland abgesetzt) gelungen, Marie Elsas, die Frau von Fritz Elsas, mit ihrer Tochter Marianne, dazu Hanna Solf und ihre Tochter Lagi Gräfin von Ballestrem aus dem Gefängnis in Berlin-Moabit herauszuholen und sie in den Berliner Westen zu bringen. Gegen Hanna Solf, in deren Wohnung regelmäßig ein Widerstandskreis zusammengekommen war, hatte Roland Freisler bereits einen Verhandlungstermin angesetzt, ehe er bei einem Bombardement zu Tode kam. Dass Ludwig Heuss mit der Frau von Fritz Elsas seine künftige Schwiegermutter befreit, wusste er damals wohl selbst noch nicht. Elly und Theodor Heuss erfahren es im Juli 1945, als Ernst Ludwig ihnen von seiner Verlobung mit Hanne Elsas schreibt, der jüngeren Tochter ihrer Freunde Fritz und Marie Elsas. Nach der Verhaftung ihres Vaters, der Goerdeler versteckt hatte, war Hanne in das Konzentrationslager Ravensbrück deportiert worden und hatte dort bis zur Befreiung durch die sowjetische Armee Schreckliches durchmachen müssen. Die Ehe wird am 4. August in der St.-Annen-Kirche in Dahlem-Dorf, in der auch Niemöller und Gollwitzer gepredigt hatten, von jenem Bischof Dibelius eingesegnet, der Ernst Ludwig 1926 schon konfirmiert hatte – es ist, so Margret Boveri, eine der ersten Hochzeiten in Berlin nach dem Kriege und »die ergreifendste«, die sie je miterlebte. Ernst Ludwigs Frau »ist die Tochter unsers Freundes Fritz Elsas, der im Zusammenhang mit dem 20. Juli hingerichtet worden war«, schreibt Elly ihren Freunden. »Wir kennen die Hanne Elsas seit Jahren und lieben sie sehr. Dass wir nicht auf der Hochzeit sein konnten, ist ein Schmerz, aber so sind halt die Zeiten!« Reisen von Privatpersonen von einer Zone in die andere sind so kurz nach dem Krieg praktisch unmöglich, und wenn, dann nur als Dienstreise.

Das Haus in der Kamillenstraße hat den Krieg und auch die russische Besatzung unerwartet gut überstanden, die Teppiche sind wieder ausgelegt, das eingegrabene Geschirr ist eingeräumt. Eine Zeit lang diente es als russisches Lazarett, »zehn Kosakenpferdchen fraßen die Spitzen unserer Obstbäume ab, nachdem das bisschen Gras gefressen war«, so Elly Heuss. »Ein Russe brachte für die vier Frauen, die der Ludwig aus dem Gefängnis befreit hatte, ein lebendes Schwein«, so dass Schlachtfest gehalten wurde, »während die Hauptkampflinie noch ganz nahe am botanischen Garten [in Steglitz] war. Man könnte Bände füllen mit solchen Erlebnissen...« Doch jetzt, so Ernst Ludwig Heuss, sei das Haus wieder »in friedensmäßigem Zustand und strahle vor Sauberkeit«. Er ist inzwischen bei der Wirtschaftsabteilung des Magistrats von Großberlin beschäftigt, eine erste Dienstreise gen Westen führt das jung verheiratete Paar schon im November für zehn Tage zu den Eltern nach Stuttgart-Degerloch. Den ersten Hochzeitstag feiert es dann bereits im badischen Lörrach, direkt an der Schweizer Grenze gelegen, denn Ernst Ludwig übernimmt dort die Geschäftsführung der Wybert A.G., eben jener Firma, für die Elly Rundfunk-Werbung betrieben hat und die ihrem Schweizer Cousin Hermann Geiger in Riehen bei Basel gehört. Da Hanne Heuss-Elsas den Status eines Opfers des Faschismus besitzt, ist – allen damaligen Interzonenschwierigkeiten zum Trotz – ein ordentlicher Umzug mit Möbeln, Hausrat und allen Büchern nach Lörrach im Frühjahr 1946 möglich. Ein geringer Teil der Möbel, aber alle Bücher des Umzugsguts werden dabei nach Stuttgart-Degerloch abgezweigt.[5]

Des Kultminister Heuss' erste Amtsräume sind »kümmerlich«, denn das Ministerium ist notdürftig in zwei Stockwerken des einzig erhaltenen Gebäudes der sonst völlig zerbombten Technischen Hochschule Stuttgart untergebracht: die Fenster zum Teil noch mit Pappe und Latten vernagelt, viele Türen kaputt, Wände und Decken beschädigt – ein Zustand, der alle Mitarbeiter im besonders kalten Winter 1945/46 jämmerlich frieren lässt. Heuss geht im Mantel auf und ab, wenn er Besucher empfängt und hat, so Elly, »schon ganz offene Hände« vor lauter Frostbeulen. So kümmerlich die Unterbringung, umso größer die Aufgaben: Das Schulsystem muss wieder in Gang gebracht werden, doch sind die Schulgebäude großenteils zerstört; aus Mangel an Unterrichtsräumen hat in einem Dorf sogar ein ehemaliger Schafstall als Klassenzimmer herzuhalten. Der größte Teil der Lehrer befindet sich entweder noch in Gefangenschaft oder wurde auf Befehl der Besatzungsmacht entlassen, so dass die verbliebenen Lehrer dazu übergegangen sind, an den Wochenenden zusätzliche »Schulhelfer« in Schnellkursen auszubilden. Die Lehrinhalte müssen nach zwölf Jahren nationalsozialistischer Indoktrination überprüft, vor allem neue Lese- und Geschichtsbücher erarbeitet werden, aber die gehobene und höhere Verwaltung ist durch die pauschal und rigide betriebene Entnazifizierungspolitik und durch Verhaftungsaktionen der Amerikaner viel zu ausgedünnt, als dass man der Vielzahl der Probleme souverän Herr werden könnte.

Ein gutes halbes Jahr dauert es allein, bis Heuss bei den Amerikanern die Entlassung von zwei verhafteten Ministerialräten für sein Ministerium durchsetzen kann, die nachweislich nie Mitglieder der NSDAP gewesen sind. Der Minister Heuss ist kein Schulfachmann, und ihm fehlt, kein Wunder bei seiner bisherigen beruflichen Laufbahn, auch jede administrative Erfahrung: Er werde von den vielen Besuchern »ganz aufgefressen«, klagt Elly einmal, er müsse erst noch »die nötige Ministertechnik lernen, sich von seiner Sekretärin herausrufen zu lassen …« Der entscheidungsfreudige Amtschef, der sofort weiß, was er will, der klare Anweisungen gibt und ihre bedingungslose Ausführung erwartet, ist er jedenfalls nicht. Vielmehr setzt er auf Überzeugen im freien Meinungsaustausch und zeigt Freude am Experimentieren; »wirksames Mittel der Klärung« ist für ihn die Diskussion und das »souverän geführte Wechselgespräch«, in dem jeder den Widerspruch des anderen gelten lässt. Ist aber die Richtung für die gemeinsame Arbeit einmal gefunden und bestimmt, wird sie zielstrebig durchgeführt. Engste Mitarbeiter aus dieser Zeit, Theodor Bäuerle und Franz Waldemar Frech bestätigen, dass Heuss' Autorität unter diesem unbürokratischen Führungsstil im Ministerium nicht gelitten hat, im Gegenteil: Der Verzicht auf die Vorgabe ministerieller Richtlinien habe zu freien, eigenverantwortlichen Entscheidungen geführt, Vertrauen geschaffen und sein Ansehen bei den Mitarbeitern gefördert. Heuss' umfassende Bildung, sein Fleiß und seine Gewissenhaftigkeit hätten überzeugend gewirkt, auch sei er, was Pünktlichkeit und Präzision betraf, alles andere denn ein »bequemer Chef« gewesen.

Heuss' Zeit als Kultminister läuft nach fünfzehn Monaten ab, denn nach der ersten Wahl zum Landtag Ende November 1946 wird das von den Amerikanern ernannte Kabinett durch eine von den Volksvertretern gewählte Regierung abgelöst, und um seinen Freund Reinhold Maier, diesen »nüchtern-gescheiten, geschäftserfahrenen und anständigen« Mann im Amt des Ministerpräsidenten zu halten, muss er das eigene aufgeben. Zwar haben die Liberalen in ihrem alten Stammland mit 19,5 Prozent der Stimmen gut abschneiden können, aber die CDU und SPD liegen weit vor ihnen, und der Preis, den sie zahlen müssen, damit Maier als Vertreter der schwächeren Partei dennoch die All-Parteien-Regierung führt, ist der Verzicht auf jedes weitere Ministerium. Als Opfer der Regierungsbildung sieht sich Heuss dennoch nicht, er stilisiert sich eher zum Politstrategen, der über den Rand des Parteientellers hinauszublicken versteht: Mit seinem Rücktritt, so erklärt er seinen Freunden, habe er verhindern wollen, dass in den drei Ländern der amerikanischen Besatzungszone sich CDU- oder SPD-Achsen bilden und zwei CDU- oder zwei SPD-Ministerpräsidenten »gegen den Dritten im Spiel sich näher rücken«, auch sei für die »gesamtdeutsche Entwicklung« wichtig, dass der Liberale Reinhold Maier Ministerpräsident bleibe. Zwar schmerzt Heuss der Verzicht auf Auto und Theaterkarten, mit denen man Freude machen konnte – aber er scheidet »vollkommen klaglos« und ohne Erbitterung, da er literarische Pläne hat, die ihm wichtiger sind als die »Lehrpläne, Theatertenöre ... Volkshochschulkurse, Radiogesetze, Assistentenstellen und was sonst das tägliche Brot neben Konferenzen und Ausschusssitzungen darstellt«. Zudem meint er, allen Grund zu haben, zufrieden auf seine Amtszeit zurückzublicken: Das Württembergische Staatstheater hat den Spielbetrieb wieder aufgenommen, und mit der triumphalen, von ihm gefördertem Erstaufführung der Hindemith-Oper »Mathis der Maler« Mitte Dezember, also kurz vor seinem Rücktritt, sieht er seine Theaterpolitik bestätigt. Zwar missglückt ihm der Versuch, Carl Hofer mit der Leitung der Akademie der Bildenden Künste zu bestallen, weil dieser lieber in Berlin bleibt; aber mit der Berufung des Bildhauers Hermann Brachert und der Maler Willi Baumeister und Fritz Steisslinger auf leitende Positionen setzt er wichtige Akzente für die von den Nazis geschmähte und verfemte Moderne. Vor allem der Kultuspolitiker Heuss kann einen großen Erfolg verbuchen, denn es ist ihm gelungen, die christliche Gemeinschaftsschule zu fördern, die er schon mit Blick auf den »starken konfessionellen Mischprozeß«, den die Aufnahme der vielen Vertriebenen mit sich bringt, für die einzig angemessene Schulform hält. Als Mitglied der Verfassunggebenden Versammlung für das Land Württemberg-Baden hat er durchsetzen können, dass sie in der Verfassung für alle öffentlichen Schulen verbindlich festgeschrieben wurde – und zwar unter Ausschaltung des sogenannten Elternrechts der Weimarer Verfassung, dessen Übernahme die CDU gefordert hatte. Er ist stolz darauf, damit eine »reinlichere Lösung« als etwa Hessen gefunden zu haben, in dessen Verfassung die Gemeinschaftsschule mit dem einschränkenden Zusatz »in der Regel« versehen ist. Übrigens hat er als Kultminister erstmals auch mit Carlo Schmid zu tun, der – wenn auch nur für wenige Wochen – sein Vorgänger in den vom Krieg arg ramponierten Räumen der Technischen Hochschule in Stuttgart gewesen ist und sich dort ebenfalls um die christliche Gemeinschaftsschule mühte. Ehe die Amerikaner am 8. Juli nach Stuttgart kamen, hatten ja die Franzosen die Stadt am 22. April besetzt und die Trikolore auf der Villa Reitzenstein gehisst. Sie bildeten umgehend eine Art Landesverwaltung für Württemberg mit acht Landesdirektionen, darunter eine für »Kult«, zu deren Chef sie einen damals noch weitgehend unbekannten Privatdozenten aus Tübingen ernannten: Karl (Carlo) Schmid. Da sich die Amerikaner – auch wegen seines Wehrmachtrangs als Kriegsverwaltungsrat im besetzten Lille – weigern, ihn in die von ihnen eingesetzte Regierung Maier zu übernehmen und auf Heuss bestehen, erwägt

Schmid vorübergehend sogar, als Mitarbeiter unter dem Kultminister Heuss anzuheuern. An einem Abend Mitte September 1945, so Petra Weber in ihrer großen Carlo-Schmid-Biographie, beratschlagen Heuss und Schmid bei einer Flasche Rotwein schon über eine mögliche Ressortaufteilung. Die beiden, die in drei, vier Jahren zu den wichtigsten Vätern des Grundgesetzes gehören werden, verstehen sich auf Anhieb: Heuss will, intimer Kenner seit Werkbund-Zeiten, als Minister persönlich für das Ressort Kunst zuständig bleiben, der Jurist und Tübinger Dozent Schmid soll sich dagegen um den Bereich der Schulen und Hochschulen kümmern. Die Amerikaner verhindern zwar auch dies, aber beide arbeiten schließlich über die willkürlich gezogene Grenze zwischen der französischen und der amerikanischen Besatzungszone hinweg zusammen. Um die Autobahnverbindung vom Rhein-Main-Gebiet nach Bayern in der Hand zu behalten, hat General Eisenhower ja alle Landkreise, welche die Autobahn berühren, der amerikanischen Zone zugeschlagen, damit aber die Länder Baden und Württemberg gespalten: Das nördliche Baden sowie den nördlichen und sehr viel größeren Teil Württembergs fassen die Amerikaner zu dem neuen Land Nord Württemberg-Baden zusammen, die Franzosen behalten Südwürttemberg, vereinen es mit den ehemals preußischen hohenzollernschen Landen und bilden das neue Land Württemberg-Hohenzollern mit der Hauptstadt Tübingen. Carlo Schmid leitet von Anfang an die Geschäfte der zunächst provisorischen Regierung in Tübingen und übernimmt auch das Kultusressort; und wenn es gelingt, trotz oft gegensätzlicher Besatzungsdirektiven die Auseinanderentwicklung Südwürttembergs und Nordwürttembergs im kulturellen Bereich zu verhindern, ist dies nach dem Urteil von Franz Waldemar Frech nicht zuletzt das »gemeinsame Verdienst von Theodor Heuss und Carlo Schmid«.[6]

Die Zeit als Minister will er nicht missen, aber er freut sich, dass er jetzt wieder ein gutes Buch lesen kann, denn niemals fühlte er sich »so ungebildet« wie in der Zeit, in der er amtlich Verantwortung für die Bildung trug: »... ich habe Bildungspolitik getrieben, habe eine Akademie der Bildenden Künste wieder aufgebaut, das

Theater einigermaßen in Schuß gebracht, aber zum Konsum von Wissenschaft und Bildung bin ich nicht mehr gekommen«, klagt Heuss den Stolpers in New York. An Beschäftigung freilich mangelt es ihm auch ohne Ministeramt nicht: Er ist weiter Herausgeber und Leitartikler der *Rhein-Neckar-Zeitung*, vertritt den Wahlkreis Heidelberg im Landtag und wird zunehmend von Parteifragen auch über Württemberg-Baden hinaus in Anspruch genommen. In die Zeit unmittelbar nach seinem Rücktritt fallen seine ersten, für Deutsche damals noch äußerst seltenen Auslandsreisen: Im April 1947 nimmt er für die Liberalen der amerikanischen Zone an der Gründung der Liberalen Weltunion in Oxford teil, einige Wochen im Juli und August desselben Jahres berät er seinen Freund Gustav Stolper in St. Moritz, der dort an seinem Buch *German Realities* schreibt. Beide hatten sich, wenn auch kurz, schon im Februar gesehen, denn Stolper, inzwischen US-Bürger geworden, beriet Herbert Hoover, den früheren US-Präsidenten, der im Auftrag Präsident Trumans durch Westdeutschland und Österreich reiste, um ihm über die wirtschaftliche Lage und die Ernährungsnöte dort zu berichten. Der Hoover-Report, weitgehend von dem Wirtschaftsfachmann Stolper formuliert, enthielt eine scharfe Kritik an der amerikanischen Besatzungspolitik, forderte weitere Lebensmittelhilfen, vor allem aber eine Politik, welche die deutsche Wirtschaft ankurbelt, damit die Deutschen möglichst bald die benötigten Lebensmittel durch Exporte selbst bezahlen können. Um dies den Amerikanern schmackhaft zu machen, wies Hoover ausdrücklich auf die damit verbundene Entlastung der amerikanischen Steuerzahler hin. Als Sofortmaßnahme auf seine (und Stolpers) Empfehlungen hin muss die Schulspeisung gelten, mit der ab Mitte April 1947 3,5 Millionen Schulkinder täglich eine Mahlzeit von 350 Kalorien erhalten. Auch Stolpers Buch beruht weitgehend auf den Erkenntnissen, die er während seiner Reise mit Hoover sammelte, und zielt darauf, das in Amerika vorherrschende negative Deutschlandbild zu korrigieren. Heuss kommt mit Vorschlägen »Zur künftigen staatsrechtlichen Gestaltung Deutschlands« nach St. Moritz, in denen er für eine föderalistische Ordnung weniger, etwa gleichgroßer Länder plädiert, verbunden nicht in einem lockeren Staatenbund, sondern in einem Bundesstaat. Baden und Württemberg sollen – das ist ohnehin ein alter Lieblingsgedanke von ihm – in einem Land vereinigt werden, schon um eine Hegemonie Bayerns zu verhindern. Er empfiehlt, auf den Namen »Reich« zu verzichten und schlägt als formalrechtliche Bezeichnung »Deutsche Republik« vor – die »Reichsvergangenheit« werde dann nur noch »im Namen des Armenhauses ›Österreich‹ eine seltsame Herberge finden«. Wenn er jedoch ausdrücklich den Namen »Bundesrepublik« für einen künftigen deutschen Staat verwirft und zu einem Mehrheitswahlrecht von zwei Wahlgängen rät, in dem im zweiten eine relative Mehrheit entscheidet, bezieht er, wir werden es sehen, 1947 noch völlig andere Positionen als jene, die er in ein bis anderthalb Jahren dann im Parlamentarischen Rat vertreten wird.

Zum Gründungskongress der Liberalen Weltunion Ostern 1947 in Oxford wäre Heuss, so außerordentlich die Lockung einer damals Deutschen nahezu unmöglichen Auslandsreisen auch ist, wegen seiner begrenzten Fähigkeiten im Englischen lieber nicht gefahren. Er kann Zeitungs- und Brief-Englisch zwar lesen, fühlt sich aber in einem Gespräch hilflos und fürchtet deshalb, »bei einer solchen Konferenz wie ein soignierter Mannequin herumzustehen«. So Heuss in einem Brief an Thomas Dehler, den Vorsitzenden der bayerischen Liberalen, den er ermuntert, statt seiner nach Oxford zu fahren: »Nun hoffe ich zu Gott, daß Sie Englisch können«, schreibt er dem bayerischen Parteifreund – dieser sei ja aus einer jüngeren Generation und »mit frischerem Hirn« als er und habe wahrscheinlich seine Englischkenntnisse in den letzten anderthalb Jahren »wieder in Gang gebracht«. Aber auch Dehler beruft sich auf mangelhafte Sprachkenntnisse und winkt ab, so dass Heuss schließlich doch selbst nach England reist, vorher jedoch Nachhilfeunterricht in Englisch nimmt: »I am daily diligently taking Englisch lessons, to be more sure in understanding and speaking«, lässt der 63-jährige die Gastgeber wissen, als er seine Teilnahme zusagt. In Oxford wohnt er im Wadham College, einem alten Gemäuer aus dem Jahr 1610 mit großzügigen Innenhöfen samt englisch gepflegtem Rasen. Er meldet sich, Bedenken wegen seines Englisch hin oder her, sogar in einer Wirtschaftsdebatte auf der Konferenz zu Wort, leitet seinen Beitrag mit ein, zwei Sätzen im Englischen ein, spricht dann Deutsch und wird übersetzt. Den englischen und französischen Reden kann er ohne Übersetzer folgen, aber »das Gespräch in Englisch bleibt ein Gegackse«, heißt es in einer Postkarte an Sohn Ludwig. Die liberale Neugründung geht auf eine Initiative des nationalliberalen spanischen Diplomaten Salvador de Madariaga, den Philosophen Benedetto Croce, Friedrich Meinecke und die Schweizer Professoren Rappard und Schindler zurück. Sie stellt das liberale Gegenstück zur Sozialistischen Internationale und der christdemokratischen Nouvelles Équipes Internationales dar, ist konsequenter Gegner jeder Planwirtschaft und kämpft gegen Totalitarismus und Diktatur gleich welcher Farbe oder Form. In Konferenzpausen, vor allem aber am frühen Morgen, streift der Bildungsbürger Heuss durch Oxford, das er ja von einem ersten Englandaufenthalt im Jahr 1911 her kennt, atmet die »Luft der Geschichte« und zeigt sich erneut beeindruckt von der geballten Tradition mit ihrer historischen Architektur: »Hier eine wunderbar gegliederte gotische Schauwand, dort der wuchtige und zugleich maßvolle Rundbau der hohen Renaissance« – was mag es, so fragt er ein wenig neidvoll, für junge Leute »nun eben bedeuten, in solcher Umgebung jung sein zu dürfen?«. In seinem Reisebericht »Wiedersehen mit Oxford« greift er einen Begriff auf, den man in jenen Jahren, in denen der Westen in Abwehr des sowjetischen Machtanspruchs sich auf das besinnt, was ihn eint, auf der Weltkonferenz der Liberalen oft bemüht: das Abendland. Oxford ist für ihn »der innerlich bewegende Zeuge« für die »Gemeinsamkeit des abendländischen Geistes«, und er kann sich kaum eine Stätte denken, die von ihm »heute so nobel und mit so eindrucksvoller Ruhe und Sicherheit sprechen kann«.

Nach fünf Tagen in Oxford bleibt er auf dem Rückweg einige Tage in London, wo sein alter Parteifreund August Weber »ein großes Programm« für ihn vorbereitet hat. Beide kennen sich aus dem

Reichstag, wo Weber in den Jahren 1930–32 Fraktionsvorsitzender der Staatspartei war. Obwohl er seit Jahren in England lebt, nimmt er noch lebhaft Anteil an der innerdeutschen Entwicklung, vor allem den Auseinandersetzungen zwischen den Liberalen in Ost und West und steht in regem Briefwechsel mit Heuss.

Natürlich reist Heuss auch zum nächsten Kongress der Liberalen Weltunion, zumal er sich diesmal sprachlich nicht behindert fühlt, denn er findet 1948 in Zürich statt. Er, der zu Zeiten Stresemanns das Verhältnis Deutschland-Frankreich noch recht kritisch sah, schon weil Frankreich mit den Pariser Vorortverträgen seine großdeutschen Träume verhindert hatte, plädiert jetzt eindeutig für den Gedanken der deutsch-französischen Zusammenarbeit und fordert, wie Salvador de Madariaga, als Voraussetzung dafür die Vertiefung des geistigen Diskurses zwischen den beiden Ländern.

Im Januar 1948 erhält Heuss endlich seinen Professorentitel – er wird zum Honorarprofessor für politische Wissenschaften an der Technischen Hochschule Stuttgart ernannt. Eine »ordentliche Professur« hat der Kultminister a. D. abgelehnt, damit niemand davon rede, »ich hätte versorgt werden wollen« – allerdings hätte sie seine Tätigkeit auch mehr eingeschränkt, als ihm lieb sein konnte. Ab dem Sommersemester 1948 liest er über Deutsche Geschichte seit 1890 und knüpft mit einer »Einführung in die politischen Grundbegriffe« an Seminare an, die er schon in der Berliner Hochschule für Politik gehalten hat. Doch muss er seine Vorlesungstätigkeit bereits im Dezember wieder einstellen, weil er als Fraktionsvorsitzender der Liberalen im Parlamentarischen Rat zu oft in Bonn zu weilen hat. »Entweder soll ein Parlamentarier nicht Vorlesungen ankündigen«, schreibt er der verehrten Magnifizenz, dem Rektor, »oder es soll ein Professor kein Parlamentarieramt übernehmen« – so scheine ihm jetzt sein »Schicksal sich darzustellen«.[7]

Seit dem Sommerurlaub 1947 hat er nachts an einem Buch über die gescheiterte Revolution von 1848 geschrieben, das pünktlich zum 100. Jubiläumsjahr erscheint. Es trägt den Titel *1848. Werk und Erbe* und kann als sein, wenn auch historisch verkleideter Beitrag zu den aktuellen Fragen der Deutschlandpolitik gelten. Die alles überschattende Frage, welche die Deutschen im Frühjahr 1948 bewegt, lautet ja: Wie lässt sich, bei zunehmender Uneinigkeit und Spannung zwischen den Siegermächten, die seit der Moskauer Konferenz im Frühjahr 1947 unüberbrückbar scheinen, dennoch ein Weg zur deutschen Einheit offen halten? Des »politischen Pädagogen« (Heß) Theodor Heuss' Antwort lautet, auf 1848, die Paulskirche und die erste gewählte deutsche Volksvertretung verweisend: durch die Wahl eines gesamtdeutschen Parlaments. Er verzichtet jetzt auf das großdeutsche Element der Paulskirchenbewegung, das er noch in den dreißiger Jahren hochgehalten hat, aber sieht die bürgerliche 1848er Revolution, auch wenn sie gescheitert ist, nicht nur als Symbol von Einheit und Freiheit der Nation, sondern als unverrückbares Ziel, das als Erbe und Auftrag an die Enkel weitergegeben wird. Sein Bestehen auf einer frei gewählten gesamtdeutschen Interessenvertretung gegenüber den Alliierten wird, wie wir noch sehen werden, bald ein wichtiger Faktor beim Bruch mit seinem früheren Parteifreund Wilhelm Külz, der den Vorsitz der Liberal-Demokratischen-Partei in der sowjetischen Zone führt. Ihm begegnet er erstmals nach dem Krieg auf einem Empfang wieder, den der Kulturbund zur Demokratischen Erneuerung Deutschlands Mitte März 1946 Heuss' zu Ehren gibt. Anlass ist eine Rede, die er auf Einladung von Kulturbund-Präsident Johannes R. Becher im überfüllten Großen Sendesaal in jenem »Haus des Rundfunks« hält, das von seinem Freund Poelzig erbaut wurde. Und natürlich ist es kein Zufall, dass der bürgerliche Liberale Heuss am 18. März in Berlin spricht, denn auf den Tag genau vor 98 Jahren hatten in Berlin jene Barrikadenkämpfe begonnen, die den preußischen König schließlich zwangen, mit schwarz-rot-goldener Schärpe durch Berlin zu reiten und das Aufgehen Preußens in einem deutschen Nationalstaat mit einer freien Verfassung zu verkünden.

Für die sowjetische Militäradministration (SMA) war es allerdings keineswegs selbstverständlich, dass er als erster Vertreter Süddeutschlands in Berlin auf einer Großveranstaltung das Wort

ergreift. Sie genehmigt es erst, nachdem ihr der Kulturbund überzeugend dargelegt hat, dass der Eingeladene in der »Anerkennung
der deutschen Kriegsschuld« und der »Verpflichtung zur Wiedergutmachung« sehr viel weiter gehe als »irgend einer der bekannten
bürgerlichen Intellektuellen« im Westen, auch sei er der »einzige
unter den Ministern der süddeutschen Staaten«, der »sich eindeutig
für die deutsche Einheit einsetzt und niemals antisowjetisch aufge-
treten ist«. Es ist sein erstes Wiedersehen mit Berlin, und die Reise
verläuft für die damalige Zeit höchst komfortabel: Da es im März
1946 noch keine Interzonenpässe gibt, fährt der Württembergisch-
Badische Kultminister mitsamt seinem persönlichen Referenten
dank des Entgegenkommens amerikanischer Offiziere im US-Mili-
tärzug hin und zurück – »sonst wäre«, wie er seinem Freund Stolper
schreibt, »ja die Sache ein sehr fragwürdiges Abenteuer gewesen, da
die Zonenüberschreitung immer riskant ist...« Er wohnt in seinem
alten Zuhause bei Sohn Ernst Ludwig und dessen Frau Hanne in der
Kamillenstraße und wird bei der Ankunft in Berlin begrüßt, als sei er
Aman Ullah aus Afghanistan, der erste Staatsbesucher nach dem verlorenen Ersten Weltkrieg, dem Berlin 1928 mit dem greisen Staatschef Hindenburg an der Spitze einen triumphalen Empfang bereitete. Die offizielle Visite des afghanischen Königs beendete damals
eine Art internationaler Quarantäne des Reichs, und ähnlich sieht
Heuss seinen Aufenthalt an der Spree: Das Erscheinen eines Mannes
aus dem Südwesten habe gewirkt »wie die Sprengung der Isolierung oder wurde doch wenigsten so aufgemacht«. Jedenfalls wird
er sofort nach seinem Eintreffen vom Radio interviewt, man gibt
ihm zu Ehren einen großartigen Empfang, bei dem »Tout Berlin«
anwesend ist – Prominenz von Politik, Kunst, Theater und Presse.
Er trifft Friedrich Wolf, den nach Moskau emigrierten schwäbischen
Literaten und Landsmann, den Regisseur und Schauspieler Eduard
von Winterstein, der eigentlich ein von Wangenheim ist, nicht zuletzt
Paul Wegener, der damals in der Rolle des Nathan am Deutschen
Theater brilliert und während des Krieges einige Monate bei Sohn
Ludwig in der Kamillenstraße gewohnt hat. In seiner Rede setzt er

sich mit den geistig-moralischen Ursachen und Konsequenzen des Nationalsozialismus auseinander, mahnt »den schweren Weg der Selbstreinigung an, den wir gehen müssen« und wirft die beklemmende, alle bewegende Frage auf: Wie konnte es geschehen? Wie konnte eine große Kulturnation, »ein Volk dieser Geschichte, dieser Leistungen« Hitler und dem Nationalsozialismus, seinem biologischen Materialismus verfallen, wie konnte der »nordische Mensch«, wie konnte »Piefke aus Moabit« zum »Herrenmenschen und Helden« aufsteigen? Seine Diagnose: Mit dem Wegschauen bei den Exzessen gegen die Juden, mit diesem »ist ja bloß ein Jude« sei »die deutsche Seele krank geworden«, denn sie habe »im Menschen nicht mehr das Menschliche, die Würde des Menschen« gesehen. Er spricht die den Deutschen fehlende Freiheitstradition an, die »Angst vor dem Atem der Freiheit«, die »unsere an Größe reiche Geschichte« prägt und zählt die Freiheitskämpfe auf, welche die Deutschen verloren haben: den Bauernkrieg, die geistige Erhebung nach 1815, die Revolution von 1848 und die preußischen Verfassungskämpfe mit Bismarck in den sechziger Jahren des 19. Jahrhunderts. Als die vielleicht »schwerste Aufgabe im Geistigen und Politischen«, die vor uns stehe, bezeichnet er die »Reinigung des deutschen Geschichtsbilds«, und was er dazu anmerkt, kommt einer verschlüsselten Kritik an den marxistischen Umerziehungsversuchen von SED und sowjetischer Besatzungsmacht gleich. Diese Reinigung, und das sagt er in dem von den Sowjets besetzten Haus des Rundfunks, sei nicht dadurch zu lösen »daß man eine Reinigungsanstalt herbeiholt und die braune Farbe abputzen läßt, um eine andere Farbe aus bereit gestellten Kübeln aufzuschmieren« – man brauche im Raum der Wissenschaft wieder »die zweckentbundene Wahrheit« und das Bekenntnis, »daß die wissenschaftlichen Fragen frei sein müssen«. Vor allem drängt er auf einen Dialog mit der Jugend, mit der Hitlerjugend-Generation, auch mit den jungen Soldaten, die nicht abgeschrieben werden dürften, wie es in einer Buchhaltung bei faulen Sachen üblich sei. Ihnen seien Glaubenswerte zerbrochen, die für sie ernst gewesen seien, sie hätten noch die Sprache und Lieder von früher im Ohr und fänden sich nicht zurecht »in dieser Luft, die Deutschland heißt und nicht anders sein kann als sie ist«. Es ist eine nachdenkliche, moralisch ergreifende, menschlich berührende, eine der großen Reden von Heuss, die zu Recht mit Ovationen bedacht wird. Und doch verbietet die SMA ihre Ausstrahlung durch den Rundfunk, denn Heuss hat, wohl auch eingedenk seines gefallenen Neffen, von der »tragischen Situation« des deutschen Soldaten im letzten Krieg gesprochen und gesagt: »Man darf die Menschen nicht vergessen, die für Deutschland zu kämpfen glaubten und für Hitler starben.« Es sei nicht erlaubt, »von diesem Kämpfen und Sterben von Millionen von deutschen Soldaten gering zu denken oder gar verächtlich zu sprechen«, denn sie hätten »in einer tragischen Bindung« gestanden. Er verweist auch darauf, dass »das deutsche Soldatentum geschichtliche Größe in sich getragen« habe: »Namen wie Gneisenau oder Moltke bleiben bestehen. Aber wir sehen klar: dieses Stück deutscher Geschichte ist vorbei.«[8]

Die Worte von der »tragischen Bindung« der deutschen Soldaten sind nicht nur Millionen Heimkehrern aus Krieg und Gefangenschaft aus dem Herzen gesprochen, sie kommen von einem Heuss, der sich zwar auf der Suche nach einem geläuterten Nationalgefühl befindet, aber keineswegs alle militärischen Leistungen aus einem »gereinigten Geschichtsbild« der Nation getilgt sehen will. Das wird schon in einem Leitartikel deutlich, den er Mitte September 1945 über das Ende der Deutschen Wehrmacht in der RNZ veröffentlicht. Da heißt es, die Wehrmacht sei zwar von den alliierten Armeen besiegt worden, doch vernichtet habe das deutsche Heer die NSDAP. Der alten deutschen Armee und ihrer militärischen Tradition zollt er Respekt, wie seine Haltung im Ersten Weltkrieg, aber auch seine Freundschaft zu Otto Geßler, dem langjährigen Reichswehrminister der Weimarer Zeit bezeugen. Im Rückblick erscheint ihm jetzt Ludendorff, trotz aller berechtigten Einwände gegen den Annexionisten und Verfechter des Siegfriedens, gegen den späteren Putschisten und »halbgebildeten Religionsstifter« nicht nur »als Soldat ein sehr großer Könner«, sondern fast als ein »Mann von soldatisch-staatsmännischer Haltung«, ja als »Patriot«, weil er den Krieg 1918 beenden wollte, »bevor die Heimat das Opfer seiner Nöte« würde. Ganz anders 1945, als die deutschen Truppen, trotz der »unmöglich gewordenen Abwehr des feindlichen Vormarschs«, sinn- und besinnungslos »deutsche zivile Zukunftsmöglichkeiten« im eigenen Lande zerstören – für Heuss eine Folge der Zersetzung des »überkommenen Ehr- und Würdegefühls« durch das Eindringen »nationalsozialistischer Denkgewöhnung« in die Armee. Feldmarschall Keitel steht für ihn symbolisch für die Unterwerfung einer einst zu Recht stolzen Armee unter den NS-Parteigeist, und mit diesem Lakaien Hitlers endet für Heuss »die Linie Gneisenau-Moltke-Schlieffen«, in der er »wirkende Größe staatlichen Willens und nationalen Sinnes gezeichnet« sieht: »Ein Körper [die deutsche Armee], der wie wenige geschichtsmächtig war, stirbt, ohne daß der Ausgang auch nur ein geringes Symbol seiner historischen Würde schafft.«

Ob die amerikanischen Umerzieher als eingeschworene Gegner des preußischen Militarismus an diesem Ausführungen ihres neugeborenen Lizenzträgers Freude gehabt haben, steht dahin. Doch gibt es für die *Rhein-Neckar-Zeitung* keine Vorzensur, und die Nachzensur wird bei der *RNZ* eher lässig gehandhabt.

In einem Memorandum zur »Problematik der Denazifizierung« warnt der Kultminister im Dezember 1945 den für sie in Stuttgart zuständigen US-Major John P. Steiner davor, die »soldatische Ehre« der aus dem Krieg heimgekehrten jungen Menschen zu verletzen. »Die Tatsache, daß einer durch Tüchtigkeit im Kriege befördert wurde«, dürfe nicht »als eine Behinderung seines beruflichen oder politischen Lebens ausgewertet werden«, denn: »Das wäre gänzlich unpsychologisch und würde nur einen heimlichen ›militaristischen‹ Geist am Leben lassen.« Er wirbt bei Steiner auch um die Schonung der Jugend bei der Entnazifizierung: Sie fühle sich an der Katastrophe zu Recht unschuldig, ihre Kameradschaft und Vaterlandsliebe sei durch die Hitlerjugend missbraucht worden, er sieht in ihr vor allem das Opfer eines »totalitären Monismus« und der »Massensuggestion«. Wäre er solcher Massensuggestion als ganz junger Mensch nicht gar selbst erlegen? Seinem emigrierten Freund Stolper schreibt er, der im Lande Gebliebene, der um den Alltag in der Diktatur weiß: »…ich bin überzeugt, daß Leute etwa Deines oder meines Schlages mit einer gewissen draufgängerischen Unbefangenheit der Jugendjahre in irgendeiner Staatsjugend, in die wir hineingeboren worden wären, auch bald eine kleine Führerrolle gekriegt hätten… so wie ich in meiner Gymnasialzeit der unbestrittene Führer der Klasse gewesen bin.« Überhaupt ist ihm die amerikanische Form der Entnazifizierung viel zu schematisch, zu bürokratisch und zu pedantisch. Die US-Militärregierung hat etwa 100 000 NS-Funktionsträger in ihrer Zone pauschal interniert, aber die Verfahren gegen sie, ihre Bestrafung oder Entlassung ziehen sich beinahe endlos hin, eine Tatsache, die zur die Ablehnung der *Denazification* in der Bevölkerung erheblich beiträgt. Heuss ist überzeugt, die Amerikaner hätten rascher vorgehen müssen – vor allem gegen Kreisleiter und Amtsleiter, »die die Quäler der Bevölkerung, die Verfolger der Juden, die Schänder der Gotteshäuser gewesen sind«. Eine Verfolgung ihrer Straftaten sei geradezu erwartet worden, hält er Steiner vor, und wäre sie rechtzeitig erfolgt, hätte die Bevölkerung exemplarische Strafen in solchen Fällen sogar »als Akt der Gerechtigkeit empfunden«.

Als im Sommer 1948 eine Spruchkammer, die ohne sein Wissen ein Verfahren gegen ihn eröffnet hatte, ihn als »nicht betroffen« einstuft, schreibt er seinem konservativen Briefpartner Wilhelm Stapel: »Es ist allerhöchste Zeit, daß die Epoche der Spruchkammer-Weltanschauung zu Ende geht.« Und als Straßenumbenennungen in Heilbronn anstehen, weil eine Kontrollrat-Direktive angeordnet hat, alle Straßen, die nach dem 1. August 1914 Namen nationalsozialistischer oder »militärische Prägung«, erhalten hätten, seien zu entfernen, wendet sich Heuss, der Mann des Maßes, energisch gegen historische »Namensstürmerei«. Wer Straßen, die nach Bismarck, Moltke, Blücher, Radetzky, Scharnhorst oder Gneisenau heißen, umbenennen wolle, dem mangele es offensichtlich an Geschichtsgefühl, heißt es in seinem Brief an den Württemberg-Badischen

Innenminister Fritz Ulrich, der den Wahlkreis Heilbronn im Landtag vertritt und ihn um seine Einschätzung gebeten hat. Zwar begrüßt er es nicht, aber hält es wegen ihrer historischen Rolle wohl für »unvermeidlich«, dass auch Rosa Luxemburg und Karl Liebknecht bei Neubenennungen berücksichtigt werden, betont indes, dass für ihn »Liebknechts geistige Bedeutung nicht der Legende entspricht, in der er steht«. Als völligen »Krampf« bezeichnet er dagegen die Absicht, Straßen nach Ossietzky, Ernst Toller oder gar Erich Mühsam zu benennen – die beiden letzteren seien ausgesprochen großstädtische Literatentypen, und würde man Mühsam erzählen, er habe in einer württembergischen Stadt einer Straße den Namen gegeben, »er würde geradezu ein Spottgedicht machen«.

Dass er sich auch gegen den Friedensnobelpreisträger Ossietzky als möglichen Namensgeber wendet, hat mit seiner Abneigung gegen den Journalismus der *Weltbühne* zu tun, deren erbarmungslose, Radikalkritik an der Weimarer Republik in seinen Augen zu deren Scheitern beigetragen hat, wohl auch mit Ossietzkys Kritik an der Reichswehr, deren heimliche Aufrüstung und Zusammenarbeit mit der Roten Armee Ossietzky mit seinem Artikel »Gänse und Krieger« 1929 aufdeckte; sicher auch mit dem Satz Tucholskys: »Soldaten sind Mörder«, den die pazifistisch orientierte *Weltbühne* 1932 veröffentlichte und der bis heute für Auseinandersetzungen sorgt. Möglich allerdings auch, dass für ihn der Name des Hamburgers Carl von Ossietzky schlicht nicht nach Heilbronn und in die schwäbische Landschaft passt – so wenig wie der des Sachsen Heinrich Zille, obschon er den als »Zeichner des Berliner Kleinbürgertums und Moabit-Proletariats« außerordentlich schätzt. Nur, so sagt er, auch Zille hat »gar nichts mit unserer [schwäbischen] Welt zu tun«.

Wenn Heuss, der liberal-konservative Bürger, in der *RNZ* Pensionen für Berufsoffiziere und ihre Hinterbliebenen fordert, die nach einem Beschluss des Alliierten Kontrollrats nicht gezahlt werden dürfen, bleibt er nicht nur seinem Grundsatz treu, die demokratische Nation habe wehrhaft zu sein, er fordert vor allem rechtsstaatliches Denken ein: Offiziere, argumentiert er, seien schließlich Beamten gleichgestellt, ihr Beruf sei »so ehrenhaft... wie der eines Richters oder Verkehrsbeamten«, und der werdende Staat dürfe nicht »mit einer zerbrochenen Rechtsauffassung starten«. Das Kind mit dem Bade schütten für ihn, der ja selbst eine kritische Revision des Geschichtsbildes verficht, auch jene aus, die Luther, Friedrich und Bismarck zu Hitlers historischen Ahnen stempeln wollen, Auffassungen, die er »schlechtes Feuilleton« nennt. Tradition hinterfragen – ja, aber aus dem Schmähen der Vergangenheit sollte man lieber kein Gewerbe machen, sagt er beim Dreikönigstreffen der süddeutschen Demokraten am 6. Januar 1946 in Stuttgart: »Der zweite Friedrich bleibt Preußens großer König und die tragische Schicksalsfigur der Deutschen, auch wenn Goebbels ihn zum propagandistischen Filmhelden degradiert hat. Und Bismarck ist mit einem Federstrich nicht aus der deutschen Staatlichkeit herauszunehmen, so problematisch manche Einzelzüge seiner Politik in der Rückschau erscheinen mögen, er bleibt ein Baumeister der deutschen Staatlichkeit.«

Als das Nürnberger Tribunal zusammentritt und die Anklageschrift vorliegt, zeigt er sich in der *RNZ* enttäuscht darüber, dass diese Abrechnung nicht von Deutschen selber vorgenommen werden kann: Wenn die Welt das Recht habe, »Ruchlosigkeiten und Gesetzesverletzungen einer Bestrafung« zuzuführen, »um wie viel mehr das deutsche Volk, das in Einzelschicksalen und Massennot« das »eigentliche Opfer« einer verderblichen Politik geworden sei. Zwar gibt es Juristen, die meinen, fast alle vor dem alliierten Militärtribunal behandelten Verbrechen hätten auch nach dem in der Weimarer Zeit geltenden Strafgesetzbuch zur Rechenschaft gezogen und von deutschen Gerichten mit harten Strafen belegt werden können – aber existiert zu jener Zeit noch eine staatliche deutsche Autorität, die einen solchen Prozess hätte veranlassen, gibt es gar ein moralisch unangefochtenes, respektheischendes, allseits anerkanntes deutsches Gericht, vor dem er hätte geführt werden können? Wenn er sagt, »wir« Deutschen »müssten die Ankläger und die Richter stellen«, mag das einer versteckten Kritik an der Nürnberger Siegerjustiz gleichkommen, ganz sicher aber schwingt hier seine

Enttäuschung über das Verpassen der kathartischen Chance mit, die ein Prozess deutscher Ankläger gegen deutsche Kriegsverbrecher und Völkermörder vor einem deutschen Gericht für die unerlässliche Auseinandersetzung der Deutschen mit dem Nationalsozialismus hätte bedeuten können.

Aber denkt er nicht allzu deutsch-bezogen, wenn er zu Beginn des Nürnberger Prozesses nicht die Opfer der anderen Völker erwähnt, die Deutschland zu verantworten hat, wenn er das deutsche Volk »das eigentliche Opfer« nennt? Hier wird eine Einstellung deutlich, die sich später durch alle seine Reden zieht, wenn er vom Krieg, dem Leid und seinen Opfern spricht: So, wie im Zentrum seines Denken stets die Einheit von Nation und Demokratie, aber eben die Nation gestanden hat, sieht er, wenn es um die Kriegsfolgen geht, vor allem die Nöte des deutschen Volkes, die er ja hautnah miterlebt. Er ist überzeugt, dieses Volk sei »durch sein Unglück schwer genug gestraft«. In der Tat: Verliert Deutschland mit den fruchtbaren Provinzen im Osten nicht rund ein Viertel des Staatsgebiets von 1937, werden nicht zwölf Millionen Deutsche aus ihrer Heimat vertrieben, wurden die deutschen Städte nicht in Trümmerwüsten verwandelt? Und waren die ersten Konzentrationslager nicht für Deutsche gebaut, saßen in ihnen nicht deutsche Hitler-Gegner, während einige der späteren Sieger Hitler international anerkannten, mit ihm verhandelten und so sein Prestige bei den Deutschen heben halfen? Heuss frühe Reden und Artikel zu den Kriegs- und Nachkriegsfolgen haben deshalb etwas Paradigmatisches, denn einerseits betont er die deutsche Kriegsschuld und die Pflicht zur Wiedergutmachung, auch wenn er sich vehement gegen den Vorwurf der Kollektivschuld wehrt. Andererseits verweist er sogleich – und oft nicht wenig übertreibend – auf den deutschen Widerstand, der das »gute Deutschland« verkörpert, wie er auch nie müde wird, an die freiheitliche Tradition der Deutschen zu erinnern – selbst wenn sie eine »Geschichte der Niederlagen« gewesen ist, steht sie bei ihm doch für eine moralische Integrität, die es in Deutschland einmal gegeben hat und an die man nach dem Nationalsozialismus anknüpfen kann.

Schon in seiner »In Memoriam«-Rede vom November 1945 hebt er die Rote Kapelle hervor, die Studenten der Weißen Rose um die Geschwister Scholl, den 20. Juli »mit seiner unermesslichen Tragik« und fragt rhetorisch: »Das ganze Volk?« Seine Antwort: »Die Welt draußen machte und macht sich keine genügende Vorstellung von dem dumpfen Widerstand der in Deutschland in dieser Zeit lebte und gärte. Der ging nicht auf die Straßen der Marschkolonnen, sondern fraß in den Hinterstuben seine Wut in sich hinein …«

Es waren »Zuckerbrot und Peitsche«, Verführung und Terror, so Heuss, die diese zwölf Jahre in Deutschland regiert haben, und er vergleicht diese Zeit einem »latenten Bürgerkrieg, wo nur eine Gruppe die Waffen trug«. In dieser Perspektive, so Ulrich Baumgärtner, »erscheinen die meisten Deutschen nicht als Täter, sondern als Opfer, deren Schuld darin bestand, dieser Degradierung zum Opfer zugestimmt zu haben«. Wenn Heuss sie ohne Waffen einer gewaltsamen Clique ausgeliefert sehe, beherrscht von einem ausgeklügelten »System von Unterdrückung und Verführung«, komme das einer »teilweisen Entschuldigung der Deutschen als wehrlose Opfer« gleich. Das ist gescheit angemerkt, und sicher gibt es bei Heuss Anklänge an eine damals weit verbreitete »Entlastungsstrategie« der Mehrheit der Deutschen, von der Ernst Wolfgang Becker spricht: Diese Mehrheit sah sich unmittelbar nach dem Krieg ja zuerst als Opfer der Verführung durch Hitler und seine verbrecherische Clique, dann als Opfer von Bombenkrieg, Vertreibung, Vergewaltigungen und den Nöten der Besatzungszeit. Aber jede wahrhaftige historische Erzählung hat auch die zeitgenössische Stimmung und Mentalität zu berücksichtigen, in der das entweder froh oder bitter Erlebte sich niederschlägt, und wenn es so etwas wie ein kollektives Bewusstsein gibt, dann standen in dessen Zentrum damals die Nöte des Alltags: Hunger und das Dach über dem Kopf, das Dahinvegetieren in Flüchtlingsauffanglagern, die Sorge um vermisste Verwandte und Kriegsgefangene, die in der Sowjetunion oder als Arbeiter in französischen Kohleminen festgehalten wurden. Der vollen, schrecklichen Wahrheit über Holocaust und Genozid wird sich die breite Mehrheit der Deutschen wohl frühestens Ende der fünfziger Jahre bewusst, spätestens aber mit dem Gerichtsverfahren gegen Eichmann in Tel Aviv und dem Auschwitz-Prozess in Frankfurt.

Wenn Heuss als Bundespräsident ein so erfolgreicher Erzieher zur Demokratie werden kann, hat dies viel damit zu tun, dass er den Alltag der Diktatur, ihrer Repressionen und ihrer Anpassungszwänge miterlebt hat, dass er, bei allem Wissen um Schuld und Verstrickung, dem Fühlen und Denken der Deutschen, ihrer Verzweiflung, ihren Nöten und ihrer Hoffnungslosigkeit bei Kriegsende und in den Jahren danach so nahe gewesen ist. Vor allem deshalb vermochte er seinen Deutschen so erfolgreich ins Gewissen zu reden.[9]

Heuss macht Karriere in einer Partei und wird schließlich sogar deren Führer, deren Auferstehung aus den Trümmern von Weimar er bei Kriegsende eigentlich hatte vermeiden wollen. In Heidelberg strebt er statt einer eigenständigen liberalen Partei ja eine überkonfessionelle politische Gruppierung der Mitte an, die das bürgerliche Lager geschlossen gegenüber den Arbeiterparteien repräsentieren soll, ein Konzept, über das er mit dem früheren Sozialdemokraten Gustav Radbruch und ehemaligen Angehörigen des Zentrums, mit evangelischen und katholischen Geistlichen verhandelte. Hätte er das Kriegsende in Berlin erlebt, wäre er wie viele seiner früheren Freunde aus der DDP – Ernst Lemmer, Walter Goetz, Otto Nuschke, Ferdinand Friedensburg oder Hermann Schreiber – vermutlich der Christlich-Demokratischen Union beigetreten, um »eine spezifisch konfessionelle Parteibildung für die deutsche Zukunft auszuscheiden«. Schon sein großes Vorbild Friedrich Naumann hatte die Entstehung des »Zentrums« als Folge des Bismarck'schen Kulturkampfs ja als eine verhängnisvolle Fehlentwicklung des deutschen Parteiensystems betrachtet, da sie die Entwicklung einer großen, liberal orientierten bürgerlichen Partei verhindert habe. Doch als Heuss als Kultminister von Heidelberg nach Stuttgart geholt wird, sieht er sich vor vollendete Tatsachen gestellt: Wenige Tage zuvor haben dortige Liberale um Wolfgang Haußmann die Demokratische Volkspartei (DVP) wieder begründet. Um mit den Freunden von einst nicht zu brechen, schließt er sich ihnen an und wird schon im Januar 1946 in den Vorstand der DVP von Württemberg-Baden und im Juni in die Verfassunggebende Landesversammlung von Württemberg-Baden gewählt. Die Vorstellung von einer umfassenden bürgerlichen Sammelpartei der Mitte gibt er deshalb aber nicht gleich auf, sondern versucht nun, seine Parteifreunde von seinem Konzept zu überzeugen. Bereits Ende Oktober 1945 hatte er das Hauptreferat bei der Gründung einer »Volkspartei« in Heilbronn gehalten, in der sein ehemaliger Volontär bei der *Neckar-Zeitung*, Willy Dürr, die örtlichen bürgerlichen Gruppierungen der Weimarer Republik – Zentrum, Weingärtner-Bund und Christlich-Sozialen-Volksdienst – zusammenführen konnte. Und für die ersten Gemeindewahlen im Januar 1946 gelingt es ihm wenigstens, gemeinsame Listen der DVP und der Christlich-Sozialen-Volkspartei (dem Vorläufer der CDU in Württemberg-Baden) durchzusetzen, die sich in Stuttgart inzwischen ebenfalls gegründet hat. Doch auch die Heilbronner »Volkspartei« wird bald Teil der liberalen DVP Württembergs, denn die Entwicklung, getrieben vor allem durch die frühen Parteigründungen in der sowjetischen Zone, geht über solche bürgerlichen Sammlungsversuche schnell hinweg. So zieht Heuss für die Demokratische Volkspartei in den ersten, im November 1946 gewählten Landtag ein, direkt gewählt in seinem Wahlkreis Heidelberg, und mit ihm – über die Liste – auch Elly, die sich wieder ganz der Sozialpolitik widmet und, soweit es ihre Herzkrankheit erlaubt, sich in der Evangelischen Akademie Bad Boll engagiert. Beide werden ihre Landtagssitze bis zur Wahl von Heuss zum Bundespräsidenten behalten.[10]

Wenn Heuss im Apparat dieser Partei, die er eigentlich nicht wollte, im Herbst 1946 eine wichtiger Funktion übernimmt, hat das mit seinem früheren Reichstagskollegen Wilhelm Külz in Berlin und der Parteienentwicklung in der sowjetischen Zone zu tun. Mit der Christlich-Demokratischen Union und der Liberal-Demokratischen-Partei (LDP) haben die Sowjets ja bewusst zwei bürgerliche Parteien lizenziert; und die LDP unter dem Vorsitz von Külz versucht, nicht zuletzt unter dem Einfluss der SMA, über die Zonengrenzen hinweg einen Führungsanspruch für ganz Deutschland geltend zu machen. Ihre Geschäftsstelle firmiert, den alten Hauptstadtanspruch nutzend, als Reichsgeschäftsstelle, und ihren Rundschreiben, die auch in die westlichen Zonen gehen, ist zu entnehmen, dass sie sich als Zentrale auch für westliche liberale Kräfte zuständig dünkt. Um dem entgegenzuwirken, schließen sich die liberalen Parteien der US-Zone – die LDP in Hessen, die FDP in Bayern und die DVP in Württemberg-Baden – im September 1946 in Stuttgart zur Demokratischen Volks-Partei (DVP) zusammen und wählen Heuss zu ihrem Vorsitzenden. Er hat, schon als früherer Reichstagsabgeordneter, die nötige Statur, verfügt über politische Erfahrung, ist zur Zeit seiner Wahl Minister und kann sich, soweit es um Parteiarbeit geht, auf die Geschäftsstelle der Württembergischen Demokratischen Volkspartei und deren geschäftsführenden Vorsitzenden Ernst Mayer stützen. Diese parteipolitische Karrierestufe ist ein erster, wichtiger Schritt auf dem Weg, der ihn schließlich in die Villa Hammerschmidt in Bonn führen wird. Doch kaum getan, bricht in Heuss der innere Zwiespalt zwischen dem Homme de Lettres und dem aktiven Politiker wieder auf, dem er sich nie ganz entziehen konnte und entziehen wird: »Das Schicksal zwingt mich, da ein anderer fehlt«, begründet er die Übernahme des Vorsitzes gegenüber Toni Stolper in New York, gibt damit zu erkennen, dass er selbst das Amt nicht angestrebt hat, und klagt: »…schlimm für die Bücher, die ich schreiben wollte«. Immer wieder betont er, dass er keinen politischen Ehrgeiz habe, kein Mann der Parteiorganisation sei und ihn literarisch-wissenschaftliche Pläne mehr interessieren als Parteitaktik und Personalrivalitäten. Ein echtes politisches Alphatier wird dieser Theodor Heuss nie werden, vielmehr behält er stets eine innere Distanz zu Partei und Politik; zum »Macher« fehlt es dem Literaten und klassischen Bildungsbürger an politischem Ehrgeiz, an Machtinstinkt und Durchsetzungswillen: Er oszilliert oder, wie Johannes Gross einmal schreiben wird, er »dilettiert« sein Leben lang – selbst als Bundespräsident – zwischen

Politik und Literatur. Doch das Paradoxon will, dass ihn gerade dieser fehlende Machtinstinkt, gepaart mit seinem Sinn für Maß und seiner sprichwörtlichen Besonnenheit befähigen werden, an die Spitze einer FDP aufzusteigen, die in einen norddeutschen, betont nationalliberalen, in Teilen sogar deutschnationalen, und in einen linksliberalen, besser: süddeutsch-demokratischen, Flügel gespalten ist – als Kompromisskandidat oder, so Erich Kuby eher abwertend, als »Renommier-Demokrat«, der diese Spaltung überbrückt und sie nach außen verdeckt. Aber auf dem Weg dahin wird er als »Chef« der Liberalen der US-Zone erst einmal zum Kovorsitzenden der Demokratischen Partei Deutschlands (DPD) gekürt, die am 17. März 1947 in Rothenburg ob der Tauber gegründet wird und das erste und einzige gesamtdeutsche Parteien-Experiment der Nachkriegszeit darstellt. Es handelt sich dabei um den durchaus ehrenwerten Versuch führender Liberaler aus allen vier Zonen, zu einer alle Besatzungsgrenzen übergreifenden Zusammenarbeit zu finden und so dazu beizutragen, das Auseinanderbrechen Deutschlands in einen östlichen und einen westlichen Teil zu verhindern. Indes muss von Anbeginn als schlechtes Omen gelten, dass sich die einzige gesamtdeutsche Partei dieser Jahre nicht auf einen einzigen Vorsitzenden einigen kann, sondern sich eine gleichberechtigte Doppelspitze gibt: Die alten DDP-Kämpen Wilhelm Külz und Theodor Heuss werden zu Kovorsitzenden bestimmt, die mit Arthur Lieutenant in Berlin und Ernst Mayer in Stuttgart ihre eigenen Geschäftsführer zur Seite haben. Nun wird sehr bald spürbar, dass der Liberale aus dem Osten weniger frei in seinen Entscheidungen ist und unter den wachsenden Druck der sowjetischen Militäradministration gerät. Folgt man Heß, dann gibt es von Anfang an einen erheblichen Gegensatz zwischen dem deutschlandpolitischen Aktivismus eines Külz und der, bei aller gesamtdeutschen Orientierung, doch eher deutschlandpolitischen Zurückhaltung eines Heuss. Der Südwestdeutsche will sich zwar die gesamtdeutsche Option auch parteipolitisch offenhalten, blickt aber mit großer Distanz auf die – freilich erzwungene – Einfügung der ostdeutschen Liberalen in den antifaschistischen Block der Ostzonenparteien, dessen Kurs ohne Zweifel von der SED im Bunde mit der SMA bestimmt wird und der die »antifaschistisch-demokratische Umwälzung« im Osten vorbehaltlos gutheißen muss. Der Konflikt, der schließlich innerhalb eines knappen Jahres zum Scheitern dieser Zonengrenzen übergreifenden Partei führen wird, deutet sich bereits bei ihrer Gründung an. Denn Külz plädiert in Rothenburg für die Einsetzung einer vorläufigen deutschen Regierung, die eine vorläufige Verfassung und ein Wahlgesetz ausarbeiten soll; erst danach sollen allgemeine Wahlen und die Bestätigung der Regierung folgen, die sich dann als Vertretung des Deutschen Volkes bereithalten kann. Heuss hält dies für undurchführbar, will von einer durch die Besatzungsmächte eingesetzten Regierung nichts wissen und plädiert für den umgekehrten, demokratischeren Weg: Wahlen haben für ihn am Anfang, nicht am Ende zu stehen. Auch eine »nationale Repräsentation« der Parteien für die sechs Wochen während Moskauer Konferenz im März und April lehnt er ab. Ursprünglich von Jakob Kaiser und Ernst Lemmer, den Vorsitzenden der Ost-CDU vorgeschlagen, wird der Gedanke von Külz und seinen Ostliberalen unterstützt, scheitert aber am Einspruch Kurt Schumachers, der mit der SED nicht zusammenarbeiten will, solange Sozialdemokraten in der Ostzone unterdrückt und verfolgt werden. Unglücklich ist Heuss wahrlich nicht, wenn keine Abordnung der deutschen Parteien für Moskau zustande kommt, meint er doch, man hätte »nur die eigene Uneinigkeit repräsentieren können«: Es sei eben unmöglich, mit der SED »eine Auffassung der deutschen Dinge einheitlich herzustellen und einigermaßen geschlossen den Alliierten gegenüber« zu vertreten.

In den auf Rothenburg folgenden Monaten sammelt Heuss Osterfahrungen, spürt »die mannigfaltige Problematik des ost- und mitteldeutschen Raums«, wie er Külz später schreibt, aber sieht sich in seiner ursprünglichen Skepsis gegenüber einer Zusammenarbeit mit den Liberalen der Ostzone eher bestärkt. Anfang Juli 1947 fährt er nach Eisenach und nimmt am 2. Parteitag der LDP der Ostzone teil, in der seit dem Volksentscheid zur Enteignung der Kriegsverbrecher in Sachsen im Sommer des Vorjahres bereits Tausende Industriebetriebe entschädigungslos enteignet und verstaatlicht sind. Will Heuss dagegen ein Zeichen setzen, wenn er sich in einer Rede vor 2000 Zuhörern energisch gegen Nationalisierung oder Sozialisierung von Betrieben, gegen Sozialismus und Planwirtschaft wendet und das Zauberwort Sozialismus als »ein Wort der Einseitigkeit« ins Museum schicken will? Drei Tage zuvor hatte er sich in Leipzig vor dem Wirtschaftsausschuss des liberalen Ortsvereins ähnlich geäußert. Ebenso lehnt er die einseitige Revision des Geschichtsbildes durch die SED ab und greift dabei eine Formulierung auf, die er schon im März des Vorjahres im Haus des Rundfunks in Berlin gebrauchte, nur dass er diesmal, was die Farben angeht, sehr viel deutlicher wird: Das Geschichtsbild, sagt Heuss, lasse sich nur durch Wiedergewinnung der Wahrhaftigkeit erneuern, nicht aber dadurch, dass man es in eine Reinigungsanstalt bringt und »statt Braun Rot draufmalt«.

Wenn Heuss zu dem Schluss kommt, viele LDP-Mitglieder suchten innere Anlehnung an die Liberalen im Westen, dann wohl auch, weil er in privaten Gesprächen von der Sorge vieler Mitglieder um den offiziellen Kurs der LDP und ihrer Kritik an Külz erfuhr – einer Kritik, die sie frei allerdings, schon wegen der ständigen Präsenz der SMA-Vertreter bei Konferenzen und Ausschusssitzungen, kaum mehr zu äußern wagen. Nur der Landesverband Berlin, in dem die Liberalen aus den Westsektoren den Ton angeben, meldet in Eisenach Opposition an, kritisiert die zu große Nähe zur SED und stimmt gegen die Wiederwahl von Külz. Der anwesende Offizier der SMA beschwert sich über eine angeblich nationalistische, militaristische und anti-sowjetische Einstellung, die bei den Berlinern deutlich werde – aber Külz bagatellisiert Kritik und Votum der Berliner, indem er sagt, die Partei werde sich bemühen, diese »negativen Erscheinungen« zu überwinden. Heuss dagegen, der Opposition als unverzichtbares Element der Demokratie versteht, hätte die Berliner Haltung dem russischen Obersten gegenüber als »*positives* Problem« gedeutet, wie er Külz wissen lässt. Er werde das Gefühl nicht los, »daß für die innere Bewegungsfreiheit eine stärkere Distanz oder Reserve [gegenüber der Besatzungsmacht] sachlich oder psychologisch richtig wäre«, schreibt er seinem Kovorsitzenden nach seiner Reise nach Eisenach. Auf einem Empfang der SMA für die LDP-Spitze und ihre westlichen Parteitagsgäste sei vor allem Hermann Kastner, der sächsische Justizminister und dritte Vorsitzende der Partei, bei einem Toastwechsel »gegenüber der Besatzungsmacht viel zu weit« gegangen. Wenn er von der »relativen Berechtigung Eurer sogenannten Blockpolitik« spricht, von der er sich habe »überzeugen lassen«, zeigt er zwar Verständnis für die schwierige Lage der Liberalen im sowjetisch besetzten Teil Deutschlands, zugleich aber warnt er davor, diesen antifaschistischen Block durch Aufnahme von Massenorganisationen, wie dies die SED plant, auszuweiten: »Wollen Sie aber bitte scharf ins Auge fassen, daß wir um der Politik willen (und um der Gewerkschaften!) nicht bloß in den oberen Instanzen die Infiltration durch die Gewerkschaften oder andere überparteiliche Verbände ablehnen müssen. Das gibt eine Fehlentwicklung, von der wir nicht wünschen, daß sie nach Westen oder Süden ansteckend wirkt.« Doch gegen das, was Heuss als Fehlentwicklung und Gefahr im Verzuge sieht, setzt sich Külz nicht nur nicht zur Wehr, sondern heißt es ausdrücklich gut, als er sich Ende November der von der SED initiierten Volkskongressbewegung anschließt, in welcher die ostzonalen Parteien, aber auch die SED-nahen oder SED-geführten Massenbewegungen der Ostzone, voran die Gewerkschaften und die Freie Deutsche Jugend, stark vertreten sind. Damit distanziert er sich von einer Resolution der DPD, der er wenige Wochen zuvor auf einer Sitzung des Reichsvorstands am 3. November 1947 in Frankfurt selbst zugestimmt hatte – allerdings erst, nachdem seine Forderung nach einer nationalen Repräsentation der deutschen Parteien aus West und Ost, welche die Sache der deutschen Einheit vor der Londoner Konferenz der Alliierten vertreten sollte, am Einspruch der Westliberalen gescheitert war. Als Kompromiss kam dann jene Resolution zustande, die auf eine »deutsche Gesamtstaatlichkeit«, vor allem aber freie, unbeeinflusste Wahlen in allen vier Besatzungszonen und die »Bildung einer Gesamtregierung des deutschen Volkes nach dem Willen der Bevölkerung« zielte. Heuss, der einem sich selbst legitimierenden Mehrparteien-Gremium stets »die staatsrechtliche wie die moralische Qualifikation« bestritt, wertet diese Resolution durchaus als Forderung nach einer »freien Nationalrepräsentation« – allerdings einer gewählten. Dass Külz ihr Anfang November zustimmt, nur um Ende November dann den Weg zum »sogenannten Volkskongreß« einzuschlagen, dessen Mitglieder nicht gewählt, sondern von Parteien und Massenorganisationen delegiert werden, beurteilt er nun als »absoluten Bruch der Abrede von Frankfurt«. Mit dem Kurswechsel der Ostliberalen »in so einer entscheidenden Sache« seien die »Voraussetzungen einer ›Coordination‹ und ihrer Konsequenzen« zerbrochen, heißt es in seinem bitteren Brief vom 19. Dezember an Külz, der einem Scheidungsdokument gleichkommt und das Scheitern des ersten gesamtdeutschen Parteienexperiments markiert. Die wenigen »Redefetzen«, die er im Radio gehört hat, nennt Heuss verächtlich einen »billigen Stahlhelm-Stil mit umgekehrtem Vorzeichen«, schreibt von »Platitüden von Volksversammlungsphrasen« und vermisst jedes »ernsthafte Wort« zur weltgeschichtlichen Problematik«. Den Volkskongress nennt er eine Firmierung dessen, was in der Ostzone bisher Antifaschistischer-Einheits-Ausschuss oder Block-Politik unter Führung der SED genannt wurde, neu allerdings sei, dass jetzt der Anspruch einer »gesamtdeutschen Verbindlichkeit« erhoben werde, den, so Heuss, »wir mit aller Entschiedenheit ablehnen«. Weil sich unter den rund 2200 Delegierten dieses 1. Volkskongresses für Einheit und gerechten Frieden auch einige hundert Westdeutsche, meist Mitglieder der Kommunistischen Partei, ihr nahestehender Organisationen oder Verbände sowie linke SPD-Genossen befinden, maßt er sich die Rolle eines gesamtdeutschen Sprechers an und entsendet eine Delegation zur Londoner Konferenz, die allerdings nicht empfangen wird. Dass die SED zusammen mit den Delegierten der von ihr beherrschten Massenorganisationen über eine sichere Mehrheit verfügt, stempelt diesen »Volkskongreß« ohnehin als Sprachrohr für die Deutschlandpolitik der Sowjets und ihrer deutschen Gefolgsleute ab. Der CDU-Vorsitzende Jakob Kaiser durchschaut dies, weigert sich teilzunehmen und begründet die Absage gegenüber der SMA mit dem Argument, der Kongress trage weder einen gesamtdeutschen noch einen überparteilichen Charakter und könne als Kundgebung rein östlichen Wollens dem Gedanken der Einheit eher schaden. Die Sowjets setzen ihn und seinen Vize Ernst Lemmer daraufhin kurzerhand ab. An seine Stelle tritt Otto Nuschke, wie Külz ein alter DDP-Kollege von Heuss, doch im Gegensatz zu Kaiser eher Wachs in den Händen der Sowjets. Er übersehe die Rolle, die Nuschke jetzt spiele, nicht, so Heuss in seinem »Scheidungsbrief« an Külz, aber er habe die Empfindung, »daß Jakob Kaiser, den ich in meinem Leben noch nie gesehen habe, in der Niederlage eine deutsche Figur geworden ist, während Sie, so hart es ist, das auszusprechen, eine gewesen sind. Das schmerzt mich sehr, aber die Dinge müssen auch hart gesagt werden können.«

Seinem alten Parteifreund August Weber in London klagt er, die menschliche Substanz »sei bei denjenigen unserer alten Freunde im Osten, die bei der CDU sind, wie etwa Schreiber, stärker als bei den Liberaldemokraten, so viel ordentliche Leute darunter« auch zu finden seien. Dass es Heuss nicht leicht gefallen ist, diesen Trennungsstrich zu dem alten Gefährten Külz zu ziehen, dem er sich vor allem in den zwölf Jahren nationalsozialistischer Unterdrückung menschlich wie politisch nahe fühlte und in dessen Haus er oppositionelle Gesinnungsgenossen getroffen hatte, leuchtet ein, ist freilich nicht ohne innere Konsequenz: Es zeigt nur, dass beide völlig unterschiedliche Lehren aus den Hitlerjahren ziehen, die sie letztlich getrennte Wege einschlagen lassen. Külz will deutsche Aktivität um jeden Preis, wo Heuss nur deutsche Ohnmacht sieht und Zurückhaltung empfiehlt. Auch unterscheiden sie sich nach Ehrgeiz und Charakter: Heß bescheinigt Külz Eitelkeit und Narzissmus, nennt ihn einen Idealisten und Träumer, der sich an der eigenen Rhetorik berauscht und die Gabe hat, sich Sand in die eigenen Augen zu streuen; Heuss dagegen, alles andere als ein Visionär, verliert den Boden unter den Füßen nie, bleibt ungewöhnlich realistisch in seinen Einschätzungen und beruft sich dabei gern auf Hölderlins »heilige

Nüchternheit« – ein Wort, das er mindestens so gern und häufig im Munde führt wie die Verse von der Deutschen Größe aus Schillers Gedicht-Fragment.

Gewiss sollte man Külz, selbst wenn er sich gegenüber den Sowjets als zu anbiedernd oder zu nachgiebig gezeigt hat, nicht in Grund und Boden verdammen, denn subjektiv mag er durchaus überzeugt gewesen sein, mit seiner Politik das Auseinanderdriften der beiden Teile Deutschlands zu verhindern. Heß konzediert ihm zumindest die Hoffnung, seine Volkskongress-Politik habe darauf gezielt, die SED durch die Einbeziehung westlicher Kräfte und Parteien schließlich in die Minderheit zu drängen – eine Erwartung, die allerdings auf purer Illusion beruhte. Wilhelm Külz stirbt im April 1948, wenige Monate nach dem Scheitern der DDP. Heuss dagegen wächst, obschon kein Mann der Organisation, durch sein Engagement in dieser kurzlebigen gesamtdeutschen Partei, vor allem aber dank der Tatsache, dass er dort eine gemeinsame Position der westlichen Liberalen gegenüber unrealistischen Forderungen von Külz erarbeiten muss, langsam in die Rolle einer nationalen Führerfigur der Liberalen hinein.[11]

Gäbe es nicht den Abgeordneten Heuss, der zunehmend wichtige Funktionen in seiner Partei übernimmt, könnte man denken, die Nachkriegsjahre seien, vor allem nach seinem Ausscheiden aus dem Ministerium, die erfolgreichsten des Homme de Lettres Heuss: 1946 erscheint endlich seine 750 Seiten starke Biographie *Robert Bosch – Leben und Leistung* im Rainer Wunderlich Verlag (Hermann Leins) in Stuttgart/Tübingen als erstes großes Werk in der amerikanischen Zone, zum Teil noch auf altem, glatten und holzfreien Papier gedruckt. Erfindung und Entwicklung der Zündkerze, Vorzüge und »Nachteile von Benzin- und Dieselmotoren – das ist sprödester Stoff«, meint Margret Boveri, aber vom Autor Heuss, der selbst nie ein Automobil steuerte, trotz seiner episch-bedächtigen Erzählweise, spannend dargestellt. Auch hier ist es, von Heuss plastisch geschildert, vor allem die Person mit ihren Widersprüchen, die fasziniert: der Aufstieg eines jungen Handwerkers mit sozialistischen Visionen zum Besitzer und Chef eines in nahezu allen Ländern der Welt vertretenen Großkonzerns; zu einem Kapitalisten, der einerseits höchste Leistung und Effizienz von seinen Arbeitern fordert und erwartet, aber allen Zwängen des industriellen Wettbewerbs zum Trotz doch stets der »rote Bosch« bleibt, sie besser entlohnt, für ihre Nöte Verständnis zeigt und – nach Ernst Abbe bei der Jenaer Firma Carl Zeiss – als einer der ersten deutschen Unternehmer 1906 den Acht-Stunden-Tag einführt. Ein Jahr nach der Bosch-Biographie, 1947, gibt der mit ihm befreundete Verleger Hermann Leins gleich zwei Bände mit gesammelten Essays und Porträts heraus, die Heuss für mehrere Blätter, darunter die *Vossische*, meist aber für die *Frankfurter Zeitung* schrieb und mit denen er sich in der Nazi-Zeit finanziell über Wasser gehalten hatte: *Deutsche Gestalten – Studien zum 19. Jahrhundert* heißt der eine Band mit über fünfzig Porträts bedeutender Männer aus Literatur und Wissenschaft, Philosophie und Industrie. Der Bogen reicht von dem liberal-konservativen Justus Möser und seinen *Patriotischen Phantasien*, die Goethe beeindruckten, über Historiker wie Hans Delbrück und Theodor Mommsen, Industrielle wie Alfred Krupp und Georg von Siemens, Mediziner wie Rudolf Virchow, Politiker und Bildungsreformer wie Wilhelm von Humboldt bis hin zu Flugpionieren wie Otto Lilienthal. Von seiner biographischen Begabung, vom tiefen Fundus seiner Bildung und der großen Spannweite seiner Interessen zeugt auch der zweite Band, der leichteren Stoff enthält: Profile abenteuerlicher und skurriler historischer Personen, von *Randfiguren der Geschichte*, wie Heuss sie nennt – so von Napoleons I. korsischem Gegenspieler Pozzo di Borgo oder von Mehmed Ali, dem zweiten Vertreter der Türkei auf dem Berliner Kongress. Dieser Ali heißt ja eigentlich Karl Detroit, stammt aus einer hugenottischen Familie in Brandenburg an der Havel, desertiert als Schiffsjunge am Bosporus und steigt zum türkischen Feldmarschall auf. Unter den Heuss'schen Kuriositäten dieses Bandes findet sich auch die

Geschichte von Dorothea von Lieven, einer schwäbischen Hofdame am Zarenhof, die ihrer Lust am diplomatischen Ränkespiel frönt und zeitweise die Geliebte Metternichs wird. Kein Wunder, wenn deren Depeschen in St. Petersburg bald mehr Aufmerksamkeit finden als die ihres Gemahls, des offiziellen russischen Gesandten in Wien und später in London. 1948 werden auch Heuss' Biographien über den Zoologen Dohrn und den Architekten Poelzig neu aufgelegt – ersteres im Rainer Wunderlich Verlag, letzteres im Wasmuth Verlag, der es seinerzeit in Berlin herausbrachte und in Tübingen eine Filiale unterhält; allerdings erscheint der Neudruck mit stark gekürztem Fototeil, weil die Bilddokumente samt den Klischees Opfer des Bombenkriegs geworden sind. 1949 folgt dann die Neuausgabe des Naumann-Buches durch Leins. Ironisch merkt Heuss einmal an: »...daß ich gute Bücher und nette Aufsätze schrieb, verdanke ich dem Führer, der meine sonstige Wirksamkeit kalt gestellt hatte.« Ihm verdankt er allerdings auch, dass eine Biographie verboten wird, zwei andere wegen Papiermangels nur in kleinen Auflagen erscheinen können – eine größere Leserschaft finden die Werke des Autors Heuss erst in den ersten Nachkriegsjahren, und dass sein späteres Amt als Bundespräsident dem Absatz seiner Bücher dienlich ist, steht außer Frage. Leins wird während Heuss' Amtszeit die bedeutenderen Reden des Präsidenten jeweils als Broschüren veröffentlichen, und Anfang 1959, ganz auf den Namen Heuss vertrauend, auch das Büchlein *Von Ort zu Ort – Wanderungen mit Stift und Feder* herausbringen, dessen Beiträge weit in Heuss' Frühzeit zurückreichen. Es handelt sich um Reisefeuilletons, die zum Teil ja noch aus der Zeit vor dem Ersten Weltkrieg stammen und meist in der *Hilfe* veröffentlicht wurden: »...lauter Städte- und Landschaftsbesprechungen, Deutschland, Frankreich, Italien, Dalmatien, Gotland – manches recht nett«, notiert Heuss und kann am 11. Februar 1959 seiner Freundin Toni Stolper die »triumphale Nachricht« über den Atlantik schicken, dass die erste Auflage in Höhe von 7000 Exemplaren des Bandes schon vergriffen ist und eine zweite mit 5000 Exemplaren sich bereits im Druck befindet. Und weiter: »Eine ›Erhebung‹ in acht repräsentativen Berliner Buchhandlungen hat ergeben, daß ich gleich nach Pasternak [dem Nobelpreisträger und Autor des *Dr. Schiwago*] komme. Die Leute dort sind gerührt, daß die Mark, Mecklenburg und Schlesien mit vertreten sind.«

Entschlossen, mit dem Namen des zu Ansehen und Würden gekommenen Heuss groß ins Geschäft zu kommen, vermarktet Leins offenbar rücksichtslos alles, was Heuss jemals geschrieben hat, so dass den Autor inzwischen selbst Bedenken überkommen. Leins und seine Mitarbeiter, so Heuss an die Freundin, seien schon dabei, sich für sein nächstes Buch zu begeistern, bei dem es sich allerdings auch wieder nur um eine Sammlung alter Feuilletons handeln wird. Leins habe »4 Leitzordner mit Aufsätzen über Dichter u.s.f. neulich mit in sein Auto gepackt. Ich habe ihm heute einen Brems-Brief geschrieben – das muß *sehr* gründlich überlegt werden.«[12]

Eine vier Meter fünfzig hohe ausgestopfte Giraffe, notdürftig verhüllt, schaut ihm über die Schulter, als er an der feierlichen Eröffnung des Parlamentarischen Rats am 1. September 1948 im Lichthof des Zoologischen Forschungsmuseums Alexander Koenig teilnimmt – dem festlichsten Saal, den Bonn damals zu bieten hat. Klänge von Beethoven und Bach ertönen, Primaten, Beuteltiere und andere Exoten der Fauna sind beiseite geräumt oder hinter Säulen versteckt, nur die Giraffe behauptet, allein wegen ihrer Größe, einen Platz am Rande und äugt auf die festliche Versammlung von ranghohen Alliierten, Ministerpräsidenten und Ministern, Kardinälen und Bischöfen herab – ein Symbol des Provisorischen vielleicht, das die anwesenden 65 Abgeordneten, von den Landtagen nach ihren Fraktionsstärken gewählt, ja erarbeiten sollen: eine Verfassung für den entstehenden föderalistischen Weststaat, die sich nicht Verfassung nennen soll, wie denn dieser Staat, dessen Institutionengefüge sie entwerfen müssen, nicht auf Dauer angelegt, sondern als Übergangslösung gedacht ist – Heuss spricht gern von einem Transitorium –, bis die Bildung eines demokratischen gesamtdeutschen

Staates einmal möglich wird. »Bonn wird ganz interessant werden«, schreibt er seinem Sohn: »Ich bin dort Fraktionschef, Carlo Schmid, neben dem ich sitze, für die S.P.D., A[nton] Pfeiffer für die CDU. Wir bilden das berühmte Zünglein an der Waage und wollen dafür sorgen, daß die Dinge nicht in die Gegensatzrankünen geraten. Mit Schmid wird es gehen, ob mit A. Pfeiffer, weiß ich noch nicht. Man umwirbt uns etwas, u. wir sind nett u. etwas undurchsichtig nach den verschiednen Seiten.«

Deutlich derber und auf gut schwäbisch, nämlich als »Waagscheißer« umschreibt er die Rolle der FDP gegenüber dem alten Freund Ernst Jäckh in den USA. Doch auch mit Pfeiffer, dem Leiter der Bayerischen Staatskanzlei und Vorsitzenden der CDU/CSU-Fraktion findet er bald eine Verständigungsbasis. Da Christdemokraten und Sozialdemokraten mit 27 Abgeordneten gleichstark vertreten sind, die Deutsche Partei und das Zentrum mit je zwei Abgeordneten eher mit der CDU, die zwei Kommunisten im Rat eher mit der SPD stimmen, verfügt das rechte Lager in der Regel über 31, das linke über 29 Stimmen. Damit halten die 5 liberalen Parlamentarier unter dem Vorsitz von Heuss eine Schlüsselstellung, die Carlo Schmid in seiner *Parlamentarischen Elegie im Januar* spöttisch in Hexametern beschreibt:

Wallend weht ihm das Haar im Silberschimmer der Weisheit,
Und seines Basses Gewalt gibt ein dreifaches Gewicht
Jeglichem Wort...
Weise verteilet der Heuss seine Gaben, das Ja und das Nein, daß
Keinem schwelle der Kamm, und bis zum letztesten Tage
Zucke das Zünglein der Waage und jeglicher merke: Es siege
Schließlich der, dem der Bass Theodors endlich sich neigt.
Traun, das wird dann ein Fest sein im Zelte des Siegers!
Doch Theodor
Geht zu dem, der verlor, und sein spendendes Wort
Lehrt ihn, daß alles auf Erden ja wechsle, daß morgen ein Tag sei,
Der, was sich heute versagt, bringen könnte – vielleicht...

Schon vom Naturell her ist Heuss ein begnadeter Vermittler, der Gegensätze zwischen den großen Lagern SPD und CDU abbauen oder durch Kompromisse überbrücken hilft. Doch gelingt es ihm sehr wohl, in diese Kompromisse ureigene liberale Vorstellungen einzubringen. Vom dem Bild eines hin- und hergehenden, zuckenden oder gar schwankenden Züngleins setzt er sich auf dem Dreikönigstreffen der südwestdeutschen Liberalen am 6. Januar 1949 in Stuttgart deutlich ab und betont stattdessen die aktive und mitgestaltende Rolle dieser Vermittlerposition: Gerade weil sie sich in einer Entscheidungsstellung befänden, hätten die Liberalen nicht die Absicht, »zusammen mit der CDU gegen die Sozialdemokratie oder mit der Sozialdemokratie zusammen gegen die CDU eine Verfassung zu machen«. Eine Verfassung, die nur mit knapper Mehrheit zustande kommt, taugt für ihn nichts. Es geht ihm darum, dass die Liberalen als echte Mittler dafür sorgen, »daß die beiden großen Parteien zu einem fruchtbaren Kompromiß im Geben und Nehmen kommen, weil es undenkbar wäre, die kommende deutsche Politik zu führen, wenn sie mit Kampfesabstimmungen aus der Zeit der Grundgestaltung belastet würden«. Ziel seiner Vermittlungsbemühungen ist es also, eine Lösung zu finden, die beide Seiten bereitwillig und einvernehmlich mittragen, weil nur die allgemeine Akzeptanz des konstitutionellen Gerüsts, das für die entstehende Bundesrepublik gezimmert wird, später ein reibungsloses Funktionieren der neuen Institutionen garantieren wird. Wenn das 1949 verabschiedete Grundgesetz bis heute für eine stabile, von den Parteien respektierte demokratische Ordnung in Deutschland sorgt, ist das nicht zuletzt Heuss und der Vermittlerrolle der Liberalen zu verdanken. Heuss hat es verstanden, so Carlo Schmid im Rückblick, »den streitenden Teilen bewusst zu machen, was denn wohl eigentlich die letzte Wurzel ihrer jeweiligen Stellungnahme sein mochte, und er lehrte sie, zu sehen, wie nahe beisammen diese Wurzeln im selben humanen Erdreich steckten ... So konnte man zu echten Kompromissen kommen, die es erlaubten, daß man sich einigte, ohne daß dem einen oder anderen die Aufgabe eines echten Prinzips oder gar der Selbstachtung zugemutet werden konnte.«[13]

Die tägliche Arbeit des Parlamentarischen Rats findet nicht im klassizistischen Museum König statt, sondern in der eilends dafür präparierten und renovierten Pädagogischen Akademie, dem einzigen, in modern-nüchternem Bauhausstil errichteten Gebäude Bonns, das später Sitz des Bundestages wird. Gemessen am Komfort heutiger Bundestagsabgeordneter sind die Arbeitsbedingungen mehr als kümmerlich: Die Aula mit freier Sicht auf den Rhein dient als Plenarsaal, jeder Fraktion steht ein Klassenzimmer zur Verfügung, aber Büros oder gar Sekretärinnen für die einzelnen Abgeordneten gibt es nicht, ebenso wenig einen wissenschaftlichen Apparat oder wissenschaftliche Assistenten für die Fraktionen. Er sei in Bonn »so sinnlos überlastet und ohne rechte Hilfskraft, daß Dutzende von Briefen unerledigt bleiben müssen«, klagt Heuss einem liberalen Freund in Berlin. 350 DM Aufwandsentschädigung monatlich sollen die Unkosten einschließlich Sekretärin und Fahrer abgelten, dazu kommen 30 Mark Sitzungsgeld pro Tag. Die Fraktion der Freien Demokraten ist im Hotel »La Roche« in der Colmantstraße untergebracht, das »ebenso nett als laut und teuer ist« – so Vater Heuss zu Sohn Ludwig. Es liegt nahe dem Hauptbahnhof, nachts hört man das laute Rattern der vorüberfahrenden Züge. Doch obliegt er der persönlichen Betreuung und Fürsorge der Besitzerin: Frau La Roche stellt ihm nachts ein Glas Rotwein mit Ei auf die Stube.[14]

Mit der Wahl zum Vorsitzenden der Fraktion im Parlamentarischen Rat durch die führenden Liberalen der Westzonen hat Heuss ein weiteres Mal ein Amt übernommen, das er persönlich nicht anstrebte. Schon mit Rücksicht auf die Gesundheit von Elly, die er nicht lange in Stuttgart allein wissen will, hätte er lieber den jungen Rechtsanwalt Kessler aus Karlsruhe als Repräsentanten der demokratischen Landtagsfraktion in Stuttgart im Parlamentarischen Rat gesehen. Und hätte er geahnt, dass die Arbeit in Bonn nicht, wie anfänglich erwartet, in zwei Monaten bewältigt ist, sondern sich bis in den Mai 1949 hinziehen wird, wäre sein Nein wohl sicher gewesen. Doch Reinhold Maier bestand darauf, dass Heuss als erfahrener Parlamentarier, Kenner der Weimarer Verfassung, ihrer Entstehung und ihrer Schwachstellen, die Landespartei im Parlamentarischen Rat verträte. Hätte er den innerlich widerstrebenden Heuss nicht überredet, schließlich doch nach Bonn zu gehen, wäre dieser so wenig Präsident geworden wie jener Heuss, der – wie wir gesehen haben – nach dem Krieg lieber zur CDU gegangen wäre, hätte er damals in Berlin gelebt.

Auch im Parlamentarischen Rat wird er mit der Freiheit des Schriftstellerdaseins und des Literaten kokettieren, dem das Schicksal die schwere Last eines verantwortlichen Politikerdaseins aufgezwungen hat. So schickt er, die Neuausgabe seiner Dohrn-Biographie ist gerade erschienen, ein Exemplar an den Baudelaire-Übersetzer Carlo Schmid – als Weihnachts-Gruß »aus einer Arbeitswelt, die nun versunken scheint« und die er in manchem für »schöner und sogar fruchtbarer« hält als die jetzige. Wenn er betont, »unsereins« solle nie vergessen, dass er »solche Rückzugslinien besitzt, ohne im seelischen Armenhaus zu landen«, schließt er Schmid mit ein, aber unterstreicht, dass die politische Pflicht einstweilen »weder mir noch auch Ihnen« diesen Weg einzuschlagen gestattet. Der Homme de Lettres ziert sich eben stets, um am Ende doch den politischen Versuchungen von Amt und Einfluss zu erliegen. Allerdings ist es auch die »quälende Einsicht«, dass den demokratischen Parteien die mittlere Generation fehlt, die ihn dazu bestimmt, führende Aufgaben zu übernehmen. So fragt er Wilhelm Keil, Präsident des Landtages von Württemberg und Mitglied der SPD, der ihm im Januar 1949 zum 65. Geburtstag gratuliert hat, ob der Nachwuchs schon da sei, »der innerlich frei und gefestigt genug ist zur gemäßen Ablösung«. Da dieser nach seiner Überzeugung fehlt, kommt er zu dem Schluss: »Also bleibt man im Betrieb.«[15]

Immerhin bietet das weithin unzerstörte Bonn mehr Annehmlichkeiten als jene imaginäre »Barackenstadt an der Demarkationslinie« zum Osten, in der Carlo Schmid den Parlamentarischen Rat lieber hätte tagen lassen, um demonstrativ den »vorläufigen Charakter des zukünftigen Staatsgebildes zu unterstreichen«. Und genau um diesen Begriff des Vorläufigen, Provisorischen, Fragmentarischen wird eine der ersten großen Debatten zwischen Theodor Heuss und Carlo Schmid kreisen. Über den Charakter des künftigen Staatswesens gibt es zwischen beiden erhebliche Meinungsunterschiede, aber, folgt man Petra Weber, belastet dies nicht jene »heiter gelassene akademische Atmosphäre« der Diskussion, die es beiden Bildungskoryphäen erlaubt, »sich über den Gebrauch von Partizipialkonstruktionen bei Cicero und Tacitus zu ereifern«. Wenn auch sehr verschiedenen Temperaments, verstehen sich beide hervorragend, selbst wenn Heuss, der eher Nüchterne und Ironische, den gelegentlich zum Überschwange neigenden Schmid spöttisch als »Sèvres-Tasse auf dem Vertiko« der SPD oder »Tafelaufsatz im Proletarierhaushalt« bezeichnet. Aber Schmid, der Vorsitzende des Hauptausschusses, in dem die Arbeit aller anderen Ausschüsse koordiniert wird, ist ein erklärter Gegner einer Weststaat-Gründung. Dass ein Volk, das nicht über seine Souveränität verfügt, sich eine Verfassung gibt, ist für ihn als Juristen schlechthin unvorstellbar. Um einen Staat im Wortsinne zu organisieren, so Schmid, müsse sich die Volkssouveränität in ihrer ganzen Fülle auswirken können. Wo das nicht gegeben, wo nur eine fragmentarische Ausübung möglich sei, könne bestenfalls ein Staatsfragment organisiert werden. Seine Schlussfolgerung: Der Parlamentarische Rat sei lediglich in der Lage, unter Bestätigung der alliierten Vorbehalte das »Grundgesetz zur Organisation der heute freigegebenen Hoheitsbefugnisse des deutschen Volkes in einem Teile Deutschlands ... zu beraten und zu beschließen«. Heuss dagegen will mehr als ein Fragment, er strebt – auch für sein »Transitorium« – etwas Stabiles und Konstruktives an und zeigt, dass er wie Schmid in Versen zu spotten versteht:

> Der Carlo celebriert wie ein Gedicht
> die hohen Worte seines Staatsfragments
> auf jedem Komma wuchtet sein Gewicht
> jetzt die Cäsur, dann fühlsam die Cadenz.

Nach dem Scheitern der gesamtdeutschen DPD hat er sich schrittweise dem Gedanken einer politischen Organisation der westlichen Besatzungszonen angenähert, und wenn er mehr will als ein Fragment, hat dies auch mit jenem schleichenden Prozess der gesellschafts- und wirtschaftspolitischen Desintegration der Länder und westlichen Besatzungszonen zu tun, den er seit Jahren mit Sorge verfolgt. Wenn Hessen in seiner Verfassung alle Bergbau-, Eisen- und Stahlbetriebe sowie den Energie- und Verkehrssektor in Volkseigentum, wenn Nordrhein-Westfalen alle Monopolbetriebe in Gemeineigentum überführen will und Bayern immer häufiger auf seine staatliche Selbständigkeit pocht, sind dies für ihn eindeutige Alarmsignale. Als Liberaler lehnt er ja gesellschafts- und wirtschaftspolitische Experimente ab, als Nationaler will er den deutschen Nationalstaat, wenn auch in neuer Form, intakt erhalten: »Wir sind mittendrin im Auseinanderleben der Nation«, sagt er im Juli 1948 im Stuttgarter Landtag und tritt dafür ein, nicht »noch mehr Gefälle von Land zu Land« entstehen zu lassen, und das möglicherweise noch »verfassungsmäßig gesichert«. Spätestens die Blockade Berlins – er wertet sie als »tiefes Zeichen einer Geschichtswende« – bringt ihn zu der Einsicht, dass zumindest im westlichen Teil Deutschlands, wo man handeln kann – und nach den Londoner Empfehlungen im Auftrag der Besatzungsmächte auch handeln muss –, dieses Auseinanderleben durch Gründung eines Staatswesens zu stoppen ist. So will Heuss ein Grundgesetz, das mehr ist als ein provisorisches Organisationsstatut oder ein Notgerüst, es soll ein Staatswesen begründen, das nach seinem Vorschlag »Bundesrepublik Deutschland« heißen wird. Und wenn es, wie er hofft, bald über die »Macht der inneren Anziehung« verfügt, schreibt er ihm mit Blick auf den Osten sogar Modellcharakter zu. Er warnt davor, zu oft das Wort Provisorium zu gebrauchen, denn daraus wachse die Gefahr, »die Ernsthaftigkeit im Durchdenken der Problematik wegsinken zu lassen«. Wer wie Schmid zu oft vom Provisorischen rede, denke schon jetzt an den Termin der Änderung, »was wir aber brauchen, ist etwas in sich Stabiles, das nicht ein Erstarrtes sein muß«. Er beruft sich dabei auch auf die – freilich nicht stimmberechtigten – Berliner Abgeordneten, die das »Kräftig-Klare dem Unscharfen vorgezogen wissen möchten«, wie denn auch der Berliner Ernst Reuter die im Juli 1948 im Jagdschloss Niederwald versammelten westdeutschen Ministerpräsidenten beschwor, einen westdeutschen Kernstaat zu schaffen, der auf die Ostzone eine »magnetische Wirkung« ausüben werde und auf den sich das vorgeschobene Westberlin stützen könne.[16]

Die Auseinandersetzungen zwischen Schmid und Heuss spitzen sich zu, als es um die Formulierung der Präambel geht. Der erste Entwurf des Grundsatzausschusses, weitgehend von Schmid und seinem sozialdemokratischen Genossen Georg August Zinn geprägt, spricht von der Besetzung Deutschlands durch fremde Mächte, welche die Ausübung des unverzichtbaren Rechts auf nationale Selbstgestaltung »schweren Einschränkungen unterworfen« hätten. Und wenn es heißt, der Parlamentarische Rat habe eine »den Aufgaben der Übergangszeit dienende Ordnung der Hoheitsbefugnisse geschaffen«, schimmert Schmids These vom Staatsfragment mehr als deutlich aus dieser Präambel-Fassung hervor. Heuss dagegen hält nichts davon, auf solche Art die Präambel zu einem »tagespolitischen Leitartikel auszugestalten«. Für ihn markiert sie den Ort, »in dem das ganze Werk steht und nach dem Willen der Autoren vor dem deutschen und dem fremden Bewusstsein stehen soll«. Jeder Hinweis auf fehlende Souveränität, jede Betonung der Vorläufigkeit kann aus seiner Sicht der Akzeptanz des Grundgesetzes nur schaden, seine Integrationskraft im Bewusstsein des deutschen Volkes beeinträchtigen. So legt er einen eigenen, kürzeren Entwurf vor, und da er das Wort Grundgesetz für einen eher »farblosen Begriff« und eine »dünne technische Bezeichnung« hält, scheut er nicht davor zurück, auch den Begriff Verfassung erläuternd heranzuziehen. »Das deutsche Volk [in den westlichen Ländern]«, so der Heuss-Entwurf, habe sich »in diesem Grundgesetz der Bundesrepublik Deutschland die *verfassungsmäßige* Rechtsordnung eines staatlichen Lebens« neu geschaffen, und es sei von dem Willen erfüllt, »über die von der Notlage der Zeit erzwungene Teillösung hinaus an dem unverzichtbaren Recht auf die freie

Gestaltung des nationalen Gesamtlebens festzuhalten«. Das Volk in den übrigen deutschen Ländern – denen der Sowjetzone – bleibe deshalb aufgefordert, »den Beitritt zur Bundesrepublik Deutschland zu vollziehen, um in gemeinsamer Entscheidung und Verantwortung die nationale Einheit und Freiheit neu zu gründen«.

Dieser erste Entwurf von Heuss findet zwar keine Mehrheit, aber sein Gedanke der Stellvertreterschaft, den er erstmals in der *RNZ* formuliert hat und der hier angedeutet wird – dass der Parlamentarische Rat auch für jene denken und sprechen soll, denen eine Mitwirkung versagt ist –, wird sich schließlich durchsetzen und findet in leicht veränderter Form in der Endfassung der Präambel seinen Niederschlag, denn es heißt da: Das deutsche Volk »... hat auch für jene gehandelt, denen mitzuwirken versagt war«. Weil die Präambel allerdings auch den Satz enthält, das Grundgesetz sei geschaffen, »um dem staatlichen Leben für eine Übergangszeit eine neue Ordnung zu geben«, stehen Schmids wie Heuss' Vorstellungen gleichberechtigt nebeneinander: Staatsfragment- und Kernstaatstheorie, so Petra Weber, gingen damit eine »widersprüchliche Verbindung« ein.

Als Schriftführer und Berichterstatter des Grundsatzausschusses, der die Präambel ausarbeitet, hat Heuss wesentlichen Einfluss auf ihre Endfassung, und so zeugt sie schon stilistisch von jenem verhaltenen Pathos der Nüchtern- und Sachlichkeit, das ihm angemessen erscheint. Kein anderer als Carlo Schmid, der mit seinem Entwurf den Rückzug hatte antreten müssen, lobt diese Endfassung später überschwänglich als das »Meisterstück von Theodor Heuss«. Bei der Präambel, so Schmid, seien die Gegensätze am heftigsten aufeinandergeprallt: »Lange schien der Konflikt unlösbar zu sein, bis schließlich Theodor Heuss seine Fassung vorschlug. Nun konnte man sich einigen, und jeder wußte, daß er nicht einem Kompromiß, sondern der gültigen Wahrheit zugestimmt hatte. Und so ist es gekommen, daß der erste Präsident der Bundesrepublik auch der Verfasser des Vorspruchs ihres Grundgesetzes geworden ist«.[17]

Heuss wird später einmal sagen, »kein Komma« im Grundgesetz stamme von Adenauer, dem Präsidenten des Parlamentarischen Rats.

In der Tat hat sich der spätere Bundeskanzler an der praktischen Detailarbeit kaum beteiligt, und die SPD glaubte deshalb, dass sie mit Carlo Schmid, dem Vorsitzenden des Hauptausschusses, die Schlüsselposition innehatte, denn er koordinierte die Arbeit aller Einzelausschüsse. Aber die Rechnung der SPD geht insofern nicht auf, als Adenauer als Repräsentant des Parlamentarischen Rats nicht nur formlose interfraktionelle Besprechungen abhält, sondern enge Kontakte zu den Militärgouverneuren pflegt. Auf diese, aber auch auf die CDU/CSU-gestützt, kann er bei entscheidenden Weichenstellungen, etwa der umstrittenen Finanzverfassung, oder wenn es um den Einfluss und die Stärke der Länder in dem neuen Staatsverband geht, ein gewichtiges Wort mitreden. Außerdem nutzt er seine Stellung geschickt, um bei den Medien für sich zu werben. Schon kurz nach dem Zusammentreten des Parlamentarischen Rats, am 16. Oktober 1948, prangt das Bild Adenauers unter einem riesigen Strohhut auf der Titelseite des *Spiegel*, der vermutet, dessen Präsident habe beste Chancen, der Staatspräsident des »amerikanisch inspirierten« neuen westdeutschen Staates zu werden. Adenauer wird seine Position denn auch bewusst nutzen, um nach Verabschiedung des Grundgesetzes historische Weichen zu stellen.

Die Beratungen des Parlamentarischen Rates stehen ganz im Schatten von Weimar, wichtige Elemente des Grundgesetzes, etwa das konstruktive Misstrauensvotum sowie der gegenüber Weimar entmachtete Präsident, der nicht mehr über Notverordnungsrechte verfügt, werden als Antwort auf die Erfahrungen der Weimarer Republik beschlossen. Aber wenn in einem »Abgrenzungsdiskurs zur Weimarer Reichsverfassung« (Becker) im Parlamentarischen Rat eine Ordnung entworfen werden soll, die auf der Annahme beruht, die erste deutsche Republik sei an ihrer Verfassung gescheitert, stößt dies bei dem langjährigen Reichstagsabgeordneten Heuss auf erhebliche Kritik. Es sei Mode geworden, »von der Weimarer Verfassung gering zu reden«, verteidigt er sie auf der dritten Sitzung des Plenums am 9. September 1948: Nur »weil der Hitler an die Reihe gekommen ist und von den Paragraphen der Weimarer

Verfassung nicht daran gehindert werden konnte«, ist sie für ihn nicht schlecht gewesen. Statt des Verfassungswerks macht er das politische Bewusstsein der Mehrheit der Deutschen für das Scheitern der ersten deutschen Demokratie verantwortlich. Weil die Demokratie 1918 nicht erkämpft und erobert wurde, sondern das Produkt einer Niederlage gewesen sei, so Heuss, hätten nationale Romantik, monarchische Restauration und das »elende Verbrechen der Dolchstoßlegende« eine »vergiftete« politische Atmosphäre geschaffen. Für ihn sind »diese Dinge für das Funktionieren der Weimarer Verfassung viel, viel entscheidender gewesen als diese oder jene von uns nicht als ganz richtig empfundene technische Paragraphenformulierung«. Und doch nimmt er entschlossen von Weimar Abschied, wenn er das plebiszitäre Element – etwa das Volksbegehren als »Prämie für jeden Demagogen« – verwirft und nach »nationalsozialistischer Normierungs- und Gleichschaltungswut« jetzt einen gemäßigten Föderalismus vertritt. Gemäßigt heißt allerdings, dass er einen Föderalismus, wie ihn viele Bayern und vor allem die französische Besatzungsmacht verstehen – eine staatenbündlerische Lösung in Form eines Bundes deutscher Länder –, entschieden ablehnt und für eine bundesstaatliche Lösung ficht, eben für eine »Bundesrepublik Deutschland«, einen Namen, den er, als er im Sommer 1947 zu Gustav Stolper ins Engadin reiste, noch verworfen hat. Damals trat er auch noch für ein Mehrheitswahlrecht ein, inzwischen ist er zu dessen Gegnern konvertiert und wünscht ein Proporzsystem. Ein Mehrheitswahlrecht, so begründet er seinen Kurswechsel um 180 Grad, führe mit aller Wahrscheinlichkeit zu einem Zweiparteiensystem, stoße damit Millionen »in die politische Heimatlosigkeit« und sei einer »die ganze Weite des Volkes und seine Strömungen umfassenden Ordnung heute und gerade für Deutschland nicht gemäß«.

Dass er als Vertreter einer kleinen Partei dabei auch an die eigene Zukunft und das Überleben der Liberalen denkt, steht wohl außer Frage. Bei den großen Parteien, schreibt er seinem Parteifreund Max Rademacher in Hamburg, fehle es nicht an Leuten, »die mit dem einfachen Mehrheitswahlrecht, in dem Schwärmen für das Zweiparteiensystem, unsere Gruppe aus dem deutschen Kräftespiel hinauskomplimentieren möchten«. Allerdings lässt er sich den Spalt einer Hintertür offen, wenn er schreibt, »daß dieses Land der Ohnmacht mehr der Verständigung zwischen den Gruppen als der feindlichen Ja oder Nein« bedürfe, da »echte Entscheidungen großer Politik« für ein Land »ohne eigene Souveränität« nicht anstünden. Wer 1949 so argumentiert, schließt wohl kaum ein Mehrheitswahlrecht für eine Bundesrepublik aus, die – und sei es eines fernen Tages – voll über ihre eigene Souveränität verfügt. Heuss versteht die Geschichte als offenen Prozess; dass künftige Generationen völlig andere Vorstellungen durchsetzen als die heutige, ist für ihn eine Selbstverständlichkeit. Wenn man so will, steht dafür auch sein Vorschlag vom Mai 1949, in das Grundgesetz die Regelung aufzunehmen, es lasse sich drei Jahren nach seinem Inkrafttreten »binnen einer Frist von zwei Jahren durch ein einfaches Bundesgesetz« ändern, vorausgesetzt, der Bundesrat stimme diesem zu – ein Gedanke, der freilich sofort der Ablehnung verfällt.

Heuss' Überzeugung, das Grundgesetz müsse auf einen möglichst breiten Konsens gegründet sein, führt im Januar 1949 zu einer heftigen Kontroverse mit Dolf Sternberger, von dem sich Heuss »verhöhnt« fühlt. Herabsetzend spricht der Heidelberger Politologe und Mitherausgeber der damals einflussreichen Zeitschrift *Die Wandlung* von den »gemütlich-lässigen Plaudereien des württembergischen Abgeordneten Dr. Theodor Heuss«, der in seinem Artikel »Nach der ersten Lesung« in der *RNZ* geschrieben hatte, die »geschichtliche Gesamtlage« erfordere geradezu »eine wechselseitige Annäherung« der großen Lager. Genau diese Vorstellung hält Sternberger, Vorsitzender der Deutschen Wählergesellschaft und engagierter Befürworter des Mehrheitswahlrechts, für verderblich. Er tritt für klare, eindeutige Mehrheitsentscheidungen ein und wertet das Verhältniswahlrecht, für das sich der Parlamentarische Rat entscheidet, als den Ausdruck einer »Demokratie der Furcht«. In dem breiten Verfassungskonsens, den Heuss schon wegen der Akzeptanz des Grundgesetzes beim Volk für notwendig erachtet, sieht Sternberger nur die Angst der Mehrheit vor einer machtpolitischen Konfrontation mit der Minderheit: Die Ausrede der nationalen Einheit muss aus seiner Sicht herhalten, weil gesunde Mehrheiten nicht zu schaffen sind, weil man die innere Opposition fürchtet und »weil alle zugleich regieren wollen«. Heuss, der Sternberger seinerseits verächtlich zu den »Formalpolitikern des Literatentums« zählt, hält dem entgegen, durch das Grundgesetz teile der größere Teil Deutschlands, dem dies möglich sei, der Welt mit, »wie er sich die künftige staatliche Ordnung und den Charakter des politischen Lebens denkt« und fragt: »Soll, darf diese Mitteilung den Riß deutscher Auffassungen dartun?«[18]

Heuss im Parlamentarischen Rat – das ist mehr als der Abgeordnete, der die Präambel prägt und damit den historischen Ort des Grundgesetzes markiert. Es ist auch der Mann, der führend an der Formulierung der Grundrechte mitwirkt. Hatte er 1919 noch wenig Verständnis für das gezeigt, was er spöttisch die »Lyrik der Menschen- und Grundrechte« nannte, hält nach den Erfahrungen mit der nationalsozialistischen Diktatur auch er einen Katalog einklagbarer und unveränderlicher Grundrechte für unerlässlich und wünscht sie an den Anfang der neuen Verfassung gestellt; zwar zollt er seinem großen Mentor Naumann Respekt, der 1919 breitgefächerte »volksverständliche Grundrechte« vorlegt hatte, die schließlich von Juristen umformuliert, zusammengestrichen und im Schlussteil der Verfassung untergebracht wurden. Anders als Naumann plädiert Heuss für Bescheidenheit und die Beschränkung auf die klassischen, individuellen, bürgerlichen Freiheiten. Mit Verve setzt er sich gegen Versuche von Links zu Wehr, wirtschafts- und sozialpolitische Grundsätze – etwa ein Recht auf Arbeit – in den Grundrechtskatalog aufzunehmen, weil der »Wirtschaftscharakter kommender Zeiten« nicht vorhersehbar und die Thematik deshalb flexibler durch jeweilige Bundesgesetze zu regeln sei. Er ist hier durch und durch der klassische Liberale, der für »eine politisch-soziale Strukturveränderung« nicht zu haben ist, und dies, so Jürgen C. Heß, »schon gar nicht per Verfassung«.

Beim Artikel 1 der Grundrechte kämpft er – übrigens zusammen mit Carlo Schmid – gegen eine vage, nicht einklagbare naturrechtliche Begründung der Menschenwürde und will, dass sie im »Schutz der staatlichen Ordnung steht«. Wenn es schließlich in Paragraph 1 dann heißt, die unantastbare Menschenwürde »zu achten und zu schützen ist Verpflichtung aller staatlichen Gewalt«, wird nach dem Urteil Ernst Wolfgang Beckers vermieden, die »Grundrechte einem abstrakten Menschentum zuzuschreiben und dem Menschen eine Vorrangstellung gegenüber dem Staat zuzuerkennen«. Heuss hat damit seine Auffassung vom Staat durchsetzen können, der für ihn, anders als für viele nach den zwölf bösen NS-Jahren, immer noch mehr ist als eine »bedrohliche Institution unter Generalverdacht« – er sieht in ihm auch den »Domestizierer« des Menschen, den »Befrieder«. Indem Artikel 1 die Schutz- und Integrationsfunktion des Staates festschreibt, erhält der Staat die ihm nach den Heuss'schen Vorstellungen gebührende »innere Würde« – eine Auffassung, die bei vielen Christ- und Sozialdemokraten in den Beratungen auf Widerstand stößt.

Eine Niederlage muss Heuss freilich hinnehmen, als er die Streichung jenes Absatz 3 in Artikel 4 fordert, der bestimmt, dass niemand gegen sein Gewissen zum Kriegsdienst mit der Waffe gezwungen werden darf. Da während der Beratungen des Parlamentarischen Rats an eine deutsche Armee oder gar eine allgemeine Wehrpflicht nicht zu denken ist, steht dieser Absatz, auch wenn er dem betont antimilitaristischen Zeitgeist entspricht, etwas verloren im Grundgesetz. Aber nicht deshalb kämpft Heuss gegen ihn an. Er sieht in der allgemeinen Wehrpflicht das legitime Kind der Demokratie, geboren in der französischen Revolution, und will einfach nicht akzeptieren, dass sich selbst im Falle eines Verteidigungskrieges ein jeder unter Berufung auf die Gewissensfreiheit »drücken« kann. Mit 15 gegen 2 Stimmen wird sein Antrag zurückgewiesen, doch wird Heuss immer mit Befriedigung auf seinen Vorstoß im Parlamentarischen Rat zurückblicken, zumal 1952, als Adenauer unter schwierigen Mehrheitsverhältnissen eine deutsche Beteiligung an der Europaarmee durchboxen will. Haben ihn Adenauer und die CDU, wird er später schreiben, in seinem

Kampf um die Wehrpflicht als »legitimes Kind der Demokratie« vor drei Jahren nicht im Stich gelassen?

Es gibt auch andere Felder, auf denen Heuss mit seinen Vorstellungen nicht durchdringen kann – so etwa bei der Gestaltung der Zweiten Kammer. Soll sie ein Bundesrat, eine Vertretung der Länder sein oder – wie in Amerika – ein Senat mit direkt in den Ländern gewählten Senatoren? Und wenn Bundesrat, wie soll dieser zusammengesetzt sein? Die Bayern bestehen auf einer reinen Vertretung der Länderregierungen, Heuss will einen eher gemischten Bundesrat: Neben den jeweiligen Regierungsvertretern sollen von den Landtagen gewählte Abgeordnete sitzen. Er greift damit auf das Vorbild des Staatenhauses der Paulskirchenverfassung zurück und nennt sein Modell etwas umständlich (und für viele schwer verständlich) einen Bundesrat mit »senatorieller Schleppe«. Allerdings erhält er dafür so wenig eine Mehrheit wie Adenauer, der einen klassischen Senat befürwortet: Das extrem föderalistische Bayern und die sozialdemokratische Fraktion einigen sich überraschend auf die noch heute existierende Bundesratsversion einer reinen Vertretung durch die Länderregierungen – die CSU konzediert im Gegenzug eine bundeseinheitliche Finanzverwaltung samt einem Finanzausgleich unter den Ländern. Die Konstruktion des Bundesrats kann freilich Heuss nicht überzeugen, zumal er beinahe prophetisch meint, damit werde nur ein »Föderalismus der Bürokratie« heraufbeschworen, der »das Einheitsleben der Gesamtheit« stören werde.[19]

Erbittert, ja ohne Glacéhandschuhe wird der Kampf um die Grundrechte allerdings erst geführt, als die CDU unter dem Einfluss der katholischen Kirche die Anerkennung des Reichskonkordats von 1933 verlangt und beide Kirchen das Elternrecht im Grundgesetz verankert sehen wollen. Es ist vor allem Heuss, der Verfechter der staatlichen Oberaufsicht über das Schulwesen und Anhänger der christlichen Gemeinschaftsschule, der dem energisch entgegentritt. Der Elternrecht-Forderung nachzugeben hätte bedeutet, die freie Wahl der Schulform durch die Eltern und damit konfessionsgebundene Bekenntnisschulen in kirchlicher Trägerschaft anzuerkennen. Wie seinerzeit in Württemberg, als er das Elternrecht verhinderte, argumentiert er auch jetzt »nationalpolitisch« mit der »Tragik« der »ungeheuren Binnenwanderung«, welche Vertreibung und Flüchtlingsstrom ausgelöst haben: »Wenn wir in den kleinen Städten und Dörfern aber nun zweierlei Schulen erhalten, bleiben die Kinder der konfessionellen Minderheiten immer die Fremden, die Ungarndeutschen, die Sudentendeutschen usf.«, antwortet er einem Kritiker seiner Haltung. Reinhold Maier versichert er, dass er in der Schulfrage fest bleiben und sich »nicht überfahren« lassen werde, zumal durch das Nebeneinander von öffentlichen und konfessionellen Schulen dem Staat Lasten entstehen würden, »die wider alle Verantwortung wären«.

Seine kompromisslose Zurückweisung des Elternrechts, auch seine Haltung zum Reichskonkordat bringt ihm den Vorwurf der Kirchenfeindlichkeit ein; der christdemokratische Abgeordnete Adolf Süsterhenn, Kultusminister von Rheinland-Pfalz, bezichtigt Heuss sogar indirekt sowjetischer Agitation, wenn er in einem Artikel behauptet, die Gegner der Übernahme des Reichskonkordats ins Grundgesetz, SPD, KPD und FDP, hätten »den sowjetischen Standpunkt« im Parlamentarischen Rat »gemeinsam vertreten«. Heuss wehrt sich in einer persönlichen Erklärung, nach der »wir hier keinen sowjetischen, sondern einen deutschen »Standpunkt« vertreten«, und gibt dem »Publizisten Süsterhenn« den Rat, »die Arbeit des Abgeordneten Süsterhenn nicht zu erschweren oder gar zu verderben«. Wie hoch die Wogen bei dieser Debatte schlagen, davon zeugt auch der Satz des Heuss-Freundes und liberalen Abgeordneten Höpker-Aschoff, der den Christdemokraten im Hauptausschuss entgegenhält, das Reichskonkordat sei »von einer Verbrecherbande abgeschlossen worden«, und zwar »in der vorherigen Absicht, es nicht einzuhalten«. Das Elternrecht gerät zur Zerreißprobe, kann aber in letzter Minute im Parlamentarischen Rat verhindert werden; das Problem des Konkordats bleibt – weil im Grundgesetz unerwähnt – in der Schwebe, und strittige Kirchenfragen werden, einem Vorschlag von Heuss und Höpker-Aschoff folgend, durch die Übernahme der Kirchenartikel der Weimarer Verfassung weitgehend beigelegt.

Konrad Adenauer bescheinigt Heuss das Verdienst, besonders in der Schulfrage »zur Auflockerung der starren Fronten« beigetragen und eine »mittlere Linie« vorgezeichnet zu haben, »durch die schließlich ein Auseinanderbrechen vermieden werden konnte«. (Diese mittlere Linie garantiert den Religionsunterricht als ordentliches Lehrfach an öffentlichen Schulen, der in Übereinstimmung mit den Grundsätzen der Religionsgemeinschaften erteilt wird. Außerdem wird das Recht zu Errichtung von privaten Schulen gewährleistet). Und Carlo Schmid bestätigt Adenauers Einschätzung, wenn er schreibt, ohne Heuss »wäre es kaum möglich gewesen, sich über die Schulartikel im Grundgesetz zu einigen«. Hatte hier ein Kulturkampf mit umgekehrten Vorzeichen gedroht? Heuss jedenfalls befürchtete, »daß eine Klerikalisierung im Anmarsch sei, die wir als Problem jetzt nicht auch noch brauchen können«.

Wie sehr es im Parlamentarischen Rat gerade bei Kirchen-, bei Schulfragen und beim Elternrecht Spitz auf Kopf gestanden hat, wird in Heuss' Schlussrede am 8. Mai 1949 deutlich, als er den Herren der CDU die Anregung gibt, aus ihrer Fraktionskasse ein Neues Testament für die Redaktionsbibliothek des *Rheinischen Merkur* zu stiften und durch den Buchbinder ein Dauerlesezeichen bei Matthäus 23 anzubringen zu lassen, »wo nämlich die Rede Jesu über die Pharisäer steht«. Seine Begründung: Im (katholischen) *Rheinischen Merkur* sei zum ersten Mal »der Begriff der ›christlichen Partei‹ erschienen«, und kurz darauf habe das Blatt auch den Begriff der »nichtchristlichen Parteien« kreiert, eine Tatsache, die er nicht nur anmaßend, sondern außerordentlich »unchristlich« findet.

Heuss ist es bitterernst mit seiner Kritik an den Verfechtern des Elternrechts, und er gibt ihr in seiner Abschlussrede deshalb so viel Raum, weil er den Anspruch der Bischöfe wittert, über die politische Einstellung ihrer Schäflein zu bestimmen und Empfehlungen zu geben, wo sie auf dem Wahlzettel ihr Kreuz zu machen haben. »So geht es nicht«, ruft er, als er das Erzbischöfliche Generalvikariat in

Paderborn mit dem Satz zitiert: »Es ist schon eine ernste Gewissensfrage, ob ein Katholik jetzt noch der SPD oder der FDP angehören darf und kann.« Kirchen, so Heuss, »sollen sich nicht auf Parteien stützen wollen. Das ist ihrer nicht würdig, denn sie haben ihren Auftrag aus dem Ewigen. Aber auch die Parteien sollen sich nicht auf Kirchen stützen wollen. Die Parteien sind, weiß Gott, sehr diesseitige Gebilde mit allerhand Schlauheit, Taktik und kleinem Machtsinn, mit dem sie nicht die Kirchen belasten sollen und belasten dürfen.« Er will Kirche und Politik klar und eindeutig getrennt wissen, und er fordert dies so bestimmt und so entschieden, »weil wir in diesen Dingen eine reinliche Luft haben müssen«, und zwar »gerade auch um der Kirchen willen, und weil wir unserem politischen Leben in seinen säkularisierten Bedingtheiten sein eigenes Recht und seinen Raum zu lassen und zu sichern haben«.

Aber reinliche Luft ist mit dieser Rede nicht so schnell geschaffen, und im Juli 1949, mitten im Wahlkampf vor der ersten Bundeskampfwahl am 14. August 1949, kommt der Vorwurf der Kirchenfeindlichkeit mit der klaren Aufforderung, weder SPD noch FDP zu wählen, von einer Seite, von der wir sie heute gewiss kaum erwartet hätten: Ausgerechnet Gustav Heinemann, der Heuss als dritter Bundespräsident, und zwar als Sozialdemokrat, nachfolgen wird, erklärt – damals Christdemokrat, Präses der Synode der EKD und Oberbürgermeister von Essen – auf einer Wahlkundgebung in Heidelberg, »SPD und FDP könnten nicht die politische Heimat evangelischer Christen sein«. Als Heuss ihn um Aufklärung bittet, weil er demnächst selbst in Heidelberg sprechen und dazu Stellung nehmen wolle, antwortet Heinemann, seine Wahlkampfempfehlung sei nicht auf der Unterscheidung von christlichen und nichtchristlichen Parteien aufgebaut – die lehne er selber ab –, sondern »aus den konkreten Vorgängen, nämlich den bekannten Bonner Differenzen hergeleitet, die allerdings für mich auch hinsichtlich Ihrer Partei enttäuschend waren«. Da mit diesen »bekannten Bonner Differenzen« nur die heiß umstrittenen Kirchen- und Schulfragen mitsamt dem Elternrecht gemeint sein können, wertet Heuss diese Antwort als kaum verhohlene Bestätigung. Er wirft dem EKD-Synodalen nun seinerseits vor, seine Worte seien »unchristlich«, und zwar »für alle jene Menschen, die unter Einwirkung von Friedrich Naumann in die Politik traten«, aber auch für jene Sozialdemokraten, »die bewußt der materialistischen Tradition ihrer Frühzeit abgesagt haben«. Allerdings ist damit der Vorwurf, Heuss habe das Elternrecht verhindert und sei kirchenfeindlich eingestellt, längst nicht vom Tisch – er wird eine wichtige Rolle spielen, als Konrad Adenauer die frisch gewählte CDU/CSU-Fraktion Anfang September 1949 für die Wahl des Liberalen zum Bundespräsidenten zu gewinnen sucht und dabei auf erheblichen Widerstand stößt. [20]

Dankt es Heuss seinem souveränen Auftreten, seiner rednerischen Begabung und seiner Überzeugungskraft, hat es mit seiner parlamentarischen Erfahrung zu tun, die ihn Detailfragen mit Grundsätzlichem und historischen Perspektiven verbinden lässt, wenn sein Name als möglicher Kandidat für das künftige Präsidentenamt sehr früh ins Spiel gebracht wird? Kein Zweifel: Wenn er bei vielen als Geheimtipp gilt, dann weil er mit seinen plausiblen Interventionen, vor allem aber in der Funktion eines erfolgreichen Vermittlers zwischen den großen Lagern Statur gewonnen hat. Doch als ihn sein Parteifreund Max Rademacher Ende Oktober 1948 auf einer Veranstaltung in Neumünster erstmals öffentlich als den voraussichtlich kommenden Präsidenten ankündigt und der Berliner *Tagesspiegel* dies als Meldung verbreitet, beschwert sich Heuss bei ihm, auch wenn er dessen »wohlwollende Meinung« und Motive völlig anerkennt. Er sieht durch die Ankündigung seine Arbeit in Bonn im interfraktionellen Ausschuss bei bestimmten Fragen »einfach gelähmt« und begründet dies mit dem gängigen Vorurteil der meisten Menschen, die eben glaubten, »daß einer Politik nur für sich betreibe«.

In der Tat zeigt sich Heuss in der Präsidentenfrage besonders engagiert, hat er doch schon in seiner ersten Rede vor dem Plenum des Parlamentarischen Rats den Vorschlag von einem Dreiergremium zurückgewiesen, das die SPD wünscht, weil sie meint, es sei ein Unding, dass ein Präsident an der Spitze eines nichtsouveränen

Staatsfragments stehe.»Verkennen Sie nicht die Symbolkraft, die davon [von der Amtsfunktion eines Bundespräsidenten] ausgeht«, sagt Heuss am 9. September 1948,»und vermeiden Sie das Provisorium eines Direktoriums, was dann in der Bevölkerung gleich wieder so ausgedeutet wird: Man will also die verschiedenen Leute und Parteien daran beteiligt haben. Man muß schon den Mut haben, in das Strukturelle das Feste einzubauen.« Auch hat er, eine Direktwahl des Präsidenten ausschließend, einen Nationalkonvent vorgeschlagen, der sich sowohl aus Bundestagsabgeordneten als aus Delegierten zusammensetzt, die von den Landtagen gewählt werden, ein Wahlgremium, das der heutigen Bundesversammlung aufs Haar gleicht. Er wird sie voller Stolz später als seine ureigenste Erfindung bezeichnen. Weil die Auffassungen von SPD auf der einen, CDU und FDP auf der anderen Seite auseinandergehen, soll sich der nächste interfraktionelle Ausschuss nun Mitte November 1948 mit der Frage der Bundesspitze befassen – eine Sitzung, bei der sich Heuss nach der Ankündigung von Neumünster Ende Oktober nun in der »dümmsten Situation« befindet, wie er gegenüber Rademacher klagt. Argumentiere er jetzt in den Verhandlungen für einen Präsidenten, »so werden die einen sagen: aha, für sich. Überlasse ich die Argumentation einem unserer Freunde, so wird man sagen: Heuss hat Taktgefühl genug, sein Ziel nicht selber zu vertreten, und damit wird die Geschichte nur noch ungeschickter.« Doch so sehr ihn Rademachers Vorpreschen auch ärgert, kann es ihn doch kaum überraschen, wenn sein Name als der eines möglichen Präsidenten gehandelt wird. Paul Löbe, langjähriger sozialdemokratischer Reichstagspräsident und als nicht stimmberechtigter Berliner Mitglied des Parlamentarischen Rats, kennt und schätzt Heuss aus gemeinsamen Reichstagszeiten und wirbt bei seinen Genossen seit längerem für ihn, schon um den Christdemokraten Konrad Adenauer auf dem Präsidentenstuhl zu verhindern. Ein wenig fühlt Heuss sich dadurch schon geschmeichelt, sonst würde er die Tatsache, dass er »neben Adenauer als künftiger Bundespräsident genannt« wird, wohl kaum seinem Freund Ernst Jäckh in Amerika berichten. Doch spielt er sie herunter, indem er betont, dass er selbst darauf »geringen Wert« lege. Für Elly allerdings, so Heuss, »wäre das eine wunderbare Funktion, wenn sie zehn Jahre jünger und frischer wäre«.

Als Vorsitzender der Fraktion, der die FDP in allen zentralen Gremien des Parlamentarischen Rats vertritt, kann Heuss in der Regel immer auf seine liberalen Mitstreiter zählen, zumal es sich bei vier der fünf Mitglieder um frühere DDP-Mitglieder handelt. Das Klima innerhalb der Fraktion spiegelt also keineswegs die Vielfalt, vor allem die Gegensätzlichkeit der liberalen Auffassungen in den einzelnen Landesverbänden und Zonen wider, die teilweise quer gegeneinander stehen. Der Umstand, dass der betont rechte Hesse August-Martin Euler, der im Wahlkampf im Sommer 1949 eine Allianz mit der NPD schließen wird, durch einen schweren Verkehrsunfall daran gehindert wurde, selbst als Abgeordneter in den Parlamentarischen Rat einzuziehen und statt seiner der eher blasse August Becker kommt, der früher der DVP abgehört hat, erleichtert Heuss die Arbeit ungemein. Und dass die in vielem konservativ denkenden Nordrhein-Westfalen mit Hermann Höpker-Aschoff, dem früheren preußischen DDP-Finanzminister, einen gestandenen Linksliberalen entsandten, macht es Heuss leicht, Beschwerden etwa des Kreisverbandes Düsseldorf zurückzuweisen, die Fraktion berücksichtige die Meinung der Parteimitglieder nicht genügend. Habe Höpker-Aschoff die Situation im Parlamentarischen Rat etwa nicht eingehend auf dem Landesparteitag der FDP Nordrhein-Westfalens geschildert? Vor allem aus Niedersachsen und Nordrhein-Westfalen werden immer wieder Forderungen nach dem »Reich« und der Direktwahl des Präsidenten und einer weniger starken Stellung des Parlaments erhoben, auch von Friedrich Middelhauve, dem Verleger und Vorsitzenden des nordrhein-westfälischen FDP-Landesverbandes. Heuss antwortet ihm, der Begriff »Reich« sei mit der »Geschichtslage, in der wir stehen«, nicht mehr vereinbar, und ein plebiszitär gewählter Präsident sei für ihn nur vertretbar, wenn er »entsprechend machtpolitisch ausgestattet« sei – das aber wolle »nach den offenkundigen Fehlkonstruktionen in der Weimarer Verfassung« heute niemand mehr.[21]

In einem allerdings kann er sich der Gefolgschaft der Abgeordneten Becker und des linksliberalen Dehler in der Fraktion keineswegs sicher sein: in deren Zustimmung zum reinen parlamentarischen System, für das Heuss plädiert, auch wenn er einräumt, dass es durch die Entwicklung in Weimar diskreditiert ist. Wie die SPD, aber auch die Mehrheit von CDU/CSU will er daran festhalten, weil er darin gerade für Deutschland die wichtigste »Erziehungsschule der politischen Verantwortung« sieht. Sein dreizehn Jahre jüngerer Freund Dehler indes, der sich über Weihnachten 1948 die Zeit genommen hat, das bisher vom Parlamentarischen Rat Erarbeitete gründlich zu überdenken, kommt zu dem Schluss, dass der bisherige Entwurf sein wesentliches Ziel nicht erreicht, nämlich »die junge deutsche Demokratie stark und wirksam zu machen«. Ihm ähnelt das bislang Entworfene zu sehr der Verfassung der französischen Vierten Republik, die von Regierungskrise zu Regierungskrise stolpert: »... der gleiche schattenhafte Bundespräsident als überwiegend dekorative Figur; die entscheidende Macht beim Bundestag, von dem der Bundeskanzler mit seiner Regierung abhängt.«

Weil das deutsche Volk, »angefüllt mit Resignation und Skepsis«, das Bild häufiger Regierungskrisen nicht ertragen würde, plädiert Dehler, der ohnehin zu spontanen Aktionen neigt, zusammen mit August Becker in einem Alleingang Mitte Januar 1949 plötzlich für ein kraftvolles Präsidialsystem nach dem Motto: »Die demokratische Regierung muß stark sein. Nur dann wird die Demokratie stark sein.« Er schlägt vor, einem zwar nicht plebiszitär, sondern von der Bundesversammlung mit 800 Köpfen gewählten Präsidenten die »vollziehende Gewalt« zu übertragen: »Er soll nach dem Vorbild der Vereinigten Staaten Staatsoberhaupt und Chef der von ihm auf vier Jahre zu bildenden Regierung sein.« Beim Parlament – und zwar bei Bundestag wie Bundesrat – läge weiter die gesetzgebende Gewalt, auch sieht er Rechtsstaatlichkeit und demokratisches Verfassungsleben garantiert, denn sie werden, wie im Entwurf vorgesehen, unter die Obhut einer unabhängigen Gerichtsbarkeit und eines zu bildenden Verfassungsgerichts gestellt. Zwar scheitert Dehler mit seinem

Vorschlag umgehend im Hauptausschuss, aber der Vorgang zeigt, dass auch die kleine Fünf-Mann-Fraktion im Parlamentarischen Rat durchaus nicht immer einig ist. Wenn Dehler plötzlich für eine Regierung plädiert, die nicht Spielball parlamentarischer Interessen sein darf, kann er sich auf das Negativklischee von Weimar mit seinen Regierungskrisen, seiner Handlungsunfähigkeit und seinem ewigen Parteienstreit berufen – ein Zerrbild, das durch die Nazi-propaganda verstärkt wurde und im Volk noch höchst lebendig ist. Überzeugt, dass nur so ein Scheitern auch einer zweiten deutschen Republik verhindert werden kann, empfinden weite Kreise der FDP Sympathien für eine Lösung à la Dehler.[22]

Für die Öffentlichkeit gewinnt Heuss zusätzlich an nationaler Statur, als er Mitte Dezember 1948 auf dem Gründungsparteitag der Freien Demokratischen Partei (FDP) zu ihrem Vorsitzenden gewählt wird. Die Liberalen haben dafür einen symbolischen Ort gewählt: Heppenheim an der Bergstraße markiert eine wichtige Station auf dem Weg zur Märzrevolution, denn hier trafen sich im Gasthof zum »Halben Mond« im November 1847 südwestdeutsche Liberale des konstitutionellen Flügels und verkündeten ein Programm, das gemäßigter war als das im Monat zuvor von den radikalen »Demokraten« in Offenburg beschlossene. Wenn man so will, steht Heppenheim also auch für die Spaltung der Liberalen in Demokraten und Konstitutionelle am Vorabend der 1848er Revolution. Ist also schon die Wahl des Ortes ein böses Omen für den Versuch, eine endlich einige FDP für ganz Westdeutschland aus der Taufe zu heben?

Die örtlichen und regionalen Parteigründungen der allerersten Nachkriegsjahre waren zweifellos im linksliberalen Geist erfolgt, aber seit 1948, so die Parteienforscher Peter Lösche und Franz Walter, drängen Verfechter eines Rechtskurses energisch nach vorn. So scheint es, als solle sich die Spaltung der Liberalen im Bismarck-Reich wiederholen, wo die Liberalen in National- und Linksliberale auseinanderfielen, nur diesmal in den Reihen der einen und neuen Partei, die in Heppenheim zur Gründung ansteht.

Die Bruchlinie zwischen den Liberalen verläuft zwischen Nord und Süd – im Südwesten, aber auch in den Hansestädten dominiert die alte linksliberale Tradition, oft auf eine intakte bürgerliche Lebenswelt wie in Württemberg gestützt, im Norden, in Niedersachsen, Schleswig-Holstein und Nordrhein-Westfalen, aber auch Nordhessen herrschen eindeutig rechtere, zunächst klassische nationalliberale, teils sogar deutschnationale Vorstellungen vor. Die Bruchlinie zeigt sich auch in der Kritik, die viele Norddeutsche an der Arbeit der liberalen Fraktion des Parlamentarischen Rats üben. Aber zu den Differenzen zwischen den Lagern gesellen sich in Heppenheim auch die um Personen, welche die Lager repräsentieren. Franz Blücher beispielsweise war lange Zeit ein prononcierter Gegner der Gründung eines Weststaats und der alliierten Verfassungsauflagen; Ernst Mayer dagegen, Generalsekretär der DVP und rechte Hand von Heuss, sah die Londoner Empfehlungen bewusst als Chance für einen deutschen Neubeginn. Kein Zufall also, wenn Blücher und die Seinen eine wichtige Rolle Mayers in der neuen Partei zu verhindern suchen; wie Blücher über Heuss denkt, hat er zu erkennen gegeben, als er bei der Ämterverteilung der kurzlebigen gesamtdeutschen DPD leer ausging und nicht, wie Heuss, zum Reichsvorsitzenden neben Külz gewählt wurde: Heuss ist in seinen Augen »kein Politiker, aber ein schlechter Bücherschreiber« – so behauptet jedenfalls Mayer in einem Brief an Thomas Dehler und nennt seinerseits Blücher einen »Bankbeamten, den doch keiner kennt«.

Da Mayer in einem Rundschreiben vor der Heppenheimer Zusammenkunft die intolerante und antiliberale Haltung nationalistischer Kräfte in einigen Landesverbänden gerügt hatte – »in der Pointierung zu geschliffen, in der Aggression zu heftig«, räumt selbst sein Freund Heuss ein – wird er bei den Wahlen in Heppenheim abgestraft: Mit nur 31 Stimmen ist er im Vorstand nicht vertreten, und für Heuss als Vorsitzenden votieren von den 89 Delegierten bei 15 Enthaltungen nur 72. Ein überzeugendes Ergebnis sieht anders aus. Besonders für Heuss werden diese Wahlen zum Desaster, denn er sieht sich jetzt seines wichtigsten Mitarbeiters beraubt. Den meisten leitenden Männern der Partei, klagt er dem liberalen Oberbürgermeister von Marburg, Karl Theodor Bleek, sei bekannt gewesen, »daß dieses ganze persönliche Experiment, mich wieder in die breite Parteipolitik einzulassen und gar den Vorsitz zu übernehmen, auf der Voraussetzung ruhte, daß Ernst Mayer nicht nur im Spiel blieb, sondern daß er mir die Tagesarbeit völlig abnehmen und mich vertreten könne«. Nun zeigt er sich ratlos, wie es weitergehen soll: »Ich bin kein Mann der Organisation, was jedermann weiß, dazu mit politischer Arbeit und publizistischen Verpflichtungen überlastet ...« Wenn er in seinem Brief an Bleek vermutet, lange vor der Heppenheimer Zusammenkunft habe eine Gruppierung beschlossen, »die Clique Heuss-Mayer (nicht) zu stark« werden zu lassen, zeigt dies nur, wie wenig einig die neue Partei ist, deren Vorsitzender er wurde und wie sehr sie in Flügel zerfällt, die hart miteinander um Einfluss kämpfen. Dass Heuss auf diesem Gründungsparteitag keinen leichten Stand hat, zeigt schon der heftige Streit um den Namen der Partei: Nur mit einer Rücktrittsdrohung hat er die Namensgebung Liberale Partei Deutschlands verhindern können. Gegen das Wort liberal wendet er sich nicht, weil er antiliberal ist, sondern wegen seines wirtschaftstheoretischen Klangs und weil es für junge Menschen über keinerlei Anziehungskraft verfügt.

Aber bei seinem Widerstand hat natürlich seine »geistige Herkunft anderer Art« eine Rolle gespielt, wie er, auf den nationalsozialen Naumann anspielend, seinem alten Berliner Studenten Hans-Heinrich Welchert versichert. Hat Heuss seine Rolle vielleicht eher als die eines Parteipräsidenten verstanden, der über den Flügeln schwebt und in seinem Adlatus Mayer den Kärrner gesehen, der die Arbeit macht? Der entschiedene Parteiführer ist er jedenfalls nicht, eher ein »Verlegenheits- bzw. Übergangskandidat«, und als solchen sieht ihn auch die Besatzungsmacht, die aufmerksam die ersten Schritte der neuen Partei beobachtet. In einem *Personality Report* der amerikanischen CIC vom 15. September 1949 wird er als Realist, hochgebildeter *matter-of-fact*-Mann und fähiger Vermittler gelobt, aber es heißt da auch: »... with respect to the position of a party leader, Heuss has also obvious shortcomings. One of them is, that he has grown old. Another one is the fact, that although he is certainly an author (of a large number of politico-historical books), although he is possibly a statesman, he is not a politician, not an organizer, and that his appeal to the audiences may be doubted.«

Er selbst wertet seine neue Stellung als Vorsitzender keinesfalls als besonderen Erfolg oder gar »Sieg« in seiner Laufbahn, sondern eher als ein Opfer: »... außer einer gewissen Beredsamkeit und dem Talent, Schwierigkeiten auszuweichen, bringe ich für dieses Amt nicht allzu viel mit«, gesteht er Gottfried Traub, dem alten *Hilfe*-Prediger aus nationalsozialen Zeiten. Vor allem fehle ihm »der Trieb zum Organisatorischen und das Bedürfnis, im Rampenlicht spazieren zu gehen«. Parteifreund Dehler bemerkt einmal, dass Heuss »als der gute grand old man ... in die Vitrine« gestellt werde. Folgt man Ernst Wolfgang Becker, dann wird er vor allem wegen seines »vermittelnden, Atmosphäre schaffenden Naturells«, aber auch wegen seiner »großen, mit historischer Bildung grundierten Reden« gewählt, »die nicht polarisierten, sondern sinnstiftend die Firnis der Einheit über die liberale Kakophonie legten«.

Wie sehr die Meinungen auch innerhalb des neuen Vorstands auseinandergehen, zeigt allein die Tatsache, dass Heuss ein Ja zum Grundgesetz nur gegen starken Widerstand durchsetzen kann und die Zustimmung mit einer einschränkenden Forderung verbunden ist: Nach der ersten Legislaturperiode soll nach den Vorstellungen der Liberalen eine Gesamtrevision der Verfassung erfolgen, bei der die Kritiker dann ihre Forderung nach einer stärkeren Regierungsgewalt durchzusetzen hoffen. Betont national gesonnene Mitglieder des Vorstands, darunter Blücher und Middelhauve, wünschen auch, dass die Fraktion im Parlamentarischen Rat sich nicht für die Farben Schwarz-Rot-Gold ausspricht, sondern sich der Stimme enthält – eine Empfehlung, die allerdings nicht berücksichtigt wird.[23]

Im März 1949 fühlt Heuss zum ersten Mal so etwas wie Erschöpfung. Es ist seine Arbeitsüberlastung als Parlamentarier in Bonn, aber auch im Stuttgarter Landtag, als Parteivorsitzender der FDP und, nicht zu vergessen, als Leitartikler für sein Heidelberger Blatt, die Heuss aufreibt und an ihm zehrt. Er habe erheblich an Gewicht verloren und wiege nur 122 Pfund, schreibt er Blücher Ende März aus Stuttgart, die Ärzte seien mit »Röntgen, Blutbild u.s. f.« geradezu über ihn hergefallen. In dem seit langem geplanten Osterurlaub mit Elly in Badenweiler diagnostiziert ein Konsilium von vier Ärzten eine Kreislaufstörung, die von einer Kropfbildung ausgeht und/oder einer Herzmuskelschädigung – beides, meldet er Dehler in Bamberg, lasse sich mit einer Liegekur von vier Wochen und der Einnahme bestimmter Medikamente stoppen. Nur: Den Gefallen könne er den Ärzten leider nicht tun, denn er müsse eilends nach Bonn.

In der Tat ist das Zustandekommen des Grundgesetzes plötzlich in Frage gestellt, weil die Militärgouverneure vor allem auf französisches Drängen schon Ende März gegen eine zu schwache Stellung der Länder und gegen eine zentrale Finanzverwaltung Einspruch erhoben haben. Der von einer Beinamputation inzwischen genesene SPD-Vorsitzende Kurt Schumacher jedoch ruft einen kleinen Parteitag nach Hannover ein, besteht auf einer Resolution zur »Regelung im Finanzwesen«, die »dem Bund die Mittel und Möglichkeiten gibt, deren er zur Erfüllung seiner Aufgaben bedarf« und droht, notfalls das ganze Werk scheitern zu lassen. Heuss eilt nach Bonn und bemüht sich, in der Sache zu vermitteln, doch der Streit wird schließlich weniger durch die Deutschen als die Alliierten beigelegt. Die Briten halten die Zustimmung beider großer Parteien für das Grundgesetz für unverzichtbar und sind in der Sache ohnehin weniger föderalistisch orientiert als die Franzosen, aber auch als die Amerikaner. Auf ihr Drängen haben die drei Verbündeten in Washington eine Rückfall-Position ausgearbeitet, welche den zentralen Forderungen der Sozialdemokraten bei der Finanzverfassung entgegenkommt. Von den drei Militärgouverneuren gebilligt, wird das Grundgesetz – jenes nach Heuss »ganz kleine Stück festen Bodens für das deutsche Schicksal« – schließlich am 8. Mai 1949 mit 53 gegen 12 Stimmen angenommen. Die Gegenstimmen kommen von sechs der acht Abgeordneten der CSU und je zwei Abgeordneten der Deutschen Partei, des Zentrums und der KPD. Für Heuss war es stets undenkbar gewesen, dass ein »deutsches Grundgesetz nicht mit den Stimmen der Bayern angenommen werden könnte« – umso schmerzlicher empfindet er das Nein der sechs Christsozialen, denen das Verfassungswerk zu zentralistisch geraten ist, und fragt: »Habt ihr kein Gefühl für die relative Unwürde des Vorganges ... Es ist doch nicht so, daß die bayerische Geschichte allein von den Herren bestimmt wird, die gerade heute das bayerische Kabinett bilden.«

Als am 10. Mai über den vorläufigen Sitz der Bundesorgane abgestimmt wird, ist sich die kleine liberale Fraktion im Parlamentarischen Rat nicht einig: Dehler, Schäfer und Höpker-Aschoff sprechen sich mit der knappen, insgesamt 33 Köpfe zählenden Mehrheit für Bonn aus, der historisch denkende Heuss aber mit dem Hessen Becker für Frankfurt, schon weil es die Krönungsstadt der deutschen Könige und mit der Paulskirche Sitz der ersten deutschen Nationalversammlung gewesen ist. Zur Ausfertigung und feierlichen Verkündigung des Grundgesetzes am 23. Mai reist Heuss aus Konstanz an und unterbricht damit einen dreiwöchigen Aufenthalt im Städtischen Hospital, in das er sich wegen allgemeiner Schwäche, Appetitlosigkeit und chronischer Müdigkeit begeben musste. Wie schon die Ärzte in Badenweiler, diagnostizieren auch die in Konstanz eine leichte, jedoch »reparierbare« Herzmuskelschädigung und empfehlen ihm, weniger zu rauchen – aber bei den Zigarren »brav zu werden«, ist für Heuss bekanntlich mühsam. Mit den Ärzten in Badenweiler hatte er so lange gerungen, bis sie ihm endlich eine Zigarre nach jeder Mahlzeit bewilligten. Aus dem Konstanzer Spital entlassen, setzt er sich für eine Woche in das idyllische Murrhardt im Schwäbischen Wald ab, ehe er sich in den Wahlkampf stürzt – den ersten wirklich freien, der seit 1932 um ein deutsches Parlament geführt werden kann. Das »Landstädtchen mit der seltsamsten Romantik« ist ein idealer Erholungsort für ihn, denn dort kann er völlig ungestört seiner liebsten Freizeitbeschäftigung nachgehen: dem Zeichnen, das für ihn die »angenehmste Form von Ausruhen ist«.

In den darauffolgenden Wochen des Wahlkampfs schont er sich wahrlich nicht, reist kreuz und quer durch Süd- und Norddeutschland und spricht in den vier Wochen von Mitte Juli bis zum 14. August 1949 in insgesamt 25 Versammlungen. Wenn er seine Zuhörer beschwört, ihr Kreuz bei der FDP zu machen, dann weil allein seine Partei gegen die beiden Gefahren Front macht, die von den großen Parteien drohen: gegen jede Form von Sozialisierung und Planwirtschaft, wofür die SPD eintritt, aber auch gegen die Gefahr der Klerikalisierung, gegen die Forderung der katholischen Kirche nach dem Elternrecht, welche die CDU unterstützt und die zur Bekenntnisschule führen würde. Er vertritt die klassische liberale Position der Stärkung der Rolle des Einzelnen gegenüber dem Staat, will, wie im Wahlkampfprogramm der FDP gefordert, die umgehende Einstellung der schematischen Entnazifizierung durch eine Amnestie erreichen, möchte dies allerdings nicht als Freibrief für Kriminelle verstanden wissen: NSDAP-Mitglieder, die Straftaten begangen haben, sollen sich vor Gericht verantworten, aber die Diskriminierung der kleinen Mitläufer und der anständigen Berufssoldaten soll endlich ein Ende haben.

Der erste ordentliche Parteitag der FDP im Juli in Bremen hat ihn als Vorsitzenden und Franz Blücher als stellvertretenden Vorsitzenden bestätigt und ein Programm, die Bremer Plattform, als das längst überfällige Zeichen für die Geschlossenheit der Partei verabschiedet. Auch der innerliberale Flaggenstreit war mit dem formellen Beschluss beigelegt worden, die Flagge Schwarz-Rot-Gold als »die Fahne des neuen Deutschland« anzuerkennen, zugleich aber der »schwarz-weiß-roten Fahne« des Deutschen Reiches »immer ehrfurchtsvolles Gedenken« zu bewahren. Doch wenn die betont national denkenden niedersächsischen Freidemokraten für ihre Wahlveranstaltungen unverdrossen mit den Farben Schwarz-Weiß-Rot werben, zeigt dies – sehr zum Verdruss des Parteivorsitzenden –, dass der Flügelkampf innerhalb der FDP, dem Bremer Einigungsprogramm zum Trotz, keineswegs beendet ist. »Wenn die niedersächsischen Freunde glauben, mit dieser Melodie den

Wahlkampf bestreiten zu sollen«, ermahnt Heuss den FDP-Ober-
bürgermeister von Göttingen, wo er am 24. Juli auf einer Wahl-
kampfveranstaltung sprechen wird, dann denkt »... niemand bei
uns im Süden ... daran, einen solchen Weg mitzugehen. Das Nationalgefühl der Deutschen muss auf eine andere Weise in Ordnung
gebracht werden. Ich auf jeden Fall lehne es ab, so nebenher als
Führer einer Traditionskompanie des Herrn Hugenberg angesehen
oder mißbraucht zu werden.« Da er dies um jeden Preis vermeiden
will, missfällt ihm auch, dass August-Martin Euler, der hessische
FDP-Vorsitzende, ein Wahlabkommen mit der weit rechts stehenden National-Demokratischen Partei (NDP) geschlossen hat, das
etlichen NDP-Kandidaten sichere Plätze auf der FDP-Landesliste
einräumt. Eulers Kurs einer strikt antimarxistischen Rechtspartei
beschwört aus Heuss Sicht die Gefahr herauf, dass die FDP sich
ausschließlich in der Rolle einer Gegenkraft zur Sozialdemokratie
definiert, ja diese zu verteufeln droht. Auch wenn Heuss selbst im
Wahlkampf an Schärfe gegen den cholerischen Schumacher und
dessen demagogische Ausfälle und nationalistische Töne nichts
fehlen lässt, sieht er in der Sozialdemokratie doch stets einen möglichen Bündnispartner. Hat er nicht im Parlamentarischen Rat
allzu föderalistische oder gar klerikale Forderungen der CDU nur
mit Hilfe der SPD zurückweisen können? In der Sozialdemokratie,
weist Heuss seinen Parteifreund Euler zurecht, gibt es Kräfte, »mit
denen wir staatspolitisch zu rechnen haben und gerne rechnen wollen«, und fordert, für seine Verhältnisse außerordentlich bestimmt:
»Ich möchte nicht haben, daß agitatorische Festlegungen erfolgen,
die den radikalen Elementen in der SPD das Stichwort vom ›Bürgerblock‹ zur Verfügung stellen und die maßvolleren Kräfte in den
Hintergrund schieben«. Natürlich denkt Heuss an die Zeit nach
den Wahlen, will keine der möglichen Allianzen ausschließen und
sieht die FDP möglicherweise in einer vermittelnden Rolle wie schon
im Parlamentarischen Rat. Was rhetorische Härte und persönliche
Diffamierungen angeht, stehen sich die Wahlkämpfer Schumacher
und Adenauer jedoch in nichts nach, so dass »die Verschärfung«,

die durch ihre »persönliche Form des Wahlkampfes« entstanden ist, »die Aufgabe des Mittlertums nur schwerer machen« kann, wie Heuss voll Bedauern seinem Stellvertreter nach Essen schreibt.[24]

Tatsächlich gibt es nichts zu vermitteln, wie das Wahlergebnis und vor allem die Folgerungen, welche SPD-Chef Kurt Schumacher aus ihm zieht, zeigen werden. Und die Ironie will zudem, dass ausgerechnet Theodor Heuss, der den Sozialdemokraten die Wahlkampfparole vom Bürgerblock nicht zugestehen wollte, schließlich die Spitze jenes Bürgerblocks repräsentieren wird, der die erste Regierung der jungen Bundesrepublik stellt. Heuss hat im Wahlkreis Stuttgart I (West) kandidiert und ist mit 29 470 Stimmen dem Sozialdemokraten und engen Schumacher-Vertrauten Erwin Schoettle knapp unterlegen, der mit 31 649 Stimmen als direkt gewählter Abgeordneter in den Bundestag einziehen kann. Bundesweit erzielen die Liberalen mit 11,9 Prozent der abgegebenen Stimmen als drittstärkste Partei ein für ihre Verhältnisse sehr respektables Ergebnis. Die CDU/CSU liegt mit 31 Prozent der Stimmen minimal vor der SPD mit 29,2 Prozent, der Abstand beider Fraktionen zueinander beträgt nur wenige Sitze, aber was auf den ersten Blick als knappe Niederlage für die SPD erscheint, stellt sich bei näherem Hinsehen als ein überwältigendes Plebiszit gegen Sozialisierung und Planwirtschaft und für die liberale Wirtschaftspolitik des Frankfurter Wirtschaftsrats unter Ludwig Erhard heraus. Schlägt man die Stimmen von FDP, DP (Deutsche Partei) und Bayernpartei, die ebenfalls für diese Politik eintreten, denen der CDU/CSU hinzu, dann hat das antisozialistische Lager im Verhältnis 65:35 klar obsiegt. Gewiss gibt es in der CDU Kräfte, die angesichts der allgemeinen Notlage die Sozialdemokratie in eine Regierung einbinden wollen und auf eine Große Koalition zusteuern – aber ist ihre Vorstellung realistisch, solange der SPD-Chef erklärt, ohne die Erfüllung wichtiger sozialökonomischer und sozialpolitischer Wünsche der Sozialdemokratie sei an eine Regierungsbeteiligung der SPD nicht zu denken?

Aus Heuss' Sicht stehen die Zeichen für eine Große Koalition nicht gut, und so schließt er ein Regierungsbündnis von CDU/CSU und FDP grundsätzlich nicht aus, will die Deutsche Partei mit ihren siebzehn Sitzen jedoch einbezogen wissen, damit die Koalition über die nötige Mehrheit verfügt. Als er dies am 18. August 1949 dem Deutschen Pressedienst (dpd) gegenüber zu Protokoll gibt, befindet er sich bereits in dem noblen Kurhaus Bühlerhöhe, wohin er sich nach den Wahlen mit Elly begeben hat, um deren chronisch angegriffene Gesundheit zu pflegen und die eigene Herzmuskelschwäche auszuheilen. Interesse verdient sein Gespräch mit der Presseagentur vor allem deswegen, weil er erstmals zu erkennen gibt, dass er selbst nach der Präsidentschaft greift. »Er werde sich«, so liest man in dem Interview, »… nicht der Verantwortung entziehen, wenn man ihn auf diesem Posten sehen wolle.« Im Übrigen verweist Heuss auf Paul Löbe, der ihn erstmals als Präsident ins Gespräch brachte, und erklärt, »es sei vieles davon abhängig, auf welche politischen Gruppen sich der künftige Bundespräsident stützen könne«. Mit diesen Worten schlägt er den Rat seines Freundes Höpker-Aschoff in den Wind, der ihm am 14. August schrieb, es wäre ihm ein schwerer Kummer, wenn man Heuss »mit der Bundespräsidentschaft zu Leibe rücke«. Heuss sei in der FDP, diesem »Sammelsurium, aus dem erst noch eine Partei werden soll«, weiter nötig, zudem solle nach seiner »ketzerischen Meinung« kein Parteiführer den Platz des Bundespräsidenten einnehmen, da dieser als Symbol des ganzen Volkes gedacht sei.

Höpker-Aschoff, der bald zum ersten Präsidenten des Bundesverfassungsgerichts berufen wird, setzt auch Fragezeichen hinter ein Bündnis mit der Deutschen Partei, weil ihm der »nationale Rummel«, den sie in Niedersachsen betreibe, »geradezu widerwärtig« sei und »außenpolitisches Porzellan« zerschlage. Nimmt »Heuss, der sich von Höpker-Aschoffs Überlegungen unbeeindruckt zeigt, mit seinem dpd-Interview die Pläne Konrad Adenauers vorweg, ohne sie zu kennen? Während er auf 800 Metern Höhe kurt, bittet dieser am 21. August 26 wichtige CDU- und CSU-Honoratioren in sein Haus in Rhöndorf und macht – bei einem für die damalige Zeit aufsehenerregend reichhaltigen kalten Buffet samt Spitzenweinen –

Nägel mit Köpfen: Er rechnet vor, dass acht Millionen Wähler für eine sozialistische Wirtschaftsform, aber dreizehn Millionen für die soziale Marktwirtschaft Erhards gestimmt hätten, schwört die Mehrheit der Anwesenden auf eine kleine Koalition mit der FDP und der DP ein und versichert, man habe ihn »dazu vermocht, sich als Kanzler zur Verfügung zu stellen«. Ob Adenauer Kenntnis von dem dpd-Interview hat, in dem Heuss beteuerte, er werde sich, einmal gerufen, der Verantwortung nicht entziehen, bleibt ungeklärt. Sicher ist dagegen, dass er Heuss, ohne je zuvor ein Wort mit ihm darüber gewechselt zu haben, den in Rhöndorf Versammelten als Bundespräsidenten vorschlägt. Der angesehene FDP-Vorsitzende, so der Historiker Manfred Görtemaker, soll nach dem Willen Adenauers als Staatsoberhaupt die kleine Koalition »zusätzlich absichern«. Einerseits ist Heuss ein »saftiger Köder« (Schwarz) für den in Aussicht genommenen Koalitionspartner FDP, andererseits gilt er bei Adenauer von vornherein als pflegeleicht: Er sei überzeugt, so der Rhöndorfer Hausherr zu seinen Gästen, »daß der Herr Heuss, ich drücke mich so zart aus wie möglich, uns keine großen Schwierigkeiten machen wird«.

Als Adenauer in Rhöndorf solchermaßen vorprescht, hält er lediglich die Position eines Vorsitzenden der CDU in der britischen Zone, denn eine zonenübergreifende Organisation der Union gibt es noch nicht, und sein Kurs ist bei den Christdemokraten zunächst keineswegs unumstritten. Etliche Ministerpräsidenten, so Peter Altmeier in Mainz und Karl Arnold in Düsseldorf, und vor allem der christliche Gewerkschaftsflügel wünschen eine Koalition mit der SPD, und auch bei den Sozialdemokraten werden Stimmen für eine Große Koalition laut: etwa die des niedersächsischen Ministerpräsidenten Hinrich Wilhelm Kopf und seines hessischen Kollegen Christian Stock. Es ist ausgerechnet Kurt Schumacher, Adenauers großer Gegenspieler, der sich als sein zuverlässigster Verbündeter erweist: Als Bedingung für eine Koalition fordert er die verantwortliche Führung der Wirtschaftspolitik durch die SPD – ein Preis, von dem er weiß, dass ihn die CDU/CSU niemals zahlen wird.

Wie Adenauer am 21. August in Rhöndorf stellt Schumacher am 29. und 30. August in Bad Dürkheim die Weichen: Er schätzt die wirtschaftliche Entwicklung pessimistisch ein, glaubt, eine Bürgerblock-Regierung mit dem 73-jährigen Adenauer an der Spitze stehe von Anfang an auf wackligen Füßen, und zwingt seine Partei auf den Kurs einer »unsentimentalen Opposition«, die einen Regierungswechsel spätestens bei den nächsten Wahlen herbeiführen soll. Allerdings ist die Präsidentschaftskandidatur von Heuss damit keineswegs gesichert, sie bleibt vielmehr in der CDU/CSU-Fraktion heftig umstritten, auch als sie sich längst auf Konrad Adenauer als Kanzlerkandidaten geeinigt hat. Christlichen Gewerkschaftern wie Aloys Lenz gilt Heuss als zu wirtschaftsfreundlicher »Manchester-Mann« und Erzliberaler, überzeugten Katholiken wie dem Abgeordneten Nellen aus dem Münsterland als Verhinderer von Elternrecht und Konfessionsschulen. Als ein Abgeordneter aus Bayern über Heuss' mangelnde Kirchenfreundlichkeit klagt, gibt Adenauer die inzwischen berühmte Antwort: »Aber er hat eine sehr fromme Frau... das genügt.« Hans Schlange-Schöningen, Direktor für Ernährung und Landwirtschaft im Frankfurter Wirtschaftsrat, will selbst kandidieren und bezeichnet Heuss als einen guten Privatgelehrten und Schriftsteller, bezweifelt aber seine politischen Fähigkeiten. Der aufrechte Heinrich Lübke (Heuss' Nachfolger als Bundespräsident) rügt, dass die Wahl des Bundespräsidenten mit den Koalitionsverhandlungen verquickt wird, und der Abgeordnete Kurt Georg Kiesinger aus dem Wahlkreis Ravensburg, der einmal einer Großen Koalition vorsitzen wird, nennt Heuss in diesem Fraktionsdisput einen zwar »ehrenwerten Mann«, aber eben einen »liebenswerten Überrest des 19. Jahrhunderts«. Ohne Adenauer namentlich zu erwähnen, bezweifelt er, ob die neue Demokratie »nur mit den Männern des 19. Jahrhunderts« gebaut werden kann, und hofft, dass die beiden großen Parteien sich zu einer »großen Geste« zusammenfinden und sich auf einen Bundespräsidenten einigen können.

Doch Kiesinger irrt: Die Stunde der Wilhelminer ist noch längst nicht vorbei. Auch wenn inzwischen feststeht, dass die Freien Demokraten die Wahl von Heuss zur Koalitionsbedingung erheben, sind die Zweifel gegen Heuss bei den Christdemokraten längst nicht ausgeräumt. Bei einer Probeabstimmung in der Fraktion sprechen sich nur 80 von 139 Abgeordneten für ihn als Präsidentschaftskandidaten aus. Nicht wenige im christdemokratischen Lager, darunter vor allem Karl Arnold, der einflussreiche Ministerpräsident von Nordrhein-Westfalen, sehen in einem gemäßigten Sozialdemokraten als Bundespräsident ein unverzichtbares Signal dafür, dass der neue Staat von den großen Parteien gemeinsam getragen wird. Als sie Namen wie Max Brauer oder Wilhelm Kaisen ins Spiel bringen und damit bei vielen Sozialdemokraten auf Gegenliebe stoßen, ist es erneut Kurt Schumacher, der Konrad Adenauer als Retter und Nothelfer beispringt. Der SPD-Chef hatte ursprünglich an eine *pouvoir neutre* gedacht, an eine von allen Lagern anerkannte, parteilose Persönlichkeit, mit Adenauer darüber gesprochen und die Idee wieder fallen gelassen, weil er eine solche fiktive Person nicht finden konnte. Der Gedanke aber, ein »gemäßigter« Sozialdemokrat könnte Gesetze für eine von der SPD-Opposition im Parlament bitter bekämpfte Wirtschaftspolitik unterzeichnen und verkünden und damit in den Augen der Bevölkerung als Feigenblatt für den Kanzler einer bürgerlichen Koalition dienen, ist ihm ein Graus. Wie Adenauer zieht er eine glasklare Trennung zwischen Regierung und Opposition vor, die ein Sozialdemokrat an der Spitze des Staates nur verschleiern könnte. Um eindeutige Fronten durchzusetzen, wirft er seinen Hut selbst in den Ring, wohl wissend, dass gerade er als sozialdemokratischer Kandidat für die Abgeordneten anderer Parteien absolut unwählbar ist. Widerspruchslos folgen ihm die SPD-Delegierten für die Bundesversammlung nicht, zumal viele aus Ländern kommen, in denen Große Koalitionen regieren. Doch boxt Schumacher seine Haltung schließlich durch und macht damit alle Pläne des Arnold-Flügels der Union zunichte.

Im Nachhinein erscheint das Verhalten der Sozialdemokraten gegenüber Heuss durchaus widersprüchlich, denn Paul Löbe hat mit seinem Werben für ihn als Präsident durchaus nicht allein gestanden.

Als sich die SPD gegen Ende des Parlamentarischen Rats fälschlich als
sicherer Sieger der kommenden Bundestagswahlen wähnte, ging die
Überlegung vieler dahin, Carlo Schmid und Theodor Heuss sollten die
Spitzenpositionen des neuen Staates besetzen – der erste als Bundeskanzler, der zweite als Bundespräsident. Erst als Heuss in Interviews
während des Wahlkampfs auf die unüberbrückbar gegensätzlichen
Positionen in Wirtschaftsfragen verweist und eine Koalition beider
Parteien ausschließt, verhärtet sich die sozialdemokratische Haltung;
und als Heuss sich gar als Präsidentschaftskandidat einer Bürgerkoalition zur Verfügung stellt, führt die SPD sein Ja zum Ermächtigungsgesetz gegen ihn ins Feld. Zwar sei das kein subjektiver Vorwurf gegen
Heuss, betont Carlo Schmid in einer Besprechung mit Adenauer und
dem stellvertretenden CDU/CSU-Fraktionsvorsitzenden Fritz Schäffer, an der auch Schumacher teilnimmt: Man wisse, dass er sich in
der Fraktion gegen das Gesetz ausgesprochen habe. Doch »er habe
nun einmal bei der Abstimmung die Hand erhoben und damit sei er
ungeeignet für das Amt des Bundespräsidenten ...« Doch versichern
die beiden Sozialdemokraten, sie würden loyal mit ihm zusammen
arbeiten, sei er einmal gewählt und habe bewiesen, dass er als Präsident über den Parteien stehe.

Als am 12. September 1949 im Bundestag, der früheren Pädagogischen Akademie in Bonn, die erste Bundesversammlung zusammentritt, um den ersten Bundespräsidenten zu wählen, stehen insgesamt
sechs Kandidaten zur Wahl – neben Heuss und Schumacher werden
Rudolf Amelunxen vom Zentrum und dazu – eher als Zählkandi-
daten – Hans Schlange-Schöningen, Josef Müller, Karl Arnold und
Alfred Loritz vorgeschlagen. Gewählt ist, wer mit minimal 403 Stimmen die absolute Mehrheit der 804 Delegierten erhält, ein Ziel,
das Theodor Heuss im ersten Wahlgang eindeutig verfehlt: Nur
377 Delegierte geben ihre Stimme für ihn ab, Schumacher erhält 311,
Amelunxen 28, Hans Schlange-Schöningen 6 Stimmen, für Josef
Müller, Karl Arnold und Alfred Loritz entscheidet sich jeweils nur
ein Delegierter. Insgesamt wurden 75 leere Wahlzettel gezählt, von
denen etliche von Christdemokraten stammen, welche die Wahl von

Heuss als Kandidat der Kleinen Koalition für das falsche Signal bei der Geburt der neuen Republik halten. Auch die sechs Delegierten, die sich für Schlange-Schöningen aussprachen, stammten zweifellos aus dem christdemokratischen Lager. So kann Heuss erst im zweiten Wahlgang die absolute Mehrheit erreichen und wird mit 416 Stimmen gegen 312 für Schumacher gewählt – mit 13 Stimmen »über den Durst«, wie Parlamentarier sagen, ist dies gewiss keine umwerfende Mehrheit, zumal siebzehn CDU/CSU-Delegierte nicht für den Kandidaten der Koalition stimmten.

Ist Theodor Heuss zwar nicht Präsident von Schumachers Gnaden, doch allein durch dessen politisches Kalkül? Fried Wesemann, Korrespondent der *Frankfurter Rundschau* mit besten Kontakten zu sozialdemokratischen Führungskreisen, meint, das Ergebnis im ersten Wahlgang zeige deutlich, dass es »bis tief in die Reihen der Koalitionspartner um eine Kraftprobe ging«. Ein »gemäßigter Sozialdemokrat« als Kandidat wäre dem Freidemokraten Heuss sehr wahrscheinlich überlegen gewesen, »denn nicht nur diejenigen Gruppen innerhalb der Union, die auf Grund ihres christlichen Glaubens den entschiedenen Gegner des Elternrechts, Heuss, ablehnten, hätten sich vermutlich auf diese Seite geschlagen, sondern auch Kreise, die in einem sozialdemokratischen Bundespräsidenten eine Garantie für die ihnen notwendig erscheinende Zusammenarbeit der beiden großen Parteien erblicken. Das aber wollte der engere Kreis um Dr. Schumacher auf jeden Fall verhindern, und er hat sich durchgesetzt ... «

Schumacher zeigt sich, wenn nicht als heiterer, so doch als betont guter Verlierer, sendet telegraphisch »herzliche Glückwünsche« zur Wahl, hofft, sie werde »unserem Volke zum Besten dienen« und verbindet damit seine »aufrichtigen Wünsche« für Heuss' »persönliches Wohlergehen«. Jedenfalls klingt das sehr viel freundlicher als die offizielle Erklärung des SPD-Parteivorstands durch Erich Ollenhauer, in der es heißt, dass die Sozialdemokraten sich Heuss gegenüber so verhalten werden, »wie man sich einem ordentlich gewählten Staatspräsidenten gegenüber verhält: Korrekt und höflich«.[25]

Was heute historisch so festgefügt und gelungen erscheint, die Gründung der Bundesrepublik, ist 1949 Aufbruch, vor allem aber Wagnis, und der politische Konsens der großen Lager steht nicht an ihrer Wiege. Doch Opposition, auch scharfe, ist ein lebenswichtiges Element jeder Demokratie und hat wesentlich zur politischen Stabilität der Bundesrepublik beigetragen. Der Anfang der zweiten deutschen Demokratie ist von Lernprozessen gezeichnet: Theodor Heuss kommt in ein Amt, das bis jetzt, wie er selbst sagt, nur als »Paragraphengespinst« existiert und das sein wird, »was sein Inhaber aus ihm macht«. Dies hat er 1927 über Friedrich Ebert geschrieben, den er schätzte und bewunderte, und wer es nachliest, könnte meinen, er habe beim Schreiben damals schon an den Heuss von 1949 gedacht. Wie Ebert, der nach dem Zusammenbruch der Monarchie und der Flucht des Kaisers nach Holland »aus dem Nichts, aus einer Lage heraus, die keinen ›Vorgang‹ kannte«, ein Amt schuf, wird er das seine nach Hitler, dem Zusammenbruch des »Dritten Reiches« und militärischer Besetzung schaffen und es mit seinem »Menschentum« füllen – ein Wort, das er gern im Munde führt. Wie Ebert wird er dem Amt »Würde, Kraft und Tradition« verleihen, wie Ebert hat er die Mission, das »Fundament eines neuen Staatsgefühls zu legen«.

Seine erste Rede vor der Bundesversammlung nach der Vereidigung stellt er unter das Motto »Gerechtigkeit erhöhet ein Volk«. Er spricht von seinem Vater, »der in die Seelen seiner jungen Söhne die Legenden des Jahres 48 gegossen« und ihnen einen Begriff davon gegeben habe, »daß die Worte Demokratie und Freiheit nicht bloß Worte, sondern lebensgestaltende Werte sind«. Er beruft sich auf seinen großen Mentor Friedrich Naumann, ohne den er nicht wäre, »was ich bin«, und dem er das Wissen verdankt, »daß die Nation nur leben kann, wenn sie von der Liebe der Massen des Volkes getragen wird«. Von ihm habe er auch gelernt, »daß die soziale Sicherung mit die Voraussetzung der politischen Sicherung ist«. Wenn er hervorhebt, seine Berufung in das Amt stelle eine Anerkennung »für die Mittleraufgabe« dar, die ihm im Parlamentarischen Rat zugewachsen sei, macht er, gewählt von einer Bürgerkoalition, bewusst und gezielt deutlich, dass er sich durch sie keineswegs gefesselt sieht: Er erwähnt die persönlichen Freundschaften und Vertrauensverhältnisse, die er auf der Rechten wie der Linken besitzt und beschreibt als seine und als Aufgabe des neuen Amtes, »über den Kämpfen, die kommen, die nötig sind« nun als »ausgleichende Kraft vorhanden zu sein«. Er beklagt das »geschichtliche Leid der Deutschen«, dass die Demokratie von ihnen nicht erkämpft wurde, sondern das Ergebnis von Niederlagen und Katastrophen war und ist, und er vergleicht die Lasten, die auf dem demokratischen Neubeginn 1918/19 und dem von 1949 ruhen: Damals gab es »dynastische Probleme«, genauer: Monarchisten, Republikfeinde, welche die Monarchie um jeden Preis wiedererrichten wollten, heute stelle sich die Frage, »wieweit die nahe Vergangenheit, die hinter uns liegt, noch seelisch zwischen uns vorhanden« ist. Er schlägt damit eines der wichtigsten Leitthemen seiner Präsidentschaft an: die Auseinandersetzung mit der nationalsozialistischen Vergangenheit, und seine große Sorge, dass manche in Deutschland zu schnell vergessen wollen. Wir müssen, so Heuss schon in seiner Rede vor der Bundesversammlung, »das im Spürgefühl behalten, was uns dorthin geführt hat, wo wir heute sind. Ich hoffe, daß wir dazu kommen werden, nun aus dieser Verwirrung der Seelen im Volk eine Einheit zu schaffen. Aber wir dürfen es uns nicht so leicht machen, nun das vergessen zu haben, was die Hitlerzeit uns gebracht hat.«

Anders als Ebert, verfügt er über keine reale Macht – außer der des Wortes. Aber die beherrscht er meisterlich und versteht, sie glänzend zu nutzen – zum »Zu-sich-selber-Finden« der Deutschen nach den bösen Jahren des Nationalsozialismus, von dem er spricht, zu ihrer »Entkrampfung« aus dem politischen und moralischen Schockzustand von 1945, auf die er zielt, und – zur Verwurzelung der Demokratie im Volk.[26]

# Der Präsident füllt
# ein Paragraphengespinst

## Adenauer, Heuss' Feldzüge gegen das Vergessen
## und das Stiften einer demokratischen Tradition

Der neu gewählte Präsident gerät zum Glücksfall für die junge Republik. Seine Vorgänger als Staatsoberhaupt waren Hindenburg und Hitler, der Feldmarschall und sein böhmischer Gefreiter, doch Heuss, Zivilist und Bürger durch und durch, erlangt Autorität, ohne autoritär zu sein. Sein Naturell kennt nichts von jenem »Respekt vor organisierter Gewalt, der das deutsche Staatswesen vergiftet hat«, lobt Theodor Adorno und bewundert, wie es Heuss als Intellektuellem gelingt, ohne Demagogie Kontakt zu den Massen herzustellen, ja populär zu werden. Und wenn es der Politiker *und* der Homme de Lettres, wenn es die Person Theodor Heuss vermag, das klassische deutsche Vorurteil abzubauen, dass Geist und Macht, dass Politik auf der einen Seite, Literatur und schöne Künste auf der anderen unüberbrückbare Gegensätze bilden – hilft ihm dabei, was der *Spiegel* mokant den Heuss'schen »Sommerfrischedialekt« nennt? Dieser tiefe, gemüthafte, schwäbelnde Bass, der nach Adorno als »unmittelbarer Träger des Humanen« zu einer Kraft wird, die bei den Massen Resonanz erweckt? »Aschspekt« oder »Reschpekt« oder »Schtaat« klangen eben »menschlicher, humaner, lebensnäher« als das reine Hochdeutsch, meint der Theaterkritiker Gerhard Stadelmaier, einer seiner Bewunderer, der freilich selbst ein Schwabe ist. Doch sind dies Einschätzungen nach seiner Amtszeit, bei seiner Wahl kennt kaum ein Deutscher das neue Staatsoberhaupt von Namen und Gesicht, geschweige denn sein schwäbelndes, oft silbenverschluckendes Deutsch. Als die Gesellschaft für Demoskopie in Allensbach im Frühjahr 1949, also gegen Ende des Parlamentarischen Rats, in dem Heuss doch die Rolle eines wichtigen Anregers und Vermittlers spielt, danach fragt, wer Präsident des neuen Staates werden solle, bleiben 64 Prozent der Befragten stumm, jeweils 8 Prozent nennen die Parteiführer Schumacher und Adenauer, dann folgen Karl Arnold und Carlo Schmid – der Name Heuss wird nicht ein einziges Mal erwähnt. Gewiss, unter seinen Liberalen und ihren Wählern in Südwesten und Süden ist Heuss ein Mann von Gewicht, die Abgeordneten der anderen Parteien im Parlamentarischen Rat achten ihn ob seiner vielen gescheiten, mit persönlichen Erfahrungen und historischen Beispielen gespickten Interventionen, aber Volkstümlichkeit besitzt er am Beginn seiner Präsidentschaft wahrlich nicht.

Manche Zeitungen tun sich schwer, den Gewählten ihren Lesern nahezubringen. Die Hamburger *Zeit* nennt ihn einen leicht professoralen Politiker und spöttelt: »Wer ihn, in spätes Biedermeier gekleidet, mit einem grauen Professorenzylinder, irgendwo auf der Straße träfe, der könnte glauben, er käme direkt von der Taufzeremonie der deutschen Demokratie in der Paulskirche im Jahre 1848«, Kiesingers »liebenswerte Persönlichkeit des 19. Jahrhunderts« lässt grüßen! Die meisten Blätter heben seine persönliche Lauterkeit und Toleranz hervor, auch der sozialdemokratische *Telegraf* betont, Heuss sei eine untadlige Persönlichkeit, setzt aber polemisch-giftig dazu, er stehe mit seinen 65 Jahren in einem Alter, »das ihn die Probleme der Zeit nicht mehr verstehen läßt«.

Auch das Ausland tut sich mit einer Einschätzung schwer, allerdings weiß der britische *Economist* die Rolle, die Heuss' Alter spielt, treffender zu bewerten als der deutsche *Telegraf*: Bis die jungen Deutschen die Glaubensstärke und Willenkraft aufbrächten, der neuen Bundesrepublik ihren Stempel aufzudrücken, müssten die Alten den Grundstein legen – Professor Heuss und Dr. Adenauer, deren »gesamtes Weltbild in dem Deutschland von vor vierzig Jahren wurzelt, in seinem Wohlstand und seinem Selbstvertrauen«. Die mittlere Generation der Deutschen – von der Weimarer Periode geprägt, ihrer Inflation, ihrem Nationalismus und ihrem geistigen Anarchismus – ist für den *Economist* schlicht ungeeignet für den Aufbau eines demokratischen Staates. Der ebenfalls britische *Observer* würdigt Heuss als späten Erben der 1848er-Generation, die amerikanische *Herald Tribune* als typischen College-Professor, und der konservative Pariser *Figaro* meint irrlichternd, Heuss habe »etwas von einem Poeten und einem Pastor, von einem Dr. Faust und einem Beethoven« an sich. Das Faustische, ein klassisch-französisches Klischee vom deutschen Intellektuellen, widerspricht Heuss, dem Mann des Maßes, und dass er, an dem man plötzlich Beethoven'sches entdecken will, nicht gerade musikalisch ist, hat sich bis an die Seine noch nicht herumgesprochen. Wie sollte es auch, wird doch auf dem Bonner Marktplatz, auf dem Jugendverbände und Schützenvereine mit Fackeln und Fahnen aufmarschiert sind, irrtümlich zunächst die staatsmännisch beeindruckende *bella figura* des niedersächsischen Ministerpräsidenten Hinrich Wilhelm Kopf als vermeintliches Staatsoberhaupt beklatscht.[1]

Um den Aufbruch in die neue Bundesrepublik würdig zu begehen, hat die Stadt geflaggt, die Rathaustreppe, auf der Heuss nach seiner Wahl quasi symbolisch zum Volk sprechen soll, ist mit frischem Grün geschmückt, die auf dem Marktgeviert noch vorhandenen Ruinen sind geschickt hinter Blätterwerk verborgen. Auf einem Podium spielt das städtische Orchester, Schülerinnen mit Blumensträußen bilden einen Halbkreis vor dem Rathaus, und als Heuss, begleitet vom Oberbürgermeister mit umgehängter Amtskette endlich im Wagen vorfährt, läuten alle Glocken der Stadt. Der Neugewählte treibt ein wenig Geschichte, erinnert an die Demokraten Kinkel, Dahlmann und Ernst Moritz Arndt, die im März 1848 die schwarz-rot-goldene Fahne von dieser Treppe geschwenkt hätten und vergleicht seinen Auftritt vor den Bonner Bürgern mit dem historischen Ritual des »Vollworts«, das am Ende der Kür der deutschen Könige gestanden hatte: Einmal zum Träger der deutschen Krone erwählt, traten sie vor das Volk, um sich dessen meist jubelnder Zustimmung zu versichern. Der Auftritt auf dem Marktplatz, so Heuss, sei deshalb mehr als ein Nachspiel zur Wahl im Bundeshaus: Wenn die Verfassung nicht im Volke lebendig sei, »dann bleibt sie eine Machtgeschichte von Parteikämpfen, die wohl notwendig sind, aber nicht deren inneren Sinn miterfüllen«.

Für Elly, der man einen Platz auf einem Balkon nahe dem Rathaus reserviert hat, sieht die Menge, die sich zur Feier eingefunden hat, von oben betrachtet aus wie ein »Stiefmütterchenbeet«. Erschreckt fragt sie sich: »Was singt man als Nationalhymne, wenn man keine hat?« Doch da spielt, nach einem dreifachen Hoch auf das Oberhaupt der neuen Bundesrepublik Deutschland, das Orchester schon »Großer Gott wir loben Dich«, jenes populäre Kirchenlied das dann »ganz überwältigend aus tausend Kehlen erklingt«.

Die Weimarer Republik, arm an Symbolen, hatte mit festlichen Inszenierungen gegeizt und es nicht verstanden, sich dem Volk nahezubringen – ein Fehler, den die Nordrhein-Westfälische Staatskanzlei, von der wohl die Dramaturgie zu der Feier auf dem Bonner Marktplatz stammt, beim Entstehen der zweiten Republik unbedingt vermeiden will. Einigen Blättern jedoch ist dies »zuviel der Fackeln, der Blumen und Empfänge«, etwa der konservativen Wochenzeitung *Christ und Welt*, die meint, schließlich habe man »nicht einen Staat«, sondern »einen Anfang, ein Provisorium gewählt« und darauf verweist: »An dem Tag, an dem in Bonn die Entscheidung über den Bundespräsidenten fiel, schnitt man in Essen eine Kriegerwitwe, Mutter von zwei Kindern, vom Strick. In den Flüchtlingslagern, in Baracken, in Kellerwohnungen lagen die Menschen genau so hoffnungslos und apathisch auf ihren Strohsäcken wie sonst, und vor den Arbeitsämtern standen sie Schlange nach Stempelgeld.« Die Stadt hat die Bürger aufgefordert, entlang der Route vom Markt zur vorläufigen Residenz die Häuser zu beflaggen und Spalier zu stehen, und Höhepunkt der Feierlichkeiten bildet ein Gartenfest, zu dem das Land Nordrhein-Westfalen die Mitglieder der Bundesversammlung, Vertreter der alliierten Hochkommissionen und Gäste aus Politik,

Kunst und Wissenschaft, insgesamt 1200 Personen, in das Brühler Schloss Augustusburg lädt. Es herrscht herrliches Spätsommerwetter, und auf der langsamen Fahrt dorthin im offenen Wagen, schreibt Elly Tage später ihren Freunden, »haben jedesmal, wenn wir durch ein Dorf kamen, die Glocken geläutet«, die Kinder »schrien natürlich unglaublich und schwenkten Fahnen, aber das täten sie auch beim Kasperletheater«.

Der erste Empfang des Bundespräsidenten selbst in der Godesberger Redoute mit nur 150 geladenen Gästen am Vormittag nimmt sich gegen den in Brühl bescheiden aus: Die drei Hochkommissare, die wahren Machthaber, sind erschienen, deutsche Politiker, in- und ausländische Journalisten, dazu 33 ausländische Diplomaten, die freilich nicht bei der Bundesrepublik – die ist ja noch im Entstehen –, sondern bei den alliierten Hochkommissionen akkreditiert sind. Es handelt sich um das erste formelle Zusammentreffen des neuen Staatsoberhauptes mit jenen, die hoch über Bonn auf dem Petersberg thronen und kritisch beobachten, ob drunten überm Rhein auch alles den von ihnen, den alliierten Kontrolleuren, gewünschten Lauf nehmen wird. André François-Poncet, der Frankreich als Botschafter schon bei Hitler vertrat und in Bonn deshalb wenig beliebt ist, beglückwünscht Heuss im Namen der Hohen Kommissare, geht mit erhobenem Sektglas auf ihn zu und sagt, die Presse wünsche ein Foto von beiden, während sie miteinander anstoßen. Doch Heuss, erstmals sehr souverän die nichtsouveräne Bundesrepublik repräsentierend, hält bewusst Distanz: »Besser nicht, Exzellenz!«, sagt er zu François-Poncet, dem er zwar durchaus zugesteht, ein hervorragender Kenner der Deutschen zu sein, doch darauf besteht, sie noch besser zu kennen: »Wenn das Bild morgen in die Zeitungen kommt, dann werden die Übelwollenden, und das sind wohl die Hälfte, sagen: ›Seht, da saufen sie wieder auf unser Geld mit dem Feind von gestern.‹« So jedenfalls die Fama.[2]

Bonn 1949 ist ein wahres Provisorium, und zwar eines, das sich noch jahrelang im Bau befinden wird. Der Bundesverkehrsminister schlägt seine Zelte in einem Salonwagen der Bahn auf Gleis 4 im Hauptbahnhof auf; Adenauer regiert zwei Monate im Museum Koenig – bei den Affen, wie er sagt –, bis das Palais Schaumburg zum Kanzlersitz umgerüstet ist. Und Theodor Heuss muss gut eineinviertel Jahre, bis die für ihn als Amtssitz vorgesehene Villa Hammerschmidt nach seinen Vorstellungen umgebaut und eingerichtet ist, auf der Godesberger Viktorshöhe in einem ehemaligen Erholungsheim der Reichsbahn hausen. Ursprünglich als großbürgerliche Villa mit Anklängen an den Jugendstil errichtet und in einem großen Park gelegen, bietet diese erste, alles andere denn repräsentative »Residenz« zwar einen herrlichen Ausblick auf den Rhein, dafür aber wenig Komfort. Anfang September hatten die letzten kurenden Eisenbahner ihre Zimmer geräumt, und erst am 3. September erhielt der zuständige Architekt den Auftrag, binnen neun Tagen und Nächten das Haus Viktorshöhe als Sitz des kommenden Bundespräsidenten und seines Präsidialamts herzurichten – und zwar bezugsbereit zum Tag der Wahl am 12. September mittags 12 Uhr. Kein Wunder, wenn Heuss in der ersten Nacht schlecht schläft: Noch fehlen Gardinen an den Fenstern, und die Scheinwerfer der ihn bewachenden Polizeieinheit stören ihn. In Schlafanzug und Bademantel eilt er auf die Terrasse und erteilt dem dort stationierten, verdattert salutierenden Polizeibeamten den ersten Befehl als Staatsoberhaupt: »Scheinwerfer aus!«

Privat belegt das Ehepaar Heuss dreieinhalb Zimmer im oberen Stock, eine kleine »Interimswohnung«, wie Elly sie nennt, mit ein paar vom Wallraf-Richartz-Museum in Köln geliehenen Bildern an den Wänden. Für Heuss' Bibliothek ist so wenig Platz wie in der Heidelberger Dachwohnung bei der Schwägerin. Wenn mehr als zwei Gäste zum Abendessen kommen, müssen die unteren Repräsentationsräume genutzt werden. »Wir sitzen in keinem Schloß, wie in den Zeitungen zu lesen steht. Wir sitzen in ein paar Stuben, und diese Stuben sind nun der Magnet der Hoffnung und Verzweiflung der Deutschen geworden.« Das erklärt Heuss in seiner Abschiedsrede vor dem Stuttgarter Landtag und spielt damit auf die Flut von Bittschriften und Hilferufen an, die ihn seit seiner Wahl täglich erreichen: »Die ganze deutsche Not, in Einzel- und Gruppenschicksalen schlägt Tag um Tag an unsere Tür... es ist kein fröhliches Amt. Aber doch spüre ich, daß sein Sinn als Amt vom Volke heute begriffen ist.«

Auf der Viktorshöhe geht es zunächst zu wie in einem Familienbetrieb, denn auch die wichtigsten Mitarbeiter des Bundespräsidenten sind hier untergebracht: Protokollchef Hans-Heinrich Herwarth von Bittenfeld, von Heuss als stellvertretender Leiter des Präsidialamts übernommen, hat zunächst ein Arbeits- und ein Schlafzimmer, muss letzteres aber opfern und im Büro schlafen, als mehr Personal eingestellt wird. Über den Balkon kann er seinen Chef, den Ministerialrat (und späteren Staatssekretär) Manfred Klaiber besuchen. Dieser, ein ehemaliger Diplomat, nach dem Krieg württembergischer Beamter und seit seiner Studentenzeit Mitglied der liberalen Akademischen Gesellschaft Stuttgardia in Tübingen, wurde von seinem Bundesbruder Reinhold Maier dem neuen Präsidenten für das Amt empfohlen. »Keine Vorzimmer, Wartezimmer oder Klingelanlage«, so erinnert Klaiber diese Anfangszeit mit Heuss, »verhindern seine engsten Mitarbeiter, ihn zu jeder Tages- und Nachtzeit zu sprechen. Er ist jeder Kritik offen; keine diplomatischen Umwege sind nötig, um dem ›Chef‹ etwas beizubringen.« Wie bescheiden es in den Bonner Anfängen beim Bundespräsidenten zugeht, vermerkt Paul Wilhelm Wenger vom *Rheinischen Merkur*, einer von vierzig zu einem »Abendimbiß« auf die Viktorshöhe geladenen Journalisten. Er lobt den Hausherrn, der »urban Rede und Antwort steht«, aber der Saal mit den sechs runden Tischchen, in dem sie versammelt sind, lässt ihn an ein »Bahnhofsnebenzimmer 2. Klasse« denken. Das Menü besteht aus belegten Brötchen mit Bier, und zum Nachtisch gibt es einige Früchte des Landes: Äpfel, Birnen und Trauben.[3]

Heuss bezeichnet sich in den Anfangsmonaten selbstironisch gern als »Bundespräsident in Ausbildung«, und zu den eher bitteren Erfahrungen, die er, kaum gewählt, machen muss, gehört auch eine Auseinandersetzung um das, was die *Frankfurter Rundschau* groß als »Unstimmigkeiten am Anfang« und seine alte *Rhein-Neckar-*

*Zeitung* gar unter der Überschrift »Der erste ›Verfassungsstreit‹«
zu melden wissen. Es geht um Artikel 64 des Grundgesetzes, der
bestimmt, dass die Minister auf Vorschlag des Kanzlers vom Bundespräsidenten ernannt und entlassen werden. Aber ist dies nun eine
Muss– oder eine Kannbestimmung? *Muss* der Präsident jeden Minister ernennen, der ihm vorgeschlagen wird, oder braucht er, wie der
erste und bis zu diesem theoretischen Streit einzige Kommentator
des Grundgesetzes, Friedrich Giese, schon Ende Mai 1949 behauptet, »die Vorschläge des Bundeskanzlers nicht zu befolgen« – kann
er mithin in einzelnen Fällen gegen die Berufung des vorgeschlagenen Ministers entscheiden? Die Meinungen zwischen den Parteien
gehen hier offenkundig auseinander, denn Juristen der FDP sagen:
Der Präsident muss *nicht*, er verfügt über einen Ermessensspielraum,
der ihm eine Ablehnung erlaubt. Die Debatten in der CDU/CSU am
14. September 1949 – dem Tag vor der Kanzlerwahl – werden vor
allem deshalb so erregt geführt, weil die Tageszeitung *Die Welt* aus
der eher von FDP-Meinungen beeinflussten »Umgebung von Heuss«
Gerüchte wiedergibt, dieser sei gewillt, von den im Grundgesetz
niedergelegten Rechten Gebrauch zu machen und »erheblichen Einfluß« auf die Regierungsbildung zu nehmen. Allein solche Gerüchte
genügen, den Zorn der versammelten CDU/CSU-Bundestagsfraktion
hervorzurufen: Adenauer versichert empört, der Bundespräsident
müsse »ganz zweifellos« alle Vorschläge, die ihm der Bundeskanzler
zur Ernennung oder Entlassung von Bundesministern macht, »vollziehen« und habe nicht das Recht, »einen Vorschlag des Bundeskanzlers auf Ernennung eines Ministers abzulehnen«. Bei näherem
Hinsehen wird klar, dass es sich hier um eine Grauzone handelt,
wie Robert Lehr, im Parlamentarischen Rat Mitglied des für diese
Frage zuständigen Organisationsausschusses, während der aufgeregten Fraktionsdebatte den Abgeordneten mitteilt: »Artikel 64«,
so Lehr, »enthält tatsächlich eine Lücke; wir hätten ihn im Organi-
sationsausschuß präziser fassen müssen.« Allerdings seien alle Mitglieder des Organisationsausschusses davon ausgegangen, »daß es
ausschließlich Sache des Bundeskanzlers sei, sich über die Zusam-

mensetzung des Kabinetts schlüssig zu werden«. »Schließlich«, so begründet Lehr, »bestimmt ja der Bundeskanzler die Richtlinien der Politik, und dazu gehört auch die Entscheidung über die Männer seines Kabinetts, die diese Politik durchführen sollen.« Aber hätte, wenn der Bundespräsident prinzipiell jeden vom Kanzler als Minister Vorgeschlagenen zu ernennen hat, Artikel 64 GG nicht lauten müssen: »Die Minister sind auf Vorschlag des Bundeskanzlers vom Bundespräsidenten zu ernennen und zu entlassen«? Es handelt sich zweifellos um eine jener strittigen Fragen, die letztlich nur in der praktischen Zusammenarbeit zwischen Präsident und Kanzler entschieden werden können.

Heuss hält es eher mit dem Grundgesetz-Kommentator Giese und erkennt, wie Adenauer 1959 rückblickend in seinen *Erinnerungen* schreibt, nie die Verpflichtung an, dass er jeden vom Kanzler vorgeschlagenen Minister ohne weiteres zu ernennen hat. Weil die Frage »verfassungsrechtlich nicht ganz klar« gelöst ist, rückt der Kanzler in der Praxis von der radikalen Auffassung, die er im September 1949 in der Fraktion vertrat, ab. Um möglichen Konflikten rechtzeitig vorzubeugen, bespricht er die Frage, »welche Herren als Bundesminister und für welche Ressorts sie in Betracht kommen«, rechtzeitig und »freundschaftlich« mit Heuss und ist mit dem Ergebnis seiner Konfliktvermeidungsstrategie offenbar zufrieden: »Er hat auf mich gehört, auf die Gründe, die ich anführte, wie umgekehrt ich auch in anderen Fällen auf ihn gehört habe.« Dass Heuss eine Ernennung auch ablehnen kann, wird, wie wir noch sehen werden, am Fall Thomas Dehler deutlich: Adenauer erwägt nach seinem Wahlsieg 1953, den liberalen Justizminister wieder ins Kabinett zu berufen, doch Heuss weigert sich, ihn zu ernennen und setzt sich mit dieser Haltung durch. Die aufgeregten, vom CDU-nahen Deutschland-Union-Dienst verbreiteten Gerüchte um einen Verfassungsstreit noch vor der Kanzlerwahl hatten einen sehr realen Grund: Die FDP beharrte auf dem Finanzministerium, wollte dies von dem früheren, langjährigen preußischen Finanzminister Hermann Höpker-Aschoff geleitet sehen und glaubte, Heuss könne dies bei dem noch nicht zum Kanzler gewählten Adenauer durchsetzen. Bei einer kurzen Begegnung Heuss-Adenauer am Tag nach der Präsidentenwahl kommt der Präsident – so berichtet es Adenauer vor der CDU/CSU-Fraktion – in der Tat auf diese oder jene Namen zu sprechen, die in den Koalitionsverhandlungen offenbar als Ministerkandidaten genannt werden. Er hält den einen für nicht kompetent genug, den anderen für zu alt, weist schießlich auf Höpker-Aschoff hin und sagt, »wir« – noch identifiziert sich der zu Überparteilichkeit verpflichtete Präsident offenbar mit der FDP – hätten ihm geraten, in Bonn zu bleiben und nicht einem Ruf nach Berlin zu folgen. Adenauer versteht dies als Aufforderung, Höpker-Aschoff in Erwägung zu ziehen, und weist das Ansinnen brüsk zurück: Wegen der betont zentralistischen Vorstellungen, die dieser im Parlamentarischen Rat vertreten habe, sei Höpker-Aschoff als Finanzminister »völlig unerwünscht«. Einen Versuch von Heuss, auf die Regierungsbildung Einfluss zu nehmen und mit Adenauer noch vor der Kanzlerwahl über dessen Kabinett zu sprechen, hat es also zweifellos gegeben. Aber Konrad Adenauer, der in Administration erfahrene Machtmensch und gefuchste Taktiker, weist das zurück, beharrt auf der Machtfülle, die das Grundgesetz dem Kanzler einräumt. Fast könnte man meinen, er habe das, was man später Kanzlerdemokratie nennt, schon vor seiner Wahl zum Kanzler begründet.

Als Heuss ihm Ende September 1949 mitteilt, er wolle, wie in der französischen IV. Republik üblich, als Präsident gelegentlich an Kabinettsberatungen teilnehmen, wenn es sich »um etwas Grundsätzliches handelt«, lehnt Adenauer entschieden ab – wohl aus der Überlegung heraus, das Staatsoberhaupt müsste in solchen Fällen dann seinem, Adenauers Kabinett, schon der Rangfolge wegen präsidieren. Was Heuss wünsche, erklärt er dem Präsidenten, sei weder im Grundgesetz vorgesehen noch mit der – damals noch nicht verabschiedeten – Geschäftsordnung des Kabinetts vereinbar. Ein denkbarer Konflikt wird schließlich dadurch beigelegt, dass der Leiter des Bundespräsidialamts an allen Kabinettssitzungen, wenn auch ohne Stimm- und Mitspracherecht, teilnimmt und so die volle und ständige Information des Bundespräsidenten über die politischen Entscheidungen der Regierung gesichert ist. Außerdem erstattet der Kanzler dem Präsidenten über die anstehenden großen politischen Entscheidungen von Zeit zu Zeit persönlich Bericht. Heuss, der ja im Parlamentarischen Rat an der Beschränkung der Einflussmöglichkeiten, wenn man so will: an der eigenen Entmachtung mitgewirkt hatte, fügt sich ohne großen Widerspruch, er resigniert. Was blieb ihm, wird er Adenauer später schreiben, »bei der Macht und Rechts-Situation viel anders übrig!« Dabei weist Arnulf Baring zu Recht darauf hin, dass die Anwesenheit des Präsidenten in Kabinettssitzungen zwar in der Verfassung nicht vorgesehen, aber auch keineswegs ausdrücklich untersagt ist. Dass man diese Frage bei gutem Willen Adenauers auch im Heuss'schen Sinn hätte lösen können, wird spätestens 1959 deutlich, als Konrad Adenauer – vorübergehend – selbst nach der Präsidentschaft greift und erklären lässt, er wolle sie »tagespolitisch aktualisieren«, und zwar durch »Teilnahme [an] bzw. Leitung der Kabinettssitzungen«.

Hätte ein konfliktfreudiger, kämpferischer Amtsinhaber, hätte ein echtes *political animal* seine Position gegenüber Adenauer besser behaupten können als der von Naturell und Charakter eher zu Versöhnung und Ausgleich neigende Heuss? Nicht zufällig wird Adenauer das Bonmot zugeschrieben, der Bundespräsident habe genauso viel Macht wie der Bundeskanzler schwache Nerven. Zwar bescheinigt Heuss sich einmal selbstkritisch das »Talent, Schwierigkeiten auszuweichen«, aber wenn er einer Konfrontation mit Adenauer aus dem Weg geht, sollte nicht übersehen werden, dass er sie auch aus wohlüberlegten, übergeordneten politischen Gründen meidet. In einem Memorandum vom Dezember 1958, in dem es um seine Nachfolge gehen wird, spricht er von dem Glück, »daß das wechselseitige Verhältnis zwischen Bundespräsident und Bundeskanzler menschlich durchwärmt« gewesen sei und er »in der elementaren Bewegung der Regierungspolitik« mit Adenauer übereingestimmt habe. Eine »Kraftprobe« zwischen beiden, etwa bei divergierenden

Ansichten in Personalfragen, »wäre bei der dauernd ungesicherten Lage des Staates geschichtlich unsinnig gewesen« und hätte – so Heuss in einem späteren Brief an Adenauer – »dieses fragwürdige Staatsunternehmen ›Bundesrepublik‹, nach dem, was die Deutschen erlebt haben, gefährdet«.[4]

Zu den bitteren Lektionen, die der »Präsident in Ausbildung« in den ersten Monaten lernen muss, gehört auch, dass er besser eine politische Einschätzung in der Öffentlichkeit unterlässt, so sie mit der Politik des Kanzlers nicht harmoniert. Anfang Dezember 1949 gibt er der Associated Press ein Interview, in dem er sich »absolut gegen eine Wehrmacht« ausspricht, »gleichgültig unter wessen Kommando sie stehen würde«. Selbst wenn die westlichen Alliierten die Schaffung einer deutschen Armee vorschlügen, würde er sich, so die AP-Meldung, dagegen wehren. Es ist nicht so sehr diese Passage, die Adenauer missfällt – er selbst spricht sich ja auch gegen eine deutsche Armee aus, nicht aber gegen einen deutschen Beitrag im Rahmen der Streitkraft einer europäischen Föderation –, als vielmehr Heuss' Meinung, man dürfe nicht allen Berichten über die schwere Bewaffnung der Volkspolizei der Sowjetzone glauben, denn diese Polizei sei keine homogene Kampftruppe. »Das sind doch schließlich Deutsche wie wir«, wird Heuss zitiert. »Deutsche sind nicht geschaffen, einen Bürgerkrieg zu führen. Denken Sie nur an den Kapp-Putsch, der ist ganz von selbst zusammengebrochen.« Dass der historische Vergleich mit dem Kapp-Putsch im aufgeheizten Klima des Kalten Krieges mehr als hinkt, ist eine Sache. Wenn Heuss aber meint, man dürfe die Bewaffnung von Einheiten der Volkspolizei in der Sowjetzone nicht so ernst nehmen, ist das die entscheidende andere: Hier fühlt sich der Kanzler direkt durch das Staatsoberhaupt dementiert, wird er doch nicht müde, die Hohen Kommissare auf die Aufstellung bewaffneter Polizeitruppen im Osten hinzuweisen und von ihnen Gegenmaßnahmen zu verlangen – etwa den Aufbau einer deutschen Bundespolizei. Er sei sicher, schreibt Adenauer an Heuss, dass es sich bei diesen Einheiten in der Sowjetzone um »junge Jahrgänge« handle, die im Ernstfall

»zweifellos den ihnen gegebenen Befehlen Folge leisten würden«. Die Ausführungen des Interviews, so Adenauer, »entkräften weitgehend meine den Hohen Kommissaren gemachten Darlegungen«. Er bitte deshalb um Verständnis für den Hinweis, »daß nach dem Grundgesetz die Richtlinien der Politik von dem Bundeskanzler zu bestimmen sind«.

Es ist die Zeit gegenseitiger Lernprozesse. Heuss sieht Adenauers Einwände selbstkritisch ein, zieht daraus Konsequenzen und verzichtet auf Kommentare zu aktuellen politischen Fragen, auch wenn ihm, der doch jahrzehntelang als Journalist über Politik geschrieben und als Abgeordneter im politischen Tageskampf gestanden hat, die Selbstdisziplin tagespolitischer Enthaltsamkeit schwerfallen muss. Präsident und Kanzler sind im Temperament völlig verschieden, entstammen unterschiedlichen Milieus und müssen erst zusammenfinden.

Theodor Heuss, acht Jahre jünger als Adenauer, tauchte »schon während der Studienjahre tief in die politischen und publizistischen Auseinandersetzungen seiner Zeit ein«, so Hans-Peter Schwarz, und ist 1905, »als Adenauer [als Justizassessor] noch auf dem Kölner Landgericht Akten wälzt, bereits zweiter Redakteur von Friedrich Naumanns ›Die Hilfe‹«. Beide werden im Kaiserreich sozialisiert, und an beiden geht die Jugendbewegung spurlos vorbei. Aber der eine kommt aus bürgerlich-demokratischem, der andere aus bürgerlich-katholischem Milieu, der eine ist Protestant, aber »kirchenferner Freigeist«, der andere kirchlich gebunden und praktizierender Katholik; der eine macht früh politische Karriere, wird 1909 erst stellvertretender, 1917 dann Oberbürgermeister von Köln, 1921 Präsident des Preußischen Staatsrats und in der Weimarer Republik zweimal als möglicher Reichskanzler des mächtigen Zentrums gehandelt; der andere doziert an der Politischen Hochschule, schreibt als Journalist und beginnt seine politische Karriere erst 1924 als Abgeordneter einer kleinen liberalen Partei im Weimarer Reichstag. Guido Müller zieht daraus den Schluss, der eine entspreche dem Typus des »politischen Führers«, der andere dem des

»politischen Bildners«. Wie sich der Politikstil der beiden unterscheide, hat er treffend herausgearbeitet: »polarisierend, machtbetont, hierarchisch-autoritär« der Stil des liberalen Konservativen und »Tatmenschen« Adenauer, »harmonisierend und ausgleichend, integrativ orientiert und mit redend-überzeugenden Mitteln« der des konservativen Liberalen und »intellektuellen Brückenbauers« Heuss. Aber er betont auch ihre Gemeinsamkeiten: Beide sind durch und durch zivile Bürger und haben nie gedient; beide sind »bildungs- und besitzbürgerliche Aufsteiger aus dem Klein- [Adenauer] und mittleren Bürgertum [Heuss]«. Beide lehnen den Sozialismus ab, nicht aber mögliche Bündnisse mit der demokratischen SPD; beide sind mit ihren Heimatregionen eng verbunden, teilen eine persönliche Aversion gegen Stresemann und, das scheint besonders wichtig, jeder von ihnen verliert 1933 Posten und Funktionen, ohne dass ihr Weg in den aktiven Widerstand führt; stattdessen begeben sie sich in die innere Emigration. Heuss und Adenauer vereint in der NS-Zeit eine Art »widerständiger Attentismus«, sie suchen »für Deutschland in der Zeit nach Hitler ihr Leben und ihre politischen Erfahrungen zu retten«.

Allen Gegensätzlichkeiten der Naturen, auch gelegentlichen Meinungsverschiedenheiten zum Trotz, finden Präsident und Bundeskanzler bald zum Miteinander, zumal beide großen Respekt voreinander haben. Heuss anerkennt Adenauers Ausdauer, Zielstrebigkeit und das taktische Geschick, mit dem er seine Politik betreibt, auch die Kräfte, mit denen er sich in seinem hohen Alter in den Wahlkampf stürzt: Der damals 83-jährige Adenauer, notiert er spöttisch-bewundernd im April 1959, »hat sich an den Wahlreden (nicht von den Wahlreden) so gut erholt, daß er jetzt höchst mobil in den Urlaub fährt«.

In der Theorie seit je Anhänger eines handlungsfähigen, kraftvoll geführten demokratischen Staats zeigt Heuss, trotz gelegentlicher Bedenken, Vorbehalte oder stilkritisch motivierter Einwände, Verständnis für Adenauers Ellbogenpolitik, für die Rücksichtslosigkeit, mit der dieser sich auch in den eigenen Reihen durchzusetzen ver-

steht. Der Kanzler wiederum respektiert den um so vieles Gebilde-
teren, schätzt seine Erfahrung, sein Einfühlungsvermögen, seine in
historischer Kenntnis wurzelnde Urteilskraft und sucht gelegentlich
sogar Rat bei ihm. Keiner taugt für den Job des anderen, wie Eberhard Pikart zu Recht bemerkt: Heuss ist, so banal das klingen mag,
»der geborene Präsident« und »Adenauer der geborene Kanzler«.
Verfügt der Kanzler nach dem klassisch gewordenen Wort Theodor
Eschenburgs über *potestas*, die Macht, gewinnt der Präsident bald
*auctoritas*, Ansehen und Autorität, und setzt sie erfolgreich ein, um
mit dem Instrument der Rede die Demokratie und den neuen Staat
im Volk glaubwürdig zu machen.

*Potestas* und *auctoritas*, die Politik des Kanzlers und das, was
Heuss selbst einmal seine »Metapolitik« nennt, ergänzen einander
und festigen einen jungen Staat, der über keine Tradition verfügt
und dessen Bevölkerung erst lernen muss, dass Auseinandersetzungen zwischen Regierung und Opposition, auch bittere, lärmende und
heftige, zum Selbstverständnis einer jeden Demokratie gehören.[5]

Beim ersten Neujahrsempfang, den Heuss Anfang Januar 1950 auf
der Viktorshöhe gibt, fehlen nicht nur die traditionelle Ehrenkompanie und der Glanz früherer Gratulationsempfänge – nicht ein
einziger ausländischer Diplomat ist erschienen, und nur ein einziges
Staatsoberhaupt hat dem Bundespräsidenten Glückwünsche zum
Neuen Jahr geschickt: der Schah von Persien. Die übrigen »Hof-
und Präsidialkanzleien«, so die *Westdeutsche Allgemeine Zeitung*,
berücksichtigen offenbar die Tatsache, »daß Deutschland immer
noch kriegführendes Land ist, dessen Außenpolitik von den Hohen
Kommissaren wahrgenommen wird«. An der Gratulationscour neh-
men fast ausschließlich Deutsche teil: der Bundeskanzler und die
Bundesminister, Bürgermeister der rings um Bonn gelegenen Städte,
Mitglieder des Präsidiums des Bundestages und des Bundesrates.
Eine seiner zentralen, ihm vom Grundgesetz übertragenen Pflichten

auszuüben, bleibt Heuss in den Bonner Anfängen also verwehrt: Er soll ja nicht nur Minister und Beamte ernennen, nach den Vorschriften des Grundgesetzes zustande gekommenen Gesetze ausfertigen und verkünden und im Einzelfall das Gnadenrecht ausüben, vielmehr gehört zu seinen wichtigsten Funktionen die völkerrechtliche Vertretung der Bundesrepublik gemäß Artikel 59, der formelle Abschluss zwischenstaatlicher Verträge und die Beglaubigung der deutschen sowie die Entgegennahme der Beglaubigungsschreiben ausländischer Botschafter. Da aber nach dem Besatzungsstatut die drei Hochkommissare für alle auswärtigen Angelegenheiten, selbst für die Kontrolle des Außenhandels und den Devisenverkehr der Bundesrepublik zuständig bleiben, entfällt diese Funktion zunächst. Diplomatische Vertreter ausländischer Regierungen werden nicht beim Bundespräsidenten, sondern bei der Hochkommission akkreditiert, die allerdings insofern »Entgegenkommen« zeigt, als zu dem Essen, das nach der Beglaubigung üblicherweise stattfindet, bald der deutsche Protokollchef hinzugezogen wird, der die Diplomaten dann anschließend zu einem formellen Besuch beim Bundpräsidenten begleitet. Beglaubigungsschreiben führen sie natürlich nicht mit. Aber weil die bei der Hochkommission akkreditierten ausländischen Diplomaten nach Bonn gekommen sind, um zwischenstaatliche Fragen direkt mit den neuen deutschen Behörden zu besprechen, treffen sie sich mit ihnen zum Teil informell und ohne Zustimmung der Alliierten. Gespräche mit dem Bundeskanzler müssen freilich noch über die Inhaber der wahren Macht, die Hochkommissare, vermittelt werden.

Heuss' wichtigste Tätigkeit zu Beginns seiner Amtszeit liegt denn auch auf innenpolitischem Gebiet: Als »Reisender in Staatsgeschäften«, wie er einmal sagt, stattet er den einzelnen Bundesländern sogenannte Staatsbesuche ab, stellt sich bei Landesregierungen, aber auch der Bevölkerung vor und sucht bei ihr Verständnis für die Institutionen des neuen Bundesstaats zu wecken. Bewusst beginnt er mit Bayern, dem einzigen Land, welches das Grundgesetz abgelehnt hat, doch führt ihn, wie er in einem Interview in der *Süddeutschen Zeitung* bemerkt, seine Reiseroute durch die Bundesrepublik nicht deshalb zuerst nach München, weil er der bayerischen Regierung einen »Ansporn zu mehr Bundestreue« geben wolle – an der bestehen offenbar keine Zweifel bei ihm. Die offizielle Begrüßung an der Isar fällt denn auch betont freundlich aus: Über allen Meinungsunterschieden, welches die beste Form des Staatsaufbaus sei, erklärt Ministerpräsident Hans Ehard auf einem Staatsempfang im Haus der Kunst, stehe stets die bayerische »Liebe zu Deutschland«. Die Münchner Oper glänzt mit einer Festaufführung des *Rosenkavaliers*, die Stadt ist beflaggt, allerdings fällt auf, dass das Erzbischöfliche Palais nur die bayerischen Farben zeigt. Handelt es sich um eine gezielte Zurückhaltung gegenüber dem Verhinderer des Elternrechts? Für den jungen Staat zu werben, ist keine einfache Aufgabe, wie Heuss am eigenen Leib erfahren muss. Anders als die Offiziellen, der bayerische Regierungschef, die Minister oder der Oberbürgermeister, zeigt die Bevölkerung sich eher gleichgültig oder uninteressiert – eine Tatsache, die Heuss vornehm in ein Lob zu kleiden versteht: Er sei froh, dass »keine Anweisungen für Ovationen« gegeben wurden, denn er hasse es, wenn »Menschen zu so etwas kommandiert werden«.

Anders in Berlin, der Hauptstadt des Kalten Krieges, die Heuss Ende Oktober 1949 besucht. Hier wird er von jubelnden Massen begrüßt. Wenn der Präsident des Berliner Abgeordnetenhauses ihn offiziell als den »höchsten Repräsentanten des *ganzen* deutschen Volkes« bezeichnet, kommt dies einer Antwort auf die Gründung der DDR am 7. Oktober gleich. Im Ostsektor residiert seit drei Wochen ja Wilhelm Pieck als (Gegen-)Präsident der anderen deutschen Republik, seine Regierung leitet Otto Grotewohl als Ministerpräsident, und die SED, die alle wichtigen Schaltstellen in dieser Gegengründung zur Bundesrepublik besetzt, wurde bereits 1948 nach dem stalinistischen Modell der KPdSU zur »Partei neuen Typs« umgeformt. Da kommt Heuss' Besuch zur rechten Zeit, um die feste Bindung zwischen West-Berlin und der Bundesrepublik zu unterstreichen und den Berlinern Mut zuzusprechen. Wenn er ihnen vom Balkon des Rathauses Schöneberg zuruft, seine Stimme sei

die von »Millionen deutscher Menschen, die zum Schweigen verurteilt sind«, betont er die Stellvertreterrolle der Bundesrepublik,
für die er schon im Parlamentarischen Rat gekämpft hat – und
die gut 200 000 Berliner, nicht wenige davon aus dem Ostsektor,
die zusammengeströmt sind, honorieren diesen Satz mit langem
Beifall. Er gratuliert den Berlinern, weil erstmals in der deutschen
Geschichte die Freiheit – während der Blockade – erkämpft worden
sei und sie mit diesem Freiheitskampf »Deutschland wieder ein
Gesicht« gegeben hätten.

Auf München und Berlin folgen Besuche in allen anderen Bundesländern: Hamburg lobt er als »Vormodell eines deutschen Repu-
blikanertums«, Nordrhein-Westfalen rühmt er, auch wenn der Bildungsbürger in ihm am Namen das Landes wegen seiner »etwas
unseligen philologischen Konstruktion« Anstoß nimmt, als deutschen Schmelztiegel, der ähnlich Berlin »die tatkräftigsten Menschen aus ganz Deutschland« angezogen hat. Fast überall findet er
die richtigen Worte, der »Professor« Heuss redet so, dass ihn auch
der einfache Mann versteht, und das Presseecho ist entsprechend
groß und durchweg positiv.

Das Naumann'sche und liberale Netzwerk mit seinen zahllosen
Kontakten bietet immer wieder persönliche Anknüpfungspunkte. In
Hamburg etwa sind es Rudolf Petersen, ein Vorgänger Max Brauers als Bürgermeister, mit dem Heuss als Naumannianer, Mitglied
der Fortschrittlichen Volkspartei und zeitweiliger DDP-Vorsitzender
befreundet war, aber auch Heinrich Landahl, den er als Mitglied
der Staatspartei-Fraktion im Reichstag kennt und der, inzwischen
Sozialdemokrat, in Brauers Stadtregierung die Funktion des Schul-
senators übernommen hat. Und als Heuss auf Erich Lüth, den Senats-
direktor und Pressechef Brauers trifft, sagt er nur: »Das Bürschlein
kenn' ich ja«, denn Lüth gehörte Anfang der dreißiger Jahre der
DDP-Bürgerschaftsfraktion an und war als führender Jungliberaler
ihr »Benjamin«.

Der Abschluss seines Besuchsreigens in Stuttgart steht noch aus,
da urteilt ein ausländischer Beobachter der deutschen Szene bereits,

Heuss sei »durch nichts als seine Existenz und sein gelegentlich unformelles und unzeremonielles Hervortreten z.B. anläßlich seiner Staatsbesuche in den deutschen Ländern *eine moralische Macht* geworden«. Stillschweigend nehme ihn der einfache Mann von seinem »globalen Verdammungsurteil über ›Bonn‹ aus«, durch das »reine Gewicht seiner bezaubernden und ganz menschlichen Persönlichkeit, durch seinen schwäbischen Humor und die in Deutschland ganz ungewohnte leichte Hand, mit der er seinen Repräsentationspflichten nachkommt«, habe der Präsident »ein beträchtliches Kapital an Vertrauen« angesammelt. Fritz René Allemann, der dies Mitte Mai 1950 schreibt, vertritt die Basler Tageszeitung *Die Tat* in Bonn und Berlin und ist ein hervorragender Deutschlandkenner; sein Buch *Bonn ist nicht Weimar*, das 1956 erscheint, gilt als beste Analyse der damaligen Bonner Republik, und sein Titel wird zum geflügelten Wort. Er vergleicht die »differenzierte Persönlichkeit« eines Heuss mit der »Handfestigkeit« Friedrich Eberts und der Monumentalität eines Hindenburg und gelangt zu dem Schluss, die »abgeklärte, von liebenswürdig-ironischem Augenzwinkern geleitete Weisheit und Menschlichkeit« des »homme de lettres« habe ihn zu einem richtigen »Landesvater« werden lassen. Heuss komme damit dem deutschen Bedürfnis entgegen »sich auch im Staate, psychoanalytisch gesprochen, eine Vater-Imago zu schaffen«.[6]

In der Tat zeigt ein Strom von Briefen, der bald täglich auf der Viktorshöhe eingeht, über wie viel Ausstrahlungskraft dieser sich so bürgerlich-zivil und unzeremoniell, so unverkrampft und völlig »normal« gebende Präsident nach sehr kurzer Amtszeit verfügt. Da landen Lob oder Einwände zu seinen Reden, Bitten um Hilfe bei praktischen Nöten, Themenvorschläge zu seinen Neujahrsansprachen, Kritik an Maßnahmen der Bundesregierung oder Klagen über Preissteigerungen und die Höhe der Abgeordnetendiäten auf seinem Tisch. Eine Schülerin beschwert sich, dass sie mit ihrer Klasse beim Stuttgart-Besuch des Bundespräsidenten zum Spalierstehen »befohlen« wurde und fragt: »Warum zwingt man uns denn schon wieder in politischer Hinsicht? Das verleidet uns die ganze Bundesrepublik. Wir haben gedacht, jetzt leben wir in einer Demokratie!«

Geschenke häufen sich im Bundespräsidialamt: Eine Berliner Wachswarenfirma schickt eine Wappenkerze, die auf seinem Schreibtisch »symbolisch Berlin mit seinen Nöten und Sorgen verkörpern soll«, eine Bleistiftfabrik aus Nürnberg Zeichenblock und -stifte, damit er seinem Hobby, dem Zeichnen, nachgehen kann, und eine Esslinger Konservenfabrik einen Karton mit Weinsauerkraut aus diesjährig angeblich besonders gut geratenem Filder-Weißkohl. Der Abt der »schwer kriegbeschädigten« Abtei Mariawald, eines Trappistenklosters in der Eifel »nimmt sich die Ehre«, ihm eine Flasche des von seinen Mönchen hergestellten Kräuterlikörs »zum Geschenk darzubieten«. Weil seine Abtei dringend Einnahmen braucht, sei des Likörs »Einführung in die höheren und höchsten Kreise« sehr wünschenswert. Auch Lyrisches, meist nach der Methode »reim dich oder ich fress dich« gefertigt und oft Huldigungen gleichend, findet sich im Posteingang. Zum 31. Januar 1950, seinem 66. Geburtstag, dichtet eine Tita Marsan-Buhle aus Bad Dürkheim:

> Da Du das Leben gemeistert,
> Für Recht und Wahrheit begeistert,
> Wählte Dich Gott zum Erhalter
> Deutscher Nation –:
> Dir ward der höchste Lohn,
> Des Reiches weiser Verwalter!
> Aus Weisheit und Güte gepaart
> Ist Deines Wesens Art ...
> Du stehst auf schwankendem Schiff,
> Beherrschend Sturm und Riff:
> Der Leuchtturm deutscher Treue
> Strahlt über Not und Weh!
> Wir grüßen Dich aufs Neue
> Von Holstein bis zum Bodensee ...

Allemann zitiert den Brief eines Hutfabrikanten, der den Präsidenten bittet, sich öfter in der Öffentlichkeit mit Hut zu zeigen und damit der deutschen Hutindustrie seine moralische Unterstützung zu versichern. Natürlich weist Heuss das Ansinnen zurück und schreibt »mit seinem üblichen Humor«, er wolle sich nicht als »Mannequin« der Bundesrepublik mit Beschlag belegen lassen. Nicht diese »lächerliche Episode«, aber die Folgerung, die der Schweizer Deutschlandexperte im Mai 1950 daraus zieht, verdienen Aufmerksamkeit: Da Heuss es versteht, Außenstehende zu erreichen und sie »mittelbar, gerade vom Unpolitischen her, auf den Staat zu lenken«, bewertet Allemann ihn als die »größte Kraftreserve«, über welche die deutsche Demokratie heute verfüge, als Reserve-Autorität eines aus seiner Sicht noch ungefestigten jungen Bonner Staates im Zustand einer latenten Krise, die jederzeit akut werden kann. Allerdings setzt er dabei voraus, dass »der Mann des weisen Maßes und des geschliffenen Wortes« sich in einer plötzlich aufbrechenden Staatskrise auch als »Mann der energischen Tat« erweist. Treffe dies zu, dann werde der von Heuss angesammelte moralische Fonds eines Tages auch politische Zinsen tragen »und vielleicht der Bundesrepublik in einem Moment, in dem sie sonst ihren Bankrott anmelden müßte, den notwendigen Überbrückungskredit zur Verfügung stellen«.

Um solche Überlegungen heute zu verstehen, muss daran erinnert werden, dass die Bonner Politik der Westintegration, die aus der historischen Distanz zu Recht als ein in sich konsequenter Wurf und als eine Erfolgsgeschichte erscheint, sich nicht ohne Krisen und Rückschläge vollzog und Konrad Adenauer als Kanzler im Jahr 1950 so fest im Sattel nicht sitzt. Bei der Bevölkerung ist seine Europapolitik nicht populär, der Abschluss der Saarkonvention zwischen Paris und Saarbrücken Anfang März 1950, die praktisch die Abtrennung des Saarlands als französisches Protektorat besiegelt und eine »saarländische Staatsangehörigkeit« schafft, vergiftet die Atmosphäre; selbst Adenauer bezeichnet sie anfangs als eine »Entscheidung gegen Europa«, und beim nationalen Flügel der Kanzlerpartei, bei Jakob Kaiser, bei den norddeutschen Protestanten, aber auch bei Eugen Gerstenmaier wachsen Zweifel an seiner Politik. Auch wirtschaftspolitisch bleiben Erfolge zunächst aus: Der große Wirtschaftsaufschwung, der die Politik Ludwig Erhards bestätigt und ein Jahrzehnt rasant wachsender Prosperität einleitet, beginnt ja erst mit dem weltweiten Boom, der auf den Beginn des Koreakrieges im Sommer 1950 folgt.

Bei den Herbstwahlen im selben Jahr – inzwischen verhandelt Adenauer mit Hochkommissar McCloy über einen deutschen Beitrag zu einer europäischen Verteidigungsstreitmacht – verliert die CDU in Hessen und Württemberg-Baden zwölf Prozentpunkte, in Bayern büßt die CSU die absolute Mehrheit ein und landet im Sturzflug bei 27,5 Prozent. Nur vor diesem Hintergrund wird Allemanns Diagnose von der latenten Krise, in der sich die Bundesrepublik befindet, verständlich. Bonn, die Regierenden, die Bonner Politik sind im Jahr 1950 nicht beliebt. Selbst der Vizekanzler und FDP-Vorsitzende Blücher klagt über »Fremdheit zwischen der Bundesregierung und dem Volke« und macht dafür des Kanzlers Regierungsstil verantwortlich – sein allzu geheimes persönliches Regiment an der Öffentlichkeit und selbst den Kabinettsmitgliedern vorbei.

Nur einer scheint von diesem allgemeinen Unbehagen an Bonn ausgenommen – Theodor Heuss. Seine Popularität steigt und steigt, und so ist es kein Zufall, wenn Blücher in einem Vortrag in Köln die Frage aufwirft, ob es wirklich dem Willen des Grundgesetzes entspreche, dass der Präsident nur auf rein repräsentative Aufgaben beschränkt bleibe. Die FDP hat bei den Wahlen von den Verlusten der CDU profitiert, und so versucht ihr Parteichef auf »dem Wege bestimmter Verfassungsinterpretationen« das Amt des Bundespräsidenten mit einigen politischen Leitfunktionen auf Kosten des Bundeskanzlers zu versehen. Es ist keineswegs auszuschließen, dass Heuss auf Blüchers Anregung hin im Mai 1950 das Recht einfordert, »Träger der Organisationsgewalt in der Bundesrepublik Deutschland zu sein« und damit über die Einrichtung oder Zusammenlegung von Ministerien und ihre Zuständigkeiten zu entscheiden. Allerdings weiß ein Konrad Adenauer solche Bestrebungen schon im Keim zu ersticken. So beharrt der Kanzler darauf, dass die Organisationsgewalt, ausgenommen Fragen, welche die Repräsentation des Staates betreffen (Flaggen, Wappen, Siegel, Nationalhymne etc.), bei der Bundesregierung, und das heißt bei ihm, liegt. In der Geschäftsordnung der Bundesregierung vom Mai 1951 steht dann auch, dass der Geschäftsbereich der einzelnen Ministerien vom Kanzler in den Grundzügen festgelegt wird. Und Heuss, der sich von den lautstarken Forderungen Blüchers von Anfang an distanziert hat, lenkt ein und akzeptiert des Kanzlers Interpretation.

Ohnehin mag bezweifelt werden, ob Heuss in einer Krise, wie es Allemann vorschwebte, wirklich zum Mann der »energischen Tat« hätte werden können. Thomas Dehler klagte einmal, Heuss habe »nie in seinem Leben etwas in Bewegung gesetzt, um nichts wirklich gekämpft, sei im Grunde seines Wesens kein Liberaler gewesen«. Und Arnulf Baring, der dies zitiert, stimmt ihm zu, wenn er den Höhepunkt des politischen Einflusses von Heuss nicht in die Präsidentenzeit, sondern in die Zeit des Parlamentarischen Rats verlegt, weil dort »bei der Arbeit am Grundgesetz Worte und Taten zusammenfielen«. Die Frage bleibt allerdings, ob Heuss' Zurückhaltung nicht gewollt ist, weil sie wesentlich zum Selbstverständnis seiner Präsidentenrolle gehört. Folgt man Karl Dietrich Bracher, dann versteht Heuss sein Amt als der Tagespolitik enthobener Bundespräsident in der Tat ähnlich der Rolle, die Walter Bagehot, der Autor des Standardwerks *The English Constitution*, den englischen Monarchen zugewiesen hat, nämlich »to encourage and to warn«, zu ermutigen und zu warnen und Einfluss zu nehmen durch sein persönliches Beispiel und seine Gestalt. Doch wie sehr Heuss auch in dieser zurückgenommenen Rolle – als Ratgeber und Mahner – politisch tatsächlich Einfluss nehmen kann, zeigt sich, als er den Plan »der Saar-Großen und einiger Bonner Dummköpfe«, welche die Rückgliederung des Saarlandes am 1. Januar 1957 zu einer großen nationalen Feier gestalten wollen, durch eine »kleine Niederschrift« an das Kabinett und den Bundesrat zerschlägt: Er rät mit Hinblick auf die deutsch-französischen Beziehungen zu Mäßigung und Nüchternheit, und der Kanzler, der ursprünglich unter dem Druck der FDP und des nationalen Flügels der CDU stand, ändert seine Meinung und schließt sich Heuss' Bedenken an. Die Autorität des Bundespräsidenten, so Eberhard Pikart, wird zu einem Politikum, sobald der Bundeskanzler sich darauf beruft, um sich »gegebenenfalls vor sachfremden Ansprüchen der Parteien« zu schützen.[7]

Wie beide einander ergänzen, wie der Ratgeber Heuss auf den Kanzler Einfluss nehmen kann, zeigt sich sehr früh am Beispiel des Verhältnisses der neuen Regierung zu den Juden. In seiner ersten Regierungserklärung im September 1949 hatte Konrad Adenauer dieses bestenfalls indirekt angesprochen, antisemitische Bestrebungen in der Bundesrepublik verurteilt und zugleich erklärt, die Berichte der ausländischen Presse darüber seien maßlos übertrieben. Es blieb dem Oppositionsführer, es blieb Kurt Schmumacher in seiner Erwiderung vorbehalten, auf die »furchtbare Tragödie« der Juden im Dritten Reich hinzuweisen und zu beklagen, dass der Kanzler in seiner Regierungserklärung zwar der deutschen Opfer des Krieges gedacht hatte – der Kriegsgefangenen, der Ausgebombten und der Vertriebenen –, nicht aber jener des Naziregimes. Adenauers Erklärung löst »in jüdischen Kreisen in Deutschland und im Ausland tiefe Enttäuschung aus«, zumal sie, wie die *Allgemeine Wochenzeitung der Juden* in Deutschland schreibt, seit viereinhalb Jahren vergeblich auf eine klare Stellungnahme eines verantwortlichen Politikers gewartet hätten. Da ist es Heuss, der auf Adenauer einwirkt, sich dem Chefredakteur dieses Blattes, Karl Marx, in einem Interview zu stellen, in dem der Kanzler den entstandenen negativen Eindruck ausräumt und finanzielle und moralische Wiedergutmachung als »unsere Pflicht« bezeichnet.

Der vierzehn Jahre jüngere Marx, wie Heuss einst Mitglied der DDP, seit 1920 Vorsitzender der Deutschen Demokratischen Jugend in Baden und zeitweilig Mitglied des DDP-Bundesvorstands, war 1933 über Saarbrücken, Italien und Tanger nach England emigriert und 1946 als einer der ersten jüdischen Emigranten nach Deutschland zurückgekehrt. In einem Brief bietet er sich schon drei Tage nach Heuss' Wahl als Vermittler zwischen Regierung und jüdischen Gemeinden an und schlägt Heuss die Einrichtung eines Referats für jüdische Angelegenheiten vor, das von einem Juden geleitet werden soll – ein Plan, den der Präsident an Adenauer weiterreicht, den beide für vernünftig halten, der aber von den einzelnen jüdischen Gemeinden nicht akzeptiert wird. Sie möchten, dass die Regierung lieber direkt mit von ihnen gewählten Vertretern verhandelt und schließen sich deshalb im Sommer 1950 zum Zentralrat der Juden in Deutschland zusammen, der dann ihre Interessen vertritt.

Dass Adenauer gerade in jüdischen Angelegenheiten oft dem Rat von Heuss folgt, ist auch in den Protokollen der Vier-Augen-Gespräche von Präsident und Kanzler hinreichend belegt. Im August 1951 erklärt Heuss dem Kanzler, nach seinen Begegnungen und »Konferenzen« mit mehreren »hervorragenden jüdischen Menschen« – darunter dem Chefredakteur der New Yorker Exilzeitung *Aufbau*, Manfred George, und dem Oberrabbiner Dr. Leo Baeck – habe er den Eindruck gewonnen, es sei an der Zeit, dass für die deutsch-jüdischen Beziehungen von Bonner Seite »etwas Deutliches geschehe« und schlägt vor, die Voraussetzungen für die Behandlung des Restitutionsproblems zu schaffen. Adenauer greift diesen Vorschlag in einer Regierungserklärung über die »Haltung der Bundesrepublik gegenüber den Juden« am 27. September 1951 auf, in der er die Verpflichtung zur Wiedergutmachung nationalsozialistischen Unrechts gegenüber rassisch, religiös, weltanschaulich und politisch Verfolgten offiziell anerkennt. Als der Kanzler ihm den Entwurf dieser Regierungserklärung zuvor zuleitet, macht er mehrere Ergänzungs- und Änderungsvorschläge, die Adenauer weitgehend übernimmt. So schlägt der Präsident vor, auch über »die Juden in den von deutschen Truppen besetzten Gebieten« zu sprechen, weil »gerade das letztere … ja für die Welt mit eine der bösesten Erinnerungen geblieben« sei. Auch, der Satz, in dem der Kanzler auf die versteckte Hilfe vieler Deutscher für die verfolgten Juden hinweisen will, erscheint ihm zu schwach: »Es kann ruhig heißen: Es hat in der Zeit des Nationalsozialismus im deutschen Volk viele gegeben, die auf die eigene Gefährdung aus religiösen Gründen, aus Gewissensnot, aus Scham über die Schändung des jüdischen Namens ihren jüdischen Bürgern Hilfsbereitschaft gezeigt haben«, so Heuss. Dabei denkt er gewiss nicht nur an die Tatsache, dass Elly die wertvollsten Goldmünzen aus der Sammlung ihres Freundes »Don Fernando« Mainzer umhäkelt und als Kleiderschmuck über die Schweizer Grenze geschmuggelt hat. Es war Leo Baeck, der ihn in der Überzeugung bestärkte, man solle jene Deutschen nicht vergessen, die den Juden in der Zeit der Bedrängnis und Verfolgung zu Hilfe kamen und dabei auch persönliche Gefahren auf sich nahmen.

Als Heuss Baeck am 22. August 1951 empfängt, schlägt der Oberrabbiner ihm bei der Begrüßung vor, man solle in Berlin dem unbekannten Arbeiter und dem unbekannten Spediteur ein Denkmal setzen: Als er, den Judenstern auf der Brust, auf der hinteren Plattform einer Berliner Straßenbahn gestanden habe, hätten ihm Arbeiter ihre Frühstücksbrote heimlich in seine Manteltaschen gesteckt; und er kenne Spediteure, die Wertsachen so gut im Umzugsgut von auswandernden Juden zu verbergen wussten, dass kein Zollbeamter sie je hätte finden können. So berichtet es der bei dem Gespräch anwesende Karl Marx. Gebaut wird das Denkmal natürlich nie, und wieweit der Vorschlag überhaupt ernst gemeint war, sei dahingestellt. Heuss kannte Baeck schon von der Hochschule für Politik her, wo er Vorlesungen hielt. Doch vertrauter wurde ihre Beziehung erst, als sie Ende der dreißiger, Anfang der vierziger Jahre einander im Berliner Hause von Heuss' Münchner Studienfreund Otto Hirsch begegneten, nachdem dieser, seines Amts als Leiter der Neckar A.G. enthoben, als Geschäftsführer an die Spitze der Reichsvertretung der deutschen Juden getreten war. Die Gespräche zwischen Heuss, Baeck und Hirsch, vor allem aber der an religiösen Problemen besonders interessierten Elly kreisten in dieser Zeit um Theologisches, Politisches und Geschichtliches und waren – wie konnte es damals anders sein – »tragisch durchfärbt«, wie Heuss es in einem Artikel zu Baecks achtzigstem Geburtstag erinnert. Hirsch wurde, der Leser weiß es bereits, 1941 im KZ Mauthausen ermordet; Baeck, 1943 nach Theresienstadt verschleppt, überlebte den Holocaust, wenn auch schwer misshandelt.

Nicht zuletzt durch seine engen Beziehungen zu Karl Marx wird Heuss zum ersten Ansprechpartner für jüdische Fragen und jüdische Emigranten in Bonn, wenn sie nach Deutschland kommen. Im März 1952 spricht Heuss den Kanzler auf das Verhältnis zu Israel und die moralische Wiedergutmachung gegenüber den Juden an. Doch diesmal reagiert Adenauer zurückhaltend, denn am 21. März beginnen in Wassenaar bei Den Haag Wiedergutmachungsverhandlungen zwischen der Bundesrepublik, Vertretern Israels und jüdischer Weltorganisationen. Besorgt über eine möglicherweise zu hohe finanzielle Belastung, will der Kanzler zunächst mehr über die atmosphärischen Bedingungen wissen, ehe Heuss eine Kommission für Fragen der moralischen Wiedergutmachung berufen kann. Als die deutsch-israelischen Verhandlungen beginnen, die schließlich zum Luxemburger Reparationsabkommen vom September 1952 führen, findet sich – so das Urteil Guido Müllers – Heuss mehrfach in einer »drängenden Rolle«.

Es gehört zu dem zentralen Bemühen seiner ersten Präsidentschaft, das Verhältnis zwischen Juden und Deutschen zu entspannen und zu normalisieren, soweit das in diesen frühen Nachkriegsjahren überhaupt möglich ist. Und auch wenn er mit solchen Versuchen oft alleine steht, geht er doch beharrlich seinen Weg. Auf Bitten von Marx schickt das Staatsoberhaupt schon am 24. September 1949 »Glückwünsche zum jüdischen Neujahrsfest«, die in der *Allgemeinen Zeitung der Juden* veröffentlicht werden und auch die Unterschrift des Kanzlers tragen. In seiner Botschaft spricht er von dem unmenschlichen Leid, das keiner jüdischen Familie in den Jahren der Verfolgung und des teuflischen Willens zur Vernichtung erspart geblieben sei: »Die Juden werden das, die ehrlichen Deutschen dürfen das nicht vergessen«, so Heuss, »aber sie müssen zusammen über das schlimme Erbe hinwegkommen.« In einem Interview mit der amerikanischen Nachrichtenagentur UPI Ende November hofft er, dass Israel und Deutschland Beziehungen aufnehmen werden, wünscht den langsamen »Wiederaufbau des jüdischen Lebens in Deutschland«, stellt eine positive Haltung der Bundesregierung in der Wiedergutmachungsfrage in Aussicht und nennt »jede Schändung eines jüdischen Friedhofs« eine »verlorene Schlacht für Deutschland«.

Ulrich Baumgärtner weist zu Recht auf die Atmosphäre hin, in der das Interview damals stattfindet: Rund ein Viertel aller Deutschen sind nach einer Allensbach-Umfrage überzeugte Antisemiten, gut 30 Prozent zählen zu einer Gruppe von indifferenten oder leicht antisemitischen Personen. Gelegentliche Friedhofsschändungen, die von deutschen Offiziellen, auch von Heuss selbst eher als »politische Lausbubenstreiche« verharmlost werden, machen Schlagzeilen, und das Ausland spricht von einem Wiedererstarken des Antisemitismus in Deutschland.[8]

Kein Wunder also, wenn die Rede, die Heuss während seines Antrittsbesuchs in Hessen am 7. Dezember 1949 vor der Gesellschaft für christlich-jüdische Zusammenarbeit hält, besondere Aufmerksamkeit erhält und auch kontrovers diskutiert wird. Die erst vor wenigen Wochen gegründete Gesellschaft geht auf das amerikanische Modell des National Council for Christians and Jews zurück, der sich seit den zwanziger Jahren in Amerika die Förderung der interreligiösen und interkulturellen Toleranz zum Ziel setzt, und ist, wenn man so will, ein frühes Kind amerikanischer Reeducation-Politik. Mit dieser Eröffnungsfeier stellt sie sich mit ihren Motiven und Zielen der Öffentlichkeit vor, der amerikanische Hochkommissar ist anwesend, und die musikalische Umrahmung unterstreicht das Ideal interkonfessioneller und interreligiöser Brüderlichkeit, das die Gesellschaft vertritt: Stücke des Katholiken Händel, des Protestanten Brahms und des Juden Mahler werden gespielt. Heuss hat keine besondere Rede vorbereitet, mit wenigen Notizzetteln bewaffnet spricht er frei, greift auf manches zurück, was er bisher schon zum Thema sagte – aber nirgendwo hat er es bisher klarer, eindringlicher formuliert, manche Passagen kommen seiner bewegenden »In Memoriam«-Rede nahe, aber deutlicher als im November 1945 widmet er sich dem Problem der deutschen

Bescheidene Bonner Anfänge: der provisorische Amtssitz auf der Godesberger Viktorshöhe

First Lady Elly Heuss-Knapp und der Bundespräsident bei einem Empfang auf Schloss Augustusburg

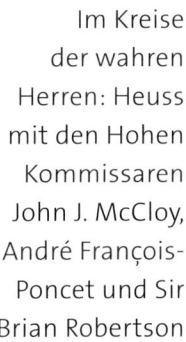

Im Kreise der wahren Herren: Heuss mit den Hohen Kommissaren John J. McCloy, André François-Poncet und Sir Brian Robertson

Heuss' Bonner Residenz:
die Villa Hammerschmidt vor
und nach der »Entkitschung«

Kanzler und Präsident: einig
in den Grundzügen der Politik

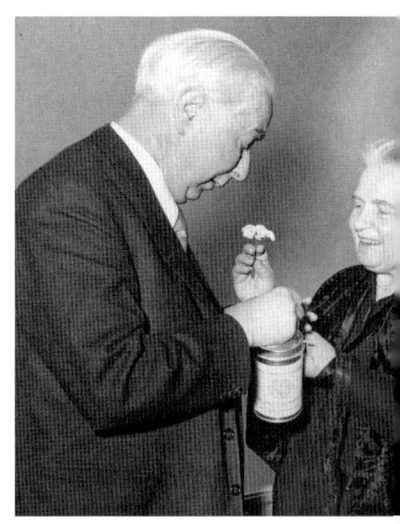

Mit Schwägerin Hedwig,
die nach dem Tod von
Elly Heuss-Knapp
im Sommer 1952
die Aufgaben einer
First Lady übernahm

»Nun siegt mal schön!«:
Heuss im Manöver 1958

Die bleibende Leistung von
Elly Heuss-Knapp: das Deutsche
Müttergenesungswerk

Mit der Souveränität
kommt die Zeit
der Staatsbesuche:
Heuss in der Türkei
1957 ...

... und mit Zeichenblock
und Stift vor dem
Tempel von Agrigent
auf Sizilien

Empfang des griechischen Königspaares 1956 auf Schloss Augustusburg – Bonns
erster Staatsbesucher: Kaiser Haile von Äthiopien 1954 auf dem Bonner Bahnhof

Heuss und
Außenminister
von Brentano (l.)
im Oktober 1958
in Oxford:
ein Foto, das
Deutschland
erregt

Begrüßung durch
Eisenhower vor
dem Weißen
Haus (Sommer
1958)

Blick aus dem »Häusle«, das Heuss sich für den Ruhestand – finanziert durch einen Bausparvertrag – auf dem Stuttgarter Killesberg bauen ließ. Stil und Einrichtung sind typisch für die fünfziger Jahre. Hier: der Salon und sein Arbeitszimmer (r.) und ein Gemälde Max Liebermanns von seinem großen Vorbild (und Mentor) Friedrich Naumann

Mit Sohn, dessen zweiter
Frau Barbara und Enkel Ludwig
Theodor in Lörrach

Mit Sohn Ernst Ludwig und seiner
engen Vertrauten Toni Stolper im
Park der Villa Hammerschmidt

Nach dem Staatstrauerakt: Abschied vom ersten Präsidenten der
Bundesrepublik in der Stuttgarter Stiftskirche am 17. Dezember 1963

Schuld. Es habe keinen Sinn, um die Dinge herumzureden, so Heuss. »Das scheußliche Unrecht, das sich am jüdischen Volke vollzogen hat, muß zur Sprache gebracht werden in dem Sinne: Sind wir, bin ich, bist du schuld, weil wir in Deutschland lebten, sind wir mitschuldig an diesem teuflischen Verbrechen?«

Das Wort von der Kollektivschuld weist er »als simple Vereinfachung« zurück, als »Umdrehung« der Art, wie die Nazis es gewohnt waren, die Juden anzusehen, nämlich »daß die Tatsache, Jude zu sein, bereits das Schuldphänomen in sich eingeschlossen habe«. Darauf folgt dann der Satz, der Aufsehen erregt und bleiben wird: »Aber etwas wie eine Kollektivscham ist aus dieser Zeit gewachsen und geblieben. Das Schlimmste, was Hitler uns angetan hat – und er hat uns viel angetan –, ist doch dies gewesen, daß er uns in die Scham gezwungen hat, mit ihm und seinen Gesellen gemeinsam den Namen Deutsche zu tragen.« Dass er »wir« sagt, dass er die Hörer direkt anspricht und sich nicht ausschließt, wenn er das mögliche Schuldigwerden erwähnt – dieses »sind wir, bin ich, bist du schuld, weil wir in Deutschland lebten …« trägt viel zur Überzeugungskraft und Wirksamkeit dieser Rede bei, auch wohl dazu, dass viele zu diesem Mann an der Spitze des Staates Vertrauen fassen und sich mit ihm identifizieren können. Wenn er an die Nürnberger Gesetze, an Synagogenbrände, den Judenstern, »den Abtransport von jüdischen Menschen in die Fremde, in das Unglück, in den Tod« spricht, sind dies schreckliche Tatsachen, um die nicht nur die Hörer, sondern um die »wir« – sie, aber auch er – wissen, die wir – sie und er – miterlebten und nie vergessen dürfen.

Heuss versteht es nicht nur, die Hörer einzubeziehen, er lässt sie auch an seinen persönlichen Erfahrungen teilhaben – so, wenn er die vier oder fünf nächsten Freunde in seinem Leben erwähnt, von denen drei oder vier Juden waren, und fragt: »War ich mit ihnen befreundet, *weil* sie oder *trotzdem* sie Juden waren?« Seine Antwort: Keines von beidem, sie wurden Freunde, »weil der Funke der menschlichen Liebe zwischen uns sprang«. Und wenn er sagt, es habe auch »Juden gegeben, denen ich in einem schlichten Bogen ausgewichen bin;

aber nicht, weil sie Juden waren, sondern weil sie mir nicht lagen«, setzt er sich auch von einem bedingungslosen Philosemitismus ab, der, als Reaktion auf den radikalen Antisemitismus des Dritten Reichs, plötzlich jeden Juden und alles Jüdische grundsätzlich von Kritik ausnehmen und in eine Tabuzone entrücken will. Heuss mahnt damit eine zwischenmenschliche Normalität an, die für ihn selbstverständlich ist, die er stets praktiziert hat, die aber nach dem Grauen des Dritten Reiches für viele Deutsche erst wiedergewonnen werden muss und die er später einmal als Entkrampfung bezeichnen wird. Wenn er alle summarischen Urteile und Klischees – er spricht von globalen Wertungen – über Menschen verschiedener Herkunft verwirft, Urteile, die nur zu oft zu Vorurteilen werden wie »Er ist Franzose – also; er ist Engländer – also; er ist Deutscher – also; er ist ein Jude – also«, will er, dass seine Hörer dem anderen direkt und vorurteilslos als Menschen begegnen, nicht als dem Typ einer wie immer kollektiv bewerteten Gruppe, Nationalität, Rasse oder Religion. Wenn er betont, dass über ein Viertel der Nobelpreisträger der Naturwissenschaften deutsch-jüdische Namen trägt, verweist er auf die Verluste, die der antisemitische Wahn der Nazis die deutsche Nation gekostet hat. Beinahe pastorale Züge gewinnt seine Rede jedoch mit dem abschließenden Hinweis auf Victor Gollancz, den britisch-jüdischen Verleger, der sich gegen den Vorwurf der Kollektivschuld der Deutschen und gegen die Vertreibungen wendet und den er als Zeichen dafür wertet, dass es noch so etwas gibt, das er »den ›Mut zur Liebe‹ nennen möchte«. Rein rhetorisch stellt er die Frage, ob es dessen noch bedürfe und antwortet natürlich: »Ja! Der Haß folgt der Trägheit des Herzens; er ist billig und bequem. Die Liebe ist immer ein Wagnis. Aber nur im Wagen wird gewonnen.«

Es ist zweifellos eine jener Reden, die aufhorchen lassen. Das Signal von der »Kollektivscham« und von dem »Mut zur Liebe«, das er mit ihr setzt, macht das Erinnern den Deutschen zur Pflicht und stärkt damit »die Legitimität des neuen Staates« (Becker). Die Resonanz ist groß und überwiegend positiv, auch wenn sich Einwände und Widersprüche in das Echo mischen. Da gibt es Briefschreiber, die behaupten, eine Kollektivscham könne es nicht geben, schämen könne sich nur der Einzelne, der schuldig geworden sei, nicht das ganze Volk. In der Antwort räumt Heuss ein, der Einwand möge »logizistisch« sein, gehe aber an den psychischen Tatbeständen vorbei: »... es gibt Dinge, wo nicht die Logik, sondern die Empfindung spricht« und: »Ich habe mich in der Nazi-Zeit geschämt, wenn ich einen Juden mit dem Judenstern bemerkte oder auf einer Bank die Aufschrift fand ›für Juden verboten‹.«

Für Juden, die kulturell und emotional eng an Deutschland gebunden waren wie Martin Buber, Leo Baeck oder Karl Marx, mochte Heuss' Rede akzeptabel sein, meint Guido Müller, doch bei Vertretern anderer jüdischer Gruppen »sowohl außerhalb wie innerhalb Deutschlands gab es Vorbehalte«. Der Vertreter des jüdischen Weltkongresses bei den Vereinten Nationen, Maurice Perlzweig, erklärt, um die Befürchtungen über das Wiedererwachen des Antisemitismus auszuräumen, hätte Heuss etwas »viel Tiefer- und Weitergehendes« sagen müssen. McCloy dagegen hält die Wiesbadener Rede für besonders bedeutungsvoll, weil sie den in amerikanischen Medien verbreiteten übertriebenen Meldungen über antisemitische Strömungen in Deutschland entgegenwirken könne. Die Amerikanische Hochkommission verteilt sie als Sonderdruck im Rahmen ihres Umerziehungsprogramms, das auf die Entwicklung einer demokratischen Kultur in Deutschland zielt. Aber für Ralph Giordano bleibt »Kollektivscham« ein Reizwort bis in die neunziger Jahre hinein, er nennt es »tief unwahrhaftig« und erblickt darin, weil es eine personenbezogene Schulddiskussion ausspart, »ein weiteres Indiz für die sich in der Verdrängung der nationalsozialistischen Vergangenheit manifestierende ›zweite Schuld‹ der Deutschen«.

Es ist das Urteil eines Opfers, zudem von der absoluten Radikalität geprägt, die mit den 68ern Mode wird – aber ist es gerecht? Baumgärtner weist darauf hin, dass Giordano, indem er einen normativen Anspruch auf die ›richtige‹ Vergangenheitsbewältigung erhebt, sich »den Blick auf die historische Lage«, aber auch auf die durch die konkrete Redesituation in Wiesbaden bedingte Form der Auseinandersetzung mit der NS-Vergangenheit verstellt: »Nur in dieser allgemeinen Version konnte das Erinnerungs-Postulat im Hinblick auf die politische Ordnung der frühen Bundesrepublik seine legitimitätsstiftende Wirkung entfalten.«

Zum besseren Verständnis Baumgärtners sei Heinrich August Winkler zitiert, der das politische Klima der Bundesrepublik in der ersten Hälfte der fünfziger Jahre als sehr viel »deutschnationaler« einschätzt als die praktische Politik: Noch im Jahr 1955 fanden die kaiserlichen Farben Schwarz-Weiß-Rot bei den Bundesbürgern mehr Anklang als die Bundesfarben Schwarz-Rot-Gold. 43 zu 38 lautete einer Umfrage zufolge das Zahlenverhältnis. Als die Zeit, in der es Deutschland in diesem Jahrhundert am besten gegangen sei, bezeichneten 45 Prozent der Befragten das Kaiserreich vor 1914, 42 Prozent die Jahre 1933 bis 1939 (!) – also die sechs Friedensjahre der zwölfjährigen Nazizeit –, 7 Prozent die Weimarer Republik und nur 2 Prozent die Gegenwart.[9]

Der Präsident, der es sich zur Aufgabe macht, »die Kluft überwinden zu helfen, die ein verbrecherisches Regime zwischen Deutschland und den Juden in Deutschland und der Welt geschaffen hat«, übernimmt die Schirmherrschaft über die erste Woche der Brüderlichkeit und eröffnet sie Anfang März 1952 mit einer Rundfunkansprache, in der er sich überraschend vom Begriff der Toleranz distanziert: Dem Wort hänge etwas von »läßlichem Gewährenlassen und von duldender Unverbindlichkeit« an. Es gebe aber Situationen und auch Menschen, die Intoleranz geradezu herausforderten: »... wer wollte, wer dürfte gegenüber dem zynischen Rechtsbrecher, auch gegenüber dem Spieler und dem Verspieler von Volksschicksalen ›tolerant‹ sein?« Auf dem Weg zur Brüderlichkeit fordert er vielmehr Tapferkeit – Tapferkeit gegen sich selbst, Tapferkeit gegen überkommene Denkgewöhnungen und gegenüber der Trägheit des Herzens.

Sehr viel bedeutender freilich wird die Ansprache, die er bei der Einweihung des Mahnmals in Bergen-Belsen hält und in der er wiederum Tapferkeit fordert, nämlich die Tapferkeit, der Wahrheit ins Gesicht zu sehen: »Wer hier als Deutscher spricht, muß sich die innere Freiheit zutrauen, die volle Grausamkeit der Verbrechen, die hier von Deutschen begangen wurden, zu erkennen.« Auf die industrielle Massenvernichtung in den Lagern des Ostens anspielend, bezeichnet er das, »was zwischen 1933 und 1945 geschah« als das »Furchtbarste, was die Juden der Geschichte gewordenen Diaspora erfuhren«. Er spricht von der »Pedanterie des Mordens als schier automatischem Vorgang« und »tiefstem Verderbnis dieser Zeit«; und dass sich all dies »im Raum der Volksgeschichte vollzog, aus der Lessing und Kant, Goethe und Schiller in das Weltbewußtsein traten«, diese Scham, so Heuss, »nimmt uns niemand, niemand ab«. Er betont: »Wir haben von den Dingen gewusst« – von Konzentrationslagern wie Dachau, Buchenwald, Oranienburg, von der Ermordung der Insassen deutscher Heilanstalten im Rahmen der Euthanasieaktion, aber Belsen habe in seinem »Katalog des Schreckens und der Scham« gefehlt so wie Auschwitz. Verbrechen dieses Ausmaßes wären ihm nach Herkunft und Erziehung unvorstellbar erschienen, denn: »Unsere Phantasie, die aus den bürgerlichen und christlichen Traditionen sich nährte, umfaßte nicht die Quantität dieser kalten und leidvollen Vernichtung.« Für heutige Leser, denen die Worte »Zivilisationsbruch« und »Holocaust« geläufig sind, scheinen das untertreibende Selbstverständlichkeiten zu sein, aber in der Bundesrepublik der frühen fünfziger Jahre, im Klima des »Beschweigens« (Lübbe), waren dies ebenso aufrüttelnde wie provozierende Worte, zumal verkürzte Pressedarstellungen kritische Briefschreiber zu dem Schluss verführten, Heuss habe – entgegen all seinen Beteuerungen – doch eine Kollektivschuld der Deutschen eingestanden.

Ein Strom kritischer und ablehnender Briefe erreicht das Bundespräsidialamt, die seine Rede als beleidigend und ehrverletzend bezeichnen. In einem heißt es sogar: Als erster Diener des Volkes sollte er nicht sein »Totengräber« sein. Einem Kritiker, der geraten hatte, das Urteil über eine Schuld des deutschen Volkes doch besser einer »höheren transzendenten Instanz« zu überlassen, beschied er mit der Antwort, er wolle Gott seine Entscheidung nicht abnehmen, aber er halte es für seine Pflicht, den Deutschen die Flucht in das »Vergessenwollen und Nichtgewußthaben« nicht allzu leicht zu machen. Heuss will, so Ernst Wolfgang Becker, »Stachel im Fleische der Selbstgerechtigkeit seiner Landsleute« sein; eine »moralische Sensibilität, die sich dem Vergessen verweigert«, gilt ihm als »Grundlage für den demokratischen Neubeginn und für die Versöhnung mit den Opfern des Nationalsozialismus«.

Ein wenig von jener Stimmung des Beschweigens und des Nicht-zur-Kenntnis-nehmen-Wollens, auch des Schuldaufrechnens jener frühen fünfziger Jahre wird dort spürbar, wo sich Heuss in seiner Belsener Rede mit den Argumenten der Gegner des Mahnmals auseinandersetzt. »Nun höre ich den Einwand: Und die anderen?«, greift Heuss ihre ablehnende Haltung auf: »Weißt Du nichts von den Internierungslagern 1945/46 und ihren Rohheiten, ihrem Unrecht? Weißt Du nichts von den Opfern in fremdem Gewahrsam, von dem Leid der formalistisch grausamen Justiz, der heute noch deutsche Menschen unterzogen sind? Weißt Du nichts von dem Fortbestehen der Lagermißhandlungen, des Lagersterbens in der Sowjetzone, in Waldheim, Torgau, Bautzen? Nur die Embleme haben sich dort gewandelt.« Heuss tritt dem mit der Erklärung entgegen, er wisse von alledem und habe nie gezögert, darüber zu sprechen, aber er weist den Vergleich als unangemessen zurück: »...Unrecht und Brutalität der anderen zu nennen, um sich darauf zu berufen, ist das Verfahren der moralisch Anspruchslosen, die es in allen Völkern gibt.« Doch fügt er für seine Deutschen zugleich Tröstliches an: »Es ist kein Volk besser als das andere, es gibt in jedem solche und solche. Amerika ist nicht ›God's own country‹, und der harmlose Emanuel Geibel hat einigen subalternen Unfug verursacht mit dem Wort, daß am deutschen Wesen noch einmal die Welt genesen werde.«

Den vielen negativen Reaktionen stehen nicht minder viele positive, oft genug anrührende Briefe voller Zustimmung gegenüber: Er habe selten etwas gehört, »was so reif war angesichts der menschlichen Raserei, über die zu sprechen Sie gezwungen waren«, schreibt Hans Asmussen, ein Mann der Bekennenden Kirche und Mitverfasser des Stuttgarter Schuldbekenntnisses, das von einer

Mitverantwortung evangelischer Christen an den Verbrechen des Nationalsozialismus sprach; selbst aus kirchlichem Mund habe er über die Materie »nie so versöhnt und nie so im Abstand reden hören«.

Adenauers außenpolitischer Berater Herbert Blankenhorn, der in Belsen anwesend ist, erkennt sofort die Bedeutung dieser Rede, denn wenn Heuss prinzipiell jedes Vergessen verweigert, sagt er dies ja nicht als Privatperson, sondern als Staatsoberhaupt und formuliert damit eine Leitlinie, die zum moralischen Fundus der jungen Republik und später zu ihrem Traditionsbestand zählen wird. So veranlasst Blankenhorn einen Sonderdruck, der in englischer und französischer Übersetzung von den deutschen Auslandsmissionen verteilt wird.[10]

Es sind entscheidende, die Erinnerungskultur der Bundesrepublik bestimmende Reden, mit denen Heuss das Wissen um die Verbrechen des Nationalsozialismus wachhält, den Deutschen die Wahrheit sagen will und dem jungen Staat damit zu einem geistigen Fundament verhilft. Er selbst nennt sie einmal »Feldzüge gegen das Vergessen«. Heute würden wir sagen, er betreibt ganz bewusst Erinnerungs-, Geschichts- oder Vergangenheitspolitik, die den Eindruck eines »bewussten oder unbewußten Verdrängens der Vergangenheit ... gar nicht erst aufkommen« lässt (Rensing). Die deutsche Teilung nennt er das »schauderhafteste Erbe der Hitler-Politik«, und den Vertriebenen, welche die Rückkehr in die alte Heimat fordern, erklärt er, die Auseinandersetzung mit der Welt über diese Forderung sei »uns so schwer gemacht, weil Hitler das Modell für den Raub der Heimat gegeben« hat.

Am Vorabend des zehnten Jahrestags des Attentats auf Hitler, am 19. Juli 1954, spricht er im Auditorium Maximum der Freien Universität Berlin über das »Recht zum Widerstand« und sagt gleich zu Beginn, was ihn bewegt: sich zu den Attentätern zu bekennen, ihnen zu danken und ihren Aufstand des Gewissens zu würdigen.

Das Bekenntnis gilt ihren sittlichen Motiven und dem »geschichtlichen Recht zu ihrem Denken und Handeln«; der Dank ihrem Versuch, »im Wissen um die Gefährdung des eigenen Lebens den Staat der mörderischen Bosheit zu entreißen und, wenn es erreichbar, das Vaterland vor der Vernichtung zu retten«. Die Scham, »in die Hitler uns« Deutsche gezwungen hatte, erklärt Heuss, sei »durch ihr Blut vom besudelten deutschen Namen weggewischt«. Fast unheusssch verzichtet er auf alle Improvisation, hält sich an ein sorgsam von ihm ausgearbeitetes Manuskript und hebt gelegentlich beschwörend den Ton. Dass auch der Kanzler anwesend ist, dass ein Satz aus Beethovens Eroica erklingt und abschließend das Lied vom guten Kameraden (bei dem sich die Zuhörer erheben, freilich ohne es zu singen), gibt dem ganzen den Charakter einer offiziellen Feier-, wenn nicht Weihestunde.

Das Scheitern des 20. Juli, sagt Heuss, raubt »dem Symbolcharakter des Opfergangs nichts von seiner Würde«. Er nennt kaum Namen, und wenn er die Formel Luthers gebraucht, dass sich der »Christliche Adel deutscher Nation« mit Arbeiterführern, Sozialisten und Gewerkschaftlern verband, wenn er auf Theologen und zivile Beamte verweist, beugt er dem später verbreiteten Missverständnis vor, der 20. Juli sei allein Sache einer konservativen, militärischen preußischen Elite gewesen. Da für Heuss der Staat »keine Kundmachung der Sentimentalität« ist, sondern prinzipiell auf Befehlsgewalt und Gehorsamsanspruch beruht, spricht er ausführlich über Grenzsituationen der sittlichen Entscheidung, die zu Gehorsamsverweigerung »von historischem Rang« geführt hätten – auch und gerade in Preußen. Er spricht vom Eid der Treue, der nach germanischem Recht auch jenen, dem Treue geschworen wird, gegen die Schwörenden bindet und vom moralischen Recht zum Widerstand wenn – wie in Schillers Tell – Tyrannenmacht unerträglich wird. Er weist darauf hin, dass »Hitlers Krieg gegen die Welt« im Sommer 1944 praktisch schon verloren war, und scheut sich auch nicht, aus Hitlers eigenem Bekenntnisbuch *Mein Kampf* zu zitieren: »Wenn durch die Hilfsmittel der Regierungsgewalt ein

Volkstum dem Untergang entgegengeführt wird, dann ist die Rebellion eines jeden Angehörigen eines solchen Volkes nicht nur Recht, sondern Pflicht. Menschenrecht bricht Staatsrecht!« Bewusst trägt er gerade diese Hitlersätze vor, um den Gefolgsleuten Hitlers, die in der Verfemung des 20. Juli ein Stück der inneren Selbsterhaltung gefunden haben, »mit den Argumenten ihrem Heros entgegenzutreten«.

Hätte das Gelingen des Attentats eine zweite Dolchstoßlegende zur Folge gehabt? Nein, sagt Heuss und berichtet von einem Gespräch, das er Ende 1943 mit Goerdeler in der Firma Bosch in Stuttgart darüber geführt hatte und bei dem sie zu dem Schluss gekommen waren: Man werde mit diesem Problem fertig werden, wenn erst die ganzen »Ruchlosigkeiten und Rechtlosigkeiten dieser Zeit in ihren Dokumenten vorliegen«. Er schont die Wehrmacht, obschon er ja überzeugt ist, dass sie sich nicht gegen ihre innere Zersetzung durch den Parteigeist gewehrt hat und damit die Zerstörung der eigenen stolzen preußischen Heerestradition förderte; doch er ruft die Atmosphäre von Unrecht und Brutalität ins Gedächtnis zurück, die schon mit Hitlers Machtantritt begann: die Erschütterung des Rechtsbewusstseins durch die Röhm-Morde im Sommer 1934. Für ihn ist die Tatsache, dass der – noch von Hindenburg berufene – Reichswehrminister und General Werner von Blomberg die Ermordung seiner Generalskameraden von Schleicher und von Bredow hinnahm und nicht protestierte, als sie zu keinerlei Sühnemaßnahmen führte, die »entscheidende Peripetie«, sie ist der entscheidende Wendepunkt auf dem Weg zur Zerstörung des Ethos der alten Armee: »…die Wehrmacht, die damals noch die Macht war, schwieg.«

Es kann keinen Zweifel daran geben, dass Heuss am 19. Juli 1954 ganz bewusst den Versuch einer positiven Würdigung der Hitler-Attentäter unternahm. Schon 1953 hatte er dem damaligen Innenminister Lehr geschrieben, dass es ihm für das kommende Jahr »politisch-moralisch notwendig« erscheine, »das innere Ethos des Unternehmens vom 20. Juli mit voller Eindeutigkeit von der Führung der Bundesrepublik aus deutlich zu vertreten«. Er sah darin nicht nur eine Ehrenpflicht, sondern erkannte auch die Notwendigkeit einer offiziellen Klärung durch die Bundesrepublik, da der Bundestag bereits im Februar 1952 mit den Stimmen der Koalition beschlossen hatte, grundsätzlich einen deutschen Verteidigungsbeitrag im europäischen Rahmen zu leisten, die Wiederbewaffnung unaufhaltsam näher rückte und der 20. Juli nicht nur unter ehemaligen Soldaten höchst umstritten war.

Der Boden für Heuss' Berliner Rede war übrigens schon im März 1952 bereitet worden – durch den Braunschweiger Prozess gegen Otto Ernst Remer, einen Mitgründer der Sozialistischen Reichspartei, der die Attentäter des 20. Juli als vom Ausland gedungene Landesverräter bezeichnet hatte. Innenminister Robert Lehr, einer der Vertrauten Goerdelers, hatte Anzeige wegen übler Nachrede und Verleumdung erstattet, und Fritz Bauer, damals Generalstaatsanwalt beim Oberlandesgericht Braunschweig, führte die Anklage so, dass das Gericht über den Charakter des NS-Regimes zu entscheiden hatte. Das Urteil kam zu dem Ergebnis, dass der nationalsozialistische Staat ein Unrechtsregime gewesen sei, die Widerstandskämpfer zum Wohle Deutschlands gehandelt hätten, und verurteilte Remer zu drei Monaten Gefängnis.

Dennoch galten die Attentäter des 20. Juli vielen Deutschen nach wie vor als Eidbrüchige und Hoch- oder Landesverräter, so dass eine offizielle, die Bundesrepublik verpflichtende Stellungnahme unerlässlich schien. Weil der Aufbau deutscher Streitkräfte allerdings die Mitwirkung von Offizieren erfordert, die keinen Widerstand geleistet hatten, bekundet Heuss in seiner Rede ausdrücklich auch jenen Respekt, die nach dem 20. Juli bis zur Schlusskatastrophe weitergekämpft hatten. Da er früher mehrfach die »tragische Bindung« der deutschen Soldaten in der NS-Zeit angesprochen hatte, tut er es auch diesmal nicht ohne innere Überzeugung: Er verweist auf Freunde und geliebte Verwandte, »die Hitler, die den Nationalsozialismus haßten, aber als sie starben, glauben mochten, glauben durften, daß ihr Kämpfen Deutschland vor dem Äußersten vielleicht doch rette«.

Heuss' Rede trägt, so Heinrich August Winkler, dazu bei, dass »rechte Angriffe auf die Männer des 20. Juli« seither als das wahrgenommen werden, was sie sind: »Angriffe auf die Staatsraison der Bundesrepublik«. Der Parteivorsitzende der SPD, Erich Ollenhauer, beglückwünscht Heuss und nennt seine Rede eine »historische Tat«. Hans Speidel, damals Generalmajor a.D. und deutscher Chefdelegierter bei der Konferenz zur Schaffung einer Europäischen Verteidigungsgemeinschaft in Paris, schreibt, Heuss habe ihn »tief bewegt und innere Befreiung geschaffen«. Aber natürlich gibt es auch anonyme Schmähbriefe und kritische, teils rechtsradikale Einwände zuhauf: Er habe eine andere Auffassung von deutscher Ehre, schreibt beispielsweise ein Rudolf Seiwald aus Innsbruck und wendet sich dagegen, dass Heuss die Attentäter als »Retter der deutschen Ehre« bezeichnet. Ein Schwerkriegsversehrter schlägt in einem Programm zur Wiederaufrüstung gar Sippenhaft zwingend für ein neues Militärstrafbuch vor: Jeder Verräter hafte »nicht allein mit seinem Kopf und seinem Vermögen, sondern auch mit seiner Familie und seiner Verwandtschaft«.

Auch das Bild eines anderen im deutschen Bürgertum und von der extremen Linken Verfemten rückt Heus als Präsident öffentlich zurecht: das Friedrich Eberts.

Am 25. Todestag des Reichspräsidenten findet er 1950 in einer Feierstunde des Bundestages bewegende Worte für ihn, der vom Arbeiterfunktionär zum Staatsmann wuchs und dem in den Wirren der Revolution »die Rettung der deutschen Einheit durch die deutsche Demokratie« gelang. Heuss sieht in dem von den Rechten Gehetzten, von den Linken als »Arbeiterverräter« Geschmähten den »Abraham Lincoln der deutschen Geschichte«. Wie Lincoln, »der aus dem Dunkel der inneren Wälder eines jungen Volkes« trat, sei Ebert »aus dem Schatten der hinteren Häuser einer alten Volksgeschichte« gekommen. Lincoln sei mit Kugeln gemordet, Ebert mit Worten gemartert worden – beider Sinn ihres Lebens sei gewesen, das »menschlich Rechte zu tun, um das menschliche Recht zu wahren«.

Anderthalb Jahre später, im August 1952, hält er die Trauerrede für den früh verstorbenen SPD-Chef Kurt Schumacher, den Mann mit dem vielleicht brillantesten analytischen Verstand unter den deutschen Nachkriegspolitikern. Auch wenn dieser ihm ob seiner schneidend-direkten, westpreußischen Art menschlich wenig gelegen hat, weiß er doch seine historische Statur zu würdigen: Er lobt seine »unzerbrochene Tapferkeit« und seinen »unzerbrechlichen Glauben an das Recht« während der schlimmen Jahre der Verfolgung und rühmt ihn als ein Beispiel dafür, dass moralische Kraft die Hinfälligkeit des Körpers niederzwingen kann. Als sein »unverlierbares vaterländisches Verdienst« bezeichnet er die Tatsache, dass er »den Einbruch totalitärer Ideologien« abgefangen und damit die Sicherung einer demokratischen Entwicklung sachlich und seelisch gestützt habe. Zwar nennt er sie nicht beim Namen, aber Heuss spielt hier auf Schumachers Absage an die Einheitspartei an, ohne die es vielleicht zur Gründung der Bundesrepublik nie gekommen wäre.

Zum eher repräsentativen Beruf des Präsidenten gehört es nicht nur, große Gedenktagsreden zu halten oder hohe Gäste zu begrüßen, zur kleinen Münze der Routine zählen Brückeneinweihungen, Messe- und Ausstellungseröffnungen, Denkmalsenthüllungen, Empfänge von Sportlern und Sängerbund-Chören, Theatereinweihungen, Ansprachen bei Hundertjahrfeiern von Industriefirmen oder bei Automobilausstellungen, Handelskammern oder Gewerkschaftskongressen. Heuss spricht vor Bauern, Heuss spricht vor Arbeitern, Heuss spricht vor Studenten, vor Bundesverfassungsrichtern, dem Bund für Bürgerrechte oder der Akademie der Wissenschaften in Göttingen – dazu kommen zahlreiche *actes de présence* wie etwa bei einem Tennisturnier in Köln. Allein 67 Ansprachen verzeichnet die Liste seiner Reden 1950, dem ersten vollen Jahr seiner Amtszeit als Bundespräsident – dabei sind formelle Gespräche, wie sie zur diplomatischen Routine im Präsidialamt gehören, nicht mitgezählt. Die Bitten um eine Eröffnungsrede hier, eine Einweihungsansprache da oder die Übernahme von Schirmherrschaften häufen sich, bald spottet Heuss über sich selbst: Von München über Kiel bis Neuss – keine Feier ohne Heuss.

Besonderen Anklang in der Bevölkerung finden seine Silvesteransprachen, in denen er jeweils eine Viertelstunde lang das Jahr Revue passieren lässt, Probleme thematisiert, die alle bewegen, und einen kurzen Ausblick auf das kommende Jahr bietet. Wer sie heute nacheinander studiert, kann die Nöte, aber auch die ersten Erfolge und schließlich den wirtschaftlichen Aufstieg dieser Gründerjahre nachvollziehen. Silvester 1949 stehen noch die Sorge um die Kriegsgefangenen im Vordergrund, die Nichteinhaltung der Zusage, dass alle Kriegsgefangenen bis 1948 entlassen und zurückgeführt werden, die Hilfe bei der Eingliederung der Spätheimkehrer, aber auch Probleme bei der Ankurbelung der Wirtschaft. Am Ende des Jahres darauf spricht er schon von der »Ausweitung der Erzeugung«, bedauert aber ihre Kehrseite: erhebliche Preissteigerungen. Silvester 1951, der Wirtschaftsaufschwung nach Beginn des Koreakriegs hat eingesetzt und das Sozialprodukt ist erheblich gestiegen, sind es Sorgen um die Leistungsfähigkeit der Grundstoffindustrien, die Heuss beschäftigen: Der hoffnungsvollste Tag des vergangenen Jahres sei der mit der höchsten Kohleförderung gewesen, der bedenklichste jener, an dem gemeldet wurde, dass ein gut geführtes, an Aufträgen reiches Werk Kurzarbeit einführen musste, weil Blech einer bestimmten Qualität vom Hersteller nicht geliefert werden konnte. Die Wirtschaft, so der Eindruck, »brummt«, und Engpässe gefährden das in Gang gekommene Wohnungsbauprogramm und den Aufbau einer neuen deutschen Handelsflotte. Den breitesten Raum aber nimmt seine Absage an die Ohne-mich-Parolen ein, die in der Bundesrepublik grassieren, seit eine deutsche Beteiligung an einer europäischen Streitmacht erörtert wird. Es stimme nicht, dass ein »verjährter« deutscher Militarismus durch eine Spritze der Amerikaner wieder lebendig gemacht werden solle – doch die Demokratie als Institution wie als Lebensgesinnung, so Heuss, »stirbt an dem ›Ohne mich‹, sie lebt aus dem ›Mit mir‹«. Wenn die Flut steige, rufe die einfache Menschenpflicht an die Deiche, um der Gefahr zu wehren – aber wenn die Flut durchbricht, »holt sie auch den fliehenden ›Ohne-mich-Mann‹ ein«. Ist das als eine, wenn auch durch geschickte Wortwahl getarnte, indirekte Befürwortung des Pleven-Plans bzw. einer Europaarmee zu werten? Für das kommende Jahr – Adenauer verhandelt inzwischen über einen General- oder Deutschlandvertrag – erwartet er große Entscheidungen: Das Ende des Besatzungsstatuts und die »Formgebung einer europäischen Solidarität«, die Deutschland Gleichberechtigung gebe. Silvester 1952 – am Ende des Jahres der Stalin-Note mit dem Angebot eines neutralen einigen Deutschland mit eigener Armee – steht die Frage im Mittelpunkt, ob das neue Jahr die staatliche Wiedervereinigung – »unser aller Ziel« – näher rückt oder »die schmerzenden Wunden der volkhaften Trennung noch quälender macht«. Das Wahljahr 1953 steht bevor, und nach den bitteren Auseinandersetzungen im Bundestag um den Generalvertrag lobt er die Amerikaner als Vorbild, die Eisenhower zum Präsidenten wählten. Dort nahmen nach bitterem, harten Wahlkampf, in dem die Rivalen einander wahrlich nicht schonten, die Verlierer das Resultat schlicht zur Kenntnis, schüttelten sich die Hände mit den Siegern und gingen zur Tagesordnung über. Jeder Hörer versteht, auch wenn er es nicht ausdrücklich sagt: Die Deutschen sollten sich bei ihrem heftigen Streit um Wiederbewaffnung und Europa-Armee ein Beispiel an den Amerikanern nehmen.

Silvester 1953 dann: »… die Spareinlagen wachsen und wachsen, das schönste Zeichen des nationalen wie des persönlichen Selbstvertrauens.« Gleichzeitig aber weist Heuss die Behauptung vom »deutschen Wunder« zurück, schon weil er fürchtet, seine Deutschen könnten wieder »hybrid«, also überheblich werden: Er hasse dieses Wort und halte jeden Deutschen für töricht, der es nachredet, indem er sich selbst ein bisschen für einen Wundertäter halte, obwohl jeder doch wisse, dass er »sein Leben und den Rückgewinn einer nationalen Freiheit dem Fleiß, der guten Arbeit, und der sachlichen Betrachtung der Weltlage« verdanke. Den Ausgang der Bundestagswahlen, bei denen »nationale Romantiker« und Extremisten keine Mandate errangen, lobt er als Sieg der Demokratie. Weil sie auch einen überwältigenden Erfolg Konrad Adenauers gebracht haben und die Bundesrepublik sich inzwischen auf dem Weg zur Souveränität befindet, wagt er es, aus seiner überparteilichen Stellung herauszutreten: Er würdigt, quasi als Historiker, des Kanzlers Politik als »nationalgeschichtliche Leistung«, denn er habe »Deutschland aus der Mißachtung in die seinem inneren Sein und seinem geschichtlichen Gewicht entsprechende Stellung« zurückgeführt.

Am Jahresende 1952, als seine Rede erstmals im Fernsehen gebracht wird, kann Heuss den visuellen Eindruck, den er auf den Zuschauer macht, selbst überprüfen und stellt kritisch fest: »…ich habe bei der kleinen Neujahrsansprache zuviel aufs Papier geguckt«. Seit dem 25. Dezember 1952 strahlt der Nordwestdeutsche Rundfunk (NDWR) abends zwischen 20 und 22 Uhr die ersten Fernsehsendungen aus, und Generaldirektor Adolf Grimme hat dem Präsidenten einen »stattlichen Fernsehapparat« zur Verfügung gestellt, der in Heus' Esszimmer steht. In seinem Dankschreiben an Grimme nennt Heuss ihn einen »Erziehungsfaktor«, denn er werde »aus dem Apparat und wohl auch für den Apparat, aus der Technik und für die Technik im Laufe der Zeit einiges lernen müssen«. Um nicht »als Parzival und reiner Tor durch die Zeitgeschichte zu wandeln«, hat er in den Tagen zwischen den Festen bereits begonnen, das Büchlein *Fernsehen – nahe gesehen* zu studieren.[11]

Zum Erfolg der Adenauerschen Politik, die er Silvester 1953 als nationale Leistung lobt, gehört auch, dass der Bundespräsident immer öfter in eine Kleidung schlüpfen muss, die ihm innerlich widerstrebt, die ihn beengt und in der sich wohlzufühlen ihm stets schwerfallen wird: den Frack, der für seine Rolle als völkerrechtlicher Vertreter der Bundesrepublik, in die er nun hineinwächst, unerlässlich ist. Im Petersberger Abkommen erlauben die Hohen Kommissare Ende November 1950 die Errichtung deutscher Konsulate im Ausland und die Aufnahme von Handelsbeziehungen, machen die Wahl der Länder und der zu ernennenden Generalkonsuln allerdings von ihrer Genehmigung abhängig und bestehen, zunächst jedenfalls, darauf, dass sich die neuen deutschen Generalkonsuln jeder politischen Betätigung enthalten. Die Anmietung von Büroräumen oder Gebäuden gestaltet sich allerdings schon aus Kostengründen schwierig – so muss der deutsche Generalkonsul in London, Hans Schlange-Schöningen, erst einmal in ein »gutes altes Familienhotel mittlerer Güte« ziehen, sein Wohnzimmer wird zum Büro, ebenso wie die Schlafzimmer der zehn Mitarbeiter, die notdürftig in einem anderen Hotel untergebracht werden.

Kaum haben die Alliierten mit der Revision des Besatzungsstatuts im März 1951 dann den Deutschen, wenn auch begrenzte, Vollmachten in der Außenpolitik zugestanden, empfängt Heuss am 4. April 1951 in feierlicher Zeremonie die ersten acht Missionschefs ausländischer Mächte, die ihm ihre Beglaubigungsschreiben übergeben: als Doyen an der Spitze des noch winzigen Diplomatischen Corps der apostolische Nuntius, gefolgt von dem niederländischen Botschafter, einem Vizeadmiral, und den Botschaftern Italiens, Indiens, Portugals, der Schweiz, Schwedens und Luxemburgs. Die Bundesregierung gründet ein neues Auswärtiges Amt, der Kanzler übernimmt zusätzlich das Amt des Außenministers, und als erster deutscher Botschafter, den Bonn entsenden kann, geht Clemens von Brentano, ein Diplomat alter Schule, enger Freund Gustav Stresemanns und älterer Bruder des CDU/CSU-Fraktionsvorsitzenden Heinrich von Brentano, Anfang Juni 1951 nach Rom. Auch das Generalkonsulat in Paris wird in eine Botschaft umgewandelt, und Generalkonsul Wilhelm Hausenstein, der alte Studienfreund von Heuss, der auf seinen Vorschlag nach Paris entsandt worden war, vertritt jetzt als Botschafter die Bundesrepublik an der Seine. Wie schnell es danach aufwärts geht, zeigt der Bericht des Bonner Korrespondenten der *Frankfurter Rundschau*, der von einer »eindrucksvollen Gratulationscour« beim Neujahrsempfang Anfang Januar 1954 zu berichten weiß und dabei achtzehn Botschafter, zwanzig Gesandte und acht Geschäftsträger zählt. Auch sie findet, schon glanzvoller als jene dürftige Veranstaltung Anfang April 1951, die den Beginn der diplomatischen Aktivität der Bundesrepublik signalisiert, in der Villa Hammerschmidt statt, dem Amts- und Wohnsitz des Präsidenten, in den Heuss nach langem Warten auf der Viktorshöhe im Dezember 1950 endlich einziehen konnte. Er wohnt damit jetzt »näher bei Adenauer, aber entfernter von Gott«, wie er ironisch sagt, denn das parkähnliche, fast viereinhalb Hektar große Grundstück am Ufer des Rheins grenzt, nur durch einen niedrigen Zaun getrennt, direkt an das Palais Schaumburg, in dem der Kanzler regiert.

Im April 1950 von der Bundesregierung für – heute unvorstellbar günstige – 750 000 Mark gekauft, verordnete Heuss, als langjähriger Werkbund-Geschäftsführer Anhänger eines nüchternen, sachlichen Stils, der großbürgerlichen Villa neben einer Renovierung und Modernisierung vor allem eine gründliche »Entkitschung«. Anfang der sechziger Jahre des 19. Jahrhunderts erbaut, hatte ihr zweiter Besitzer, Leopold Koenig, ein in Russland zum Millionär gewordener Zuckersieder und »Kaiserlich-Russischer-Wirklicher-Staatsrat«, sie mit zwei Türmchen und etlichem äußeren Zierrat versehen lassen, die manchen Betrachter an den Zarenpalast auf der Krim erinnerten, in dem 1945 die Konferenz der Großen Drei in Jalta stattfand. Heuss lässt die Türmchen – er will sie am liebsten mit Artillerie abschießen – beseitigen, allen Zuckerbäckerzierrat abschlagen, auch die rote Marmorverkleidung und die Gipsreliefs in der Vorhalle und im Treppenhaus werden entfernt. Ein ihm bekannter Architekt aus Stuttgart leitet die Umbauten und »versachlicht« den Stil. Die Figuren einer Nibelungengrotte nahe der Mauer zum Rhein – die Wagnerschen Rheintöchter Wellgunde, Woglinde und Floßhilde mit ihren Fischschwänzen – verschwinden samt Zwerg Alberich, und am Nordrand des Grundstücks, an der Kaiser-Friedrich-Straße, wird im Oktober 1950 das Richtfest für das Bundespräsidialamt gefeiert. Es ist ein moderner, nüchterner Zweckbau, in dem Heuss über ein geräumiges Arbeitszimmer verfügt. Auf einen überdachten Gang, der es dem Präsidenten erlauben würde, auch bei Regenwetter trockenen Fußes von der Villa Hammerschmidt in das Präsidialamt zu gelangen, verzichtet der sparsame Präsident. Stattdessen kauft er für 18 Mark einen großen schwarzen Regenschirm, der bei dem wachhabenden Kriminalbeamten stets griffbereit in der Ecke steht und den er, folgen wir Ursula Salentin, spöttisch seinen »fiskalischen Schirm« nennt.

Die Räume im Erdgeschoss der Villa Hammerschmidt sind der Repräsentation vorbehalten: In der quadratischen Eingangshalle steht ein großer Barockschreibtisch, auf dem das Gästebuch ausgelegt ist, das Terrassenzimmer bietet einen guten Ausblick auf den Rhein, im Speisesaal können bis zu 36 Personen bewirtet werden, und ihre Beglaubigungsschreiben geben die Diplomaten in der sogenannten Galerie ab. Dazu kommen ein Säulenzimmer, in dem größere Besprechungen stattfinden und die Herren rauchen können, sowie ein Salon, in dem die Damen auf Louis-seize-Möbeln nach dem Diner ihren Mokka nehmen. Die Villa Hammerschmidt ist also kein Palast, sondern die zum Amtssitz des Präsidenten hergerichtete stattliche Behausung eines ehemals sehr vermögenden geheimen preußischen Kommerzienrats. Das Großbürgerhaus, so Ursula Salentin, »beweist die seit Ende des Zweiten Weltkriegs veränderte Staatsauffassung der Deutschen«, die sich sichtbar von »Hybris, Großmannssucht und Weltmachtgeltung« entfernt hat. Für große Empfänge bei Staatsbesuchen muss der Präsident weiter nach Schloss Augustusburg in Brühl ausweichen. Elly hatte während der fünfzehnmonatigen Wartezeit auf der Viktorshöhe antike Möbel in verschiedenen Schlössern, darunter in Brühl, Würzburg, Ludwigslust und Stuttgart, für die Einrichtung ausgesucht, die als Leihgaben zur Verfügung gestellt werden. Im oberen Stockwerk mit seinen zwölf Räumen befinden sich die mit Heuss' eigenen Möbeln eingerichteten Privaträume des Präsidenten mit Schlaf-, Wohn- und Arbeitszimmer und einem Kaminzimmer, in dem gegessen wird und das Elly mit Barockkacheln von der Fraueninsel im Chiemsee verschönert hat.

Mit zur Familie zählt Hans Bott, der in Straßburg geborene persönliche Referent und Ministerialrat, der drei Räume bewohnt. Ursprünglich Buchhändler, gründete Bott in Berlin einen kleinen

Verlag und weiß sich Heuss freundschaftlich eng verbunden, seit er Anfang der dreißiger Jahre Druck und Vertrieb der *Hilfe* übernimmt. So ist er weit mehr als der klassische persönliche Referent, der Termine vereinbart, Briefe beantwortet und die üblichen administrativen Petitessen erledigt: Er wird zum unersetzlichen Faktotum, das den Bundespräsidenten auf Reisen begleitet und bei seinen Staatsbesuchen sogar den Kammerdiener ersetzt, indem er sich um die jeweils passende, den Anlässen entsprechende Kleidung kümmert und ihm hilft, sich in den Frack und das Hemd mit der gestärkten Piquetbrust zu zwängen. Auch zwei Gästezimmer finden sich im oberen Stockwerk, das eine größer, das andere kleiner, und unter dem Dach gibt es noch ein kleines Bibliothekszimmer, in respektvollem Gedenken an Heuss' Mentor Naumann-Zimmer genannt, das der Präsident selbst, gelegentlich aber auch Gäste wie Carl Zuckmayer oder Albert Schweitzer zum Arbeiten nutzen. Den Repräsentationsteil im Erdgeschoss betreuen ein Dienerehepaar und zwei Hausmädchen, für den privaten Haushalt beschäftigt Elly eine Köchin und ein Stubenmädchen.

Für die First Lady, deren Herzerkrankung ihr das Treppensteigen schwer bis unmöglich macht, steht ein Aufzug zur Verfügung. Doch die Jahre, in denen das Ehepaar Heuss die Villa Hammerschmidt zusammen bewohnen kann, sind kurz bemessen, auch wenn Elly es versteht, sie für ihre sozialpolitischen Bestrebungen zu nutzen. Schon am 31. Januar 1950 gründet sie, angeregt durch den Bayerischen Mütterdienst der evangelisch-lutherischen Kirche in Stein bei Nürnberg, das Müttergenesungswerk, das erschöpften Müttern Urlaub ermöglicht, ihnen und ihren Kindern Rehabilitations- und Vorsorgemaßnahmen und inzwischen auch psychosoziale Therapien anbietet. Es ist ihr ganzer Stolz, dass sie das Zusammenwirken des Diakonischen Werks, der Caritas, der Arbeiterwohlfahrt und des Paritätischen Wohlfahrtsverbandes zustande gebracht hat – »evangelisch, katholisch, sozialistisch, Rotes Kreuz«, wie sie ihrer Freundin Toni Stolper in New York Mitte Februar schreibt, »alle, die Mütterheime haben, vereinigt bei mir in Godesberg. Es läuft gut an.«

Laut Satzung soll die nach ihr benannte Elly-Heuss-Knapp-Stiftung Deutsches Müttergenesungswerk unter der Schirmherrschaft der Frau des jeweiligen Bundespräsidenten oder der Bundespräsidentin stehen, und in ihrem Vermächtnis bezeichnet Elly dieses Werk als »Krönung meines Lebens«. Sie begründet damit eine Tradition, denn ihrem Vorbild folgend, rufen alle Ehefrauen eines Bundespräsidenten eine Stiftung ins Leben – Mildred Scheel zum Beispiel die Deutsche Krebshilfe oder Marianne von Weizsäcker die Stiftung Integrationshilfe für ehemals Drogenabhängige e.V. So oft wie ihr Gesundheitszustand dies gestattet, versucht Elly den Präsidenten auf seinen Antrittsbesuchen in den deutschen Ländern zu begleiten, fährt mit zur Bundesgartenschau in Stuttgart oder zum Evangelischen Kirchentag in Essen.

Dass es ihr für das öffentliche Auftreten weder an Stilsicherheit noch an Selbstbewusstsein fehlt, hat ihr kein Geringerer als Albert Schweitzer in einem Gratulationsbrief zur Präsidentenwahl bescheinigt: »Daß Du, Ellychen, Deine Sache perfekt machen wirst, daran zweifle ich nicht. Dir haben die Musen verliehen, daß Du in der Hütte und in dem Palast in gleicher Weise am Platze bist.« Schwierigkeiten bereitet eher das äußere Erscheinungsbild: Zwar engagiert sie eine Baronin mit besten Referenzen als Kleiderberaterin, aber »die Absicht, durch Placierung von irgendetwas Weißem in der Nähe des Gesichts den Blick von dem schwerfällig wirkenden Körper abzulenken hin zu der lebhaften, wachen, intelligenten Mimik erscheint auf Fotos und Filmen eher missglückt«, urteilen Kirsten Jüngling und Brigitte Roßbeck. Auch Hüte mit weißer Krempe helfen da nicht. Aber im Grunde kümmert das weder sie selbst noch den Präsidenten noch die Öffentlichkeit – Seriosität und Bescheidenheit stehen in diesen Gründungsjahren höher im Kurs als glanzvolles Äußeres, Schönheit oder modische Attraktivität.

Im April 1951 eröffnet sie die Bundesgartenschau in Hannover und spricht in Bonn auf einer Pressekonferenz des Müttergenesungswerks. Trotz zunehmender Herzprobleme begleitet sie den Präsidenten im September nach Berlin zur Einweihung des Schiller-Theaters und später nach Frankfurt, wo Albert Schweitzer den Friedenspreis des Deutschen Buchhandels entgegennimmt und Heuss die Festrede hält. Es sei so lustig gewesen, berichtet sie Toni Stolper, »zu denken, daß diesmal der Theodor ihn angepredigt hat und nicht umgekehrt, wie er, an unserer Hochzeit«.

Im Oktober kurt sie, wie üblich, in Badenweiler, aber besucht von dort aus Theodor, der mit seinem Sohn Urlaub in Locarno macht. Beim Treppensteigen während einer Schlossbesichtigung handelt sie sich zusätzlich zu ihren Herzbeschwerden eine Entzündung in den Kniegelenken ein und erkrankt anschließend – zum dritten Mal in zwölf Jahren – an einer Gelbsucht, die sie acht Wochen aufs Krankenlager wirft. Als Heuss dies den Freunden der Familie in einem Rundbrief mitteilt, kann Elly die Blumen, die unter ihrer Aufsicht in dem großen, zum Rhein hin abfallenden Park der Villa Hammerschmidt gepflanzt wurden, nur noch im Rollstuhl besichtigen. Sie muss viel liegen und empfängt nur noch ganz wenige, ausgewählte Besucher, darunter Konrad Adenauer, den sie bewundert und mit dem sie sich gut versteht.

Am 19. Juli 1952 werden die Flaggen vor den öffentlichen Gebäuden Bonns auf Halbmast gesetzt: Elly Heuss-Knapp ist in der Universitätsklinik in Bonn verstorben. Mit ihr verliert Heuss mehr als die geliebte Frau – sie war sein intellektuelles Gegenüber oder Gegenstück, *die* anregende geistige Partnerin, gerade weil sie ihre eigenen, sozialpolitischen, pädagogischen und später christlich-bestimmten Wege ging; eine Partnerin, mit der er alle Freundschaften teilte, mit der er alles besprach, was ihn politisch oder literarisch bewegte, eine private Redakteurin auch, die seine Manuskripte oder auch Reden – oft als seine schärfste Kritikerin – gegenlas und dabei doch stets die liebevoll Fördernde blieb. Was der Verlust Ellys für Theodor Heuss bedeutet, wird in einem Gedicht deutlich, das er ihr zum 70. Geburtsag im Januar 1951 gewidmet hat und das sich nach ihrem Tod in ihrem Neuen Testament neben ihrem Sterbebett fand:

Wie im Nehmen, so im Geben
galt das schöne Gleichgewicht
als Gesetz für unser Leben:
»Einer war des anderen Licht«.

Gleiches Schreiten durch die Jahre,
schwärmend einst und heute stet,
Wirbelwind durch blonde Haare,
weicher Wind durch weiße geht.

Frohe Stunden, stille Trauer,
festes Herz im Überschwang,
und der Ewigkeiten Schauer
wehn durch dieses Lebens Gang.

Also laß uns weiter wandern,
jeder Wandertag ein Dank,
da vom Lebenskelch des andern
jeder neues Leben trank.

Elly hatte Hedwig Heuss, die Frau seines früh gestorbenen ältesten
Bruders Ludwig, beschworen, falls sie nicht mehr sein sollte, Theodor an ihrer Stelle den Haushalt zu führen. Wie selbstverständlich übernimmt die fast siebzigjährige Arztwitwe aus Ludwigsburg,
ursprünglich gelernte Krankenschwester, aufgeschlossen und geistig
vielseitig interessiert, nicht nur die Aufgabe, den Heuss'schen Haushalt zu führen, sondern auch repräsentative Pflichten. Liebenswür-
dig, unprätentiös und charmant steht sie nun bei offiziellen Anlässen
als First Lady an der Seite ihres Schwagers, richtet die offizielle
Tafel in der Villa Hammerschmidt *comme il faut* und kümmert sich
um die sozialen Belange, derer sich Frauen von Bundespräsidenten
üblicherweise annehmen. Im Jahr 1957 begleitet sie ihn sogar auf
seinem Staatsbesuch nach Italien und ist Tischdame des italienischen
Staatspräsidenten Gronchi beim Staatsdiner im Quirinalspalast.

Abgesehen von allen vom Protokoll ausgerichteten Ereignissen, bei denen es aufwendiger zugeht, so Ursula Salentin, schätzt Theodor Heuss »nicht nur in seinem Privathaushalt, sondern auch bei offiziellen Einladungen in der Villa Hammerschmidt einen schlichten, gepflegten Stil«: die Bewirtung einfach, aber die Speisen vorzüglich zubereitet, dabei oft schwäbische Delikatessen wie handgeschabte Spätzle, Maultaschen oder Siedfleisch und bevorzugt schwäbische Weine aus der Gegend von Brackenheim oder Heilbronn. Wie delikat gerade schwäbische Gerichte geraten, zeigt sich, als Carlo Schmid einmal zum Essen geladen ist – ein »Fleischkoloß« und »großartiger Kerl«, wie ihn Heuss seiner Freundin Toni Stolper brieflich vorstellt: »Vater schwäbischer Schulmeister, Mutter französischer Kreuzzugsadel, sehr gebildet, wechselt mit Stampfer [dem früheren Chefredakteur des *Vorwärts]* lateinische Briefe.« Schmid erzählt von seiner Moskaureise, man spricht über Machiavelli, und es gibt Maultaschen – jene ravioliähnlichen schwäbischen Nudeln mit einer Füllung aus Kräutern, Spinat und etwas Fleisch, zum Schluss in Butter geschmälzt. Es findet, so Heuss, »eine grandiose Vereinnahmung statt – den Mädchen in der Küche wurde von C.S. bis auf vier alles weggegessen; ich kann erst morgen feststellen, ob sie darüber traurig, ob darauf stolz sind«.

Hedwig Heuss mag Elly als Haushälterin und gelegentlich als First Lady ersetzen – die intellektuelle Partnerin, mit der sich Heuss austauschen kann, ist sie nicht. Das wird mehr und mehr Toni Stolper, die Witwe seines Freundes Gustav und Freundin Ellys, der er bald täglich schreibt. Seit 1955 verbringen Toni Stolper und er den Urlaub gemeinsam, sie kommt vor allem im Sommer oft nach Europa und ist zu Gast in der Villa Hammerschmidt, um der Hitze in New York zu entgehen. Es hat etwas Rührendes, sich vorzustellen, dass der vereinsamte Präsident der Bundesrepublik sich ihr bald allabendlich oder -nächtlich schriftlich anvertraut, »Plauderberichte« verfasst und sich zu ihr »hindenkt«. »Das wird nun so wohl etwas wie ein Brauch«, schreibt er ihr im September 1955: »…morgens geht ein Brief an Dich ab und in den Abendstunden setze ich das

Gespräch mit Dir fort…« Manchmal schreibt er abends schon gegen 18 Uhr, meist erst gegen Mitternacht, gelegentlich lässt er in seinen Briefen an sie auch Vorurteile erkennen, die ein Präsident öffentlich nicht äußern darf – etwa, wenn er den aus Oberschlesien stammenden FDP-Politiker Erich Mende einen »wasserpolakischen Apoll« nennt oder in einem Bericht über eine Staatsjagd, bei der er im Straßenanzug, ohne Flinte und meist Zigarre rauchend die Jäger begleitet, das Jagen »eine Nebenform von menschlicher Geisteskrankheit« bezeichnet – eine freilich, die Diplomaten und auch deutsche Staatsmänner befällt. Was er ihr schreibt, stellt für ihn »die einzige Rückzugslinie ins Menschliche« dar, wie er ihr bekennt, im Grunde führt er das abendliche Gespräch mit Elly, das ihm so sehr fehlt, mit diesen Briefen über den Atlantik fort. »…es gibt außer Dir nur zwei Menschen«, so Heuss an Toni Stolper, »denen ich mit der gleichen Unbefangenheit, Dummes und Gescheites, Sachliches und Persönliches auszusprechen, gegenüberstand: das war Elly und das war [sein 1936 gestorbener Jugendfreund] Friedrich Mück.«

Außer den zwei, drei wöchentlichen Luftpostbriefen nach New York gibt er auch dicke »Schiffsbriefe« mit seinen Reden, Zeitungsberichten und Notizen in die Post, damit sie weiß, auf welche Fragen oder Kritiken, Besucher oder politischen Probleme er in seinen Briefen anspielt. Sehr offen gesteht er ihr auch, wenn er Misserfolge zu verzeichnen hat: »In der Studentensache, die ich ja im Oktober 1949 in Berlin anpackte (es sind die alten Herren, sehr alte Herren!) habe ich, wie bei der Nationalhymne, eine Niederlage erlebt.«[12]

Die Niederlage in der Studentensache handelt er sich während seines »Staatsbesuchs« in Berlin im Herbst 1949 ein, als er im Titania-Palast eine »Rede an die Berliner Jugend« richtet und vor dem Wiederaufleben der alten studentischen Korporationen warnt. Er fordert, »neue Formen der Gemeinschaft« für die akademische Jugend zu finden, verweist auf die »Fragwürdigkeit bestimmter Kontinuitäten« und bezweifelt, dass es die Studenten selbst seien, welche die alten Burschenschaften oder Corps neu begründen wollen: »Es sind, soweit ich sehe… die sogenannten alten Herren.« Und wenn er sofort hinzufügt: »Es sind *sehr alte* Herren!«, knüpft er in Gedanken wohl an den von ihm als Genie verehrten Max Weber an, der sich schon vor dem Ersten Weltkrieg gegen die Korporationen mit ihrem Satisfaktionswesen und ihren pseudoaristokratischen Formen gewendet hatte, weil er befürchtete, dies werde die wirtschaftliche Leistung des deutschen Bürgertums und damit dessen globale Konkurrenzfähigkeit beeinträchtigen.

Zwar bekommt Heuss im Titania-Palast Beifall, aber unter den Stößen an Briefen, die danach auf seinem Amtssitz noch auf der Viktorshöhe eingehen, finden sich überwiegend »grobe, enttäuschte, vorwurfsvolle, belehrende«, wie er gut zwei Wochen später in seiner Ansprache an die Studenten in Heidelberg bedauert. Hier am Neckar wird er sehr viel deutlicher als in Berlin, einer Arbeitsuniversität, an der, so Heuss, das historische Korporationswesen nie mehr gewesen ist als ein »atavistischer Schnörkel an dem Gesamtleben der Studentenschaft«. Im viel kleineren Heidelberg haben die Korporationen stets eine ungleich größere Rolle gespielt, und so bezeichnet er das Waffenstudententum hier, klarer als in Berlin, schlicht als unzeitgemäß.

Er wisse, wovon er spreche, sagt Heuss zu Beginn seiner kritischen Auseinandersetzung mit der studentischen Tradition, denn der Vater und seine zwei Brüder seien auch Waffenstudenten gewesen. Dennoch sei er heute fest davon überzeugt, dass die »Stunden auf dem Fechtboden ... diese Romantik des Heldenersatzes« verjährt sind und Korporationen alten Stils nicht mehr in »unsere geschichtliche Landschaft« passen. »Ganz einfach, es ist Sache des historischen Stilgefühls, ob man mit Bändern und frischen Schmissen zwischen Trümmern, Heimatvertriebenen und Kriegsversehrten die Lebensgestaltung feudaler, großbürgerlicher, mittelbürgerlicher oder zusammengepumpter kleinbürgerlicher Wechsel bei zum Teil ahnungslos stolzen Eltern durchführen und aufrecht erhalten will, und das, so scheint mir, geht nicht.« Die alten Herren sollen helfen – ja sie können Geld geben an die Studentenwerke und für Bücher sorgen, für Erleichterungen dieser und jener Art –, aber »sie sollen der Jugend nicht im Commentstil vorrenommieren, wie es früher wunderbar gewesen sei, und wie man es jetzt wieder machen müsse«.

Doch alle Tapferkeit und Beharrlichkeit, mit der Heuss gegen die Restauration überholter studentischer Traditionen angeht, bleibt vergebens, gerade die fünfziger Jahre – die Zeit seiner Präsidentschaft – erleben ein erstaunliches Comeback der alten Burschenherrlichkeit. »Mit Gesang, Fackelzug, Bierseidel-Geklapper und vollem Wichs«, berichtet der *Spiegel* im Juni 1953, seien farbentragende Studenten und Alte Herren von 97 Verbindungen in Coburg aufmarschiert, um während sonniger Pfingsttage ihre Wiederkehr und »die nicht ganz so gute alte Zeit im friedlichromantischen Städtchen Coburg« zu feiern. In 93 von den 97 Bünden des Coburger Convents sei die Pflichtmensur bereits wieder eingeführt: In 40 Bünden müsse jeder Angehörige mindestens eine scharfe Mensur schlagen, in 24 Bünden mindestens zwei, in 16 Verbindungen drei, in acht Bünden vier, in vieren fünf und in einem Bund, der Rhenania in Münster, mindestens sechs Partien.

Dass Heuss sich mit seinen Einwänden und Bedenken nicht hat durchsetzen können, führt er 1958 auf die Haltung der katholischen Bischöfe zurück. »Die Triarier [die Elitesoldaten einer römischen Legion] im Krieg gegen mich«, schreibt er Toni Stolper, »waren die zwar nicht Bestimmungsmensur fechtenden, aber Farben tragenden und mit ›Schlägern‹ dekorierten und kneipenden katholischen Verbindungen (›C.V.‹) – was kannst Du machen, wenn der Mainzer Bischof und der Münchner Kardinal, ersterer sogar ›Zweibändermann‹, sich auf Festkommersen für die Presse mit photographieren lassen. Adenauer, nicht farbentragender C.V.-Man, hat *nie* in dieser Sache etwas getan! Ich hielt 5 große Reden und Konferenzen …« Aber vergeblich.[13]

Seine Niederlage bei der Nationalhymne erleidet Heuss, obschon er allein zuständig ist für alle Einrichtungen und Symbole, die der Repräsentation des Staates dienen und obwohl die Bundesregierung ihm ausdrücklich zugestimmt hat, als er die dafür nötige Organisationsgewalt für sich beanspruchte und an sich zog. Nach der Rechtslage fällt die Entscheidung damit vorrangig in seine Befugnisse. Im Grundgesetz wird über eine Nationalhymne ja nichts gesagt, und bei seiner feierlichen Verkündigung am 23. Mai 1949 im Bonner Museum Koenig hatte Konrad Adenauer, der Präsident des Parlamentarischen Rats, die Versammlung aufgefordert, »Ich hab' mich ergeben / Mit Herz und mit Hand / Dir Land voll Lieb' und Leben, / Mein deutsches Vaterland« zu singen.

Da das alliierte Verbot aller nationalsozialistischen Staatssymbole auch das Deutschlandlied einbezog, kam es nach Gründung der Bundesrepublik bei internationalen Sportveranstaltungen zu den kuriosesten Verlegenheitslösungen. So erklang, wie Adenauer den Hochkommissaren einmal berichtet, nach einer belgisch-deutschen Sportveranstaltung in Köln bei der Siegerehrung der Karnevalsschlager »Wir sind die Eingeborenen von Trizonesien«, und nach einem Sportwettbewerb in Berlin wurde das Lied »In München steht ein Hofbräuhaus« gespielt. Das ist umso peinlicher, als die DDR schon seit Mitte November 1949 über Bechers und Eislers »Auferstanden aus Ruinen« verfügt und das SED-Politbüro, in der Anfangszeit der DDR bewusst gesamtdeutsch orientiert, beider Werk großspurig *die* deutsche Nationalhymne nennt.

Wenn Heuss der Meinung ist, Deutschland brauche eine neue Nationalhymne, dann mag die Zwangsehe mit dem Horst-Wessel-Lied, das in den zwölf Nazijahren ja stets nach dem Deutschlandlied erklingen musste, eine Rolle gespielt haben. Entscheidend aber ist diese Überlegung für ihn keineswegs. Vielmehr ist er überzeugt davon, dass die Deutschen nach der Katastrophe von 1945, dieser einschneidendsten Zäsur in ihrer Geschichte, für ihren staatlichen Neuanfang auch eine neue Nationalhymne brauchen. Zwar schätzt er die alte Haydn'sche Melodie, aber den Text des Vormärz-Dichters Hoffmann von Fallersleben hält er für problematisch. Der zweite Vers (Deutsche Treue, deutsche Frauen / deutscher Wein und deutscher Sang ...) sei »albern und banal«, der dritte (Einigkeit und Recht und Freiheit ...) besitze zwar »eine echte und sinnvolle Würde«, aber er sei viel zu kurz, um ihn als Nationalhymne zu deklarieren. Nur den dritten Vers spielen zu lassen gehe gar nicht, schreibt er dem Kanzler später, es gebe eben nur »die eine Melodie, die notwendigerweise die traditionellen Wortassoziationen weckt, von denen ich, bei allem Respekt vor der Geschichte die Deutschen wegbringen möchte, um sie an das Pathos der Nüchternheit, das auch seine innere Größe und Würde haben kann und wird, heranzuführen«. Anstoß nimmt er, wie er dies dem früheren langjährigen preußischen Innenminister Carl Severing begründet, vor allem am ersten Vers des Deutschlandlieds: Maas, Memel, Etsch und Belt hätten für die Zeit des alten Deutschen Bundes ungefähre Grenzbezeichnungen dargestellt, heute könnten sie »als Bekundung einer staatlich sinnlos gewordenen Irredenta, also des Revanchismus begriffen werden«. Er hält auch nichts davon, einen neuen Text zur alten Melodie von Haydn zu suchen, weil nach seiner Kenntnis der Deutschen damit zu rechnen ist, »daß ein Teil der Singenden die alten Texte gebrauchen würde und bei jeder öffentlichen Kundgebung ein peinlicher Sängerwettstreit um Worte stattfände«.

Auf der Suche nach dem geeigneten Dichter wendet er sich an Rudolf Alexander Schröder, einen eher konservativen Lyriker, der während der Nazizeit in die innere Emigration gegangen ist, zur Bekennenden Kirche stieß und sich einen Namen als Erneuerer des protestantischen Kirchenlieds gemacht hat. Aus Heuss' Sicht, so Klaus Goebel, besaß Schröder die nötige Gestaltungskraft und war »in seinem geistig-moralischen Habitus anerkannt«. Schröder zögert zunächst, doch schließlich gelingt es Heuss, ihn von dem Auftrag zu überzeugen.

Anfang Mai 1950 hält er die erbetene Hymne von drei Versen in Händen und bedankt sich: Das Lied erscheint ihm »in der Strukturierung, in dem verhaltenen Pathos, in der Architektur der einzelnen Strophen und in der Steigerung wie in der Thematik« der historischen Situation Deutschlands angemessen.

Wer allerdings glaubt, damit akzeptiere Heuss ohne Einschränkung, was der Dichter ihm vorlegt, irrt gewaltig. Da es sich nicht um irgendein Poem, sondern um die Retortengeburt einer Nationalhymne handelt, die er selbst im Volk durchsetzen und populär machen will, schlägt der Präsident, als Verseschmied ja keineswegs unbegabt, Änderung nach Änderung vor: So wünscht er statt »Land der Treue« – in der Geschichte habe es ja so viele Treubrüche gegeben! – »Land des Glaubens«, statt »Aun« lieber »Wies'«. Am Ende ist Schröder nur noch »neugierig« darauf, »was ich zum Schluß gedichtet haben werde«. Wie berechtigt seine Neugier ist, zeigt ein Vergleich der Schröder'schen Urfassung und der schließlich von Heuss im Rundfunk präsentierten Endfassung: Von den insgesamt 24 Zeilen des Schröder-Lieds überleben lediglich sieben unverändert.

Bei der Suche nach dem Komponisten ist Carl Orff erste Wahl, dessen »Carmina Burana« vor allem Elly beeindruckt hatte, doch der winkt ab, als er den Text vorliegen hat und empfiehlt Hermann Reutter, den Pianisten, Komponisten und Leiter der Staatlichen Hochschule für Musik in Stuttgart. Als die Komposition vorliegt, führt Heuss sie Verbänden, Kirchenführern und Politikern vor und versucht sie für die neue Hymne zu gewinnen. Am Ende seiner Silvesteransprache 1950 kommt Heuss auf sie zu sprechen und begründet ihre Notwendigkeit: Das »ungeheure Schicksal, das die staatlichen Zusammenhänge zerschlug und die volklichen verwirrte«, habe einen Geschichtseinschnitt geschaffen, »der mit dem alten Sinn- und Wortvorrat nicht mehr umfaßt werden könne«. Sodann liest er mit seinem schwäbischen Bass langsam und eindringlich die Zeilen der Schröder-Hymne vor:

> Land des Glaubens, deutsches Land,
> Land der Väter und der Erben,
> uns im Leben und im Sterben
> Haus und Herberg, Trost und Pfand,
> sei den Toten zum Gedächtnis,
> den Lebend'gen zum Vermächtnis,
> freudig vor der Welt bekannt,
> Land des Glaubens, deutsches Land!

Land der Hoffnung, Heimatland,
ob die Wetter, ob die Wogen
über dich hinweggezogen,
ob die Feuer dich verbrannt,
du hast Hände, die da bauen,
du hast Herzen, die vertrauen,
Lieb und Treue halten stand,
Land der Hoffnung, Heimatland!

Land der Liebe, Vaterland,
heil'ger Grund, auf den sich gründet
was in Lieb und Leid verbündet
Herz mit Herzen, Hand mit Hand.
Frei, wie wir Dir angehören
Und uns dir zu eigen schwören,
schling um uns dein Friedensband,
Land der Liebe, Vaterland!

Zwar erklärt er anschließend, er habe damit »nicht einfach eine neue Nationalhymne als Amtsvorgang ›dekretiert‹«, aber er wirbt für sie und hofft, wenn Millionen spürten, hier hätten die »Empfindungen unseres Geschlechts eine symbolkräftige Form gefunden«, dann werde die Hymne »Besitz und Bekenntnis der Nation werden«. Am Schluss seiner Silvesterrede erklingt dann das Schröder/Reutter-Lied, kunstvoll gesungen von einem Rundfunkchor – aber zu seiner großen Enttäuschung wird es keineswegs als neue Nationalhymne angenommen. Zwar ertönt es eine Zeit lang allabendlich im Radio, doch lediglich 16 Prozent der Bevölkerung sprechen sich für, 43 Prozent gegen die neue Hymne aus. Einige nennen sie spöttisch »Theos Nachtmusik«, die Mehrzahl der Briefschreiber will die alte Melodie beibehalten, einige schlagen vor, einen völlig neuen Text dafür zu suchen, sehr viele aber plädieren dafür, die dritte Strophe des Fallersleben-Lieds zur Nationalhymne zu erklären.[14]

Wichtig für Heuss ist die Haltung Kurt Schumachers, der wie er das von Ebert zur Nationalhymne proklamierte Deutschlandlied ablehnt, aber die Schröder/Reutter'sche Neuschöpfung mit ätzendem Spott gar als »schwäbisch-protestantischen Nationalchoral« bezeichnet – ein vernichtendes Urteil, das in der Öffentlichkeit wieder und wieder zitiert wird. Sardonischer urteilt Gottfried Benn: »Der Text ganz ansprechend«, meint er zu Schröders freilich arg redigierten Versen, »vielleicht etwas marklos, der nächste Schritt wäre ein Kaninchenfell als Reichsflagge« – aber sein böses Verdikt spielt in der Debatte um die Hymne keine Rolle, denn sie wird erstmals 1960 publiziert. Aus heutiger Sicht irritiert einigermaßen, dass ein so sehr dem historisch Gewachsenen verbundener Mensch wie Heuss je annehmen konnte, die Kunstgeburt einer neuen Nationalhymne lasse sich auf demokratischem Wege einem Volk von oben vermitteln, das »Bonn« und mit ihm dem gesamten Staatsunternehmen Bundesrepublik in den frühen fünfziger Jahren noch weitgehend skeptisch gegenübersteht. Dass seine, dass die Schröder-Reutter-Hymne, die Herzen der Deutschen nicht gewinnt, empfindet er als schmerzliche persönliche Niederlage, die ihn lange wurmen wird.

Im Rückblick allerdings zeichnet sie sich schon Frühjahr 1950 ab, als er noch nicht einmal die Urfassung von Rudolf Alexander Schröder in Händen hält. Denn als Konrad Adenauer erstmals als Bundeskanzler Berlin besucht, beendet er seine dreitägige Visite am 18. April mit einem »kräftigen nationalen Paukenschlag« (Schwarz): Nach einer Rede, in der er die gleichberechtigte Aufnahme der Bundesrepublik in die Westeuropäische Union fordert (ihr gehören die drei Benelux-Staaten, Frankreich und Großbritannien an) und am Schluss die Menschen in der Ostzone grüßt, bittet er die 1800 geladenen Gäste, sich zu erheben und die dritte Strophe des Deutschlandlieds zu singen. Da deren Text kaum einer kennt, hat er ihn zuvor auf jeden Sitz legen lassen – doch aus alter Gewohnheit singen viele wohl den Text der ersten Strophe.

Die Szene im Titania-Palast, so Henning Köhler, gerät zum internationalen Eklat: Ostentativ bleiben die westlichen Stadtkommandanten sitzen, Franz Neumann und einige Sozialdemokraten verlassen empört die Tribüne, das französische wie das britische Außenministerium reagieren scharf und sprechen von »Takt- und Geschmacklosigkeit«, indes der französische Regierungssender das »Fortbestehen nationalistischer Gesinnung« in Deutschland anprangert. Das deutsche Echo dagegen ist sehr viel positiver, denn Adenauers Geste ist ja vor allem gen Osten gerichtet – bewusst setzt er der neuen Becher/Eislerschen Hymne die traditionelle deutsche entgegen, um so die nationale Kontinuität der Politik der Bundesregierung zu unterstreichen. Auch sollen ihn weder SED im Osten noch Kurt Schumacher oder die Rechtsextremen in der Bundesrepublik mit nationalen Parolen bekämpfen können.

Folgt man Hans-Peter Schwarz, dann rechtfertigt Adenauer, »behutsam« von den drei westlichen Kommissaren auf den Vorfall angesprochen, das Singen der dritten Strophe des Deutschlandlieds mit dem Hinweis, dass es noch keine Nationalhymne gebe und erklärt: »Ich erblicke eine meiner wichtigsten Aufgaben innerhalb der Bundesrepublik darin, im Gegensatz zur Republik nach 1918 den nationalistischen Strömungen nichts in die Hände zu geben, um dafür zu sorgen, daß nationales Empfinden in das richtige Bett geleitet wird.«

Ganz gleich, ob man Adenauers Veranstaltung im Titania-Palast als »Überrumpelungsversuch« bewertet, sicher ist, dass in der Frage der Nationalhymne zwischen Präsident und Kanzler von Anfang an keine Einigkeit herrscht. Von Vertretern des Deutschen Sportbundes gefragt, geben beide unterschiedliche Ratschläge, was gespielt werden solle, falls deutsche Sportler bei internationalen Wettbewerben einen Sieg erringen: Adenauer empfiehlt die Melodie des Deutschlandlieds, weil eine andere Hymne international nicht bekannt sei; aber das Präsidialamt schickt den Sportverbänden Grammophonplatten mit der »Hymne an Deutschland« von Rudolf Alexander Schröder zu.

Die Angelegenheit müsse zwischen ihnen, wenn möglich, zu einer Klärung gebracht werden, schreibt Heuss betont kühl im Juni 1951 an Adenauer: »Es darf nicht der Zustand eintreten, daß die einen meinen, wenn man das singt, macht man dem Heuss, wenn man das

andere singt, macht man dem Adenauer eine Freude.« Schließlich einigen sich beide, die Frage der Nationalhymne bis auf die Zeit nach den Olympischen Winterspielen 1952 in Norwegen ruhen zu lassen, nachdem Willy Brandt von norwegischen Freunden davor gewarnt worden war, bei möglichen Siegerehrungen – die Deutschen errangen immerhin drei Gold- und je zwei Silber- und Bronzemedaillen – das Deutschlandlied spielen zu lassen; Informationen, die er umgehend an Heuss weitergegeben hatte. Für Oslo beschließt man einen Kompromiss: Beethovens »Ode an die Freude« soll gespielt werden.

Da die CDU auf ihrem Parteitag in Karlsruhe schon 1951 den Bundespräsidenten aufgefordert hatte, die dritte Strophe des Deutschlandlieds zur Nationalhymne zu erklären, DP und FDP dies seit langem wünschen und die SPD mit Blick auf Ebert in dieser Frage uneins ist, vor allem aber, weil die Mehrheit der Bundesbürger die Schröder/ Reutter'sche Neuschöpfung ablehnt, bleibt dem Präsidenten keine andere Wahl, als einzulenken. Allerdings vermeidet er, schon weil er mit sich »im Reinen bleiben will« und »kein Freund von pathetischen Dramatisierungen« ist, wie er dem Kanzler schreibt, eine feierliche Proklamation. Sie wäre auch einem allzu öffentlichen Eingeständnis der erlittenen Niederlage gleichgekommen. So schlägt er das lautlose Verfahren eines Briefwechsels zwischen Präsident und Kanzler vor. Adenauer bittet ihn schriftlich im Namen des Kabinetts, das Deutschlandlied als Nationalhymne anzuerkennen, wobei »bei staatlichen Veranstaltungen die dritte Strophe gesungen werden« solle. Heuss antwortet, er habe geglaubt »daß der tiefe Einschnitt in unserer Volks- und Staatsgeschichte einer neuen Symbolgebung bedürftig sei«, wisse aber jetzt, dass er sich darin täuschte und den »Traditionalismus und sein Beharrungsvermögen« in der Bevölkerung unterschätzte. Sein widerstrebendes Ja zum Deutschlandlied kleidet er in den trockenen Satz: »Wenn ich also der Bitte der Bundesregierung nachkomme, so geschieht dies in Anerkennung des Tatbestandes.«

Im amtlichen Bulletin veröffentlicht, gilt der Briefwechsel als bindende Entscheidung über die Hymne. Wie recht allerdings Heuss mit seinen Befürchtungen hat, dass beim Erklingen der Haydn-

Melodie viele den alten Text statt »Einigkeit und Recht und Freiheit« singen würden, zeigt sich 1954 bei der Fußballweltmeisterschaft in Bern: Nach dem überraschenden Siegestor von Helmut Rahn singt die Mehrzahl der deutschen Fans aus alter Gewohnheit, aber zum Entsetzen der nichtdeutschen Besucher des Stadions, einfach die erste Strophe, und nur wenige halten mit dem Text der dritten dagegen, den kaum einer kennt. Es braucht eben einige Jahre, bis er sich auch in der Bevölkerung durchsetzt. Als Heuss, schon im Ruhestand, gerüchtweise hört, durch einen Erlass des Bundesinnenministeriums sollten alle drei Strophen freigegeben werden, schreibt er aus seinem »Häusle« in Stuttgart dem Kanzler besorgt, die »Irredenta-Hymne« (der ersten Strophe) würde nicht nur eine nachträgliche Desavouierung »meiner Betrachtung dieser Dinge« bedeuten, er würde einen solchen Akt auch »innen- wie außenpolitisch einfach für eine Dummheit halten«. »Ihre Befürchtungen bezüglich der Nationalhymne«, antwortet ihm Adenauer daraufhin, »sind unbegründet; es ist keine Änderung beabsichtigt.« Die Praxis des Briefwechsels zwischen Präsident und Kanzler wiederholt sich übrigens 1991, als sich Richard von Weizsäcker und Helmut Kohl, unter Bezugnahme auf die Briefe von Heuss und Adenauer, ebenfalls schriftlich darauf verständigen, dass die dritte Strophe des Deutschlandslieds die Nationalhymne der größer gewordenen Bundesrepublik darstellt.[15]

Das Jahr, in dem Heuss seine Niederlage mit der Hymne eingestehen muss, ist auch das Jahr, in dem er erstmals öffentlich als Präsident in die aktuelle Politik eingreift, doch dabei, alles in allem, nicht *bella figura* macht. Im Juni 1952 fordert er beim Bundesverfassungsgericht in Karlsruhe ein Gutachten an, um sich zu vergewissern, ob demnächst vom Bundestag beschlossene Gesetze über die von Adenauer angestrebte Beteiligung an der Europäischen Verteidigungsgemeinschaft (EVG) verfassungskonform sind und er sie ausfertigen und verkünden kann. Als die Regierung aber zu erkennen glaubt, das Urteil werde für sie negativ ausfallen, zieht er seine Bitte praktisch in letzter Minute zurück. Wird das Gutachten-

Ersuchen von der Öffentlichkeit zunächst weitgehend begrüßt, weil es der Klärung in einem seit langem lodernden Streit dienen kann und der Rolle eines über den Parteien stehenden Bundspräsidenten entspricht, lässt sein plötzlicher Rückzieher im Dezember 1952 ihn, den zu tagespolitischer Neutralität Verpflichteten, auf einmal als offenen Parteigänger der Regierung erscheinen.

Die Wellen zwischen Regierung und Opposition schlagen damals ja hoch, weil Adenauer den Vertrag über die EVG mit einfacher Mehrheit verabschieden will, die Opposition dagegen die Notwendigkeit einer Änderung des Grundgesetzes sieht. Die Regierung ist überzeugt, Artikel 24, Absatz zwei des Grundgesetzes, demzufolge der Bund sich »zur Wahrung des Friedens einem System gegenseitiger kollektiver Sicherheit einordnen« und dafür Souveränitätsrechte aufgeben kann, gibt den Weg zur Beteiligung an einer europäischen Streitmacht frei. Die Opposition dagegen glaubt, es bedürfe einer Zweidrittelmehrheit zur Änderung des Grundgesetzes, weil in ihm die für eine EVG-Beteiligung nötige allgemeine Wehrpflicht nicht vorgesehen ist. Auch meint sie, die EVG-Verträge seien mit dem Wiedervereinigungsgebot des Grundgesetzes nicht zu vereinbaren.

Um die Wiederaufrüstungspläne Adenauers zu verhindern, reichen 144 Abgeordnete der SPD und der Föderalistischen Union in Karlsruhe eine vorbeugende Feststellungsklage oder ein Normenkontrollverfahren ein und erhoffen ein Urteil, nach dem die Verträge ohne Grundgesetzänderung nicht wirksam werden können. Gewinnen sie, dann braucht Adenauer zur Ergänzung des Grundgesetzes die Stimmen von 268 Abgeordneten – und diese Stimmen, rechnet der *Spiegel* vor, »hat er nicht und kriegt er nicht«. Wenn es im Verlaufe dieser Auseinandersetzung dann zur ersten »Verfassungskrise« oder »Staatskrise« (*Der Spiegel*) der Bundesrepublik kommt, hat dies viel mit dem langwierigen Entstehungsprozess des Karlsruher Gerichts zu tun, das erst am 28. September 1951 in Anwesenheit von Bundespräsident und Bundeskanzler feierlich eröffnet wurde. Die Auswahl der je zwölf Richter für die zwei Karlsruher Senate fand (und findet bis heute) unter Ausschluss der Öffentlichkeit statt und gestaltete sich außerordentlich schwierig. Sie obliegt Rechtsexperten vom Wahlmänner-Ausschuss des Bundestages sowie Vertretern des Bundesrates, und beide einigen sich nach langem Tauziehen schließlich darauf, dass Opposition und Koalition zu je einem Drittel Vorschlagsrecht besitzen, Vorschläge für die Wahl des restlichen Drittels dagegen den Konsens zwischen den Lagern erfordert. Am Ende dieses komplizierten und, wie ersichtlich, von Parteipolitik keinesfalls freien Richter-Wahlprozesses stehen zwei Senate mit – wie die Öffentlichkeit meint – völlig unterschiedlicher Couleur: Im Ersten Senat haben Mitglieder oder Sympathisanten der SPD die Mehrheit, und der *Spiegel* nennt ihn deshalb schlicht den »roten«; im Zweiten Senat dominieren »Anhänger der CDU und/oder prononcierte Katholiken« (Baring); er gilt mithin als der »schwarze«.

Ob dies wirklich zutrifft, bleibt dahin gestellt, »aber für bare Münze genommen«, vergiftet es die Atmosphäre, meint Henning Köhler und weist darauf hin, dass Hermann Höpker-Aschoff, der erste Präsident des Bundesverfassungsgerichts und ein alter Freund von Heuss, zugleich als Vorsitzender des Ersten Senats amtierte. Als dieser, offenbar selbst Anhänger des EVG-Projekts, dem Justizminister und dem Staatssekretär des Bundeskanzleramts bedeutet, dass die Richter in seinem Ersten Senat überwiegend der Meinung seien, die Verträge hätten verfassungsändernden Charakter, leuchten im Kanzleramt die Alarmlampen auf: Wie lässt sich dieser in Karlsruhe heraufziehenden Gefahr wirksam begegnen? Folgt man Köhler, dann kommt der Wink für den helfenden Gegenzug von Höpker-Aschoff selbst: Der Präsident soll das Verfassungsgericht um ein Gutachten bitten, denn dieses kann laut Verfassungsgerichtsgesetz nur das Plenum, können also nur die Richter beider Senate gemeinsam erstatten – und zu denen gehören ja auch die des Zweiten Senats, in dem die Sympathisanten der Regierung angeblich über eine satte Mehrheit verfügen. Sieht Höpker-Aschoff, der sich gegen seine Überzeugung einem Votum der Mehrheit in seinem »roten« Senat beugen müsste, damit auch sich selbst entlastet?

Die Kalkulation im Bundeskanzleramt geht ja dahin, dass dieses Gutachten vorrangig erstellt und die Feststellungsklage der Sozialdemokraten sich mit dem erwarteten, für die Regierung positiven Tenor praktisch selbst erledigt. »Man sieht hier die Seilschaft: Von Höpker-Aschoff«, vermutet Köhler, »ging es über Heuss zum Bundeskanzler«, und »wie aus Karlsruhe empfohlen, verfährt man dann in Bonn«. Am 10. Juni 1952 stellt der Bundespräsident auf Bitten des Bundeskanzlers und des Kabinetts in Karlsruhe den Antrag, ihm ein Gutachten darüber zu erstatten, ob der EVG-Vertrag mit dem Grundgesetz vereinbar sei. Er fragt:

Steht der Vertrag über die Gründung der Europäischen Verteidigungsgemeinschaft im Widerspruch zum Grundgesetz für die Bundesrepublik Deutschland, soweit durch ihn auf Grund des Artikels 24 des Grundgesetzes die zwischenstaatliche Einrichtung der Europäischen Verteidigungsgemeinschaft berechtigt wird, europäische Wehrhoheit unter Zugrundelegung der Wehrpflicht der Staatsbürger der Mitgliedstaaten auszuüben?

Zu aller Überraschung aber weist der »rote« Erste Senat schon Anfang August die Klage der Sozialdemokraten als »zur Zeit unzulässig« ab. Die Begründung ist einleuchtend: Ein Normenkontrollverfahren setzt Bundesrecht voraus, das es allerdings noch nicht gibt, weil die »Beratungen der Gesetzgeber« noch nicht abgeschlossen sind. Die Kläger werden jedoch auf die Möglichkeit verwiesen, nach der Verabschiedung des EVG-Vertrags zum zweiten Mal Klage zu erheben und vor der Verkündung durch den Bundespräsidenten ein Urteil herbeizuführen.

Mit dieser Entscheidung und ihrer Begründung hätte das politische Interesse der Bundesregierung an dem Gutachten eigentlich erlöschen müssen. Doch weil Heuss' Bitte um Begutachtung weiter anhängig bleibt, entwickelt die ganze Angelegenheit nun »eine eigene Dynamik« (Köhler), zumal die Koalitionsfraktionen inzwischen eine Organklage in Karlsruhe anstrengen: Die 128 Abgeordneten der

SPD-Fraktion, so die Begründung, hinderten die Bundestagsmehrheit daran, den EVG-Vertrag mit der in Artikel 42 des Grundgesetzes vorgeschriebenen einfachen Mehrheit für Bundestagsbeschlüsse zu verabschieden. Da diese Klage beim »schwarzen«, dem Zweiten, Senat eingereicht worden und die Spekulation auf die angeblich vorhandene, der Regierung freundliche Mehrheit überdeutlich ist, fühlt sich das Verfassungsgericht provoziert. Um dem Gerede vom »schwarzen« und vom »roten« Senat, das die Objektivität ihrer Entscheidungen in Frage stellt und den Ruf des Gerichts ganz erheblich beeinträchtigt, ein für allemal ein Ende zu bereiten, beschließt die massive Mehrheit beider Senate mit einem Stimmenverhältnis von 20:2 am 8. Dezember 1952, dem Bundespräsidenten nicht ein Mehrheits- und ein Minderheitsgutachten zu liefern, sondern ein Gesamtgutachten des Plenums, das zudem beide Senate binden soll: Ein eigenes, vom Gutachten abweichendes Urteil über die Verfassungskonformität der EVG-Verträge kann danach keiner der beiden Senate mehr fällen, das *Gutachten* käme praktisch einer *Entscheidung* in der Sache gleich.

Weil sich in letzter Zeit die alarmierenden Nachrichten aus Karlsruhe gehäuft hatten – so rechnet Franz Josef Strauß Adenauer einmal vor, dass nur 8 von 22 Richtern in Karlsruhe die Verträge für verfassungskonform hielten – und niemand mehr ein für die Regierung positives Gutachten erwartet, schlägt die Nachricht aus Karlsruhe wie eine Bombe ein. Staatssekretär Strauß vom Justizministerium erklärt, die richterliche Entscheidungsfreiheit der einzelnen Senate werde durch den Beschluss unzulässig eingeschränkt, Adenauer spricht offen von einem Rechtsbruch, und Thomas Dehler bezichtigt die Karlsruher Richter in einem Telegramm an süddeutsche Juristen, das Bundesverfassungsgericht sei »in erschütternder Weise von dem Wege des Rechts abgewichen« und habe damit »eine ernste Krise geschaffen«.

Um eine drohende Blockade der EVG-Verträge auszuschließen, legt das Bundeskabinett dem Präsidenten nahe, seine Bitte um ein Gutachten zurückzuziehen. Heuss zu diesem Schritt zu bewegen, kostet allerdings wenig Mühe, denn er selbst ist ja zutiefst davon überzeugt, dass politische Fragen dort zu entscheiden sind, wo sie hingehören: in Regierung und Parlament, nicht aber von Gerichten. Juristische Entscheidungen in hochpolitischen Fragen sind ihm, wie Schwarz zu Recht bemerkt, »stets ein Greuel«. Als der Kanzler, begleitet von den Ministern Blücher, Dehler, Lehr und Storch beim Präsidenten den Wunsch des Kabinetts vorträgt und begründet, schreibt Heuss, noch ehe Adenauer seinen Lagebericht beendet hat, auf einen Zettel: »Ich werde das Ersuchen um ein Gutachten zurückziehen.«

Fühlt er sich von seinem Freund Höpker-Aschoff überrumpelt? Heuss hatte ja um ein Gutachten, um einen Rat gebeten, nicht aber um eine Weisung oder gar eine richterliche Entscheidung, die er nun laut Beschluss des Plenums erhalten soll. In seinem Schreiben an das Verfassungsgericht begründet er seinen Schritt folglich damit, dass ihm »der Charakter eines Gutachtens schlechthin und in seinem grundsätzlichen Wesen durch diesen Beschluss des Bundesverfassungsgerichts aufgehoben zu sein scheint«. In einer Rundfunkansprache vom 12. Dezember betont er, dass er seine Entschlüsse aus eigener Entscheidung zu treffen pflege und wehrt sich gegen den Vorwurf, er sei den Koalitionsparteien gefällig gewesen. Es gehe vielmehr darum, dass eine »justizförmige Politik« den »im legitimen Kampf ringenden Kräften und Gruppen« die Entscheidungen nicht abnehmen könne und solle – daran habe niemand Interesse, »keine Parteigruppe, ob Regierung oder Opposition, am allerwenigsten das Bundesverfassungsgericht selbst«. Dieses Bundesverfassungsgericht, so Heuss, sei ein Hüter der Verfassung, »der eine. Der Bundespräsident ist der andere. Sie müssen sich in den Staats- und Rechtsnotwendigkeiten zu begegnen verstehen.«

Die Richter in Karlsruhe stellen, kaum dass Heuss' Schreiben eingegangen ist, das Gutachten-Verfahren umgehend ein, und die Frage der Verfassungsmäßigkeit, um die Regierung und Opposition so heftig streiten, erledigt sich dann mit den Bundestagswahlen 1953, als Adenauer seinen großen Wahlsieg einfährt und die Koalition im Februar 1954 mit Zweidrittelmehrheit die Wehrergänzung des Grundgesetzes beschließt.

Dass Heuss im Dezember 1952 nicht unter Druck handelte, sondern aus eigenem Ermessen, scheint hinreichend klar, aber dass er mit seinem Rückzieher der Koalition, die ja ein für sie ungünstiges Gutachten erwartete, aus einer schwierigen Situation herausgeholfen hat, ist so wenig strittig wie die Tatsache, dass er zuvor, als er sich mit seiner Bitte um Rat an Karlsruhe gewendet hatte, den Wünschen der Koalition entgegengekommen war. Der über den Parteien stehende Bundespräsident versteht es, sich aus dem alltäglichen Parteienstreit herauszuhalten, aber in den großen Fragen, um die es geht, ist er eben nicht neutral, schon weil er von seinen politischen Grundüberzeugungen nicht abrücken kann und will. So wie er im Parlamentarischen Rat gegen das Recht auf Kriegsdienstverweigerung kämpfte, weil er die allgemeine Wehrpflicht als das legitime Kind der Demokratie versteht, ist für den alten Demokraten Heuss selbstverständlich, dass ein starker demokratischer Staat über eine Armee verfügt. Das Streben nach gesamtstaatlicher Repräsentation verdeckt bei ihm, so Hans-Peter Schwarz, »nur mühsam die Bereitschaft zur entschiedenen Parteinahme«, und da er die Regierungspolitik in ihren Grundzügen für richtig hält, da er die Wiedervereinigungspolitik, die Westbindung und den EVG-Vertrag bejaht, bedarf es keines Drucks der Bundesregierung, »ihn auf regierungsamtliche Linie zu bringen«.

Für Henning Köhler hat Heuss in der ganzen Gutachten-Frage »eine wenig überzeugende Rolle« gespielt: »Was durch die betont bildungsbürgerlich-literarische Art, in der er sich in der Öffentlichkeit präsentierte, verdeckt wurde, kam hier ganz deutlich zum Ausdruck: Er war ein in der Wolle gefärbter konservativer Liberaler, der sich als Bündnispartner der Koalition verstand und dieser nach Kräften behilflich war ...« Doch den Streit um das Oberste Gericht übersteht Heuss, ohne dass sein Ansehen in der breiten Masse der Bevölkerung beeinträchtigt wird, und einen möglichen Konflikt mit der SPD vermeidet er, weil er im März 1953 dem Parteivorsitzenden Ollenhauer versichert, er werde den EVG-Vertrag erst nach einer positiven, verfassungsrechtlichen Prüfung unterzeichnen und verkünden.

Nicht öffentlich, wohl aber hinter den Kulissen mischt Heuss, zumindest in den Anfangsjahren seiner Präsidentschaft, bei Auseinandersetzungen und Flügelkämpfen innerhalb seiner alten Partei weiter kräftig mit – was ein Präsident eigentlich nicht tun sollte: Er versucht, die Ratifizierung der EVG-Verträge im Bundesrat sicherzustellen oder das Auseinanderbrechen der Koalition zu verhindern. Als nach der Gründung des Südweststaats dessen erster Ministerpräsident Reinhold Maier mit der SPD und der Vertriebenenpartei BHE koaliert, sieht Konrad Adenauer die Ratifizierung der EVG-Verträge im Bundesrat in Gefahr. Maier ist ein Parteigänger Karl Georg Pfleiderers, der eine andere Deutschlandpolitik vertritt, und wird deshalb bei etlichen Liberalen als eine Art Widerpart zu Adenauer gehandelt. Seine landespolitische Koalition hat er in erster Linie aus kulturpolitischen Gründen gebildet, denn im Gegensatz zur CDU, welche die Konfessionsschulen will, setzt er sich – wie der frühere Kultminister Heuss – für die Gemeinschaftsschule ein. Heuss bietet sich als Vermittler zwischen Maier und Adenauer an, hält eine, wie er im April 1952 an Maier schreibt, »baldige und gründliche Aussprache zwischen Euch beiden für ein absolutes Staatserfordernis«, und zwar »um den Weitergang der Dinge von Ungewissheiten oder gar von Ressentiments zu entlasten. Das neue Land hat für die Gesamtentwicklung stark an Gewicht gewonnen – damit ist nicht nur Deine Verantwortung gewachsen, sondern auch die Notwendigkeit für die Bundesregierung, über die Funktion des Gewichts für die Legislative wie für die Politik einigermaßen Bescheid zu wissen.«

Durch Briefe an den FDP-Parteivorsitzenden Blücher sucht er die Wogen zu glätten, die in Hessen und Nordrhein-Westfalen hochschlagen, weil in diesen FDP-Landesverbänden die Stuttgarter Koalition Maiers als Verrat an den bürgerlich-antimarxistischen Grundpositionen der FDP betrachtet wird und Rufe nach Maiers

Parteiausschluss laut werden. Und zweifellos sieht Konrad Adenauer im Präsidenten Heuss noch immer den Garanten der Koalition mit der FDP – so, wenn er im Juni vor den Wahlen 1953 bittet, »den Fraktionsvorstand der FDP und die FDP-Minister zu einer Besprechung zusammenzurufen und ihnen insbesondere im Hinblick auf die außenpolitische Situation ein einheitliches Vorgehen ... mit den anderen Koalitionspartnern zu empfehlen«. Wenn der Bundespräsident sich daraufhin bereit erklärt »die Herren zu seiner Information über die Haltung der FDP« zu empfangen, besteht er formell zwar auf der passiven Rolle, zu der ein Präsident in Parteifragen verpflichtet ist, aber dass er in dieser Besprechung die Position des Kanzlers deutlich machen und unterstützen wird, daran kann nach seiner ganzen Einstellung eigentlich kein Zweifel bestehen. Ende November 1955 bejammert er seine Rolle gegenüber seiner transatlantischen Freundin: »Ach Gott, an was alles ein ›Staatsmann‹ wie ich es bin (!) denken muß, der ich in Parteidingen aus staatspolitischen und staatsrechtlichen Gründen zur Behutsamkeit gezwungen bin. Und dabei ›müßte‹ ich mich noch viel intensiver um die Erziehung der FDP kümmern. Aber schon heißt es in einigen Zeitungen, daß ich als früherer FDP-Vorsitzender zum Kanzler gefahren sei!«

Sein Einfluss auf die FDP wird allerdings schwächer, als Thomas Dehler Vorsitzender der Bundestagsfraktion wird – ein Wechsel, an dem Heuss entscheidenden Anteil hat, weil er sich weigert, ihn wieder zum Minister zu ernennen. Die Sonntagsreden des leidenschaftlichen Antiklerikalen und Marxistenfressers, seine rhetorischen, aber selbstverliebten Entgleisungen gegen die katholische Kirche, die Sozialdemokratie oder die Hohen Kommissare waren im Kabinett gefürchtet und wurden als politische Belastung der Koalition empfunden. Heuss vermerkte einmal spöttisch, Dehler, der sich so gern am Beifall besaufe, solle doch seinen Reden, die angeblich von der Presse immer entstellt wiedergegeben würden, gleich die Berichtigung des nächsten Tages hinzufügen. Er schreibt in den *Tagebuchbriefen* von »Dehler-Krakeel« und meint, »Taktlosigkeiten« seien ihm »offenbar nicht abzugewöhnen«. Wegen

Dehlers scharfe Angriffe gegen das Karlsruher Gericht droht dessen Präsident Höpker-Aschoff mit Rücktritt, falls der Justizminister nach den Wahlen im zweiten Kabinett Adenauer wieder dieses Amt übernehmen sollte.

Heuss selbst mag Dehler als Person, auch wenn er ihn immer wieder – allerdings vergeblich – bittet, die »Kontrolle über seine Leidenschaft zurückzugewinnen« und zu verstehen, dass er als Minister staatliche Verantwortung trage und nicht »Stimmungsreden« halten dürfe, »in denen Sie sich steigern ...« Seine maßlosen Attacken gegen das Verfassungsgericht, die sich ein Justizminister nicht leisten darf, verübelt er ihm aber und ist auch persönlich beleidigt, als Dehler ihn in der Besprechung, die der Zurückziehung des Gutachtens vorausging, an seinen Amtseid erinnerte. So sind es zwei Liberale, die Dehlers Bestallung als Minister im zweiten Kabinett Adenauer verhindern: Hermann Höpker-Aschoff und Theodor Heuss, der Dehler, als er ihm die Entlassungsurkunde zugehen lässt, versichert: »Ich sah seit langem die Lage sich vorbereiten, wo ich mich zwischen menschlicher Freundschaft mit ihren Bindungen und die einfache Staatsraison mit ihren Verantwortungen gestellt sehen würde.« Er entschied sich für die Staatsraison.

Unter Dehler als Fraktions- und (seit 1954) Parteivorsitzendem setzt sich die FDP, schon um sich zu profilieren, immer deutlicher von Adenauers Politik der Westintegration ab: Sie steuert einen betont nationalen Kurs und tritt für direkte Gespräche mit Moskau ein. Die Europäisierung der Saar, ausgehandelt 1954 zwischen Adenauer und dem damaligen französischen Ministerpräsidenten Mendès-France, spaltet praktisch Partei und Fraktion, obwohl dieses Abkommen für Frankreich eine unverzichtbare Voraussetzung für den Abschluss der Pariser Verträge ist, mit denen die Bundesrepublik ihre Souveränität wiedererhalten soll. Wieder bietet sich Heuss als Vermittler an, aber sein Einfluss reicht nicht mehr aus, eine einheitliche Haltung der FDP-Fraktion zu erreichen. Auch sein Versuch, Hans Wellhausen bei der anstehenden Wahl des Fraktionsvorsitzenden zu stützen und Dehler zu stürzen, schlägt im Januar 1956 fehl.[16]

Zur Naumann-Affäre, jenen Versuchen ehemaliger National-
sozialisten um Werner Naumann – den letzten Staatssekretär des
Reichspropagandaministers Joseph Goebbels –, die FDP in Nord-
rheinwestfalen zu unterwandern, die schließlich von den britischen
Behörden mit einer spektakulären Verhaftungswelle öffentlich
gemacht und beendet werden, gibt es von Heuss keine öffentlichen
Äußerungen. Aber als die »Jungtürken der Düsseldorfer FDP« den
CDU-Ministerpräsidenten Karl Arnold stürzen und eine SPD-FDP-
Koalition bilden, die als Signal für einen späteren Bonner Regierungswechsel gedacht ist, schreibt er der Partnerin in New York
von den »Düsseldorfer Nazi-Demokraten«, die versuchten, »mit
der SPD des Landes die Bundespolitik sozusagen an sich zu rei-
ßen«. Dabei gehören die »Jungtürken« Weyer, Scheel und Döring
keineswegs zum Naumann-Kreis. Wo seine Sympathien liegen, als
die FDP-Fraktion Ende Februar 1956 die Bonner Koalition auf-
kündigt und sechzehn Abgeordnete, darunter die vier Minister,
welche die Adenauer'sche Politik verteidigen, die FDP verlassen,
zeigt die Tatsache, dass er die Minister und zwei der Dissidenten
Anfang März zu einem dreistündigen Gespräch in der Villa Hammerschmidt empfängt. Wie er über Dehlers oder der Jungtürken
Konzept für eine aktivere Deutschlandpolitik denkt, wird in den
*Tagebuchbriefen* deutlich: »Manchen Leuten«, heißt es da, »ist das
›Wirtschaftswunder‹ in den Kopf gestiegen und sie überschätzen
die Möglichkeiten einer deutschen Politik zwischen West und Ost,
nicht spürend, daß die ›öffentlichen Meinungen‹ der Völker sehr
labil sind.« Und über Dehler: Er habe sich »von Schumacher infizieren lassen und spiele, als ob Deutschland, das souverän, eine
Macht sei, um mit Alternativangeboten sich an die Spitze der Riege
zu turnen. Natürlich weiß er ernsthaft, daß er das nicht kann – aber
das Musizieren, in dem das ›dämonische‹ Grollen und die heiter
gekonnte Selbstzufriedenheit variieren, ist eine Form der Genuß-
sucht. Schade um den Mann ...«

So sehr Heuss sonst die Weimarer Republik gegen ihre Gegner verteidigt, so sehr legt er doch Wert darauf, sich mit seiner Symbolpolitik von ihr zu unterscheiden. Die Weimarer Reichsverfassung hatte in Artikel 109 festgelegt, dass der Staat keine Auszeichnungen und Orden verleiht und das Tragen ausländischer Orden verboten ist. Heuss wertete dies als einen Fehler, denn die Symbolarmut der jungen Demokratie hatte ihren Bürgern kaum Möglichkeiten geboten, sich mit ihr zu identifizieren. Er meint, der Staat müsse auch danken können und stiftet als der für Staatssymbole Zuständige im Juni 1950 für erfolgreiche Sportler das Silberne Lorbeerblatt, eine von Heuss persönlich entworfene Anstecknadel bzw. Brosche (für Damen). Erste Träger sind der mehrfach siegreiche Springreiter Fritz Thiedemann als Einzelsportler und der VfB Stuttgart als Mannschaft sowie die Tennisspielerin Inge Pohlmann. Im September des Jahres darauf folgt zum zweiten Jahrestag der Bundesrepublik die Stiftung des Bundesverdienstkreuzes, offiziell Verdienstorden der Bundesrepublik genannt. Verliehen für Leistungen, die im Bereich der »politischen, der wirtschaftlich-sozialen und der geistigen Arbeit dem Wiederaufbau des Vaterlandes dienten«, ist es als »Auszeichnung all derer« gedacht, »deren Wirken zum friedlichen Wiederaufstieg der Bundesrepublik Deutschland beiträgt«.

Da Heuss Wert darauf legt, dass seine Stiftung im »Volksbewußtsein« anerkannt wird, will er nicht nur Prominenz, sondern auch die »Leistung der Unbekannten und Ungenannten« geehrt wissen. So überreicht er das erste Verdienstkreuz am Bande am 19. September persönlich dem Bergmann Franz Brandl aus Nentershausen, der bei einem Wassereinbruch zwei seiner Kameraden gerettet hatte, und dankt dem bayerischen Ministerpräsidenten Ehard ausdrücklich dafür, dass dieser einen Sprengmeister aus Nürnberg für die Auszeichnung vorgeschlagen hat.

Seit Juni 1950 übrigens ziert Heuss' Frack bei offiziellen diplomatischen Empfängen ein beidseitig schwarzgelb gefasstes rotes

Band mit goldenem Stern, auf dem sich ein rotes Kreuz und ein Adler befinden – die Sonderstufe des Ordens, die dem Bundespräsidenten sowie Staatspräsidenten und deren Familienangehörigen vorbehalten ist. Mit der Stiftung dieses Verdienstordens, darüber ist sich Heuss von vornherein klar, wird auch die Frage des Tragens von Tapferkeitsauszeichnungen akut, das die Alliierten untersagt haben, eine Diffamierung des deutschen Soldaten, die Heuss baldmöglichst beseitigt sehen will. Da mit dem Vorhaben aber auch die Sorge verbunden ist, dass nationalsozialistische Symbole wie das Hakenkreuz wieder auftauchen können, wird eine Sachverständigen-Kommission berufen, die von dem früheren Reichswehrminister und Heuss-Freund Otto Geßler geleitet wird und 1953 zu dem Ergebnis kommt: »Kriegs- und Tapferkeitsauszeichnungen bleiben ehrwürdig«, doch beim Tragen von Auszeichnungen des Zweiten Weltkrieges müssen Hakenkreuz oder SS-Runen zuvor entfernt werden. Praktisch bedeutet dies, dass nur Nachbildungen an die Ordenbrust geheftet werden können, in denen, etwa beim Eisernen Kreuz, das Hakenkreuz durch Eichenlaub ersetzt worden ist. Doch ein Ordens-Gesetz, welches das Tragen der Kriegsauszeichnungen wieder ermöglicht, kann erst im Sommer 1957 verabschiedet werden, als die Bundesrepublik wieder souverän und die Anordnung der Alliierten damit obsolet geworden ist.

Kein Freund militärischen Gepränges, hat Heuss bei Staatsbesuchen stets auf so wenig wie mögliche militärische Ehren gedrängt. Doch als der militärbegeisterte türkische Präsident Celâl Bayar 1958 zum Gegenbesuch in die Bundesrepublik kommt und er ihm einen Empfang in Schloss Augustusburg ausrichtet, lässt er erstmals nach dem Krieg den traditionellen Großen Zapfenstreich spielen und ordnet für die Soldaten das Anlegen der Orden an. Er drängt auch Politiker, ihre Kriegsauszeichnungen zu tragen. FDP-Chef und Ritterkreuzträger Erich Mende erinnert sich der Heuss'schen Ermahnung: »Se müsse in Brühl Ihr Kreuzle zum Frack tragen und als Fraktionsvorsitzender mit gutem Beispiel voragehen.« Heuss habe ihm erklärt, dass soldatische Tapferkeit nicht durch das politische

System geschmälert werde, unter dem es erbracht wurde. Als Mende ihm entgegenhält, Orden würden verliehen und nicht im Laden erworben, er jedenfalls werde die neue Ausfertigung nach dem Schinkel'schen Vorbild von 1813 nicht kaufen, habe Heuss erwidert: »Han no, gell, Sie wolle das Geld spare, ich soll Ihnen das Kreuzle schenken.« Wie immer diese Geschichte zwischen beiden ausging: Mende trägt auf diesem Empfang das Ritterkreuz zu seinem Frack.

Stolz ist Heuss darauf, dass und auf welch verschlungenen Wegen es ihm gelingt, die Friedensklasse des Ordens Pour le mérite für Wissenschaft und Künste wiederzubeleben, den Preußens König Wilhelm IV., beraten von Alexander von Humboldt, im Mai 1842 gestiftet hatte und den Hitler »kaputtgehen ließ«. Weil sich die ursprünglich dreißig Mitglieder des Ordens nach dem Tod eines der Pour-le-mérite-Träger durch Zuwahl selbst ergänzten, nennt Heuss ihn einen »Geistesaristokraten-Orden demokratischer Ordnung« und glaubt, seine Erneuerung wäre »moralisch-psychologisch und geistig-politisch unzweifelhaft ein Gewinn...« Ob Sentimentalität bei ihm mitschwingt, weil sein Schwiegervater, der Nationalökonom Georg Friedrich Knapp, einst den Pour le mérite für Wissenschaft und Künste trug, sei dahingestellt; doch tritt mit dieser Absicht einmal mehr Heuss' ausgeprägter Sinn für historische Kontinuität und Tradition hervor.

Allerdings handelt es sich um ein gewagtes Unternehmen, denn es geht ja um das Fortleben des Ordens eines Staates, der de facto 1945 erlosch und den der Alliierte Kontrollrat als das deutsche Feindbild schlechthin, als Hort des deutschen Militarismus im Februar 1947 auch de jure aufgelöst hatte. Davon völlig unbeeindruckt, wendet sich Heuss an Friedrich Meinecke und schlägt ihm im Dezember 1950 vor, doch ihn, Heuss, in einem Brief zu bitten, die Friedensklasse des Ordens Pour le mérite wieder ins Leben zu rufen, »um eine würdige und bedeutende Tradition nicht untergehen zu lassen«. Er, Heuss, werde ihm darauf erwidern, dass er die Anregung begrüße, aber nicht als Neustifter auftreten wolle, weil dies »eine geschichtliche Geschmacklosigkeit wäre«. Doch werde er an Meinecke die Bitte und den Auftrag richten, mit den noch vorhandenen Trägern des Ordens die Ergänzung auf die dreißig Namen einzuleiten. »Damit hätten wir«, so Heuss, »die geistige und sachliche Autonomie des Ordens neu gesichert. Bei dieser Neuergänzung würde am besten ein kleiner Kreis, an dessen Arbeit ich gern mitwirken würde, beratend auftreten. Wir würden uns auch überlegen, ganz wenige, aber wirkungsvolle Ausländer hereinzunehmen, mit denen natürlich auch vorher sorgfältig gesprochen werden müßte.«

Da Meinecke nicht zu den Ordensträgern zählte, war er zwar der falsche Adressat – aber das Verfahren, das Heuss ihm beschrieben hatte, sollte in der Tat geeignet sein, den ursprünglich königlich-preußischen Orden neu zu beleben und weiterzuführen. Mit einem beinahe gleich lautenden Schreiben wendet sich Heuss an den Orientalisten Enno Littmann, einen der drei überlebenden Ordensträger. Der Orientalist erscheint ihm besser geeignet als die beiden anderen noch lebenden Ordensritter, denn bei diesen handelt es sich um den 93-jährigen anerkannten Militärhistoriker von Kuhl, aber eben einen General, und um Wilhelm Furtwängler, der im Ausland gern als «Hitlers gehätschelter Maestro» angegriffen wird. Heuss fürchtet, auf Kuhl oder Furtwängler würden »die inner- und außerhalb noch beliebten Schießübungen einsetzen« und das Projekt gefährden.

Littmann schreibt, wie von Heuss gebeten, und setzt damit die Wiederbelebung des Ordens in Gang. Ohne sich um Rechtsfragen zu kümmern, treten die überlebenden Ordensträger am 31. Mai 1952, dem 110. Jahrestag der Ordensstiftung, zu einer Kapitelsitzung zusammen, wählen neue Mitglieder, und Heuss übernimmt die Schirmherrschaft. Praktisch entsteht so unter dem Namen Pour le mérite eine zivile Gemeinschaft mit staatlicher Anerkennung. Erst später bestimmt das Ordensgesetz von 1957, dass Stiftung und Verleihung des Ordens vom Bundespräsidenten genehmigt werden. Heuss' Versuch, Albert Einstein, zurückzugewinnen, der 1923 den Pour le mérite für Wissenschaft und Künste erhalten hatte, ihn 1933 aber an den damaligen Ordenskanzler Max Planck zurückgab, schlägt allerdings fehl. Mit der Begründung, es sei doch »evident«, dass »ein selbstbewusster Jude nicht mehr mit irgendeiner deutschen offiziellen Veranstaltung oder Institution verbunden sein will«, lehnt Einstein ab. Unter den Ausländern, die zugewählt werden, befindet sich auf Vorschlag von Heuss Albert Schweitzer. Ihm, der damals als sein Gast in der Villa Hammerschmidt wohnt, heftet Heuss den Pour le mérite Mitte November 1955 persönlich an die Brust.[17]

Unmittelbar nach Aufhebung des Kriegszustandes durch die Alliierten, im November 1951, als es in Bonn noch kein Auswärtiges Amt und keinen Außenminister gibt, übernimmt Heuss die Führung einer »semioffiziösen auswärtigen Kulturpolitik in Abstimmung mit dem Bundeskanzler« (Müller): Er stellt sich an die Spitze der »Dankspende des deutschen Volkes«, die Gelder bei Sponsoren sammelt, um Werke zeitgenössischer deutscher Künstler aufzukaufen, die dann als Geschenk und Dankesgeste für ausländische Hilfsleistungen nach dem Krieg Philanthropen, Politikern oder ausländischen karitativen Vereinen zugedacht werden, weil sie Deutschland »vor dem Verhungern gerettet haben« (Heuss). Die Auswahl obliegt einer Jury, der zehn der wichtigsten deutschen Museumsdirektoren angehören und die im Bundespräsidialamt tagt. Heuss nutzt die Gelegenheit, sich bei dem Freund zu revanchieren, der ihm im Goebbels'schen Reichspropagandaministerium in schwierigen Situationen während der NS-Zeit eine große Hilfe gewesen ist: Er sorgt dafür, dass Werner Stephan die Geschäftsführung der Stiftung in Köln übernimmt.

Was die Jury auswählt, entspricht eher dem konservativen Kunstgeschmack der Empfänger: Es sind keine damals in Mode gekommenen abstrakten Kunstwerke, sondern solche der gemäßigten Moderne; unter den Künstlern befinden sich viele im Dritten Reich verfolgte wie Ernst Barlach, Otto Dix, Erich Heckel, Carl Hofer, Emil Nolde oder Karl Schmidt-Rottluff, aber auch der Bildhauer Gerhard Marcks. »Die junge Bundesrepublik«, so Guido Müller über deren künstlerische Selbstdarstellung, sendet bildende Kunst ins Ausland, bei der »unumstrittene gegenständliche Brücken-, Hafen-, Blumen- und Menschenmotive (kaum Akte!) sowie christliche und humanistische Themen vorherrschten.« Bei einigen wichtigen Empfängern wurde zuvor nach deren Wünschen gefragt, was bei Papst Pius XII. zu komplizierten Verhandlungen führte, weil er sich für die Kirche Sant' Eugenio in Rom ein Mosaik der leiblichen Himmelfahrt Mariä wünschte, das schließlich von Josef Oberberger entworfen wurde. Prominente Personen wie Herbert Hoover oder Victor Gollancz werden mit silbernen Tafeln bedacht.

Die Auswahl der Dankspenden entspricht auch dem persönlichen Geschmack von Heuss, der früh wenn nicht Unverständnis, dann doch erhebliche Distanz zur abstrakten Kunst zeigt. Als ein Beamter den Kultminister in Stuttgart einmal zum Besuch einer Ausstellung abstrakter Kunst nötigte, so erinnert sein damaliger persönlicher Referent Frech, stellt er ihm vor versammeltem Publikum plötzlich die Frage, ob er denn »mit dieser Unterwasserflora etwas anfangen könne«. Seine Distanz wird auch deutlich, als er – nicht als Bundespräsident, aber als Literat und Kunstkenner – vor dem Kulturkreis des Bundesverbandes der Deutschen Industrie im September 1956 eine viel beachtete Rede »Zur Kunst dieser Gegenwart« hält und das Mäzenatentum lobt. Bei Corinth oder Munch oder van Gogh gelinge es ihm, eine »sinnerfüllende und damit produktive Vorstellung« in sein Gedächtnis zu rufen – bei einem Werk der damals in Mode kommenden abstrakten Maler Ernst Wilhelm Nay oder Fritz Winter versage seine »sich erinnernde Einbildungskraft«: Ihre Bilder beschäftigten ihn nur, solange er vor ihnen stehe. Er hält auch nichts von der These, dass manche abstrakte Malerei einem veränderten physikalischen Weltbild entspricht, und fragt, ob die Welt etwa darauf gewartet habe, »daß der ›Künstler‹, indem er von der naiven Sinnenhaftigkeit ›abstrahiert‹ oder nachdem er von der diffizilsten Mathematik sich bekehren ließ, dem neuen Äon Sichtbarkeit und Symbolkraft leihe?« Wenn das Abstrakte, »aus dem Sinnenhaften in das Gebiet des formal Theoretischen« gerät, dann verflüchtigt sich für Heuss »das Kriterium der echten Aussage, die man bei Klee oder Marc finden wird«. Es ist kein Zufall, wenn er Oskar Kokoschka, der ihn selbst einmal malte, als die »stärkste Malerbegabung der heutigen Deutschen« bezeichnet.

Aber Distanz zur Abstraktion findet sich bei ihm eben nicht nur bei der Malerei. Er ist kein »philosophischer Kopf im denktechnischen Sinn«, bekennt er in den *Tagebuchbriefen* und wird leicht scheu, »wo sich die Welt oder das Leben im Begrifflichen geordnet finden...« Heideggers »gestelztes Schreiben« ist ihm mit »seinem geschraubten Begriffshochmut« zuwider. Seine Abneigung gegen »Begriffliches« mag auch eine gewisse Umständlichkeit erklären, die in seinen Reden, Artikeln und Essays anzutreffen ist, denn oft umschreibt er beinahe altfränkisch, was durch Nutzung eines theoretischen oder »abstrakten« Terminus klarer und kürzer zu artikulieren wäre. Doch ist es gerade das Greifbare, das mit Sinnen zu Fassende, das Narrative an der Historie, das ihn fesselt und seine Artikel und Reden so anziehend und verständlich macht. So sieht er auch das Erzählende in der Malerei, stellt es über den Versuch, Begriffliches auszudrücken und schreibt nach dem Besuch einer Chagall-Ausstellung: »... dieser alte russische Jude ist ein wunderbarer Märchenerzähler mit mehr Hintergründigkeit als der So-Viel-Könner Picasso. Von seinem überschätzten Landsmann Kandinsky ganz zu schweigen.«

Um das Geheimnis der Wirkung dieses Präsidenten mit dem Bürgerhabitus zu verstehen, so Thomas Hertfelder, muss man die Fotografien jener Zeit genau anschauen: »Mit Hut und Stock im bürgerlichen grauen Anzug, die qualmende Zigarre zwischen den Fingern, trat Heuss vor die Menschen und Kameras. Man höre seine Reden: Sie vermittelten das Gefühl, der Präsident wolle mit den Zuhörern in ein Gespräch eintreten.« Die frühen fünfziger Jahre sind – nach totalem Staat, Krieg und Zusammenbruch nur zu verständlich – von Sehnsucht nach bürgerlicher Zivilität, Wohlstand und friedlicher Ordnung geprägt, und da bietet Heuss' Habitus sich als »breite Projektionsfläche für die Wünsche vieler Bürgerinnen und Bürger nach wohlgeordneten Verhältnissen und nach einem fürsorglichen Erzieher« geradezu an. Dass man ihn am Ende gar als »Papa Heuss« verkitscht, wogegen er sich ebenso heftig wie vergebens wehrt, ist nur Ausdruck seiner Popularität. In einer Umfrage vom November 1953 sprechen sich 63 Prozent der Befragten für seine Wiederwahl im kommenden Jahr aus, nur 13 Prozent meinen, es wäre besser, einen anderen Kandidaten aufzustellen, wissen aber keinen Namen zu nennen, und nur 1 Prozent votiert für die Wahl des Oppositionsführers Ollenhauer. Wenn sich Heuss' Figur langsam rundet, trägt dies in Zeiten des »Wirtschaftswunders« zu seiner Beliebtheit eher bei.

> Warum wird unser Theodor
> In letzter Zeit so dick?
> Er hat doch keinen Wettstreit vor
> Mit Ostkollegen Pieck? ...

Das fragt, unter der Überschrift »Warnung an den Bundespräsidenten«, in der *Neuen Zeitung* schon im Herbst 1950 ein Arno Kießling aus Heidelberg, Schauspieler seines Zeichens, und meint:

> Daß er die jetz'ge Form bewahrt,
> Das hielten wir für gut,
> Denn's ist doch nicht des Schwaben Art,
> Daß er sich dicke tut ...

> Kriegt einer mal vom Staat Gehalt,
> Sitzt nah dem Kabinett,
> Verliert er seine Linie bald
> Und wird allmählich fett.

Heuss reagiert humorvoll und ebenfalls in Versen:

> Was Arno sieht, seh'n andre auch:
> – schon rundet sich der Bürgerbauch,
> Was meistens leichten Beifall findet,
> Weil manche Sorge mit ihm schwindet.
>
> Der Vorgang selber ist ganz klar,
> Er stellt ein Durchschnittsschicksal dar,
> Bei dem der Bundespräsident
> Sich nicht von seinem Volke trennt…[18]

# Wiederwahl auf der Höhe seiner Popularität

Repräsentant eines neuen Deutschland nach außen,
Erzieher zur Demokratie nach innen

Popularität und Volkstümlichkeit führen dazu, dass am Anfang seiner zweiten Amtszeit eher eine Akklamation denn eine Wahl steht: Begann Heuss die ersten fünf Jahre seiner Präsidentschaft als der Garant einer Bürgerkoalition, sieht er sich inzwischen nicht nur von der Zustimmung der Mehrheit der Bürger, sondern vom Vertrauen aller großen demokratischen Parteien getragen. »Moralische Mächtigkeit«, schreibt die *Süddeutsche Zeitung* zu seiner Wiederwahl, »ist das Geheimnis seiner still und stetig wachsenden Autorität«. Am 17. Juli 1954 erhält Heuss in der Ostpreußenhalle des Berliner Messegeländes im ersten Wahlgang 871 von 1018, also 85,6 Prozent aller Stimmen. Weil CDU und FDP in der Bundesversammlung über eine sichere Mehrheit verfügen, haben die Sozialdemokraten darauf verzichtet, einen eigenen Kandidaten aufzustellen, und ihr Parteivorstand empfiehlt, für den jetzigen Präsidenten zu stimmen. Die KDP benennt als ihren Kandidaten den Heidelberger Soziologen Alfred Weber, der zwölf Stimmen erhält, sich aber umgehend distanziert und erklärt, weder sei er zuvor gefragt worden, noch habe er etwas mit der KPD zu tun.

In seiner Dankesrede nach der Wiederwahl wertet Heuss diese überwältigende Zustimmung zu Recht als Billigung seiner Amtsführung und nimmt das gespaltene Berlin zum Anlass, sich zur gesamtdeutschen Kulturnation zu bekennen: Abgesehen von der

»politischen zweckgebundenen Fabrikation von sogenannter Dichtung und Kunst« gebe es keinen »nach den Artikeln von Jalta und Potsdam grenzpolitisch geschiedenen deutschen Geist« – weder eine westdeutsche, noch eine mittel- noch eine ostdeutsche Kultur.

Am Anfang dieses Jahres stehen Geburtstagsfeierlichkeiten, die sich über drei Tage hinziehen, das für ihn triumphale Ergebnis von Berlin atmosphärisch fast vorwegnehmen und an Zeiten erinnern, da es nicht Landesväter, sondern gekrönte Landesherrscher gab. Heuss wird am 31. Januar siebzig Jahre alt, und im Rückblick könnte man meinen, die Bundesrepublik habe an diesem Tag nicht nur ihn, sondern mit ihm als Symbol sich selbst, ihre wirtschaftlichen und politischen Erfolge, ja ihren Aufstieg gefeiert. Schon am Vorabend spielt der Bonner Bläserchor auf der Rheinterrasse der Villa Hammerschmidt »Lobe den Herrn«, am nächsten Morgen bringt eine Polizeikapelle ein Ständchen, Kardinal Frings und Bischof Dibelius zelebrieren Festgottesdienste in Bonn, und Gustav Gründgens spielt mit seinem Düsseldorfer Ensemble im Bonner Stadttheater vor 700 geladenen Gästen des Präsidenten Hans Hömbergs Komödie »Kirschen für Rom«. Es ist ein Stück, in dem Gründgens selbst als kriegsmüder Feldherr Lukullus brilliert und das Heuss, wohl wegen der humanistischen Gesinnung des ob seiner üppigen Gastmahle berühmten Römers besonders schätzt.

Hunderte von Gratulanten aus allen Teilen der Bundesrepublik kommen zum Geburtstagsempfang, der 78-jährige Kanzler überreicht dem Präsidenten vier silberne Armleuchter mit je fünf Kerzen, Frankfurts sozialdemokratischer Oberbürgermeister bringt eine Kopie von Dantes *Divina Commedia*, und nach einem Galaempfang in der Godesberger Redoute gratuliert die Sportjugend auf dem Bonner Marktplatz mit einem Fackelzug. Nicht zu vergessen, die Stadt Stuttgart erwählt den wackeren Schwaben »in dankbarer Anerkennung seiner geschichtlichen Leistung für Heimat und Vaterland« zum Ehrenbürger. Für den Homme de Lettres weit bedeutsamer allerdings sind zwei Publikationen, die ihm zu Ehren erscheinen: Ein Band *Begegnungen mit Theodor Heuss*, herausgegeben von seinem Verleger Hermann Leins und seinem persönlichen Referenten Hans Bott, in dem knapp hundert Freunde und Weggefährten aus Werkbund und Publizistik, Reichstag und Parlamentarischem Rat, Kunst und Literatur, Politik und Wissenschaft gemeinsam Erlebtes und Erfahrenes schildern. Hier wird die ganze Breite und Vielfalt des »Humanisten« Heuss deutlich, der freundschaftliche Beziehungen nicht nur zu Künstlern und Literaten, sondern auch zur »gelehrten Welt« pflegt – etwa zu dem Schweizer Diplomaten Carl J. Burckhardt und zu Ludwig Dehio, beide Historiker; zum Physiker Otto Hahn, dem Präsidenten der Max-Planck-Gesellschaft, zum Theologen Helmut Gollwitzer oder zum Nationalökonomen Alexander Rüstow in Heidelberg. Unter den Literaten, die mit Beiträgen vertreten sind, finden sich Hans Carossa, Alfred Döblin, Hermann Hesse, Albrecht Goes, Walter von Molo, Reinhold Schneider, Friedrich Sieburg, Bruno E. Werner und Carl Zuckmayer. Jünger, mit dem Heuss Schriften tauschen wird, ist noch nicht darunter – Heuss lernt ihn erst später durch General Speidel kennen.

Den Käfersammler Jünger verbindet mit Heuss die Biographie über Anton Dohrn, dessen Vater als Amateur-Entomologe wie er Käfer-Besessener gewesen ist, und wie Heuss hat auch Jünger einige Zeit in der Stazione Zoologica in Neapel verbracht. Bald tauschen beide Bücher miteinander. Nach seinem ersten Besuch im schwäbischen Wilflingen charakterisiert er den Autor der *Stahlgewitter* und *Strahlungen* als »eine fast schüchterne Natur mit altfränkischer Höflichkeit«, der »die Handschrift einer gepflegten alten Dame« hat. Vielleicht, vielleicht, so Heuss zu Toni Stolper, könne er Jünger den »dezidiert-romantisch-abstrahierenden Konservatismus etwas aberziehen …« Vor allem aber bewundert Heuss Jüngers Frau, eine »höchst muntere, handfeste hannoversche Adlige«, der er »gleich die Verwaltung von drei Gutshöfen übergeben würde«.

Die zweite literarische Geburtstagsgabe ist die große *Bibliographie der Schriften und Reden von Theodor Heuss und Elly Heuss-Knapp*, eine Festschrift, herausgegeben von der Württembergischen

Bibliotheksgesellschaft mit einem einleitenden Essay über »Die literarische Gestalt« von Heuss aus der Feder der mit ihm befreundeten Margret Boveri, die Heuss selbst als Autorin vorgeschlagen hatte. Sie nennt ihn den vielleicht letzten »enzyklopädisch gebildeten Deutschen« und fragt: Gibt es ein Thema der Gegenwart – Musik und Mathematik ausgenommen – zu dem Heuss nicht Stellung genommen hat? Sie rühmt ihn als den »letzten heute lebenden Repräsentanten der Liberalität«, als den vielseitigen Essayisten, als ebenso neugierigen wie fleißigen Biographen, der sich in ihm fremde, naturwissenschaftliche und technische Gebiete einarbeitet, aber sie literarisch zu meistern versteht. Treffend auch ihre Begründung der Popularität des Politikers Heuss, dem der »unmittelbare Kontakt mit dem Menschen geschenkt« sei: »Er erzählt etwas über sich selbst, nicht viel, hier einen Satz, dort eine Anekdote, immer irgendwie in Verbindung mit dem Thema, das er gerade zu behandeln hat. So wird sein Bild lebendig, und es hat mehr Eigenart, mehr Vielfalt als das eines Baldwin mit der Pfeife, eines Chamberlain – wiewohl Heuss gewiß auch gemerkt hat, was seine Zigarre für einen mythenbildenden Wert hat.«

Wer dies heute liest, sollte freilich bedenken, dass Heuss den Beitrag, der ja ein Geschenk der Bibliotheksgesellschaft für ihn sein sollte, persönlich redigierte und einige vorsichtig formulierte kritische Anmerkungen, die Politisches betrafen, strich – »eine höchst ungewöhnliche Intervention«, meint Heike B. Görtemaker zu Recht, aber die Boveri hat sie sich erstaunlicherweise gefallen lassen. Der Veröffentlichung war ja eine bittere politische Auseinandersetzung zwischen Autorin und Präsident vorausgegangen, denn Margret Boveri, die in der Gründung der Bundesrepublik einen Schritt zur weiteren Spaltung Deutschlands sah, hatte auf einer Vorbemerkung bestanden: Ihr Versuch gelte »dem Menschen Theodor Heuss und nicht dem Präsidenten eines Staats, dessen Entstehung für die Chronistin einen tiefen und nicht zu verwindenden Schmerz bedeutet…« Heuss redigierte auch dieses Vorwort so, dass es für ihn erträglich blieb, und schrieb ihr, sie solle ihren »ein bisschen zu einfachen Anti-Adenauer-Komplex... innerlich noch einmal überprüfen«. Als die Boveri dann das erste Belegexemplar in Händen hält, sucht sie den Vorspruch vergeblich – Heuss' persönlicher Referent Bott hatte ihn vor der Drucklegung kurzerhand gestrichen. Den freundschaftlichen Beziehungen beider schadete die Kontroverse allerdings nicht.[1]

Weil die Bundesrepublik im Mai 1955 ihre Souveränität erhält, steht Heuss' zweite Amtszeit ganz im Zeichen von Staatsbesuchen, die ihn als ersten Repräsentanten der jungen Demokratie 1956 nach Griechenland, im Jahr darauf in die Türkei und nach Italien, 1958 schließlich nach Kanada, in die USA und nach Großbritannien führen. Den Reigen der Staatsbesucher, die in die Bundesrepublik kommen und die Heuss mit großem Zeremoniell zu empfangen hat, eröffnen freilich zuvor zwei Majestäten: der »König der Könige« und angeblich 225. Nachfolger des biblischen Salomo, Haile Selassie, Kaiser von Äthiopien, und Schah Reza Pahlavi, der Herrscher auf dem Pfauenthron. Heuss hat sie eingeladen, weil sie sich auf einer Europareise befinden. Der erste kommt im November 1954, der zweite im Februar 1955, beide werden im Hotel auf dem Petersberg untergebracht, das die Hochkommissare im August 1952 geräumt haben, und beide bringen mit exotischen Uniformen und ihrem bunten Gefolge Farbenpracht und bisher nie gesehenen Glanz in das provinzielle Bonn. Umgekehrt übt sich Bonn in Etikette und zelebriert großes Protokoll – mit rotem Baldachin auf dem Bahnsteig, Motorradeskorten und festlichen Galadiners, wobei die Person des gastgebenden Theodor Heuss fast völlig in den Hintergrund tritt. Der Jubel um Soraya – Heuss hält sie übrigens für »einfach dumm« –, die zum meist abgebildeten *royal* bzw. *imperial covergirl* aller deutschen Illustrierten wird, will kein Ende nehmen.

Dabei gilt der Besuch beider gekrönter Häupter vor allem dem Wirtschaftswunderland: Sie werben um Investitionen für die Modernisierung ihrer Staaten. Die kaiserliche Majestät, schreibt der *Spiegel* über den Besuch Haile Selassies, »ist gekommen, um Stahlwerke, Krankenhäuser, Pferdezuchtanstalten« zu besichtigen«, er will sich informieren, welche technischen Neuheiten er für sein Land nutzen kann. Er besucht das Ruhrgebiet und die Firma Krupp, der Schah die Daimler-Benz-Werke in Sindelfingen, und als nach dem Empfang des persischen Kaiserpaars beim Bundespräsidenten die deutsche Industrie ins Kölner Excelsior-Hotel lädt, lockt Reza Pahlavi mit einer staatlichen Garantie für alle Investitionskredite, die in den Iran fließen. Ludwig Erhard erwidert emphatisch: »Die deutsche Industrie und ihr Bundeswirtschaftsminister stehen zu Ihrer Verfügung!«

Anlässlich der Verleihung des Karlspreises kommt im Mai 1956 auch Winston Churchill, seit 1955 nicht mehr Premierminister, nach Bonn. Heuss begrüßt ihn als eine »bewegende Geschichtsgestalt«: Vor allem seine Zürcher Rede 1946, in der er zur Einigung Europas aufrief, bleibe in Deutschland unvergessen. Beim Diner in der Villa Hammerschmidt – er hat die »ganz gut deutsch sprechende« Lady Churchill zur Tischdame – beweist Heuss einmal mehr, wie gut er solche steifen formellen Essen aufzulockern versteht: Der Amateurmaler Churchill, so Heuss, sei ihm weit überlegen, denn er sei »bis zum Öl vorangeschritten und habe es in der Kunstgeschichte zweifellos weitergebracht« als er, der sich mit »Stift, Kohle, Aquarell« begnüge. Stift und Zeichenblock führt Heuss auch im Gepäck, als er zum ersten seiner Staatsbesuche nach Griechenland aufbricht. Das Ausland hatte sich mit Einladungen an die nun souveräne Bundesrepublik bisher zurückgehalten, statt einer der westalliierten Staaten, wie heimlich erhofft, meldete sich zunächst Griechenland und ließ durch den Schwager von Königin Friederike, Ernst August von Hannover, bei Heuss vorfühlen, ob er zu einer Staatsvisite bereit wäre.

Weil die Lufthansa, noch im Aufbau befindlich, ihre wenigen Ziele im Ausland erst einige Tage später anzufliegen beginnt, muss Heuss am 11. Mai 1956 in einen dreigliedrigen rotsilbernen Sonderzug der Bundesbahn klettern, der ihn in drei Tagen von Bonn durch Österreich und Jugoslawien nach Athen bringen wird. An den Grenzen wird die Fahrt stets unterbrochen, denn dort begrüßen ihn die deutschen Missionschefs, und bei Aufenthalten auf Bahnhöfen im Reiche Titos ziehen jugoslawische Soldaten als Wachen auf. Ab der griechischen Grenze begleiten griechische Jagdflugzeuge den Präsidenten-Zug. Das Echo dieses ersten Staatsbesuchs in der deutschen Presse ist riesig, der Glanz und der Aufwand, den die Griechen für das deutsche Staatsoberhaupt nur zwölf Jahre nach Abzug der deutschen Besatzer bieten, wirkt wie Balsam für die wunde deutsche Seele. In weißer Uniform empfängt König Paul den Gast aus Bonn auf dem Bahnsteig, und die Straßen zum königlichen Palast sind von einem Spalier jubelnder Griechen gesäumt; eine regierungsfreundliche Zeitung rühmt Heuss als »Staatsmann, Schriftsteller, Demokrat und geistige Persönlichkeit«, und selbst die oppositionelle linke *Eleftheria* begrüßt den offiziellen Besucher in »aufrichtiger Freundschaft«, denn das deutsche Volk habe durch die Tat bewiesen, dass es die Vergangenheit ausgetilgt habe.

Es ist ein atmosphärisch besonders gelungener und auch würdiger Auftakt der Heuss'schen Staatsbesuche, aber die besondere Herzlichkeit der Gastgeber hat natürlich spezielle Gründe: Einmal erkennen die Griechen, dass sich Deutschland innerhalb der Europäischen Gemeinschaft zu einer »Macht ersten Ranges« entwickelt hat. Es ist ihr wichtigster Handelspartner geworden, zudem sind beide Staaten durch ihre Natomitgliedschaft Verbündete. Zweitens hoffen sie gerade deshalb auf deutsche Hilfe im Zypernkonflikt. Die Briten weigern sich ja noch, ihre Kronkolonie aufzugeben und müssen sich auf dieser Insel griechisch-zypriotischer Partisanen erwehren, die für *Enosis* kämpfen – also die Vereinigung mit Griechenland. Der Hass gegen England in den griechischen Medien ist groß, die griechische Zeitung *Tolmi* schreibt: »Von den Briten und Amerikanern, denen wir vertrauten und für die wir [im Krieg der Deutschen] so viel erlitten, haben wir nur Schläge, Beleidigungen und Demütigungen erfahren; jetzt müssen wir entdecken, daß ihr trotz allem die Besten seid.« König Paul vergleicht in seiner Diner-Rede deutlich die Zypernfrage und die deutsche Teilung, fordert volle Selbstbestimmung für Griechen wie für Deutsche, und seine

Regierung hofft ganz offensichtlich auf direkte deutsche diplomatische Unterstützung. Diese aber muss, schon mit Rücksicht auf die Rolle, welche die Briten in der Deutschland- und Berlinfrage spielen, ausbleiben – mehr als die vage Bemerkung, an manchen Stellen des Erdballs sei das Thema Volkstum und Staatlichkeit leider »ohne Lösung« geblieben, aber er, Heuss, wisse um den »Schmerz und die seelische Leidenschaft«, mit der das griechische Volk diese Fragestellung erlebt, bekommen die Griechen zu ihrer Enttäuschung vom deutschen Staatsoberhaupt nicht zu hören. Ohnehin spricht Heuss auf seinen Staatsbesuchen ungern über aktuelle politische Probleme und überlässt dies eher dem mitreisenden Außenminister, dem es in Athen gelingt, mit den Griechen ein Kulturabkommen auszuhandeln, das die Vertiefung der Zusammenarbeit auf den Gebieten von Wissenschaft, Erziehung und Kultur vorsieht.

Wenn der Staatsbesuch dennoch zum Erfolg gerät, hat dies mit einer besonderen Versöhnungsgeste zu tun, auf die Heuss nicht verzichten will: Am Denkmal für mehr als 600 Geiseln, die von den Deutschen im Dezember 1943 in Kalavryta auf dem Peloponnes erschossen wurden, legt er einen großen Strauß weißer Lilien nieder. Bei dem Massaker war – als Vergeltung gegen eine Partisanenaktion – die gesamte männliche Bevölkerung des Ortes ausgelöscht worden. Zwar hatte der deutsche Botschafter in Athen, Theodor Kordt – übrigens ein Mann des Widerstands! –, Heuss von diesem Schritt abgeraten, weil er die Wiederbelebung der schlimmsten Erinnerungen an die deutsche Besatzungszeit befürchtete. Doch Heuss besteht auf der Geste, um die Distanz der Bundesrepublik zum Hitler-Regime zu unterstreichen, und die griechischen Medien, schreibt Frieder Günther, wissen dies zu würdigen: Heuss habe in Kalavryta deutlich gemacht, dass diejenigen, die heute in Deutschland Verantwortung trügen, einen scharfen Trennstrich zu Hitler zögen und »andere Deutsche seien«. Natürlich werden Heuss die bedeutendsten Altertümer gezeigt, und beim Besuch eines Museums nimmt ihn Königin Friederike an die Hand, als er die Stufen einiger Treppen erklimmen muss. Die 39-Jährige, die bis zu ihrer

Heirat mit Kronprinz Paul im Jahr 1938 noch Mitglied des nationalsozialistischen BdM gewesen war, beeindruckt ihn durch Anmut,
Charme und »unbefangene Gescheitheit in der Personenbewertung«.
Enkelin des letzten Hohenzollernkaisers und Tochter eines Welfen-
herzogs, sei sie sehr »antibismärckisch, ja antipreußisch« eingestellt:
Bismarck habe Preußen groß gemacht und Deutschland vernichtet,
notiert er in den *Tagebuchbriefen*. Diese Melodie sei ihm »vertraut
in den richtigen und den falschen Tönen; sie wurde gleich stark
instrumentiert vormusiziert«.

Heuss hat Athen bereits im Jahr 1931 kennengelernt, als er
wenige Tage an einem Kongress liberaler europäischer Parteien
teilnahm. Was damals nicht möglich war, holt er nun nach: Im Rahmen einer halboffiziellen Rundreise besichtigt er die bedeutendsten
antiken Stätten – Olympia, Delphi, das Heiligtum von Epidauros
und Mykene, wo er sich vom »Gekraxel« einen Muskelkater holt.
Vor dem herrlich auf Kap Sunion gelegenen Poseidontempel setzt
er sich auf einen Hocker, um eine »Schnellzeichnung« zu machen.
Es ist nicht das erste Mal, dass der Staatsbesucher zur Verblüffung
seiner Begleitung Block und Stift herauskramt, denn er hat schon
die Akropolis und das Atreus-Grab in Zeichnungen festgehalten;
doch weil er sich nie allein befindet, bemerkt er in den *Tagebuchbriefen*, sei es »immer so eine halbe Sache, wenn eine Gesellschaft
auf das Fertig-Werden wartet«. Paul und Friederike lädt er zu einem
Gegenbesuch ein, der noch im selben Jahr im September stattfinden
wird.

Als Heuss ein Jahr später die Türkei besucht, kann die Lufthansa
ihm schon eine Superconstellation als Sondermaschine stellen, die
seit dem Überfliegen der griechisch-türkischen Grenze von einer
Staffel Düsenjäger bis zur Hauptstadt Ankara eskortiert wird. Es
ist nicht das erste Mal, dass er in die Türkei kommt: Im Rahmen
einer großen Balkanreise hat er 1928 Istanbul besucht und den
vergeblichen Versuch unternommen, eine Wasserpfeife zu rauchen.
Beim Staatsdiner erinnert er an das Haus der Freundschaft, das die
Deutsch-Türkische Vereinigung unter seinem Freund Ernst Jäckh

im Ersten Weltkrieg bauen wollte und deren Entwürfe er als Buch für den Werkbund herausgegeben hat. Auch dankt er ausdrücklich für die Aufnahme deutscher Emigranten, etwa Ernst Reuters, Eduard Zuckmayers, Alexander Rüstows oder Bruno Tauts, die dem NS-Staat entfliehen mussten oder wollten und an türkischen Universitäten lehren konnten. In Istanbul übernachtet er im prächtigen Yildiz-Palast, in dem schon Wilhelm II. bei seinem Besuch der Stadt geschlafen hatte. Und zu Ehren des Bundespräsidenten wird auch der Bosporus illuminiert.

Der politische Hintergrund des Besuchs ist eindeutig: Die Türkei ist zu einem wichtigen deutschen Absatzmarkt geworden, aber sie braucht für ihre wirtschaftliche Entwicklung deutsche Kredite. Auch soll die Türkei als »Bollwerk« an der Südflanke der Nato demonstrativ gestützt werden. Doch anders als in Athen ist bei diesem Staatsbesuch das Militär überall präsent, dem Schliff der türkischen Ehrenkompanien haftet etwas Preußisches an, und die alte deutsch-türkische Waffenbrüderschaft aus dem Ersten Weltkrieg, in der Nato nun in anderer Form fortgeführt, wird nach dem Geschmack des durch und durch zivilen Bürgerpräsidenten Heuss zu oft betont. Militär bildet auch bei Fahrten durch Istanbul Spalier, für die man Heuss zu Ehren gar das Automobil von Staatsgründer Kemal Atatürk, einen bejahrten »Lincoln«, mobil macht. Aber anders als in Griechenland werden viele der ursprünglich im Programm vorgesehenen Besuche des schwäbischen Humanisten und Bildungsbürgers bei antiken Stätten gestrichen. Heuss, der im Februar an einer Lungenentzündung erkrankt war, muss sich noch schonen, und so entfallen Besichtigungen von Troja, Ephesus und Pergamon.

Um der schlechterdings unübersehbaren türkischen Lust an martialischem Gepränge entgegenzukommen, tritt auf Wunsch des Protokolls, aber auch von Heuss, beim Gegenbesuch des türkischen Staatspräsidenten Celâl Bayar 1958 dann erstmals die Bundeswehr massiv in Erscheinung: Das Flugzeug des türkischen Staatsgasts wird vor der Landung in Köln-Wahn von deutschen Düsenjägern eskortiert, und fünf zusätzlich nach Bonn beorderte Bataillone stehen zusammen mit der Polizei Spalier für die Anfahrt zum Hotel auf den Petersberg.[2]

Mit wachsender Wirtschaftskraft gewinnt die Bundesrepublik an Attraktivität, zumal Briten und Franzosen durch das gescheiterte Suez-Abenteuer 1956 an politischem Gewicht eingebüßt haben und Frankreich durch den Algerienkrieg und innere Krisen zunehmend gelähmt wird. So hat Heuss – zusätzlich zu zahlreichen wichtigen politischen Besuchern wie Anthony Eden oder dem Ministerpräsidenten von Pakistan – im Jahr seiner Griechenlandreise gleich sechs offizielle Staatsbesucher zu empfangen. Seufzend unter dieser Last, schlägt er Adenauer vor, »es bei dem schon sehr reichen Programm zu belassen und alle weiteren Anzapfungen, die Bundesrepublik mit einem Staatsbesuch zu beglücken, mit Rücksicht auf das kommende Wahljahr [1957] rundweg abzulehnen«. Für den Juni hat sich nämlich der indonesische Staatspräsident Sukarno angesagt, der Vertreter eines der blockfreien Staaten, die zwischen West und Ost einen neutralen Kurs steuern; für den September – auf seine Einladung hin – das griechische Königspaar, für Oktober der liberianische Präsident Tubman sowie die Präsidenten Brasiliens und Costa Ricas und für Dezember schließlich, auf Adenauers speziellen Wunsch, Italiens Staatspräsident Gronchi. Der Italiener gilt nicht gerade als Deutschenfreund, zudem steht er in Bonn im Verdacht, er neige zu einer Schaukelpolitik zwischen Ost und West, und so versucht Adenauer alles, ihn in eine gemeinsame Politik gegenüber dem Ostblock einzubinden.

Wichtigster Akt des Gegenbesuchs, den Heuss Italien im November 1957 abstattet, ist wiederum eine viel beachtete Versöhnungsgeste: Wie in Griechenland, legt er auch in Rom am Mahnmal eines deutschen Massakers einen Kranz nieder – an den Fosse Ardeatine, wo 355 willkürlich zusammengesuchte italienische Geiseln, und zwar sämtlich Zivilisten, im März 1944 erschossen wurden. Mit ihrer Exekution wollte die SS das Bombenattentat einer kommunistischen Resistenza-Gruppe vergelten, dem 33 Soldaten, und zwar

Südtiroler des Polizeiregiments Bozen, zum Opfer gefallen waren. Es gibt keine Zeitung in Rom, die am nächsten Tag nicht ausführlich über Heuss' Geste berichtet, selbst das prokommunistische Blatt *Il Paese* notiert diesen »geistigen Höhepunkt« des Heuss'schen Romaufenthalts.

Manfred Klaiber, einst Staatssekretär bei Heuss und inzwischen Botschafter in Rom, hat den Besuch gut vorbereitet und dafür gesorgt, dass die konservative Zeitung *Il Messagero* Heuss' Rede in Bergen-Belsen, hervorragend übersetzt, im Wortlaut veröffentlicht. Schon dies, vertraut der Staatsbesucher aus Bonn seinen *Tagebuchbriefen* an, habe »kolossal« gewirkt: Gronchi habe ihn gleich darauf angesprochen und erklärt, diese Rede habe ihm Heuss »noch sympathischer gemacht«. In Deutschland zeitigt die Geste an den Fosse Ardeatine einige Kritik bei rechtsextremen Briefeschreibern und der reaktionären *Deutschen Soldatenzeitung*, die fragt, warum er nicht auch der deutschen Opfer gedacht habe. Da Heuss auch auf dem Soldatenfriedhof Pomezia, einen Kranz niederlegt, wo 27 000 in der Schlacht um Anzio gefallene deutsche Soldaten, aber auch die Opfer des Bombenanschlages in Rom bestattet wurden, läuft diese Kritik jedoch ins Leere.

Dass mit ihm ein Staatsbesucher und Kunstkenner kommt, der Italien schätzt, schon viermal in Rom gewesen ist, die Toskana zu Fuß durchstreift hat und immer wieder zu den Stätten der italienischen Renaissance im Norden gepilgert ist, bleibt niemandem verborgen, denn in seinen wie stets mit Anekdoten gespickten Reden spielt Heuss darauf immer wieder an. Beim Empfang des Besuchers aus Bonn haben die Italiener weder Glanz noch Aufwand gescheut: Gardekürassiere in historischen Uniformen begleiten ihn auf der Fahrt vom Bahnhof zum Quirinal, Militär steht an der Strecke Spalier, das Kolosseum und die wichtigsten antiken Stätten werden von Scheinwerfern angestrahlt, und im Quirinalspalast wandelt, nein: schläft er, wie in Istanbul, auf des letzten Hohenzollernkaisers Spuren: Er und Brentano sind in einem riesigen Appartement mit 28 Gemächern untergebracht, das schon Kaiser Wilhelm II.

während seiner drei Rom-Besuche beherbergt hat. Doch das »im Quirinal Wohnen« sei »kein Vergnügen«, lässt er seine Vertraute Toni wissen: »Kilometerlange Gänge«, und wenn man sich bewege, stolpere man über Soldaten, bei denen das Mindestmaß 1,85 Meter sei – die savoyische Dynastie habe das den alten Preußen nachgemacht.

Was an ernster Politik zu besprechen ist, bleibt meist den Außenministern Brentano und Pella vorbehalten, die schließlich einen Freundschaftsvertrag unterzeichnen, der vor allem wirtschaftlichen Frage gewidmet ist. Heuss übt sich dagegen in Kulturdiplomatie, besichtigt deutsche Einrichtungen wie die Villa Massimo, das Forum Romanum oder das dreißig Kilometer entfernte Städtchen Palestrina. Nach Ende des offiziellen Besuchs fährt er mit dem Zug nach Neapel, besucht seine alte Stazione Zoologica und bricht, ganz Bildungsreisender, von dort zu einer dreitägigen Rundreise in das ihm bisher unbekannte Sizilien auf, wo er ausgiebig zeichnen kann. Auf der Rückreise stattet er dann dem Vatikan einen Staatsbesuch ab, spricht eine halbe Stunde unter vier Augen mit dem Papst in dessen Thronsaal, bedankt sich bei ihm, dass er das Saarland nicht, wie die Franzosen gewünscht hatten, in ein eigenes Bistum umgewandelt hat, und kommt zu dem Schluss, dass »vom Menschlich-Biographischen her der Besuch bei Pius XII. das Interessanteste und fast das Netteste« dieser offiziellen Reise gewesen sei. (Dies wird freilich notiert noch vor der Veröffentlichung von Hochhuths »Stellvertreter« im Jahr 1963, der den deutschfreundlichen Pius XII. ja einen »satanischen Feigling« gegenüber dem Nationalsozialismus nennt und die Debatte um die Rolle der katholischen Kirche im Holocaust ins Rollen bringen wird.)

Wenn dieser Staatsbesuch in Rom als sein erfolgreichster gilt, dann wohl auch, weil er der erste ist, der im Fernsehen gezeigt wird. Er selbst kann sich allerdings nur schwer mit den »Herren der Jupiterlampen« anfreunden und nennt es schwäbisch-grob eine »Sauerei«, dass und wie sie die Herrschaft an sich gerissen hätten. Als der Papst seinen Segen an die Deutschen sprechen will, herrscht er – wider alles Protokoll, das den Papst zu unterbrechen verbietet – die Kameraleute zornig an, sie sollten aufhören, Pius zu blenden, denn »der heilige Vater kann ja nicht lesen«. Die Szene wird live vom deutschen wie vom italienischen Fernsehen übertragen, aber seine Popularität kann sie nicht beeinträchtigen – im Gegenteil. Auch wenn er gut verlaufen ist, bezeichnet der 73-Jährige den Staatsbesuch in Italien intern doch als Tortur – eine freilich, die er gesundheitlich erstaunlich gut durchsteht: »... an den drei Tagen sechs Diners, große und kleine, und zwei ›Empfänge‹ mit Hunderten von herumstehenden Leuten! Ich Armer aber fast immer der Gefangene meiner Gäste ...«

Problematischer gerät die Reise nach Kanada, aber erst sein letzter Staatsbesuch in England wird schließlich zeigen, wie schwierig sich, dem engen Bündnis und allen von den Regierenden immer wieder beschworenen gemeinsamen politischen Interessen zum Trotz, echte Aussöhnung zwischen den Völkern dreizehn Jahre nach dem grausamen Krieg gestalten kann. Eine England vergleichbare Erfahrung hätte er wahrscheinlich auch in Frankreich gemacht, aber sie bleibt ihm erspart, weil die oft wechselnden Regierungen in Paris, schon mit Blick auf die öffentliche Meinung, sich während seiner Amtszeit nie zu einer Einladung durchringen können. Den Besuch in Kanada legt er, mit Einverständnis des State Departments, vor den Staatsbesuch in den USA im Mai 1958, aber stößt in Ottawa erstmals auf beinahe demonstratives Desinteresse: Es gibt nur wenige Schaulustige auf den Straßen, und bei seiner Ansprache vor beiden Häusern des Parlaments sind die Bänke nur spärlich besetzt – die Nachrichtenagentur Associated Press zählt lediglich 87 von insgesamt 350 Abgeordneten beider Häuser, welche der in Deutsch vorgetragenen Rede des Bundespräsidenten lauschen.

Deutschland ist weit entfernt. Auf dem Boden der Neuen Welt, auf den Heuss als erstes deutsches Staatsoberhaupt seine Füße setzt, fehlt die Erfahrung gemeinsam erlittener Kriegsschrecken, denen die Europäer für immer ein Ende machen wollen; es mangelt vor allem an der kulturellen Intimität des alten Europa, die seinen bisherigen Staatsbesuchen ihren besonderen Reiz verliehen. Heuss lobt seine Eindrücke von Kanada, »das ehrwürdige Geschichtsbild von Quebec«, die »lebendige Gegenwart von Toronto und Montreal«, vor allem das großartige Naturschauspiel der Niagarafälle – und bekundet zugleich schwäbischen Heimatstolz: »Als vor 60 Jahren der Wassersturz zur Kraftgewinnung domestiziert wurde, lieferte meine eigene Heimat die Turbinen.« Doch wirkt nicht schon seine Wortwahl antiquiert in einem Land, das sich ganz der Moderne zugewendet hat? Zwar ist der Empfang durch die Regierung *comme il faut*, Ministerpräsident Diefenbaker betont – beinahe pflichtgemäß –, dass Kanada die Truppen, die es in Deutschland stationiert hat, nicht abziehen will. Und damit es für den Humanisten und Professor aus Bonn nicht an akademischen Ehren fehlt, verleiht die Universität Quebec Heuss auch einen Ehrendoktorhut der Jurisprudenz. Aber insgesamt herrscht, auch wenn die deutschen Regierungsstellen diesem Eindruck eifrig entgegentreten, eher eine beobachtend-kühle Atmosphäre vor.

Anders in den USA: Eisenhower hat eigens seine Präsidentenmaschine nach Ottawa geschickt, die Heuss abholen und nach Washington bringen soll, wo er denn auch mit »unusual warmth« begrüßt wird. Die Straßen in Washington sind festlich geschmückt und von Militär sowie verschiedenen Musikgruppen gesäumt. Eisenhower und Heuss verstehen sich persönlich gut, insgesamt viermal treffen sie zusammen, ohne dass über konkrete politische Fragen verhandelt worden wäre. Das Echo bei den amerikanischen Medien ist positiv, Heuss entspricht, so Frieder Günther, in etwa dem Bild, das sich viele Amerikaner von einem populären europäischen Politiker machen: Er denkt in den Kategorien des Kalten Krieges, befürwortet politisch und militärisch eine enge Anlehnung an die USA, ist von seiner politischen Grundeinstellung her liberal und verfügt »über einen spontanen und direkten Humor«, der beim amerikanischen Publikum besonders gut ankommt. »Auch deshalb gelingt es ihm«, urteilt die *Welt*, das »deutsch-amerikanische Bündnisverhältnis zu vermenschlichen«.

549

Da in Frankreich seit dem Putsch in Algier am 13. Mai 1958 ein Bürgerkrieg droht, gewinnt die Bundesrepublik für die USA an Bedeutung, was die Aufmerksamkeit der Öffentlichkeit für die Heuss'sche Staatsvisite erhöht: Es sei an der Zeit, nicht mehr von den westlichen »großen Drei« zu sprechen, meint die *New York Times*, sondern von den »Großen Vier«. Dennoch kommt es beim formellen Höhepunkt des offiziellen Besuchs, der Ansprache von Heuss vor beiden Häusern des amerikanischen Kongresses, zu einer peinlichen Panne: Heuss hat nur die ersten und die letzten Sätze auf Englisch eingeübt, spricht also vorwiegend auf Deutsch. Aber weil der Speaker – aus welchen Gründen immer – die Verteilung des übersetzten Redemanuskriptes untersagt hat, müssen die Abgeordneten einem ihnen unverständlichen Vortrag lauschen. Das ist vor allem deswegen bedauerlich, weil Heuss auf verschüttete Gemeinsamkeiten beider Nationen hinweisen will, auf den Beitrag etwa, den Steuben beim Aufbau der Armee Washingtons leistete, oder auf Carl Schurz, den 1848er Liberalen, der nach Amerika emigrierte und ein wichtiger Mitarbeiter Lincolns wurde. Der Fehler wird schließlich dadurch behoben, dass die großen Zeitungen Washingtons die Rede im Wortlaut veröffentlichen. Auf seiner anschließenden, halboffiziellen Rundreise, für die ihm die US-Air-Force eine ihrer Maschinen zur Verfügung stellt, lernt Heuss führende amerikanische Politiker wie Adlai Stevenson kennen, besucht den Grand Canyon, San Francisco und studiert in den Chrysler-Werken in Detroit die beginnende automatisierte Herstellung von Automobilen. Er spricht mit Gewerkschaftern wie Walter und Victor Reuther über Probleme der Automation und die Variabilität der Löhne, und dies teilweise auf Schwäbisch, weil die Mutter der Brüder aus Stuttgart kam. Besondere Aufmerksamkeit schenkt er Deutschamerikanern, denen er in Detroit einen Empfang gibt und mit deren Vereinen er in Chicago zusammenkommt, wo angeblich jeder sechste Bürger von eingewanderten Deutschen abstammt.

Beeindruckt zeigt er sich nach seiner Reise nicht etwa von den tiefen Straßenfluchten zwischen den hoch aufragenden Wolkenkratzern oder den automatisierten Industrien, sondern von den kleinen, mittleren Städten Amerikas, »in denen noch Geist und Bildung zur Schulung der heranwachsenden Generation Vorrang hätten vor der Jagd nach dem Dollar«. Besonders gefallen hat ihm eine der ältesten amerikanischen Universitäten: Dartmouth College, eine Universität der Ivy League in dem Städtchen Hanover (New Hampshire), gegründet noch in der britischen Kolonialzeit. Die 3000 Studenten der Universität beherrschen das Stadtbild, er lobt die »maßvollen, schönen Gebäude des 18. Jahrhunderts«, die »in Grün, Wald und Rasenflächen eingebettet« sind – ein Anblick, der ihn an das mecklenburgische Ludwigslust oder an Schwedt an der Oder erinnert. Dartmouth verleiht ihm die Ehrendoktorwürde, wie auch die New School of Social Research in New York, wo er sich, sehr zum Ärger des dortigen Generalkonsuls und Beobachters bei den Vereinten Nationen, nicht genug Zeit nimmt für die vielen offiziellen Begegnungen, die der Diplomat arrangieren will. Heuss sieht lieber Freunde und Bekannte aus den Jahren vor 1933 wieder, unter ihnen nicht wenige Professoren, die emigrierten und »nun zu den Vorreitern einer ideellen Verwestlichung der Bundesrepublik« zählen.

Erstmals meldet sich, wenn auch verhalten, Kritik an seiner Art, Staatsbesuche abzustatten – so im *Spiegel*, der von einer »wundersamen Reise« schreibt. Statt eines professionellen Kammerdieners, den das Auswärtige Amt für die vielen Kleiderwechsel auf einer Staatsvisite für nötig hielt, habe Heuss auf Tradition bestanden: Seit Jahren habe ihm sein persönlicher Referent, Ministerialdirektor Hans Bott in Frackhemd und Frackweste geholfen, und dabei solle es bleiben. Das Blatt kritisiert außerdem, dass Heuss neben seinen offiziellen Verpflichtungen seine Zeit in Kanada vornehmlich Deutsch-Kanadiern und deren Organisationen gewidmet habe: »Errötende Ehrenjungfrauen in wallenden weißen Gewändern boten dem Präsidenten stotternd mit altdeutschem Knicks Blumensträuße dar, und als ihm der Gesangverein Harmonie eine echte Otternfellmütze überreichte, vergaßen die Spender nicht darauf hinzuweisen, dies sei kein kleines, sondern ein sehr teures Geschenk.« Folgt man Frieder Günther, sind dies erste Anzeichen eines noch »unbestimmten Unbehagens an der auswärtigen Repräsentation durch den Bundespräsidenten«, und dieses wird vier Monate später, beim Besuch von Heuss in Großbritannien, dann »in geballter Form zum Ausdruck kommen«. Als Heuss in der zweiten Oktoberhälfte 1958 zum Staatsbesuch nach London aufbricht, bleibt die veröffentlichte Meinung kühl bis abweisend – zumal die einflussreiche Yellow-Press Abneigung und Vorurteile gegen Deutsche und Deutsches wenn nicht aufputscht, dann doch gezielt in Erinnerung ruft. An offiziellen Ehrenbekundungen fehlt es aber nicht: Die Königin und Prinz Philipp nehmen den Präsidenten an der Victoria Station in Empfang. Dort spielt sich gleich zu Beginn eine Szene ab, die zwar jeder Etikette widerspricht, aber das Eis bricht und Ihre Majestät zu einem befreienden Lachen bringt: Mit erhobenem Zeigefinger, erinnert sich der mitreisende Dolmetscher Weber, steht der professorale Besucher vor der Königin und sagt in schwäbisch intoniertem Englisch: »If you speak slowly, I can understand you.« Und: »You must say wonderful. I say: This is all.«

Zwanzig Minuten lang fährt Heuss, neben der Königin sitzend, ihnen gegenüber Prinz Philipp, in offener, von sechs Schimmeln gezogener Galakutsche durch London zum Buckingham Palace. Aber wenn es nur gelegentlich verhaltenen Beifall der staunenden Londoner gibt, dann gilt er, so urteilt Heuss zu Recht, zu achtzig Prozent der Königin, zu zehn Prozent den sie begleitenden Gardekavalleristen in ihren schwarzweißen Uniformen auf ihren Rappen, für sich selbst veranschlagt er, wenn es hochkommt, die verbleibenden zehn Prozent. Das Protokoll folgt exakt dem für den früheren Staatsbesucher Giovanni Gronchi ausgearbeiteten Programm – nur dass Gronchi bei einem Besuch Cambridges eine Ehrendoktorwürde verliehen wurde, sich die Universität Oxford jedoch weigert, dreizehn Jahre nach dem Krieg ein deutsches Staatsoberhaupt auszuzeichnen. Trotz intensiven Bemühens des Foreign Office schiebt die Universität als ebenso magere wie durchsichtige Gründe »technische Schwierigkeiten« vor. Dagegen versucht sich die Königin in ihrer Tischrede beim feierlichen

Staatsbankett in besonderer Herzlichkeit: Erstmals seit sich die britische Dynastie wegen der deutschfeindlichen Stimmung in England im Ersten Weltkrieg von Haus »Saxe-Coburg« in Haus »Windsor« umbenannte, spricht sie das deutsche Blut an, das in ihren Adern fließt, weist auf ihren Ahnherrn Georg I., den Hannoveraner, und auf ihren Ururgroßvater Prinz Albert von Sachsen-Coburg-Gotha hin, den Prinzgemahl von Queen Victoria, von dem sie in direkter Linie abstammt. Heuss vermehrt noch das deutsche Blut, als er sie in seiner Erwiderung zu einem Gegenbesuch einlädt und anbietet, ihr dabei Burg Teck in Württemberg zu zeigen, »wo die Ahnen Ihrer Frau Großmutter, der Königin Mary saßen«. Ob er gut daran tat, steht dahin, denn die britischen Boulevard-Blätter, die sonst nie Reden der Königin kommentieren, berichten in teils riesiger Aufmachung über »Unser deutsches Blut« oder »Meine deutschen Vorfahren«. Der bitterste Kommentar zum Staatsbesuch kommt von dem renommierten Historiker und Fernsehkommentator A. J. P. Taylor, der im *Sunday Express* schreibt: »Wir können nicht eher mit den Deutschen freundlich sein, bis die Generation, die Hitler gedient hat, ausgestorben ist.« Und Cassandra«, der bissige Kolumnist des Massenblatts *Daily Mirror*, der offen eingesteht, dass er die Deutschen verachtet, nennt Heuss den »bekanntesten und ehrenwertesten Entschuldiger, den die Deutschen je dem Westen offeriert haben«.

Die 5000 Pfund (etwa 60000 D-Mark), die Heuss in Coventry für den Wiederaufbau der Kathedrale spendet, bezeichnet er als »entschuldigendes Trinkgeld« und fragt mit Winston Churchill: »Für wen halten die uns eigentlich?« Rudolf Augstein spricht von den »Kettenhunden der Pfennigzeitungen«, die ausgerechnet Heuss den »Schmutzkübel der Vergangenheit« vor die Füße kippen, und konstatiert »schrille Mißtöne einer auf das Doppelspiel geeichten Klaviatur«: Bei Adenauer, der bei einem seiner Besuche ebenfalls einen 5000-Pfund-Scheck für Coventry gespendet hatte, habe sich niemand erregt – aber der Bundeskanzler sei stets als begehrter Verbündeter gekommen, der »Soldaten, Geld und kostbare Alarmminuten im radargesicherten Luftraum« zu bieten hatte.

Der Bundespräsident habe nicht mit dergleichen aufwarten können –
»… außer jenem unglückseligen Scheck für Coventry, den man ihm
mit bewährtem Takt ins Gepäck geschmuggelt hatte«. In der Sicht
Augsteins hat Heuss damit nur die »Klatsche« abbekommen, »die
bei den Besuchen des Kanzlers mittels diskreter Beeinflussung – nun
ja, von wem wohl? – vermieden worden waren. Vorzug und Geheimnis der angelsächsischen Presse wird es immer bleiben, wie sie in
wirklicher Freiheit wohlabgestimmt den nationalen Interessen des
Landes Rechnung trägt.«

Bei aller Distanz zu Deutschland und den Deutschen, die bei
diesem Besuch in den britischen Medien deutlich wird, bleibt die
Person Heuss allerdings von Kritik ausgespart. So stellt ihn der
*Manchester Guardian* als durch und durch zivilen Mann liberaler
und demokratischer Traditionen vor, der mit seinen Reden gegen das
Vergessen der Nazivergangenheit ankämpft, zitiert aus seiner Belsen-
Rede, lobt seine Abneigung gegen alles Pompöse, seinen Common
Sense und auch seinen Humor, der die Nazizeit und zwei Kriege
unbeschadet überstanden habe. Aber als gezielte Unhöflichkeit auch
der seriösen Presse muss wohl gelten, dass die *Times*, entgegen ihrer
sonstigen Gepflogenheiten bei Staatsbesuchen, erst kurz vor Heuss'
Abreise einen Leitartikel bringt. Natürlich entgeht die kritische Hal-
tung der Londoner Presse, aber auch vieler Briten wiederum den
deutschen Blättern nicht: Beim Bankett in Guildhall hat sich, so die
*Süddeutsche Zeitung*, ein Teil der Anwesenden geweigert, auf den
Präsidenten zu trinken und blieb nach dem Toast, das Glas in der
Hand, unbeweglich stehen. Besonderen Ärger auf deutscher Seite
ruft ein Bild hervor, das Heuss und Brentano in Oxford zeigt, wie
sie an einer Gruppe englischer Studenten vorbeigehen, die sie, die
Hände auf angelsächsische Art tief in den Hosentaschen vergraben,
kaum zur Kenntnis nehmen. »Spießrutenlaufen vor Oxford-Flegeln«
nennt dies empört der Schreiber eines Leserbriefes an die *Zeit*.

Ist Heuss' letzter Staatsbesuch also ein Fehlschlag? Er selbst weigert sich, dies so zu sehen, nennt die deutschen Journalisten, die
dies schreiben, »auf gut deutsch gesprochen, Rindviecher« – eine

Passage aus einem Rundfunkinterview, die er vor der Ausstrahlung jedoch lieber streicht. Aber dass die deutschen Journalisten sich in englischen Sitten unzureichend auskennen und maßlos übertreiben, dessen ist er sicher. »Daß die Studenten in Oxford mit den Händen in den Hosentaschen herumstanden«, schreibt er Außenminister von Brentano, »habe ich, als ich dort war, weiter gar nicht zur Kenntnis genommen und erst hinterher gemerkt, dass eine Fotografie viele Leute in Deutschland schockiert hat, die ja an sich nicht sehr nett aussieht. Ich habe aber gar keine Aufstellung im Stil der SA erwartet, da ich ganz unangemeldet von einem College in das andere gegangen bin ... Vielleicht ist auch bei manchen Leuten neben der Unbildung auch etwas Bosheit vorhanden gewesen. An sich ist alles für mein Gefühl gut verlaufen.«

Wie zur Bestätigung schickt Alfred Wiener, der aus Berlin emigrierte Gründer der Wiener Library in London, Heuss im Mai 1959 einen Zeitungsausschnitt der *Times* vom 30. April, in dem Studenten in Oxford beim Besuch von Princess Margaret »die Hände in den Hosentaschen« hatten. Heuss dankt mit den Worten, die »Hosentaschen der jungen Engländer« weiteten sich in seiner Vorstellung »allmählich zum Nationalsymbol«. *Spiegel*-Redakteure überprüfen die britische Presse auf Kommentare zum Heuss-Besuch und präsentieren Cassandra, dem Deutschland-Verächter und rabiaten, galligen *Daily Mirror*-Kolumnisten das Ergebnis: 168 mehr oder weniger freundliche Kommentare, neun negative und nur drei ausgesprochen aggressive. Die deutsche Presse aber beginnt, über die Ursachen der britischen Kälte nachzudenken. Es sei gut für uns selbst, schreibt die *Frankfurter Neue Presse*, zu erkennen, »daß wir nicht auf den Flügeln des Wirtschaftswunders allein uns der Verantwortung für die Vergangenheit entziehen können. Ein Theodor Heuss kann zwar als Botschafter guten Willens bei denen, die er persönlich sprach, viel Zurückhaltung abtragen, aber wir brauchten Millionen Heuss', um schon in dreizehn Jahren das wiederherzustellen, was von 1933 bis 1945 an Achtung vor dem deutschen Volk in der Welt zerstört wurde.«[3]

Unter dem Dach der Villa Hammerschmidt sitzt Heuss oft bis tief in die Nacht und schreibt seine Reden, Memoranden oder Artikel von Hand, immer beobachtet von Friedrich Naumann, dessen Lithographie von Max Liebermann als einziges Porträt in seinem Arbeitszimmer hängt. Und dabei natürlich stets: etliche Brasil und eine Flasche Lemberger, möglichst aus Brackenheim. Wer bedenkt, dass ihm in nächtlicher Stunde die besten Einfälle kommen, für den ist Heuss zweifellos ein Frühaufsteher. »Um 7 Uhr 15 morgens«, erinnert sich Carl Zuckmayer, der mehrfach als Heuss' Gast in der Villa Hammerschmidt wohnt, »wurde unsere nie verschlossene Schlafzimmertür aufgerissen, vom Bundespräsidenten persönlich, der eine dicke Wolke von Brasilzigarrenrauch hereinblies und von frischer Rasur glänzte: jeden Morgen Punkt sieben war der Friseur bei ihm. ›He, seid Ihr no net auf‹, rief er herein, ›um halb acht ischt Frühstück!‹ Nun gab es ein Hetzen und Laufen über den Gang zum gerade besetzten Badezimmer, und wir erschienen zum Frühstück mit entsprechender Verspätung, was ›Onkel Theodor‹, wie wir ihn nannten, nicht übel nahm, denn jetzt konnte er sich Zeit nehmen. Gleich nach den Butterbrötchen, mit einer neuen Tasse Kaffee, steckte er sich seine zweite Brasil an, ich rauchte dann auch, und schon begann das erste, anregende Gespräch des Tages… Bis kurz vor zehn Hans Bott in der Tür stand, schon mit der Aktenmappe unter dem Arm. ›Kinder, entschuldigt mich‹ sagte der Bundespräsident ›i muß jetzt reschiere‹. Und verschwand.«

Zuckmayer gehört zu Heuss' »späten Freundschaftserwerbungen«: Sie lernen sich kurz nach Kriegsende kennen, als der Autor des »Fröhlichen Weinbergs«, später »Des Teufels General« noch amerikanische Uniform trägt und im Auftrag des Pentagon durch Deutschland reist. Sie haben sich damals rasch »gut angenommen«, wie Heuss das nennt und besuchen sich gegenseitig, seit Zuckmayer von Amerika in die Schweiz übergesiedelt ist. Als Heuss ihm Anfang November 1955 das Große Bundesverdienstkreuz mit Stern verleiht, wohnen er und seine Frau erstmals als Gast in der Villa Hammerschmidt, und nach dem Abendessen kommt es zu einem »reizenden Plauderabend«: »Sauber, unförmlich, man kann auch über seine Sachen mit ihm reden …«, notiert Heuss in den *Tagebuchbriefen*.

Ging es unter ihm in der Villa Hammerschmidt stets urig bis gemütlich zu, wie Zuckmayers Schilderung nahelegt? Dass Heuss beim Glas Wein gern lange mit Freunden oder Gästen zusammensaß, ist überliefert: »Der Präsident geht, der Heuss bleibt hocke«, sagt er, wenn sein persönlicher Referent abends gegen elf Uhr zum Aufbruch drängt und die Gesellschaft gerade in interessante Gespräche vertieft ist. Dass Bott, den er schließlich bis zum Ministerialdirektor befördert, ihn stets mit »Meister« anredet, zeugt von großer Nähe und Intimität, doch auch von dem ironischen Umgangston zwischen beiden. Bott ist für Heuss ja mehr als ein unverzichtbares Faktotum, er ist eine Art zweites, bürokratisches Ich, das alle wichtigen Privatangelegenheiten übernimmt: Steuererklärungen, Versicherungspolicen, Vermögensaufstellungen, auch Baupläne für das »Häusle« in Stuttgart, das er nach dem Ausscheiden aus dem Amt beziehen will. Ist er eine Art Freundes-Ersatz, der ihn durch Einwände, Widerspruch und Zustimmung anregt? Heuss will ihm, wenn er wieder Privatmann ist, das »Du« anbieten, denn Bott reibt sich zweifellos für ihn auf, doch übertreibt er dabei gelegentlich die Formlosigkeit. Wie die beiden zueinander stehen, wird in der »Bott-Cantate« deutlich, die Heuss im Sommer 1958 auf seinen engsten Mitarbeiter dichtet:

Bott verwaltet eifervoll
Beides, Heussens Gut und Güte,
daß er nach erreichtem Soll
treulich die Substanz behüte.

Denkt den »Meister« ohne Bott:
Diese Schlipse, diese Haare!
Zupft und kämmt, daß schön und flott
Er des Amtes Würde wahre.

Umgekehrt: Bott ohne Heuss!
Zwar jetzt Ministerialdirektor,
sprengt sein unruhvoller Fleiß
jeglichen Behördensektor.

Ist ein seltsames Gespann,
Jeder bremst wohl gern den andern,
jeder weiß, was jeder kann –
Folge: Zweisam weiter wandern.

Bott verspielt sich leicht im Takt,
Heuss liebt das gelassene Schreiten,
wer das rechte Tempo packt,
mögen Sie sich friedlich streiten

Wenn Bott während Zuckmayers Besuch erst um zehn zum »Regieren« ruft, gleicht dies einer höflichen Rücksichtnahme auf den Gast,
denn die Regel ist es nicht. Normalerweise sitzt Heuss schon um
neun Uhr im Büro, um die erste Post einzusehen, ab elf Uhr empfängt er dann die verschiedensten Besucher, darunter auch solche,
die der Kanzler ihm schickt, weil er sich selbst mit ihnen – allein
aus Zeitgründen – nicht befassen kann. Pro Tag kommen rund 300
an ihn persönlich gerichtete Briefe, darunter auch etliche Schmäh-
episteln. Die Antwort auf die wichtigsten diktiert Heuss selbst in die
»Minna«, das Diktiergerät in seinem Büro, weniger wichtige Briefe
überlässt er Hans Bott oder anderen Beamten zur Beantwortung.
Beim Diktieren hat er meist die Zigarre im Mund, so dass die Sekretärinnen, vor allem wenn er ins schwäbelnde »Brabbeln« verfällt,
beim Abschreiben der Bänder oft ins Schwitzen kommen. Wenn sie
ein Wort falsch verstanden haben, bekommen sie zu hören: »Des
will i net, so wird's gemacht!« Das im Volk gängige Bild vom lieben
»Papa Heuss«, der jovial und bedächtig, gutmütig und großväterlich
sei, will eine seiner Sekretärinnen nicht gelten lassen – sie beschreibt
ihn als Mann, der im internen Betrieb durchaus streng sein konnte,

der »ganz genau wußte, was er wollte und weder großväterlich noch papalich war«.

Einen Redenschreiber im Präsidialamt gibt es unter Heuss nicht – oder doch: Er heißt Heuss, konzipiert jede seiner Reden selbst und schreibt »mit seiner kleinen, akkuraten Schrift Satz für Satz selber auf«, nachdem er sich vorher mit dem Thema vertraut gemacht hat. Dann gibt er die Rede dem Staatssekretär oder seinem persönlichen Referenten zur Durchsicht, nimmt Anregungen entgegen, die er gelegentlich einarbeitet, und erst danach wird sie in die Maschine übertragen. Er möchte, dass die Sätze »stufenförmig« geschrieben werden. Man fängt, so die Sekretärin, also mit einem Gedanken vorne bei der Zeile an und führt ihn nicht unter dem ersten Buchstaben in der nächsten Zeile fort, »sondern eingerückt, immer ein Stück weiter, solange bis der Gedanke zu Ende« ist; und mit einem neuen Gedanken fängt man dann vorne wieder an. Der stufenförmig geschriebene Text erleichtert es Heuss, der seine Rede ja meist frei hält, aber das Manuskript vor sich liegen hat, den nächsten Gedanken aufzugreifen oder zu einem früheren zurückzuspringen.

In der Mitte seiner Amtszeit wandelt sich die Villa Hammerschmidt an Wochenenden oft in ein Büro von Herausgebern und Redaktoren, und der Präsident wird im Nebenberuf wieder ganz zum Literaten, der er innerlich immer geblieben ist. Da sitzen sie beisammen: Heuss, der renommierte Historiker Hermann Heimpel aus Göttingen und Benno Reifenberg, Herausgeber der *Gegenwart* und früherer Politik-Chef der *Frankfurter Zeitung*; die drei tagen oft »von 3 Uhr bis nachts 12 ½ mit Abendessen-Unterbrechung« und diskutieren über die Reihe der *Großen Deutschen*, die neu herauskommen soll. Gelegentlich sind auch Vertreter des Ullstein Verlags dabei. Die 1935 erschienene, von Willy Andreas und Wilhelm von Scholz herausgegebene Fassung der *Großen Deutschen* leidet an zu vielen Verbeugungen vor dem nationalsozialistischen Geschichtsbild; dass sie Horst Wessel und Albert Leo Schlageter in ihre Reihe aufnahmen, brachte Andreas, dem Heuss-Freund seit Studienzeiten, nach 1945 berechtigte Schwierigkeiten ein. Doch die neue Auswahl ist nicht leicht zu treffen: Ist Heine groß? Ist Georg Friedrich Händel, in Halle an der Saale geboren, Deutscher oder, als George Frideric Handel in Westminster bestattet, Engländer? Bei Heine sind sich die drei Herausgeber zunächst unschlüssig, da sie alle ihren Karl Kraus gelesen haben, der den Autor des *Buchs der Lieder* und der *Winterreise*, dessen wahre lyrische, aber auch analytische Qualitäten verkennend, als talentierten Poseur, Feuilletonisten und Sprachverderber angeprangert hat. Als Jude kam Heine in den Andreas/Scholz-Bänden ohnehin nicht vor. Am Ende aber zählt er – zu Recht! – doch zu den »Großen«, und als Autor kann Dolf Sternberger gewonnen werden. Händel erscheint schließlich ebenfalls, denn Hugo Puetter, der über ihn schreiben wird, zeigt laut Redaktor Heuss eine höchst »verständige Grundhaltung«: »... wäre er in Deutschland geblieben, so wäre nichts aus ihm geworden. Aber das Abenteuer der Fremde und England hat ihn zur großen Figur gemacht.«

Bei Bertolt Brecht zeigt Heuss zunächst erhebliche Distanz, zumal er außer der »Dreigroschenoper« von ihm gar nichts kennt. Heimpel und Reifenberg sind dafür, »... ich nicht dagegen«, vertraut er den *Tagebuchbriefen* an, »wenn seine dichterische Qualität glaubhaft dargestellt wird. Deutlich muß dann werden, daß er um der SED willen auch alberne Parteilyrik gemacht hat. Sonst habe ich nichts dagegen, daß jemand, der in der DDR gefeiert wurde, deshalb nicht von uns ›ausgestoßen‹ wird.« Das Porträt über Brecht schreibt schließlich Wilhelm Emanuel Süskind von der *Süddeutschen Zeitung*.

So wird die neue Reihe *Großer Deutscher* von den neuen Herausgebern gründlich entrümpelt, deutschnationale oder nationalsozialistische Heroen wie Ludendorff oder Scheer, der Admiral der Skagerrak-Schlacht, kommen nicht mehr vor, gestrichen auch Treitschke, der Historiker eines durch und durch borussischen Geschichtsbilds, dazu Antisemiten wie Paul de Lagarde und Adolf Stoecker. An ihre Stelle treten die in der Ausgabe von Andreas/Scholz nicht existierenden Karl Marx, Sigmund Freud und Albert Einstein, August Bebel und Friedrich Ebert, aber auch bei den Nationalsozialisten verfemte Künstler wie Max Liebermann, Ernst Ludwig Kirchner, Ernst Barlach oder Käthe Kollwitz. Hindenburg, dem Heuss doch im Ersten Weltkrieg und danach noch 1932 publizistische Kränze geflochten hat, erscheint nicht mehr. Weil ihm die Ausgabe von 1936 zu »maskulin« ist, bringt Heuss Elisabeth von Thüringen unter die *Großen*, und als Autor ist der Bundespräsident gleich fünfmal vertreten, kann dabei aber teilweise auf alte Essays und Porträts zurückgreifen, die nur einer Überarbeitung bedürfen. Er schreibt über Friedrich List, den Verfechter einer innerdeutschen Zollunion, Friedrich Harkort, den Industriepionier des Ruhrgebiets, über seinen Mentor Friedrich Naumann, seinen Freund Hans Poelzig und schließlich über Wilhelm Busch. An Kritik von rechts über die Auswahl der neuen *Großen* mangelt es nicht – in den *Klüter Blättern*, einer weithin unbekannten, aber durch und durch nationalkonservativen, wenn nicht zum Rechtsextremismus neigenden Zeitschrift, wird Heuss vorgeworfen, er habe mit der Ausmerzung von Königin Luise, Ernst Moritz Arndt, Turnvater Jahn, der Generäle York, Blücher, Roon und Schlieffen sowie des Großadmirals Tirpitz die alliierte Kontrollratsverordnung zur Auflösung Preußens schlicht nachvollzogen. Und dass er die deutsche Geschichte mit Karl dem Großen, nicht aber, wie in der Ausgabe von 1935, mit Arminius, dem Sieger der Varus-Schlacht beginnen lässt, stempelt ihn zum Anti-Germanen.

Es lohnt wahrlich nicht, diesen durchweg vorgestrigen Anwürfen nachzugehen, bis auf einen vielleicht: Heuss wird des Nepotismus beschuldigt, weil er seinen Schwiegervater Georg Friedrich Knapp unter die *Großen* einreiht, und in der Tat wäre zu fragen, ob diesem, gemessen an anderen Nationalökonomen, wirklich dieser Rang zuzusprechen ist. Dass Heuss, sonst ein nüchterner Mann abwägenden Maßes, seinen Vorurteilen gelegentlich hemmungslos Lauf lässt und zu Freundschaftsdiensten neigt, wird auch deutlich, wenn er zwar dem von ihm verehrten Friedrich Naumann einen Platz zuweist, nicht aber Gustav Stresemann, der im Gegensatz zu Naumann nun wirklich *der* Staatsmann und Außenpolitiker der Weimarer Jahre gewesen ist. Geradezu boshaft wirkt der Vermerk dazu, auf den der Leser der *Tagebuchbriefe* stößt: »Es hat mir Spaß gemacht, wenn das Wort nicht zu zynisch klingt, daß der Sohn von Stresemann sich in einem Telefongespräch wütend darüber beschwert hat, daß sein Vater nicht unter die ›Großen Deutschen‹ aufgenommen wurde. Er scheint zu wissen, daß ich das abgelehnt habe, obwohl ich, wenn auch mit Termin-Vorbehalten, seine Politik *nach* 1923 sachlich unterstützte.« In seinen *Erinnerungen* von 1905 bis 1933 bekennt er auch: »Ganz primitiv: ich habe ihn [Stresemann] menschlich nicht leiden können und darf vermuten, daß dies auf Gegenseitigkeit beruhte – bei den späteren gelegentlichen ›gesellschaftlichen‹ Begegnungen pflegten wir zurückhaltende Distanz, während Elly [Heuss-Knapp] in ihrer Unbefangenheit es gut mit ihm verstand.«[4]

Von heute aus gesehen, ist dieser Präsident Theodor Heuss von merkwürdigen Ambivalenzen keineswegs frei: Einerseits sein Feldzug gegen das Vergessen, andererseits ein Orden für Globke, den wegen seiner Kommentierung der NS-Rassengesetze stets umstritten gebliebenen Chef des Bundeskanzleramts unter Adenauer; einerseits die Forderung nach Kollektivscham, andererseits Bitten an den amerikanischen Hochkommissar McCloy zwecks Begnadigung oder vorzeitiger Entlassung verurteilter Kriegsverbrecher. Sieht man genauer hin, erklärt sich vieles aus den Zeitumständen, auch aus den Amtspflichten, in die er eingebunden ist. Für Häftlinge in Landsberg setzt er sich ein, weil seine Sorge groß ist, dass durch etwaige Hinrichtungen »unsere gemeinsamen Besprechungen zur Eingliederung der Bundesrepublik in eine europäische und atlantische Gemeinschaft empfindlich gestört würden«, schreibt er McCloy im Januar 1951. Die Forderung nach einem deutschen Wehrbeitrag ist mit der Aufrechterhaltung von Urteilen gegen deutsche Militärs, von denen etliche ohnehin anfechtbar sind, nicht nur aus der Sicht der deutschen Soldatenverbände, sondern auch der offiziellen Politik, schlecht vereinbar, da sie sich in dieser Frage auf die Unterstützung der öffentlichen Meinung angewiesen sieht und beim Aufbau von Streitkräften auf Offiziere der Wehrmacht zurückgreifen muss. Heuss zählt zu jenen Politikern, die durch Forderung nach Begnadigung, Milderung der Urteile und Freilassung den Widerstand gegen die Wiederaufrüstung abbauen wollen, und oft wird er wegen seines Prestiges vom Kabinett dazu gedrängt.

Der Kanzler geht da übrigens viel weiter als sein Präsident: Als Generalfeldmarschall Manstein 1953 aus dem Zuchthaus Werl entlassen wird, empfängt Adenauer ihn demonstrativ im Palais Schaumburg. Und den in Werl in Haft verbliebenen Militärs stattet er einen Besuch ab, um sich über deren Haftbedingungen zu informieren. Da aus seiner Sicht ein Fehlurteil vorliegt, setzt sich Heuss schon kurz nach seiner Wahl im Herbst 1949 mündlich bei McCloy für die Freilassung des Staatsekretärs Ernst von Weizsäcker ein; ein Jahr später erinnert er schriftlich an den Fall. Schon bei der Verurteilung Weizsäckers in Nürnberg – im sogenannten Wilhelmstraßen-Prozess – hat einer der drei amerikanischen Richter ein abweichendes Votum abgegeben, und für Blätter wie die *Zeit* ist Weizsäcker, der 1938 zusammen mit den Italienern mit dem Münchner Abkommen den Frieden hatte retten wollen, eindeutig ein zu Unrecht Verurteilter. Für Heuss ist der Gedanke unerträglich, dass Weizsäcker zusammen mit »vielleicht fragwürdigen politischen Figuren schematisch-termingerecht seiner Familie zurückgegeben wird«, und er plädiert für eine gesonderte Entlassung, um den Fall »individuell zur guten Erledigung zu bringen«. McCloy entspricht seinem Wunsch und ordnet drei Wochen später die Freilassung Weizsäckers an. Vieles mag aus heutiger Sicht für uns unverständlich bleiben, doch die »Vergangenheitspolitik«, die an diesem Beispiel sichtbar wird, ist symptomatisch für die frühe Bundesrepublik: Der Kampf um die vorzeitige Entlassung verurteilter Kriegsverbrecher muss vor dem Hintergrund der Einbindung der Bundesrepublik in die EVG gesehen werden, und dieser Kampf findet damals »breite und parteiübergreifende Unterstützung in Bevölkerung und Politik« (Becker).

Und Globke, den eine jüngere und kritischere Generation spätestens ab Mitte der fünfziger Jahre als Symbol für die Dauer- und Sesshaftigkeit einer nationalsozialistisch infizierten bürokratischen Elite bekämpft? Heuss verleiht ihm zu seinem sechzigsten Geburtstag am 10. September 1958 auf Adenauers Wunsch das »Große

Verdienstkreuz mit Stern und Schulterband des Verdienstordens der Bundesrepublik«, wie die Auszeichnung formell heißt. Einwände von seiner Seite gegen die Person gibt es offensichtlich nicht, zumal – so Manfred Görtemaker – »geachtete Gegner Hitlers«, etwa Jakob Kaiser und der Berliner Kardinal Preysing versichern, er sei ein »Mann des inneren Widerstands« gewesen, an den man sich um Hilfe habe wenden können. Einem Brief zufolge, den Heuss am 29. Juli 1950 an Erich Ollenhauer schreibt, hat die Hohe Kommission den Fall Globke überprüft und dem Kanzler Zustimmung zu dessen Ernennung – damals zum Ministerialdirektor – signalisiert. Da auch das Bundeskabinett diese Ernennung einstimmig billigte, habe er, Heuss, »keine Bedenken mehr gesehen, die mir von dem Herrn Bundeskanzler vorgelegte Ernennungsurkunde des Herrn Globke am 8. Juli 1950 zu unterzeichnen«. Zu berücksichtigen ist dabei auch, dass Heuss die NS-Zeit hautnah miterlebte und um die Grauzonen jener Jahre weiß: Nicht jedes Parteimitglied war überzeugter Nazi und handelte entsprechend, und nicht jedes Nichtmitglied war Nazigegner und deshalb verlässlicher Helfer in einer Notlage. Als unerwünschter Autor nahm Heuss ja selbst die Hilfe eines NSDAP-Ministerialen in führender Position bei Goebbels in Anspruch, der seine schützende Hand über ihn hielt. So gibt es Grund zu der Annahme, dass ihm die positiven Einschätzungen Globkes durch Jakob Kaiser oder Kardinal Preysing durchaus glaubhaft erscheinen. Als im März 1956 eine neue Kampagne gegen Globke droht, besteht Heuss in einer Unterredung mit dem Kanzler übrigens darauf, »entweder klare und eindeutige Gegenerklärungen abzugeben oder die Konsequenzen zu ziehen«. Letzteres hätte in diesem Fall zweifellos Globkes Entlassung bedeutet.[5]

Er habe zwei »Hobbies«, bemerkt Heuss einmal in den *Brieftagebüchern*, aber es sind durchaus ehrenwerte: Er geht nicht nach Bayreuth, und Flick bekommt von ihm keinen Orden. Schon mehrfach hat Adenauer Flick für das Bundesverdienstkreuz vorgeschlagen, auch weil dieser die CDU immer wieder unterstützt hat – doch bislang stets vergebens. Als ihm Globke über seinen Staatssekretär

Klaiber im Herbst 1956 einmal mehr den Wunsch des Kanzlers nach einer Auszeichnung Flicks vorträgt, begründet der Präsident dem auf der Bühlerhöhe kurenden Kanzler seine erneute Weigerung am 4. September 1956 »mit freundschaftlichem Gruß« per Brief: Zu den Herren, bei denen sich »seine Einsicht oder sein Instinkt« gegen wiederholte Vorschläge gewehrt haben, gehöre auch Herr Flick. Der sei zwar ein »höchst versierter Käufer und Verkäufer von Aktienpaketen«, und das sei eine schöne Sache – jedoch eine, »bei der man verdient, aber sich nicht notwendigerweise Verdienste erwirbt«. Flick ist für Heuss jener Typ Großindustrieller, der nichts selbst geschaffen und aufgebaut hat wie etwa Krupp, sondern vor allem ein Inflationsgewinnler der zwanziger Jahre, der sich sein Imperium geschickt zusammenspekuliert hat, um es durch Arisierungen in der Nazizeit zu vermehren. So sträubt sich Heuss' »ganzes Stilgefühl«, wie er Adenauer versichert, »gegen diesen Typus«. Solange der erste Präsident über die Vergabe von Orden bestimmt, bleibt Flicks Brust deshalb leer. Was seinen Nachfolger nicht daran hindert, ihm schließlich doch das Große Verdienstkreuz mit Stern und Schulterband zu verleihen.

Ablehnend verhält sich Heuss auch, als der niedersächsische Kultusminister Langeheine eine Auszeichnung für Agnes Miegel erbittet: Unvergessen sei »der überschwängliche Dithyrambus«, schreibt der persönliche Referent und Leiter der Ordenskanzlei, Hans Bott, »den sie auf Adolf Hitler gedichtet hat«. Im Übrigen sei Heuss zu seinem siebzigsten Geburtstag eine Manuskriptmappe mit literarischen Beiträgen von in Niedersachsen lebenden Dichtern überreicht worden, eingeleitet von einer »lyrischen Huldigung von Agnes Miegel auf – Theodor Heuss!« Das, so Bott, habe das Distanzgefühl von Heuss eher vergrößert. Schon im Interesse des Ansehens von Frau Miegel wünsche der Präsident nicht, dass diese beiden Gedichte irgendwann einmal in einem Sammelband auftauchten.

Ähnlich beharrlich wie im Falle Flick verhält er sich zu Bayreuth, dem Inbegriff jener in die Politik wirkenden Romantik, die er seit je für verderblich hält. Als Moritz Klönne, Vorsitzender der Gesellschaft der Freunde Bayreuths, ihn zur Wiedereröffnung der Festspiele 1951 einlädt, sagt er ab: »Wagner braucht mich nicht als Werbepointe«, schreibt er dem Dortmunder Unternehmer und Vertrauten Winifred Wagners. Zwar wisse er um die genialen Züge in der Erscheinung von Wagner, aber er habe nicht nur seine Zweifel gegenüber dem »Gesamtkunstwerk«, sondern stehe »dem geistesgeschichtlichen Phänomen« und allem, »was mit dem Begriff ›Haus Wahnfried‹ zusammenhängt, und zwar nicht erst seit der Situation der zwanziger Jahre und der Folgezeit... nach Instinkt und Artung völlig ablehnend gegenüber«. Er bleibt auch bei seinem Nein, als ihn der Bayreuther Oberbürgermeister Rollwagen um des Fremdenverkehrs willen bittet, seine Haltung zu überprüfen. Er liebe Bayreuth, »die Stadt und das Land« – aber für ihn bedeute Bayreuth eben nicht »Festspiele« und »Wahnfried«, sondern Jean Paul, der Dichter des *Hesperus* und der *Flegeljahre*, der seine letzten Jahrzehnte in der Stadt verbrachte. Als daraufhin die Jean-Paul-Gesellschaft Heuss um eine finanzielle Unterstützung angeht, weil sie sich gegenüber den »Hunderttausenden« D-Mark für Wagner benachteiligt fühlt, wird diese Bitte vom persönlichen Referenten abschlägig beschieden – der Dispositionsfonds des Präsidenten sei winzig und werde »ausschließlich für individuelle soziale Notstände« verwendet. Allerdings macht Heuss den Leiter der Bayerischen Staatskanzlei auf die Notlage der Jean-Paul-Gesellschaft aufmerksam, der ihr dann mit einer Spende von 1000 Mark durch den Bayerischen Staat unter die Arme greift.

Zusammen mit Bott hat Heuss im Präsidialamt eine »Künstlerhilfe« ins Leben gerufen, die Malern, Schriftstellern und Musikern, die in Not geraten sind, gelegentlich helfen kann. Aber seine Mittel sind begrenzt, denn als »Präsident in Ausbildung« hat er, wie er Wilhelm Heile, dem alten Freund aus der Naumann-Zeit, einmal schreibt, »ein paar entscheidende Fehler gemacht«: Er hat auf die in den alten Etats der Reichspräsidenten eingesetzten Dispositionsmittel verzichtet, so dass er nur »verhältnismäßig geringe Beträge für soziale Hilfe, für Ehrenpatenschaften und Ehrensolde« zur Verfügung hat. Zwar gelingt es, seine Künstlerhilfe durch Spenden der Rundfunkanstalten und der Industrie und auch durch Bundeszuschüsse zu vergrößern, aber eine Unterstützung »für alte Schriftsteller, Musiker, Maler« bleibt immer nur »in sporadischen Beträgen« möglich. Seinem Brief an Heile ist übrigens auch zu entnehmen, dass Heuss, »in der Meinung, daß das etwas nachwirke« (also: um ein gutes Beispiel zu geben), seine eigenen Bezüge um 10000 Mark netto jährlich gekürzt hatte. Als Bundesfinanzminister Schäffer allerdings bemerkt, dass der Bundeskanzler dadurch höhere Bezüge habe als der Bundespräsident, der laut Haushaltsplan 10/9 des Gehalts des Kanzlers erhält, hat er diese Sache »wieder etwas in Ordnung gebracht«.

Er und Adenauer, notiert er in seinen *Tagebuchbriefen* Anfang 1956, liegen im Augenblick nicht gleichauf: »Er will der werdenden Armee alle Chancen geben, sichtbar zu werden, nachdem er sich in der Zeit des Parlamentarischen Rates gar nicht darum kümmerte und mich im Stich ließ, nimmt er demnächst ›Paraden‹ ab, während ich, der ich 1948/49 der einzige ›Militarist‹ war, d.h. die Verteidigungspflicht einer Demokratie aussprach, jetzt retardierend wirke, da ich glaube, ein stärkeres Gefühl für die innerdeutsche Normalstimmung zu haben…« Im Grunde handelt der württembergische Demokrat Heuss nach der urpreußischen Devise »Mehr sein als scheinen«, wenn er Wünsche ablehnt, zum Neujahrsempfang 1956 solle eine Ehrenformation der Bundeswehr »mit Getrommel und Geblase und Präsentieren« antreten und sich vor den Wochenschauen aufbauen. Seine Begründung: Solange die Bundeswehr wie derzeit aus nur 1500 Freiwilligen bestehe, könne es sich bei dieser Ehrenformation doch bloß um eine »Attrappe« handeln.

Von solchen wahrlich nicht bedeutenden Meinungsverschiedenheiten abgesehen, ist das Verhältnis zwischen den beiden gut. Peter Mensing, der die Protokolle der Besprechungen und den Briefwechsel zwischen Kanzler und Präsident bearbeitet hat, kommt zu dem Ergebnis, dass sie »im persönlichen Umgang, im ›human touch‹ durchweg einen verbindlichen, freundlichen, ja freundschaftlichen Stil« pflegen, der die unterschiedlichen Funktionen, selbst den Altersunterschied fast vergessen lässt. Dabei ist Heuss stets derjenige, der vor nationalem Überschwang abrät. So bittet er im Januar 1952, von seiner Person abzusehen, wenn man den Tag der Rückgabe Helgolands »offenbar zu einer lauten vaterländischen Demonstration gestalten wolle«. Heuss wendet sich auch gegen »Balladenpolitik«, wie er unbedachte, leidenschaftlich-nationale Aktionen gern nennt: Der Bundestagsabgeordnete Bucerius habe die Abgeordneten geradezu »besoffen« gemacht mit dem Antrag, Regierung und Parlament jetzt einfach nach Berlin zu verlegen, notiert er im November 1956 in den *Tagebuchbriefen*; das sei »heller Wahnsinn in dieser Zeit der Spannungen«. Entsprechend rät er – im Einklang mit der Bundesregierung – in einer Rede vor dem Berliner Abgeordnetenhaus am 26. November von »dieser Terminentscheidung erregter Romantik« ab und appelliert an »verhaltenen Realismus«.

Als er erfährt, dass zur Feier der Rückgliederung des Saarlands am 1. Januar 1957 er selbst, das Bundeskabinett und alle Ministerpräsidenten in Saarbrücken erwartet werden, warnt er vor diesem Massenaufmarsch bundesrepublikanischer Prominenz: Mit Blick auf die deutsch-französische Verständigung sei dies die falsche Geste, »die durchaus Nazi-Stil hat und durchaus als ›Besitzergreifung‹ wirkt«. Die Geste im Nazi-Stil bleibt aus, denn Adenauer folgt seinem Rat. Im Januar 1956 drängt Heuss darauf, die Opposition bei der Ausarbeitung der Wehrverfassung einzubinden und mit der SPD eine »anständige Atmosphäre« zu schaffen, denn »eine Armee der Koalition wäre ungut«; und er mahnt Adenauer im Oktober 1957, den Oppositionsführer Ollenhauer öfter zum Gespräch zu empfangen: Dieser habe bei ihm beklagt, dass er »den Kanzler seit 2¼ Jahren nicht gesprochen habe«.

Präsident und Kanzler tauschen sich offen über Personalfragen, speziell die Entsendung von Botschaftern aus, wobei Heuss oft der drängende ist, die schnellere Besetzung wichtiger Posten fordert oder die Notwendigkeit der Kulturpolitischen Abteilung des Auswärtigen Amts unterstreicht. Gelegentlich bremst er auch, etwa wenn Erich Köhler, der in seiner Funktion als Bundestagspräsident versagt hat, von Adenauer auf den Posten eines Generalkonsuls in Australien abgeschoben werden soll. Die Position sei nicht unwichtig, gibt er dem Kanzler zu bedenken, zumal das Gerede aufkommen werde, »daß eine ›Versorgung‹ vorliege«. Und schriftlich rügt Heuss in einem Brief an Adenauer das Verhalten des Gesamtdeutschen Ministeriums, das ihn gebeten hatte, Thomas Mann im Schillerjahr 1955 von einer Reise nach Weimar abzuhalten. Mann und Heuss hatten zum 150. Todestag des Dichters am 8. Mai gemeinsam in Stuttgart gesprochen, und der Autor des *Doktor Faustus* wollte anschließend seine Rede – wie schon die zum Goethejahr 1949 – in Weimar wiederholen. Froh, wenn die Deutschen wenigstens in Sachen kultureller Tradition beieinander bleiben, hält Heuss die »ängstliche Betrachtung« des Ministeriums für »völlig deplaciert«, und Thomas Mann bedankt sich ausdrücklich beim Präsidenten dafür, dass dieser sich in der Weimarfrage auf seine Seite gestellt hat.[6]

Heuss' vielleicht wichtigste kulturpolitische Initiative datiert vom 23. Oktober 1956, als er – beraten vom Präsidenten der Deutschen Forschungsgemeinschaft – in einem Brief an Adenauer eine Verständigung zwischen Bund und Ländern vorschlägt, um ein »Organ« zu schaffen, das die Rationalisierung der »gelehrten Arbeit betreut und überwacht, um einen maximalen Nutzeffekt zu erzielen«. Es gelte, Leerlauf und Doppelarbeit zu vermeiden und Vordringlichkeiten festzulegen. Sein Vorschlag führt zur Bildung des Wissenschaftsrats, der bis heute Bund und Länder in Fragen der Weiterentwicklung des Hochschulsystems und der staatlichen Förderung von Forschungsinstituten berät. Wie schon bei der Dankspende des deutschen Volkes setzt er, dem das Grundgesetz eine solche Funktion gar nicht zuweist, damit entscheidende Akzente für ein kulturpolitisches Engagement des Bundes. Und weil er bei den ängstlich auf ihre Kulturhoheit bedachten Ländern als halbwegs neutrale, aber eben auch als kompetente Figur gilt, leitet Heuss am 6. Februar 1958 die konstituierende Sitzung in »einem hübschen Raum der [Bonner] Universität«, die durch Streichmusik von Telemann eingeleitet und mit Hindemith abgeschlossen wird. Auf Wunsch der Länder ist er der einzige Redner bei dieser Veranstaltung, und das Büro der neu geschaffenen Institution wird zunächst im Bundespräsidialamt angesiedelt.

Auch für die Gründungsversammlung einer Institution, die vorrangig politische Bildungsarbeit betreiben wird, stellt er die Villa Hammerschmidt zur Verfügung: der Friedrich-Naumann-Stiftung, einem liberalen Pendant zur SPD-nahen Friedrich-Ebert-Stiftung, deren erster Geschäftsführer sein alter Freund Werner Stephan wird, der übrigens schon seit 1955 als Bundesgeschäftsführer der FDP amtiert. Wie stark die Entstehung der Stiftung von Heuss beeinflusst ist, zeigt allein schon die Tatsache, dass ihre Satzung von Stephan zusammen mit dem Justitiar des Präsidialamts ausgearbeitet wird und der Präsident bei der ersten Sitzung des Kuratoriums am 14. November 1958 in der Godesberger Redoute ihr mit seiner »Taufrede« über das Erbe Friedrich Naumanns die Richtung weist. Die Stiftung bietet ein breites Spektrum liberaler Ansichten und hält, solange Heuss Einfluss hat, unausgesprochen, aber erkennbar Distanz zum engeren Parteiapparat der FDP.[7]

»Spät kommt er, doch er kommt«, der Heuss zur Bundeswehr – mit diesen Worten rückt Heuss im letzten Halbjahr seiner Amtszeit öffentlich »ein ungewisses Raunen« über sein Verhältnis zur Bundeswehr zurecht, das durch sein scherzend-ironisches »Nun siegt mal schön«, geäußert als Abschiedswort zu Soldaten bei einem Manöver im September 1958, vielen etwas distanziert erschien – so, als wolle er die Bundeswehr nicht so recht ernst nehmen. Zu Unrecht übrigens, hat er doch den Aufbau einer erst in eine europäische Streitmacht, dann in die Nato integrierten Armee stets befürwortet. Vor 800 Leutnants und Fähnrichen hält er in der Führungsakademie der Bundeswehr in Blankenese Mitte März 1959 die letzte seiner großen Reden, traditionsstiftend auch sie, obschon er mit allem Nachdruck gerade vor der Wiederanknüpfung an deutsche militärische Traditionen warnt. Wenn dieses Bataillon oder jenes Regiment sich einer alten Einheit oder Division verbunden sehe, könne er nur sagen: »Vorsicht! Vorsicht!« Natürlich räumt er ein, dass auch im letzten Weltkrieg von einzelnen Heerführern und einzelnen Verbänden außerordentliche Leistungen vollbracht wurden, doch ist er überzeugt, dass trotz einiger siegreicher Feldzüge zu Beginn das »Verbluten einer einfach überforderten Armee« eine Tradition nicht habe schaffen können. Er weist auf die Männer des 20. Juli hin, in denen diese Armee ihre Märtyrer gefunden habe und deren Erhebung das Vaterland vor der völligen Verwüstung hatte bewahren sollen. Eine autonome, eigenständige preußische Militärgeschichte gebe es nicht mehr, und auch die »unsere Seele belastende Frage« der Wiedervereinigung, so Heuss, könne und werde nicht mit Waffen gelöst werden. Dagegen rät er, eine »neue Tradition selber zu schaffen«; das sei zwar mühevoller, »aber auch großartiger«, als sie »in den Resten und Formen verjährter Gesinnung zu suchen und zu pflegen«. Zugleich wendet er sich gegen die Diffamierung des Soldatenberufs und nennt einmal mehr das »ohne mich« die »Zerstörung aller demokratischen Gesinnung, die im Wesenhaften auf dem ›mit mir‹, ›mit dir‹ ruht«.

Es ist die Zeit des Chruschtschow-Ultimatums, der Kalte Krieg um Berlin strebt einem neuen Höhepunkt zu, und so spricht er die schwierige Existenz des Soldaten im Zeitalter der Abschreckung durch atomare Massenvernichtungswaffen an, wenn auch in Form einer typisch Heuss'schen Umschreibung: »... der tiefe, paradoxe Sinn« der militärischen Ausbildung für die »unberechenbaren Gegebenheiten eines modernen Krieges« sei, »nicht durch die wagende Aktion, sondern einfach durch Da-Sein und So-Sein die Verwirklichung jener schlimmen Gegebenheiten einer militärischen Konfliktlage zu verhindern«. Und er fügt hinzu: Diese »fast wie Passivität klingende Interpretation einer Lebensaufgabe« raube dem Beruf des Soldaten nichts von seiner Würde, verleihe ihm aber erst den »rechten ethischen Rang: für die anderen, den Nachbarn, die Heimat, das Volk, auch den Staat, der die Herberge der bürgerlichen Freiheit und der menschlichen Gerechtigkeit sein soll, die sachliche und auch seelische Wehr zu bilden«. Anwürfe einer »christlich eingekleideten Demagogie«, wie er es nennt, die Ausbildung von Soldaten im Zeitalter der Massenvernichtungswaffen als Wegweisung zum Verbrechertum zu deklarieren, weist Heuss zurück und bezieht damit klar Stellung gegen den Theologen Martin Niemöller, der im Januar in Kassel gesagt hatte: »Wer heute noch mit sich Soldat spielen läßt, muß wissen, daß er zum Verbrecher ausgebildet wird ... Jede Ausbildung zum Soldaten und zu Führungspositionen in übergeordneten Kommandostellen muß heute als eine Hohe Schule zum Berufsverbrechertum bezeichnet werden.«

Niemöller weist den Vorwurf der »christlich eingekleideten Demagogie« empört zurück und behauptet, Heuss sei vor den Fähnrichen in Blankenese eingeknickt. Heuss wiederum antwortet, der Wortlaut der Kasseler Rede, die ihm Niemöller zugeschickt habe, bestätige das »Recht, ja die Pflicht seines Einspruchs«, und sein Wort von der »christlich eingekleideten Demagogie« nehme er keineswegs zurück. Es sei immer gefährlich, wenn die Kirche ihr Wort zu staatlich-politischen Entscheidungen als »Monopol des rechten Wissens und Entscheidens« verkünde, schreibt er Niemöller und betont: »Wie primitiv, ja fast geistig ärmlich ist etwa der Slogan: »Gegen den ›Atomtod‹, weil er psychologisch die Wirkung haben soll, ›die andern‹ seien *für* den Atomtod.« Doch er, der stets beklagt, die Deutschen hätten kein eigenes Wort für Fairness, zeigt – und das ist wieder typisch Heuss –, dass er selbst sehr wohl Fairness zu üben weiß: Diesen Brief zu schreiben habe etwas »Schmerzliches« für ihn, teilt er Niemöller mit, denn er dürfe ihm nicht den Respekt vor seiner Haltung im Kirchenkampf im Dritten Reich versagen. Durch Niemöller habe er seinerzeit in Dahlem wenn nicht Festigung, dann doch »Bestätigung« seiner eigenen Position erfahren. Die »brieflichen und publizistischen Kräche mit alten Offizieren« und der *Deutschen Soldatenzeitung*, die gegen seine Ablehnung der Tradition polemisieren, beschäftigen ihn noch lange, und auch die Auseinandersetzung mit »mancherlei Theologen« zieht sich hin.

Heuss spricht in Blankenese nicht als Oberbefehlshaber der Bundeswehr, denn mehrere seiner Vorstöße, das Wenige, was von nationalem Oberbefehl bei der Bundeswehr trotz der Eingliederung in die EVG oder Nato überhaupt übrig bleibe, beim Staatsoberhaupt anzusiedeln, sind gescheitert. Sein gegenüber dem Kanzler im Winter 1953/54 wiederholt vorgebrachtes Argument, dass durch den – weitgehend repräsentativen – Oberbefehl des Präsidenten »die neutrale politische Handhabung« dieser Funktion vor der Öffentlichkeit garantiert werde, schlägt nicht durch. Zwar nennt er in einem sechsseitigen Memorandum, das er im Weihnachtsurlaub Ende 1955 bei seinem Sohn in Lörrach bei eineinhalb Flaschen Rotwein niederschreibt, die Absicht, den Oberbefehl »im Frieden« dem Verteidigungsminister zu übertragen, eine »Chimäre«, den geplanten Übergang des Oberbefehls an den Bundeskanzler im Kriegsfall eine Fiktion, denn da ruhe er bei dem Oberkommandierenden der NATO. Aber überzeugen kann er weder den Kanzler noch die Parteien – nur die FDP unterstützt ihn, wenn sie seinen erneuten Vorstoß mit diesem Memorandum nicht sogar angestoßen hat. Die kurz darauf verabschiedete Wehrverfassung legt eindeutig fest, dass der Oberbefehl in Friedenszeiten beim Verteidigungsminister, in Kriegszeiten beim Kanzler liegt.[8]

An seinem 75. Geburtstag am 31. Januar 1959 steht Heuss auf dem Gipfel der Anerkennung: Es hagelt Kommentare, die von respektvoll bis liebevoll reichen und gelegentlich Huldigungen gleichen. Die *Frankfurter Allgemeine* lobt seine »Volkstümlichkeit«, die *Süddeutsche Zeitung* weist auf die »Berge von Mißtrauen« hin, die er gegen die Deutschen im Ausland abgetragen hat, und Carl Jacob Burckhardt rühmt ihn in der *Zeit* als die ganz seltene Ausnahme: Nur wenn man einen Mann wie Heuss an die Spitze des Staates stelle, »einen Mann, in dem Weisheit und Reife« sich verkörpern, sei die »Durchdringung von geistigen und politischen Mächten bisweilen möglich«. Rudolf Alexander Schröder, der Textautor der gescheiterten neuen Nationalhymne, nennt ihn gar den »Vater des Vaterlandes«. Den originellsten Glückwunsch schreibt wahrscheinlich *Christ und Welt*, die in Stuttgart erscheint und ihre Schwaben kennt, denn das Blatt dankt Heuss für die humorvolle Gelassenheit, mit der er, der sich gelegentlich als einen »Fracksklaven« bezeichnet, die Pflichten der Repräsentation durchsteht: »Vom Anzug in den

Cut, vom Cut in den Frack zu steigen, die protokollarisch vorgeschriebenen Orden ›anzulegen‹, auch Orden zu verleihen – ach, wir
müssen nicht Heussens Format und dazu seine schwäbische Seele
kennen, um mitzufühlen, wie beides ihm allen Klimbim und alles
Brimborium zuwider macht.«

Die Geburtstagscour beginnt am Vorabend mit einem Konzert in
der Godesberger Stadthalle, bei der »die höchste Sphäre der Gesell-
schaft, auch die höchste des Galas« anwesend ist: Die Herren tragen
Frack und Orden, die Damen elegante, meist lange und vornehme
Roben. Der Vorbeimarsch der Gratulanten am nächsten Tag dauert
sieben Stunden, und Geschenke gibt es »mancherlei Art«, wie Bonn-
Beobachter Walter Henkels vermerkt: vielfach Briefumschläge mit
Schecks für das von Elly gegründete Müttergenesungswerk oder
die Künstlerhilfe, aber auch »Teppiche, Kommode und Vasen für's
Häusle in Stuttgart«. Die Kommode, es handelt sich um ein kostba-
res Barockexemplar, hat übrigens das Bundeskabinett als Geschenk
überreicht – im Bild, denn aufgestellt wird sie erst in Stuttgart. Der
Große Zapfenstreich der Bundeswehr im Park der Villa Hammerschmidt beendet die Geburtstagsfeierlichkeiten – aber dass sie schon
ganz im Zeichen des Abschieds und vor allem der Nachfolgefrage
stehen, ist kaum zu übersehen.[9]

Wer soll auf Theodor Heuss folgen? Die Frage wird zwischen
Kanzler und Präsident offenbar erstmals im Oktober 1958
erörtert, und schon da lässt Adenauer erkennen, dass er eine Verfassungsänderung mit dem Ziel einer Verlängerung der Amtsperiode
von Heuss für wünschenswert hält. Und schon damals antwortet
ihm Heuss, er halte dies für einen Weg, den man »bei der labilen
Verfassungssituation in Deutschland« nach Möglichkeit nicht einschlagen sollte.

Die Frage der Nachfolge wird schließlich zu einem Konflikt zwischen Präsident und Kanzler führen, an dem gemessen die letzte
halbwegs ernsthafte, fünfzehn Monate zurückliegende Auseinan-

dersetzung um Heuss' Silvesterrede und George Kennan bestenfalls als leichtes Geplänkel zu bezeichnen ist. Schon am 2. Januar 1958 hatte sich Adenauer über eine Bemerkung in Heuss' Neujahrs-ansprache beschwert, in der dieser der internationalen Diplomatie riet, ihren Stil zu überprüfen. Heuss hatte sich kritisch über inter-nationale Kongresse mit Scheinwerfern, Lautsprechern und Presse-konferenzen geäußert, die keine Ergebnisse brächten und von der jeweiligen Gegenseite doch nur als Propagandamanöver gewertet würden. Ein Wort des, wie er sagte, »behutsam-geistvollen George Kennan« und seiner »Sorge vor der Öffentlichkeit des internationa-len Gespräches« aufgreifend, nahm er sich die Freiheit, »altmodisch zu sein« und für »Geheimdiplomatie« zu plädieren. Solche Geheim-diplomatie habe immerhin die zwischen Italien und Jugoslawien strittige Triest-Frage beilegen können und sei auch der Aufhebung der Berliner Blockade vorangegangen. Adenauer allerdings sieht in Heuss' Auslassungen weit mehr als eine Verurteilung der Schein-werferdiplomatie: »Daß Sie ... Herrn Kennan als einen ›behutsam geistvollen‹ Mann kenneichnen, schadet, erlauben Sie mir das offen auszusprechen, der Politik des Bundeskabinetts wie auch der Mehr-heit des Bundestages. Herr Kennan ist zurzeit derjenige Mann, der infolge seiner unrealen Betrachtungsweise zu der Aufweichung in Deutschland in peinlichster Weise beiträgt. Bei der großen außen-politischen Debatte, die wir demnächst haben werden, wird Herr Kennan Kronzeuge der SPD sein. Es ist daher schmerzlich, daß er von Ihnen so ausgezeichnet ist.«

Diese bittere Reaktion auf Heuss' Silversterrede wird nur ver-ständlich vor dem großen internationalen Echo, das Heuss Worte erzielten und kaum einen so sehr überrascht haben dürfte wie den sonst internationaler Schlagzeilen eher unverdächtigen Silvester-redner selbst. In den *Tagebuchbriefen* spricht er denn auch von »der töricht als Sensation genommenen Rede«, die nichts als ein »paar Banalitäten des gesunden Menschenverstands in gute Form« gebracht habe. Aber selbst die *New York Times* veröffentlicht schon am 1. Januar einen Auszug und nennt in einem Leitartikel Heuss'

Anregung, zur Geheimdiplomatie zurückzukehren, den »fruchtbarsten Vorschlag zum neuen Jahr«. Dass die vom Kanzler besonders geschätzte *Neue Zürcher Zeitung* gar unter der Überschrift »Heuss sekundiert Kennan« berichtet, bringt Adenauer wohl vollends auf, zumal Heuss in dem Bericht fälschlich unterstellt wird, der Präsident habe Kritik daran geübt, dass sowohl die amerikanische als auch die Bonner Außenpolitik Kennans Pläne als »unrealistisch« abtat.

George Kennan, der als Mr. X bekannte Architekt der amerikanischen Containment-Strategie gegenüber der Sowjetunion, hatte 1957 in der BBC in sechs Folgen Thesen für eine Disengagement-Politik in Mitteleuropa vorgelegt, die ein Auseinanderrücken der beiden Großmächte in Europa und einen teilweisen Truppenabbau entlang des Eisernen Vorhangs vorsahen – Pläne, die sowohl der Politik der Administration in Washington als auch der von Adenauer zuwiderlaufen. Heuss erwidert Adenauer, er habe diese Thesen keinesfalls gutgeheißen und den Namen Kennan nur aus »literarischer Courtoisie« erwähnt, um nicht in den Verdacht des Nachplapperns zu geraten. Er fühlt sich verletzt und meint, Adenauer in seine Grenzen weisen zu müssen: »Ich habe nie erwartet und erwarten können«, so Heuss in seiner Antwort, »daß Sie mit jedem Wort, das ich sprach oder schrieb, einverstanden sein würden. Sie haben aber auch nie eine ›Zensur‹ beansprucht, auf die ich mich, nach meiner Natur und nach meiner Amtsstellung, nie eingelassen hätte – derlei stand ja auch nie zur Diskussion, da wir in der Beantwortung der großen Frage – jeder aus seiner Sicht – zu einer sachlich verwandten Auffassung kamen.«

Da Heuss als erster Präsident den Stil des Amtes prägt und seine Möglichkeiten, soweit sie nicht gesetzlich eindeutig umrissen sind, in der Praxis auslotet, sind dies Sätze, auf die sich jeder Präsident nach ihm berufen kann. Heuss hat keine seiner Reden je zur Gegenzeichnung dem Kanzler vorgelegt, lediglich bei Auslandsreisen kam es zu Abstimmungen mit dem Auswärtigen Amt, wenn er in seinen Äußerungen auf Probleme der Außenpolitik oder zwischenstaatliche Beziehungen eingehen wollte oder musste. Adenauer akzeptiert diese Praxis weiterhin, und da Präsident und Kanzler sich wenige Tage nach der Kontroverse aussprechen und sie gütlich beilegen, bleibt die »Affäre« Kennan keine Belastung für die beiderseits guten Beziehungen. Als Heuss in einem späteren Gespräch einmal vorbringt, der Kanzler habe netterweise nie bemerkt, dass er keine seiner öffentlichen politischen Reden zur »Gegenzeichnung« vorgelegt habe, sagt Adenauer: »Ja, darüber habe man gelegentlich gesprochen«, aber einen solchen Einwand »hätte man sich doch nicht getraut«.

Die Nachfolgefrage dagegen führt zwischen beiden zu einem offenen und bösen Schlagabtausch, in dem Heuss die »Nachtseiten« Adenauers kennenlernt, von denen Hans-Peter Schwarz spricht: den egozentrischen, vulkanischen, manchmal zu »unkontrolliert impulsiven, ungeduldigen, von irrealem Wunschdenken oder von dumpfen Befürchtungen« bewegten Kanzler, der zu Boshaftigkeit und Rachsucht fähig ist. Der Streit beginnt zunächst ganz harmlos, denn am liebsten wäre Adenauer zweifellos, wenn Heuss sich seinen Bitten fügen würde und sich zu einer dritten Amtszeit bereit erklärte. Theoretisch wäre dies jedoch nur durch eine Grundgesetzänderung möglich, die Heuss aber in einem Memorandum verwirft, das er in den Weihnachtsferien 1958 bei seinem Sohn in Lörrach niederschreibt. Eine dritte Kandidatur Heuss', heißt es darin, sei eine »glatte Verlegenheitslösung«, ja ein »Armutszeugnis für die deutsche Demokratie«; das Grundgesetz, das nur die einmalige Wiederwahl erlaubt, dürfe man nicht deshalb ändern, weil gerade »ein netter Mann auf dem Markt sei«. Der Präsident will auf jeden Fall eine »Lex Heuss« vermeiden und argumentiert dabei ähnlich wie Theodor Eschenburg, der schon im September 1958 eine zweite Wiederwahl »nur aus Bequemlichkeit oder Entscheidungsfurcht der Parteien« in der *Zeit* eindeutig verwarf.

Aber auch wenn der Tenor seines Memorandums unmissverständlich ablehnend gehalten ist, enthält es ein Schlupfloch, das belegt, wie sehr der Präsident, gedrängt von Bott und Bleek, dem Staatssekretär und dem Chef des Bundespräsidialamts, insgeheim doch mit einer Verlängerung der Amtszeit liebäugelt: Heuss gibt als Anregung seines Sohnes weiter, das Grundgesetz so zu ändern, dass zwar – wie bisher – nur eine einmalige Wiederwahl zulässig ist, aber mit dem Zusatz: »… es sei, denn, sie [diese zweite Wiederwahl] erfolge mit Zweidrittelmehrheit.« Koalition und Opposition müssten Heuss also gemeinsam wiederwählen. »Raffinierter kann man es nicht zum Ausdruck bringen, daß man von allen Seiten nachhaltig gebeten werden möchte – auch wenn Heuss diesen Verdacht weit von sich weist«(Schwarz).[10]

Das Memorandum geht an die Vorsitzenden der Koalitionsparteien – an Adenauer, Reinhold Maier, Heinrich Hellwege –, aber auch an Erich Ollenhauer, den Führer der Opposition. Alle halten es spätestens Mitte August in Händen, aber Bewegung kommt in die Sache erst wieder, als die SPD am 12. Februar 1959 offiziell Carlo Schmid zum Präsidentschaftskandidaten erklärt. Damit ist der Weg, den Adenauer hätte beschreiten müssen, um die von ihm gewünschte Wiederwahl von Heuss in die Wege zu leiten, eindeutig versperrt. Die nun einsetzende Suche nach einem Kandidaten aus den Reihen der CDU zeigt chaotische Züge, zumal Ludwig Erhard erst zusagt, um wenig später seine Kandidatur wieder zurückzuziehen. Schließlich greift Adenauer selbst nach der höchsten Würde im Staat, nicht unbeeinflusst vom Beispiel de Gaulles. Nach mehreren Begegnungen hat der Kanzler ja das in der Bundesrepublik vorherrschende negative Bild de Gaulles für sich korrigiert und sieht in dem General jetzt den europäischen Partner und den großen Freund einer deutsch-französischen Aussöhnung. Heuss selbst übrigens war mit Adenauers ursprünglich betont pejorativem Bild von de Gaulle wohl einig; anders ist eine Notiz von ihm jedenfalls nicht zu erklären, die sich in den *Tagebuchbriefen* findet, den französischen General in die Nähe Hitlers rückt, aber vor allem von Heuss'schem Wunschdenken zeugt: Wenn die Nachricht zutreffe, notiert er am 30. Mai 1958, dass der frühere Staatspräsident Auriol die französischen Sozialisten zur Unterstützung von de Gaulle und dessen Forderung nach uneingeschränkten Vollmachten für sechs Monate aufgerufen hat, »dann wird in der Weltdiskussion das ›Ermächtigungsgesetz‹ etwas verblassen. Auriol in der Rolle von Papen-Kaas!« (Etwa die Hälfte der französischen Sozialisten enthielt sich der Stimme, was dem von de Gaulle geforderten Ermächtigungsgesetz für sechs Monate eine Mehrheit sicherte. Dass der frühere sozialistische Präsident Auriol sie dazu aufgefordert hätte, ist nicht zu belegen, aber er lehnte im Herbst 1958 die Verfassung der Fünften Republik ab, die ja die Direktwahl des Staatschefs vorsieht.)

Als Adenauer in einem der Gespräche einmal die beeindruckende Macht de Gaulles »gegenüber Regierung und Parlament« pries, warf Heuss ein: »Das könnte *Ihnen* so passen!« – eine Bemerkung, die eher ironisch-launisch zu verstehen war. Am 7. April 1959 muss er sich jedoch ernsthaft fragen, ob Adenauer nicht doch »de Gaulle spielen« will: Bundestagspräsident Gerstenmaier gibt bekannt, dass Adenauer der Präsidentschaftskandidat der CDU sein wird. Träumt ausgerechnet der Begründer der Kanzlerdemokratie von einer Rolle, in der er wie in Frankreich als Präsident den Regierungschef und die großen Linien der Politik bestimmten kann? Jedenfalls ist er überzeugt, dass man aus der Position des ersten Mannes im Staate »mehr machen« kann: »Die Stellung, die Aufgaben und die Arbeit des Bundespräsidenten werden in der deutschen Öffentlichkeit und damit auch in der internationalen Öffentlichkeit zu gering eingeschätzt«, erklärt Adenauer. »Sie ist viel größer, als man schlechthin glaubt.«

Es ist eine grandiose verfassungspolitische Fehleinschätzung, die er sich da leistet und der er spätestens gewahr wird, als die Anhänger Ludwig Erhards, die diesen schon als kommenden Kanzler handeln, genüsslich vorrechnen, er werde als Bundespräsident so gut wie nichts mehr zu sagen haben. Wenn Adenauer jedoch vorgibt, er werde allen zeigen, was in diesem Amt machtpolitisch möglich sei, kommt dies einer vernichtenden Kritik des Ansehens und der Amtsführung von Heuss gleich, gegen die dieser sich umgehend und erbittert zur Wehr setzt. »...es gibt eine seltsame Grenze, wo ich mir nichts gefallen lasse«, schreibt er erbost und zornig nur zwei Tage später, am 9. April, dem Bundeskanzler in sein Urlaubsdomizil Cadenabbia am Comer See. »Das ist der Eindruck, daß mit

Ihrer Kandidatur, wie ich spüre und höre, dem Bundespräsidenten eigentlich erst der politisch Rang gegeben wird, auf den der Heuss, der über Kunst redete, Museen einweihte, über Bücher schrieb und mit Studenten diskutierte, offenbar keinen Wert legte.« Dass dieser empörte und aufgebrachte Heuss sein Licht nicht unter den Scheffel gestellt sehen will, wird deutlich, wenn er in diesem Zornesbrief seine Leistung den Taten der großen kulturpolitischen Beweger des 19. Jahrhunderts, allesamt gekrönte Häupter, gleichsetzt: »...wollen Sie, bitte, was ich in den Kreisen der Wissenschaft und der musischen Dinge zum ersten Mal in der deutschen Geschichte, neben Ludwig I. von Bayern und wohl auch Friedrich Wilhelm IV. an Goodwill für den Staat geschaffen habe, nie vernachlässigen!«

Ironisch zeigt er Verständnis dafür, dass Adenauer künftig durch »Teilnahme bzw. Leitung der Kabinettssitzungen« die Funktion des Präsidenten tagespolitisch aktualisieren wolle – das sei nun einmal Adenauers »Lebenselixier«, und das Grundgesetz verbiete es nicht, wie sein Studium ergeben habe. Doch sofort erinnert er an die vielen »Dummheiten«, die Adenauer unterlaufen seien, weil dieser ihm genau diesen Wunsch im Herbst 1949 abgeschlagen habe: »Dummheiten in personalpolitischen Entscheidungen«, die er hätte verhindern, oder »Fehlformulierungen«, etwa des von Adenauer »überschätzten« Hallstein, die er hätte abwehren können – etwa das Wort von der »Politik der Stärke«, das aus dem »Stand der Ohnmacht« gesprochen ja »sinnlos« sei. Es ist der lange Brief eines rauflustigen und kampfesfrohen Heuss, der über die menschliche Illoyalität Adenauers aufgebracht ist und sich von seinem Kanzler schlicht hintergangen, ja belogen fühlt, weil dieser einen Tag vor dem 7. April bei ihm gewesen ist, ohne ein Wort darüber zu verlieren, dass er am nächsten Morgen seine Kandidatur erklären werde. Heuss spricht aber auch von seiner »staatsrechtlichen Sorge«: »De Gaulles Stellung imponiert Ihnen – ich sagte Ihnen ja kürzlich, so etwas würde Ihnen passen. Es paßt aber nicht zu Deutschland!« Am Ende wünscht er lediglich: »Gute Erholung, auch von diesem zornigen Brief« und zeichnet: »Ihr Theodor Heuss«.

Adenauer antwortet vier Tage später mit einer langen, umständlichen, keinesfalls überzeugenden Begründung, die auf Schwierigkeiten innerhalb der CDU abhebt; er bedauert, dass Heuss von ihm eine völlig falsche Meinung habe und bleibt mit »verehrungsvollen Grüßen« ein »sehr ergebener« Adenauer. Aber mit diesem Brief sieht Heuss – völlig zu Recht – den »Kern seines Einspruchs« nicht ausgeräumt: Seit der Kanzler erklärt habe, die Stellung des Bundespräsidenten sei bisher zu gering eingeschätzt, gehe es ihm um seine »historische Reputation«, schreibt er am 14. April zurück und unterstreicht, dass dies keine Form von Eitelkeit sei: »...ich wehre mich *um des Staates willen*, für den ich mitverantwortlich bin, daß mein Mühen bagatellisiert wird«. Er wisse zwar, dass der Kanzler dies persönlich nie getan habe, aber in seiner Erklärung sei diese Bagatellisierung »nun eben in allen Konsequenzen enthalten«. Doch versöhnlich, wie er vom Temperament her nun einmal ist, beendet er seine Antwort immerhin mit »freundlichen Grüßen«.

Als Adenauer dann Anfang Juni seine Kandidatur zurückzieht, weil er nur so die Kanzlerschaft Erhards verhindern kann, kokettiert Heuss mit der Idee, eine »Studie über den Kanzler« zu schreiben, die – zusammen mit dem Briefwechsel – zwanzig Jahre nach beider Tod »als Zeit- und Menschendokument« erscheinen könnte. Kein Zweifel, dass er darin mit Adenauers kaum zu überbietendem zynischen Verhalten abgerechnet hätte, aber diese Studie wird, wie so manches bei Heuss, nie geschrieben und bleibt Gedankenspiel. Ohnehin hat Adenauer Glück, dass er, Heuss, nicht freier Publizist ist, notiert er in seinen *Tagebuchbriefen*, denn die Zeitungen fragten drängend: Was sagt Heuss dazu? Aber »...aus Anstand, rechtlicher Machtbegrenztheit und vaterländischer Rücksicht« könne er nichts sagen, »da ich doch nicht den Ausgang meiner Amtszeit mit einer ›Staatskrise‹ schmücken kann«. Seit Churchill Adenauer zum größten deutschen Staatsmann nach Bismarck erklärt hat, sieht er den Kanzler von Hybris bedroht und meint, seine Bemühungen, »in Deutschland die Voraussetzungen für eine Demokratie des Maßes« zu schaffen, seien jetzt »moralisch richtig gefährdet«. Doch nach außen hin gestalten sich die Beziehungen bald wieder freundlicher. Am 7. August spricht man sich aus, und danach schließen ihre Briefe wieder mit »guten Grüßen«, »vielen Weihnachtsgrüßen« und schließlich wie in alten Zeiten mit »herzlichen Grüßen«.

Wenn Heuss nicht eine weitere Amtszeit beschieden ist, gerät dies ihm und vor allem dem Andenken an seine Amtzeit letztlich zum Guten. Adenauers zynisches und planloses Taktieren in der Präsidentschaftsfrage wirft einen Schatten auf eine Generation von »Übergroßvätern«, die nach Meinung einer jünger und kritischer werden Öffentlichkeit nicht mehr »zeitgemäß« ist, und damit auch auf ihn. Ohne Zweifel neigt beider, Adenauers wie Heuss', Epoche sich dem Ende zu: Der Kanzler erscheint vielen als alter Mann, der nicht mehr weiß, was er will; innerhalb der Fraktion verfügt er nicht mehr über die alte Durchsetzungskraft, und 1961 vermag er sich nur mehr als Kanzler auf Zeit durchzusetzen, der dem verhassten Ludwig Erhard schließlich doch weichen muss.

Und Heuss? Wirkt er, dessen »gelassene Würde und zivile Ungezwungenheit« lange Respekt, »ja Verehrung« erlaubten, nicht inzwischen »betulich«, zeigt er nicht »onkelhafte Züge«, wie Arnulf Baring rückblickend meint? Hatte nicht Dolf Sternberger schon 1949 Heuss' gelegentlich umständliche Sprache kritisiert, seine oft »lockeren Wortneuschöpfungen« wie »Vermachtung«, das dunkel an so grausame Dinge wie »Versklavung« oder gar »Vergewaltigung« gemahne, sie als eine »Kunstsprache« gegeißelt, die in klarere deutsche Zunge übersetzt werden müsse?

Schon bei seinen Staatsbesuchen in Kanada und in England hat sich das nach dem Italienbesuch unerhört positive Echo nicht mehr einstellen wollen, meint Frieder Günther, weil Teile der bundesdeutschen Gesellschaft sich 1958 nicht länger durch Heuss »angemessen nach außen vertreten« fühlten. Zudem hätte sich die junge Generation mit Repräsentanten, die wie Heuss »mit den Ideen und Idealen der ersten Jahrhunderthälfte und speziell des späten Kaiserreiches verknüpft« waren, kaum mehr identifizieren können – eine These, deren Wahrheitsgehalt durchschimmern mag, wenn man an Heuss' ursprüngliche Zweifel denkt, ob ein Bertolt Brecht literarisch zu den großen Deutschen zu zählen sei. Margret Boveri, Heuss' alte Freundin, ist überzeugt, die »Selbstsicherheit und innere Gelassenheit in Krisen«, die sie an ihm während der Nazi-Jahre zu bewundern lernte, habe sich im Laufe seiner Präsidentenzeit in »Selbstzufriedenheit von zunehmender Penetranz« verwandelt. Ironisch nennt er sich manchmal selbst den »Staatsschauspieler Nr. 1«, und dass er mit den Jahren Lust an der Selbstdarstellung bekommt, ist in seinen *Tagebuchbriefen* schwer zu übersehen, lobt er sich doch sogar ob geglückter »konventioneller Routine«. Er genießt, dass man ihn feiert, und findet die Kulisse prächtig, welche Darmstadt, Sitz der Akademie für Sprache und Dichtung, anlässlich der Verleihung des Ehrenbürgerrechts an ihn im Oktober 1955 aufbaut: »...die Fahrt ins Theater farbig entzückend«, notiert er in den *Tagebuchbriefen*: »...lange schnurgerade Straße zur ›Orangerie‹, auf und ab in leichter Hügelbewegung, umsäumt von Tausenden, Kindern und Erwachsenen, die Fackeln hielten. Nachher (bis 1/2 3 Uhr morgens) mit den Dichtern und Literaten gezecht, Heimkehr in mein ›Milljöh‹, aber nett...«

Selbstgefälligkeit wird in einem Brief an Toni Stolper deutlich, wenn er schreibt: »Die Beratung durch Generäle [vor der Soldatenrede in Blankenese] habe ich abgelehnt, weil ich mich militärisch für gebildeter halte als die, die ich kenne (Speidel ausgenommen). Das grenzt an das von Dir in netter Form herangebrachte Problem der ›Eitelkeit‹ – Du hast das entzückend formuliert mit dem Wort: Werteitelkeit.« Sicher sind es auch Leute in seiner engeren Umgebung, die ihn darin bestärken, an der eigenen Legende mitzustricken – an der »Stilisierung zum bürgerlichen Landesvater aus dem Bilderbuch, umwölkt von einer Aura aus schwäbischer Humorigkeit und idyllischem Politikverständnis«, wie Hermann Rudolph dies nennt – an einer Legende zudem, die verheißt, was es kaum geben kann: die »allgemeine Versöhnung aller Gegensätze«.[11]

E r nimmt Abschied auf der Höhe seines Ansehens und geht deshalb »unbeschädigt in den Erinnerungshaushalt der westdeutschen Bevölkerung« (Becker) ein. Wie Monate zuvor beim 75. Geburtstag, fehlt es auch bei seinem Abgang nicht an schmeichelhaften Würdigungen: »Jeder kennt sein Wirken«, schreibt Carlo Schmid, der nach Statur, Rednergabe und geistigem Rang wohl bestgeeignete Nachfolger, nur leider Mitglied der für eine Wahl zum Präsidenten falschen Partei: »Kein Bürger in unserem Lande, in dem der Name Theodor Heuss nicht eine bestimmte Vorstellung von der Würde des Amts eines Staatsoberhaupts einer demokratischen Republik weckte – und damit auch eine bestimmte Vorstellung davon, was die Würde der Nation selbst ausmacht und damit ihren Rang unter den Völkern bezeugt.« *Die Stuttgarter Zeitung* nennt ihn den »Mentor einer Epoche im Leben einer Nation, die vom Tiefpunkt der Katastrophe in die oft trügerische eines neuen materiellen Aufstiegs reicht«. Klar sieht vor allem das Ausland die Bedeutung des Präsidenten, der nun die politische Bühne verlässt: Heuss hat dazu beigetragen, ein neues »deutsches Nationalgefühl« zu schaffen, das sich auf die Liebe des Einzelnen zur Freiheit gründe, meint ein schwedisches Blatt, und die *Neue Zürcher Zeitung* stellt seine Verdienste gleichberechtigt neben die des Kanzlers: »Nicht weniger als Adenauer durch das, was er tat, hat Bundespräsident Heuss durch das, was er ist und in so überzeugender Weise repräsentiert, dazu beigetragen, den deutschen Namen außerhalb der Bundesrepublik wieder zu Ansehen zu verhelfen.« Und nach innen, so das Schweizer Blatt, habe Heuss »den ›Typus‹ des Staatchefs in der Demokratie geprägt, der in glücklicher Weise zum Wilhelminischen wie zum Hindenburgischen kontrastiert und der für die Wachstumsjahre dieser Demokratie von unschätzbarer Bedeutung war«.

Demoskopen belegen seine große Beliebtheit und Popularität: Auf die Frage, wie Heuss ihnen gefalle, antworten im Juli 1959 immerhin 39 Prozent der Befragten mit »ausgezeichnet« und 45 Prozent mit »gut«. Was solche trockenen demoskopischen Zahlen bedeuten, erfährt Heuss auf der letzten Fahrt im offenen Wagen von der Villa Hammerschmidt zum Bonner Bahnhof: Hunderte Bereitschaftspolizisten entlang der Strecke bewachen die Absperrseile, hinter denen sich Zehntausende Bonner Bürger drängen, ihm zuklatschen und Lebewohl winken. Auf dem mit Lorbeerbäumen geschmückten Bahnsteig vor dem Sonderzug, der Heuss und seine Schwägerin Hedwig nach Stuttgart bringen wird, ist die gesamte Bonner Prominenz versammelt – vom neuen Präsidenten Heinrich Lübke über den Kanzler bis hin zum Doyen des Diplomatischen Corps. Neuer Präsident und – jetzt – Altpräsident schreiten gemeinsam die Front der Ehrenkompanie ab, und pünktlich um 10 Uhr 17 am 16. September 1959 setzt sich der Zug in Bewegung. Das Kabinett winkt, das Stabsorchester der Bundeswehr spielt das von Heuss einst nicht gewollte Deutschlandlied, und der 75-Jährige fährt dem wahrlich verdienten Ruhestand entgegen. Zwar muss er nach dem offiziellen Abschied in Bonn noch einen offiziellen Empfang auf dem Stuttgarter Bahnsteig über sich ergehen lassen, auch haben sich vor seinem Haus ganz normale Stuttgarter versammelt, die ihn mit Volksliedern »dahoim« begrüßen. Doch der Präsident a. D. sagt in breitem Schwäbisch: »So, des war jetzt das erschte ond des letzte Mal… Jetzt ganget no hoim zu eure Kender ond lasset mir mei Ruh!«[12]

Der Ruhesitz am Feuerbacher Weg, den er über die Bausparkasse Wüstenrot finanzierte, liegt am Hang des Stuttgarter Killesbergs und ist keineswegs so klein, wie das oft gebrauchte Wort »Häusle« vermuten lässt. Heuss ist ja auch kein armer Mann – seine Anteile an der *Rhein-Neckar-Zeitung* hat er für 100 000 D-Mark an den Mitherausgeber Knorr verkauft, und die Tantiemen seiner vielen Bücher, die der Leins Verlag auf den Markt geworfen hat, sprudeln kräftig. Der Bundestag hat schon 1953, vor dem Auslaufen seiner ersten Amtszeit beschlossen, dass ein ausgeschiedener Bundespräsident einen Ehrensold in Höhe der vollen Amtsbezüge erhält, zudem ist er in den fünfköpfigen Verwaltungsrat der *Frankfurter Allgemeinen Zeitung* berufen worden.

Den Bauplatz hat er 1951 zusammen mit Elly ausgesucht und von der Stadt Stuttgart gekauft, als rundum fast keine Häuser standen – inzwischen hat sich die Gegend zu einer der besten Stuttgarter Lagen entwickelt, denn um Heuss haben sich leitende Männer der Wirtschaft angesiedelt: Ein Textilindustrieller, ein Verleger, ein Generaldirektor von Mercedes und selbst Ferdinand Porsche wohnen in der Nachbarschaft. Am Hang gebaut, wirkt das Haus von der Straße her weniger geräumig, als es tatsächlich ist. Allein die obere Etage mit großer Empfangshalle, Salon, Arbeits-, Esszimmer und zahllosen Einbauschränken misst 250 Quadratmeter und enthält zwei Schlafzimmer, zwei Bäder und zwei kleine Räume für eine Poststelle und eine Sekretärin. Dazu kommen im Souterrain eine Wohnung für ein Hausmeisterehepaar mit Fenstern zum Garten hin, eine Küche, Wirtschaftsräume und ein Weinkeller. Und ein großer Dachboden bietet viel Platz für die Bibliothek.

Den Stuttgarter Architekten, der das »Häusle« baute, hat natürlich Hans Bott besorgt, der jetzt, ebenfalls Pensionär, am Lenbachweg praktisch um die Ecke wohnt und den Präsidenten in seinem »Unruhestand« auf vielen Reisen weiter betreut. Bott hat auch neue Möbel beschafft, die noch heute zu besichtigen sind, denn das Haus, inzwischen von der Theodor-Heuss-Stiftung erworben und mit einem Anbau versehen, wurde in eine Erinnerungsstätte umgewandelt. Das Interieur der von Heuss bewohnten Zimmer im Obergeschoss blieb dabei praktisch unverändert und wirkt, auch in seiner Schlichtheit, auf den Besucher heute wie ein Museum der späten fünfziger Jahre. Die Bilder, mit denen Heuss sich beim Einzug umgibt, sind – teils im Original, teils in Kopien – noch vorhanden, vor allem Max Liebermanns Zeichenstudie für ein Porträt von Friedrich Naumann, die Heuss praktisch in all seinen Arbeitszimmern begleitet hat, ein Selbstbildnis von Pankok, drei Mädchenprofile von Carl Hofer, ein Kirchner – kurzum: gemäßigte Moderne, ganz nach Heuss' Geschmack. Darunter auch Reinhold Nägeles »Parteipanorama« aus den zwanziger Jahren, auf das er beim Niederschreiben seiner *Erinnerungen von 1906 bis 1933* immer wieder blicken wird.

Für die Einrichtung von Haus und Garten gibt es prominente Helfer: Graf Bernadotte stiftet ihm »seltsame Bäume und sonstiges aus seinem Park auf der Mainau«, fünf »historische« Stühle kommen als Geschenk des »Heimatstaats« Baden-Württemberg, ein kupfernes Gartentor mit Messingköpfen als Gabe der Bundesbahn – die Stühle findet er »penetrant unbequem«, das Messingtor für den Hauscharakter etwas zu »geschwollen«. Da Schwägerin Hedwig wieder zu ihrer Familie nach Ludwigsburg zieht, ist er erstmals ohne weibliche Betreuung, und mit dem ersten Hausmeister-Ehepaar aus Österreich, für das Sohn Ludwig sorgte, will es zunächst nicht so recht klappen. Mit ihren Nachfolgern dagegen, den sudetendeutschen Skodas, die sich auf eine Zeitungsannonce bewerben, gibt es keine Probleme: Die Frau kocht gut und auch viele schwäbische Gerichte, die Heuss schätzt, sie übernimmt die Rolle der Hauswirtschaftsdame und serviert ihm zum Frühstück den seit Jahrzehnten üblichen Porridge, ein Ei, eine Scheibe Brot oder ein Brötchen mit Butter und Marmelade. Und der Hausmeister versieht praktisch auch die Stelle eines Butlers, der ihm beim Anziehen behilflich ist. Man versteht einander hervorragend, feiert Weihnachten – allerdings ohne miteinander zu essen – oben bei Heuss zusammen, und als der Präsident a.D. 1963 krank und bettlägerig wird, ist es der Hausmeister-Butler, der ihn zusammen mit einem professionellen Krankenpfleger umsorgt.

Seinem Nachfolger Lübke, der sich bei ihm mehrfach über Besonderheiten des Amts vergewissern wollte, hat er auf Wunsch einen Redenschreiber besorgt: Hans-Heinrich Welchert, einen seiner anhänglichsten Schüler von der Politischen Hochschule, der 1953 eine erste, etwas verklärende Heuss-Biographie veröffentlicht hat. Eine Ministerialratsstelle dafür haben Heuss und sein Staatssekretär Bleek schon im letzten Haushaltsplan offen gehalten. Heuss achtet Lübke »in seiner sachlichen Arbeit und seiner menschlichen Redlichkeit«, nennt ihn »ehrenwert« und »gescheit«, und wer will, mag diese Formulierungen abschätzig oder auch herablassend-wohlwollend finden. Noch als Präsident hilft er ihm, der vor seinem Amtsantritt oft ratsuchend zu ihm kommt, so gut er kann, doch deuten seine Notizen an, für wie überfordert er den Nachfolger im Amte hält. So schreibt er ihm noch als Hausherr der Villa Hammerschmidt Stichworte für die Rede auf, die er nach seiner Vereidigung halten muss und die dem kommenden Präsidenten »schwer im Magen« liegt – eine Haltung, die für Heuss etwas »Rührendes« hat, wie er mitleidig-ironisch Toni Stolper vermeldet.

Schon im Dezember 1959 berichtet ihm Bleek, der um der Kontinuität willen im Amt geblieben ist, von Problemen, die sich künftig leider verstärkt bemerkbar machen werden: In Diplomatengesprächen, so der Chef des Bundespräsidialamts, begehe der neue Präsident einen »faux pas nach dem anderen«, verwechsle den Iren mit dem neben ihm stehenden Japaner und erhebe Vorwürfe gegen sie, was im diplomatischen Umgang völlig unüblich sei. Da sich die Verwechslungen und Versprecher des Heuss-Nachfolgers mit den Jahren – und mit fortscheitender Zerebralsklerose – häufen, wird Lübke zur Zielscheibe des deutschen Kabaretts. Heuss versucht bald, Distanz zu ihm zu halten, gemeinsame Auftritte zu vermeiden und macht keinen Hehl daraus, dass er in Kurt Georg Kiesinger, den er als Mann von »geistiger und rednerischer Qualität« schätzt und der seit 1958 als Ministerpräsident in Baden-Württemberg amtiert, den Nachfolger sowohl für Heinrich Lübke wie für Konrad Adenauer sieht. Als er Kiesinger im März 1963 in dessen Privatwohnung in Tübingen besucht, redet er ihm zu, einen von Kiesinger gehaltenen Vortrag über Alexis de Tocqueville zu einem Buch weiterzuentwickeln. Tocqueville hatte in seinem 1835 erschienen Werk *Über die Demokratie in Amerika* (bis heute ein Standardwerk der vergleichenden Sozialwissenschaften) die Gefahr einer Tyrannei der Mehrheit heraufbeschworen. «...es sei wunderschön«, so Heuss zu Kiesinger, und es werde seine politische Karriere begünstigen, wenn eine Arbeit von ihm »über einen fremden Staatsdenker und Staatsmann vorliege«, denn das Schriftstellern habe auch ihm, Heuss, »den Start so erleichtert«.

Auch als Pensionär wird er hoch geehrt – im September erhält er den Friedenspreis des Deutschen Buchhandels wie vor ihm Albert

Schweitzer und Carl Jacob Burckhardt, bei denen er selbst der Laudator war. Nun ist er selbst Empfänger des Preises und die Laudatio hält Benno Reifenberg, der Mitherausgeber der *Großen Deutschen*. Im Oktober bedenkt ihn Hamburg mit dem Goethe-Preis der Stiftung Freiherr vom Stein, und auf Einladung Alfred Grossers spricht er im März 1960 über »Friedrich Naumann und die deutsche Demokratie« an der Sorbonne in Paris.

Praktisch holt er nach, was ihm als Präsident wegen einer fehlenden Einladung zum Staatsbesuch versagt geblieben ist: Er wird von de Gaulle empfangen, der ihm ein Mittagessen im Élysée-Palast gibt und sich mit ihm anschließend eine Dreiviertelstunde lang unterhält. Der französische Staatschef und die geistig-politische Elite Frankreichs bereiten ihm einen so herzlichen Empfang, dass die Reise an die Seine zu einer Art »privatem Staatsbesuch« gerät, schreibt die *Frankfurter Allgemeine*. *Le Monde* begrüßt ihn als Repräsentanten »des großen deutschen Humanismus des 19. Jahrhunderts«, François-Poncet lädt ihn zum Essen en famille, und auf Einladung Speidels, der inzwischen Oberbefehlshaber der alliierten Landstreitkräfte in Mitteleuropa ist, besucht er auch das NATO-Hauptquartier bei Fontainebleau, wo er gleich zwei Ehrenkompanien – eine deutsche und eine französische – abschreiten muss. Er reist als Gast des Auswärtigen Amts, hält sich eine knappe Woche an der Seine auf, besucht Museen, sieht »Carmen« in der »üppigsten« Regie, denn es treten auch »12 bis 15 Pferde auf«, die nach seiner Erinnerung von Bizet gar nicht vorgesehen sind.

Seine Unterhaltung mit de Gaulle, der ihm »geschichtlich ganz gebildete Fragen« stellt und ihn durch seine »selbstsichere Gelassenheit« beeindruckt, wird allerdings ein Nachspiel haben. Dem Protokoll des Gesprächs zufolge, bei dem offenbar ein Vertreter der deutschen Botschaft anwesend war, hat Heuss dem General erklärt, der Bundeskanzler »habe gegenüber England Gefühle der Skepsis und Unsicherheit, ja *einen antibritischen Komplex*«. Adenauer liest dies und schreibt Heuss in einem – im Tenor freilich betont freundlichen – Brief, Heuss Annahme schmerze ihn, »denn ein Komplex ist immer etwas Minderwertiges«. Im Grunde habe er immer gut mit den Briten zusammengearbeitet, nur mit MacMillan gebe es Probleme, weil dieser die Vorbereitung seines Besuches bei Chruschtschow in Moskau allen Partnern verheimlicht habe und mit dem Abzug britischer Truppen aus Deutschland drohe. In seiner Antwort rückt Heuss des Kanzlers negative Bewertung des Wortes »Komplex« zurecht: Für ihn bedeute das nichts Minderwertiges, denn er selbst besitze seit Jahrzehnten »Komplexe«, etwa gegen Richard Wagner oder Gustav Stresemann, aber er habe damit nie etwas »Minderwertiges« verbunden.

Im Mai bereist er Israel und zeigt sich sowohl vom Tempo wie der Aufbauleistung der Israelis beeindruckt. Bei seinem Eintreffen in Tel Aviv wird er ohne offiziellen Aplomb begrüßt, denn beide Staaten unterhalten keine Beziehungen zueinander, und so erfolgte die Einladung von der – allerdings staatlichen – Israelischen Einkaufskommission mit Sitz in Köln. Es ist auch nicht die Hebräische Universität Jerusalem, die ihn angesichts der offiziellen Beziehungslosigkeit zu einem Vortrag bittet, es sind vier Professoren aus dem deutschen Sprachraum, von denen Martin Buber, der Friedenspreisträger des Deutschen Buchhandels von 1953, den Preisträger von 1959 »als großen Humanisten«, als »Geschichtsschreiber, Staatsforscher« und »Mann des lebenden Gedankens« vorstellt. Gut tausend Jeckes, deutsche Juden, die vor Hitler flohen, sind in das Audimax gekommen, um Heuss über die »Selbstgestaltung der Demokratie« zu hören. Mit dem beinahe gleichaltrigen Ministerpräsidenten Ben-Gurion, einem »Mann von Vitalität«, von »Quellkraft« und einem ordentlichen Stück »Sendungsbewußtsein«, führt Heuss ein langes Gespräch, bei dem es auch um die Erziehung der deutschen Jugend geht. Sowohl der Justiz- als auch der Außenminister geben Essen für ihn, an denen auch Ben-Gurion teilnimmt – aus Sicht der Israelis sind dies Signale an die Regierenden in Bonn, dass zumindest von ihrer Seite das Eis zur Aufnahme normaler Beziehungen gebrochen ist.

Als während seines Besuches die Nachricht von der Festnahme Eichmanns in Argentinien kommt, zeigt er gegenüber Journalisten

Genugtuung: Mit der gerichtlichen Verurteilung Eichmanns werde ein Kapitel aufgehellt und abgeschlossen, »das uns alle bedrückt«. Und er fügt vor Israelis hinzu, was er zu Hause stets gepredigt hat: Vor allem die Deutschen dürften die Massenvernichtung der Juden nicht aus ihrem Bewusstsein ausschalten wollen – »zu vergessen was war, ist uns nicht erlaubt, schon um unsertwillen nicht«.

Anders als in Paris, reist er mit Zeichenstift und Block, vor allem Akko beeindruckt ihn mit seiner Moschee und dem »wunderbaren und auch noch geheimnisvollen Refektorium des Johanniterordens«, das zum Teil noch im Boden steckt und gerade ausgegraben wird. Er fährt zum Toten Meer und macht ein paar Tage Urlaub im Hotel »Dolphin« in Shavei Zion, einem Stück israelischen Schwabenlands oder schwäbischen Israels. In diesem Kibbuz haben ja schwäbisch-jüdische Bauern, die meisten aus Rexingen – wo Juden einst ein Drittel der Bevölkerung stellten – nach Palästina ausgewandert, sich eine »neue Heimat graben« können, wie Heuss das nennt, und er gratuliert ihnen, dass sie sich aus bewussten Schwaben, die sie einst gewesen seien, zu bewussten Israelis entwickelt hätten. Hier in Shavei Zion spricht er auf einer Gedenkveranstaltung für den schwäbisch-jüdischen Otto Hirsch, den Geschäftsführer der Reichsvertretung der Deutschen Juden, der zur Zeit seines Besuches 75 Jahre alt geworden wäre, aber 1941 im KZ Mauthausen umgekommen ist.[13]

Als ein Staatsmann ganz nach indischem Geschmack – als eine Art Staatsmann-Philosoph – wird er schließlich im November 1960 während einer dreiwöchigen Indienreise gefeiert, eingeladen von Sarvepalli Radhakrishnan, dem indischen Vizepräsidenten, der ihn als eine Art Bruder im Geiste verehrt. Radhakrishnan gilt als Indiens größter lebender Philosoph, hat lange in Oxford gelehrt, Heuss erstmals 1952 besucht und ist, wohl auf Vorschlag des Bundespräsidenten, als einziger Inder zum Träger der Friedensklasse des Pour le mérite gewählt worden. Bei seinem Besuch 1958 gibt ihm Heuss ein vegetarisches Diner, für die Tischrede hat er sich ein wenig mit indischer Philosophie vertraut gemacht, umgekehrt ist Radhakrishnan ein dem geistigen Deutschland tief verbundener Mann, was bei indischen Gelehrten keineswegs eine Selbstverständlichkeit ist. Meist überwiegen Ansichten und Vorurteile, welche die gelehrigen indischen Schüler in den ehrwürdigen Exzellenz-Universitäten der englischen Kolonialherren in Oxford und Cambridge eingesogen haben. Dass Heuss nicht dem gängigen Bild von deutschen Politikern als machtgierigen Teutonen entspricht, macht den »großen Liberalen« zu »Bonns best salesman« im »demokratischen Indien«, wie die *Times of India* schreibt.

Viel Anerkennung erhält er für den Vortrag, den er nach Entgegennahme der Ehrendoktorwürde der New Delhi University hält: In einen seidenen gelbroten Talar gekleidet, den violetten Doktorhut auf dem Haupt, würdigt er die Leistungen und Persönlichkeiten des uralten indische Kulturvolks vom Rigveda über Mahatma Gandhi bis zu Rabindranath Tagore, dem ersten indischen (und asiatischen) Nobelpreisträger. Unter den Zuhörern befindet sich auch Pandit Nehru, Indiens Ministerpräsident, dem Heuss später versucht, die deutsche Wiedervereinigungspolitik zu erklären und ein, möglicherweise durch Studien in England bedingtes, negatives Geschichtsbild von Deutschland zurechtzurücken. Die Inder empfangen Heuss fast so, als ob er noch amtierendes Staatsoberhaupt sei: Zur Begrüßung gibt es ein »gewaltiges Diner« (Heuss) im früheren Palast der englischen Vizekönige, auf das während der Reise viele festliche Essen in den herrschaftlichen Residenzen der Gouverneure jener indischen Staaten folgen, die er bereist.

Körperlich strengen ihn die vielen Besuche historischer Monumente an, obschon er gerade sie sehen will: »... vor jeder Bauanlage hunderte von Metern auf Steinplatten gehen und dann ungezählte Stufen, alle für meine Gewöhnung schätzungsweise 5 cm zu hoch.« Weil er danach Schmerzen in der Muskulatur der Oberschenkel spürt, lehnt er es nicht ab, wenn er später, beim Besuch eines in den Felsen gehauenen Wischna-Tempels auf der Insel Elefanta vor Bombay, »wie ein Maharadscha auf der Sänfte die vielen Treppen hinauf- und heruntergetragen« wird. Die überreiche Dekoration der Prunktore und Wasserbecken, das Detail der durchbrochenen Mauerfenster in Nordindien, die Überfülle an Götterplastiken in Hindutempeln, die aus den Felsen herausgehauenen »mythischen Erzählungen, Elefanten, Löwen in Riesenformat« in Südindien widerstehen seinem Zeichenstift: Es erfordert zu viel Zeit, dies festzuhalten, zumal die Mittagshitze zu Ruhepausen zwingt. Ganz gegen seine Gewohnheit fängt er deshalb an, Postkarten zu kaufen, um Gedächtnisstützen zu erhalten. Für die Reisen kreuz und quer über den indischen Kontinent stellt die Regierung eine Militärmaschine zur Verfügung, und so wird er zum »Zwangsasketen«: Hier »gilt das no smoking auch für einen former President!«, schreibt er der Freundin Toni: »Also ist ein bescheidenes Duldertum als moralisches Training beigegeben, Yogaersatz ...«

Bott und der Arzt Alfred Würz, ein Schwiegersohn seiner Schwägerin Hedwig, begleiten ihn, die Reise führt unter anderem nach Jaipur, Bengares, Puri, Madras, Kalkutta und Bombay mit Pflichtabstechern zu den deutschen Kolonien in Jamshedpur, wo Daimler Benz eine große Lehrwerkstatt unterhält, und in Rourkela, wo mitten im Urwald in deutsch-indischer Kooperation ein großes Stahlwerk entstand. In Kalkutta und in Bombay hält er eine Vorlesung über »Demokratie und Föderalismus in Deutschland« mit Seitenblicken auf verwandte und entgegengesetzte Fragestellungen in Indien. Liest man seine Notizen, dann haben die gastgebenden Inder für den Altpräsidenten eine umfassende Bildungsreise organisiert: Der Kulturtourist Heuss wird mit fast allen wichtigen kulturhistorischen Sehenswürdigkeiten des Kontinents vertraut gemacht, dazu genießt er den Luxus des Regierungsestablishments. Von den sozialen Problemen und vor allem der Armut in diesem riesigen Entwicklungsland haben sie ihn offensichtlich ferngehalten – in seinen *Tagebuchbriefen* findet sich davon keine Spur.

Seine letzte halboffizielle Auslandsreise führt ihn 1961 nach England – eine Art Wiedergutmachung? Im Mai diesen Jahres hat er bereits die Ehrendoktorwürde der Universität Exeter entgegengenommen, im Juni reist er wieder nach England, um im weit bedeutenderen Oxford einen Ehrendoktorhut im Empfang zu nehmen – eine Auszeichnung, deren ihn die Universität als westdeutschen Präsidenten 1958, wie wir sahen, noch für unwürdig gehalten hatte. Da Oxford seine Tradition pflegt, tragen die im Sheldonian Theatre, der Aula der Universität, versammelten Professoren nicht nur samtene Kappen und schwarze Talare mit bunten Schulterkapuzen, die Promotion zum Doktor honoris causa erfolgt auch auf Lateinisch: Als *patrem patriae, humani generis amicum* – als »Vater seines Landes und Freund der Menschheit« – wird Heuss geehrt, als Mann, der nach dem Krieg sein Land moralisch wieder aufgerichtet hat, Eintracht zu Hause schuf und den Frieden zwischen den Nationen förderte. Der Verleihung folgt minutenlanger Beifall – seit der Ehrung des Feldmarschalls Blücher und Thomas Manns »hat das Sheldonian eine solche Ovation nicht mehr erlebt«, berichtet der in Oxford ansässige deutsche Domherr Adolf Kurtz.[14]

Heuss hat zu viele Verpflichtungen, und er ist viel zu populär, um nur das zu tun, was er sich für die Zeit nach der Präsidentschaft vorgenommen hatte: Viel zu lesen und selber noch einige Bücher zu schreiben. So ist er weiter Verwaltungsratsvorsitzender des Germanischen Nationalmuseums in Nürnberg, Mitglied des kulturpolitischen Beirats des Auswärtigen Amts, dessen Bildung er selbst ja angeregt hat; er engagiert sich für das von Elly ins Leben gerufene Müttergenesungswerk und beim Orden Pour le mérite, den er einst wiederbelebte. Wenn er aus diesen Gründen nach Bonn reist, pflegt er alte politische Kontakte und führt, wenn des Kanzlers Zeit es erlaubt, vertraute und längere Gespräche mit Konrad Adenauer. Gehört er vielleicht auch zu jenen Menschen, die schwer oder gar nicht »loslassen« können? Allein 1960, so zählt Ernst Wolfgang Becker, tritt er »über 40 mal im In- und Ausland vor Schriftstellern, Industriellen, Pädagogen, Wissenschaftlern oder Heimatverbänden auf«.

Besondere Beachtung findet seine Festrede, die er im November 1961 zum 150-jährigen Bestehen der Firma Krupp in Essen hält, denn die ausländischen Vorurteile gegen Krupp bezeichnet er darin als »schwer erträgliches Pharisäertum«: Weder seien die Prokura und die Konstruktionsbüros internationaler Rüstungskonzerne wie Schneider-Creusot, Vickers-Armstrong oder der Bethlehem-Steel-Corporation »himmlischen Engeln« anvertraut, noch stelle Krupp-Essen eine »Dependance der Hölle« dar. Der Altbundespräsident spricht vor 2000 Festgästen, darunter der versammelten Prominenz aus Politik und Wirtschaft, und nennt die Herstellung von Waffen einen »historischen Tatbestand«, den man bedauern möge, der nur leider mit diesem Bedauern nicht aus der Welt zu schaffen sei. Da der frühere Bundespräsident mit seiner vielgeachteten Autorität den schlechten Ruf der Kanonenkönig-Firma als Helfershelfer des deutschen Imperialismus durch Vergleich mit Rüstungskonzernen anderer Länder quasi zu »entgiften« und international zu normalisieren sucht, zeigt sich Alfried Krupp von Bohlen und Halbach ebenso dankbar wie erkenntlich: Für die Hin- und Rückreise stellt er dem Vortragenden und seinen Begleitern Bott sowie dem Tübinger Rektor Eschenburg ein Privatflugzeug zur Verfügung und weist eine sechsstellige Summe als Honorar an, das Heuss für sein zweites Enkelkind Ludwig Theodor anlegen will. Er ist das Kind aus der zweiten Ehe seines Sohnes, die dieser ein Jahr nach dem Tod von Hanne Heuss-Elsas 1959 mit Ursula Wolff eingeht. Den kirchlichen Segen gibt Hellmut Gollwitzer, ein Mann der Bekennenden Kirche, aber auch der Bewegung «Kampf dem Atomtod«, welche der Präsident vor den Leutnants und Fähnrichen in Blankenese als »primitiv« und »geistig ärmlich« verworfen hatte.

Heuss unternimmt auch mehrere Reisen mit Toni Stolper, die ihn öfters in Stuttgart besuchen kommt, so im November 1959 nach Wien und im Frühjahr 1961 nach Burgund und an die Côte d'Azur. Seiner Post wird er kaum Herr, oft erreichen in bis zu hundert Briefe am Tag: Einladungen zu Vorträgen oder Schirmherrschaften, Beschwerden über bürokratische Missstände, Bitten um Hilfe in sozialen Notlagen, bei Mietstreitigkeiten oder sogar Ehrenhändeln. Zeitweilig muss er eine zweite Sekretärin beschäftigen, um diese Briefflut zu bewältigen, aber auch mit ihr gelingt dies kaum. Was heute für Bundspräsidenten außer Diensten selbstverständlich ist –

dass sie nach dem Ausscheiden aus dem Amt ein Büro, in der Regel mit einem Büroleiter, einem Referenten und einer Sekretärin sowie einen Dienstwagen mit Chauffeur vom Staat finanziert bekommen –, all das gibt es zu Heuss' Zeit noch nicht. Den Fahrer und die Sekretärin bezahlt er aus seinem ungekürzt weiter gezahlten Gehalt – dem Ehrensold –, und bei der Sekretärin greift ihm von Zeit zu Zeit offenbar die Firma Bosch unter die Arme. »Die Leute«, klagt er in den *Brieftagebüchern*, »machen sich keine Vorstellung von der Kläglichkeit meiner bürgerlich-technischen Existenz.«

Öffentlich hält er sich mit Kommentaren zur Tagespolitik zurück, aber gerade weil er mit der gewonnenen Autorität geizt, erzielt er umso größere Wirkung, wenn er sich doch einmal äußert. Weil er die »Emigrantenhetze« nicht mehr mit ansehen kann, welche die CDU im Wahlkampf gegen Willy Brandt betreibt, verurteilt der Altbundespräsident – übrigens ein Wort, das Heuss überhaupt nicht schätzt – im Jahr 1961 öffentlich diesen Wahlkampfstil und stellt sich schützend vor die angegriffenen Emigranten. Seit der Regierende Bürgermeister von Berlin nach dem Chruschtschow-Ultimatum vom Jahresende 1958 an nationaler Statur gewonnen hat, versucht die CDU-Wahlkampfzentrale diesen Popularitätsgewinn abzufangen. Sie veröffentlicht aus dem Zusammenhang gerissene Zitate aus Artikeln und Büchern, die Brandt in der Emigration schrieb, und führt sie gegen ihn ins Feld, weil sie angeblich seine deutschkritische oder sogar deutschfeindliche Einstellung belegen. Einer der Vorwürfe gegen den Emigranten Brandt lautet ja, dass der von Hitler Ausgebürgerte seinen Namen geändert und die norwegische Staatsbürgerschaft angenommen hat. Die in der CDU Verantwortlichen zielen damit ganz offensichtlich auf faschistoide Ressentiments in der Wählerschaft und das verbreitete Vorurteil, dass eher dem Nicht-Emigranten denn dem Emigranten als »Patriot« zu vertrauen sei.

Schon im Januar, als ihm ein Flugblatt der Jungen Union im saarländischen Neuenkirchen mit »Fragen an den Bürgermeister Brandt alias Frahm« zugeschickt wurde, hat Heuss bei der zuständigen Geschäftsstelle Verwahrung eingelegt: Diese Art »Parteipolitischer

Polemik« finde er »ekelhaft«. Auch fühlt er sich mit diesem Flugblatt persönlich für »Gassenpolemik« missbraucht, weil es nach den Anwürfen gegen Brandt wörtlich heißt: »Das kann jeden Anständigen bei Gott dazu bringen, sich, um mit Professor Heuss zu sprechen, kollektiv zu schämen.« Erbost weist Heuss die Flugblatt-Autoren zurecht: Der innere Sinn seines Wortes von der Kollektivscham habe sich »mit keinem Hauch« gegen Menschen gerichtet, die ins Ausland gingen, »weil sie sich in Nazi-Deutschland gefährdet wussten oder es in der ›Inneren Emigration‹ wirtschaftlich oder seelisch nicht mehr aushielten.«

Kopien seines Briefes schickt er an Willy Brandt und Konrad Adenauer, will die Angelegenheit aber vertraulich behandelt wissen, weil er befürchtet, sein Schreiben könne öffentlich als ein Eingreifen des Altbundespräsidenten zugunsten des SPD-Kandidaten im Wahlkampf ausgelegt werden. Adenauer reagiert nicht, auch aus Neuenkirchen kommt keine Antwort. Als sich die Angriffe gegen Brandt häufen, nutzt er eine Rede, die er anlässlich der Eröffnung des Stuttgarter Amerikahauses im April 1961 hält, für einen öffentlichen und »notwendigen Protest«: Es sei Unfug, »einen Tarif für Patriotismus« aufzustellen, wenn jemand nach 1933 Deutschland verließ, verlassen musste, weil er hier seine bürgerliche Existenz, gar sein Leben gefährdet sah. Er selbst habe immer bedauert, dass Männer wie Heinrich Brüning, der Linkskatholik Josef Joos oder der Konservative Gottfried Treviranus nicht in die aktive deutsche Aufbaupolitik zurückgekehrt seien. Andere sah oder sieht er am Werk und nennt Namen: Max Brauer in Hamburg, Ernst Reuter und Willy Brandt in Berlin, Rudolf Katz, den Vizepräsidenten des Bundesverfassungsgerichts, schließlich den schwäbischen Landsmann Erwin Schoettle, der dem Haushaltsausschuss des Bundestages vorsitzt. Dass sie alle der SPD angehören, will Heuss nicht als Plädoyer für eine Partei verstanden wissen, er klagt vielmehr einen »verhängnisvollen politischen Stil« an, der in der Bundesrepublik eingerissen sei. Die *Bremer Nachrichten* nennen seine Rede ein »reinigendes Gewitter«, Heuss habe mit ihr einen »wichtigen Beitrag zur inneren

Befriedung« geliefert; die *Frankfurter Allgemeine Zeitung* versteht seine Äußerungen als Warnung vor »selbstzerstörerischen Exzessen« im Wahlkampf und betont, die demokratische Staatsform bedürfe »guter Sitten« samt deren »ständiger Befestigung«.

Kritiker ruft er mit seiner Intervention kaum auf den Plan, gehört es doch zum klassischen Metier von Elder Statesmen, Ordnungsrufe bei Verstößen gegen demokratische Anstandsregeln zu erteilen. Dass die CDU bei den Wahlen 1961 ihre absolute Mehrheit und fast fünf Prozentpunkte verliert, ist für Heuss keine Überraschung. Er führt dies weniger auf Adenauers »geschichtliche Politik« zurück, die er im Prinzip bejaht, als auf Adenauers Wahlkampfstil mit seiner »unnoblen Form der Polemik«.[15]

Aber müssen Altbundespräsidenten sich grundsätzlich jedes parteipolitischen Engagements enthalten und *pouvoir neutre* bleiben? Ist ihnen, mit Blick auf ihre Verpflichtung zu Neutralität im Amt, auch im Ruhestand untersagt, in Wahlkämpfen Partei zu nehmen? Die Frage wird im deutschen Blätterwald gestellt, weil der Altliberale Heuss sein privates Refugium am Killesberg im Wahljahr 1961 gleich zweimal verlässt, um die parteipolitische Arena zu betreten. Zunächst engagiert er sich für Reinhold Maier, der sich bei einer Landtags-Nachwahl im Remstal offensichtlich schwer tut. Heuss springt ihm mit einer Rede bei und sichert Maier damit den Sitz im Landtag. Seine Wahlhilfe will er vor allem als »Akt der Freundschaft« verstanden wissen, und das war sie ja auch: Nach allem, was sein alter Freund Reinhold Maier »für seine Heimat geleistet« hat, schien es ihm einfach unmöglich, dass dieser, »banal gesagt, durchfällt« – Heuss hätte dies als Schande für den Kreis und das ganze Land Baden-Württemberg betrachtet. Ende März erscheint er, mit Ovationen begrüßt, als Ehrengast auf dem Wahlparteitag der FDP in Frankfurt und wird vom Parteivorsitzenden Erich Mende als »Symbol und die Repräsentanz des deutschen Liberalismus« gefeiert. Aber nimmt ein Ehrengast auch an den praktischen Erörterungen des Arbeitskreises Kulturpolitik teil, wie Heuss dies tut? Obschon er ursprünglich das Wort nicht hatte ergreifen wollen, geht er schließlich zum Rednerpult und bekennt sich eindeutig zur FDP: »Die Welt«, erklärt er in seiner kurzen Ansprache, »soll ruhig erfahren, woher ich komme und wohin ich immer gehört habe.« Er sagt dies, weil die Ankündigung seiner Teilnahme, aber auch ein Plakat, das ihn zusammen mit dem FDP-Chef Mende zeigt, eine öffentliche Diskussion ausgelöst hat: »Gehört Theodor Heuss in den Wahlkampf?«, fragt die *Neue Ruhr Zeitung* und gibt die Antwort: »Nein, das Bild, das wir alle von Theodor Heuss haben, wird entstellt und verzerrt, tritt dieser Mann jetzt an das parteipolitische Rednerpult.« Da Heuss nicht daran denkt, im Wahlkampf als Redner für die FDP aufzutreten, ist es vorrangig das sehr werbe- und wahlwirksame Plakat, das die Gemüter bewegt: Vor blauem Hintergrund zeichnet sich in leichten, weißen Strichen der durchgeistigte Kopf von Theodor Heuss ab, vor ihm prangt in kräftigen braunen Farben das als betont energisch und jung dargestellte Haupt Mendes, und darunter steht die Parole: »In seinem Geist mit neuer Kraft!«

Heuss also der Schutzpatron oder Schutzheilige des wahlkämpfenden FDP-Chefs? Weil das Plakat schon im nordrheinwestfälischen und im hessischen Kommunalwahlkampf auftauchte, hat der dortige CDU-Innenminister Dufhues gefordert, den Altbundespräsidenten aus dem Wahlkampf herauszuhalten, denn dies erfordere die Achtung vor der Institution.

Wie sehr in der Tat die plakative Dopplung Heuss-Mende in die aktuelle Politik hineinwirken kann, belegt ihre spekulative Deutung in einem Leitartikel Jürgen Terns in der konservativen *Frankfurter Allgemeinen Zeitung*: Darin heißt es, mit dem von ihm gebilligten Bild habe Heuss einerseits das Patronat über den politischen Liberalismus in Deutschland übernommen, andererseits habe die FDP sich damit moralisch zur gänzlichen Abkehr vom fehlgeschlagenen Kurs der Düsseldorfer Jungtürken verpflichtet. Tern zieht daraus den Schluss, die FDP sei zur Wiederherstellung der »alten Bonner Koalition« bereit, in deren Zeichen »Heuss 1949 als Parteiführer zum ersten Bundespräsidenten« gewählt wurde«.

Schon nach seiner Wahlhilfe für Reinhold Maier hatte Heuss zehn Tage vor dem FDP-Parteitag in den *Tagebuchbriefen* notiert, er müsse aufpassen, »daß die FDP, was droht, im ›großen‹ Wahlkampf mich nicht missbraucht.« Aber genau das passiert: Offenbar nur für den Parteitag gedacht, klebt das Plakat entgegen den Absprachen auch für den Bundestagswahlkampf an Litfasssäulen und Stellwänden, und als Postkarte geht es in alle Welt. »… das geschah in diesem Ausmaß ohne meinen Willen (wie auch die Postkarten-Wiedergabe)«, schreibt er der Freundin in New York: »Man hat mich ›überfahren‹, aber ich kann ja öffentlich nichts dazu sagen …« Um der Partei nicht zu schaden, scheut er die öffentliche Rüge, setzt intern jedoch den sofortigen Stopp dieser Plakataktion durch, weil er – ganz im Gegensatz zur Praxis ehemaliger amerikanischer Präsidenten – eine Wahlempfehlung für eine Partei mit der öffentlichen Rolle eines früheren Bundespräsidenten für schlechthin unvereinbar hält. Nur: Wenn dies tatsächlich seine Überzeugung ist, hätte er dann nicht schon viel früher Acht geben und das Heuss-Mende-Plakat von vornherein verhindern müssen? Seine Haltung in dieser Frage wirkt ambivalent und unentschlossen, dem inzwischen 77-Jährigen ist hier zweifellos ein schwerer politisch-handwerklicher Fehler unterlaufen.

Intern freilich nutzt er seine Autorität weiter, auf die Partei einzuwirken, wenn die Sache ihm wichtig erscheint: Als die Kulturpolitikerin und Journalistin Hildegard Hamm-Brücher von der oberbayerischen FDP, die ihn 1960 für das Fernsehen interviewt hat und die er als «hübsch *und* gebildet« lobt, bei den bayerischen Landtagswahlen 1963 auf den aussichtslosen 17. Platz gesetzt wird, setzt er sich dafür ein, dass sie auf Platz eins vorrücken kann. Sein Votum wird publiziert, und Wissenschaftler wie Heisenberg und Butenandt sprechen sich in einer Wählerinitiative für Hamm-Brücher aus. Dass Heuss' Empfehlung und Unterstützung dabei ausschlaggebend war, darf kaum bezweifelt werden. Und den Parteivorsitzenden Erich Mende mahnt er in einem Brief vom November 1961, die Koalitionsgespräche, bei denen es um eine Befristung der Kanzlerschaft

Adenauers geht, nicht endlos hinzuziehen, weil er »das Schauspiel des Hin und Her der Verhandlungen für das moralische Ansehen der parlamentarischen Demokratie schlechthin gefährlich« hält.[16]

»Denk Dir, es ist etwas Bemerkenswertes passiert: ich habe am Mittwochabend begonnen, wieder, nach vielen Jahren der Pause, ein paar Seiten ›Erinnerungen‹ niederzuschreiben«, meldet er Mitte Februar 1961 Toni Stolper nach New York. Zwar hatte er sich vorgenommen, im Ruhestand vorwiegend literarisch zu arbeiten, aber die Mitteilung zeigt, dass er wegen seiner vielen Verpflichtungen und etlicher Reisen gut anderthalb Jahre einfach nicht dazu gekommen ist. Doch bleibt er jetzt konsequent an der Arbeit, lehnt, um zügig voranzukommen, oft Besuche ab und schließt, auch wenn es immer wieder Unterbrechungen durch Vorträge und Sitzungen gibt, diesen Teil seiner *Erinnerungen* ab, der bis zum Ende der Weimarer Republik reicht. Allerdings spürt er nun doch das Alter, und auch seine Gesundheit macht ihm inzwischen schaffen: Die Abendmüdigkeit treibt ihn sehr viel früher als sonst ins Bett, und eine Rede zu halten, strengt ihn, der seit seiner Jugend ein geradezu unermüdlicher Redner gewesen ist, plötzlich an und kostet Kraft. Dabei hat er gesundheitlich die zehn Jahre seiner Amtszeit mit all ihren Strapazen, den dauernden Reisen, dem stundenlangen Stehen bei Empfängen und Gratulationscouren, den ausufernden Dinners und nicht enden wollenden Reden, geradezu erstaunlich gut überstanden. Wenn er, von einem Armbruch abgesehen, nur zweimal erkrankte – einmal hatte er wegen schwerer Erkältung das Bett zu hüten und die zunächst für 1957 geplante Amerikareise zu verschieben, das andere Mal warf ihn eine Virusgrippe aufs Krankenlager –, dann zeugt dies von seiner damals beeindruckenden, robusten körperlichen Verfassung. Im Ruhestand allerdings geht es mit seiner Gesundheit rapide bergab: Als Heuss Anfang 1962 zur Konfirmation der Enkelin Barbara in Lörrach weilt, muss er sich dort wegen Herz-Kreislaufschwäche für einige Tage in ein Krankenhaus begeben. Im November desselben Jahres untersagen ihm die Ärzte einen Flug nach Berlin, wo er bei einer Tagung des Ordens Pour le mérite eine Gedenkrede auf

Hesse halten soll; stattdessen muss er sich drei Wochen zur stationären Behandlung in das Stuttgarter Katharinenhospital begeben. Seine Rede verliest der Bildhauer Gerhard Marcks. Ist er schon zu erschöpft, um die Konsequenzen der Aktion gegen den *Spiegel* und die Verhaftung seines Herausgebers zu erfassen, die schließlich erheblich zur »Umgründung der Republik« (M. Görtemaker) beitragen wird? Oder ist es sein Staatsverständnis, das ihn Zurückhaltung üben lässt? Sich Protesten gegen die Aktion anzuschließen, lehnt er ab, und in seinen *Tagebuchbriefen* vermerkt er nur: »Hoffen wir, daß der Bundesanwalt nicht leichtfertig vorging. Sonst macht er nur für diese Zeitschrift Reklame ...«

Immer häufiger plagt ihn die Müdigkeit. Eine Fahrt zur Tagung des Verwaltungsrats des Germanischen Nationalmuseums in Nürnberg im Februar 1963 strengt ihn so sehr an, dass er anschließend einige Tage im Bett verbringen muss, und eine seit langem geplante Reise nach Neapel sagt er mit großem Bedauern ab. Zwar beginnt er mit der Niederschrift des zweiten Teils seiner *Erinnerungen,* aber weder kommt er damit weit noch sind die einzigen zwei nachgelassenen Kapitel über die »Machtergreifung« und das »Ermächtigungsgesetz« klar gegliedert. Was er im Mai und Juni, bei nachlassenden Kräften, in einem Sanatorium auf der Bühlerhöhe dazu niederschreibt und später diktiert, entbehrt nicht nur des inneren Zusammenhangs, ihm fehlen auch, wie Herausgeber Eberhard Pikart feststellt, die »für Heuss typischen Formulierungen«. So bleiben beide Kapitel wenig aussagekräftige Fragmente, obwohl gerade zu diesen Themen eine authentische und präzise Darstellung des Zeitgenossen und politischen Beobachters Heuss wünschenswert gewesen wäre.[17]

Im Juni muss er erneut ins Krankenhaus, kehrt nur kurze Zeit auf den Killesberg zurück und wird schon im August wieder in die Klinik eingeliefert, wo man ihm Ende des Monats wegen einer peripheren arteriellen Verschlusskrankheit das linke Bein – ein sogenanntes »Raucherbein« – amputiert. Der Zustand des Patienten nach der Operation ist ernst, denn die Ärzte konstatieren eine besorgniserregende Herz- und Kreislaufschwäche. Welch ungeheurer Popularität sich Heuss erfreut, wie groß und aufrichtig die Zuneigung ist, die der erste Präsident der Republik sich in den zehn Jahren seiner Amtszeit erworben hat, zeigen die überwältigende Anteilnahme und die zahllosen Genesungswünsche, die von überall her eintreffen. Ein besorgter Konrad Adenauer, seit Oktober nicht mehr Bundeskanzler und in Cadenabbia im Urlaub, erkundigt sich telefonisch bei Heuss' Sohn Ludwig über den Zustand des Vaters, alle Zeitungen berichten ausführlich, Boulevardblätter zitieren ärztliche Kommuniqués in Riesenlettern: »Heuss ist sehr tapfer« – »Das linke Bein amputiert«, oder, als er sechs Tage nach der Operation endlich ein wenig zu Kräften kommt: »Heuss hatte die erste ruhige Nacht«.

Als der unersetzliche Hans Bott als erster Besucher ans Krankenbett gelassen wird, sagt der Patient, er möchte »seine Sächelche«, eben seine Memoiren, noch »fertigmachen«. Es bleibt ihm versagt, denn die Besserung währt nicht lange. Zwar kann Heuss Anfang Oktober in sein Haus am Hang des Killesbergs zurückkehren, aber schon am 11. Dezember verschlechtert sich sein Zustand bedenklich, er verliert das Bewusstsein, und schließlich versagen Herz und Kreislauf ganz. Sein Tod wird am 12. Dezember 1963 gegen 22 Uhr festgestellt.

Die Flaggen wehen auf Halbmast, und die Bundesregierung ordnet ein Staatsbegräbnis an, doch dies gerät zum betont zivilen Abschied von einem durch und durch zivilen Präsidenten, der Journalist, Parlamentarier und Literat, vor allem aber ein Bürger gewesen ist. Keine Ehrenkompanie der Bundeswehr marschiert auf, kein Stabsmusikkorps spielt des Lied vom »Guten Kameraden«, kein Trommelwirbel ist zu hören und keine Lafette vorhanden, auf die Soldaten den Sarg hätten heben können. Vier Polizeibeamte stehen Totenwache, als Heuss in der Vorhalle des gläsernen Landtagskubus im verschlossenen Sarg aufgebahrt wird. Gut 20 000 Stuttgarter ziehen an ihm vorüber, um dem meist geliebten und verehrten Mitbürger der Stadt die letzte Ehre zu erweisen. Es gibt einen Staatsakt im Landtag, bei dem Nachfolger Heinrich Lübke spricht, aber danach eine Trauerfeier in der Stiftskirche, die trotz der versammelten politischen Prominenz schon beinahe familiäre Züge trägt. Wenn Heuss eine Trauerrede zu halten hatte, formulierte er stets so, als ob die dahingeschiedene Person hätte zuhören können – das half ihm, falsche Töne und falsches Pathos zu vermeiden. Was Otto Hahn, der Nobelpreis- und Pour-le-mérite-Träger für den von Heuss wiederbelebten Orden und die Wissenschaft, was der alte Mitstreiter und politische Gefährte Reinhold Maier und was der Hausherr des Germanischen Nationalmuseums, dem Heuss fünfzehn Jahre lang im Verwaltungsrat die Treue hielt, ihm nachrufen – der dahingeschiedene, aber zuhörende Heuss hätte es gebilligt und wäre über die Worte gerade dieser Freunde erfreut gewesen.[18]

Schulen, Straßen und Plätze tragen seinen Namen, aber das politische Gedächtnis vor allem der jüngeren Generation reicht nicht weit und fragt: Wer war dieser Mann? Die Antwort lautet: Er war nicht nur einer der Väter des Grundgesetzes, auf dem die Bundesrepublik ruht, er hat auch maßgeblich Anteil daran, dass sie zur ersten stabilen und geglückten deutschen Demokratie geriet. Eine Tradition selber schaffen, sei viel schwieriger, aber auch großartiger, als sie in den Resten verjährter Gesinnungen zu suchen, hat er den Leutnants und Fähnrichen der Bundeswehr in Blankenese einst gesagt. Was er ihnen ans Herz legte, hat Heuss selbst in den zehn Jahren seiner Amtszeit in die Tat umgesetzt. Er hat ein Amt, das zunächst nur aus Paragraphen bestand, mit seinen Erfahrungen und Vorstellungen, seinen Möglichkeiten und seinem Stilgefühl für die Nachfolger geprägt, er hat es – um sein eigenes, etwas altfränkisches Wort zu gebrauchen – mit seinem prallen »Menschentum« gefüllt und dabei Maßstäbe gesetzt. Er hat Demokratie vorgelebt in einer Zeit, in der es – nach Jahren der NS-Indoktrination und den Erfahrungen der gescheiterten ersten Republik – noch weitverbreitetes Misstrauen gegen demokratische Parteien, demokratische Verfassung, gegen die Demokratie überhaupt, auch gegen »die in Bonn« und die neue Obrigkeit gab. Die zehn Jahre des Präsidenten

Heuss waren entscheidend für das Heranwachsen der deutschen Demokratie, und es ist vor allem sein Verdienst, wenn sie in der Bevölkerung langsam Wurzeln schlagen konnte. Mit seinem Feldzug gegen das Vergessen hat er den Grundstein gelegt für das, was ein halbes Jahrzehnt nach ihm und bei einer Generation, die den Nationalsozialismus nicht erlebte und weit schärfer und bedingungsloser urteilt, dann »Vergangenheitsbewältigung« oder »Aufarbeitung der Vergangenheit« heißen wird. Zugleich aber war er um historische Kontinuität bemüht, versuchte die Brücke zu schlagen zur deutschen Kulturnation vor Hitler und erstrebte ein geläutertes deutsches Nationalbewusstsein.

Theodor Heuss war alles andere denn ein unpolitischer Präsident. Die frühe Erfolgsgeschichte der Bundesrepublik ruht auf beiden: dem Kanzler und dem Präsidenten. Der Kanzler als Mann der Tat stellte die geschichtlichen Weichen, aber sein Regierungsstil, seine Formulierungsschwäche und sein karg bemessener Wortschatz machten ihn unfähig zu dem, wozu Heuss, der Journalist, Literat und erfahrene, ungewöhnlich redebegabte Parlamentarier mit seiner »Metapolitik« herangewachsen ist: zum Erzieher zur Demokratie, wenn nicht zum Vater derselben.

Anhang

# Dank

Mein Dank gilt zuerst Dr. Thomas Hertfelder und Dr. Ernst Wolfgang Becker, dem Leiter und dem stellvertretenden Leiter der Stiftung Bundespräsident-Theodor-Heuss-Haus in Stuttgart, die mir die Einsicht in die dort aufbewahrten Unterlagen, Pressesammlungen, die Literatur von und über Theodor Heuss und seine zahllosen Briefe gewährten; sie erlaubten auch, dass mein wissenschaftlicher Mitarbeiter Florian Burkhardt selbst an Wochenenden und Feiertagen in den Räumen der Stiftung arbeiten und Material sichten konnte – für das damit verbundene Vertrauen ihnen und dem Verwaltungsleiter der Stiftung, Olaf Walke, ganz besonderen Dank. Dieser gilt vor allem auch Dr. Ludwig Theodor Heuss, dem Enkel des ersten Bundespräsidenten, der mit wertvollen Hinweisen half und den Einblick in das Basler Familienarchiv ermöglichte, und Bundespräsident a. D. Richard von Weizsäcker, der sich Zeit für ein langes Gespräch über Theodor Heuss nahm. Christiane Ketteler von der Heuss-Stiftung und Marina Sindram vom Basler Familienarchiv gebührt Dank für wirkungsvolle Hilfe bei der Auswahl, der Bereitstellung und der Klärung der Rechte von Bildern.

Mein Dank schließt ein Prof. Hartmut Weber, den Präsidenten des Bundesarchivs in Koblenz, Frau Undine Beier vom Bundesarchiv Berlin, Prof. G. Ulrich Großmann vom Germanischen Nationalmuseum in Nürnberg und Prof. Volker Rödel, den ehemaligen Leiter des Generallandesarchivs in Karlsruhe, die mir ermöglichten, Akten, Briefe und Unterlagen einzusehen, die in der Heuss-Stiftung als Kopien vorhanden sind, und die Recherchen damit erheblich erleichterten.

Dr. Norbert Schloßmacher vom Stadtarchiv in Bonn half mit Material aus den ersten Gründerjahren der Bundesrepublik, Dr. Klaus Jürgen Herrmann, ehemals Leiter des Stadtarchivs Schwäbisch-

Gmünd, und Frau Elsbeth Haule, die den Nachlass des engen Heuss-Freundes Friedrich Mück verwaltet, erlaubten Einsicht in die vorhandenen Unterlagen.

Wichtige Informationen verdanke ich Frau Susanne Blach, der Leiterin des Theodor Heuss Museums in Heuss' Geburtsort Brackenheim, Frau Dr. Gudrun Kruip, der wissenschaftlichen Mitarbeiterin, und Dr. Frieder Günther, dem ehemaligen wissenschaftlichen Mitarbeiter der Heuss-Stiftung, sowie Dr. Elke Seefried vom Institut für Zeitgeschichte, der Herausgeberin von *Theodor Heuss. In der Defensive,* einer Auswahl von Heuss' Briefen aus den Jahren 1933–1945 (Stuttgarter Ausgabe). Mein Dank geht auch an Frau Susanne Ersing, die als Tochter des Hausmeister-Ehepaares über Heuss' späte Jahre in seinem Stuttgarter »Häusle« erzählte, an Dr. Barthold C. Witte, einen früheren Leiter der Friedrich-Naumann-Stiftung und langjährigen Kulturdiplomaten, für ein langes Gespräch über Heuss, an Reiner Burger, der mit Informationen über den US-Leutnant Boxer half, und an Prof. Hartmut Jäckel (Berlin) für den Hinweis auf einen ganz besonderen Artikel von Elly Heuss-Knapp.

Staatsminister a. D. Karl Moersch in Ludwigsburg gab Hinweise auf Rundfunksendungen über Heuss, an denen er beteiligt war und deren Manuskripte Bernhard Hermann, der Programmdirektor des Südwestfunks, zur Verfügung stellte. Dr. Alexander Behrens (Köln/Bonn) half dankenswerterweise mit einer Recherche zum Verhältnis Heuss–Carlo Schmid im Archiv der Friedrich-Ebert-Stiftung.

Last but not least sei der junge Historiker Florian Burkhardt genannt, der mitgeholfen hat, gezielt die riesigen Materialberge (Heuss hat in seinem Leben zwischen 60000 und 80000 Briefe geschrieben!) zu sichten, die in der Heuss-Stiftung am Himmelsberg in Stuttgart lagern. Ohne ihn, seine Hilfsbereitschaft und seinen Spürsinn wäre es nicht möglich gewesen, das Buch im angestrebten Zeitraum zu schreiben. Dafür gilt ihm mein ganz besonderer Dank, aber auch dem Verleger Thomas Rathnow, der seine Mitarbeit ermöglicht hat.

# Anmerkungen

## Die Legenden der 1848er Revolution

1 Theodor Heuss: Vorspiele des Lebens. Jugenderinnerungen, Stuttgart / Hamburg 1966, S. 23–25 (künftig: Vorspiele)
2 Theodor Heuss / Lulu von Strauß und Torney: Ein Briefwechsel, Düsseldorf / Köln 1965, S. 102–105 (künftig: Heuss / Torney)
3 Ferdinand Freiligrath: Ça ira! Sechs Gedichte, Herisau 1846
4 Ferdinand Freiligrath: Neuere politische und soziale Gedichte, Wien, Ebook EAN 9783843002806
5 Vorspiele, S. 46
6 Vorspiele, S. 47
7 Vorspiele, S. 32 f.
8 Vorspiele, S. 35–37
9 Vorspiele, S. 113
10 Vorspiele, S. 115 f.
11 Vorspiele, S. 74
12 Vorspiele, S. 84
13 Vorspiele, S. 78 f.
14 Vorspiele, S. 105 f.
15 Helmut Schmolz: »Die Wohnungen von Theodor Heuss in Heilbronn«, in: *Jahrbuch für schwäbisch-fränkische Geschichte*, Bd. 30/1983, S. 277 (künftig: Wohnungen)
16 Vorspiele, S. 143
17 Heuss / Torney, S. 52
18 Vorspiele, S. 51–53
19 Jürgen C. Heß: Theodor Heuss vor 1933. Ein Beitrag zur Geschichte des demokratischen Denkens in Deutschland, Stuttgart 1973, S. 13 (künftig: Heß: Heuss)
20 Vorspiele, S. 64 f.
21 Christhard Schrenk / Hubert Weckbach / Susanne Schlösser: Von Heli-

brunna nach Heilbronn. Eine Stadtgeschichte, Stuttgart 1998, S. 124

22 Friedrich C. Sell: Die Tragödie des deutschen Liberalismus, Stuttgart 1953, S. 203 (künftig: Sell)

23 Sell, S. 287

24 Vorspiele, S. 122 f.

25 Staatsarchiv Ludwigsburg, Staatliche Heilanstalt Winnenthal, F 235 II, 5102

26 Theodor Heuss: Rede nach seiner Wahl im Bundeshaus am 12. September 1949, in: Theodor Heuss: Die großen Reden. Der Staatsmann, Tübingen 1965, S. 88 (künftig: Reden I)

27 Vorspiele, S. 124 f.

28 Wohnungen, S. 278

29 Vorspiele, S. 17 f. und S. 323 f.

30 Vorspiele, S. 148 f.

31 Vorspiele, S. 164

32 Eberhard Pikart: Theodor Heuss. Der Mann, das Werk, die Zeit. Eine Ausstellung, Tübingen 1967, S. 9 f. (künftig: Pikart: Heuss)

33 Vorspiele, S. 179 f.

34 Vorspiele, S. 173–176

35 Vorspiele, S 165

36 Vorspiele, S. 182 f.

37 Landesarchiv Baden-Württemberg, Archivalie des Monats Juni-August 2005

38 Vorspiele, 172 f.

39 Paul Sauer: Württembergs letzter König. Das Leben Wilhelms II., Stuttgart 1994, S. 217 und S. 271 (künftig: Letzter König)

40 Letzter König, S. 159

41 Jürgen Mittag: Wilhelm Keil (1870–1968). Sozialdemokratischer Parlamentarier zwischen Kaiserreich und Bundesrepublik. Eine politische Biographie, Düsseldorf 2001, S. 77

42 Vorspiele, S. 196–198, und Theodor Heuss: Aufbruch im Kaiserreich. Briefe 1892–1917, herausgegeben von Frieder Günther, Berlin 2009, S. 97 (künftig: Aufbruch), sowie Reiner Burger: Theodor Heuss als Journalist. Beobachter und Interpret von vier Epochen deutscher Geschichte, Münster 1999, S. 38 f. (künftig: Burger)

43 Vorspiele, S. 206 und S. 210 f.; Aufbruch, S. 101

44 Vorspiele, S. 213
45 Vorspiele, S. 207 und S. 209
46 Vorspiele, S. 208 f.


## Kathedersozialisten, Werkbund und Aufbruch zur Moderne

1 Aufbruch, S. 102
2 Ilse Macek: München in der Prinzregentenzeit. »Kunststadt« der Gegensätze, www.hagalil.com, 2008
3 Rainer Metzger: München – die große Zeit um 1900. Kunst, Leben und Kultur 1890–1920, Wien 2008, S. 43 (künftig: München)
4 München, S. 137
5 Vorspiele, S. 227
6 Vorspiele, S. 63 f.
7 Theodor Heuss: »Über George«, in: *Propyläen* vom 20.1.1914; »Stefan George und sein Kreis I und II«, in: *Die Hilfe* vom 3.10.1913
8 Zu Huch, George, Wedekind und Heyse s. Vorspiele, S. 227–230
9 Vorspiele, S. 217–224
10 Michael Seewald: Lujo Brentano und die Ökonomie der Moderne, Marburg 2010, S. 30 (künftig: Ökonomie der Moderne)
11 Vorspiele, S. 225
12 Irmela Gorges: Sozialforschung in Deutschland 1872–1914. Gesellschaftliche Einflüsse auf Themen- und Methodenwahl des Vereins für Sozialpolitik, Frankfurt am Main 1986, S. 51 f. und S. 55
13 Ökonomie der Moderne, S. 28
14 Lujo Brentano: Mein Leben im Kampf um die soziale Entwicklung Deutschlands, Jena 1931, S. 153 und 157 (künftig: Brentano)
15 Brentano, S. 276
16 Vorspiele, S. 230–232
17 Vorspiele, S. 241–244
18 Vorspiele, S. 251 und S. 253 f.
19 Vorspiele, S. 274–280
20 Vorspiele , S. 280–285
21 Sell, S. 209 f.; Theodor Heuss: Friedrich Naumann. Der Mann, das Werk, die Zeit, Stuttgart / Berlin 1937, S. 283–89 (künftig: Heuss:

Naumann); »Erich Eyck«, in: Begegnungen mit Theodor Heuss,
herausgegeben von Hans Bott und Hermann Leins, Tübingen 1954,
S. 32 (künftig: Begegnungen)

22 Heuss: Naumann, S. 67 f.; Peter Theiner: Sozialer Liberalismus und
deutsche Weltpolitik. Friedrich Naumann im Wilhelminischen Deutschland, Baden-Baden 1983, S. 7 und S. 17 f. (künftig: Theiner)

23 Hellmut von Gerlach: Von Rechts nach Links, Hildesheim 1978 (Neudruck der Ausgabe des Europa-Verlags Zürich 1937), S. 153; Heuss:
Naumann, S. 137, S. 146 und S. 222; Theodor Heuss: Hitlers Weg. Eine
historisch-politische Studie über den Nationalsozialismus, Geringfügig
verkleinerter Nachdruck der 8., erw. Auflage, Stuttgart 1932, Hildesheim 2008, S. 23 f. (künftig: Hitlers Weg)

24 Brentano, S. 229; Heinrich August Winkler: Der lange Weg nach Westen, Bd. I, Deutsche Geschichte vom Untergang des Alten Reiches
bis zum Untergang der Weimarer Republik, München 2000, S. 284 f.
(künftig: Winkler: Weg I); Moritz Julius Bonn: »Brentano und Naumann«, in: Begegnungen, S. 27; Sell, S. 288 f.

25 Theodor Heuss: »Ein ›Naumannbuch‹«, in: *Neckar-Zeitung* (künftig:
NZ) vom 24.08.1903, 160. Jg. / Nr. 170, S. 50

26 Friedrich Naumann: National-sozialer Katechismus. Erklärungen der
Grundlinien des National-Sozialen Vereins, Berlin 1897; Sell, S. 293;
Götz Aly: »Die Leiche im Keller der FDP«, in: *Frankfurter Rundschau*
vom 24.1.2011

27 Michael Stürmer: Das ruhelose Reich. Deutschland 1866–1918, o. J.,
S. 287 (künftig: Stürmer); Hans-Peter Ullmann: Das Deutsche Kaiser-
reich 1871–1918, Frankfurt am Main 1995, S. 158 f; Gregor Schöllgen:
Max Weber, München 1998, S. 109 und S. 141

28 Theiner, S. 78 f.

29 Heuss: Naumann, S. 167 f.

30 Brentano, S. 229; Werner Conze: »Friedrich Naumann. Grundlagen
und Ansatz seiner Politik in der nationalsozialen Zeit (1865 bis 1903)«,
in: Schicksalswege deutscher Vergangenheit. Beiträge zur geschichtlichen Deutung der letzten hundertfünfzig Jahre, herausgegeben
von Werner Hubatsch, Düsseldorf 1950, S. 363 und 386 (künftig:
Conze)

31 Winkler: Weg I, S. 283 f.; Heuss: Naumann, S. 3

32 Conze, 372 f.

33  Friedrich Naumann: Demokratie und Kaisertum. Ein Handbuch für
    innere Politik, Berlin-Schöneberg 1900, S. 174 (künftig: Demokratie
    und Kaisertum)
34  Stürmer, S. 276
35  Brentano, S. 227 f.
36  Brief von Max Weber an Friedrich Naumann vom 14.12.1906, in:
    Wolfgang Mommsen: Max Weber und die deutsche Politik 1890–1920,
    Tübingen 1959, S. 156 (künftig: Mommsen)
37  Heuss / Torney, S. 31–34 und 46 f.
38  Vorspiele, S. 262–272 und S. 286–293
39  Heuss / Torney, S. 9–13; Vorspiele, S. 308
40  Heuss / Torney, S. 60 f.
41  Ernst Jäckh: Der goldene Pflug. Lebensernte eines Weltbürgers, Stutt-
    gart 1954, S. 94; Burger, S. 48–52
42  Vorspiele, S. 297–300
43  Vorspiele, S. 255 f.
44  Theodor Heuss: Weinbau und Weingärtnerstand in Heilbronn am
    Neckar, Nachdruck Stadtarchiv Heilbronn 2005; Gustav Stresemann:
    Die Entwicklung des Berliner Flaschenbiergeschaefts, Inaugural-
    Dissertation zur Erlangung der Doktorwürde der Hohen Philosophi-
    schen Fakultät der Universität Leipzig vorgelegt von Gustav Strese-
    mann, stud. phil – Faksimile o. J. (wahrscheinlich aus den 1960er
    Jahren)
45  Theodor Heuss: Erinnerungen 1905–1933 (5. Auflage), Tübingen 1964,
    S. 23–27 (künftig: Erinnerungen)
46  Heuss / Torney, S. 74


Um die Reform des Reichs

1  Erinnerungen, S. 13–15
2  Burger, S. 61 f.; Erinnerungen, S. 16
3  Erinnerungen, S. 17–19; Heuss / Torney, S. 70; Theodor Heuss: »Walt
   Whitman I«, in: *Die Hilfe* vom 31.3.1906; ders.: »Walt Whitman II«
   in: *Die Hilfe* vom 8.4.1906; ders.: »Auch eine Heine-Biographie«, in:
   *Die Hilfe* vom 9.9.1906
4  Theodor Heuss: »Heimarbeiterelend«, in: *Die Hilfe* vom 28.1.1906;

ders.: »Proletarierleben«, in: *Die Hilfe* vom 25.2.1906; ders.: »Disput in der französischen Kammer?«, in: *Die Hilfe* vom 30.6.1906

5 Erinnerungen, S. 55–58; Jürgen Frölich: »Von Heilbronn in den Reichstag. Theodor Heuss, Friedrich Naumann und die ›Hottentotten-Wahlen‹ in Heilbronn 1907«, in: *Zeitschrift für Württembergische Landesgeschichte* 67 (2008), S. 353–366

6 Erinnerungen, S. 47–64

7 Heuss: Naumann, S. 336; Elly Heuss-Knapp: Bürgerin zweier Welten. Ein Leben in Briefen und Aufzeichnungen, herausgegeben von Margarethe Vater, 3. Auflage Tübingen 1963, 123 f. (künftig: Bürgerin); Aufbruch, S. 302–304

8 B-Arch. NL Naumann 30001, 133, Briefwechsel Naumann / Brentano; Paul Rohrbach: »Der Prozeß Peters«, in: *Die Hilfe* vom 7.7.1907; Heuss: Naumann, S. 339 f.; Brentano, S. 278

9 Hermann Rudolph (Hrsg.): So bist Du mir Heimat geworden. Eine Liebesgeschichte in Briefen aus dem Anfang des Jahrhunderts, Stuttgart 1986, S. 134 (künftig: Rudolph)

10 Kirsten Jüngling / Brigitte Roßbeck: Elly Heuss-Knapp. Die erste First Lady. Ein Porträt, Heilbronn 1984, S 96 (künftig: Jüngling / Roßbeck).

11 Heuss / Torney, S. 93 f.

12 Rudolph, S. 28

13 Rudolph, S. 49 und 206

14 Rudolph, S. 54

15 Rudolph, S. 42 f.

16 Rudolph, S. 51 und S. 55

17 Rudolph, S. 63 und S. 66

18 Rudolph, S. 56

19 Rudolph, S. 68

20 Rudolph, S. 68, S. 89 f. und S. 184

21 B. Schefold: »Georg Friedrich Knapp« in: *The New Palgrave Dictionary of Economics,* Second Edition, Palgrave Macmillan 2008; Ludwig Dehio: »Georg Friedrich Knapp 1842–1926«, in: Die großen Deutschen, Bd. 5, Berlin 1957, S. 399

22 Georg Friedrich Knapp: Die Landarbeiter in Knechtschaft und Freiheit: Vier Vorträge, Leipzig 1891, S. 164

23 Elly Heuss-Knapp: Ausblick vom Münsterturm. Erinnerungen, 10. Auf-

lage der Neuausgabe Tübingen 1952, S. 20, S. 45–47, S. 50f., S. 55f. und S. 62ff. (künftig: Münsterturm); Erinnerungen, S. 124

24 Bürgerin, S. 93

25 Bürgerin, S. 93 und S. 107

26 Rudolph, S. 99 und S. 230; Erinnerungen, S. 123 und 126f.

27 Rudolph, S. 347 und S. 420–422; Heuss / Torney, S. 124

28 Jüngling / Roßbeck, S. 123f. und 132–134; Bürgerin, S. 98 und 114; Elly Knapp: »Allerlei – Zwei Fahrten nach Holland«, in: *Die Hilfe* vom 23.9.1906

29 Bürgerin, 123f. und 126f.; Aufbruch, S. 302–304; Heuss / Torney, S. 172 und S. 176; Theodor Heuss: »Allerlei – Nachtfahrt«, in: *Die Hilfe* vom 20.1.1907

30 Erinnerungen, S. 127f., S. 137f. und S. 284f.

31 Thomas Nipperdey: »War die Wilhelminische Gesellschaft eine Untertanen-Gesellschaft?«, in: ders.: Nachdenken über die deutsche Geschichte. Essays, München 1986, S. 209–212

32 Eberhard Jäckel: Das deutsche Jahrhundert. Eine historische Bilanz, Stuttgart 1996, S. 23f. und S. 81f. (künftig: Jäckel)

33 Heuss: Naumann, S. 328f.; Fritz Fischer: Krieg der Illusionen. Die deutsche Politik von 1911–1914, Düsseldorf 1969, S. 386; Winkler: Weg I, S. 301

34 Heuss: Naumann, S. 341f.; Friedrich Naumann: »Die Politik des Kaisers«, in: *Die Hilfe* vom 8.11.1908; ders.: »Die Kaiserfrage«, in: *Die Hilfe* vom 22.11.1908; ders.: »Das Königtum«, in: *Die Hilfe* vom 10.1.1909; ders.: »Das Königtum. Fortsetzung«, in: *Die Hilfe* vom 17.1.1909; ders.: »Das Königtum. Schluß«, in: *Die Hilfe* vom 24.1.1909; ders.: »Von Gottes Gnaden«, in: *Die Hilfe* vom 4.9.1910; Erinnerungen, S. 7 und S. 118f.

35 Heß: Heuss, S. 28; Jäckel, S. 18f., S. 44 und S. 48; Heuss: Naumann, S. 355f. und S. 391f.

36 Erinnerungen, S. 81f. und S. 94–96; Heuss / Torney, S. 169 und S. 174

37 Aufbruch, S. 339; Heuss: Naumann, S. 384

38 Aufbruch, S. 320f.; Burger, S. 100–102; Joan Campbell: Der deutsche Werkbund 1907–1934, Stuttgart 1981; S. 7, S. 23f. und S. 35 (künftig: Campbell); Heuss: Erinnerungen, S. 106f. und 110f.; Heuss: Naumann, S. 291–293

39  Theodor Heuss: »Der Deutsche Werkbund in Dresden«, in: *Die Hilfe*
vom 29.6.1911; ders.: »Der Hausrat der Proletarier«, in: *Die Hilfe*
vom 18.5.1911; Erinnerungen, S. 171 f.

40  Heß: Heuss, S. 25; Winkler: Weg I, S. 302; Theodor Heuss: »Bethmanns
Verteidigung«, in: *Die Hilfe* vom 27.2.1910; ders.: »Der Revolutionsprophet«, in: *Die Hilfe* vom 5.9.1909; Erinnerungen S. 82 f. und
S. 40–44; Theodor Heuss: »Schilda in Sachsen«, in: *Die Hilfe* vom
21.11.1909; Winkler: Weg I, S. 296

41  Sell, S. 269; Erinnerungen, S. 32; Heuss: Naumann, S. 164; Theiner,
S. 72; Philippe Alexandre: »Unser Wunsch ist ein befreundetes Frankreich« in: Friedrich Naumann in seiner Zeit, herausgegeben von Rüdiger vom Bruch, Berlin / New York 2000; Heuss: Naumann, S. 394 f.;
Theiner, S. 224; Heuss: Naumann, S. 399; Theiner, S. 218 und S. 220

42  Heuss: Erinnerungen, S. 145 f., S. 152 und S. 154

43  Theodor Heuss: »Englische Reise I«, in: *Die Hilfe* vom 17.8.1911;
ders.: »Englische Reise II«, in: *Die Hilfe* vom 24.8.1911; ders.: »Englische Reise III«, in: *Die Hilfe* vom 31.8.1911; Stürmer, S. 350; Erinnerungen, S 156 f.; Theodor Heuss: »Der sozialdemokratische Protest«,
in: *Die Hilfe* vom 07.9.1911; Sell, S. 347; Heuss: Naumann, S. 398

44  Bürgerin, S. 128–130


## Patriotismus und der Versuch, nüchtern zu bleiben

1  Erinnerungen, S. 183 f.

2  Burger, S. 112 f.; Ernst Jäckh: Der goldene Pflug, Stuttgart 1954, S. 196 f.
(künftig: Jäckh); Erinnerungen, S. 60 und S. 166

3  Erinnerungen, S. 186–188; Jüngling / Roßbeck, S. 148 f.; Heuss / Torney,
S. 182

4  Karin Rabenstein-Kiermaier: Conrad Haußmann (1875–1922). Leben
und Werk eines schwäbischen Liberalen, Frankfurt am Main 1993,
S. 115–117 und S. 121–123 (künftig: Rabenstein-Kiermaier); Burger:
S. 126 und S. 130

5  Erinnerungen, S. 189 f.; Rabenstein-Kiermaier, S. 121 f.; Theodor Heuss:
»Der deutsche Chauvinismus«, in: *März* vom 23.8.1913

6  Bürgerin, S. 128–131; Erinnerungen, S. 186; Münsterturm,
S. 97–100

7   Stürmer, S. 362; Winkler: Weg I, S. 329; Ulrich Rauscher: »Aus der
    andern Welt«, in: *März* vom 13.12.1913; Theodor Heuss: »Die Zaber-
    ner Schüssel«, in: *März* vom 17.1.1914
8   *NZ*, Seite 1, vom 1., 8., 24.8.1914; Burger, S. 11; Bürgerin, S. 151 f. und
    S. 159
9   Aufbruch, S. 405; *NZ*, Seite 1, vom 1., 8., 25.8.1914; Burger, S. 119 f.;
    Erinnerungen, S. 201; Bürgerin, S. 152 und S. 159; Erinnerungen,
    S. 202; Aufbruch, S. 436 f.
10  Erinnerungen, S. 201; Heuss / Torney, S. 188; Ludwig Frank in: Rolf
    Vogel: Ein Stück von uns. Deutsche Juden in deutschen Armeen 1813–
    1976. Eine Dokumentation, Mainz 1977
11  Theodor Heuss: »Kriegssozialismus«, in: Der Deutsche Krieg. Politi-
    sche Flugschriften, 58. Heft, herausgegeben von Ernst Jäckh, Berlin /
    Stuttgart 1915; Theodor Heuss: »Krieg und Verfassung«, in: *März* vom
    30.12.1916; ders.: »Kriegsgeld«, in: *März* vom 18.9.1915 und vom
    14.12.1914
12  *NZ*, Seite 1, vom 29.11.1914 und 14.12.1914; *NZ* vom 1.10.1917;
    Theodor Heuss: »Die Sümpfe von Masuren« in: *März* vom
    10.10.1914; Burger, S. 142
13  Burger, S. 145; Theodor Heuss: »Die sechste Kriegsanleihe«, in: *März*
    vom 31.3.1917
14  Theodor Heuss: »Hermann Hesse. Der ›vaterlandslose Gesell‹«, in:
    *NZ*, Feuilleton, vom 1.11.1915
15  *NZ*, Seite 1, vom 6.11.1916; Jacob Segall: Die deutschen Juden
    als Soldaten im Krieg 1914–1918, Berlin 1922, S. 11; Aufbruch,
    S. 502 f.
16  Aufbruch, S. 429; »Erklärung der Hochschullehrer des Deutschen Rei-
    ches vom 16.10.1914«, in: Klaus Böhme: Aufrufe und Reden deutscher
    Professoren im Ersten Weltkrieg, Stuttgart 1975, S. 49 f; »Aufruf an
    die Kulturwelt«, in: Enzyklopädie Erster Weltkrieg, herausgeben von
    Gerhard Hirschfeld / Gerd Krumeich / Irina Renz, Paderborn / Mün-
    chen / Wien 2004, S. 356 f.; Winkler: Weg I, S. 342; Heuss / Torney,
    S. 189; Bürgerin, S. 150 und S. 152
17  Theodor Heuss: »Dem Kaiser!«, in: *NZ* vom 27.1.1915; ders.: »Reims
    brennt«, in: *NZ* vom 22.9.1914; ders.: »Was zuviel ist«, in: *März*
    vom 31.10.1914; Heuss: Naumann, S. 462; Theodor Heuss: »Der
    verschärfte Seekrieg beginnt«, in: *NZ* vom 1.2.1917; ders.: »Bruch

zwischen Berlin und Washington«, in: *NZ* vom 5.2.1917; ders.: »Von Bethmann zu Michaelis«, in: *März* vom 28.7.1917; Aufbruch, S. 516f. und S. 409

18 Heuss: Naumann, S. 510

19 Theodor Heuss: Schwaben und der deutsche Geist, Konstanz 1915, S. 78f.; Winkler: Weg I, S. 340; Theodor Heuss: »Krieg und Verfassung«, in: *März* vom 30.12.1916; ders.: NZ, Seite 1, vom 11.10.1917; Heß: Heuss, S. 30–34

20 *NZ*, Seite 1, vom 16.7.1917; Theodor Heuss: »Die Kriegsziele des Reichskanzlers!«, in: *NZ* vom 6.4.1916; ders.: NZ, Seite 1, vom 2.1.1917; Heuss: Naumann, S. 477–479; Theiner, S. 328

21 Theodor Heuss: »Mitteleuropa«, in: *März* vom 23.10.1915; Friedrich Naumann: Mitteleuropa, Berlin 1915, S. 241f. und S. 252f.; Theodor Schieder: Vorwort zu Bd. 2 – Schriften zur Verfassungspolitik – in den von ihm herausgegeben Werken Friedrich Naumanns, Köln 1964, S. XXVIII-XXIX; Heuss: Naumann, S. 439; Andreas Peschel: Friedrich Naumanns und Max Webers Mitteleuropa. Eine Betrachtung ihrer Konzeptionen und Kontexte mit den ›Ideen von 1914‹ und dem Alldeutschen Verband, Dresden 2005, S. 181ff.

22 Brentano, S. 325; Heuss: Naumann, S. 500f.

23 Aufbruch, S. 485–492 und S. 520f.

24 Erinnerungen, S. 213–216; Aufbruch, S. 518

25 Burger, S. 122–124; Erinnerungen, S. 185

26 Aufbruch, S. 530f.

Großdeutscher auf dem Boden der jungen Republik

1 Erinnerungen, S. 225 und S. 227; Campbell, S. 99; Friedrich Naumann: »Werkbund und Weltwirtschaft«, Vortrag vom 4. Juli 1914 in Köln, in: ders.: Werke. Bd. 6, Köln-Opladen 1964, S. 331–350; Heuss: Naumann, S. 299ff.

2 Theodor Heuss: Bürger der Weimarer Republik. Briefe 1918–1933, herausgegeben von Michael Dorrmann, München 2008, S. 107 (künftig: Weimar); Bernd Nicolai: »Der Werkbund im ersten Weltkrieg. Eine Gratwanderung«, in: 100 Jahre Deutscher Werkbund 1907/2007, Katalog der Ausstellung, herausgegeben von Winfried Nerdinger, Mün-

chen 2007, S. 70 und S. 72ff. (künftig: 100 Jahre Werkbund); Erinnerungen, S. 216

3 Erinnerungen, S. 221f.; Bernd Nicolai: »Das Haus der Freundschaft in Konstantinopel«, in: 100 Jahre Werkbund, S. 76f.

4 Erinnerungen, S. 216f.; Burger, S. 196; Jüngling / Roßbeck, S. 163f.; Aufbruch, S. 531.

5 Erinnerungen, S. 222; 100 Jahre Werkbund, Abb. S. 126

6 Erinnerungen, S. 220. Auch: Ernst Jäckh: Der goldene Pflug, Stuttgart 1954, S. 220

7 Paul Rohrbach: »Weltvolk-Seevolk«, in: *Deutsche Politik* (künftig: *DP*) 1. Jg., Heft 8 vom 18.12.1916; Josef Anker: »Paul Rohrbach«, in: Biographisch-Bibliographisches Kirchenlexikon, Band VIII, 1994, Spalten 592–608

8 Burger, S. 197f.; Theodor Heuss: »Streik«, in: *DP* vom 8.2.1918; Erinnerungen, S. 324

9 Paul Rohrbach: »Der osteuropäische Friede«, in: *DP* vom 22.3.1918; Ernst Jäckh: »Der westasiatische Weg«, in: *DP* vom 22.3.1918; Theodor Heuss: »Der Ostfriede und die westlichen Probleme«, in: *DP* vom 22.3.1918; ders.: »Auf dem Wege zu Mitteleuropa«, in: *DP* vom 24.5.1918; ders.: »Politische Glossen«, in: *DP* vom 9.8.1918; Heike B. Görtemaker: Ein deutsches Leben. Margret Boveri 1900–1975, München 2005, S. 14 und S. 25 (künftig: Görtemaker: Boveri); Erinnerungen, S. 224f.

10 Hagen Schulze: Weimar. Deutschland 1917–1933, Berlin 1982, S. 146f. (künftig: Schulze); Erinnerungen, S. 226–232; Theodor Heuss: »Deutschlands Zukunft«, Rede vor der DDP in Stuttgart am 17. Januar 1919, in: Reden I, S. 33

11 Erinnerungen, S. 233; Mommsen, S. 292; Theodor Heuss: »Zeitwende«, in: *DWB – Mitteilungen des Deutschen Werkbunds* Nr. 4/1918; ders.: »Schwarz-Rot-Gold«, in: *DP* vom 22.11.1918; ders.: »Druckt Uhlands Rede in der Paulskirche nach«, in: *DP* vom 29.11.1918; Erinnerungen, S. 244f.; Theodor Heuss: »Die Reichseinheit in Gefahr«, in: *DP* 27.6.1919; Winkler: Weg I, S. 402f.

12 Theodor Heuss: »Deutsche Reichsverfassung I. Einheitsstaat oder Bundesstaat«, in: *DP* vom 13.12.1918; ders.: »Deutsche Reichsverfassung II. Der Aufbau der Gewalten«, in: *DP* vom 27.12.1918; ders.: »Deutsche Zukunft« in: Reden I, S. 27f.; Weimar, S. 111f. und

S. 117–119; Erinnerungen, S. 240 und S. 246; Weimar, S. 136f.; Schulze, S. 223

13 Münsterturm, S. 146–148; Bürgerin, S. 169, S. 171 und S. 174

14 Theodor Heuss: »Rätekongreß«, in : DP vom 25.4.1919; Heuss: Naumann, S. 391f.; Werner Stephan: Aufstieg und Verfall des Links-liberalismus 1918–1933. Geschichte der Demokratischen Partei, Göttingen 1973, S. 23–27 und S. 49 (künftig: Stephan); Erinnerungen, S. 256f.

15 Thomas Hertfelder: »Theodor Heuss vor 1933. Zwischen Aufschwung und Krise«, in: 20 Jahre Geschichtsverein Leinfelden-Echterdingen e.V., Bd. 2, Beiträge 1996–2003, S. 297 (künftig: Hertfelder); Heß: Heuss, S. 201; Theodor Heuss: »Das Verfassungswerk«, in: DP vom 1.8.1919; Erinnerungen, S. 246f.; Heß: Heuss, S. 73; Reden I, S. 30; Heß: Heuss, S. 120f.; Theodor Heuss: Die neue Demokratie, Berlin 1920, S. 59 (künftig: Die neue Demokratie); Theodor Heuss: »Unmittelbare Demokratie. Der Beobachter«, Rede vom 25. März 1925, in: Reden I, S. 19

16 Heß: Heuss, S. 81; Winkler: Weg I, S. 384; Reden I, S. 32

17 Theodor Heuss: »Versailles«, in: DP vom 16.5.1919; Schulze, S. 196; Scheidemann – zitiert nach Heinrich August Winkler: Weimar 1918–1933. Die Geschichte der ersten deutschen Demokratie, München 1993, S. 91 (künftig: Winkler: Weimar); Stephan, S. 84; Theodor Heuss: »Die Reichseinheit in Gefahr?«, in: DP vom 27.12.1918; Heuss: Naumann, S, 645; Mommsen, S. 311; Theiner, S. 300; Erinnerungen S. 252f.

18 Theiner, S. 15; Die neue Demokratie, S. 25; Theodor Heuss: Staat und Volk, Berlin 1926, S. 282; Theodor Heuss: Kapp-Lüttwitz. Das Ver-brechen gegen die Nation, Berlin 1929, S. 6, S. 21 und S. 39ff; Theodor Heuss: »Zeitwende«, in: DWB – Mitteilungen des Deutschen Werk-bunds Nr. 4/1918

19 »Richard Schubert«, in: Begegnungen, S. 55–60; Walter Rathenau: »Bund der Erneuerung wirtschaftlicher Sitte«, in: DP vom 23.7.1920; Hugo Preuß: »Zur preußischen Verfassungsfrage«, in: DP vom 23.7.1920; Paul Rohrbach: »1917«, in DP vom 8.8.1919; Jürgen C. Heß: »Das ganze Deutschland soll es sein«. Demokratischer Nationa-lismus in der Weimarer Republik am Beispiel der Deutschen Demokra-tischen Partei, Stuttgart 1978, S. 80; Paul Rohrbach: »Eine politische Alternative«, in: DP vom 20.6.1919; Burger, S. 201–206; Erinnerungen, S. 32f. und S. 299f.

20 Imanuel Geiss: Das Deutsche Reich und der erste Weltkrieg, München/
Wien 1983, S. 142; Erinnerungen, S. 300; Burger, S. 222–230; Zur
Zeitgeschichte: »Der Rapallovertrag«, in: *Die Deutsche Nation* (künf-
tig: *DN*), Heft 5, Mai 1922; ders.: »Rathenau« in: *DN*, Heft 7, Juli
1922; ders.: »Arbeitsgemeinschaft der Mitte«, in: *DN*, Heft 8, August
1922; »Zur Zeitgeschichte – Parteienkonzentration«, in: *DN*, Heft 10,
Oktober 1922; »Reichspräsident des Parlaments«, in: *DN*, Heft 11,
November 1922; Theodor Heuss: »Perfidie gegen den Reichspräsidenten«, in: *DN*, Heft 1, Januar 1925; Weimar, S. 238; Theodor Heuss:
Führer aus deutscher Not. Fünf politische Porträts, Leipzig 1927,
S. 96–107; Schulze, S. 295
21 Erinnerungen, S. 259; Theodor Heuss: »Der Deutsche Werkbund in
Weimar«, *Frankfurter Zeitung* vom 22.9.1923 (Abendblatt); Theodor Heuss: »Bilanz von Weimar«, in: *Werkbund-Gedanken* vom
10.10.1923; Campbell, S. 153
22 »Deutsche Hochschule für Politik. Eröffnungsfeier in der Bauakademie«, in: *Vossische Zeitung* vom 25.10.1920; Theodor Heuss: »Denkschrift zur Errichtung einer Deutschen Hochschule für Politik«, in:
Politische Bildung. Wille / Wesen / Ziel / Weg, Berlin 1921, S. 33–37;
ders.: »Die Deutsche Hochschule für Politik«, in: *DP* vom 1.10.1921;
Theodor Heuss: Tagebuchbriefe 1955–1963. Eine Auswahl aus Briefen
an Toni Stolper, herausgegeben von Eberhard Pikart, Tübingen / Stuttgart 1970, S. 199 (künftig: Tagebuchbriefe)
23 Erinnerungen, S. 281

## Aufgeputzte Ladenhüter der Wilhelminischen Epoche

1 Weimar, S. 217
2 Erinnerungen, S. 311–317
3 Stephan, S. 92; Weimar, S. 36f.
4 Weimar, S. 36 und S. 229f.; Erinnerungen S. 267
5 Weimar, S. 223 und S. 36; Winkler: Weimar, S. 319–329; Erinnerungen,
S. 319f.; Schulze, S. 112; Erinnerungen, S. 367
6 Reichstag, 17. Sitzung, Donnerstag, 24. Juni 1924, S. 606–608; Reichstag, 61. Sitzung, Sonnabend, 16. Mai 1925, S. 1828–1830
7 Erinnerungen, S. 327–329; Theodor Heuss: »Hindenburg oder Marx?«,

in: *Stuttgarter Neues Tagblatt* vom 25.4.1952, Abendausgabe, Nr. 190; Weimar, S. 245; Theodor Heuss: »Zur Wahl Hindenburgs«, in: *DN*, Heft 6, Juni 1925; Schulze, S. 298; Winkler: Weimar, S. 284.

8  Heuss zur Luxussteuer: Reichstag, 109. Sitzung, Sonnabend, 1. August 1925, S. 3870–3875; zum Rhein-Neckarkanal: Reichstag, 160. Sitzung, Sonnabend, 13. Februar 1926, S. 5523–5525; zu Schulen: Reichstag, 290. und 291. Sitzung, Sonnabend, 19. März 1927, S. 9710–9713; zu Amnestie und Frick: Reichstag, 414. Sitzung, Freitag, 30. März 1928, S. 13952f.

9  Hermann Haarmann / Walter Huder / Klaus Siebenhaar (Hrsg.): »Das war ein Vorspiel nur...« Bücherverbrennung Deutschland 1933. Voraussetzungen und Folgen, Berlin 1985, S. 53; Ernst Wolfgang Becker: Theodor Heuss. Bürger im Zeitalter der Extreme, Stuttgart 2010, S. 60 (künftig: Becker); LA Marbach, A Heuss, 14/192; Ignaz Wrobel: »Old Bäumerhänd. Der Schrecken der Demokratie«, in: *Die Weltbühne,* Jg. 22, Nr. 50 vom 14.12.1926, S. 916;. Reichstag, 75. Sitzung, Dienstag, 16. Juni 1925, S. 2354; Reichstag, 240. Sitzung, Sonnabend, 27. November 1926, S. 8234. Modris Ekstein: Theodor Heuss in der Weimarer Republik, Stuttgart 1969 (künftig: Ekstein)

10  Stephan, S. 330; Margaret F. Stieg: »The 1926 German Law to Protect Youth against Trash and Dirt. Moral Protectionism in a Democracy«, in: *Central European History,* Bd. 23, Heft 1, März 1990, S. 22–56

11  Weimar, S. 267f.; Erinnerungen, S. 306f. und S. 337–339; Theodor Heuss: »Balkanreise« (Serie), in: *Die Hilfe* vom 15.11., 1.12., 23.12.1928 und vom 1.1.1929; Becker, S. 56; Erinnerungen, S. 401–404

12  Heß: Heuss, S. 175; Theodor Heuss: »Aufbruch nach Paneuropa?«, in: *Hamburger Fremdenblatt* vom 24.9.1929; Theodor Heuss: Reichstag, 149. Sitzung, Mittwoch, 27. Januar 1926, S. 5177–5179; Ekstein, S. 124f.; Theodor Heuss: »Der staatsgeschichtliche Sinn des Ruhrkampfs«, in: Erinnerungen, S. 272–274; ders.: »Reichsverfassung«, in: *Münchner 8–Uhr-Blatt* vom 9.8.1914; Weimar, S. 424; Theodor Heuss zum Volksbürgertum: Reichstag, 73. und 74. Sitzung, Montag, 15. Juni 1925, S. 2302: Heß: Heuss, S. 169; Theodor Heuss: »Die Stimme des Elsaß«, in: *Der Beobachter* vom 12.6.1926; ders.: »Das Elsaß und der Sicherheitspakt«, in: *Breslauer Zeitung* vom 15.10.1925

13  Erinnerungen, S. 272–274 (zu Stresemann), S. 45f. und S. 268–271

(zu Erzberger); Robert Leicht: »Patriot in Gefahr«, in: *Die Zeit* vom
18.8.2012

14 Erinnerungen, S.226 und S.375–379; Toni Stolper: Gustav Stolper: Ein
Leben in Brennpunkten unserer Zeit. Wien, Berlin, New York. Gustav
Stolper 1888–1947, Tübingen 1960, S.204f. (künftig: Stolper); Peter
Krüger: Die Außenpolitik der Republik von Weimar, Darmstadt 1985,
S.355

15 Stolper, S.206f.; Weimar S.293–295 und S.336; Weimar, S.294; Stolper,
S.242

16 Winkler: Weg I, S.384; Hertfelder, S.299; Stephan, S.391f. Erinnerungen, S.392f. Weimar, S.370f. und S.378; Stephan, S.391–393, S.441
und S.447

17 Weimar, S.398; Becker, S.63; Stephan, S.483ff.; Erinnerungen, S.395f;
Heß: Heuss, S.126–130

18 Weimar, S.446 und S.499f.; Erinnerungen, S.407

19 Weimar: S.455; Hitlers Weg, S.3, S.12, S.31, S.37, S.38–45 und
S.71; Weimar, S.452; Margret Boveri, in: Bibliographie der Schriften
und Reden von Theodor Heuss und Elly Heuss-Knapp, herausgegeben
von der Württembergischen Bibliotheksgesellschaft 1954 zum
70. Geburtstag von Theodor Heuss, Stuttgart 1954; Eberhard Jäckel:
Einleitung zu Theodor Heuss: Hitlers Weg. Eine Schrift aus dem
Jahre 1932, Tübingen 1968, S.XL und S.XXXII (künftig: Jaeckel:
Einleitung)

20 Erinnerungen, S.447; Weimar S.394 und S.440; Jäckel: Einleitung,
S.XXII-XXIV; Joseph Goebbels: Vom Kaiserhof zur Reichskanzlei,
München 1934, S.31; Florian Burkhardt: Ästhetik und Politik bei
Theodor Heuss in der Weimarer Republik, Magisterarbeit an der Phi-
losophisch-Historischen Fakultät der Universität Stuttgart, Stuttgart,
Februar 2011, S.68f.

21 Theodor Heuss: »Der Kampf um Hindenburg«, in: *Stuttgarter Neues
Tagblatt* vom 8.3.1932; Schulze, S.365f.; Theodor Heuss: Reichstag,
20. und 21. Sitzung, Montag, 9. Februar 1931, S.846; Clio (i.e. Theodor Heuss): »Goebbels«, in: *Der Staat seid ihr!*, 1. Jg., Nr. 13 vom
25.5.1931; Theodor Heuss: Reichstag, 63. Sitzung, Mittwoch, 11. Mai
1932, S.2587–2593; Weimar, S.466

22 Weimar: S.491; Stephan, S.489; Weimar, S.36 und S.229f.; Erinnerungen S.267

23  Weimar, S. 533; Stolper, S. 304–308; Theodor Heuss: »Rückblick und Ausblick«, in: *Der Hohenstaufen. Göppinger Tageblatt* vom 31.12.1932

## Ein Ja, das aus der Lebensgeschichte nicht auszulöschen ist

1   Theodor Heuss: Die Machtergreifung und das Ermächtigungsgesetz. Zwei nachgelassene Kapitel der Erinnerungen 1905–1933, herausgegeben von Eberhard Pikart, Tübingen 1967, S. 13 und S. 19 (künftig: Fragmente); Jürgen Frölich: »Opposition und Widerstand auf liberaler Grundlage«, in: Widerstand gegen die nationalsozialistische Diktatur 1933–1945, herausgegeben von Peter Steinbach und Johannes Tuchel, Bonn 2004, S. 173; Hans-Ulrich Thamer: Verführung und Gewalt. »Deutschland 1933–1945«, Berlin 1986, S. 97–101 und S. 232 (künftig: Thamer); Theodor Heuss: »Umbruch«, in *Die Hilfe* vom 18.2.1933; Theodor Heuss in der Defensive. Briefe 1933–1945, herausgegeben von Elke Seefried, München 2009, S. 111 (künftig: Defensive)

2   Michael Freund: Deutsche Geschichte. Von den Anfängen bis zur Gegenwart, München 1970, S. 179, S. 272 und S. 279; Thamer, S. 272 und S. 279 f.; Fragmente, S. 23–26

3   Hoegner – zitiert nach Heinrich August Winkler: Der Weg in die Katastrophe. Arbeiter und Arbeiterbewegung in der Weimarer Republik 1930–1933, Berlin/Bonn 1987, S. 903 f. (künftig: Winkler: Katastrophe); Reinhold Maier in: Politischer Irrtum im Zeugenstand. Der Untersuchungsausschuss des Württemberg-Badischen Landtags 1947 zum »Ermächtigungsgesetz« vom 23. März 1933, herausgegeben von Ernst Wolfgang Becker und Thomas Rösslein, Stuttgart / München 2003, S. 88 (künftig: Zeugenstand); Thamer, S. 329; Winkler: Katastrophe, S. 903; Thamer, S. 252 und S. 256

4   Eric Kurlander: Living with Hitler. Liberal Democrats in the Third Reich, New Haven / London 2009, S. 195 (künftig Kurlander); Ekstein, S. 115, Anmerkung 64; Klaus-Jürgen Matz: Reinhold Maier (1889–1971). Eine politische Biographie, Düsseldorf 1989, S. 340 (künftig: Matz); Stephan, S. 490; Fragmente, S. 24 f.; Verhandlungen des Reichstags, 2. Sitzung vom 23.3.1933, S. 38

5   Jürgen C. Heß: »Die deutsche Lage ist ungeheuer ernst geworden«, in:

*Jahrbuch zur Liberalismus-Forschung,* 6. Jg. 1994, S. 88; (künftig: Heß: Lage); Zeugenstand, S. 86–89; Becker, S. 71; Hertfelder, S. 303; Winkler: Katastrophe, S. 802f.; Defensive, S. 24; Matz, S. 139

6   Ekstein, S. 117f.; Zeugenstand, S. 101, S. 138–142, S. 190f. und S. 359f.; Erich Mende: Die neue Freiheit. Zeuge der Zeit 1945–1961, München/ Berlin 1984, S. 189f.

7   Heß: Heuss, S. 73; Heß: Lage, S. 79; Defensive, S. 141 und S. 157f.

8   Defensive, S. 166, S. 177f. und S. 272; Heß: Lage, S. 80; Burger, S. 284; Bürgerin, S. 224; Defensive, S. 186, Fußnote 6

9   Jüngling / Roßbeck, S. 203f., S. 206, S. 224f. und S. 229; Bürgerin, S. 231, S. 238, S. 241 und S. 257

10  Fragmente, S. 38f.; Heß: Lage, S. 129; Defensive, S. 145 und S. 169; Becker, S. 79f.

11  Theodor Heuss: »Das Schicksal des Reiches«, in: *Die Hilfe* vom 22.4.1933; ders.: Glossen »Abschied von Genf« und »Die Volksbefragung«, in: *Die Hilfe* vom 5.10.1933; ders.: »Die deutsche Wehrpflicht«, in: *Die Hilfe* vom 6.4.1935; ders.: »Das Ende des Locarno-Pakts«, in *Die Hilfe* vom 14.3.1936; ders.: »Mitteleuropäische Problematik«, in: *Die Hilfe* vom 5.3.1938; ders.: »Das Werden einer Nation«, in: *Neue Freie Presse Wien* vom 10.4.1938; ders.: »Die Konsolidierung Mitteleuropas«, in: *Die Hilfe* vom 4.2.1939; Kurlander, S. 121–136

12  Theodor Heuss: »Zum Ausgang der Parteien«, in: *Die Hilfe* vom 13.7.1933; ders.: »Gleichschaltung des Geistes«, in: *Die Hilfe* vom 20.5.1933; ders.: »Die deutsche Presse«, in: *Die Hilfe* vom 16.10.1933; Boveri an Heuss am 25.10.1933; Heuss an Boveri am 31.10.1933, Nachlass Boveri, ›Die Hilfe‹ – 2256 und 790 – Staatsbibliothek Berlin; Gertrud Bäumer: »Unsere nationalsoziale Bewegung und der Nationalsozialismus«, in: *Die Hilfe* vom 18.3.1933; Burger, S. 306; E. Thomas: »Volkwerdung«, in: *Die Hilfe* vom 08.04.1933; Theodor Heuss: Glosse »Muß das sein?«, in: *Die Hilfe* vom 19.05.1934; Gertrud Bäumer: »Was ist Wahrheit?«, in: *Die Hilfe* vom 4.8.1934; Theodor Heuss: »Gleichschaltung des Geistes«, in: *Die Hilfe* vom 20.5.1933; Gertrud Bäumer: »Unsere Antwort (auf eine Hitlerrede) – zum Gesetz über Wiederherstellung des Berufsbeamtentums«, in: *Die Hilfe* vom 17.2.1934; Defensive, S. 245–248

13  Defensive S. 257–259 und S. 280–283; Burger, S. 315–317; Theodor Heuss: »Der Ausgleich mit Österreich«, in: *Die Hilfe* vom 18.7.1936

14 Theodor Heuss: Glosse »Der erste April«, in: *Die Hilfe* vom
08.4.1933; Ludwig Hertz: »Ostjuden«, in: *Die Hilfe* vom 3.2.1934;
Defensive, S. 142 und S. 148f.; Schulze, S. 135–137; Theodor Heuss:
»Unsere Meinung«, in: *Deutsche Allgemeine Zeitung* vom 10.5.1933;
Defensive, S. 152f.

15 Defensive, S. 174–176 und S. 290; Brief von Ernst Ludwig Heuss an
Toni Stolper, vom 3. Juli 1939; Lebenslauf Dr. Ernst Ludwig Heuss
vom 12. November 1945 – beide im Familienarchiv Heuss in Basel;
Becker, S. 78; Theodor Heuss: »Der Werkbund vor neuen Aufgaben«,
in: *Vossische Zeitung* vom 06.10.1933, Abendausgabe; Campbell,
S. 332f.; Winfried Wendland: »Der deutsche Werkbund im neuen
Reich«, in: Die Form. Stimme des Deutschen Werkbundes 1925–1934,
herausgegeben von Frank Gloor und Felix Schwarz, Gütersloh 1969,
S. 97f.

16 Defensive, S. 182f.; Fragmente, S. 27f. und S. 44f.; Werner Stephan:
Acht Jahrzehnte erlebtes Deutschland. Ein Liberaler in vier Epochen,
Düsseldorf 1983, S. 240 (künftig Stephan: Jahrzehnte); Brief von
Ernst Ludwig Heuss an Toni Stolper vom 3. Juli 1939 (wie Anmer-
kung 15)

17 Elly Heuss-Knapp: Schmale Wege, Tübingen 1946, S. 133–140; Theodor Heuss an Margret Boveri, 14. März 1956 – NL Boveri 782 bl.
30–59, Staatsbibliothek Berlin

18 Defensive S. 58f.; Fragmente, S. 26 und S. 29; Jüngling / Roßbeck,
S. 178–181; Defensive S. 60 und S. 190f.; Bürgerin, S. 228f.; »Walter
Bauer«, in: Begegnungen, S. 456–459; Jürgen C. Heß: »›Die Nazis
haben gewusst, daß wir ihre Feinde gewesen und geblieben sind‹.
Theodor Heuss und der Widerstand gegen den Nationalsozialismus«,
in: *Jahrbuch zur Liberalismus-Forschung*, 14. Jg. 2002, S. 167 (künf-
tig: Heß: Nazis); Theodor Heuss: Profile. Nachzeichnungen aus der
Geschichte, Tübingen 1964, S. 303–307

19 Theodor Heuss: »Das größere Vaterland. Zum 50. Todestag Gottfried
Kellers«, in: *Das Reich*, Nr. 8 vom 14.7.1940; ders.: »E. M. Arndts
Erinnerungen« in: *Das Reich*, Nr. 11 vom 4.8.1940; Elly Heuss-Knapp:
»Strassburg. Prophezeiung, Traum und Wirklichkeit«, in: *Das Reich*,
Nr. 7 vom 7.7.1940; Defensive, S. 399f.; Becker, S. 85; Burger, S. 354;
Defensive, S. 430, Fußnote 4; Heuss über Stephan, 26. September 1946,
in: Archiv des Liberalismus, NL Werner Stephan 1310; Werner Ste-

phan: Acht Jahrzehnte erlebtes Leben. Ein Liberaler in vier Epochen, Düsseldorf 1983, S.240 (künftig: Stephan: Jahrzehnte); Defensive, S.319, Fußnote 12, S.325, Fußnote 6 und S.326; Margret Boveri: Heuss. Die Literarische Gestalt, Essay, vorangestellt der Bibliographie der Schriften und Reden von Theodor Heuss und Elly Heuss-Knapp, herausgegeben von der Württembergischen Bibliotheksgesellschaft zum 70. Geburtstag von Theodor Heuss, Stuttgart 1954, S.30 und S.35; Theodor Heuss: Friedrich Naumann, Tübingen 1949, S.515

20 Theodor Heuss: Deutsche Gestalten. Studien zum 19. Jahrhundert, Tübingen 1951; Theodor Heuss: Schattenbeschwörung. Randfiguren der Geschichte, Frankfurt am Main 1954 (Lizenzausgabe des Wunderlich-Verlags Tübingen); Defensive, S.348; Theodor Heuss: Hans Poelzig. Bauten und Entwürfe. Das Lebensbild eines deutschen Baumeisters, Berlin 1939, sowie Theodor Heuss: Hans Poelzig. Das Lebensbild eines deutschen Baumeisters, Tübingen 1948

21 Theodor Heuss: Anton Dohrn in Neapel, Berlin / Zürich 1940; Defensive, S.360; Theodor Heuss: »Besuch in Rom«, in: *Die Hilfe* vom 12.12.1939; Defensive, S.362 und S.36; Stolper, S.385

22 Defensive, S.353; Theodor Heuss: »Der totale Krieg«, in: *Die Hilfe* vom 10.10.1939; Defensive, S.62, S.426 und S.428; Theodor Heuss: »Das Ende«, in: Aufzeichnungen 1945–47, Tübingen 1966, S.52 (künftig: Ende); Theodor Heuss: »In Memoriam« in: Reden I, S.68; Kurlander, S.145f. und S.234

23 Defensive, S.460; Heß: Nazis, S.177–179; Defensive, S.455–457

24 Defensive, S.471 und S.519f.; »Willy Andreas«, in: Begegnungen, S.117–122; Jürgen C. Heß: »Theodor Heuss und der Widerstand gegen den Nationalsozialismus«, in: *liberal* 36/1994, S.65; Joachim Scholtyseck: Robert Bosch und der 20. Juli 1944, München 1999; Heß: Nazis, S.181–187

25 Defensive, S.514–517 und S.521; Theodor Heuss: »Die Besetzung von Heidelberg«, in: Aufzeichnungen 1945–47, Tübingen 1966, S.40–43 und: Ende, S.50 und S.65

1  Theodor Heuss: 1949 – Rede vor dem Parlamentarischen Rat am
   8. Mai 1949 in: Reden I, S. 86; Jürgen C. Heß: »Machtlos inmitten
   des Mächtespiels der anderen. Theodor Heuss und die deutsche Frage
   1945–49«, in: *VfZ* Heft 1, 33. Jg. 1985, S. 111 f. (künftig: Heß: Machtlos); Theodor Heuss: »Betrachtungen zur innerpolitischen Lage«, in:
   ders.: Aufzeichnungen 1945–1947, Tübingen 1966, S. 83 (künftig:
   Aufzeichnungen); Theodor Heuss: »In Memoriam«, in: Reden I, S. 64 f.
   und S. 71 f.; Ulrich Baumgärtner: Reden nach Hitler. Theodor Heuss –
   Die Auseinandersetzung mit dem Nationalsozialismus, Stuttgart 2001,
   S. 102 (künftig: Baumgärtner)
2  Theodor Heuss: »Deutsche Presse«, in: *Rhein-Neckar-Zeitung* (künftig: *RNZ*), Nr. 1 vom 5.9.1945; Burger, S. 394, S. 399 und S. 407–414;
   Jürgen C. Heß: »Erste Wege durch das Ruinenfeld. Theodor Heuss und
   der Neubeginn – Liberale Rhetorik 1945/46«, in: Heidelberg 1945,
   herausgegeben von Jürgen C. Heß, Hartmut Lehmann und Volker
   Sellin, Stuttgart 1996, S. 363 f. (künftig: Heß: Ruinenfeld); Theodor
   Heuss: Die deutsche Nationalidee im Wandel der Geschichte, Vortrag
   am 27. Mai 1946 in der Universität Tübingen, Stuttgart o. J., S. 31
   (künftig: Nationalidee); Theodor Heuss: Erzieher zur Demokratie.
   Briefe 1945–1949, herausgegeben und bearbeitet von Ernst Wolfgang
   Becker, München 2007, S. 48 und S. 191 (künftig: Erzieher); Aufzeichnungen, S. 97–110
3  Pikart: Heuss, S. 240; Erzieher, S. 171 f. und S. 246; Burger, S. 241;
   Rudolf Agricola: »Demokratie«, in: *Mannheimer Morgen* vom
   5.6.1948
4  Erzieher, S. 22, S. 106, S. 176 und S. 194; Bürgerin, S. 300–303
5  Erzieher, S. 114; Ernst Ludwig Heuss an seine Eltern, handschriftlicher
   Brief von Ernst Ludwig Heuss an seine Eltern vom 11. Juni 1945,
   Familienarchiv Heuss, Basel; Erzieher, S. 162 und S. 180; Bürgerin,
   S. 312
6  Bürgerin, S. 301; Erzieher, S. 189, S. 227 f. und S. 239 f.; »Theodor
   Bäuerle«, in: Begegnungen, S. 131–135; »Franz Waldemar Frech«, in:
   Begegnungen, S. 136–143; Petra Weber: Carlo Schmid 1896–1979.
   Eine Biographie, München 1996, S. 314 (künftig: Weber)
7  Erzieher, S. 231; »Zur staatsrechtlichen Gestaltung Deutschlands«, in:

Aufzeichnungen, S. 135–139; Erzieher, S. 250, S. 259 und S. 266f.; Theodor Heuss: »Wiedersehen mit Oxford«, in: *RNZ* vom 1.5.1947; ders.: »Englandreise 1947«, in: *RNZ* vom 3.5.1947; Erzieher, S. 444f.

8 Theodor Heuss: 1848. Werk und Erbe, Tübingen 1948; Baumgärtner, S. 95f.; Erzieher, S. 159–161; Theodor Heuss: »Deutschland. Schicksal und Aufgabe«, Rede vor dem Kulturbund in Berlin am 18. März 1946, in: Aufzeichnungen, S. 184–208, dort unter dem Titel: »Um Deutschlands Zukunft«.

9 Theodor Heuss: »Das Ende der deutschen Wehrmacht«, in: *RNZ* vom 12.9.1945; Burger, S. 416; Erzieher, S. 138–141 und S. 248f.; Theodor Heuss: »Pensionen für Offiziere?«, in: *RNZ* vom 4.3.1948; Erzieher, S. 191 und S. 416; ders.: »Anklageschrift Nürnberg«, in: *RNZ* vom 24.10.1945; Erzieher, S. 247–250; Theodor Heuss: »Bindung und Freiheit«, in: Aufzeichnungen, S. 168; Theodor Heuss: »Rede in Memoriam«, in: Reden I, S. 63–71; Baumgärtner, S. 86 und S. 91; Erzieher, S. 44

10 Erzieher, S. 130, S. 115f., S. 120 und S. 129f.

11 Erzieher, S. 297–301; Jürgen C. Heß: »Fehlstart. Theodor Heuss und die Demokratische Partei Deutschlands 1947/48«, in: *Jahrbuch zur Liberalismus-Forschung*, 9. Jg. 1997, S. 83–121 (künftig: Heß: Fehlstart); Erzieher, S. 321–325 und S. 330–334; Heß: Fehlstart, S. 116–119

12 Erzieher, S. 366f.; Tagebuchbriefe, S. 395

13 Erzieher, S. 402 und S. 462; Theodor Heuss: »Das ABC des Parlamentarischen Rates«, in: Streiten um das Staatsfragment. Theodor Heuss und Thomas Dehler berichten von der Entstehung des Grundgesetzes, herausgeben von Thomas Hertfelder und Jürgen C. Heß, Stuttgart 1999 (künftig: Streiten); Carlo Schmid: Parlamentarische Elegie im Januar, Stuttgart 1999; Begegnungen, S. 150

14 Erzieher, S. 402, S. 431 und S. 486

15 Erzieher, S. 446 und S. 467f.

16 Weber, S. 336f.; Carlo Schmid: Rede im Parlamentarischen Rat am 8. September 1948, in: Akten und Protokolle, Bd. 9, herausgegeben von Harald Boldt, München 1996, S. 20ff.; Theodor Heuss: Rede im Württemberg-Badischen Landtag am 7. Juli 1948, zitiert nach Heß: Machtlos, S. 117; Streiten, S. 134; Theodor Heuss: »Die Präambel«, in: *RNZ* vom 11.10.1948

17 Weber, S. 355–357; Begegnungen, S. 150

18  Tagebuchbriefe, S. 428f.; Theodor Heuss: Rede im Parlamentarischen
    Rat am 9. September 1948, in: Theodor Heuss. Vater der Verfassung,
    herausgegeben und bearbeitet von Ernst Wolfgang Becker, München
    2009, S. 51f. (künftig: Vater der Verfassung); Erzieher, S. 418–420;
    Theodor Heuss: »Wahlfreiheit«, in: RNZ vom 19.2.1949; ders: »Nach
    der ersten Lesung«, in: RNZ vom 11.12.1948; Dolf Sternberger:
    »Demokratie der Furcht oder der Courage?«, in: Die Wandlung, Heft
    1, 1949, S. 3–15
19  Jürgen C. Heß: Verfassungsarbeit. Theodor Heuss und der Parlamen-
    tarische Rat, Berlin 2008, S. 29 und S. 41; Becker, S. 114f.; Vater der
    Verfassung, S. 78
20  Erzieher, S. 433 und S. 478; Begegnungen, S. 148–161; Vater der Verfas-
    sung, S. 84–91; Erzieher, S. 518–520
21  Erzieher, S. 418–420; Vater der Verfassung, S. 59; Erzieher S. 421–425
    und S. 462
22  Vater der Verfassung, S. 60; Thomas Dehler: »FDP fordert Präsidial-
    regierung«, in: Streiten, S. 101–103
23  Peter Lösche / Franz Walter: Die FDP. Richtungsstreit und Zukunfts-
    zweifel, Darmstadt 1966; Ernst Mayer – zitiert nach Heß: Fehlstart,
    S. 96; Erzieher, S. 433–434 und S. 450f.; Jürgen C. Heß: »Theodor
    Heuss aus der Perspektive des Counter Intelligence Corps der US
    Army, 15. September 1949«, in: Jahrbuch zur Liberalismus-Forschung,
    17. Jg. 2005, S. 111; Erzieher, S. 448; Ernst Wolfgang Becker: »Ein
    Intellektueller für die Vitrine? Theodor Heuss und die Neubegründung
    des Liberalismus in Deutschland 1945–1949«, in: Jahrbuch zur Libera-
    lismus-Forschung, 20. Jg. 2008, S. 31f. und S. 41ff.
24  Erzieher, S. 481f. und S. 484f.; Vater der Verfassung, S. 82; Erzieher,
    S. 510 und S. 524f.
25  dpd 219 vom 18. August 1949 – Politische Nachrichten aus Deutsch-
    land A 13; Auftakt zur Ära Adenauer. Koalitionsverhandlungen und
    Regierungsbildung 1949, Dokument 4 (Quellen zur Geschichte des
    Parlamentarismus in Deutschland, Vierte Reihe, Deutschland seit 1945,
    Bd. 3, bearbeitet von Udo Wengst), Düsseldorf 1958, (künftig: Wengst);
    Manfred Görtemaker: Geschichte der Bundesrepublik Deutschland
    von der Gründung bis zur Gegenwart, München 1999, S. 87–89 (künf-
    tig: Görtemaker); Wengst, Dokumente 61 und 68, Sitzungen der Bun-
    destagsfraktion der CDU/CSU vom 6. und 11. September 1949; Fried

Wesemann: »Nach der Wahl des Bundespräsidenten«, in: *Frankfurter
Rundschau* vom 14.9.1949; »Glückwünsche der Parteien«, in: *Die
Neue Zeitung,* vom 14.9.1949.

26  Theodor Heuss: Führer aus deutscher Not, Leipzig 1927, S. 96f. und
101; Theodor Heuss: Rede Bonn 12. September 1949, in: Reden I,
S. 88–98

## Der Präsident füllt ein Paragraphengespinst

1  Theodor Adorno: Gedenkrede auf Theodor Heuss auf dem 15. Deutschen Soziologentag im April 1964 in Heidelberg, in: *Die Welt* vom
9.5.1964; Gerhard Stadelmaier: »Mein Bundespräsident«, in: *Frankfurter Allgemeine Zeitung* (künftig: *FAZ*) vom 14.1.2012; *Die Zeit* vom
1.9.1949; »Porträt Theodor Heuss«, in: Presseumschau der *Neuen
Zeitung* vom 19.9.1949; *Der Telegraf* zitiert nach Zeitungsumschau
des *Berliner Kuriers* vom 13.9.1949; *The Observer* vom 18.9.1949;
*Herald Tribune* vom 13.9.1949; »Der Widerhall der Präsidentenwahl«,
in: *Kölnische Rundschau* vom 13.9.1949

2  *Christ und Welt* vom 15.9.1949; Günther Scholz: Die Bundespräsidenten, Bonn 1996, S. 117–121 (künftig: Scholz); Bürgerin S. 335

3  Helmut Vogt: »Der Herr Minister wohnt in einem Dienstwagen auf
Gleis 4«. Die Anfänge des Bundes in Bonn 1949/50, Bonn 1999; «Die
ganze deutsche Not schlägt Tag um Tag an unsere Tür«, in: *Stuttgarter Nachrichten* vom 3.10.1949; Begegnungen, S. 170; Paul Wilhelm
Wenger: »Beim Bundespräsidenten«, in: *Rheinischer Merkur* vom
29.10.1949

4  Wengst, Dokument 71, Stenographische Niederschrift Sitzung der Bun-
destagsfraktion der CDU/CSU am 14. September 1949, S. 363; Konrad
Adenauer: Erinnerungen 1955–59, Stuttgart 1967, S. 503; Wengst, s. o.
S. 377; Theodor Heuss / Konrad Adenauer: Unserem Vaterland zuliebe.
Der Briefwechsel, bearbeitet von Hans-Peter Mensing, Berlin 1989,
S. 275 (künftig: Vaterland); Arnulf Baring: Im Anfang war Adenauer.
Die Entstehung der Kanzlerdemokratie, München 1982, S. 288 (künf-
tig: Baring); Vaterland, S. 264 und S. 279

5  »Absolut gegen einen Wehrbeitrag«, Bericht der *FAZ* vom 9.12.1949
über ein AP-Interview mit dem Bundespräsidenten; Vaterland, S. 35f.;

Hans-Peter Schwarz: Konrad Adenauer. Der Aufstieg, Stuttgart 1986, S. 128 (künftig: Schwarz: Aufstieg); Guido Müller: »Adenauer und Heuss. Ein Vergleich der soziokulturellen und politischen Lebenswelten wie der bürgerlichen Politikerbiographien bis 1933«, in: *Geschichte im Westen* (GiW) Jahrgang 19, Rhein / Eifel 2004, S. 135–148; Tagebuchbriefe, S. 419; Eberhard Pikart: Theodor Heuss und Konrad Adenauer. Die Rolle des Bundespräsidenten in der Kanzlerdemokratie, Stuttgart / Zürich 1971, S. 18 (künftig: Pikart)

6   »Nur der Schah von Persien gratulierte«, in: *Westdeutsche Allgemeine Zeitung* vom 5.1.1950; »Staatsempfang ohne Diplomaten«, in: *Westfalen-Zeitung* vom 4.1.1950; »Ein Gespräch im Sonderzug«, in: *Süddeutsche Zeitung* (künftig: *SZ*) vom 8./9.10.1949; Frank Kopitsch: »Des Bundespräsidenten Theodor Heuss erster Staatsbesuch in Hamburg im März 1950«, in: Bewahren und Berichten. Festschrift für Hans-Dieter Loose zum 60. Geburtstag, herausgegeben von Hans Wilhelm Eckardt, Hamburg 1997, S. 503–522; F. R. Allemann: »Heuß in der Reserve«, in: *Die Tat* vom 16.5.1950

7   Theodor Heuss: Hochverehrter Herr Bundespräsident! Der Briefwechsel mit der Bevölkerung 1949–1959, herausgegeben und bearbeitet von Wolfram Werner, Berlin / New York 2010, S. 79f., S. 101, S. 125f., S. 258, S. 270f. und S. 304f. (künftig: Briefwechsel); Pikart, S. 100–113; auch Wengst: Staatsaufbau, S. 278 und S. 286–290; Baring, S. 285; Karl Dietrich Bracher: Theodor Heuss und die Wiederbegründung der Demokratie in Deutschland, Tübingen 1965, S. 32 (künftig: Bracher); Tagebuchbriefe, S. 20 und S. 222

8   Konrad Adenauer und Theodor Heuss – Unter vier Augen. Gespräche aus den Gründerjahren, bearbeitet von Hans-Peter Mensing, Berlin 1997, S. 65, S. 68, S. 81, S. 360ff. und S. 373 (künftig: Vier Augen); Theodor Heuss: An und über Juden. Aus Schriften und Reden (1906–1963), zusammengestellt und herausgegeben von Hans Lamm, Vorwort von Karl Marx, Düsseldorf / Wien 1964, S. 9 (künftig: Heuss: Juden); Theodor Heuss: »Leo Baeck zum 80. Geburtstag«, in: *Neue Zeitung* vom 23./24.5.1953; »Präsident Heuss hofft auf Beziehungen zwischen Deutschland und Israel«, in: *Neue Zeitung* vom 28.11.1949; Baumgärtner, S. 191

9   Theodor Heuss: »Mut zur Liebe«, in: Reden I, S. 99–107; Briefwechsel, S. 99f.; Guido Müller: »Moral und Politik. Das Beispiel der Biographie

von Theodor Heuss«, in: Geschichte der Politik. Alte und neue Wege, herausgegeben von Hans-Christoph Kraus und Thomas Nicklas *(Historische Zeitschrift*, Beiheft 44), München 2007, S. 333–350; Ralph Giordano: Die zweite Schuld oder Von der Last Deutscher zu sein, Hamburg 1990, S. 269; Baumgärtner, S. 185–209 und S. 200ff.; Winkler: Weg II, S. 169

10 Rundfunkansprache zur Woche der Brüderlichkeit 1952, in: Heuss: Juden, S. 129–134; Becker, 138f.; Theodor Heuss: Der Bundespräsident – Briefe 1949–1954, herausgegeben und bearbeitet von Ernst Wolfgang Becker / Martin Vogt und Wolfram Werner, Berlin / Boston 2012, S. 391f. (künftig: Briefe Präsident); Baumgärtner, S. 252f.

11 Matthias Rensing: Geschichte und Politik in den Reden der deutschen Bundespräsidenten 1949–1984, Münster / New York 1996, S. 41 und S. 46; Reden I, S. 247–262; Baumgärtner, S. 307; Winkler: Weg II, S. 169f.; Briefe Präsident, S. 563; Briefwechsel, S. 360–362; Reden I, 108–119; Briefe Präsident, S. 368f.; Theodor Heuss: Würdigungen. Reden, Aufsätze und Briefe aus den Jahren 1949–1955, herausgegeben von Hans Bott, Tübingen 1955, S. 227–229; Briefe Präsident, S. 400f.

12 Helmut Vogt: Wächter der Bonner Republik. Die Alliierten Hohen Kommissare 1949–1955, Paderborn 2004, S. 161; »Neujahrsempfang«, in: *Frankfurter Rundschau* vom 8.1.1954; Ingelore Winter: Unsere Bundespräsidenten. Von Theodor Heuss bis Horst Köhler. Neun Porträts, 5. Auflage, Düsseldorf 2004, S. 28–38; Ursula Salentin: Die Villa Hammerschmidt als Amts- und Wohnsitz der Präsidenten der Bundesrepublik Deutschland, in: dies. und Liselotte Hammerschmidt: Chronik der Villa Hammerschmidt und ihrer Bewohner, Bergisch-Gladbach 1991, S. 157–174. Bürgerin, S. 351/52; Jüngling / Roßbeck, S. 272 und S. 274f.; Briefe Präsident, S. 350–352; Tagebuchbriefe, S. 62, S. 99, S. 106f. und S. 349

13 Theodor Heuss: »An die Jugend von Berlin«. Akademische Festrede des Bundespräsidenten bei der Feier der Berliner Hochschulen aus Anlaß der Anwesenheit des Herren Bundespräsidenten, veranstaltet von der Freien Universität Berlin am 1. November 1949 im Titaniapalast in Berlin; Ansprache von Bundespräsident Dr. Theodor Heuss am 16. Dezember 1949 vor den Studenten der Universität Heidelberg; »Burschen heraus«, in: *Der Spiegel* vom 10.6.1953

14 Tagebuchbriefe, S. 349 f.; Schwarz: Aufstieg, S. 706–708; Vaterland, S. 73, Briefe Präsident, S. 137–139; Klaus Goebel: »›Neugierig, was ich zum Schluß gedichtet haben werde‹. Der Streit um die deutsche Nationalhymne 1950–52«, in: Zum Ideologie-Problem in der Geschichte. Herbert Hörnig zum 60. Geburtstag, herausgegeben von Erik Gieseking / Irene Gückel / Hermann-Josef Scheidgen / Anselm Tiggermann, Lauf an der Pegnitz 2006, S. 119–137 (künftig: Goebel); Briefwechsel, S. 156 f.; Rudolf Augstein: »Theodor Heuss«, in: *Der Spiegel* vom 18.12.1963; Theodor Heuss: Silvesteransprache 1950; Briefwechsel, S. 156 f.

15 Schwarz: Aufstieg, S. 708; Henning Köhler: Adenauer. Eine politische Biographie, Berlin 1994, S. 581 f. (künftig: Köhler); Vaterland, S. 72–74; Briefe Präsident, S. 207 f.; Schreiben Odd Nansens an Willy Brandt vom 30.8.1951; Brief Willy Brandt (MdB) an Theodor Heuss vom 11. September 1951; Vaterland, S. 72–74, S. 99–102, S. 108–112 und S. 292–294; Goebel, S. 133 ff.

16 Baring, S. 380 f; Köhler, S. 758–766; Hans-Peter Schwarz: Adenauer. Der Staatsmann 1952–1967, Stuttgart 1991, S. 35–43 (künftig: Schwarz: Staatsmann); Verfassungskrise: »Montesquieu ist schuld«, in: *Der Spiegel* vom 17.12.1952; Briefe Präsident, S. 334 und S. 343–345; Theodor Heuss: Lieber Dehler. Briefwechsel mit Thomas Dehler, herausgegeben von Friedrich Henning, München / Wien 1983, S. 84 und S. 98; Vier Augen, S. 119; Tagebuchbriefe, S. 102, S. 110 und S. 130

17 Tagebuchbriefe, S. 105, S. 147, S. 152 und S. 155; »Heuss verleiht jungem Bergmann als erstem Deutschen das Bundesverdienstkreuz«, in: *Die Neue Zeitung* vom 20.9.1951; Briefe Präsident, S. 294; Mende, S. 411; Hans Rothfels: »Theodor Heuss. Die Frage der Kriegsorden und die Friedensklasse des Pour le mérite«, in: *VfZ*, Jg 17, Heft 4 (1969), S. 414–422; Tagebuchbriefe, S. 93, S. 105 f. und S. 543; Briefe Präsident, S. 187–189 und S. 200–202

18 Guido Müller: »Deutsche Kunstwerke für das Ausland. Theodor Heuss und die Dankspende des Deutschen Volkes 1951–1956«, in: Auswärtige Repräsentationen. Deutsche Kulturdiplomatie nach 1945, herausgegeben von Johannes Paulmann, Köln / Weimar / Wien 2005, S. 35–44; Tagebuchbriefe, S. 93 und S. 158; Begegnungen, S. 141; Theodor Heuss: »Zur Kunst dieser Gegenwart«, Rede vor dem Kulturkreis des Bundesverbandes der Deutschen Industrie, in: Theodor Heuss: Die

großen Reden. Der Humanist, Tübingen 1975, S. 237, S. 240 und S. 267 (künftig: Reden II); Tagebuchbriefe, S. 121, S. 124f. und S. 407; Thomas Hertfelder: »Der Bürger als Präsident«, in: *Zeitschrift für Württembergische Landesgeschichte*, 2007, S. 469ff; »Poetischer Umgang mit dem Staatsoberhaupt«, in: *Die Neue Zeitung* vom 4.11.1950

## Wiederwahl auf der Höhe seiner Popularität

1 »Die moralische Macht«, in: *SZ* vom 19.7.1945; »Heuß gehört nicht auf den Präsidentenstuhl« und »Verherrlichung der Diktatur«, in: *Neues Deutschland* vom 15.7.1954; »Berliner Ovationen für den Bundespräsidenten«, in: *FAZ* vom 19.7.1954; Tagebuchbriefe, S. 70 und S. 79; Margret Boveri: »Theodor Heuss. Die Literarische Gestalt«, in: Bibliographie der Schriften und Reden von Theodor Heuss und Elly Heuss-Knapp, herausgegeben von der Württembergischen Bibliotheksgesellschaft zum 70. Geburtstag von Theodor Heuss, Stuttgart 1954, S. 19f. und S. 83; Staatsbibliothek Berlin, NL Boveri 2699 und PK 26/ Mappe 6; Görtemaker: Boveri, S. 252f.; Briefe Präsident, S. 489–495

2 »Der letzte Selbstherrscher«, in: *Der Spiegel* vom 10.11.1954; »Schahbesuch«, in: *Der Spiegel* vom 09.3.1955; Tagebuchbriefe, S. 146; Theodor Heuss: »Eine bewegende Geschichtsgestalt«, in: *Bulletin der Bundesregierung*, Nr. 88, S. 833 von 15. Mai 1956; »Heuss in Athen feierlich empfangen«, in: *Stuttgarter Zeitung* vom 15.5.1956; »Professor Heuss in Greece«, in: *The London Times* vom 14.5.1956; Frieder Günther: Heuss auf Reisen, Stuttgart 2006, S. 49f. (künftig: Günther); Tagebuchbriefe, S. 175–180; »Heuss fuhr im Auto Atatürks«, *Welt am Sonntag* vom 12.5.1957; »Begeisterung, die fast beschämt«, in: *Christ und Welt* vom 23.5.1957; Günther, S. 118–126

3 Vaterland, S. 222f.; Günther, S. 100–117; Tagebuchbriefe, S. 223, S. 283 und S. 286f.; Günther, S. 131f. Herbert von Borch: »Wie Heuss in Amerika wirkt«, in: *Die Welt* vom 9.6.1958; Günther, S. 138–143; Tagebuchbriefe, S. 335f.; »Die wundersame Reise«, in: *Der Spiegel* vom 11.6.1958; Günther, S. 150–159; Rudolf Augstein: »Warum sie uns nicht mögen«, in: *Der Spiegel* vom 5.11.1958; Terence Prittie: »Guest of the Queen. President of Germany«, in: *Manchester Guardian* vom 20.10.1958; Theodor Heuss am 31.5.1958 an Heinrich von

Brentano, BArch. B 122/544; »Stellt die Deutschen in den Eisschrank«, Spiegel-Gespräch mit dem Daily Mirror-Kolumnisten Cassandra, in: *Der Spiegel* vom 12.11.1958

4   Carl Zuckmayer: Aufruf zum Leben. Porträts und Zeugnisse aus bewegten Zeiten, Frankfurt 1995, S. 237–239; Tagebuchbriefe, S. 75 und S. 89; BArch, B 122/200; Karl Moersch / Günther Willmann: »Theodor Heuss in Zeugnissen und Erinnerungen«, Feature des Südfunks Stuttgart vom 29.1.1984; Tagebuchbriefe, S. 70f., S. 151 und S. 228; Klüter Blätter. Deutsche Sammlung aus europäischem Geiste, Mappe 1, 1958, S. 9–16; Tagebuchbriefe, S. 182f.; »›Ich konnte Stresemann nicht leiden‹. Aus den Memoiren von Theodor Heuss«, in: *Der Spiegel* vom 23.10.1963

5   Briefe Präsident, S. 160–163; Winkler: Weg II, S. 167f.; Briefe Präsident, S. 171–173, S. 179f. und S. 206f.; Becker, S. 142; Vaterland, S. 258f. und S. 454; Görtemaker, S. 108f.; Vier Augen, S. 13 und S. 197

6   Tagebuchbriefe, S. 402; Vaterland, S. 220 und S. 439–449; BArch, N 1221/350; BArch, B122/2322, B122/2048 und N1221/353; Tagebuchbriefe, S. 129 und S. 134; Peter Mensing: »Theodor Heuss und Konrad Adenauer im Gespräch. Neue Erkenntnisse zu ihren amtlichen und persönlichen Kontakten«, in: Thomas Hertfelder / Gudrun Kruip: Heuss im Profil, Stuttgart 1997, S. 61–79; Vier Augen, S. 78; Tagebuchbriefe, S. 218 und S. 570; Vaterland, S. 189, S. 251, S. 228f. und S. 49f.; Vaterland, S. 178; Tagebuchbriefe, S. 522; DLA Marbach A Heuss 14/192

7   Vaterland, S. 223–226; Tagebuchbriefe, S. 308; Werner Stephan: Acht Jahrzehnte erlebtes Deutschland. Ein Liberaler in vier Epochen, Düsseldorf 1983, S. 316; Monika Fassbender: »Die Friedrich-Naumann-Stiftung als Vermächtnis von Theodor Heuss?«, in: *Jahrbuch zur Liberalismus Forschung*, 20. Jg. 2008, S. 113–128

8   Reden I, S. 281–301; BArch B 122/627; Tagebuchbriefe, S. 430; Vier Augen, S. 124 und S. 127; Tagebuchbriefe, S. 118; BArch N 239 [v. Brentano 167]

9   Benno Reifenberg: »Das Dezennium Heuss«, in: *FAZ* vom 31.1.1959; Junius: »Der Fünfundsiebzigjährige«, in: *SZ* vom 31.1.1959; Rudolf Alexander Schröder: »Vater des Vaterlandes«, in: *Rheinische Post* vom 31.1.1959; Hans J. Burckhardt: »Der Bundespräsident«, in: *Die Zeit* vom 30.1.1959; Paul Gerhardt: »Dank an Theodor Heuss«, in: *Christ*

*und Welt* vom 30.1.1959; Walter Henkels: »Geburtstagsgast bei Theodor Heuss« in: *FAZ* vom 2.2.1959

10 Neujahrsansprache: BArch, B122/2891; Vaterland, S. 248 f.; Vier Augen, S. 259 f.; Tagebuchbriefe, S. 297–301 und S. 461; Hans-Peter Schwarz: Anmerkungen zu Adenauer, München 2004, S. 165; Vaterland, S. 262–269 – davon 267 ff.; Theodor Eschenburg: »Der nächste Bundespräsident – noch einmal Heuss?«, in: *Die Zeit* vom 11.9.1958; Schwarz: Staatsmann, S. 507

11 Tagebuchbriefe, S. 334, S. 440 und S. 444; Vaterland, S. 278–283; Vier Augen, S. 307–309; Arnulf Baring: »Der betuliche Präsident«, in: *Der Monat*, März 1966; Dolf Sternberger: »Demokratie der Furcht oder Demokratie der Courage?«, in: *Die Wandlung*, Heft 1, 1949; Margret Boveri: »Kraft und Schwächen der Harmonie. Zu den Tagebuchbriefen von Theodor Heuss«, in: *Merkur*, Heft 4, April 1971; Tagebuchbriefe, S. 80, S. 134 und S. 339; Hermann Rudolph in: Hildegard Hamm-Brücher / Theodor Heuss. Eine Bildbiographie, Stuttgart 1983, S. 150

12 Carlo Schmid: »Der Staatsmann Theodor Heuss«, in: *Freie Presse Bielefeld* vom 15.9.1959; Theodor Heuss: Mentor einer Epoche«, in: *Stuttgarter Zeitung* vom 14.9.1959; *Dagens Nyheter* vom 13.9.1959; *Neue Zürcher Zeitung* vom 14.9.1959; Jahrbuch der Öffentlichen Meinung 1958–1964, herausgegeben von Elisabeth Noelle und Erich Peter Neumann, Allensbach / Bonn 1965; »Tausende winkten Lebewohl«, in: *Neue Rhein Zeitung* vom 17.9.1959; »Heuss sein Häusle«, in: *Die Zeit* vom 25.9.1959

13 Burger, S. 469; Tagebuchbriefe, S. 441, S. 446 f., S. 451, S. 453, S. 465 und S. 510 f.; Tagebuchbriefe, S. 470–473; Vaterland, S. 300–303; »Der private Besuch«, in: *FAZ* vom 9.3.1960; »Heuss besucht schwäbische Israelis«, in: *SZ* vom 14.5.1960; »Keine seelische Beruhigungsreise«, in: *Allgemeine Wochenzeitung der Juden in Deutschland* vom 8.7.1960; Tagebuchbriefe, S. 477; Theodor Heuss: Staat und Volk im Werden. Reden in und über Israel, München 1960, S. 56–63 und S. 83 f.

14 »Ein Besucher nach Maß. Theodor Heuss reist nach Indien«, in: *Frankfurter Neue Presse* vom 27.10.1960; »Professor Heuss – Bonns bester ›salesman‹«, in: *Basler Nachrichten* vom 12.11.1960; Tagebuchbriefe, S. 367 und S. 482–491; »Oxford Honours Dr. Heuss«, in: *The Times* vom 22.6.1961; »Oxford feiert Heuss: Leserzuschrift«, in: *FAZ* vom 27.6.1961

15  Becker, S. 168; Theodor Heuss: 150 Jahre Krupp, Tübingen 1962;
    Peter Brügge: »Bier vom Faß im Chinazimmer«, in: *Der Spiegel* vom
    29.11.1961; Tagebuchbriefe, S. 469; BArch, 11221,63,6; »Heuss rügt
    Angriffe gegen Emigranten«, in: *FAZ* vom 24.4.1961; »Reinigendes
    Gewitter?«, in: *Bremer Nachrichten* vom 25.4.1961; »So war er – und
    so ist er«, in: *FAZ* vom 24.4.1961; Tagebuchbriefe, S. 497

16  »Theodor Heuss in der Wahlkampfarena«, in: *Hannoversche Allge-*
    *meine Zeitung* vom 11.3.1961; »Heuss bekennt sich zur FDP«, in:
    *Deutsche Zeitung* vom 25.3.1961; Feddersen/Dittmar: »»Gehört
    Theodor Heuss in den Wahlkampf? – Pro und Contra«, in: *Neue*
    *Rhein/Ruhr Zeitung* vom 25.3.1961; Jürgen Tern: »In seinem Geist«,
    in: *FAZ* vom 24.3.1961; Tagebuchbriefe, S. 494–496 sowie S. 481 und
    S. 509; Becker, S. 170f.

17  Tagebuchbriefe, S. 494 und S. 508f.; »Heuss für einige Tage im Kran-
    kenhaus«, in: *FAZ* vom 10.4.1962; Fragmente, S. 9–11

18  »Stuttgart nimmt Abschied von Theodor Heuss« und: »Trauerfeier
    ohne Pathos«, in: *Stuttgarter Nachrichten* vom 16. bzw. 18.12.1963

# Auswahlbibliographie

Adenauer, Konrad: Teegespräche 1950–1954, bearbeitet von Hanns Jürgen Küsters, Berlin 1984

Adenauer, Konrad/Heuss, Theodor: Unter vier Augen. Gespräche aus den Gründerjahren 1949–1959, bearbeitet von Hans-Peter Mensing, Berlin 1997 (Vier Augen)

Anker, Josef: »Paul Rohrbach«, in: Biographisch-Bibliographisches Kirchenlexikon, Band VIII, 1994

Baring, Arnulf: Außenpolitik in Adenauers Kanzlerdemokratie, München 1969

Baring, Arnulf: Im Anfang war Adenauer. Die Entstehung der Kanzlerdemokratie, München 1982 (Baring)

Baumgärtner, Ulrich: Reden nach Hitler. Theodor Heuss – Die Auseinandersetzung mit dem Nationalsozialismus, Stuttgart 2001 (Baumgärtner)

Becker, Ernst Wolfgang: »Ein Intellektueller für die Vitrine? Theodor Heuss und die Neubegründung des Liberalismus in Deutschland 1945–1949«, in: *Jahrbuch zur Liberalismus-Forschung*, 20. Jg. 2008

Becker, Ernst Wolfgang: Ermächtigung zum politischen Irrtum. Die Zustimmung zum Ermächtigungsgesetz von 1933 und die Erinnerungspolitik im ersten württemberg-badischen Untersuchungsausschuss der Nachkriegszeit, Stuttgart 2002

Becker, Ernst Wolfgang: Theodor Heuss. Bürger im Zeitalter der Extreme, Stuttgart 2011 (Becker)

Becker, Ernst Wolfgang/Rösslein, Thomas (Hrsg.): Politischer Irrtum im Zeugenstand. Der Untersuchungsausschuss des Württemberg-Badischen Landtags 1947 zum »Ermächtigungsgesetz« vom 23. März 1933, Stuttgart/München 2003 (Zeugenstand)

Böhme, Klaus: Aufrufe und Reden deutscher Professoren im Ersten Weltkrieg, Stuttgart 1975

Bott, Hans: Theodor Heuss in seiner Zeit, Göttingen/Frankfurt am Main/Zürich 1966

Bott, Hans/Leins, Hermann (Hrsg.): Begegnungen mit Theodor Heuss, Tübingen 1954 (Begegnungen)

Boveri, Margret: »Kraft und Schwächen der Harmonie. Zu den Tagebuchbriefen von Theodor Heuss«, in: *Merkur*, Heft 4, April 1971

Boveri, Margret: »Theodor Heuss. Die literarische Gestalt«, in: Bibliographie der Schriften und Reden von Theodor Heuss und Elly Heuss-Knapp, herausgegeben von der Württembergischen Bibliotheksgesellschaft 1954 zum 70. Geburtstag von Theodor Heuss, Stuttgart 1954

Bracher, Karl Dietrich: Theodor Heuss und die Wiederbegründung der Demokratie in Deutschland, Tübingen 1965 (Bracher)

Bracher, Karl Dietrich/Morsey, Rudolf/Schwarz, Hans-Peter (Hrsg.): Auftakt zur Ära Adenauer. Koalitionsverhandlungen und Regierungsbildung 1949, Dokument 4, (Quellen zur Geschichte des Parlamentarismus in Deutschland, Vierte Reihe, Deutschland seit 1945, Bd. 3, bearbeitet von Udo Wengst), Düsseldorf 1985 (Wengst)

Brentano, Lujo: Mein Leben im Kampf um die soziale Entwicklung Deutschlands, Jena 1931 (Brentano)

Burger, Reiner: Theodor Heuss als Journalist. Beobachter und Interpret von vier Epochen deutscher Geschichte, Münster 1999 (Burger)

Burkhardt, Florian: Ästhetik und Politik bei Theodor Heuss in der Weimarer Republik, Magisterarbeit an der Philosophisch-Historischen Fakultät der Universität Stuttgart, Stuttgart, Februar 2011

Campbell, Joan: Der deutsche Werkbund 1907–1934, Stuttgart 1981 (Campbell)

Conze, Werner: »Friedrich Naumann. Grundlagen und Ansatz seiner Politik in der nationalsozialen Zeit (1865 bis 1903)«, in: Schicksalswege deutscher Vergangenheit. Beiträge zur geschichtlichen Deutung der letzten hundertfünfzig Jahre, herausgegeben von Werner Hubatsch, Düsseldorf 1950 (Conze)

Dehio, Ludwig: »Georg Friedrich Knapp 1842–1926«, in: Die großen Deutschen, Bd. 5, Berlin 1957

Dorrmann, Michael: Einführung zu Theodor Heuss. Bürger der Weimarer Republik. Briefe von 1918–1933, München 2008

Ekstein, Modris: Theodor Heuss in der Weimarer Republik, Stuttgart 1969 (Ekstein)

Fassbender, Monika: »Die Friedrich-Naumann-Stiftung als Vermächtnis von Theodor Heuss?«, in: *Jahrbuch zur Liberalismus Forschung*, 20. Jg. 2008

Fischer, Fritz: Krieg der Illusionen. Die deutsche Politik von 1911–1914, Düsseldorf 1969

Freiligrath, Ferdinand: Ça ira!, Sechs Gedichte, Herisau 1846

Freiligrath, Ferdinand: Neuere politische und soziale Gedichte, Wien, Ebook EAN 9783843002806

Freund, Michael: Deutsche Geschichte. Von den Anfängen bis zur Gegenwart, München 1970

Frölich, Jürgen: »Opposition und Widerstand auf liberaler Grundlage«, in: Widerstand gegen die nationalsozialistische Diktatur 1933–1945, herausgegeben von Peter Steinbach und Johannes Tuchel, Bonn 2004

Frölich, Jürgen: »Von Heilbronn in den Reichstag. Theodor Heuss, Friedrich Naumann und die ›Hottentotten-Wahlen‹ in Heilbronn 1907«, in: *Zeitschrift für Württembergische Landesgeschichte* 67 (2008)

Geiss, Imanuel: Das Deutsche Reich und der erste Weltkrieg, München/Wien 1983

Gerlach, Hellmut von: Von Rechts nach Links, Hildesheim 1978 (Neudruck der Ausgabe des Europa-Verlags Zürich 1937)

Giordano, Ralph: Die zweite Schuld oder Von der Last Deutscher zu sein, Hamburg 1990

Goebbels, Joseph: Vom Kaiserhof zur Reichskanzlei, München 1934

Goebel, Klaus: »›Neugierig, was ich zum Schluß gedichtet haben werde‹. Der Streit um die deutsche Nationalhymne 1950–52«, in: Zum Ideologie-Problem in der Geschichte. Herbert Hömig zum 65. Geburtstag, herausgegeben von Erik Gieseking, Irene Gückel, Hermann-Josef Scheidgen und Anselm Tiggermann, Europaforum Verlag, Lauf an der Pegnitz 2006 (Goebel)

Gorges, Irmela: Sozialforschung in Deutschland 1872–1914. Gesellschaftliche Einflüsse auf Themen- und Methodenwahl des Vereins für Sozialpolitik, Frankfurt am Main 1986

Görtemaker, Heike B.: Ein deutsches Leben. Die Geschichte der Margret Boveri 1900–1975, München 2005 (Görtemaker: Boveri)

Görtemaker, Manfred: Geschichte der Bundesrepublik Deutschland von der Gründung bis zur Gegenwart, München 1999 (Görtemaker)

Günther, Frieder: Heuss auf Reisen. Die auswärtige Repräsentation der Bundesrepublik durch den ersten Bundespräsidenten, Stuttgart 2006

Haarmann, Hermann/Huder, Walter/Siebenhaar, Klaus (Hrsg.): »Das war ein Vorspiel nur …« Bücherverbrennung Deutschland 1933. Voraussetzungen und Folgen, Berlin 1983

Hamm-Brücher, Hildegard/Rudolph, Hermann: Theodor Heuss. Eine Bildbiographie, Stuttgart 1983

Hamm-Brücher, Hildegard: Und dennoch… Nachdenken über Zeitgeschichte, Erinnern für die Zukunft, München 2011

Hertfelder, Thomas: »Der Bürger als Präsident«, in: *Zeitschrift für Württembergische Landesgeschichte,* 2007

Hertfelder, Thomas: »Theodor Heuss vor 1933. Zwischen Aufschwung und Krise«, in: 20 Jahre Geschichtsverein Leinfelden-Echterdingen e.V. Bd. 2: Beiträge 1996–2005, Leinfelden-Echterdingen 2005 (Hertfelder)

Hertfelder, Thomas/Heß, Jürgen C. (Hrsg.): Streiten um das Staatsfragment. Theodor Heuss und Thomas Dehler berichten von der Entstehung des Grundgesetzes, Stuttgart 1999 (Streiten)

Hertfelder, Thomas/Ketterle, Christiane (Hrsg.): Theodor Heuss. Publizist – Politiker – Präsident, Begleitband zur ständigen Ausstellung im Theodor-Heuss-Haus, Stuttgart 2003

Hertfelder, Thomas/Kruip, Gudrun: Heuss im Profil, Stuttgart 1997

Heß, Jürgen C.: »Das ganze Deutschland soll es sein«. Demokratischer Nationalismus in der Weimarer Republik am Beispiel der Deutschen Demokratischen Partei, Stuttgart 1978

Heß, Jürgen C.: »Die deutsche Lage ist ungeheuer ernst geworden«, in: *Jahrbuch zur Liberalismus-Forschung,* 6. Jg. 1994 (Heß: Lage)

Heß, Jürgen C.: »›Die Nazis haben gewusst, daß wir ihre Feinde gewesen und geblieben sind‹. Theodor Heuss und der Widerstand gegen den Nationalsozialismus«, in: *Jahrbuch zur Liberalismus-Forschung,* 14. Jg. 2002 (Heß: Nazis)

Heß, Jürgen C.: »Erste Wege durch das Ruinenfeld. Theodor Heuss und der Neubeginn – Liberale Rhetorik 1945/46«, in: Heidelberg 1945, herausgegeben von Jürgen C. Heß, Hartmut Lehmann und Volker Sellin, Stuttgart 1996 (Heß: Ruinenfeld)

Heß, Jürgen C.: »Fehlstart. Theodor Heuss und die Demokratische Partei

Deutschlands 1947/48«, in: *Jahrbuch zur Liberalismus-Forschung, 9.* Jg. 1997 (Heß: Fehlstart)

Heß, Jürgen C.: »Machtlos inmitten des Mächtespiels der anderen. Theodor Heuss und die deutsche Frage 1945–49«, in: *VfZ* Heft 1, 33. Jg. 1985 (Heß: Machtlos)

Heß, Jürgen C.: »Theodor Heuss aus der Perspektive des Counter Intelligence Corps der US Army, 15. September 1949«, in: *Jahrbuch zur Liberalismus-Forschung,* 17. Jg. 2005

Heß, Jürgen C.: »Theodor Heuss und der Widerstand gegen den Nationalsozialismus«, in: *liberal* 36/1994

Heß, Jürgen C.: Theodor Heuss vor 1933. Ein Beitrag zur Geschichte des demokratischen Denkens in Deutschland, Stuttgart 1973 (Heß: Heuss)

Heß, Jürgen C.: Verfassungsarbeit. Theodor Heuss und der Parlamentarische Rat, Berlin 2008

Heuss, Theodor: 1848. Die gescheiterte Revolution, Neuausgabe mit einem Vorwort von Richard von Weizsäcker, Stuttgart 1998

Heuss, Theodor: 1848. Werk und Erbe, Tübingen 1948

Heuss, Theodor: »An die Jugend von Berlin«. Akademische Festrede des Bundespräsidenten bei der Feier der Berliner Hochschulen aus Anlaß der Anwesenheit des Herren Bundespräsidenten, veranstaltet von der Freien Universität Berlin am 1. November 1949 im Titaniapalast in Berlin, Berlin 1949

Heuss, Theodor: An und über Juden. Aus Schriften und Reden (1906–1963), zusammengestellt und herausgegeben von Hans Lamm, Vorwort von Karl Marx, Düsseldorf/Wien 1964 (Heuss: Juden)

Heuss, Theodor: Ansprache von Bundespräsident Dr. Theodor Heuss am 16. Dezember 1949 vor den Studenten der Universität Heidelberg

Heuss, Theodor: Anton Dohrn in Neapel, Berlin/Zürich 1940

Heuss, Theodor: Aufbruch im Kaiserreich. Briefe 1892–1917, herausgegeben und bearbeitet von Frieder Günther, München 2009 (Aufbruch)

Heuss, Theodor: Aufzeichnungen 1945–1947, Tübingen 1966 (Aufzeichnungen)

Heuss, Theodor: Bürger der Weimarer Republik. Briefe 1918–1933, herausgegeben von Michael Dorrmann, München 2008 (Weimar)

Heuss, Theodor: »Das ABC des Parlamentarischen Rates«, in: Streiten um das Staatsfragment. Theodor Heuss und Thomas Dehler berichten von der Entstehung des Grundgesetzes, herausgeben von Thomas Hertfelder und Jürgen C. Heß, Stuttgart 1999

Heuss, Theodor: »Denkschrift zur Errichtung einer Deutschen Hochschule für Politik«, in: Politische Bildung. Wille/Wesen/Ziel/Weg, Berlin 1921

Heuss, Theodor: Der Bundespräsident – Briefe 1949–1954, herausgegeben und bearbeitet von Ernst Wolfgang Becker/Martin Vogt und Wolfram Werner, Berlin/Boston 2012 (Briefe Präsident)

Heuss, Theodor: Deutsche Gestalten. Studien zum 19. Jahrhundert, Tübingen 1951

Heuss, Theodor: Die deutsche Nationalidee im Wandel der Geschichte, Vortrag am 27. Mai 1946 in der Universität Tübingen, Stuttgart o. J. (Nationalidee)

Heuss, Theodor: »Deutschland. Schicksal und Aufgabe«, Rede vor dem Kulturbund in Berlin am 18. März 1946, in: ders.: Aufzeichnungen 1945–1949, Tübingen 1966

Heuss, Theodor: Die großen Reden. Der Humanist, Tübingen 1975 (Reden II)

Heuss, Theodor: Die großen Reden. Der Staatsmann, Tübingen 1965 (Reden I)

Heuss, Theodor: Die Machtergreifung und das Ermächtigungsgesetz. Zwei nachgelassene Kapitel der Erinnerungen 1905–1933, herausgegeben von Eberhard Pikart, Tübingen 1967 (Fragmente)

Heuss, Theodor: Die neue Demokratie, Berlin 1920 (Die neue Demokratie)

Heuss, Theodor: Erinnerungen 1905–1933, Tübingen 1963 (Erinnerungen)

Heuss, Theodor: Erzieher zur Demokratie. Briefe 1945–1949, herausgegeben und bearbeitet von Ernst Wolfgang Becker, München 2007 (Erzieher)

Heuss, Theodor: Friedrich Naumann. Der Mann, das Werk, die Zeit, Stuttgart/Berlin 1937 (Heuss: Naumann)

Heuss, Theodor: Führer aus deutscher Not. Fünf politische Porträts, Leipzig 1927

Heuss, Theodor: Hans Poelzig. Bauten und Entwürfe. Das Lebensbild eines deutschen Baumeisters, Berlin 1939

Heuss, Theodor: Hitlers Weg. Eine historisch-politische Studie über den Nationalsozialismus. Geringfügig verkleinerter Nachdruck der 8., erw. Auflage, Stuttgart 1932, Hildesheim 2008 (Hitlers Weg)

Heuss, Theodor: Hitlers Weg. Eine Schrift aus dem Jahr 1932, neu herausgegeben und eingeleitet von Eberhard Jäckel, Tübingen 1968 (Jäckel: Einleitung)

Heuss, Theodor: Hochverehrter Herr Bundespräsident! Der Briefwechsel mit der Bevölkerung 1949–1959, herausgegeben und bearbeitet von Wolfram Werner, Berlin 2010 (Briefwechsel)

Heuss, Theodor: In der Defensive. Briefe 1933–1945, herausgegeben und bearbeitet von Elke Seefried, München 2009

Heuss, Theodor: Justus von Liebig. Vom Genius der Forschung, Hamburg 1942

Heuss, Theodor: Kapp-Lüttwitz. Das Verbrechen gegen die Nation, Berlin 1920

Heuss, Theodor: Kriegssozialismus, in: Der deutsche Krieg. Politische Flugschriften, 58. Heft, herausgegeben von Ernst Jäckh, Berlin/Stuttgart 1915

Heuss, Theodor: Lieber Dehler. Briefwechsel mit Thomas Dehler, herausgegeben von Friedrich Henning, München/Wien 1983

Heuss, Theodor: Profile. Nachzeichnungen aus der Geschichte, Tübingen 1964

Heuss, Theodor: Schattenbeschwörung. Randfiguren der Geschichte, Frankfurt am Main 1954

Heuss, Theodor: Schwaben und der deutsche Geist, Konstanz 1915

Heuss, Theodor: Staat und Volk im Werden. Reden in und über Israel, München 1960

Heuss, Theodor: Staat und Volk. Betrachtungen über Wirtschaft, Politik und Kultur, Berlin 1926

Heuss, Theodor: Tagebuchbriefe 1955–1963. Eine Auswahl aus Briefen an Toni Stolper, herausgegeben von Eberhard Pikart, Tübingen 1970 (Tagebuchbriefe)

Heuss, Theodor: Vater der Verfassung. Zwei Reden im Parlamentarischen Rat über das Grundgesetz 1948/49, herausgegeben und bearbeitet von Ernst Wolfgang Becker, München 2009 (Vater der Verfassung)

Heuss, Theodor: Von Ort zu Ort. Wanderungen mit Stift und Feder, herausgegeben von Friedrich Kaufmann und Hermann Leins, Tübingen 1959

Heuss, Theodor: Vorspiele des Lebens. Jugenderinnerungen, Stuttgart/Hamburg 1966 (Vorspiele)

Heuss, Theodor: Weinbau und Weingärtnerstand in Heilbronn am Neckar, Nachdruck Stadtarchiv Heilbronn 2005

Heuss, Theodor: Würdigungen. Reden, Aufsätze und Briefe aus den Jahren 1949–1955, herausgegeben von Hans Bott, Tübingen 1955

Heuss, Theodor: »Zeitwende«, in: *DWB – Mitteilungen des Deutschen Werkbunds* Nr. 4/1918

Heuss, Theodor/Adenauer, Konrad: Unserem Vaterland zuliebe. Der Briefwechsel, bearbeitet von Hans-Peter Mensing, Berlin 1989

Heuss, Theodor/Lulu von Strauß und Torney: Ein Briefwechsel, Düsseldorf/Köln 1965 (Heuss/Torney)

Heuss-Knapp, Elly: Ausblick vom Münsterturm. Erinnerungen, 10. Auflage der Neuausgabe Tübingen 1952 (Münsterturm)

Heuss-Knapp, Elly: Bürgerin zweier Welten. Ein Leben in Briefen und Aufzeichnungen, herausgegeben von Margarethe Vater, 3. Auflage Tübingen 1961 (Bürgerin)

Heuss-Knapp, Elly: Schmale Wege, Tübingen 1946

Hillgruber, Andreas: Die Auflösung der Weimarer Republik, Hannover 1960

Jäckel, Eberhard: Das deutsche Jahrhundert. Eine historische Bilanz, Stuttgart 1996 (Jäckel)

Jäckel, Eberhard: Einleitung zu Theodor Heuss: Hitlers Weg. Eine Schrift aus dem Jahre 1932, Tübingen 1968

Jäckh, Ernst: Der goldene Pflug. Lebensernte eines Weltbürgers, Stuttgart 1954

Jahrbuch der Öffentlichen Meinung 1958–1964, herausgegeben von Elisabeth Noelle und Erich Peter Neumann, Allensbach/Bonn 1965

Jüngling, Kirsten/Roßbeck, Brigitte: Elly Heuss-Knapp. Die erste First Lady. Ein Porträt, Heilbronn 1984 (Jüngling/Roßbeck)

Klüter Blätter. Deutsche Sammlung aus europäischem Geiste, Mappe 1, 1958, S. 9–16

Knapp, Georg Friedrich: Die Landarbeiter in Knechtschaft und Freiheit: Vier Vorträge, Leipzig 1891

Köhler, Henning: Adenauer. Eine politische Biographie, Berlin 1994

Kopitsch, Frank: »Des Bundespräsidenten Theodor Heuss erster Staatsbesuch in Hamburg im März 1950«, in: Bewahren und Berichten. Festschrift für Hans-Dieter Loose zum 60. Geburtstag, herausgegeben von Hans Wilhelm Eckardt, Hamburg 1997

Krüger, Peter: Die Außenpolitik der Republik von Weimar, Darmstadt 1985

Kurlander, Eric: Living with Hitler. Liberal Democrats in the Third Reich, New Haven/London 2009 (Kurlander)

Langewiesche, Dieter (Hrsg.): Liberalismus im 19. Jahrhundert. Deutsch-
land im europäischen Vergleich, Göttingen 1988
Langewiesche, Dieter: Liberalismus in Deutschland, Frankfurt am Main
1988
Lösche, Peter/Walter, Franz: Die FDP. Richtungsstreit und Zukunftszweifel,
Darmstadt 1966

Macek, Ilse: München in der Prinzregentenzeit. »Kunststadt« der Gegen-
sätze, www.hagalil.com, 2008
Matz, Klaus-Jürgen: Reinhold Maier (1889–1971). Eine politische Biogra-
phie, Düsseldorf 1989 (Matz)
Mende, Erich: Die neue Freiheit. Zeuge der Zeit 1945–1961, München/Ber-
lin 1984
Mensing, Peter: »Theodor Heuss und Konrad Adenauer im Gespräch. Neue
Erkenntnisse zu ihren amtlichen und persönlichen Kontakten«, in: Tho-
mas Hertfelder/Gudrun Kruip: Heuss im Profil, Stuttgart 1997
Metzger, Rainer: München – die große Zeit um 1900. Kunst, Leben und
Kultur 1890–1920, Wien 2008 (München)
Mittag, Jürgen: Wilhelm Keil (1870–1968). Sozialdemokratischer Parlamen-
tarier zwischen Kaiserreich und Bundesrepublik. Eine politische Biogra-
phie, Düsseldorf 2001
Moersch, Karl/Willmann, Günther: »Theodor Heuss in Zeugnissen und
Erinnerungen«, Feature des Südfunks Stuttgart vom 29.1.1984
Mommsen, Wolfgang: Max Weber und die deutsche Politik 1890–1920,
Tübingen 1959 (Mommsen)
Müller, Guido: »Adenauer und Heuss. Ein Vergleich der soziokulturellen
und politischen Lebenswelten wie der bürgerlichen Politikerbiographien
bis 1933«, in: *Geschichte im Westen* (GiW) 19. Jg. 2004
Müller, Guido: »Deutsche Kunstwerke für das Ausland. Theodor Heuss
und die Dankspende des Deutschen Volkes 1951–1956«, in: Auswärtige
Repräsentationen. Deutsche Kulturdiplomatie nach 1945, herausgegeben
von Johannes Paulus, Köln/Weimar/Wien 2005
Müller, Guido: »Moral und Politik. Das Beispiel der Biographie von
Theodor Heuss«, in: Geschichte der Politik. Alte und neue Wege,
herausgegeben von Hans-Christoph Kraus und Thomas Nicklas, München 2007

Naumann, Friedrich: Demokratie und Kaisertum. Ein Handbuch für innere Politik, Berlin-Schöneberg 1900 (Demokratie und Kaisertum)

Naumann, Friedrich: Mitteleuropa, Berlin 1916

Naumann, Friedrich: National-sozialer Katechismus. Erklärung der Grundlinien des National-Sozialen Vereins, Berlin 1897

Naumann, Friedrich: »Werkbund und Weltwirtschaft«, Vortrag vom 4. Juli 1914 in Köln, in: ders.: Werke. Bd. 6, Köln-Opladen 1964

Nicolai, Bernd: »Das Haus der Freundschaft in Konstantinopel«, in: 100 Jahre Deutscher Werkbund 1907/2007, Katalog der Ausstellung, herausgegeben von Winfried Nerdinger, München 2007 (100 Jahre Werkbund)

Nicolai, Bernd: »Der Werkbund im ersten Weltkrieg. Eine Gratwanderung«, in: 100 Jahre Deutscher Werkbund 1907/2007, Katalog der Ausstellung, herausgegeben von Winfried Nerdinger, München 2007

Nipperdey, Thomas: Nachdenken über die deutsche Geschichte. Essays, München 1986

Peschel, Andreas: Friedrich Naumanns und Max Webers Mitteleuropa. Eine Betrachtung ihrer Konzeptionen und Kontexte mit den ›Ideen von 1914‹ und dem Alldeutschen Verband, Dresden 2005

Pikart, Eberhard: Theodor Heuss und Konrad Adenauer. Die Rolle des Bundespräsidenten in der Kanzlerdemokratie, Stuttgart/Zürich 1976 (Pikart)

Pikart, Eberhard: Theodor Heuss. Der Mann, das Werk, die Zeit. Eine Ausstellung, Tübingen 1967

Rabenstein-Kiermaier, Karin: Conrad Haußmann (1875–1922). Leben und Werk eines schwäbischen Liberalen, Frankfurt am Main 1993 (Rabenstein-Kiermaier)

Reif, Hans/Henning, Friedrich/Stephan, Werner (Hrsg.): Geschichte des deutschen Liberalismus, 2., erweiterte Auflage, Bonn 1976

Rensing, Matthias: Geschichte und Politik in den Reden der deutschen Bundespräsidenten 1949–1984, Münster/New York 1996

Rothfels, Hans: »Theodor Heuss. Die Frage der Kriegsorden und die Friedensklasse des Pour le mérite«, in: VfZ, 17. Jg, Heft 4 (1969)

Rudolph, Hermann (Hrsg.): So bist Du mir Heimat geworden. Eine Liebesgeschichte in Briefen aus dem Anfang des Jahrhunderts, Stuttgart 1986 (Rudolph)

Rudolph, Hermann: Ein neues Stück deutscher Geschichte. Theodor Heuss und die politische Kultur der Bundesrepublik, Stuttgart 2000

Salentin, Ursula: Die Villa Hammerschmidt als Amts- und Wohnsitz der Präsidenten der Bundesrepublik Deutschland, in: dies. und Liselotte Hammerschmidt: Chronik der Villa Hammerschmidt und ihrer Bewohner, Bergisch-Gladbach 1991

Sauer, Paul: Württembergs letzter König. Das Leben Wilhelms II., Stuttgart 1994 (Letzter König)

Schefold, B.: »Georg Friedrich Knapp« in: The New Palgrave Dictionary of Economics, Second Edition, Palgrave Macmillan 2008

Schieder, Theodor: Vorwort zu Bd. 2 – Schriften zur Verfassungspolitik – in den von ihm herausgegeben Werken Friedrich Naumanns, Köln 1964, S. XXVIII-XXIX

Schmid, Carlo: Parlamentarische Elegie im Januar, Stuttgart 1999

Schmid, Carlo: Rede im Parlamentarischen Rat am 8. September 1948, in: Akten und Protokolle, Bd. 9, herausgegeben von Harald Boldt, München 1996

Schmolz, Helmut: »Die Wohnungen von Theodor Heuss in Heilbronn«, in: *Jahrbuch für schwäbisch-fränkische Geschichte,* Bd. 30/1983 (Wohnungen)

Schöllgen, Gregor: Max Weber, München 1998

Scholtyseck, Joachim: Robert Bosch und der 20. Juli 1944, Stuttgart 1999

Scholtyseck, Joachim: Robert Bosch und der liberale Widerstand gegen Hitler 1933–1945, München 1999

Scholz, Günther: Die Bundespräsidenten. Biographien eines Amtes, Bonn 1996

Schrenk, Christhard/Weckbach, Hubert/Schlösser, Susanne: Von Helibrunna nach Heilbronn. Eine Stadtgeschichte, Stuttgart 1998

Schulze, Hagen: Weimar. Deutschland 1917–1933, Berlin 1982 (Schulze)

Schwarz, Hans-Peter: Adenauer. Der Staatsmann 1952–1967, Stuttgart 1991 (Schwarz: Staatsmann)

Schwarz, Hans-Peter: Anmerkungen zu Adenauer, München 2004

Schwarz, Hans-Peter: Konrad Adenauer. Der Aufstieg 1876–1952, Stuttgart 1986 (Schwarz: Aufstieg)

Seewald, Michael: Lujo Brentano und die Ökonomie der Moderne, Marburg 2010 (Ökonomie der Moderne)

Segall, Jacob: Die deutschen Juden als Soldaten im Krieg 1914–1918, Berlin 1922

Sell, Friedrich C.: Die Tragödie des deutschen Liberalismus, Stuttgart 1953 (Sell)

Stephan, Werner: Acht Jahrzehnte erlebtes Deutschland. Ein Liberaler in vier Epochen, Düsseldorf 1983 (Stephan: Jahrzehnte)

Stephan, Werner: Aufstieg und Verfall des Linksliberalismus 1918–1933. Geschichte der Demokratischen Partei, Göttingen 1973 (Stephan)

Stieg, Margaret F.: »The 1926 German Law to Protect Youth against Trash and Dirt: Moral Protectionism in a Democracy«, in: *Central European History*, Bd. 23, Heft 1, März 1990

Stolper, Toni: Ein Leben in Brennpunkten unserer Zeit. Wien, Berlin, New York. Gustav Stolper 1888–1947, Tübingen 1960 (Stolper)

Stresemann, Gustav: Die Entwicklung des Berliner Flaschenbiergeschaefts, Inaugural-Dissertation zur Erlangung der Doktorwürde der Hohen Philosophischen Fakultät der Universität Leipzig vorgelegt von Gustav Stresemann, stud. phil – Faksimile o. J.

Stürmer, Michael: Das ruhelose Reich. Deutschland 1866–1918, Berlin 1983 (Stürmer)

Thamer, Hans-Ulrich: Verführung und Gewalt. Deutschland 1933–1945, Berlin 1986 (Thamer)

Theiner, Peter: Sozialer Liberalismus und deutsche Weltpolitik. Friedrich Naumann im Wilhelminischen Deutschland, Baden-Baden 1983 (Theiner)

Ullmann, Hans-Peter: Das Deutsche Kaiserreich 1871–1918, Frankfurt am Main 1995

Vogel, Rolf: Ein Stück von uns. Deutsche Juden in deutschen Armeen 1813–1976. Eine Dokumentation, Mainz 1977

Vogt, Helmut: »Der Herr Minister wohnt in einem Dienstwagen auf Gleis 4«. Die Anfänge des Bundes in Bonn 1949/50, 1999

Vogt, Helmut: Wächter der Bonner Republik. Die Alliierten Hohen Kommissare 1949–1955, Paderborn 2004

Vom Bruch, Rüdiger (Hrsg.): Friedrich Naumann in seiner Zeit, Berlin/New York 2000

Weber, Petra: Carlo Schmid 1896–1979. Eine Biographie, München 1996 (Weber)

Weipert, Matthias: Verantwortung für das Allgemeine? Bundespräsident Theodor Heuss und die FDP, Stuttgart 2009

Welchert, Hans-Heinrich: Theodor Heuss. Ein Lebensbild, Bonn 1953

Wendland, Winfried: »Der deutsche Werkbund im neuen Reich«, in: Die Form. Stimme des Deutschen Werkbundes 1925–1934, herausgegeben von Frank Gloor und Felix Schwarz, Gütersloh 1969

Wiedner, Wolfgang: Theodor Heuss. Das Demokratie- und Staatsverständnis im Zeitablauf. Betrachtung der Jahre 1902–1963, Düsseldorf 1973

Winkler, Heinrich August: Der lange Weg nach Westen, Bd. I, Deutsche Geschichte vom Untergang des Alten Reiches bis zum Untergang der Weimarer Republik, München 2000 (Winkler: Weg I)

Winkler, Heinrich August: Der lange Weg nach Westen, Bd. II, Deutsche Geschichte vom Dritten Reich bis zur Wiedervereinigung, München 2000 (Winkler: Weg II)

Winkler, Heinrich August: Der Weg in die Katastrophe. Arbeiter und Arbeiterbewegung in der Weimarer Republik 1930–1933, Berlin/Bonn 1987 (Winkler: Katastrophe)

Winkler, Heinrich August: Weimar 1918–1933. Die Geschichte der ersten deutschen Demokratie, München 1993 (Winkler: Weimar)

Winter, Ingelore: Unsere Bundespräsidenten. Von Theodor Heuss bis Horst Köhler. Neun Porträts, 5. Auflage, Düsseldorf 2004

Zuckmayer, Carl: Aufruf zum Leben. Porträts und Zeugnisse aus bewegten Zeiten, Frankfurt 1995

# Personenregister

A

Abbe, Ernst 411

Adenauer, Konrad 13f., 311, 418,
421f., 426, 429, 431f., 442,
444–448, 454, 458, 460–467, 473,
474–477, 479, 494ff., 501, 507,
511–515, 518f., 521–524, 545,
553, 562–665, 567ff., 574–577,
578–582, 584, 588f., 594, 597f.,
601, 603

Adorno, Theodor 453

Agricola, Rudolf 373, 375ff.

Ahrendt, Hannah 361

Albert von Sachsen-Coburg-Gotha,
Prinzgemahl 29, 553

Allemann, Fritz René 471, 473, 474

Altmeier, Peter 445

Aly, Götz 63

Aman Ullah, König von Afghanistan
392

Amelunxen, Rudolf 448

Andreas, Willy 360f., 559f.

Andreas-Salomé, Lou 118

Appel, Reinhard 376

Arminius, Cheruskerfürst 561

Arndt, Ernst Moritz 344, 455, 561

Arnold, Karl 445, 447f., 454, 524

Aslan, Paoul 38

Asmussen, Hans 486

Augstein, Rudolf 14, 298, 553f.

August Wilhelm, Prinz von Preußen
99

Auguste Viktoria, deutsche Kaiserin
84

Auriol, Vincent 578f.

Avenarius, Ferdinand 118

B

Bab, Julius 327

Bach, Johann Sebastian 413

Bacon, Francis 160

Baden, Prinz Max von 199, 267

Baeck, Leo 477ff., 483

Bagehot, Walter 475

Baldwin, Stanley 538

Ballestrem, Lagi Gräfin von 381

Ballin, Albert 193

Baring, Arnulf 13, 463, 582

Barlach, Ernst 345, 529, 560

Barmat (Brüder), Julius, Henry und
David 249

Bartels, Adolf 37, 83f.

Barth, Karl 342

Barth, Theodor 57, 61, 89, 91, 103

Bauer, Fritz 490

Bauer, Gustav 219

Bauer, Ludwig 86

Bauer, Robert 139

Bäuerle, Theodor 383

Baumeister, Willi 385

Bäumer, Gertrud 236, 243f., 255,
258, 273, 276, 317, 324–328,
340, 357

Baumgärtner, Ulrich 370, 400, 480

Döblin, Alfred 537
Dohrn, Alfred 88
Dohrn, Anton 351ff., 372, 412,
  417, 537
Dohrn, Boguslav 351
Dohrn, Harald, 88, 351f.
Dohrn, Reinhard 353
Dohrn, Wolf 88, 120, 351
Dominicus, Alexander 224
Döring, Wolfgang 524
Dorrmann, Michael 246
Duesterberg, Theodor 285
Dufhues, Josef Hermann 599
Duncan, Isadora 69
Dürer, Albrecht 45
Dürr, Willy 402

**E**

Ebert, Friedrich 156, 195f., 199,
  203, 213, 217, 219, 227, 229ff.,
  246, 249f., 265, 267, 286, 298,
  333, 450f., 471, 491, 511, 560
Eden, Anthony 544
Eduard II., König von Groß-
  britannien 114
Ehard, Hans 469, 525
Eichmann, Adolf 401, 590f.
Einstein, Albert 191, 528f., 560
Eisenhower, Dwight D. 386,
  494, 549
Eisenstein, Sergei 255
Eisler, Hanns 507, 512
Ekstein, Modris 259, 263, 303,
  308
Elisabeth von Thüringen 561
Elizabeth II., Königin von Groß-
  britannien 552f.

Elsas, Fritz 245, 331, 338, 361f.,
  381
Elsas, Hanne siehe Heuss-Elsas,
  Hanne
Elsas, Marianne 381
Elsas, Marie 381
Engels, Friedrich 22, 58
Erhard, Ludwig 443, 445, 474, 540,
  578f., 581f.
Erkelenz, Anton 243, 274, 340
Ernst August von Hannover 540
Ernst, Karl 293
Ernst Ludwig, Großherzog von
  Hessen und bei Rhein 35, 40
Erzberger, Matthias 199, 221, 229,
  266f., 364
Eschenburg, Theodor 467, 577, 595
Esfandiary Bakhtiary, Soraya 539
Eugen, Prinz von Savoyen 315
Euler, August-Martin 433, 442
Eyck, Erich 58

**F**

Falkenhayn, Erich von 149,
  151f.
Fischer, Fritz 111
Fischer, Hermann 245
Fischer, Samuel 327
Flick, Friedrich 564f.
Fontane, Theodor 48
Forstner, Günter von 150
France, Anatole 145
François-Poncet, André 457, 589
Frank, Ludwig 126, 147, 156,
  164
Frech, Franz Waldemar 383,
  386, 530

Luther, Martin 11, 280, 398, 488
Lüttwitz, Walther von 223
Luxemburg, Rosa 125, 397

**M**

Machiavelli, Niccolò 503
Macke, Wolfgang 335
Mackensen, August von 218
MacMillan, Harold 590
Madariaga, Salvador de 389, 390
Mahler, Gustav 480
Mahraun, Artur 272ff.
Maier, Karl Franz 309
Maier, Reinhold 288, 290, 297, 299,
  302–306, 308, 309ff., 322, 376f.,
  384f., 416, 428, 459, 521, 578,
  598, 604
Mainzer, Ferdinand 331, 339, 478
Mann, Heinrich, 108
Mann, Thomas 45, 47, 108, 171,
  207, 257, 263, 287, 569, 594
Manstein, Fritz Erich von 563
Marc, Franz 345, 531
Marcks, Gerhard 529, 602
Margaret, britische Prinzessin 555
Marsan-Bule, Tita 472
Marx, Karl (Philosoph) 22, 51,
  55, 58, 560
Marx, Karl (Journalist) 476, 478f.,
  483
Marx, Wilhelm 245, 250ff., 260,
  270, 277
Mary, Königin von Großbritannien
  553
Matz, Klaus-Jürgen 303
Maurenbrecher, Max 61, 182
May, Karl 122f.

Mayer, Ernst 403, 404, 436f.
McCloy, John J. 474, 483, 562f.
Mehmed Ali *siehe Detroit, Karl*
Meinecke, Friedrich 170, 181, 192,
  236f., 389, 527f.
Mende, Erich 311f., 526f., 598f.
Mendès-France, Pierre 523
Mensing, Peter 567
Metternich, Klemens Fürst von
  412
Meyer, Adolf, 109
Middelhauve, Friedrich 433, 438
Miegel, Agnes 565
Mierendorff, Carlo 307
Missiroli, Antonio 237
Mittag, Jürgen 40
Mittnacht, Hermann Carl Friedrich
  von 39
Moeller van den Bruck, Arthur
  234
Molo, Walter von 181, 537
Moltke, Helmuth Graf von 352,
  394ff.
Mommsen, Theodor 411
Morris, William 35
Mozart, Wolfgang Amadeus 23
Mück, Friedrich 155, 180, 206,
  281, 315, 504
Mühsam, Erich 301, 397
Müller, Guido 465, 479, 483,
  529
Müller, Hermann 270, 307, 343
Müller, Josef 448
Munch, Edvard 74, 530
Mussolini, Benito 279
Muthesius, Hermann 119, 121,
  141f.

# Bildnachweis

(fortlaufende Nummerierung)

**Bildteil 1**

1 Familienarchiv Heuss, Basel/Stiftung Bundespräsident-Theodor-Heuss-Haus, Stuttgart/Foto: Ch. Kohler

2 Süddeutsche Zeitung Photo, München

3 bis 6 Familienarchiv Heuss, Basel/Stiftung Bundespräsident-Theodor-Heuss-Haus, Stuttgart

7 Museum Georg Schäfer, Schweinfurt/Gemälde: Albert Weisgerber, *Im Atelier,* 1906

8 Familienarchiv Heuss, Basel/Gemälde: Albert Weisgerber, *Theodor Heuss,* 1905

9 Familienarchiv Heuss, Basel/Stiftung Bundespräsident-Theodor-Heuss-Haus, Stuttgart/Tuschzeichnung: Theodor Heuss, Ludwig Heuss, o.J.

10 Familienarchiv Heuss, Basel/Stiftung Bundespräsident-Theodor-Heuss-Haus, Stuttgart

11 Familienarchiv Heuss, Basel/Stiftung Bundespräsident-Theodor-Heuss-Haus, Stuttgart/Foto: VERITAS, München

12 bis 14 Familienarchiv Heuss, Basel/Stiftung Bundespräsident-Theodor-Heuss-Haus, Stuttgart

15 Familienarchiv Heuss, Basel/Stiftung Bundespräsident-Theodor-Heuss-Haus, Stuttgart/Foto: Bernd Eidenmüller

16 Neckar-Zeitung, Faksimile: WLB

17 Familienarchiv Heuss, Basel/Stiftung Bundespräsident-Theodor-Heuss-Haus, Stuttgart/Foto: Bernd Eidenmüller

18 Deutsches Historisches Museum, Berlin/Inv.Nr. P 84/190; Plakat: Käthe Kollwitz, *Deutsche Heimarbeit-Ausstellung,* Plakat 1906 © VG Bild-Kunst, Bonn 2012

19 Familienarchiv Heuss, Basel/Stiftung Bundespräsident-Theodor-Heuss-Haus, Stuttgart

20 Familienarchiv Heuss, Basel/Stiftung Bundespräsident-Theodor-Heuss-Haus, Stuttgart/Sign. SBTH/F-I.4.1-64

**Bildteil 2**

1 bis 3 Familienarchiv Heuss, Basel/Stiftung Bundespräsident-Theodor-Heuss-Haus, Stuttgart

4 Stiftung Bundespräsident-Theodor-Heuss-Haus, Stuttgart; Zeichnung: Eugen Spiro, *Toni Stolper* © VG Bild-Kunst, Bonn 2012

5 Familienarchiv Heuss, Basel/Stiftung Bundespräsident-Theodor-Heuss-Haus, Stuttgart/Sign. SBTH/F-I.4.4-326

6 Familienarchiv Heuss, Basel/Stiftung Bundespräsident-Theodor-Heuss-Haus, Stuttgart

7 Familienarchiv Heuss, Basel/Stiftung Bundespräsident-Theodor-Heuss-Haus, Stuttgart/Sign. SBTH/F-I.2.6-1740/Foto: Marianne Lesser-Knapp

8 Theodor Heuss: *Hitlers Weg* – Abbildungen der Cover der niederländischen, italienischen, deutschen und schwedischen Ausgabe

9 und 10 Familienarchiv Heuss, Basel/Stiftung Bundespräsident-Theodor-Heuss-Haus, Stuttgart

11 Titelei mit Widmung: Theodor Heuss: *Anton Dohrn in Neapel,* Atlantis Verlag, Berlin und Zürich 1940

12 und 13 Familienarchiv Heuss, Basel/Stiftung Bundespräsident-Theodor-Heuss-Haus, Stuttgart

14 Lossen Fotografie, Heidelberg

15 Mit freundlicher Genehmigung vom Ministerium für Kultus, Jugend und Sport Baden-Württemberg, Stuttgart

16 Picture Alliance, Frankfurt/dpa-Bildarchiv

17 Süddeutsche Zeitung Photo, München

18 Familienarchiv Heuss, Basel/Stiftung Bundespräsident-Theodor-Heuss-Haus, Stuttgart

19 Picture Alliance, Frankfurt/dpa-Bildarchiv

**Bildteil 3**

1 Ullstein Bild, Berlin/Foto: HDG Bonn

2 Familienarchiv Heuss, Basel/Stiftung Bundespräsident-Theodor-Heuss-Haus, Stuttgart/Foto: Hehmke-Winterer, Düsseldorf/Haus der Geschichte, Bonn/Bestand: Erna Wagner-Hehmke

3 Picture Alliance Frankfurt/dpa-Bildarchiv

4 Süddeutsche Zeitung Photo, München

5 Haus der Geschichte, Bonn/Bestand: Erna Wagner-Hehmke

6  Picture Alliance, Frankfurt/AKG-Images

7  Bundesarchiv, Koblenz/Bild 146-1984-013-25

8  Familienarchiv Heuss, Basel/Stiftung Bundespräsident-Theodor-Heuss-Haus, Stuttgart/Foto: Jannamaria Guffarth

9  Presse-und Informationsamt der Bundesregierung, Berlin/B 145 Bild-00005930

10  Familienarchiv Heuss, Basel/Stiftung Bundespräsident-Theodor-Heuss-Haus, Stuttgart/Elly Heuss-Knapp-Stiftung/Deutsches Müttergenesungswerk, Berlin

11  Aus: Frieder Günther: *Heuss auf Reisen,* Franz Steiner Verlag, Stuttgart 2006

12  Familienarchiv Heuss, Basel/Stiftung Bundespräsident-Theodor-Heuss-Haus, Stuttgart/Sign. SBTH/F-I.3.1-492/Publifoto Roma

13  Zeichnung: Theodor Heuss, *Tempel von Agrigent auf Sizilien,* 1957: Familienarchiv Heuss, Basel/Stiftung Bundespräsident-Theodor-Heuss-Haus, Stuttgart

14  und 15 Presse-und Informationsamt der Bundesregierung, Berlin/ Bild-00013971 und Bild-00015337

16  Keystone, Hamburg

17  US National Park Service

18  Ullstein Bild, Berlin/Foto: Gerhard Stäudle

19  Landesmedienzentrum Baden-Württemberg/Foto: Jaeger

20  Stiftung Bundespräsident-Theodor-Heuss-Haus, Stuttgart/Foto: Zuckerfabrik

21  Familienarchiv Heuss, Basel/Stiftung Bundespräsident-Theodor-Heuss-Haus, Stuttgart/Foto: Susanne Ersing

22  Familienarchiv Heuss, Basel/Stiftung Bundespräsident-Theodor-Heuss-Haus, Stuttgart

23  Stiftung Bundespräsident-Theodor-Heuss-Haus, Stuttgart/Foto: Zuckerfabrik

24  Süddeutsche Zeitung Photo, München

25  Picture Alliance, Frankfurt/dpa-Bildarchiv